MANAGEMENT

管理学

(第3版) (THIRD EDITION)

Business Administration Classics
工商管理经典译丛

迈克尔·希特（Michael A. Hitt）
斯图尔特·布莱克（J. Stewart Black） 著
莱曼·波特（Lyman W. Porter）
徐二明 译

中国人民大学出版社
·北 京·

图书在版编目（CIP）数据

管理学：第3版/迈克尔·希特等著；徐二明译．—北京：中国人民大学出版社，2018.11
（工商管理经典译丛）
ISBN 978-7-300-26244-4

Ⅰ.①管… Ⅱ.①迈… ②徐… Ⅲ.①管理学 Ⅳ.①C93

中国版本图书馆CIP数据核字（2018）第210051号

工商管理经典译丛
管理学（第3版）
迈克尔·希特
斯图尔特·布莱克 著
莱曼·波特
徐二明 译
Guanlixue

出版发行 中国人民大学出版社
社　　址 北京中关村大街31号　　邮政编码 100080
电　　话 010－62511242（总编室）　　010－62511770（质管部）
　　　　 010－82501766（邮购部）　　010－62514148（门市部）
　　　　 010－62515195（发行公司）　　010－62515275（盗版举报）
网　　址 http://www.crup.com.cn
　　　　 http://www.ttrnet.com（人大教研网）
经　　销 新华书店
印　　刷 北京七色印务有限公司
规　　格 185 mm×260 mm 16开本　　版　　次 2018年11月第1版
印　　张 28.5 插页2　　印　　次 2018年11月第1次印刷
字　　数 663 000　　定　　价 69.00元

工商管理经典译丛

出版说明

随着中国改革开放的深入发展，中国经济高速增长，为中国企业带来了勃勃生机，也为中国管理人才提供了成长和一显身手的广阔天地。时代呼唤能够在国际市场上搏击的中国企业家，时代呼唤谙熟国际市场规则的职业经理人。中国的工商管理教育事业也迎来了快速发展的良机。中国人民大学出版社正是为了适应这样一种时代的需要，从 1997 年开始就组织策划“工商管理经典译丛”，这是国内第一套与国际管理教育全面接轨的引进版工商管理类丛书，该套丛书凝聚着 100 多位管理学专家学者的心血，一经推出，立即受到了国内管理学界和企业界读者们的一致好评和普遍欢迎，并持续畅销数年。全国人大常委会副委员长、国家自然科学基金会管理科学部主任成思危先生，以及全国 MBA 教育指导委员会的专家们，都对这套丛书给予了很高的评价，认为这套译丛为中国工商管理教育事业做了开创性的工作，为国内管理专业教学首次系统地引进了优秀的范本，并为广大管理专业教师提高教材甄选和编写水平发挥了很大的作用。据统计，本丛书现已成为目前国内管理院校和企业培训中采用率最高、影响最大的引进版教材。其中《人力资源管理》（第六版）获第十二届“中国图书奖”；《管理学》（第四版）获全国优秀畅销书奖。

进入 21 世纪后，随着经济全球化和信息化的发展，国际 MBA 教育在课程体系上进行了重大的改革，从 20 世纪 80 年代以行为科学为基础，注重营销管理、运营管理、财务管理到战略管理等方面的研究，到开始重视沟通、创业、公共关系和商业伦理等人文类内容；并且增加了基于网络的电子商务、技术管理、业务流程重组和统计学等技术类内容。另外，管理教育的国际化趋势也越来越明显，主要表现在师资的国际化、生源的国际化和教材的国际化方面。近年来，随着我国 MBA 和工商管理教育事业的快速发展，国内管理类引进版教材的品种越来越多，出版和更新的周期也在明显加快。为此，我们这套“工商管理经典译丛”也适时更新版本，增加新的内容，同时还将陆续推出新的系列和配套的案例教材、教学参考书，以顺应国际管理教育发展的大趋势。

本译丛入选的书目，都是世界著名的权威出版机构畅销全球的工商管理教材，被各国和地区的著名大学商学院和管理学院所普遍选用，是国际工商管理教育界最具影响力的教科书。本丛书的作者，皆为管理学界享有盛誉的著名教授，他们的这些教材，经过了美国和世界各地数千所大学和管理学院教学实践的检验，被证明是论述精辟、视野开阔、资料丰富、通俗易懂，又具有生动性、启发性和可操作性的经典之作。本译丛的译者，大多是国内各著名大学的优秀中青年学术骨干，他们大都曾留学欧美，在长期的教学研究和社会实践中积累了丰富的经验，具有较高的翻译水平。

本丛书的引进和运作过程，从市场调研与选题策划、每本书的推荐与论证、对译者翻译水平的考察与甄选、翻译规程与交稿要求的制定、对译者质量的严格把关和控制，到版式、封面和插图的设计等各方面，都坚持高水平和高标准的原则，力图奉献给读者一套译文准确、文字流畅、从内容到形式都保持原著风格的工商管理精品图书。

本丛书参考了国际上通行的MBA和工商管理专业核心课程的设置，并充分兼顾了我国管理各专业现行通开课与专业课程设置，以及企业管理培训的要求，故适应面较广，既可用于管理各专业不同层次的教学，又可供各类管理人员培训和个人自学使用。

为了本丛书的出版，我们成立了由中国人民大学、北京大学、中国社会科学院等单位专家学者组成的编辑委员会，德高望重的袁宝华同志、黄达教授和中国人民大学校长纪宝成教授，都给了我们强有力的支持，使本丛书得以在管理学界和企业界产生较大的影响。许多我国留美学者和国内管理学界著名专家教授，参与了原著的推荐、论证和翻译工作，原我社编辑闻洁女士在这套书的总体策划中付出了很多心血。在此，谨向他们致以崇高的敬意并表示衷心的感谢。

愿这套丛书为我国MBA和工商管理教育事业的发展，为中国企业管理水平的不断提升继续做出应有的贡献。

中国人民大学出版社

前 言 Management

本书的独到之处

我们作者团队的一个基本目标，就是为学生与教师编写一本实用且科学的管理学教材。尽管市场上优秀的教材不少，但大部分只关注一两个方向。有些教材在收集素材和整合研究方面做得比较好，但是学生很难将理论与实践结合起来；有些教材尽管能够做到理论联系现实，但却不是基于当前的研究编写的。根据我们的教学经验、与任课教师的沟通以及与管理者一起工作的体会，决定编写一本既基于当前研究文献又联系实践的教材。这种结合可以满足学生的需求，既拓展技能，又可获得丰富的管理知识。

幸运的是，我们的作者团队年龄加起来有100多岁，有着直接指导研究、审阅论文、研读管理文献（特别是国际管理领域）以及与来自不同国家和文化的同事一起工作的丰富经验。这些经验的深度与广度，使我们能够识别出在一个国家以至全球情境中有助于推动管理实践不断发展的关键理论、概念与实证结论。

多年来，我们教授了无数学生，与大量管理者一起工作过，为众多公司提供过咨询。所有这些都使我们有更多的机会去关注管理实践。与我们的研究一样，我们在全世界与管理者一道工作。我们相信，这种经验能够帮助我们理解学习管理的学生们所面临的理论与实践相结合的挑战。因此，我们致力于将当前的研究结论与它们对管理实践的意义联系在一起。

新版的不同之处

实用与科学的双重目标是《管理学》前两版的出发点，也同样是第3版的出发点。然而，作为一个团队，我们崇尚持续改进，并誓做这一原则的优秀典范。为此，在新版中，我们做了一些改动，相信能使本书更有价值。此外，全书的案例与例子还充分地反映了目前经济环境的变化，以及由此引发的全球相互依赖的现象。下面对本版的修改做一个概述：

- 我们根据最新的研究成果，更新了有关管理概念的信息。一些章甚至使用了二三十篇全新的参考文献。
- 对每章的“管理者的挑战”专栏（用案例来说明该章所阐述的管理概念在实践中的运用）进行更新，其中大约50%的案例是全新的，并重新审定了留下来的案例，以保证它们在目前与以后的适用性。
- 更新了所有的“来自一线的管理挑战”专栏（开篇的与章末的“尾声”）。第3、4、15章的人物是新增的。

- 审核了书中所有的例子，以保证其普遍性与准确性。同时也更新或添加了新的例子。
- 除第 11、14 章的章末案例是全新的，其余的案例都做了更新与补充。
- 审核了书中所有的图表，更新了一部分，并添加了新的内容（如第 9、10 、11 章）

对于学生与教师来讲，我们继续强调实用与科学。例如，在本书的第 2 版中，我们首次设置了“来自一线的管理挑战”专栏，本版会继续使用。这是根据真人真事撰写的。这些人有些大学刚毕业，有些是经验丰富的管理者。该专栏旨在帮助学生了解与该章内容有关的管理实践活动。在每章结尾处，我们安排了“尾声”，描述管理者如何应对所面临的挑战。专栏中少数人物的资料与事迹是全新的，其余的也做了更新。

由于绝大多数的本科生没有太多的在组织中工作的实践经验，他们不大会从这些人的经验之谈中受益。此外，我们也知道大多数管理者对各种管理活动（如决策或沟通）所采取的方式是按照个人的偏好、倾向等进行的。为此，我们继续在每章末保留“自我评估”专栏，以帮助学生评估与了解自己的能力（与具体章节的内容密切相关）。

第 3 版的内容依旧保持我们所强调的全面且精炼的理念。我们为希望更多地了解管理领域的历史发展的学生们，保留了名为“管理思想和实践”的附录。总之，我们确信《管理学（第 3 版）》会使学生们充分而兴奋地了解到组织中管理职能的范围与挑战。

目 录 Management

MANAGEMENT

第 I 篇

管理：道德与全球化

Managing Ethically and Globally

第 1 章

管理的性质

The Nature of Management

学习目标

通过本章的学习，你应该能够：

- 对管理进行定义；
- 阐述管理者必须应对的重大挑战；
- 描述以往管理学的研究对现代管理实践做出的贡献；
- 界定与讨论主要的管理职能；
- 解释管理工作中的三个基本角色，以及各个角色的具体作用；
- 探讨与描述管理工作的三个维度；
- 讨论有效管理者需具备的主要技能。

来自一线的管理挑战

姓名：布莱恩·霍尔沃森（Blaine Halvorson）

职位：Junk Food 公司（Junk Food Inc.）首席创意官（CCO）

母校：蒙大拿州立大学（Montana State University）（美术/平面设计学士）

业余活动：休闲、旅游和绘画（主要是波普艺术）

毕业后的第一份工作：在学校时，他就开始为摇滚乐队和 MTV 设计演出服装。毕业后，曾短期在洛杉矶服装公司工作。随后，他加盟 Planet Golf 公司，负责将该公司的产品销往日本

偶像：让-米歇尔·巴斯奎特（Jean-Michel Basquiat）

座右铭：每个人在一生中至少应该有一次放手一搏，看看能不能做些伟大的事情

驱动力：渴望成就，不断改进

管理风格：不循规蹈矩，打破常规，并具有强大的驱动力

平面设计师布莱恩·霍尔沃森与其合作伙伴纳塔莉·格罗夫（Natalie Grof）是 Junk Food 公司的创始人，这是一家价值数百万美元的服装设计公司。在此之前，他们曾一起在 Planet Golf 公司工作。从只有两个人在一间公寓里办公的小公司起家，他们把 Junk Food 公司发展成世界上最大的 T 恤衫制造许可商。

霍尔沃森早期在服装设计上的成功，展示了他的才能，证明他的设计受到了市场的欢迎。他参加过各种商贸展览，得到了媒体的追捧。随着大量订单涌来，他发现自己缺乏大规模生产产品的能力。此时，霍尔沃森意识到要打理好生意，就要努力学习。几年后，他所学到的知识帮助他把 Junk Food 公司推向了成功。

早在 Planet Golf 工作时，霍尔沃森就开发了一项业务，即 Junk Food 公司的前身。在某个投资者购买了 Planet Golf 公司之后，霍尔沃森向他展示了一个与众不同的 T 恤衫系列的新设计和自己的想法。

Planet Golf 的所有者后来成为 Junk Food 公司的天使投资人（作为沉默合伙人，只负责提供

资金；由霍尔沃森和格罗夫来管理公司）。该公司的基本理念是生产一种顾客认为有价值的、与众不同的产品。霍尔沃森和格罗夫通过运用流行元素，建立起了自己的品牌。在此之前，许可授权只用于大众市场商品，从没有在品牌服装上使用过，特别是没在T恤衫上使用过。霍尔沃森和格罗夫一开始使用了龙卷风（Twister）、糖果乐园（Candy land）和小马宝莉（My little Pony）等名字；随后，他们转向其他许可人，如芝麻街（Sesame Street）、滚石乐队（Rolling Stones）、DC漫画（DC Comics），以及兔八哥（Looney Tunes）等。他们为Junk Food品牌发展出一支强大的子系列，有时其产品仅仅就是因为有Junk Food的标签，就变成了收藏品。最近，Junk Food又在体育界与娱乐界发展品牌，获得了美国职业橄榄球大联盟（NFL）、美职篮（NBA）和迪士尼等的许可。现在，Junk Food的产品行销全球，包括澳大利亚、日本、墨西哥以及许多欧洲国家，重点开发德国和亚洲市场。

要像霍尔沃森那样建立一个成功的公司，需要有承担风险的意识以及创造自己的东西的愿望。这需要做出牺牲，持续投入大量的时间和精力，才能获得成功。但更重要的是，需要有卓越的管理技能。例如，霍尔沃森需要吸引、聘用并管理一支高素质的团队，使Junk Food公司获得成功。同时，这种成功还需要毅力以及对市场的了解。面对挑战，霍尔沃森学会了如何大批量地生产产品和管理公司的现金流。霍尔沃森把这一过程描述为“同时向50个不同的方向前进，试图在同一时间里解决10个问题”。

即使在最近的经济衰退时期，Junk Food公司的产品销量仍在上升，公司也在稳步成长。不过，由于残酷的价格竞争，公司已将大部分产品制造移至海外（在美国制造的产品比例已经从80%降到10%）。尽管如此，作为一个著名的、备受推崇的品牌，Junk Food增加了其市场份额。例如，盖璞（Gap）现在与该公司推出联合品牌产品。由此可见，霍尔沃森在管理上学有所成，不仅是一名成功的创业者，还是一个高效的管理者。

正如开篇案例所描述的，布莱恩·霍尔沃森已经建立了一个非常成功的公司。他的成功来自一个理念，即设计出对顾客有价值的、与众不同的服装。霍尔沃森是一位具有创造力的优秀设计师，但他的成功远不止这些。例如，在职业生涯早期，他就展现了根据市场需要设计出具有创意的服装的天分。然而，更重要的是他学会了如何构建和管理一个企业。霍尔沃森必须从设计、制造到销售等一系列环节上学会如何组织公司。他需要雇用和管理员工来完成这些任务。最终，他还需要确保公司有效地利用资源，赚取利润，确保企业获得成功。

霍尔沃森的案例说明，对于一个成功企业来说，管理是一个既具有挑战性又必不可少的组成部分。同时，它也向我们展现了管理精彩但又需要大量辛勤工作和努力奉献的一面。本章将介绍管理的概念，并阐述管理的运作，同时探讨管理者通常会面临的挑战，以及成功应对这些挑战所需要的技能。

本章包括以下基本问题：（1）什么是管理？（2）什么是管理者所面临的主要挑战？（3）管理者需要做什么？（4）管理者需要什么技能？

1.1　什么是管理？

首先，我们考察构成本书基础的几个概念。

管理是一种活动或过程。更具体地讲，在组织中，**管理**（management）是一个以目标为导向，将各种资源配置起来完成组织任务的过程。这个定义包含以下几个关键部分：

1. 管理是一个过程：它包括了一系列的活动和运作，如规划、决策和评估。

2. 管理要整合与使用各种资源：它是一个将人力、财力、物力以及信息等各种资源整合起来并投入运用的过程。

3. 管理是以目标为导向的方式来完成任务：这是一种有目的和方向的活动。其目的或方向可能是个人的、组织的或者是两者的组合。它包括人们为成功完成活动以及达成某种预期结果所做出的努力。

4. 管理是在组织内所开展的活动：它是在**组织**（organization）中不同职能的个人有意识地架构和协调以实现共同目的一个过程。

除了是一个过程或一组活动以外，管理还有其他几种含义。有时，管理特指组织的某个特定部分，即执行管理活动的一组人。因此，有些人可能会这样说，"IBM 的管理决定了……"或者"大学医院的管理制定了新的人事政策……"通常，当人们以这种方式使用"管理"一词时，它并不一定是指管理层中所有的人，仅指那些在组织中担任最高职位的人员（高层管理人员）。

管理的另外一个类似用法是，将一类人（即"管理层"）与那些参与劳资双方集体谈判的成员（"工会"成员，或者更非正式说法，"工人"），以及那些无论是不是工会成员（"非管理员工"或"普通员工"）但不参与具体管理活动的人员区分开来。"成员"这一术语是指组织中的任何人（任何员工），并不考虑这个人在组织中的角色。在本书中，我们使用"管理者"一词指那些被指定有责任执行管理活动的个人；使用"管理"一词指完成这些活动的过程。

然而，管理是一个相当复杂的概念，很难用某一个定义准确地加以界定。下面，我们讨论管理者必须应对的几个挑战。

1.2　管理挑战

管理者常常会面临一系列的挑战。管理人员所处环境的性质决定了他们需要有效地管理变革。管理者负责管理资源——财务、人力以及其他。为了确保组织在一个迅速变化的环境中生存和竞争，他们必须进行战略性的管理。由于在今天的商业世界里，一些重大变化会迅速地发生，管理者必须具备创业精神与创新能力。本质上，他们必须不断寻找途径，为顾客创造比竞争对手更多的价值。管理者的活动是在组织内进行的。管理者虽然是其所在组织的主要"驱动者"，但组织仍界定了管理者能做什么、不能做什么。下面我们将逐一地考察管理者面临的挑战。

1.2.1　管理变革

不管组织的属性如何，也不论其身处何方，管理变革是所有管理者必须面对的最持久、最普遍，也是最强大的挑战。无论是新上任的还是经验老到的管理者，都会面临变革的需求与创造变革的机会。不做任何变革，基本上是不可能的。在许多个世纪以前，一位希腊哲学家写道："永恒不变的是变化。"这一哲理到了今天依然适用。

管理变革不是一项简单的任务，特别是大多数人会本能地抵制变革。因此，管理者必须想办法赢得员工的认可，从而有效地实施变革。对于管理者来说，要获得认可，最有效的方法就是创造“小的成功”。例如，管理者可以先在一个较小的范围内实施变革，并获得成功。接着，让员工在心中接受这一变革的合法性。管理者必须面对变革的两个重要的根源，即新技术与全球化。

技术 在当今世界里，没有一个管理者可以忽略技术的影响，也没有一个管理者能忽略技术影响他们工作和组织的方式。不管管理者愿意与否，技术的发展迫使他们不得不进行变革。互联网就是一个很好的例子，它对管理者如何工作产生了深远的影响。

一项新技术的引入，往往会促使企业根据任务的需要去开发新产品与新工艺。互联网创造了很多的机会，如以不同的方式营销产品、接触远程市场、以更有效的方式进行内外部沟通等。而且一些技术借助互联网以更多更有效的方式开发出互补的技术和产品，如苹果的 iPod 和 iPad。因此，互联网为管理者提供了大量的机会。然而，管理者必须能够识别这些机会，并设法利用它们。如果他们不这样做，竞争对手就有可能这样做，从他们手中夺取市场份额。从本质上讲，新技术的发展加快了变革的速度，促进了信息的流动，加速了国际市场上的竞争，提高了所有市场上竞争的程度。

新技术以及相关信息的持续发展，更强调了知识的重要性，也增加了人力资本（知识的拥有人）的重要性。它已帮助许多中小型公司进入国际市场竞争，从而提高了全球化的程度。

全球化 全球化是指从政治到商务等各种事情日益国际化和跨国化的发展趋势。管理者必须时刻对世界上其他地方所发生的事情保持敏锐，因为它们会影响到企业组织。全球性的事件几乎肯定会影响到管理者的目标和决策，以及他们协调和领导其他员工的工作方式。

许多市场（如中国）的开放、自由贸易协定的达成［如关贸总协定（GATT）、北美自由贸易协定（NAFTA）］、世界经济的不断增长、技术的日益发展，既促进了全球的合作伙伴关系，也加剧了竞争。所有这一切都为全球化的日益发展做出了巨大贡献。市场的开放和经济的发展，给外国企业带来了大量的市场机会，但同时也导致更激烈的全球竞争。为了在全球市场上有效竞争，企业越来越多地到印度和中国等人工与企业成本更低的国家进行外包活动。例如，在开篇案例中，霍尔沃森的 Junk Food 公司就是这样做的。为了降低成本，该公司将制造活动外包给海外公司，从而使产品在价格上具有竞争力。当然，这样的国际供应链也可能会有风险，受到更多的潜在干扰，如东道国政府对进出口的管制、恐怖主义活动，等等。

全球化提高了企业参与国际市场的程度。因此，进入国际市场的企业更加需要学习这些市场上的不同文化与制度环境。一些公司通过建立多元文化的管理团队来推动这一过程。这些团队的管理者会讲多种语言，而且了解企业经营所在的世界不同地区的市场和环境。由于在多个国家和地区经营相当复杂，一些企业便只偏重在一个或几个特定区域里从事国际经营活动。通过这种方式，企业可以积累有关当地文化、市场和制度方面的知识，从而可以在那里有效地从事经营活动。

从最近世界上最具创新精神的公司排名中可以看出全球经济环境的变化与复杂程度。在 21 世纪头十年里，美国向中国输送了 260 万个制造业就业岗位。除了开发低技术制造能力，一些亚洲国家已经有能力生产技术含量更高、更精密的产品。这些国家的企业也一直在开发自身的创新能力。到 2010 年，全球前 50 名最具创新精神的公司中有 15 个将总部设在亚洲，而排在前 25 名的大部分公司将其总部设在美国之外的其他国家。这个排名预示了全球经济的一次重大重组。对于大多数世界级企业来说，进入国际市场已经是一个相当重要的成长战略（在第 3 章，我们将会更详细地讨论全球化的问题，以及企业如何在全球化的环境中进行管理）。

即使像沃尔玛这样高度成功并强有力的公司，在早期进入墨西哥和日本市场时，面对在海外市场经营上的挑战，也犯过错误。但是，沃尔玛的管理团队从错误中吸取了教训，并由此建立了自己的国际经营业务，业务额达到了十亿美元。从沃尔玛中国项目的成功就可以看出这一点。该公司雇用中国的管理者，从中国国内采购大部分商品。而且这些中国管理者认同沃尔玛的价值观，并对公司充满激情。有人认为，沃尔玛在进入新的海外市场时将会遇到更多的挑战。例如，一些分析家就质疑该公司不顾俄罗斯严重腐败的问题，还要进入俄罗斯市场的计划。然而，凭借沃尔玛的财力与政治实力，以及该公司在其他海外市场经营所形成的管理技能，许多人认为该公司是有可能获得成功的。

管理者的挑战——全球化

沃尔玛的全球战略

沃尔玛是世界上最大的公司，年销售额超过 4 000 亿美元。它拥有 8 000 多个零售商，为 2 亿多名顾客提供服务。该公司拥有 210 万名员工，并且由于合资与并购的缘故，它在 15 个国家以 53 个不同的公司名从事经营活动。毫无疑问，沃尔玛是全球经济的一股中坚力量，有着可以攻克更多海外市场的全球战略。虽然沃尔玛在美国国内市场已经非常成功，但其首次进军海外市场时却犯了错误，遭受挫折。例如，沃尔玛根据美国的惯例，在墨西哥的第一个大型零售店外建造了一个巨大的停车场，但大多数墨西哥顾客却是搭乘公共汽车前来购物。而且沃尔玛早期在产品配置上也有一些问题。例如，它试图在墨西哥销售高尔夫球，但是当地大多数顾客是低收入人群，根本没有钱去打高尔夫球。沃尔玛不得不学习并适应当地文化。例如，在日本，人们认为低价格等同于低品质；同时由于居住空间窄小，日本人很少大量购买商品。即使在韩国和德国这两个主要经济体中，沃尔玛也不得不停止经营。

不过，该公司已经从早期的错误中吸取了教训，并在后来进军海外市场的过程中日益成功。例如，沃尔玛在中国有 260 个零售店和近 90 000 名员工。中国的管理者掌管着沃尔玛在中国的所有商店。沃尔玛中国首席执行官（CEO）陈耀昌说，沃尔玛所有的管理团队都对沃尔玛的价值观、对沃尔玛在中国的公司以及对中国充满了深情。为了降低成本，沃尔玛很多商品都从中国当地采购。

在最近的经济衰退中，与大多数零售商相比，沃尔玛是成功的。总体而言，该公司的销售在增长。尽管它在美国本土的销售有所下降，但是该公司的国际事业部为增长做出了重大贡献。沃尔玛每年销售额大约有 25%来自国际业务。事实上，如果其价值 1 000 亿美元的国际事业部是一个独立的公司，它将能够跻身世界五大零售商之一。沃尔玛计划通过进入更多的海外市场（如印度和俄罗斯），来拓展该事业部的运营。此外，在可能的情况下，公司计划迁到靠近生产加工的地方，以便大幅度降低成本。仅此一举，就有望节省数十亿美元。对于不适用这种方法的商品，沃尔玛公司与利丰公司（Li & Fung）达成一项重要协议，由利丰作为沃尔玛所需商品的直接供货商。利丰公司的主要关注点是新兴市场上的商品。

通过这些努力，沃尔玛的首席执行官大卫·杜克（David Duke）预期，沃尔玛在全球经济持续改善的背景下会保持辉煌。

资料来源：K. Talley & K. O'Keeffe，"Wal-Mart，Li & Fung Sign Sourcing Deal，" *Wall Street Journal*，January 29，2010，http://www.wsj.com；Company Web site，"Wal-Mart Leverages Global Scale to Lower Costs of Goods，Accelerate Speed to Market，Improve Quality of Products，"http://www.walmart.com，accessed January 28，2010；J. Krishna，"Bharti Wal-Mart Sets up Farm Produce Sourcing Center，" *Wall Street Journal*，January 20，2010，http://www.wsj.com；N. Majahan-Bansal. "Wal-Mart's Strategy Through the World，" *Business*，October 20，2009，http://www.business.in.com；M. Boyle，"Wal-Mart's Painful Lessons，" *BusinessWeek*，October 13，2009，http://www.businessweek.com；"China's Retail Revolution：An Interview with Wal-Mart's Ed Chan，" *McKinsey Quarterly*，October 2009，http://www.mckinseyquarterly.com；S. Rosenbloom. "Wal-Mart Outlines Plans to Keep Its Momentum，" *New York Times*，June 6，2009，http://www.nytimes.com；"Case Study：Wal-Mart Stumbles in Its Global Expansion Strategy，" in D. M. DePamphilis，*Mergers，Acquisitions，and Other Restructuring Activities*，http://knoll.google.com.

1.2.2 资源管理

管理者的一项重要工作就是管理组织的资源。管理者必须确保有效利用资源，以各种方式利用资源最大限度地实现组织目标。对管理者来说，重要的资源是金融资本、人力资本、物质资源（如建筑物和设备）和技术。管理者要构建和管理一个资源组合。要构建这个组合，就必须获取与开发能够完成组织任务所需要的资源。例如，管理者需要招聘和甄选最合适的员工，然后继续拓展他们的知识和技能。当员工得到了发展，他们对组织的价值也随之增加。这意味着，管理者需要有效地评价员工的技能，挑出最佳人选，并确定他们需要进一步学习的技能。管理者还必须设计与实施可以推动这种组织内学习的方法。

建立起资源组合后，管理者必须配置与协调这些资源，以完成组织的各项目标。管理者还要负责制定与实施战略，利用组织的能力实现其目标。协调工作的一个重要方面就是处理人际关系，包括与其他管理者和员工的关系。在这一过程中，管理者的人际交往和沟通能力至关重要。我们的结论是，管理者主要依赖组织中的人员做事。因此，管理者管理人力资本的方式对于他们的成功极为关键。

大部分人认为，施乐公司的总裁及前 CEO 安妮·马尔卡希（Anne Mulcahy）扭转了该公司的业绩。但是，马尔卡希认为这应该归功于公司的员工。她说："……要让员工选择施乐，就要吸引他们，激励他们，留住他们。这是我们再次成为伟大的公司的关键。"她的话说明，企业要尽可能地配置最佳的人力资本，进一步开拓员工的知识和技能，这是企业获得成功的关键。这一结论着重指出，企业管理组织资源（特别是人）的重要性在于能够提升企业在日益激烈的竞争环境中生存与竞争的能力。

1.2.3 战略管理

管理挑战为大多数管理者创造了一个极为复杂的、动态的、充满竞争但又必须面对的格局。为了在这样的环境中生存下去并获得很好的绩效，组织中的全体管理者需要从战略的高度加以管理。组织的高层管理者（如苹果公司的前 CEO 史蒂夫·乔布斯）设定目标，并制定用以实现这些目标的战略。为了实现目标，公司必须有效实施战略，这就要求公司各级管理者设立与实现有利于组织最终绩效的目标。

随着全球化的不断推进和技术应用的不断增加，组织认识到知识对企业的成功至关重要。组织的智力资本日益重要，这要求管理者必须有效地利用自己的资源组合。其中，最重要的资源是无形资源，如员工以及企业的声誉。管理者有责任培育组织的能力，然后通过所制定的战略利用这些能力，获得超过对手的竞争优势。他们通常是通过为顾客创造出比竞争者更多的价值来实现这一目标。

管理者同样有责任为组织中的重要部门制定战略。战略需要组织中的人来实施，因此，管理者必须高度重视人的因素。在实施战略时，管理者会遇到冲突。通常，这意味着管理者要同时管理多种情境，并保持灵活性，以适应不断变化的形势。事实上，2005 年，当联合利华遇到问题并由此改变其战略时，它们发现自己缺乏落实与执行战略的能力。因此，为了提高绩效，该公司制定并实施了一个叫做行动战略（strategy in action，SIA）的流程。该流程包括企业的一系列活动，即思考、计划、交付与复盘（review）。管理者首先要开发与测试出一个很好的策略，然后为组织中管理团队实施战略做出计划。在此计划的基础上，管理团队采取行动去实现预期的目标。随后，管理团队要复盘、审核已取得的成果，提出改进计划。该流程的基本原则来自日本的方针管理（hoshin kanri）或政策部署。

此外，为实现组织的目标，管理者需要时刻提醒自己，考虑如何改进与强化战略，以推进组织的愿景。最后，动态竞争的格局注定会引发重大变化，为了适应这种变化，管理者应具有创新与创业精神，不断寻找新的机会。

1.2.4　创业管理

管理者应当定期地从当前的市场中寻找新的机会，或者识别可以创造新市场的想法。所谓创业精神，是指识别新的机会，并利用这些机会。因此，管理者必须具有创业精神。应该看到，创业活动不仅发生在新的小公司。大公司的管理者也必须具有创业精神，努力创造新的业务。开发新业务，就需要公司的领导者以及其他人员采取创业行动。在大多数国家和行业里，企业面临大量的变革与创新，没有创业精神就没法生存。

要具备创业精神，管理者就必须形成一套创业思维模式。创业思维模式，是一种思考商业的方式，强调利用不确定性采取行动。管理者具有创业思维，就可以感知到机会，并采取行动利用机会。环境中的不确定性为各种规模的组织提供了一个竞争的“场地”。无论组织在资源上是富裕还是匮乏，不确定性使它们能够识别并利用机会，以获得竞争优势。这就是谷歌公司能在其早期阶段打败更大、更有实力的竞争者的原因。要开发创业思维模式，管理者首先要关注新的想法，并使用它们为顾客创造价值。

无论规模大小，无论新成立的还是已有的企业，都可以具有创业精神。正如前面所述，企业只有具备了创业精神，才能生存下去。在快速成像行业，宝丽来公司曾经是一个具有创业精神的公司和市场领导者。但是，由于它失去了自己的创业精神，而且随着数码摄影技术的引进，它原有的市场份额逐渐消失殆尽，因此风光不再。买下宝丽来品牌的公司几经挣扎，最终也倒闭了，把资产出售给了一个创业者。这位创业者专门向艺术家和所剩不多的持有宝丽来相机的顾客出售特殊胶片。总体上来说，小型的新成立企业更具有创业精神，但常常缺乏保持这种优势的能力。大型的已有企业善于利用自己的规模获得优势，并在新的竞争产品进入市场之前保持自己的地位。然而，大公司要具有创业精神是十分困难的。

1.3 管理的历史演进

很多人认为管理是一个非常年轻的概念，并非如此！实际上，古代文明也遇到过管理挑战，并找到了解决的方法。1 000 多年前，中国的领导者就在寻找有效治理一个庞大组织（政府）的手段，认为开放式的沟通以及关注民众的需求是极为重要的。此外，中国的领导者还阐述了专门人才的价值，主张以德取人与用人，陈述了明确分工的必要性。现代战略管理起源于军事领域，以及中国古代军事家孙武和他的著作《孙子兵法》。

很久以前，管理就在世界上许多地方得以应用。例如，几千年前，古埃及设计和建造了金字塔。要完成这一世界奇迹，需要大规模的计划/组织和劳工管理。同样，2 000 多年前，罗马帝国建造大型纪念碑、四通八达的道路和高架引水桥时，也需要进行有效的管理。此外，天主教教会在世界各地的发展，同样需要对人们的努力与活动予以大量的计划、组织和指导。

人们常说的现代管理起源于工业革命。这场革命始于 18 世纪中叶的英国，后来蔓延到美国和世界其他地方。很多人都对管理思想和实践的发展做出了贡献，人们将美国工程师弗雷德里克·泰勒（Frederick W. Taylor，1856—1915）誉为“科学管理之父”。泰勒在员工激励与绩效关系领域的研究，为能够应用到工作场所的激励理论奠定了重要的基础。他认为，工资只是奖励的一部分，应该定期对员工的绩效给予反馈。科学管理原则是泰勒的主要成就。本书正是在这些原则的基础上，探讨了管理者的职能、角色和活动。研究表明，科学管理是一种深奥、微妙的理论方法，对其他学术领域（如制度经济学）也做出了贡献。

在过去的两个世纪里，还有很多人对现代管理理论和实践做出了贡献。其中，弗兰克·吉尔布雷斯和莉莲·吉尔布雷斯（Frank and Lillian Gilbreth）开创了对时间和动作的研究，以确定最有效完成任务的方式。通用汽车前首席执行官阿尔弗雷德·斯隆（Alfred P. Sloan）和美国电话电报公司（AT&T）高管切斯特·巴纳德（Chester Banrnard）都对如何构建一个既有效率又有效能的组织做出了贡献，丰富了我们的知识。斯隆重点研究组织的形式，如职能和事业部，巴纳德则侧重组织的社会特征，如合作、建立共同目标以及沟通的重要性。

玛丽·帕克·福莱特（Mary Parker Follett）和道格拉斯·麦格雷戈（Douglas McGregor）关注组织领导力的重要性和价值。福莱特信奉整合的重要性以及把员工看作合作伙伴等原则。同样，麦格雷戈因推介“Y 理论”领导实践而闻名。该理论基于人性本善的假设，认为积极的领导能带动员工做出更大的努力和实现更高的绩效。亚伯拉罕·马斯洛（Abraham Maslow）和弗雷德里克·赫茨伯格（Frederick Herzberg）在激励方面的贡献一直影响到今天的管理实践。马斯洛最著名的是他的需求层次论，而赫茨伯格则提出激励因素和保健因素的独立性。这两种理念都促进了将工作丰富化的概念运用于任务设计，以达到更加有效地激励员工和更多地使用其技能的目的。

本书的附录对管理思想和实践史展开了更为详尽的讨论。接下来会讨论管理者做什么，从中可以明显地看出管理前辈的理念。

1.4　管理者做什么?

在有关霍尔沃森的开篇案例中，我们了解到管理有许多维度。霍尔沃森最初设计和销售服装的尝试之所以成功，是因为他创造了一个市场需要的产品。但是，他无法满足这种需求。他不知道如何开发与管理一个组织。根据他的描述，在把Junk Food公司开发和管理成为一个成功公司的过程中，他完成了许多管理任务。其中包含了本节中所描述的许多职能。

除了观察管理者工作的方法外，还有几种其他方法可以用来考察管理者的工作。多年来，这些方法被归类为不同的系统：(1) 管理的职能；(2) 管理者的角色；(3) 管理工作的特征和维度。这种分类为检验管理工作的不同性质和责任提供了有用的方法。实际上，它们为了解什么是管理提供了一张地图。

思考“管理者做什么？”这一问题的一种方法，就是根据他们所执行的不同职能来分析他们的工作。这种分类系统最早可以追溯到80年以前。如今，管理学者和作者仍在广泛地使用这个分类系统。本书的各章顺序基本是在这一传统分类变形的基础上形成的（其他大多数管理学教科书也是如此）。现代组织中应用得最为广泛的四个主要管理职能是计划、组织、指挥和控制。

1.4.1　计划

计划（planning），是指预测组织的未来条件和环境，根据这些预测，管理者要做出有关自己工作以及他们所管辖员工工作的决策。该职能至少包括三个不同的层面或类型：

1. 战略计划，侧重于设计战略行动，以实现组织的长期目标；
2. 战术计划，把战略计划转化为实现具体和短期目标的行动；
3. 运营计划，识别出完成组织具体单位目标或其各自市场特定产品线目标所需采取的行动。

无论组织规模大小，是新成立的还是已有的公司，计划都很重要。对于新的小企业来说，计划更为重要，因为它们没有更多的资源去应对重大的失误。面对突发事件，没有计划的企业常常会手足无措。当发生突发事件时，这类企业会绩效受挫，可能不得不采取一些非常规行动。因此，计划是一个非常重要的管理职能。

1.4.2　组织

组织（organizing），就是系统地整合资源，以便更好地开展管理工作。这就涉及要根据各种职位以及拥有这些职位的人之间的关系确定适当的组织结构，并确保这一结构服从于组织整体的战略方向。由于当今世界充满了不确定性和模糊性，组织便成为管理的一个重要职能。在这个最基本的层面上，这种管理职能的目的就是试图给组织带来秩序。没有秩序，组织就会陷入一片混乱。

大多数人认为一张组织结构图就代表了组织的结构。组织结构图描绘了组织正式结构的某些部分，但是，组织的内容远不止这些。例如，关于哪些单元应代表企业项目团队的决策就是组织工作的一个方面。这些单元被授予的自治程度也是管理方面的组织决策。通常，生产模块化产品的企业会自主形成模块化的组织单元。在整合被并购企业的单元或者建立国际子公司时，这种单元是非常普遍的。因此，管理的组织职能十分复杂并具有挑战性。

在鲍勃·纳德利（Bob Nardelli）成为首席执行官之前，家得宝公司（Home Depot）采取的是分权式的组织结构。该公司的门店经理有很大的自主权，可以根据当地顾客的需要来挑选产品和提供服务。通过采用这种结构，公司取得了显著成就。但是，纳德利觉得分权式的组织结构成本高、效率低，便运用一个强有力的监控系统实行集权式结构（例如，集中式的库存控制系统）。这种新结构虽然高效，但阻碍了创业精神，影响了顾客满意度。结果，家得宝公司在竞争中失掉了市场份额，财务绩效也有所下滑。这说明，组织结构对企业至关重要。这个案例也说明了领导力在制定与实施变革中的重要性。领导力是指挥的一个重要方面。下面的主题就是指挥。

1.4.3 指挥

指挥（directing），是指试图影响他人以实现组织目标的过程。多年以来，这一职能有过许多不同的名称。指挥主要包括领导与激励管理者所辖员工，与他们在小组和团队中进行有效互动，以认可与支持他们为完成任务和实现组织目标所付出努力的方式进行沟通。指挥有多个维度，包括领导、激励、沟通和管理小组或团队。

领导者必须与员工建立有效的关系，而且他们的行为应该能够产生公平的效果，即通常所说的“公正”。领导者应努力在员工中积蓄正面的心理资本，这会为企业带来积极的效果，如更高的生产率与更低的离职率。领导者能够对组织的产出产生重要影响，如对创新和绩效的影响。因此，管理者的领导行为非常重要。管理者使用领导行为来管理变革（改造组织和单元）。管理者作为领导的一个关键职能，就是激励所辖员工，提高生产率。这就要求管理者了解他们所管理的每个员工，并在自己的权限范围内采取与员工绩效挂钩的个性化奖励方式。在当前的组织环境中，许多管理者将工作的重点放在指挥团队上。但是，作为领导者，他们必须找到既指挥团队同时又激励员工的方法，授权给团队以及团队中的每个人。出于这些原因，对管理者来说，指挥是一项具有挑战性的职责。

管理者的挑战——变革

家得宝公司组织结构变革的失败

家得宝公司以其创业精神和客户服务闻名。为了促进创业精神以及良好的客户服务，该公司实施高度分权管理，给予每个门店大量的自主权以服务当地社区和顾客。每个门店的不同部门也有较大的灵活性。由此，家得宝的规模迅速扩大，非常成功。1979 年，该公司创立；2000 年，其销售额已经达到了 450 亿美元，成为美国历史上发展最快的零售商。

2000 年，家得宝聘请了新的首席执行官，即通用电气的前高管鲍勃·纳德利。纳德利认为要加强对公司的掌控并缩减成本。为此，他实施了一个雄心勃勃的集权控制计划，收回大部分商品采购与供应的决策权。他购买了自动结账机器和库存控制系统。公司为这些新技术投入了近 10 亿美元，它们使高管人员能够很好地控制每个门店和当地管理者的活动，并清楚他们的账目。这种集权式控制固然有助于降低成本，但降低了许多管理者和员工的士气。

纳德利的管理模型更具有军队的风格，决策是科层式的，非常注重控制与效能。这与以往的分权式决策及创业文化截然相反。在过去的氛围中，领导者尽量扮演顾问和教练的角色，鼓舞士气。门店管理者、单元管理者与部门管理者都以一种合理自主的方式以及创业精神在店内运作。纳德利采用的是一种典型的从上而下巨变的方式。

纳德利的变革形成了很多的规矩以及更多的结构，也产生了一些意想不到的结果。人们不满意失去自主性和灵活性，更不高兴没有了创业精神。一切事情都是靠数字来控制，管理者依靠数字进行管理。有些人认为这种新的文化是基于恐惧。门店管理者和员工的士气严重下降，人们开始离职。家得宝的客户服务质量也有所下降。劳氏（Lowes）等竞争对手开始争夺家得宝的市场，拿走了家得宝的一部分份额。结果，家得宝的股票市场表现不佳。出于这些原因再加上与董事会不和，纳德利选择了离职。

新任首席执行官弗兰克·布莱克（Frank Blake）关掉了一些门店，重新关注以前的主营业务，减少扩张，特别是在最近的经济萧条时期更是如此。通过关闭门店，家得宝减少了资本开支和运营成本，确保了财政稳定。家得宝同时也重新强化客户服务。但是，它的竞争对手劳氏公司也没有裹足不前。家得宝已经进入了墨西哥和英国市场。这种国际化的举动是否能够盈利，还需要时间来证明。

资料来源：M. A. Hitt，C. Miller，and A. Collela. *Organizational Behavior*（Hoboken：John Wiley & Sons，2011）；M. Marcus. "Home Depot Rallies as Wall Street Weakens，" *Forbes*，February 8，2010，http://www.forbes.com；J. McGregor，"Smart Cost-cutting：How Home Depot Built It In，" *BusinessWeek*，August 4，2009，http://www.businessweek.com；L. Uchitelle，"Home Depot Girds for Continued Weakness，" *New York Times*，May 19，2009，http://www.nytimes.com；J. Creswell and M. Barbaro，"Home Depot Ousts Chief，" *International Herald Tribune*，January 2007，http://www.iht.com.

1.4.4 控制

控制（controlling）一词本身有时具有负面含义。但是，控制是一项必要且重要的管理职能。该职能实质上是规定管理者所管辖的员工的工作。管理者可以通过多种不同的方式进行控制，包括提前为员工设置绩效标准，实时监控绩效管理，特别是评估员工已完成工作的绩效。随后，这些评估结果将会反馈到管理者的计划过程中。然而，控制员工行为是一项困难的工作。在这一过程中，如果管理者不够谨慎小心，就会引发一些意想不到的不良反应。因此，管理者必须小心且有效地使用控制手段。在控制上，管理者要做好思想准备，既不要对自己的员工控制过严，也要避免放任自流。管理上不能进行有效的控制，就会造成一些负面的结果，如安然事件以及雷曼兄弟和高盛等大型金融服务企业所发生的问题。因此，管理者必须采取一系列平衡的控制手段。

值得注意的是，以上所述四种管理职能是一个循环交互的过程，如图表1-1所示。

1.4.5 管理角色

多年前，加拿大学者亨利·明茨伯格（Henry Mintzberg）从另外一种角度研究了管理的工作。明茨伯格将自己的分类系统基于对管理者如何在工作中支配他们的时间的研究，这主要是考虑到管理者所扮演的角色。明茨伯格的观察管理者工作活动的方法完善了管理职能的研究，并对“管理者做什么？”这个问题提出了新的见解。

图表1-1　管理的职能

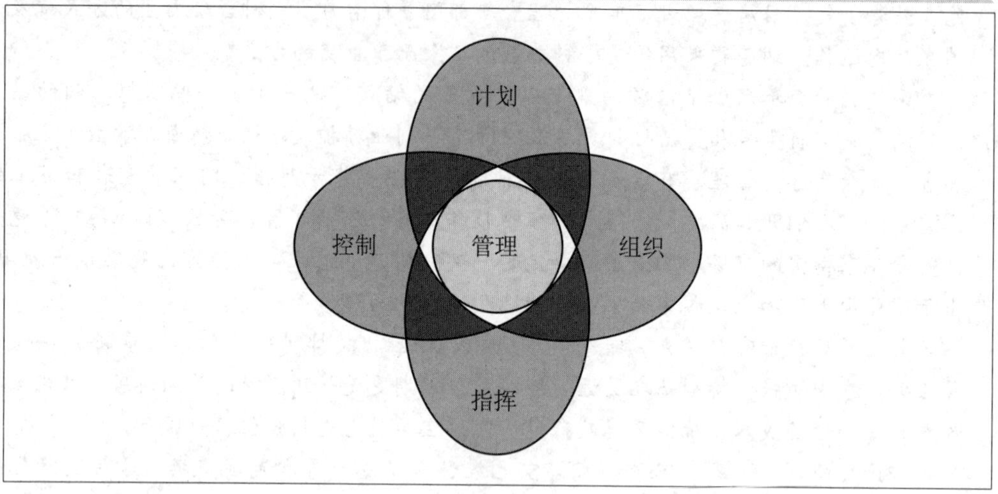

明茨伯格将管理者的角色分为三大类，即人际关系角色、信息传递角色和决策制定角色，每种类型又包含各自不同的具体角色，一共10种角色，见图表1-2和下文的描述。

图表1-2　管理者的角色

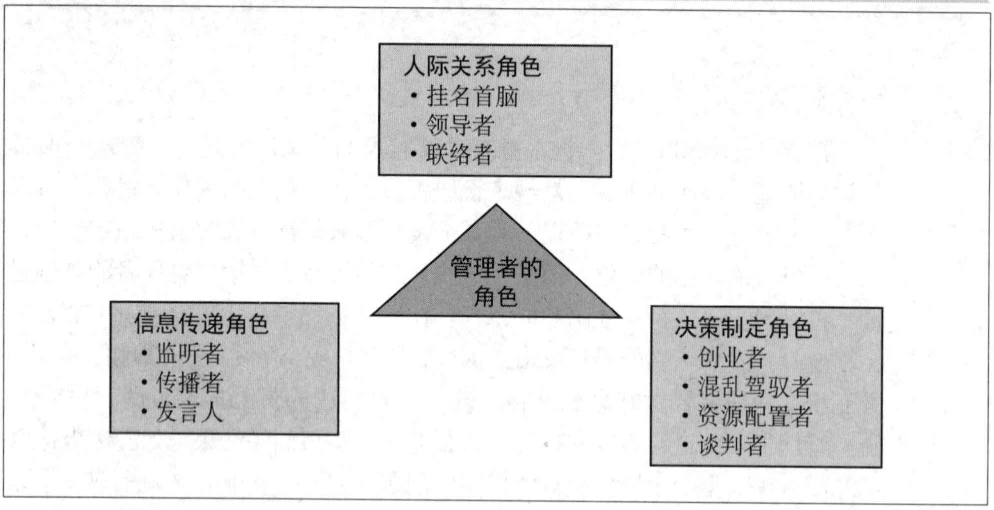

德布（Deb M.）描述了她在管理工作中所扮演的几种人际关系的角色（见“德布一周的管理生活”）。其中主要描述的是领导者的角色，其次是联络者的角色。

人际关系角色　人际关系角色由三种类型的行为构成，直接受到组织所赋予管理者的正式权力的影响。它们分别是：

1. 挂名首脑角色。这组行为强调仪式性活动，如参加社交聚会、欢迎贵宾来访，或主持离职员工的告别招待会。随着时间的推移，这种行为已经成为管理者工作中的一个重要且必要的组成部分。例如，从学院的长远利益出发，商学院院长认为有必要参加一些挂名首脑的活动，如出席毕业典礼。

2. 领导者角色。该角色会影响或指挥他人。这是一组与管理者工作密切相关的职责，由组织正式授权管理者领导其他人员工作。管理者在实施领导行为时，就是在某种程度上将这种权力转化为实际的影响力。例如，当新任命的项目团队领导召集自己的团队讨论团队的愿景和目标以及如何实现它们的时候，就是管理者在扮演领导者角色。

3. 联络者角色。担任这一角色的管理者主要负责与正式命令链之外的人进行联络。联络的对象不仅包括组织内的其他管理者，也包括顾客、供应商、政府官员以及其他组织的管理者等外部人士。与管理者的纵向人际互动不同，它更强调横向的互动联系。这也凸显了这样一个事实，即管理者工作的一个重要组成部分，就是做自己所在单元与其他单元或团队的整合者。联络者角色适用于这样的情境：营销经理与关键顾客互动，了解他们对新产品思路的反应。

信息传递角色　这组角色是建立在管理者已有人际关系的基础之上，强调管理者构建和维护联络网的重要性。具体地讲，包括三种信息角色：

1. 监听者角色。管理者从事这种角色，需要广泛地搜寻信息。管理者要对那些会影响本单元和自己工作的关键性发展保持敏锐。这种监听主要是处理包括有关“软信息”和“硬信息”在内的各种口头和书面的信息。例如，管理者出席行业会议，花费大量时间在非正式场合和鸡尾酒会上与业内人士寒暄，就是在收集该行业目前发展状况的信息。

2. 传播者角色。管理者不仅收集信息，同时也发送信息。接收者希望得到这些信息。但在通常情况下，如果没有管理者帮助，接收者没有其他渠道来获得这些信息。一位主管知道了有关本部门的重组计划，将这些信息转告给其下属，就扮演了传播者的角色。例如，德布在向公司的高管人员讲解新的薪酬方案时，就扮演了传播者的角色。

3. 发言人角色。管理者经常被要求代表所在单元发表意见。在较低的管理层级，管理者是代表本单元向组织内其他个人或团体发言。在较高的管理层级，管理者一般是向组织外部宣讲组织的活动和关注点，如对顾客或者供应商宣讲。例如，在开会时，西部地区经理向其他区域的经理介绍自己所负责的销售人员提出的新的销售激励计划如何成功时，就扮演了发言人的角色。

决策制定角色　角色分类中最后一大类与管理者工作中所需要的决策制定有关。决策制定角色共有四种：

1. 创业者角色。管理者不仅要在自己的工作中做出日常的决策，也经常需要探索新的机会或启动新的项目。在组织中，这种创业行为经常会涉及一系列小的决策，用来实时评估应该继续还是放弃新创企业。扮演这一角色往往会有一定的风险，但是决策的流程顺序一般会限制这种风险。例如，一个基层生产经理提出了一个新的关于销售单元的想法。随后，她与同事讨论了这一想法，根据他们的反应修改了想法，并呈报给上级管理者。由此，这名经理就是在她日常职责之外扮演了创业者的角色。

2. 混乱驾驭者角色。管理者会主动发起行动，还必须被动应对出现的问题或“混乱”。经理常常充当法官、问题解决者或冲突管理者。目的是阻止小矛盾演变成大问题。如果员工就谁去完成一个特别讨厌但又必须完成的任务发生争执，管理者就必须出面解决这个问题。当他这样做的时候，就是在扮演混乱驾驭者的角色。德布纠正员工偏离计划的行动，就是在扮演这一角色。

德布一周的管理生活

德布是加拿大一家石油和天然气公司中负责组织绩效的经理。

问：请描述一下你在过去的一周所参与的管理活动的类型和范围。

上周，我70%的时间都用在与他人的会议上。这个比例有点高，但还算正常。

其中，我组织并主持了一个会议。这是一个为期两天的与公司其他部门人力资源同事的工作会议。我们在一起协调人力资源活动，如公司的招聘与绩效管理。我们公司有四个独立的经营单元，每个单元都有自己的人力资源部门。

另一个会议是向公司高管汇报我们所制定的薪酬方案。在会上，我解释了我们所做出的变革是为了更好地吸引和留住具有关键技能的员工。

为了应对日益增加的工作量，我和老板进行了会谈，审核了我的团队所需要的资源。为了招聘新的员工加入我的团队，我还花了几个小时面试应聘者。

我还主持了一个情况介绍会，向我们的一些管理者介绍新颁布的工作评估体系。剩下的时间则用在尽力整合与协调公司范围内具体的人力资源实践上，如工资问题。这既包括与下属一起工作，也包括我独立的工作。

问：作为一个管理者，你最喜欢你工作中的哪一部分?

我最喜欢我工作中的一点是，我有机会左右那些会对公司的成功有显著影响的决策和行动。我们公司的成功大部分取决于我们所吸引与甄选进公司的员工，以及现有员工的绩效。在人力资源部，我及我下属的工作都与员工的素质以及他们的绩效直接相关。

问：在过去一年左右的时间里，你必须面对的最大变革是什么?

现在，我们正在发生一系列变革。我们已经改变了我们的战略、我们的组织结构。但是，这些变革的大部分还在计划中。突如其来的变化往往是因为某些人偏离了原定计划，或没有共享某些关键信息，使得我们不得不做出新的计划。在第一种情况下，我必须得依靠我的人际沟通能力，努力使该人回到正轨；而在第二种情况下，我只能根据新的信息，调整我们的计划。

3. 资源配置者角色。组织里的资源必须得到有效管理，而且很少有冗余的资源可用，因此，管理者的一项重要职责就是决定如何分配资源。资源配置的决策会直接影响一个单元的绩效，并且间接地向员工传递关于企业活动重要程度的信息。一家大型度假酒店的前台服务经理决定每个班次所需要的员工数量和具体人员就是在扮演资源配置者的角色。德布所做的有关其团队所需资源以及资源配置的决策都是资源配置者角色的体现。

4. 谈判者角色。根据不同的管理职位，管理者常常会被要求与其他单元或组织进行调解。在这种决策的情景下，管理者有责任了解针对具体的谈判解决方案自己可以运用的资源。管理者加入与其他公司建立合资企业的谈判团队时，就是在担任谈判者的角色。

在管理者的职责中，决策制定角色格外重要。管理者要做出决策，而且很多决策对组织的绩效至关重要。例如，管理者必须决定何时开发新产品并将其推向市场、何时开创新的企业、何时雇用和解雇员工等等。他们要全面迅速地做出有效的决策。一般来讲，在做决策时管理者没有明确且正确的路径可以遵循。相反，管理者往往需要根据自己的教育背景、培训和经验做出合理判断，从而进行决策。最后，管理者所做出的决策要能确保公司的运营符合道德标准。

管理工作角色的分类特别关注管理者所需采取的各种不同行为。当然，对于不同的管理工作来说，每个具体角色的重要程度是不同的。例如，银行的执行副总裁和每天面对大量银行柜员的一线主管的角色组合十分不同。不过，这十个角色有助于我们了解管理者在一段时间内通常必须完成的一系列活动。

1.4.6　管理工作的维度

分析管理工作的维度，可以让我们从另外一个角度看待管理工作。英国研究人员罗斯玛丽·斯图尔特（Rosemary Stewart）开发了一种特别的方法。斯图尔特认为，不论是组织中哪个层级和哪种类型的单元，都可以从三个维度来刻画管理工作的特征：

- 对管理工作的要求；
- 对管理工作的约束；
- 管理工作可以做出的选择。

以这种方式分析管理工作，不仅可以使我们进一步了解管理者的工作，也可以对不同的工作做出直接的比较。例如，将营销副总裁的职位与信息系统经理或工厂经理的职位加以比较。

格雷格所从事的一系列活动可以分别反映出管理工作的三个维度。

要求　管理工作的这一维度是指身居某管理职位的人必须做的事。要求包括两种类型：一是所要从事的活动或责任；二是所要达到的最低绩效的标准或层次。组织、顶头上司或与工作活动相关的组织等方面都会对管理工作提出要求。一般来讲，这些要求包括参加必要的会议、遵守预定的期限、遵循某种程序等行为。例如，厄休拉·伯恩斯（Ursula Burns）在施乐任CEO时，无疑要完成她的销售及业绩目标；格雷格每周要定期与他的老板、员工和其他部门的经理举行会议。

约束　约束是指限制管理者对各种要求做出反应的因素。对于管理者来说，时间是一个明显的限制，总是不够用。其他的约束还有预算、技术、下属的态度和法律条款。所有的管理工作都会受到约束。管理者要有很好的心理准备，尽量减少或克服这些约束。

选择　尽管管理工作上有要求和约束的维度，但选择的维度强调管理者总是有机会行使酌情处理权。例如，管理者经常需要在要做的工作、如何完成任务以及安排哪些员工参与项目等方面做出选择。坦率地说，酌情处理权是管理工作的一个重要组成部分。管理者如何行使酌情处理权以及做出的判断的质量，在很大程度上决定了管理效能。厄休拉·伯恩斯在她现在和过去的管理职位上，一直面临众多的选择，包括如何做出人事安排、如何体现领导力、如何应对技术导致的市场情况的变化等。

图表1-3阐述了两种不同的管理工作中的三个维度。一个是一家制造公司的项目团队经理，另一个是一家中型快餐店的经理。

两人从事的都是管理工作，但是对他们的要求和约束却很不相同。不过，他们可以做出的选择是类似的。这三个维度的组合决定了作为管理者所必备的条件。

格雷格一周的管理生活

格雷格是一家金融服务公司的一个大事业部的财务经理。

问：请描述一下你在过去的一周所参与的管理活动的类型和范围。

在我的管理工作中，我参与了各种不同的活动，包括事业部的项目会议、员工会议以及找时间完成自己的项目。下面简单回顾我过去一周的活动：

星期一：上午，我参加了有不同管理层次员工参与的电话会议，讨论我们一个经纪交易商的活动。这一天剩下的时间大部分用在与员工互动、完成自己的任务，以及回复其他部门、事业部和审计人员的各种查询上。

星期二：上午，我参加了一个两周一次的电话会议，与我们的第三方管理者讨论了我们的一种产品。电话会议结束后，我在我们的每周工作会议中与一个直接下属（会计主管）会面。我们讨论了各个部门的项目进度、人员问题、即将开展的项目，以及目前影响事业部的事件。当天晚些时候，我会见了会计协调员，讨论她正在进行的一个定价项目的进展情况。

星期三：这一天的会议很少。不过，我参加了一小时的培训班，了解我们即将推出的一款新产品的性能。后来，又忙着几个与工作相关的项目。

星期四：星期四上午通常很忙，我要参加两个会议：一个是两周一次的技术会议，一个是每周的产品会议。当这两个会议都召开时，通常会花费我两到三个小时。这个星期四，我们部门的负责人还举行了每月一次的员工会议，讨论那些影响部门、事业部和公司的一般事件。

星期五：早上一开始就是每周的投资会议。公司不同事业部的代表参加了这个会议，而我则代表我们事业部出席。这一天剩余的时间，我则忙于各种日常工作。

整个星期，除了出席会议，我工作的剩余时间多是与员工进行一些其他的互动，完成我作为经理所应承担职责的其他工作。我每天至少与我们部门的负责人（公司财务总监）交流一次。我们讨论新的需求和项目、人员配置，目前项目的进展情况等。我还每天定期地与我的五个直接下属互动，讨论项目，回答问题，并给予反馈意见。我还负责审批我们所有销售人员的差旅和开支报告，以及核准我们销售队伍所提交的销售支持报告。

问：作为一个管理者，你最喜欢你工作中的哪一部分？

我需要从两个角度来回答这个问题：一个是从我的直接任务的角度来谈，另一个从管理的角度来谈。

关于我的直接任务，我的工作中最有意义的部分就是对事业部项目所做出的贡献。那些与高层主管沟通的发现与建议，对事业部产生了直接的影响。能是这个事业部团队的一分子是件非常有价值的事情。

作为一个管理者，我乐于解决问题，并乐于指导我的直接下属解决他们所遇到的问题与完成他们必须完成的复杂任务。我们公司为管理人员开发了几个管理培训项目，我觉得其中的领导力项目很有用。我尝试着运用从课堂上所学的知识来解决工作中遇到的情况。

问：在过去一年左右的时间里，你必须面对的最大变革是什么？

从管理的角度来看，在过去一年中最具挑战性的变革是解雇了两名员工（不是我的直接下属，但我深度参与了该过程），并相应地在工作的各个方面做出调整。我以前没有参与过解雇，所以这对我来说是个挑战。这一过程需要考虑绩效、人力资源、重新配置部门内的资源以确保完成所有的任务，以及和其他员工沟通（也是一个棘手的问题）。

图表 1-3　具有不同的要求、约束和选择的两种管理工作

	工作 A：项目团队经理	工作 B：快餐店经理
要求	● 开发具有强大市场吸引力的新产品 ● 与老板每周进行正式的进度会议 ● 经常到其他公司参观	● 使餐馆保持有吸引力的外观 ● 将员工成本保持在尽可能低的水平 ● 满足服务速度的标准
约束	● 12 个月期限的产品开发 ● 项目团队组织结构 ● 项目任务的顺序 ● 项目分配	● 大多数员工接受的知识教育有限 ● 奖励优秀绩效员工的金钱激励较少 ● 联邦和各州对健康和安全的管制
选择	● 项目团队的组织结构 ● 项目任务的顺序 ● 预算分配	● 能提升为主管的员工挑选 ● 班次和任务的安排 ● 本地广告促销

1.5　管理者需要什么技能？

与人类其他活动类似，管理涉及技能（即高度发展的能力）的使用。管理者通过组合天赋、教育、培训和经验形成了这些技能。对于管理任务，特别是对于管理中的领导力来说，有三种技能非常重要，即技术技能、人际技能和概念技能（见图表 1-4）。

图表 1-4　管理者的技能

技术技能	人际技能	概念技能
● 专业知识（包括何时、如何使用这些技能）	● 敏锐度 ● 说服力 ● 同理心	● 逻辑推理 ● 评价 ● 分析能力

1.5.1　技术技能

技术技能，是指有关程序、过程和设备的专业知识，包括了解如何与何时运用这些知识。研究表明，在管理的早期生涯中这些技能特别重要（见图表 1-5）。此时，领导较低级别的员工并获得他们的尊重常常是管理者工作的一部分。另外，技术技能对于许多成功的初创企业来说也非常重要，如史蒂夫·乔布斯和斯蒂夫·沃兹尼亚克所在的苹果公司或者比尔·盖茨所在的微软公司。无论是在创业企业还是在一个更大的组织，对于公司的有效管理来讲，技术技能常常是必要的，但还不够充分。过度依赖技术能力实际上可能会降低管理者的效能。例如，乔布斯和沃兹尼亚克设计和建造的第一台苹果电脑所需的技术技能开创了这个新生的公司。然而，随着苹果公司的发展，由于可以雇用到技术专家，这两位初创者的技术技能就变得不那么重要了。当然，乔布斯和沃兹尼亚克常常不能让他们的技术技能在其他领域里发挥作用，特别是不能将其转化为迷人的领导才能，因此，公司不得不寻找其他的管理人才。当然，这样做的结果并不完全成功。在 20 世纪 90 年代后期，乔布斯在其他公司获得了大量的管理经验后，在其他能干的管理者的支持下，他返回苹果公司担任CEO。自他回归以后，苹果公司取得了一系列难以计数的成功。正因为如此，《财富》杂志宣称乔布斯为近十年最优秀的首席执行官。

图表1-5 不同层级管理技能的相对重要性

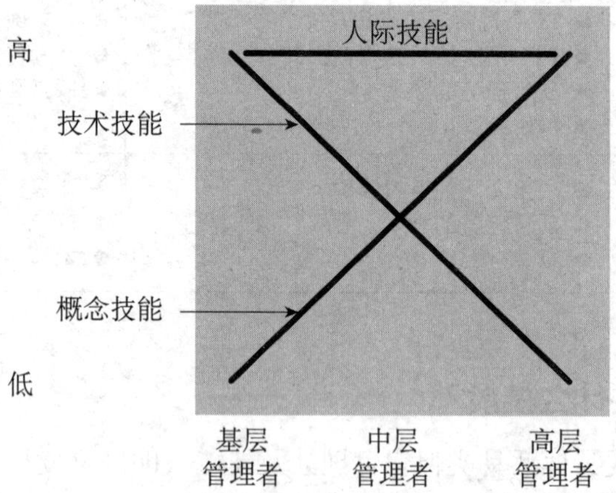

1.5.2 人际技能

对于各级管理人员来说，敏锐度、说服力和同理心等人际技能都是很重要的，当然，对于中低级管理者来讲更为重要。AT&T公司进行的一个职业发展跟踪研究表明，管理者在职业生涯中能被较早地测出这方面的技能，对于提前预测其在20年后管理级别的提升是十分重要的。管理者如果缺乏这些技能，即使具备其他技能，也会永久地限制其管理层级的提升。但是，仅靠这些人际技能也不可能保证管理上的成功。图表1-6总结了一项研究的结果。这项研究调查了一些高管为什么早期晋升很快，但最终发展趋缓，即使他们具备较好的人际技能。正如一些管理学研究者所说："那些富有魅力但并不聪明的人会发现，仅靠人际技能，会使得工作变得更多、问题变得更复杂。"

1.5.3 概念技能

概念技能，通常称为认知能力或认知复杂性。逻辑推理、判断和分析能力等概念技能是一个能较好预测管理效能的指标。这些技能往往是谁能达到组织最高管理层的决定因素。通用电气前CEO杰克·韦尔奇就是一个典型的例子。他之所以被选中成为CEO，就是因为他具有概念技能。1981年，韦尔奇被任命为通用电气CEO之后，立即着手对组织进行重构，以使其更具全球竞争力。随着时间的推移和经历过几次重大的组织变革以后，他明显地减少了通用电气的管理层级，建立了一个更为灵活的组织。他还改变了通用电气的企业文化，给予员工更多的授权。

图表 1-6　谁成功了?

潜在管理领导者的共同特征	不太成功的	成功的
聪明，有良好的记录	一直很成功，但是一般都局限在一个领域或一种工作	有多种记录，在许多不同的情境下表现出能力，对业务或行业拥有极为广泛的知识
在紧张的环境下生存	经常被人形容为喜怒无常或情绪不稳定。在危机时期与上司一起时可能能控制住脾气，但是对同事和下属很暴躁	能在紧张的环境下保持镇定，在危机时期是可预测的，被认为冷静、自信
有一些缺点	试图在掩盖问题的同时解决这些问题。如果问题不能被掩盖，他们就倾向于自卫，甚至为此责备他人	会犯一些错误，但是当他们犯错时，他们会承认错误，并镇定和优雅地处理这些错误
雄心勃勃且倾向于解决问题	可能只试图微观管理当前的状态，忽视未来的前景；可能会配备不恰当的人员或忽视真正有才能的人；可能会过于依赖单一的顾问，使得他们的决策能力出现问题	在注意解决问题的同时，关注下一步的发展；帮助发展胜任的接班人；从多种渠道寻求建议
良好的人际技能	可能被认为有魅力，但政治性强或直接、粗鲁、冷淡、傲慢。人们不喜欢跟他们一起工作	能与不同类型的人相处得很好，坦率直白但是不会冒犯他人，被认为直接、民主

1.6　本书的计划安排

以上内容是对管理性质的考察，接下来将介绍本书的整体结构与剩余部分的计划，并介绍本书的各篇章安排。

第Ⅰ篇介绍了管理以及决定管理工作的关键因素。为读者介绍了管理的性质（第 1 章）以及管理的情境，管理工作的两个重要情景维度是社会责任和管理道德（第 2 章），以及国际管理和全球化（第 3 章）。管理者必须按照道德行事，而且对组织所处的社会环境保持敏锐。

本书的其他篇按照管理的职能划分。第Ⅱ篇考察计划与组织职能。管理者所要做出的一个重要决策就是制定组织要遵循的战略，以保证组织获得竞争优势。我们将在第 4 章中讨论这一问题。第 5 章讨论在组织中实施战略的计划流程。第 6 章阐述如何组织企业以便其能够有效地实施战略，以及如何运行一个有效的组织。本篇最后讨论了人力资源管理和多元化管理（第 7 章）。

第Ⅲ篇包括五章，主要讨论领导的关键管理职责。它首先讨论了领导力。这是管理者的一个极为重要的职责（第 8 章）。第 9 章论述与激励有关的问题，帮助读者了解管理者如何影响组织情境下的行为。第 10 章则讨论群体和团队的作用，以及管理者如何领导与治理团队的过程，从而引导团队的行为。第 11 章讨论了有效的管理沟通。本篇最后讨论了管理者在工作中如何做决策及其重要性（第 12 章）。

第Ⅳ篇探讨了管理控制活动的性质。第 13 章论述了组织中基本的运营管理。第 14 章讨论了管理者可以使用的控制。最后，第 15 章在探讨组织变革后对全书做了总结，该章讨论了管理者如何在企业内部积极主动地促进组织更新和发展。

来自一线的管理挑战——尾声

从开篇案例中，我们了解到布莱恩·霍尔沃森和他的合作伙伴纳塔莉·格罗夫开创了一家非常成功的公司——Junk Food公司。霍尔沃森富有创意，并承担了创业风险。他从早期的经验中学会了如何成为有效的管理者。2005年，德尔塔服装公司（Delta Apparel）并购了Junk Food，由此霍尔沃森和格罗夫变得富有。不过，并购协议上规定霍尔沃森仍需留在Junk Food公司，继续拓展业务。他继续担任总裁与CEO，并希望将Junk Food公司推向新的高度。在这个职位上，霍尔沃森做了几年，并与格罗夫共同承担职责。后来，霍尔沃森担任了首席创意官（Chief Creative Officer），主要负责建立与扩大品牌。例如，在经济衰退期间，他曾负责扩大Junk Food在全球的销售并增加市场份额。他计划在新产品上采用Junk Food的品牌，并且进一步开设Junk Food的零售店。

本章小结

● 管理是在组织背景下，以目标为导向，整合与使用一系列资源去完成任务的过程。这一切是在组织情境中发生的。

● 管理者面临一系列的重大挑战。管理挑战包括管理变革、管理资源、战略管理和创业管理。日益发展的技术和全球化导致了大量组织变革的出现，企业为此必须有效管理变革。资源的有效管理只是整个管理的一部分。组织必须开发自己的资源组合并整合资源，以提升自己的能力，并由此获得竞争优势。管理者选择与实施能够为顾客提供比竞争者更大价值的战略。最后，即使是大型组织，管理者也必须采取创业行动，识别与利用机会。

● 管理是一个古老的概念，可以追溯到几千年前。中国古代的统治者就采用了组织的管理概念、劳动分工和战略等。工业革命时期弗雷德里克·泰勒提出的科学管理被人们认为是现代管理的基础。不过，很多先行者也为现代管理知识做出了贡献，如提高了我们对生产力的认识（如弗兰克·吉尔布雷斯和莉莲·吉尔布雷斯）、组织方面的知识（阿尔弗雷德·斯隆和切斯特·巴纳德）、领导力的知识（玛丽·帕克·福莱特和道格拉斯·麦格雷戈）以及激励的知识（亚伯拉罕·马斯洛和弗雷德里克·赫茨伯格）。

● 我们可以从管理者所履行的职能来了解管理者的工作。管理者的职能主要有计划、组织、指挥和控制。计划包括预测未来条件，以及在这些条件下获得成功所需完成的任务。组织包括确定各个职位以及担任这些职务的人员之间关系的适当结构，并且将这个结构与组织的整体战略方向联系起来。指挥是运用领导、激励和沟通等管理活动，努力影响他人达到组织目标的过程。控制是一个必要且重要的管理职能，用以规范管理者所辖下属的工作。

● 观察管理者所扮演的角色是研究管理工作的一个补充方式。管理角色分为三大类：人际关系角色、信息传递角色和决策制定角色。每一大类里又包括一些具体的角色。人际关系角色有挂名首脑、领导者和联络者；信息传递角色中有监听者、传播者和发言人；决策制定角色中有创业者、混乱驾驭者、资源配置者和谈判者。

● 我们也可以从管理工作的维度来了解管理工作。管理工作的维度包括对管理者的要求和约束，以及管理者在工作中所享有的选择权。

● 为了有效履行职能，发挥角色作用，并应对工作中的各种维度，管理者需要掌握一些技能，包括技术技能、人际技能和概念技能。所有这些技能都很重要。但是，这些技能的组合需要根据不同类型的管理工作与层级做出有效的变化。

复习题

1. 如何定义管理？它有哪些基本要素？
2. 管理者面临哪四种主要的挑战？如何应对这些挑战？
3. 历史上主要有哪些人物对现代管理做出了贡献？他们最重要的理念是什么？
4. 管理的四个主要职能是什么？它们的具体内容是什么？
5. 十大管理角色是什么？它们对管理工作的重要性是什么？
6. 管理工作的三个维度如何分别对管理任务产生作用？
7. 管理技能主要有哪三种？它们的重要性如何随着管理工作的类型以及层级不同而变化？

自我评估

管理的核心价值观

假设你是一个管理者，请根据你的观点对下列陈述的重要性做出排序（1 为最重要，16 为最不重要）。

________专业性
________与他人合作
________追求短期利润
________解决问题
________实现积极的结果
________提供高品质的产出
________从长远考虑
________满足顾客需求
________有效沟通
________提供卓越的价值
________承担风险以求创新
________领导员工为他人服务
________激励员工
________喜欢你的工作
________达到自己的目标
________与他人建立和保持关系

答案没有正确错误之分，但是排序说明了你作为管理者所强调的核心价值观。例如，如果你对与他人合作、领导员工为他人服务、与他人建立和保持关系、有效沟通、激励员工这些陈述给以很高的排名，说明你很可能强调服务的角色。如果你对喜欢你的工作、追求短期利润、达到自己的目标给予很高的排名，说明你的管理活动很可能是机会主义类型。最后，如果你对解决问题、实现积极的结果、提供高品质的产出、提供卓越的价值给予很高的排名，你的管理行为很可能是结果导向的。把你的排序与同学分享，讨论为什么每个人对于这些陈述的看法是不同的。

资料来源：Based on J. van Rekom, G. B. M. van Riel, and B. Wierenga, "A Methodology for Assessing Organizational Core Values," *Journal of Management Studies* 43(2006): 176 - 201. Copyright © 2006. Used with permission.

团队练习

由 3～5 个人组成一个小组。

亨氏公司 2002 年剥离了一些非核心业务之后，其运营发生了重大变化。很多人将这些变化归功于尼尔森·佩尔兹（Nelson Pelz）。他是一名对冲基金经理、一名激进的投资者，收购了亨氏公司超过 5%的股权。而其他人则将这一段时间的变化以及绩效的提升归功于亨氏公司首席执行官威廉·约翰逊（William Johnson）的管理。

请获取关于该公司以及一段时间以来该公司变化的信息。下列网站可能会对你有所帮助：

www. heinz. com / heinz. aspx

http：//www. heinz. com/our-company/investor-relations. aspx

下列网站可能会有助于你获得有关亨氏公司的最新信息：http：//www. alacrastore. com/company-snapshot/H _ J _ Heinz _ Company-1007855

分组分析你所获得的信息，并回答下列问题：

1．在过去5年中，亨氏公司的管理者所面临的主要挑战是什么?

2．从约翰逊所采取的提高公司绩效的活动中，可以明显地看出哪些管理职能？请把管理活动和职能联系起来考虑。

3. 约翰逊在行动中扮演了哪些管理角色？请将行动与具体的角色联系起来考虑。

章末案例

联邦快递成功地进行全球化

渴望在全球市场上竞争的公司在为顾客提供服务时，需要在如何提供、提供什么以及在哪里提供等方面保持灵活性。早在1979年，联邦快递创始人弗雷德·史密斯（Fred Smith）就意识到顾客的需求是不断变化的，联邦快递想要获得成功就需要实施相应战略，使自己成为灵活机动并具有很好的顾客满意度的公司。通过一系列的收购，联邦快递成功地实施了进入亚洲的战略。同时，该公司采用创新技术，为其国际顾客创造了无缝的使用体验。

联邦快递成为亚洲首屈一指的服务商绝非偶然。早在20世纪80年代，史密斯就关注到了日益增长的中国市场，而且认为亚洲将成为一个强大的经济体。因此，在1984年，联邦快递就在中国推出业务，并于1996年开通了到中国内地的第一班直航。1989年，联邦快递用8.95亿美元买下了泰格国际航空公司（Tiger International Inc.）。该公司运营困难，但有权飞进大多数亚洲机场，并且拥有一支熟悉太平洋地区的管理团队。当时亚洲市场难以预测，华尔街大部分人不看好这一决定，但联邦快递看到了这一地区的潜力。结果，这一决定给联邦快递带来了巨大的利润。联邦快递的业务在亚洲国家不断攀升，其国际运营网络的出货量剧增，其中大部分增长来自亚洲。2006年1月，联邦快递花费4亿美元购买其在中国的合作伙伴天津大田集团（Tianjin Datian W Group）的股份，从而联邦快递可以控制大田的运输车队和89个分销中心。同时，这一收购也使得联邦快递公司更好地控制了中国二线城市的服务。许多制造商为了应对沿海地区成本上升，逐渐将工厂转移到中国内陆，这就使得这些二线城市与全球经济产生了更紧密的联系。2008年，联邦快递公司关闭了其在菲律宾的亚洲运输枢纽，将其转移到中国发展最快的制造业区域之一的广州。该公司花费1.5亿美元，在广州市中心建成了新的超级运输枢纽。为给顾客提供无缝的使用服务，联邦快递认识到有必要提供所有类型的运输服务。2004年，该公司重新命名其下所有的公司，使顾客了解其服务的宽度。

为了应对联邦快递所面对的日益增长的国际化挑战，该公司认为十分有必要配备合适的IT系统。联邦快递的管理者意识到，一个IT系统必须考虑到不同国家、海关当局以及个人需求的特点。联邦快递明白，为了给顾客提供详尽准确的物流信息，它必须采用自动化和电子方式追踪所有的运输包裹。因此，联邦快递为海关当局提供了专门用于审查这些包裹的技术。结果，这样做也简化了海关程序，使海关能够快速准确地检查入境货品。IT系统还为顾客提供了无缝清关服务，可以根据一张收据就能追踪在海关的流程以及他们的货品的物流状态。顾客可以从任何地方进行网上交易或追踪货品。联邦快递还负责管理自己的IT运营和研发IT技术。为了实现这一目标，它雇用了大量的开发人员和IT人员。

这些举措帮助联邦快递有效地获得了成功，特别是在亚洲市场。联邦快递继续扩大其在亚洲的业务，2010 年年初在印度开设了一级货运代理办事处。事实上，2008—2010 年，它已经在世界范围内设立了多个货运办事处，如在伦敦、布鲁塞尔和墨西哥城。此外，在 2010 年，联邦快递宣布成立一个新的国际供应链服务，称为国际直接货运。这样做的目的是提供一个单一、快捷、灵活的货运方案，加快货物进入市场的速度，并降低成本。它可以整合多个包裹，避开配送中心，简化通关，从而快速地配送到包裹的最终目的地。该公司的管理人员意识到，为了获得成功，他们需要迅速对“世界扁平化”的变化与新的挑战做出反应。作为遍布世界各地包裹快递领域的先动者（first mover），联邦快递一直保持比其竞争对手超前一个包裹的速度。

◆ **思考题**

1. 联邦快递为什么会在亚洲获得成功?

2. 竞争对手可以模仿联邦快递在国际市场的做法夺走它的市场份额吗? 为什么?

3. 联邦快递关闭其在菲律宾的亚洲运输枢纽，转移到中国建立一个新的亚洲业务中心，是一个好的决策吗? 请解释。

4. 你可以从联邦快递的举措中识别出相应的计划、组织、控制等管理职能吗? 请解释。

资料来源：“FedEx Launches New International Freight Service,” *FleetOwner*, January 29, 2010, http://www.fleetowner.com/management/news/fedex-international_freight; H. Chemikoff, “Update 3-FedEx Opens First India Freight Forwarding Offices,” Thomson Reuters, February 11, 2010, http://www.reuters.com/assets; J Bourke, “FedEx Opens British Freight Forwarding Offices,” *RoadTransport.com*, February 18, 2010, http://www.roadtransport.com/articles; D. Goulden, “Managing IT for a Flat World,” *Business Week*, October 2, 2006, http://www.businessweek.com; D. Foust, “FedEx,” *BusinessWeek*, April 3, 2006, http://www.businessweek.com; A. Counsell, “Doing More Faster and Better,” *Financial Times*, February 14, 2006, http://www.ft.com; C. Shevlin, “Move out of Range to Think out of the Box,” *Financial Times*, August 19, 2004, http://www.ft.com; S. Murray, “Putting the House in Order,” *Financial Times*, November 8, 2006, http://www.ft.com; “FedEx Completes Acquisition of DTW Group,” *Business Week*, February 28, 2007, http://www.businessweek.com; Corporate Web site, “FedEx Reports Solid Revenue and Earnings Growth,” http://www.fedex.com/us/investorrelations.com, accessed December 20, 2006.

▸▸ 第 2 章

社会责任与管理道德

Social Responsibility and Managerial Ethics

学习目标

通过本章的学习，你应该能够：

- 理解为什么掌握道德决策方法、了解企业社会责任十分重要；
- 比较效率观与社会责任观；
- 解释战略型企业社会责任的基本方法；
- 解释道德强度的构成；
- 描述能够导致组织中高度道德行为的措施。

来自一线的管理挑战

姓名：莎伦·安德森·赖特（Sharon Anderson Wright）

职位：半价图书公司（Half Price Books）首席执行官

业余活动：文化与家庭文化活动。致力于贯彻半价图书公司的使命：重复使用与回收

毕业后的第一份工作：13 岁开始在半价图书公司工作，负责分类与摆放平装书

管理风格：合作

据说，莎伦·安德森·赖特喜欢在二手店里“淘宝”。如果你知道了赖特是美国最大的旧书公司——半价图书公司的总裁的话，你一定会对这个消息感到惊讶。1972 年，赖特的母亲帕特·安德森（Pat Anderson）与她的男友，钻石推销员肯·杰米瑞（Ken Gjemre）一起开创了半价图书公司。他们开的第一家店是由达拉斯一家洗衣店改建而成的。帕特希望通过回收旧书来拯救树木。“那时，没有人回收图书。”赖特说，“但我母亲他们不愿意看到大量的图书被白白扔掉。”多年来，半价图书公司已回收书籍 1 600 万本，挽救了超过 65 万棵树。

今天，半价图书公司有 2 500 名员工，年销售额超过 2. 1 亿美元，在美国 16 个州拥有近 100 家门店，其中大部分店在得克萨斯州。该公司从个人手中以及出版商库存尾货里购买图书、杂志和音像产品，再销售出去。该公司赞助全国的文化活动，每年给世界各地的学校、监狱和医院捐赠超过 100 万册图书。城市文化联盟总裁迈克尔·赫希霍恩（Michael Hirschhorn）说：“对于低收入家庭来说，这些图书就像来自上天的甘露。”除了捐书以外，该公司还致力于图书的回收利用。赖特鼓励员工追求他们自己的慈善目标。“这样能丰富他们的生活，”她说，“同时，他们也丰富了我们的生活。”

但是，半价图书公司的成功也给自身带来了挑战。一方面，每家新开张的店都要雇用当地社区的人。另一方面，扩张使得该公司及其管理者不得不在信息、财务以及其他系统上加大投入，以保证公司业务正常运行。这些投资，再加上正在增加的员工健康福利费用，不断挤压公司的利润。为此，公司目前不得不考虑是否继续为兼职员工提供健康福利。而在以往，该公司的全职员工与兼职员工都享有这种福利。

你也许会感到疑惑，“我为什么要关心企业社会责任或者管理道德，或者我的员工是否需要享有健康福利？难道这些不是哲学家应该思考的问题吗?”要回答这些问题，你只需要随手拿起最近的报纸或商业杂志翻一翻。在每天的新闻上，你可以看到，从华尔街的交易丑闻到美国国际集团（AIG）、雷曼兄弟（Leman Brother）、安然(Enron)、帕玛拉特（Parmalat）、萨蒂扬（Satyam）、世通（WorldCom）、泰科（Tyco）的会计欺诈，环球电讯（Global Crossing）的企业隐瞒，以及英国石油公司的海上钻井平台爆炸致使大量原油泄漏在墨西哥湾等新闻。再如，媒体报道，花旗集团伦敦分行的一组交易员操纵债券市场，造成市值损失达数十亿美元：2004 年 8 月 2 日，一组交易员扰乱了欧洲的债券市场。他们在大约 18 秒钟的时间内，同时下了 188 个卖单（约 200 亿美元的债券），使得债券市场整体价格大幅下降。在花旗银行交易员停止抛售之后，价格仍持续下跌。短短几分钟后，这些交易员以比抛出价便宜得多的价格回购了债券。这新一轮的买入引发了其他交易员的跟进和债券价格上涨。在此过程中，花旗银行的交易员在 5 分钟内获得约 2 000 万美元的利润。虽然这些员工的做法不能算违法，但是他们的行为是不道德的。最后，花旗集团由于“未能以适当的技能谨慎与勤勉地从事商业活动，以及对伦敦债券交易团队缺乏正确的管制”，向英国金融服务管理局支付了 2 800 万美元的罚款。

无论是从道德上还是法律上，当个人或公司做出错误决策时，不仅会使自己受到损害，而且会对公众产生负面影响，如使公司的股票价格降低、损害股东价值。其结果是，对于个人来讲，难以续聘；而对企业来讲，难以招聘到高素质的员工。相反，良好的管理道德与企业社会责任会对员工、顾客、股东和社区产生很好的正面效果。

2.1　如何形成个人的伦理道德

究其本质来说，**管理道德**（managerial ethics）是关于商业行为的道德和准则，尤其是与管理当中的人休戚相关。管理道德始于组织的高层管理者。如果要想使企业执行道德的决策和做法，高层管理者就必须在此价值观基础上建立一种文化，包括制定道德守则、对员工进行道德培训，并对符合道德的行为给予奖励（我们将在本章后面加以讨论）。此外，它还要求高层管理者自身也要按照道德规范行事。

高层管理者可以对企业所发生的道德（或不道德的）行为产生影响。但是，在人们加入某家企业工作之前，大多数影响他们道德判断的观点早已形成。以你自己为例：你的家庭、朋友、同事、老师、宗教信仰、工作经验和人生经历在你的道德信念形成过程中起着什么作用？试想一下，如果有人做出了与你截然不同的道德，将会怎样？假设你出生在不同的国家，成长在不同的家庭，接受不同的教育，受到不同的宗教影响，拥有不同的朋友，做过不同的工作，你还会持有与现在同样的道德观，做出同样的道德判断吗？

可以肯定，家庭、朋友、同事、老师、宗教信仰、工作经验以及人生经历在决定一个人的道德观与判断上起着极为重要的作用。因为它们的影响力因人而异，所以对于其中哪些因素的作用最大存在争议。这一讨论不可能很快有结果，而且我们的目的也不是要找到答案。提出这个问题的主要原因是，为了更好地了解他人是如何做出决策的，你需要了解决策者背景中的某些因素。

简单地给别人的道德判断贴上错误的标签，很可能会导致（双方的）不信任，还会伤害彼此的工作关系。企业员工越多样化，就越需要宽容和理解。当然，对于一个管理者来说，宽容并不意味着可以任由下属做出他们所认为是正确的道德决策。下属个人的决策会对组织产生影响，为此，管理者需要经常塑造与影响下属的道德思考、判断和决策。

让我们看一下最近听到的一个真实案例。（根据管理者的要求，隐去了真实姓名。）假设你是一家出版公司的经理。你的助理经理刚刚从一个主要竞争对手公司那里招聘了一位名叫玛莎的新员工。在大学毕业之后，玛莎曾在那家公司工作了11个月。尽管她在竞争对手公司是一个初级员工，但玛莎的工作可以接触到该公司关键的战略计划。由于她在公司的职位很低，她没有被要求签署竞业禁止协议，因此没有被要求离职后一段期限内不能到同业竞争公司里工作，或者到同业竞争公司工作后不得披露她在本公司工作时所获得的战略知识。你的助理经理提出付给玛莎1万美元的签约奖金，这个数目对于初级职位来说是很不寻常的。如果玛莎在该竞争对手公司呆够整12个月，以她在那家公司的表现要得到1万美元奖金是没有问题的。鉴于玛莎所拥有信息的时效性，你是否愿意她现在就加入你们公司。你会支付这笔签约奖金吗？这是不是对玛莎如果留在竞争对手公司会得到的奖金的一个简单又合法的补偿呢？或者说，这笔签约奖金是你希望玛莎一旦加入公司便能分享竞争情报的一种报酬吗？如果是这样的话，使用签约奖金来获得竞争情报的手段是否会引起你道德上的不安？假设你的竞争对手决定在玛莎完成一年的服务期之前支付了她今年的奖金，这对你期望她透露给你信息有什么影响？你是否还愿意支付她签约奖金？如果你是玛莎，在这些变化的情境下，你对金钱与泄露竞争情报持什么样的道德观呢？

面对这种情况，你会做出什么样的决策？你是否可以找到道德的方法作为依据呢？答案是，早就有一些基本的道德方法可用。道德决策的挑战并不是新事物。长久以来，人们一直面临**道德困境**（ethical dilemma）。所谓道德困境，是指要在两个相互矛盾但无疑是有效的备选方案中做出选择。

在下一节中，基于两个原因我们阐述这些基本方法。该方法可以帮助你：(1) 了解其他人是如何面对道德困境的；(2) 避免**道德过失**（ethical lapse），也就是说，做出与个人所声明的信念和公司政策相冲突的决策。

我们再次强调，企业员工正日趋多样化。这一点很重要，要牢记在心。因此，与以往不同，在人们对道德困境的回应上，你可能会面对不同结论。研究发现，不同国籍的管理者之间对此有显著差异。例如，一项研究调查了来自美国、日本和韩国的销售人员，了解他们对一组行为是否构成道德问题的看法。在研究中，韩国人不认为向顾客询问竞争对手的报价是一件不道德的事，而美国人和日本人则普遍认为这是不道德的。你怎么看这件事？你觉得向顾客询问竞争对手报价的做法是否道德？

在同一个跨国性研究中，研究人员还发现，韩国的销售人员不认为赠送礼品会构成道德问题，而美国的销售人员则认为这是个问题。通用汽车公司就认可这种“美国式”的道德观，并制定了一项限制赠送礼物的政策。例如，通用汽车亚太区总裁与菲律宾总统打高尔夫球，讨论在菲律宾建立一个新工厂的可能性时，由于公司政策的限制，这位亚太区总裁不能为他的客人支付这场高尔夫球比赛的费用。你认为通用汽车公司的政策合适吗？它是否过于严苛？

即使在同一种文化中，道德判断也会有所不同。最近的一项研究发现，与公司中营销部门员工的观点相比，人力资源或运营等职能部门的员工更可能认为与顾客之间的互动是不道德的。

如果不了解别人如何以及为什么会得出不同的结论，就很容易批评那些持有不同观点的人是“错误的”。例如，最近的一项研究发现，由于文化背景不同，在同一个跨国会计师事务所里工作的中国审计师和澳大利亚审计师在什么是正确的道德行为上产生了分歧。在道德决策的指导上，中国审计师的参照物是他们的同事，而澳大利亚审计师的参照物则是他们自己。这种参照物的不同，反映出中国文化中的集体主义导向与澳大利亚文化中的个人主义导向。如果不考虑文化对道德判断影响的敏感程度，这两类审计师只是简单地判断对方是错的，可以想象到他们很难在一个跨国审计团队里一起工作。研究表明，具有民族优越感（ethnocentricity）的人往往会认为自己的观点是正确的，而其他文化的观点是劣等的，这就会影响管理的效果。在文化多元化或者跨国情境下，常常会出现这种情况。为此，对于新的管理者来说，十分重要的是，要检验道德决策的基本方法，认识到个人的背景（包括其文化价值观），及其对决策和行为的影响。

正如我们前面所说，检验道德决策方法的第二个原因是为了避免道德过失。道德过失比你能想象的更为常见。来自外部环境和公司内部环境的这些压力常常难以避免。管理者如果缺乏系统的思维方式来处理道德困境的问题，更会感到这些压力。例如，假设你是一名销售经理，正在准备汇报你本季度的销售业绩，你没有达到你的业绩目标。根据公司的政策，你只能汇报已经签署合同的销售。不过，你手头上有一份和老顾客签好的意向书，但还没有签订合同。这笔交易的价值会使你超额完成销售目标，还能给你和负责该交易的销售人员带来奖金。销售人员告诉你，如果顺利，顾客将在本季度末之前签署合同。同时，你上一季的销售额也没有达到公司的要求。而公司持有的是一种以绩效为导向的文化。换句话说，如果你在公司的业绩不好，你将不得不离开。在这样的压力下，想象一下，你是否有可能做出违背自己原有信念的决策？

2.2　道德决策的基本方法

在道德决策上，存在几种框架或方法。我们在此讨论其中四个最常用的方法，即功利主义方法、道德权利方法、普遍主义方法和公正方法。作为一个管理者，了解道德决策的基本方法可以帮助你检查自己的个人道德，更有效地与持有不同道德观的员工合作。这是因为你所使用的方法会影响到你的道德判断。

2.2.1　功利主义方法

功利主义方法（utilitarian approach）强调行为的后果。简单来说，使用功利主义方法可以尝试根据利益最大化原则来制定决策。例如，假设你正试图往一个发展中国家出售粮食，当地一名海关官员要求你先交纳额外费用才对你运去的粮食清关放行。按功利主义的观点，你需要先决定哪种选择的结果符合你的要求。例如，你可以选择：（1）支付这笔费用；（2）不支付这笔费用，让粮食堆在那儿；（3）寻求第三方的干预。哪种行动能带来最好的结果呢？如果饥饿的人民正眼巴巴地等着这批粮食，你如何衡量这救人一命所带来的“善”与支付非法行贿的“恶”呢？

要记住，在讨论一项结果的“善”或“恶”时，任意两个人都可能有不同的看法。换句话说，“善”或“恶”常常是主观判断的结果。文化、经济环境以及宗教等因素都会影响人们的主观判断。例如，如果继续保持运送粮食，可以使2 000人保留工作，你怎么看？你是否认为虽然对政府官员进行了贿赂，但却保住了2 000个就业岗位，也是一件好事？特别是，如果该地区的失业率恰恰很高，你又会怎么想呢？

2.2.2 道德权利方法

道德决策的**道德权利方法**（moral rights approach）强调的是行为的道德标准，而不是行为造成的后果。根据这种方法，事情的“对”或“错”与结果无关。当两组行为都符合道德标准时，其中能产生更好结果的行为更道德。使用这种方法，你应该选择既符合道德原则又能产生积极后果的行为。

例如，假设你和一个供应商有业务关系，但是尚未与他签订正式合同。在不告知对方的情况下，你切断与该供应商的合作关系，转为与另一个价格更低的供应商合作，你认为这是道德的吗？按道德权利方法，如果说对供应商没有履行口头承诺是错误，那么在没有告知的前提下就换掉供应商也就是不道德的。相反，如果没有签订合同就开始运营仅仅是为了经营便利的话，你就可以轻松地说，改换供应商只是一个业务问题，与道德无关。

在这里所面临的管理挑战是，大多数问题的道德标准是有争议的。例如，你可能会说，说谎是错的。但是，如果你让竞争对手误以为你要进入某个市场，但事实上你却进入了另一个市场，从而获得了超过他人的竞争优势，这是错的吗？为了防止竞争对手在某项新技术上进行投资，尽管你已经在使用它，却对外说你还没有运用这项技术，最终保护了这项新技术，使自己获得竞争优势，这是错的吗？有人会说，苹果公司当年就是这样做的。2003年，史蒂夫·乔布斯在接受采访时说：“我不相信人们想在一个很小的屏幕上看电影。”事实上，当时苹果公司正在研发拥有视频功能的第五代iPod。在这次采访中，乔布斯还表示，他不认为苹果会在手机业务方面有所成就。实际上，就在那个时候，苹果已经在研制它的重磅武器iPhone了。

2.2.3 普遍主义方法

康德曾清楚地阐述了著名的道德准则，即**普遍主义方法**（universal approach）。简单地说，康德的道德准则是指“你对他人的所作所为，就像你希望他人能对所有人（包括你）做的一样。”如果采用普遍主义方法，你所选择的行为方式就应该是你认为可以在所有场合下适用于所有人、同样也适用你自己的方式。普遍主义的核心问题是权利。在康德看来，一切权利的基础来自自由和自治。他认为，一般来讲，任何限制人们自由和自治的行为都缺乏道德上的公正。现在，回到我们讨论过的海关官员和贿赂的那个情境。基于普遍主义方法，对政府官员行贿是很难自圆其说的。为了满足“你对别人的所作所为，就像你希望他人能对所有人做的一样”的标准，你会不得不同意让大家都用行贿这种手段来达到他们想要的目的。

2.2.4 公正方法

公正方法（justice approach）强调过程和结果的公平。一般而言，应该公平地分配成本和收益，公正地执行规则，并补偿那些因为不公平或歧视所受到的损失。

分配公正 管理者所谈的**分配公正**（distributive justice），通常是指基于绩效公平地进行奖励和处罚。但这并不意味着每个人都会得到相同或平等的奖赏或惩罚；而是根据他们对组织目标贡献大小给予公平的奖惩。由此看来，管理者按照年龄、性别、宗教或种族等随意的特征来分配奖金或收益、安排晋升都是错误的。美国《1964年民权法案》正是基于这个原理。根据这项法律，管理者即使是无意地歧视了某个少数族裔群体，如果该群体能够举证这种不公平的结果（称为种族不同的影响），就可以对公司提起法律诉讼。例如，如果一家公司申请晋升者中有50%是女性，但获得晋升的75%是男性，那么基于分配公正的概念，就可以根据这些数据对公司提出歧视诉讼。

程序公正 **程序公正**（procedural justice）是指，管理者应确保受管理决策影响的人同意决策制定的过程，并且公正地管理这一过程。同意是指人们要被告知决策制定过程，如果他们愿意的话可以自由地退出该系统。与分配公正一样，决策制定过程不能出于人们的年龄、性别、宗教、种族等原因，给予系统性的歧视。最近涉及跨国员工的研究一致认为，感觉到的公正与工作绩效、信任、工作满意度、组织承诺等预期结果正相关，而与员工离职率等降低生产率的工作行为负相关。程序公正问题一般是在组织内部进行研究与解释。不过，最近的一项研究表明，外部因素对公司也会有很强的影响。在一项研究中，研究人员根据工厂所在的社区暴力犯罪率上升的情况，正确预测到该工厂车间暴力行为会增加，但是从工厂内部的程序公正则预测不到这种现象。

补偿公正 **补偿公正**（compensatory justice）是指，如果分配公正与程序公正没有做到或者执行不善，那么受到这种不公正分配或程序伤害的人应该得到补偿。这种补偿常常采用金钱的形式，但也可以采取其他形式。例如，平权行动计划的核心就是补偿公正。通常情况下，平权行动计划是确保女性或少数族裔等过去受到系统性歧视的弱势群体，在未来会与他人一样，享受同等的机会。例如，可以为那些在过去未能获得晋升的女性员工提供特殊的培训项目，帮助她们获得实现晋升必需的经验。

最近的研究还关注人际公正和信息公正。人际公正注重礼貌，尊重他人；而信息公正的重点则是及时沟通或解释组织行为的合理性。研究表明，员工认可职场中的人际公正和信息公正，会对管理信任、工作满意度、组织的承诺和留任意愿等方面产生积极的影响。

一些最新的研究表明，在传统的公正分类之外，出现了“新兴”的公正规则。例如，员工可能会用愉悦的工作环境或发展机会等因素来评估组织的公正性，或者考虑主管本身的包容度以及发展行为来评估主管的公正性。事实上，最近一项关于管理者的研究发现，在评价公正性时，76%的管理者至少使用了一个新兴的公正规则，只有28%的人仅使用三个传统公正规则中的一个。无论哪一种公正规则，人们都不会始终如一地使用。最近的研究还发现，在不到八周的时间里，人们在使用规则时会发生20%～30%的变化。

2.3 道德强度因素

正如本章所指出的那样，管理者在做道德决策时所面对的一个挑战就是，人们在很多问题及其结果上，看法并不一致。他们的分歧在于是否认识到某种情况会涉及道德问题，以及如何据此采取行动。所以，现实的问题是，管理者是否能够帮助人们在问题的道德强度上达成共识。**道德强度**（moral intesity）是指，人们把一个问题看成是道德问题的程度。如图表 2-1 所示，道德强度有六个组成部分：(1) 结果重要性；(2) 社会舆论；(3) 效果概率；(4) 时间紧迫性；(5) 接近度；(6) 效果集中度。换句话说，某种情况的全部道德强度是这六部分的累加结果。作为一个管理者，你可以使用该框架来预测某个问题的道德强度，也可以将其用于分析人们关于道德强度判断不同的原因。

图表 2-1 道德强度因素

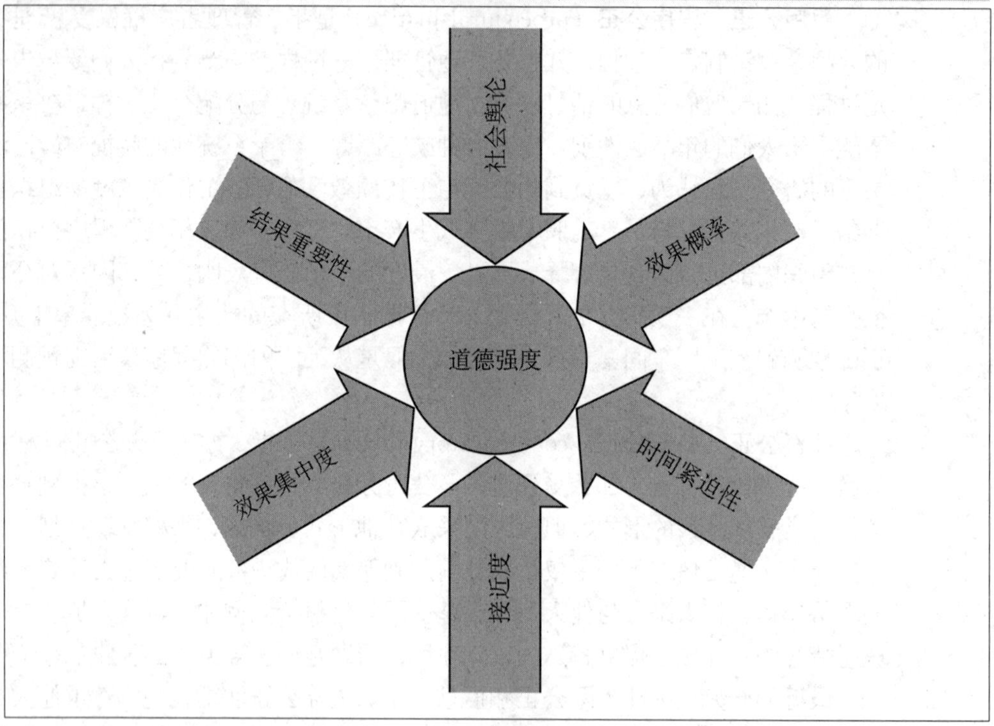

结果重要性 **结果重要性**（magnitude of the consequence）是指，对一个特定行为结果的预期影响水平。这种影响与结果是正面的还是负面的不相关。例如，在经济不景气时，辞掉 100 名员工的影响要比辞掉 1 000 名员工的影响低。同样，很多人会认为，草坪肥料的价格上涨 20%的影响，要低于化肥厂因为安全措施不到位而导致 500 人死亡或重伤所造成的影响。

社会舆论 **社会舆论**（social consensus）是指，社会成员从道德的角度出发，认同某种行为是好是坏的程度。例如，在美国，有关酒后驾车的社会舆论的影响，要比在高速公路上超速的社会舆论的影响大得多。最近的研究表明，社会舆论可能会是道德强度中更强有力的维度之一。

效果概率　效果概率（probability of effect）是指，一个特定结果将会发生的可能性。例如，即使人们都认为化学爆炸导致 500 人死亡会带来非常严重的后果，但是这个问题的强度是强还是弱，还要取决于人们如何看待发生化学爆炸的可能性。再如，许多国家限制香烟广告的原因之一是吸烟有害健康，严重的还会导致肺癌。但是，由于香烟广告和吸烟导致健康问题的概率没有达到 100%，所以香烟广告与吸烟都没有完全被法律禁止。结果出现的概率越高，商家的道德义务感就越强。由于在车祸中人们极有可能受伤，汽车制造商的道德义务感的强度就会使得它们生产更安全的汽车，如增加安全气囊。不过，由于人们并非总能碰上车祸，法律上就不能要求制造商提供更优的安全性能。

时间紧迫性　时间紧迫性（temporal immediacy）是道德强度的第四个组成部分。它是行为发生与结果出现之间的时间间隔函数。行为与结果之间的间隔越长，人们通常对此问题感受到的强度越弱。例如，尽管工业污染必定会导致全球变暖，使得气候发生灾难性的变化，但由于这一结果可能要在 50 年以后或更长的时间里才会发生，工业污染的道德强度就会比如果明年发生这种现象的强度小得多。

接近度　接近度（proximity）是指，一个人从生理到心理对结果接近的程度。当其他所有因素相同时，决策者与受决策影响者越接近，或者感觉很接近，决策者就越会考虑行为的结果，并感觉到它的道德含义。接近度包括身体的接近，以及心理与情感的接近与界定。因此，可能会有许多因素影响决策者和受决策影响者之间的接近关系，包括人们的国籍、文化背景、种族相似度、组织认同度，或社会经济的相似度。例如，如果你觉得对年轻人有心理和情感上的亲近感，在根据年龄、资历裁员时（这里指裁员时首先裁掉年轻员工），你会有更高的道德强度。同样，决定关闭一个绩效不好的工厂，会导致你父母和邻居失业，相比关掉另一个工厂来说，关掉父母所在的工厂可能使你产生更高的道德强度。最近的研究表明，接近度是一个非常强有力的维度。

效果集中度　效果集中度（concentration of effect）是指，道德强度的效果是集中体现在少数人身上，还是分布在众多人身上。例如，尽管裁员 100 人的影响低于裁员 1 000 人的影响，但是在一个只有 5 000 人的小镇上，裁员 100 人的效果集中度远高于在 1 000 万人口的城市里裁员 1 000 人的效果。

道德强度这六个方面的重要性是双重的。首先，作为一个管理者，你可以用它们来预测工作中被认为重要的道德困境问题。如果你能做好这种预测，就会有更多的时间来相应准备以及更有效地处理道德困境问题。其次，如果你采用同样的基本道德方法和你的团队一起工作，但是在道德行为上不能达成共识，你便可以运用这些方面来判断分歧的来源。你们的分歧，可能是在同一情况下道德强度中某一个或多个方面看法不同而已。

尽管有些为耐克生产鞋和其他产品的工厂并不归耐克公司所有，但由于它们涉嫌使用童工，耐克公司就必须处理媒体的负面报道，即使这并未发生在自己的工厂，而是发生在其代工厂（参见“管理者的挑战”）。刚开始面对铺天盖地而来的国内外公众舆论时，耐克的高管确实有些招架不住。如果这些高管能够使用道德强度框架，能否更好地预测公众的反应？该框架能否帮助他们预测未来如何管理全球耐克产品制造商？

管理者的挑战——全球化

耐克在全球的劳工问题

耐克公司之所以赞助高尔夫球、篮球、足球、田径等运动领域里的知名明星，就是希望它的产品受到世人的关注。然而，在20世纪90年代后期，当舆论焦点对准耐克的工厂及其40多万名员工时，耐克的高管不再希望受到媒体的关注了。在批评家看来，这些工厂里的员工是在不合格的工作条件下工作的，如暴露在致癌物质和其他危险的毒素中、通风不良、空气质量差、被迫加班加点、遭受性骚扰、被体罚和虐待等。此外，批评家还指出，工人没有得到公平的工资，许多员工没有达到法定工作年龄。

耐克对此做出快速反应，指出这些都是合同制造商的问题。耐克公司既不拥有这些工厂，也没有直接雇用这些工人。但是，公平劳工协会（Fair Labor Association，FLA，www.fairlabor.org）等团体认为，耐克的回应不能安抚公众，只能证明高管在回避问题或试图掩盖真相。

这段插曲正如董事长兼创始人菲尔·奈特（Phil Knight）所描述的那样，催生出耐克公司努力改善条件的四个关键“步骤”。

> 在第一步中，我们从内部升级改善流程和条件。第二步从引起世界关注的有关不发达国家工厂的工作条件入手。这本来就是我们自己的过失，所以在收到最初尖锐的公众反应之后，我们集中全力改善这些工作条件，并展示给世界。

2009年，总裁兼首席执行官马克·帕克（Mark Parker）在回顾耐克公司当年所做出的第二步反应时说：

> 在20个世纪90年代初，我们供应链上的劳动条件遭到了猛烈的批评。批评者把攻击的矛头对准行业领导者的做法是聪明的（也是对的）。那时，我们的第一反应就是捍卫在发展中国家的那些做法……当时，互联网还是个新兴事物，但我们开始看到全球范围内的即时信息和新社群的力量……我们学会了把透明度看作资产，而不是风险。

Peter Charlesworth\On Asia Images Pte Ltd.

耐克公司还与其他公司签订合同，生产体育用品。这些公司又常常将合同外包给国外劳动力成本低的工厂，如在越南胡志明市的工厂。近年来，许多人权组织提请人们关注这些工厂里工人所面对的恶劣的工作条件。这给耐克造成了负面的影响。如果耐克高管采用本章所述的道德强度框架，公司是否可以避免这些负面的曝光呢？

2003年，耐克开始做出回应的第三步。当时，耐克和几个其他服装公司允许公平劳工协会将对工厂条件的审查结果放在互联网上。根据公平劳工协会2006年的年度报告，其对耐克的856个工厂进行了审计，并且做了22个独立的调查。从其内部审计来看，耐克聘用了1 000名劳工实践管理人员，推进一个名为安全、卫生、管理态度、员工与环境（SHAPE）的项目。据公平劳工协会的报告，耐克进行了509项SHAPE评估，收集了52个国家650个工厂中有关环境、安全和健康的基本数据。它还对99项预采购进行了评估。其中，80个工厂被接受，19个工厂被拒绝。耐克公司还同意对其国外供应商采用美国空气质量安全标准，并在鞋制品组装线上将原来使用的有毒化学溶剂改成水基物。公司还要求其分包商提高就业工人的年龄。鞋类制造商必须雇用年满 18 岁的工人；服装工人至少要满 16 岁。这些标准超过了国际劳工组织所规定的标准。

2005 年，耐克开始迈出其第四步。首席执行官马克·帕克说：

> 我们原以为可以独自做出系统性的变革。不过，我们认识到，真正意义上的改革不是仅仅迎合来自外部的压力，还要有来自当地的对接受与实施授权行为准则的意识和监控。而且这一变革必须以受到强烈市场信号驱动的真实业务为基础。如果我们要进行系统性变革，很难独自完成；我们需要合作伙伴，需要与产业、民间以及政府合作。我们要向外界彰显精益制造和优异人力资源管理的真实优势。

今天，耐克还在持续着第四步，与外部组织进行比以往更多的合作。尽管如此，耐克在改善承包商的工厂状况上，仍旧面临一些现实的挑战。例如，当合同制造商的工作条件达不到标准，又不能加以改善的话，耐克公司最终就要撤回合同。当然，这也是一个很大的挑战。耐克公司在印度尼西亚发现，当它终止一个不达标供应商的合同时，该供应商的 7 000名工人全部失业。耐克的项目是该工厂的全部业务。

在总结耐克的过去和未来时，首席执行官马克·帕克说道：

> 我相信我们在可持续发展和创新上所做的努力，对塑造我们的辉煌同等重要。要做到这一点，我们就必须专注于我们所学到的经验：
>
> - 透明度是一种资产，而不是风险。
> - 合作才能促进系统性变革。
> - 每一个挑战和风险都是一个机会。
> - 设计应该是以未来为原型，而不是改进过去。
> - 为了达到真正的变革，你必须是一个催化剂。
> - 当今只有一条路径能够走向更大的可持续性、公平、增长和繁荣。

资料来源：Nike, *Corporate Responsibility Report FY 07, 08, 09*; Fair Labor Association, *2006 Annual Public Report*; Nike, *Fiscal Year 2004 Corporate Responsibility Report*; A. Maitland, "Big Brands Come Clean on Sweatshop Labor," *Financial Times*, June 10, 2003; D. Akst, "Nike in Indonesia, Through a Different Lens," *New York Times*, March 4, 2001.

2.4 社会责任

企业社会责任是指，企业必须对利益相关者承担义务，以及这些义务的性质和内容。企业有各种各样的利益相关者，包括现有的股东、顾客、员工、特定的社区以及社会组织、政府等。一般来讲，这些利益相关者都对企业有所期望，但彼此很难保持一致。在许多情况下，这些期望甚至是相互冲突的。例如，股东可能希望企业能给予最大的回报，当地社区则可能希望企业有所回馈。企业到底对股东或其置身的社区有多大的义务呢？假设一家公司在货物运输过程中产生的噪声影响了当地居民，但是该噪声分贝在法律规定范围之内，那么该公司是否应该给股东支付较低的股息，把多余的钱投资到降低噪声中呢？假设在两个相邻的国家里卡车刹车的安全标准是不同的，企业是否应该支付额外的成本，在这两个国家对所有的卡车都采用较高的标准呢？对于所有的卡车司机来说，不论其国籍或就业所在地，他们是否对设备标准（如刹车）有同样的诉求呢？

这些问题是有关社会责任争论的实质问题。企业社会责任与管理道德注重讨论业务经营中的“是否应该”的问题。在处理企业社会责任问题上存在多种方法，但下面两种基本观点将帮助你思考，你个人如何看待这个问题，以及如何有效地与持不同观点的其他人进行交流。

2.4.1 效率观

在现代，没有人能比已故的诺贝尔经济学奖学获得者米尔顿·弗里德曼更清楚地阐述社会责任**效率观**（efficiency perspective）。简单地说，弗里德曼认为，在商言商。换句话说，管理者的责任就是为企业所有者实现利润最大化。亚当·斯密可能是这种观点的最早倡导者。大约200年前，亚当·斯密就总结出，促进社会财富增长的最好办法就是让个人拥有资源，而让市场去配置稀缺资源，以满足社会的需求。

作为所有者的管理者 当一个企业的管理者也是它的所有者时，效率观认为，所有者通过服务社会的需求来实现自身利益最大化。如果社会要求产品必须在一定的环境和安全的标准下生产，企业所有者的最佳利益就是生产出满足这些标准的产品，否则顾客就会购买竞争对手的产品。顾客更愿意从认同并严格遵守社会价值观的企业购买产品。所以，企业将这些价值观纳入其运营和产品是有道理的。只要植入社会价值观的成本低于顾客愿意支付的价格，企业所有者就能获利。

然而，效率观的批评者认为，往往在企业给消费安全和环境造成明显的损害时，顾客和社会才真正关注安全与环保等问题。例如，社会价值观强烈地认为不能污染水资源，水一旦被污染就会引起人们的健康问题。然而，如果河流污染的后果并不明显，人们没有立即受到伤害，社会压力可能不会马上显现。直到几年之后东窗事发，在社会的批评下，企业所有者才使得自己的行为服从于社会价值观。

作为代理人的管理者 今天，大多数大型组织的管理者都不是所有者。这些公司的组织特点是所有权（股东）与控制权（管理者）的分离，管理者是这类组织所有者的代理人。在这种情境下，弗里德曼主张，管理者应该“根据所有者的意愿从事经营活动。一般来讲，企业在遵从那些根植于法律和道德习俗之中的社会基本规则时，要尽可能地实现股东利益最大化”。从弗里德曼的观点来看，如果不能实现股东价值最大化，管理者没有义务按照社会的要求行事。例如，某公司只有在能使股东利益最大化的情况下，才用再生纸包装产品，而不关心是否令少数激进主义分子满意或受益，管理者没有责任推行这样的项目。事实上，如果这样做的成本过高（由此不能使股东利益最大化）的话，管理者则有责任不采取这些行动。同样，慈善捐赠不是公司的责任。管理者要给股东最大化的回报，而由股东来决定是否以及如何从事慈善活动。简单地说，公司的利润不是管理者的，管理者无权决定他们是否以及如何将这些利润用于慈善事业。

从效率观的角度来看，管理者不可能在满足股东利益最大化的同时满足所有的社会需求。效率观认为，政府有责任征收税费并确定开支，用以满足社会的需求。当管理者从事的活动是造福社会而不是股东的时候，他们行使的是政治权力而不是管理权威。很难找到有关公司或管理者遵从效率观（有时也称为“经典视角”）的综合研究。但是，最近在中东地区的研究发现，不到1/4的管理者报告说，他们赞同效率观。

对效率观的关注 效率观假定市场是完全竞争的。竞争推动企业采取行动，满足以顾客需求为表现的社会需求。通过竞争，那些不在产品、价格、物流、安全、环境影响或其他任何方面对消费者需求做出反应的公司，将会被迫重组或停业。社会价值观不应该通过市场来表达，而是体现在政府的法律和法规之中。在竞争中，不遵循这些法律法规的公司会发现自己将被淘汰出局。遗憾的是，人们往往是在受到伤害后才采取正确的行动。“管理者的挑战”中提到的美国花生公司（Peanut Corporation of America，PCA）的案例就说明了这一点。该公司从海外购买便宜的花生，为其他食品公司生产各种产品和原料。PCA的低成本战略，意味着它可以削弱竞争对手实力，从各大食品公司那里拿到订单。同时，对于食品公司来说，低成本意味着可以保护自己的利润率。然而结果是8人死亡。

管理者的挑战——道德

美国花生公司的毒利润

2009年1月，美国发生了横跨43个州有超过19 000人患病的沙门氏菌中毒事件，导致8人死亡。经追查，污染来自美国花生公司（PCA）在佐治亚州的工厂。为此，该公司被迫召回其产品。公众被激怒了。“我们全家都很愤怒，这本来是可以避免的。”明尼苏达州萨维奇市的杰夫·阿尔莫说。他72岁的母亲雪莉·梅吃了美国花生公司受污染的花生酱后，于2008年12月去世。PCA主要生产花生和花生酱，为詹妮·克雷格（Jenny Craig）、卡夫食品（kraft）、家乐氏（Kellogg）和通用磨坊（General Mills）等著名食品公司供货。美国食品和药品监督管理局（FDA ）的一个检查组发现，早在2007年和2008年PCA就发现了12件沙门氏菌污染的产品。但是，当该公司重新进行测试，没再发现污染时，就把产品交付出去了。2009年爆发的儿童感染事件尤其严重，一半被感染的儿童未满16岁，其中21%是5岁以下的儿童。

糟糕的工厂设备和生产条件都是感染的原因。例如，要避免沙门氏菌，工厂设施必须保持极度干燥，但调查发现，下雨时工厂的屋顶会漏雨。此外，许多小时工只挣最低工资，并且很多年没有加薪。31岁的弗雷德里克·麦克伦登是轮班管理员，去年时薪为12美元，但他支付不起两个儿子的医疗保险费，一家人住在风一吹就倒的拖车式活动房屋里。“如果你付给员工足够的薪水，你会得到他们最佳的表现，”麦克伦登说，“而如果你不支付，你就得不到。”此外，PCA雇用了大量的临时工，这样做虽然降低了劳动力成本，但对于新的临时工上岗的培训要求增加了。

PCA为各种食品（从花生酱、饼干到冰淇淋）加工公司提供产品。超过2 100种已包装和在加工的食品受此次召回影响。像家乐氏或卡夫这样的大公司有经验也有员工来处理召回事宜，但很多小企业就很难处理召回。企业要全面搜寻所有的签收与发运，并追踪产品的下落。在某些情况下，小企业主不得不让员工加班加点或雇用额外的人手来处理这些召回。“这些产品流出去又不是我们的错，我们做了一切该做的事，严格把控质量关，可到头来，我们还是要为PCA的错误买单。”艾奥瓦州加纳市阿斯彭希尔斯公司合伙人汤姆·伦丁（Tom Lundeen）说，该公司主要生产冷冻饼干面团。有着11年制造与包装历史的极光产品公司的合伙人斯蒂芬妮·布莱克威尔（Stephanie Blackwekl）说，她知道沙门氏菌对坚果的危害，但没有做好应对召回的准备。她计算出她为此要损失约100万美元。为此，公司搁置了原定聘请两个人的计划，同时，公司原打算帮助仁人家园（Habitat for Humanity，一个非营利组织）的努力也受到了影响。

PCA 事件对其大小客户的影响是非常明显的，而对因此生病的 19 000 人的影响更加严重，对于那死去的 8 个人以及他们的家庭则是一场灾难。面对负面报道和法律诉讼，PCA 所受到的影响是毁灭性的。最终，公司不得不宣告破产。

资料来源：Peanut Corporation of America，press release，January 13，2009（http://www. peanutcorp. com/pdf/Peanut%20Corporation%20of%20America%20Recall. pdf）；"Peanut Corporation of America Expands Nationwide Recall of Peanut Butter，" *US Recall News*，January 19，2009（http://www. usrecallnews. com/2009/01/fda-3224. html）；Sue Kelly，"Peanut Recalls Still Trickling In，" *USAToday*，March 20，2009（http://www. usatoday. com）.

另外一个对效率观的重要关注是，企业可能会间接地造成一些事先并不完全了解或能预期到的后果。用经济学的术语来说，这种意想不到的后果是**外部效应**（externality）。例如，塑料购物袋分量轻而且方便。从单个购物袋来看，产生的外部效应很小。但从总体来看，制造塑料购物袋的化学物质是有毒的，运输它们也会造成不小的污染。但是，由于大多数商店免费发放塑料袋，人们往往没有考虑这些外部效应的问题。结果是，即使这些塑料袋可以回收，但在 2005 年只回收了其中的 5.2%；到了 2008 年，这一数字增加至 6.7%。

尽管消费者可以预见到这些外部效应，却往往不能把它们正确地纳入真实的成本中，或者不愿意支付这一成本。例如，一家化肥厂安全控制不力的结果（爆炸、火灾、有毒烟雾、人员损伤以及死亡）可能是毁灭性的。但问题是，化肥的消费者能正确地评估化学灾难的成本吗？他们应该支付多少额外的费用来保证必要的安全支出呢？如果答案是"不"的话，工厂管理者就很有可能为了保持低成本，获得较高的利润，而忽略必要的安全措施。只有当化学灾难发生后，消费者才会充分地认识到产品的外部效应（灾害），愿意支付适当的市场价格。

2.4.2 社会责任观

社会责任观认为，是社会使公司得以存在，股东只提供风险资本。因此，企业对于整个社会负有责任和义务，而不仅仅对股东承担责任和义务。效率观认为，实现股东利益最大化就是企业的社会责任；但社会责任观并不同意这一观点，它认为企业并不仅仅是为了股东而存在的。企业常常以"有限责任"（limited liability）的形式存在，这是社会赋予企业的特权，而不是股东给予的。在这种存在形式下，公司的财务责任仅限于公司本身，不会牵涉到其股东。换句话说，债权人和要求补偿的人（例如发生了化学灾难）其索赔不能超越该公司的资产范围，不能要求公司所有者（即上市公司的股东）用自己的资产进行赔偿。一般来讲，企业特别是有限责任企业的存在，并不仅仅是为了股东。因此，企业的责任也就不能仅局限在股东身上。

利益相关者 从社会责任观来看，管理者不仅要关注公司股东，还必须合法地关注其他利益相关者。所谓利益相关者（stakeholder）是指，那些对组织行为有兴趣并受其影响的个人或团体。除了企业的股东以外，利益相关者还包括当前和未来的顾客与员工、融资者、供应商、媒体、企业经营所在的社区以致整个社会。在利益相关者中，企业的顾客由于他们购买公司的产品和服务，形成了公司的收入，为此，他们具有特殊的地位。股东也具有特殊的地位。但依据利益相关者观点，股东并不是公司仅有的所有者，只是"风险资本"的提供者而已。因此，股东有权根据他们所承担的风险获得合理的资本回报，但他们没有权利要求回报最大化。这是因为对于公司的存在来说，他们不是唯一的责任方。股东利益最大化会影响其他利益相关者的回报。因此，管理者必须平衡股东回报与其他利益相关者的合法诉求。研究表明，企业社会责任与财务绩效的关系是混合的。没有确凿的证据说明，企业在社会责任方面做得好一定会带来更高的财务绩效。

对社会责任观的关注　社会责任观关注的一个关键问题是，一些重要的概念没有得到很好的界定，如合理回报、合法关注。假定股东合理回报与其他利益相关者合法关注之间可能会有冲突，管理者不知道这两者之间的准确区别，就很难在两者之间做出适当的平衡，也很难按照社会责任方式采取行动。这就是为什么在现实中，即使你相信企业社会责任的利益相关者框架，但要做出平衡各个利益相关者利益的决策，仍旧是一个重大的挑战，不会有充满魔力的解决方案。这个现象并不奇怪，顾客、员工、融资者等利益相关者都会有相互矛盾与竞争的诉求。此外，企业社会责任度高是否就能带来更高的利润，目前还没有明确的研究结论。

看一下一名瓦楞纸箱厂管理者的案例。他的顾客希望生产高强度的纸箱，以便可以把箱子多码几层，社会则希望企业使用可回收纸生产纸箱。这就使该管理者面临一个两难的问题，即与用不可回收材料生产纸箱相比，如果使用可回收纸生产同样强度的纸箱，成本会增加；如果要保持原有的成本，则会降低纸箱的强度。股东所要的是最具竞争力的回报。在这种情况下，你会如何决定采取最具社会责任的行动呢？如果顾客并不在意是否使用再生纸，只关注纸箱强度的话，这是不是凌驾了其他利益相关者的意愿？你能否从目前的股东回报中多拿出一部分钱来研发出强度高的可回收纸箱呢？

管理者的挑战——道德

星巴克的生态杯

星巴克的成功不言而喻。在世界各地近 50 个国家中，该公司拥有超过 9 000 家公司自营店和近 8 000 家特许经营店，销售了近 100 亿美元的咖啡和其他饮料。星巴克每年会使用近 23 亿个纸杯。公司高管虽然早在 1971 年就开始计划，但直到 1996 年才决定停止使用双纸杯，即为顾客提供第二个纸杯，套在第一个外面，以免咖啡杯烫手。当年，星巴克与环境保护组织一起为设计可再生纸杯进行了竞赛。

这个目标看起来不难，但该设计需要满足几个条件。第一，新纸杯在装满热饮料之后，顾客感到好拿、不烫手。第二，由于嗅觉高度影响味觉，新杯子不能有任何异味，以免影响咖啡本身的味道。

Don Ryan\AP Wide World Photos

早在 1996 年，星巴克就希望在提供咖啡服务时，不再使用两个杯子来隔热。为此，该公司开始研发，寻求用可再生材料制造出生态杯。经过大量的试验与多次失败之后，2006 年，公司终于成功地在其世界各地的门店中推出了生态杯。这样，星巴克公司每年可节约 500 万磅纸，或者说 78 000 棵树。

第三，新纸杯需要通过FDA的审批，以确保所用的可回收材料与冷热饮料发生接触时是安全的。

1996年，这个竞赛没人胜出。大部分纸杯设计方案被否决，不是因为它们容易被弄皱，就是因为不好闻，或者两种缺点兼而有之。1997年，星巴克改用含有60%可回收材料的杯套替代第二个杯子。这种做法虽然也"拯救了一些树木"，但并不是公司高管最终想要的。1999年，该公司测试了一个含有50%可回收纤维的杯子，但它太脆弱，有时还会渗漏。

2001年，公司高层决定重起炉灶，直接与其他伙伴合作开发研究。他们选择了密西西比河公司（Mississippi River Corp）、造纸公司MeadWestvaco以及索罗制杯公司（Solo Cup），帮助研发生态杯。2004年，新设计与产品获得FDA批准，并于2006年1月在一些指定地点同时推出。

生态杯虽然只含10%的可回收纤维，但它每年会节省500万磅的纸张。据星巴克环保总监本·帕卡德（Ben Packard）说："我们始终关注'地球友谊杯'的奖项，并志在必得。10%只是第一步。出于环保的原因，任何纸制品中提高可回收纤维的含量，都必须在产品的耐久性和安全性之间做出平衡。未来，我们将寻求新的方式，增加我们杯子中可回收纤维的含量，但首先我们要确保纸杯的质量、安全和耐用。与此同时，我们将会积极探索其他的创新，减少我们的纸杯及其他包装物对环境的影响。"美国环保基金会估计，星巴克生态杯每年拯救了近8万棵树，所节约的能源每年可以供640个家庭使用，并处理4 700万加仑废水。

资料来源：Starbucks's *Corporate Social Responsibility 2005 Annual Report*；"Creating the Eco-Cup，" *Fortune*，October 2006，42；http://www.edf.org/page.cfm? tagID=2155，updated September 14，2009，accessed March 24，2010；*Starbucks's Annual Report*，*2009*.

正如星巴克发现的一样，平衡利益相关者不同的关注并不容易。星巴克花费了10年的时间试图制造一个用再生纸做成的纸杯，而最后生产出来的每个纸杯也只使用了10%的可回收纤维。阅读星巴克的案例之后，你认为星巴克是否实现了不同利益相关者之间适当的平衡？如果你是一个股东，你的期望是什么？作为顾客，你会如何看待这些努力和成果？如果你是员工，又会怎么看待这些努力？你觉得这样做有意义吗？

2.4.3 效率观与社会责任观的比较

效率观与社会责任观主要的区别是界定组织所负责的对象。这两种观点在如何评估使股东和其他利益相关者受益或者受伤害的行为上没有多大差异（见图表2-2）。从这两个观点来看，当行为能使股东和其他利益相关者都受益时，管理者就应该采取这些行动。例如，2010年1月，美国加利福尼亚州阿纳海姆的迪士尼乐园要排空其游乐设施"美国河流"，准备对水下系统进行常规维护，并换上清水。在过去，迪士尼一般是直接把这500万加仑的水排入大海。但是这一次不同，该公司与当地水务部门合作，将这些水净化，并存储到镇上的水库里。当迪士尼公园要重新注满"美国河流"时，他们再从当地水库调水。调水量与该公园之前在水库中存储的水量相等。与之前的方法相比，这种方法并没有增加该公司任何成本，还有助于在容易干旱的南加利福尼亚州节约用水。

图表 2-2 效率观与社会责任观的比较

伤害股东的行为 \ 伤害其他利益相关者的行为	否	是
是	效率观 不负责任的管理 社会责任观 负责任的管理	效率观 不负责任的管理 社会责任观 不负责任的管理
否	效率观 负责任的管理 社会责任观 负责任的管理	效率观 负责任的管理 社会责任观 不负责任的管理

当某种行为有益于一方而伤害了另一方时，效率观与社会责任观的评价就会有较大的差异。在效率观看来，有利于股东但伤害了其他利益相关者的行为是负责任的管理；但在社会责任观看来，这是不负责任的管理。对于那些损害股东利益但有利于其他合法的利益相关者的行为，效率观认为是不负责任的管理，而社会责任观则认为是负责任的管理。

2.4.4 企业如何应对效率观与社会责任观

面对社会责任的问题，企业在如何应对各种压力以及利益诉求上的态度极不相同。将企业的反应提炼出来，可以排成一个从防御到进攻的连续链条，如图表 2-3 所示。

图表 2-3 公司的回应

	防卫者	适应者	反应者	预测者
信念	我们必须尽最大努力，规范我们的行为来实现利润。	当法律强迫我们改变时，我们要做出改变。	尽管法律上没有要求，但只要我们面临很大压力，我们就会做出反应。	尽管没有法律要求，也未面临压力，我们仍要对社会做出预测，避免产生不好的结果。
焦点	利润最大化；找到法律的漏洞；寻找新的限制和规则。	利润最大化；遵守法律；当法律强迫我们改变时，我们要做出改变。	保护利润；遵守法律；对影响公司业务的压力做出反应。	获取利润；遵守法律；预测不好的结果而不依赖于法律和压力因素。

防卫者 当这类公司实现利润最大化的能力遇到严格的监管措施时，就会拼命奋斗。它们往往在法律的灰色地带上运作，积极寻找法律上的漏洞，由此开展业务。一般来讲，只有在法律的强制下，它们才会有所改变。

适应者 这类公司并不积极对抗限制和规则，但也只有在法律的迫使下才会做出改变。这种类型的公司会遵守法律条文。但是，如果法律不做要求，这类公司不会采取影响利润的行动。

反应者 这类公司只有在感到利益相关者的重大压力时，才会做出改变。如果不做出改变，不负社会责任的行为就会给公司带来负面的经济影响。例如，在生产可回收纸箱的问题上，当预期顾客会给予强的社会责任压力时，例如，不生产可回收纸箱的话，顾客就会抵制该公司的产品，或者干脆从其竞争对手那里购买可回收的纸制品，公司才可能做出改变。

预测者 这类公司认为它们对顾客、员工、股东、公民等各类利益相关者均有义务，不能损害他们的利益。它们之所以能这样做，并不是受到了来自法律法规的压力。这类企业不仅遵守法律，而且还会采取行动避免伤害利益相关者，即便这些相关者没有意识到存在的潜在危险。例如，公司可能会在员工受到有害化学物质伤害后要求改变工作环境之前，或安全法律法规通过之前，主动采取措施，保护员工在工作场所免受伤害。

虽然我们可以认为，遵从效率观的企业更容易是防卫者、适应者和反应者，而遵从社会责任观的企业更可能是预测者，但就我们所知，现有研究并没有验证这种特定的联系。下面的“管理者的挑战”阐述了一些企业在面对先进技术时所做出的反应，即企业改进手持式电动工具的二冲程引擎，来减少这些引擎的排放和污染问题。当你阅读该案例时，请思考是什么动机使得企业探索新的燃烧技术。对于预测者来说，它们的动机主要是为了试图保护环境并减少空气污染吗？还是因为它们认为符合法规的新技术会有助于提高它们的竞争力呢？如果满足或过度满足环保或其他社会要求对企业的经营有潜在的伤害，你会怎么做？例如，如果二冲程引擎采用超过环保标准的技术，导致成本上升了30%并且引擎重了20%以上，你会怎么做？如果市场调研表明，手持工具（如修剪机或吹叶机）的商业用户既不太可能支付更高的价格，也不想要额外的重量，你又会怎么做？当然，对于那些每周使用一次、每次使用一小时的消费者来说，额外重量带来的问题并不大，但对于小型园林绿化公司来说，要求其员工一周五天、每天6～8小时拿着这大约20%的额外重量，就是个很大的问题了。如果引擎的商业销售占公司总销售额的一半，你又会怎么做呢？

管理者的挑战——科技

清理肮脏的小引擎：应对技术

在夏天，你可以常听到二冲程引擎的吹叶机、链锯以及修剪机发出的噪声，看到它们冒出的蓝色烟雾，闻到石油天然气混合物所发出的刺鼻味道。不管你是走过一个居民小区，还是开车经过一个整洁的办公楼区，你都会看到、听到和闻到这个每年产值150亿美元的行业。现在，美国境内至少有3 000万台这样的手持产品被使用。每年，该行业出售200万台吹叶机、250万把链锯、600万台修剪机。其中，2/3销售给最终消费者，其余较重型的产品销售给商业用户。美国环境保护署（EPA）估计，在全美非工厂类碳氢化合物和氧化氮（NOx）的排放量中，吹叶机、修剪机等的排放量占5%。（制造商辩解说，这些产品的排放量实际上只占2%～3%。）

二冲程引擎之所以如此受欢迎，是因为它物美价廉，性能可靠，重量轻，功率大。但是，与四冲程引擎不同，它没有单独的进气与排气管道，导致30%的油气混合物未经燃烧就排放出去，造成污染。

1990年，加利福尼亚州空气资源委员会颁布了“三阶段”排放法案，要求到1995年的第一阶段，手持式引擎的排放减少30%；到1999年的第二阶段，该产品的排放要在第一阶段的基础上减少80%；到2007年的第三阶段，还要再减少40%的排放。二冲程手持引擎的最大制造商之一斯蒂尔公司（Stihl）的总裁弗雷德·怀特（Fred Whyte）说："毫无疑问，这是手持引擎制造商有史以来所面临的最大挑战。"这句话代表了许多制造商的心声。回声公司（Echo）的工程副总裁拉里·威尔（Larry Will）说得更为直白："满足政策法规是一回事，但满足法规并能生存下来则是另外一回事。"

回声、麦卡洛克（McCulloch）、斯蒂尔以及其他户外电动工具协会会员公司对政府展开了强大的游说攻势，要求降低减排标准并推迟执行。这些公司认为，该法规将"从市场上消除"所有二冲程引擎，并给消费者增加不合理的费用负担。即使该标准在技术上是可行的，也会使二冲程引擎的成本上升15%～30%或更多。考虑到消费者的价格敏感性，以及家得宝、沃尔玛和劳氏等巨无霸公司控制了2/3的最终消费者销售额，为此，没有一家公司想率先投资这项新技术、引入这种高价格的产品。

到了1995年，通过在排气管处理掉更多的碳氢化合物，几乎所有的厂商都能够达到加州空气资源委员会第一阶段的标准。然而，从技术上来看，要进一步减少80%的排放是不可能的。为此，在20世纪90年代中期，这些企业联合起来再次反对限制排放的法案。

后来，三家厂商打破了这个僵局。雷德麦克斯公司（RedMax，日本小松的子公司）、田中公司（Tanaka）与迪尔公司（Deere & Co.，年销售额达130亿美元的农机巨头）试图成为预测者。雷德麦克斯公司和田中公司发明了新的技术，可以在废气排放与油料进入之间喷射纯净空气。这使得二冲程引擎的排污情况明显低于第二阶段标准。迪尔公司原本是反对加利福尼亚州的标准的，但随后又游说加利福尼亚州空气资源委员会和环保署不要降低减排标准或推迟该规定的实施。迪尔公司的解决方案与雷德麦克斯公司的类似，采用了一种称为"压缩波"的新技术，改善了其Homelite系列产品。不过，在巨头零售商的压力下，迪尔公司被迫对其高成本低排放的引擎降价，导致Homelite系列产品在随后的21个月里损失了1亿美元。最后，迪尔公司将Homelite品牌卖给了中国香港的创科实业（TechTronics Industies）。

为了满足加利福尼亚州空气资源委员会设定的标准和期限，那些在加州销售引擎产品的其他制造商不得不从雷德麦克斯公司和田中公司购买引擎。例如，斯蒂尔公司就从雷德麦克斯公司购买了6万个引擎。为了满足美国环保署2007年生效的全国标准，斯蒂尔公司、回声公司与布里格斯和斯特拉顿公司（Briggs and Stratton）等制造商最终在技术上实现了突破。例如，斯蒂尔公司经历了从防卫者到适应者，然后再到反应者的角色转变。该公司花费1 200万美元，开发了一种类似四冲程引擎功能的二冲程引擎，重量只增加了10%。

到2009年，二冲程引擎减排技术的发展，以及四冲程引擎（其排放明显比二冲程引擎低）功率的增大与重量的减轻，使得各主要制造厂无法再扮演防卫者的角色。结果是，这些曾经"肮脏的小引擎"，到今天已经清洁很多了。根据户外电动工具协会的报道，在过去的10年中，户外电动工具设计的改善使得废气排放量减少了70%以上。

资料来源：Outdoor Power Equipment Institute, www.opei.org, accessed March 24, 2010; "U.S. Power and Hand Tools Demand to Reach $15.5 Billion in 2009," *Grounds Maintenance*, http://grounds-mag.com/news/tools_demand_051705/index.html, accessed February 23, 2009; E. Chapman, "Handheld Lawn and Garden Products," *Grounds Maintenance*, July 2003, 12; M. Boyle, "Dirty Little Engines Get Cleaner," *Fortune*, May 13, 2002, I146 [B-L].

2.4.5 战略性企业社会责任观

最近，在企业社会责任方面出现了一种新的方法，认为在考虑所有利益相关者的诉求时，管理者必须采取平衡各方的做法，即**战略性企业社会责任观**（strategic corporate social responsibility perspective），这种观点认为，可以运用三个基本原则来指导管理者的行动。

第一个原则是“由内及外”（inside-out）方法。换句话说，管理者应该眼睛向内，关注企业内部的重要问题。这是企业战略和商业活动的一个重要职能。例如，沃尔玛公司是一家劳动密集型企业。如果你是该公司的一个管理者，那么该公司这种特性势必使得你要格外关注工人问题。与此相反，波音公司是一家资本密集型企业，如果你是该公司的管理者，该公司的特性就决定你势必会更加强调技术问题。

第二个原则是“由外及内”（outside-in）的方法。换句话说，管理者应该眼睛向外，关注企业可以施加影响的外部问题。例如，假设你是沃尔玛公司的一名管理者，负责控制该公司所有门店消耗的能源费用。那么，你不仅要对各门店的能源消耗与温室气体排放施加重大影响，还要对那些为公司门店提供电力的公司施加影响。你也许会要求电力公司使用替代燃料，以降低温室气体的排放。

第三个原则是“由外而外”（outside-out）的方法。换句话说，管理者应该根据问题的程度来看待社会问题。显然，管理者需要考虑的社会问题可以多到无穷，如贫困、扫盲、环境等等。但是，战略性社会责任观并不主张管理者需要考虑所有的社会问题，只要把问题关注的重点聚焦在上述两个原则上即可。

总之，这三个原则构成了一个三维矩阵，帮助管理者集中精力，关注那些最有可能使得社会与企业分享价值的社会领域（见图表2-4）。万豪集团（Marriott）的行为提供了一个典型的行为框架图。最重要的是，万豪集团是一家劳动密集型企业，雇佣了大量工人，从事技术含量相对较低的工作，如客房打扫服务等。万豪集团中大部分大型高档酒店集中在纽约这样的大城市里。长期以来，这些城市一直为失业问题所困扰，特别是那些受教育少又缺乏技能的人的失业问题。长期失业会导致一系列不良的社会后果，如无家可归、毒品滥用等。作为使用低技能劳工的大雇主，万豪集团将其社会服务目标对准像纽约这样长期被失业问题困扰的大城市，努力创造一个员工、社区、股东和顾客能够共享价值的机会。

为此，万豪集团为长期失业人员提供180小时的在职培训。其中，90%以上的学员完成了培训，并被万豪集团录用。一年后，这批人中有65%以上仍留在万豪工作。这是该行业中较高的留职率，对长期失业人群来说更是一个很高的数字。结果，万豪集团、被培训的新员工以及当地社区都从中受益。

假设你是万豪人力资源部的一名管理者，当别人向你建议万豪也应该涉足城市中所面临的另一个问题——艾滋病的时候，你是否会建议公司在这个问题上投入时间和资源？虽然艾滋病是一个重要的问题，但它似乎并没有影响公司的关键活动，如招聘等。此外，相对于具有这个社会问题的人群，万豪集团只是一个小雇主。在这个问题上，万豪似乎不大可能有显著的影响力，缺乏为社会和自己的业务创造共享价值的潜力。但是，如果你是万豪泰国曼谷酒店或南非约翰内斯堡酒店的人力资源经理，就会得出不同的结论。在这两个城市中，低技能的工人是万豪酒店运营的关键群体，而该公司又是这两个城市中的大雇主。艾滋病严重地影响低技能工人的供给。基于这些原因，公司采取预防性医疗措施就会对这两个城市中的艾滋病发病率产生明显的影响。因此，对万豪纽约酒店来说，那些“值得别人去做的事”，对于万豪曼谷酒店和万豪约翰内斯堡酒店来说，则是“战略性企业社会责任问题。”

图表 2-4　战略性企业社会责任：原则矩阵

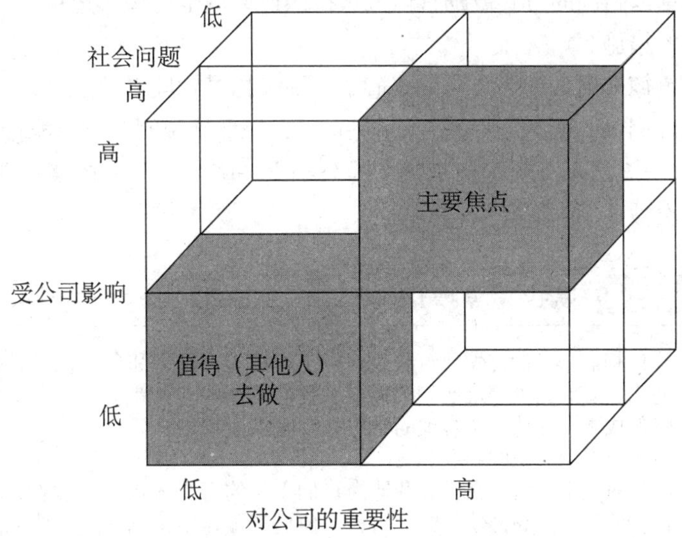

2.5　个人和企业如何做出更好的道德决策

当媒体揭露一些大公司的首席执行官等高层管理者不当的道德行为时，也有证据表明，在企业管理的各个层面上都会有不当的道德行为发生。如果是这样，作为一名管理者，你所面临的巨大挑战就是：怎样培养与鼓励道德决策？

2.5.1　管理者

正如本章开始所述，探索道德决策各种方法的部分原因是为了帮助你改进自己的方法。这样当压力出现时，你所做的决定能与你的道德框架一致，避免道德过失。因此，没有人可能替你对决策承担责任。

即使你觉得解决道德困境问题已经变得很顺手又很明确时，仍然会存在问题：你愿意在多大程度上改变你自己的方法去适应他人，或者试图改变他人的方法呢？如果你在耐克公司工作，需要付出多少心血才能改变公众的看法，使他们看到工人在工厂里所欣然接受的利益，以及如果工人不在耐克工作生活又会是什么样子呢？当然，我们无法明确说明本章中所描述的方法中哪个最好。但是，如果你对此运用自然，每一种方法都会形成前后一致的道德决策模式。这样，人们即使并不总是赞同你的决策，但至少会欣赏你保持前后一致的事实。

2.5.2　组织

正如管理者试图鼓励道德决策一样，组织对于道德决策也有重要的影响。在这里，公司的整体文化发挥着重要的作用。例如，像安达信这样的公司，过于关注收益与顾客满意问题，没有严格按照规定审计安然和世通等公司，结果自己也因此倒闭。与此相反，企业也可以对道德决策和行为有一个正面的影响。在许多公司，高级管理人员都以自己的方式鼓励管理人员按照道德规范行事。道德守则与举报系统是两种最常见的措施。

道德守则　许多公司采取道德守则来指导管理者做出决策。**道德行为守则**（code of ethical conduct）一般有一到三页纸，扼要地说明公司所能接受与不能接受的行为。图表2-5展示了美国历史悠久的公司之一强生公司的道德守则。1945年，这个守则第一次被采用，迄今修订过四次。

图表2-5　强生公司道德守则

我们相信，我们首先要对医生、护士、病人、母亲和父亲以及其他所有使用我们产品和服务的人负责。为了满足他们的需求，我们所做的一切都必须是高质量的。我们必须不断地努力降低成本，保持一个合理的价格；及时准确地处理顾客的订单。要让我们的供应商和分销商有机会赚取公正的利润。

我们对员工负责。在世界各地为我们工作的每个人都必须被看作独立的个体。我们必须尊重他们的尊严，欣赏他们的优点；让他们在工作中感到安全。他们的薪酬必须是公平合理的，工作条件必须整洁、有序和安全。员工必须能够自由地提出建议和抱怨。对于称职的员工在就业、发展和晋升上做到机会均等。我们必须提供能够胜任的管理者，而且他们的行为必须公正并符合道德。

我们对我们生活和工作的社区负责，对世界上的社区负责。

我们必须是好公民。支持良好的工作和慈善活动，承担我们分内的税收。我们必须鼓励城市进步，提供更好的健康和教育。

我们必须秩序井然地维护我们所拥有的财产，保护环境和自然资源。

我们最终要为我们的股东负责。企业必须获得很好的盈利。我们必须尝试新的想法；必须进行研究，开发创新项目，及时纠正错误；购买新的设备，提供新的设施，推出新的产品。我们必须准备库存，以备不时之需。

当我们依照这些原则运营时，股东就能得到合理的回报。

对美国84家企业的道德守则的研究发现，这些守则大致可以分为三大类。第一类守则的主题重点是做一个好的组织公民；第二类守则的主题重点是颁布一些条款，用以约束员工不要做那些会损害组织的非法或不当的行为；第三类守则的主题重点是指导员工，要善待顾客。每一类又可以进一步细分为不同的子类。

在一项对英国、法国和德国企业的道德守则的研究中发现，德国公司拥有道德守则的比例高于英国或法国公司的比例（见图表2-6）。该研究也发现，只有约1/3的欧洲企业有道德守则，而约85%的美国企业有正式的道德守则。

在另一项研究中，研究人员发现美国、加拿大和澳大利亚公司的道德守则内容有着明显的不同。例如，在对本国政府官员送礼、请客和娱乐等问题上，各国公司的道德守则是截然不同的。其中，87%的美国公司、59%的加拿大公司和24%的澳大利亚公司对请客送礼的问题做了明确的规定。

图表 2-6 采用道德守则的国别分类图

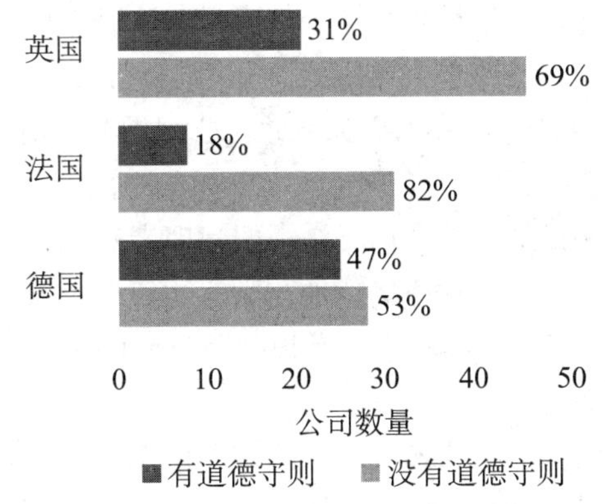

图表 2-7 提供了有正式守则公司的道德守则内容。在道德守则中，100%的欧洲公司规定了可以接受与不可以接受的员工行为，而美国只有 55%的公司陈述这一问题。与此相反，只有 15%的欧洲公司在道德守则中提及政治利益问题（即企业与政府的关系），而 96%的美国公司都在守则中陈述了这一问题。

研究表明，高管认为制定行为守则是鼓励员工道德行为最有效的方法。遗憾的是，在道德守则和员工实际行为之间的关联上，该研究中并没有给出显著的支持。与有守则的公司相比，那些没有正式守则的公司的道德行为看起来并没有更好或更差。这可能是因为光有一个正式的书面守则是不够的。例如，美国《财富》500 强企业绝大多数都有道德守则，但只有约 1/3 的企业有相应的培训计划和道德执行官，只有一半的企业将正式守则发给所有的员工。

图表 2-7 公司道德守则的主题

	英国		法国		德国		欧洲合计		美国		显著性
主题	公司数量	%	公司数量	%	公司数量	%	公司数量	%	公司数量	%	欧洲 vs. 美国
员工行为	33	100	15	100	30	100	78	100	47	55	SIG
社区环境	21	64	11	73	19	63	51	85	50	42	NS
顾客	18	39	14	93	20	67	52	87	96	81	SIG
利益相关者	13	39	11	73	18	60	42	64	NA	NA	NA
供应商和承包商	7	21	2	13	6	20	15	19	101	86	SIG
政治利益	4	12	3	20	5	17	12	15	113	96	SIG
创新和技术	2	6	3	20	18	60	26	33	18	15	SIG

NS=不显著；NA=无可用数据；SIG=显著不同。

成功执行道德守则 行胜于言。公司必须采取行动强化道德守则，并告知所有员工，公司对此是严肃认真的，否则员工不会自愿地遵守正式的道德守则。一些公司专门设置了“道德员”或监察员。他们负责向员工传递有关的道德守则和政策，并且确保将他们所关注和观察到的不道德行为向高管人员汇报，以便高管人员采取纠正行动。

1. 沟通。为了达到最大的影响效果，公司必须采取各种形式以及反复宣介所规定的道德标准。只在一次性的备忘录中宣讲是不够的。公司必须在一段时间内从备忘录、公司时事通讯、视频和高级管理人员的演讲中反复宣讲道德守则，以便人们消化吸收这些信息。

2. 培训。为使道德守则更为有效，公司需要对员工进行培训。在培训中，学员积极参与，才能使培训的效果最大化。例如，摩托罗拉公司开发了大约 80 个不同的小案例，每个案例设计了一个情景，需要管理者对此做出决策。为此，参与培训的学员就要研读这些案例，单独或集体地在类似的情况中做出决策。然后，学员们将自己的决策与公司高管（包括摩托罗拉首席执行官）的决策对比，看看公司高管在保持公司道德守则上所持有的理念。

在道德培训上，洛克希德·马丁公司（Lockheed Martin）也采取了参与式的方法，即一种兴趣与创新交织的方法。在 20 世纪 90 年代后期，该公司在斯科特·亚当（Scott Adam）的“迪尔伯特”（Dilbert）特性的基础上，开发了一种用途更广的游戏。这个游戏为玩家（员工）设计了 50 个道德困境，供玩家思考。培训的参与者发现，比起传统的道德培训，他们更喜欢这种方法。通过这种方法，学员们似乎能够更有效地回顾所学的要点。后来，迪尔伯特游戏不再流行了，洛克希德·马丁公司便运用真正的商业道德问题供学员们讨论。该公司还设置了一个道德咨询电话热线，供员工们遇到商业道德困境问题时拨打。

有时候，企业是因为出现了令人尴尬的问题后，才想起来进行道德培训。例如，2010 年年初，阿斯利康制药有限公司（AstraZeneca PLC）因推销了没有被 FDA 全面批准的药品思瑞康（Seroquel），支付了 2.5 亿美元罚款。这是因为销售和推销“无标签”药品是非法的。因此，阿斯利康开始加强对员工道德的培训，公司发言人说：“去年，阿斯利康采取了多项措施来加强对员工的道德培训，包括引入新的‘开放’项目，旨在鼓励员工举报涉嫌违反道德的行为。”

虽然组织中的管理人员常常认为道德培训项目是有效的，但目前的研究缺少相关的定论。从研究结果来看，可以肯定的是，员工在心理和情感上对所参与的培训投入越多，就越容易记住学习的要点。由此可以解释为什么洛克希德·马丁公司对道德培训持肯定态度。

3. 奖励与认可。除了与员工沟通道德守则，给他们以相应的培训，最关键的是要认可与奖励员工对道德守则的执行。否则员工会认为道德守则不过是“假大空的说辞而已”。尽管会有费用问题，但埃克森美孚公司坚持定期表彰那些遵守公司道德守则的模范。例如，一个发展中国家的政府官员曾向埃克森美孚公司的钻井队索贿，交换钻井队在该地钻探的许可，但钻井队的管理者拒绝了这位政府官员的要求。结果，钻探队及其昂贵的设备闲置了一个多星期，造成超过 100 万美元的损失。最后，该政府官员批准了该项目的所有文件和手续，允许项目进行。埃克森美孚公司在员工通讯上报道了这件事，强调公司是严肃认真地遵守所制定的道德守则，奖励了这方面的模范。当然，对于公司来讲，即使花点代价，这样做也是值得的。

4. 举报者。这是指那些能够揭露组织中其他员工不法或不道德行为的员工。一些企业推行了鼓励举报的方案，但是大多数企业并没有这样做。举报者作为一个群体，不应该是那些心怀不满的员工，而是具有良知、高绩效的员工。总之，举报者之所以举报公司里的不道德行为，并不是为了个人的名利，而是他们实在看不下去，不得不站出来揭露这些丑闻。例如，核电厂的监管人兰迪·罗巴尔（Randy Robarge）从来就没有打算成为一个告密者。在他看来，提醒大家关注密歇根湖畔康姆埃德的锡安发电厂存放不当的放射性物质，只不过是为了做好自己的本职工作而已。

研究表明，员工越了解内部的举报渠道，而且以往举报人受到的保护越有力，举报者就越有可能使用内部渠道举报问题，而不是呼吁媒体等外部渠道给以关注。IBM设立了一个叫做“说出来”的项目，一年就从员工那里收集到多达18 000封秘密投诉信。休斯工具（Hughes Tool Co.）、通用汽车和布鲁明戴尔（Bloomingdale）等公司则出资奖励那些能够提供有效意见的员工。总之，研究表明，下面的步骤对于鼓励合理的举报是有效的：

- 清晰地向所有员工传达举报程序。
- 除了命令链或只向直接领导汇报的途径以外，还应允许有其他的报告渠道。
- 采用一致的程序，全面调查所有的诉求。
- 保护正当的举报者。
- 对合理的举报者给予一定的财务激励或奖励。
- 公开表彰做出合理举报的员工。

高层管理者的示范 高管的个人行为，以及他们对他人行为的奖励、惩罚或忽略，都会对道德守则产生重大影响。管理者的行为可能会严重地破坏企业道德项目的意图与实施。高管如果言行不一，则很难说服中层管理人员按照他们的指示去办事。

肯·莱（Ken Lay）和杰夫·斯基林（Jeff Skilling）等安然公司的领导者的做法是，不计代价地报告增长。为了马上高报收入和利润，他们无视标准会计准则。但是，如果连资深高管人员都不按规矩和法律政策办事，其他管理人员又会怎样呢？安然公司的这种非法和不道德的做法不是独立完成的，而是得到了本应监管安然公司会计操作的安达信会计师事务所高级合伙人的配合。从法律和道德的角度来讲，安达信的领导者有义务报告安然的违规行为，但为了保留住对安然公司的审计业务与更具盈利性的咨询业务，安达信对安然公司会计违规行为视而不见。最后，为了掩盖双方的丑闻，安达信的领导者甚至指示下属销毁相关文件。这也违反了该公司的政策和法律法规。

根据前面所阐述的步骤，管理者可以在问题被媒体曝光并严重损害公司声誉之前处理好它们。此外，美国制定了新法律保护并奖励举报人。雇主不能因为员工举报公司的涉嫌违法行为，而开除、威胁或以其他方式歧视他们。实际上，与联邦政府签有合同的公司受到员工举报时，如果公司被判有罪，判决罚金中的一小部分可以用来奖赏进行举报的员工。简·阿克勒（Jane Akre）是第一个受到奖励的人。她举报雇主（一家电视台）故意歪曲新闻，因而收到425 000美元作为奖励。一项高达5 200万美元的奖金被分发给举报医药巨头史克必成公司（SmithKline Beecham）的三个人，这引起了人们的普遍关注。更吸引人眼球的是，吉姆·奥尔德森（Jim Alderson）和约翰·席林（John Schilling）协助揭发了HCA（美国最大的医院连锁）部分单位的医疗保险欺诈行为，为此，HCA被罚款17亿美元，而奥尔德森和席林则从中得到了1亿美元的举报奖励。

2.5.3 政府如何促进道德行为

美国和许多其他国家的政府都试图促进道德行为。例如，美国政府颁布了多项法律法规，旨在实现这一目标。从今天全球的环境来看，《反海外腐败法案》(Foreign Corrupt Practices Act，FCPA) 应该是最值得讨论的问题了。

从道德行为上来讲，很少有问题能得到人们对争议性付款或贿赂等问题那样的关注。对于美国的管理者来说，这是 FCPA 的核心问题。1977 年，该法案获得通过，起因是美国企业常常送钱给外国政府官员以获得政府合同与优惠待遇。

触发 FCPA 的关键事件是洛克希德·马丁公司事件被昭告天下。该公司为了能在日本出售自己的商用飞机，动用了超过 1 200 万美元的款项，向日本企业高管和政府官员行贿。随后的发现表明，近 500 家美国公司在世界各地有类似的贿赂行为，总金额超过 3 亿美元。

洛克希德·马丁公司当时的董事长卡尔·科奇安 (Carl Kotchian) 对此辩解道，行贿的款项还不到出售飞机给日本所得利润的 3%。科奇安还声称，该销售对于洛克希德工人的薪酬和就业保障有正面效应；从溢出效应来说，该销售对于公司的家眷、社区和股东都是有利的。他说，他面临两难的处境：如果他付费，人们会说他是不道德的；如果他不付费，竞争对手就会付费，洛克希德·马丁公司的一些员工就会因此失掉工作。你同意科奇安的说法吗？不管你是否同意这种说法，你能否判断出他遵循哪种道德方法？这是道德上正确的方法、公正的方法，还是功利主义的方法？

在 FCPA 通过之前，这些两难的问题还只是纯粹的道德问题。但在该法案通过后，就变成了法律问题。FCPA 规定，美国企业员工对外国官员、政客甚至公职候选人的拉拢行动都是违法的。该法案还规定，员工在"有理由知道"某笔费用可能是用于拉拢官员行为的情况下，仍然付款给他人，也是违法的。该法案还要求，公司应该采取措施，"合理保证"他们的交易符合法律法规，并对此保留详细记录。

来自管理一线的挑战——尾声

在莎论·安德森·赖特的母亲于 1995 年死于肺病之后，赖特成为半价图书公司的首席执行官。"我认为我们公司现在发展到了她不可想象的地步了。"赖特提到她母亲时说。实际上，该公司目前拥有的门店数大约是 1995 年的两倍，但公司从未背负过很多债款。尽管如此，业务的增长迫使该公司变得更加有组织性。这就涉及公司需要在计算机和库存系统等方面追加投资。扩张还带来其他的后果，如给兼职员工提供全面健康福利的花费大增。赖特也承认这不是一个轻松的决策。

赖特与其丈夫肯（Ken，也服务于该公司）、孩子们仍住在达拉斯她童年时居住的房子里。她给自己支付一个相对较低的五位数的薪水。员工的报酬适中，但他们还拥有公司的股份。赖特说，她和她的妹妹艾伦·奥尼尔（Ellen O'Neal）（半价图书公司执行副总裁）已经推掉了很多竞争对手和风投公司的买断提议。"我们有很多次机会可以变得富有，"她说，"但我妈妈承诺要做正确的事，那么我要做的就是把它坚持下去。"

但是，FCPA 不涉及支付给企业高管的报酬。对于美国管理者，支付给企业高管的报酬是一个道德决定，与法律无关。FCPA 也不禁止那些要求低级别的政府员工更及时履行职责而支付的费用。这是因为，不管怎样，这些政府员工总是要履行他们的职责。因此，这类费用一般被称为“便利费”。例如，为了避免耽误进口货物检验，付给海关检查人员 100 美元，是不违反 FCPA 的有关规定的。因为海关检查人员反正是要做出检验的，而这种费用只不过是简单地加快了检验的进程。但是，如果支付 100 美元的目的是不让海关检查某个产品，就违反了 FCPA。因为这笔费用诱使海关关员做了他不应该做的事情。

违反 FCPA 的公司可被处以高达 100 万美元的罚款，个人则面临 1 万美元的罚款及最高五年的监禁。显然，当交易价值高达 1 亿美元时，100 万美元的罚款是难以起到威慑作用的。但是，对于个人来说，监禁则是法律上很严重的惩罚。

关于道德和社会责任的争论已经持续了几代。本章的目的不是解决这一争论，而是要检验各个基本观念的假设与其合理性。如果有一个公式可以解决这些挑战，也就不需要那些聪明而有能力的人来担任管理者，去和这些问题进行斗争。(我们可能只需要把这些问题交给计算机算法就好了。）如果真可以这样的话，当管理者也不再是那么令人兴奋的工作了。我们希望，本章的检验可以帮助你评估自己的看法。当有关道德和社会责任的问题发生时，你就会有备无患。面临问题的瞬间压力就不至于太大，不会做出日后会后悔的决策。了解这些基本的框架，还可以帮助你更好地欣赏那些和你持有不同观点的人，从而能够和他们更有效地互动。

本章小结

● 道德决策的四个基本方法包括，功利主义、道德权利、普遍主义和公正方法。功利主义方法认为，做正确的事的前提是利益最大化。道德权利方法认为，做事应该与现有道德准则一致。普遍主义方法认为，做事的准则应该是“己所不欲，勿施于人”。公正方法的前提是，成本和收益应当公平分配，公正地应用规则，并且要对那些因不公平或歧视所造成的伤害给予补偿。

● 道德强度是指人们把一个问题看作道德问题的程度。它受到六个因素的影响：(1) 结果重要性；(2) 社会舆论；(3) 效果概率；(4) 时间紧迫性；(5) 接近度；(6) 效果集中度。

● 对社会责任的错误判断以及道德决策的失误，会对公司的价值造成不可挽回的损害。作为一个管理者，你需要能够做出正确的、合乎道德的决策，并鼓励你的下属也这样做。

● 效率观认为，“企业的本质就是做生意”。因此，管理者的责任就是为股东创造最大的回报。只有在法律规定的条件下，管理者的决策才应该反映社会的价值观。

● 社会责任观认为，企业的存在不仅要对股东负责，更要对整个社会负责。股东只是提供了风险资本。因此，管理者应该给股东提供一个合理的回报，同时也要满足社会的合理诉求。

● 战略性企业社会责任观认为，最好的社会责任就是为社会和企业创造共享价值。确定哪些问题最有可能实现这一目标，取决于对企业关键活动、企业所能影响的问题以及社会关注问题的总体判断。

● 要促进整个组织的道德决策和行为，最重要的是企业高管的示范作用。道德守则、沟通、培训和奖励（及惩罚）则是另外一些可以影响员工决策和行为的措施。

复习题

1. 效率观的主要观点是什么？
2. 效率观最关注的是什么？
3. 战略性企业社会责任观的基本目标是什么？
4. 管理道德和企业社会责任的主要区别是什么？
5. 比较功利主义方法、道德权利方法、普遍主义方法和公正方法。
6. 影响道德强度的六个因素是什么？
7. 哪五种方法可以有效地影响员工遵守道德守则的实际行为？
8. 什么是举报者？
9. 什么是《反海外腐败法案》？

自我评估

诚实测试

你曾经在考试的时候作过弊吗？当你没生病，却打电话请病假不去上班，会怎么样？你曾经免费从网络上下载本应付费的音乐吗？2005年，某杂志曾就上述问题调查了近2 000名读者。你可以点击链接，http：//www.readersdigest.ca/mag/2005/05/honesty.html，参与这个调查，看看你的诚实度和这2 000名受访者有什么不同。

团队练习

隐私的限制

三人一组，一人扮演员工，一人扮演老板，第三个人观察并做出总结。每个人都要阅读下面的情节。员工和老板进行5～10分钟的对话，试图解决问题。后文中的问题可以激发你的思考并帮助你准备对话内容。

某公司有一条政策明确指出，电子邮件属于公司的通信范畴，因此要受到监管。公司在对新员工进行入职培训时，会给每个新员工发放一系列厚厚的培训文件，而且有关此政策的解释就在这些文件之中。但是，大多数员工都没有意识到这个政策。即使知道这一政策的员工，大多数也不相信公司会动真格，审查他们的电子邮件或其他互联网活动。

这时，老板来找你，拿着你所有下属的电子邮件账户名、密码，要求你审查下属们的电子邮件。虽然没有明确的证据，但是老板怀疑一名下属可能在与公司竞争对手讨论跳槽到对方去工作，甚至更可能是在向对方泄露公司敏感的营销信息。老板指示你不要为电子邮件的标题所愚弄，如果有人要做不道德的事，只要聪明一点儿，就绝对不会在标题上显示出邮件的真实内容。因此，老板要求你阅读所有员工在最近四周的电子邮件，并监督接下来几周的电子邮件，直到证明传言属实或是空穴来风为止。为此，他已经把你手上的一个小项目转给他人，确保你在接下来的一周里有时间完成这项审查工作。

1. 你会怎么做？你会接受这个任务吗？
2. 如果你接受，为什么？如果不接受，又为什么？

3. 如果你不想接受这个任务，怎样做才能既不伤害和老板的关系，又不对你的职业前途造成潜在损害，还能拒绝掉老板的指示？

4. 审查员工那些自认为是隐私的电子邮件，这是道德的吗？

5. 在没有通知员工的前提下就采取行动，这是道德的吗？

章末案例

尼克罗·皮尼亚泰利与意大利海湾公司

意大利海湾公司（海湾石油公司的子公司）的总裁尼克罗·皮尼亚泰利（Nicolo Pignatelli）正盯着一份意大利政府发来的通知。“这怎么可能呢?”他想。政府许可皮尼亚泰利建立一个近 600 万吨产能的炼油厂。他花了几亿美元，刚刚建完这个工厂。现在，意大利政府却告诉他，他只能在稍多于 50% 的生产能力上运营（在 600 万吨产能中只能开工 390 万吨）。最重要的是，政府的通知还说，他不仅需要得到一份在 600 万吨产能中只生产 390 万吨的生产许可，还需要获得另外一份单独的施工许可，这样才能使生产许可生效。

皮尼亚泰利不知道是应该感到威胁，还是愤怒。政府允许他建立一个 600 万吨产能的炼油厂。现在，又只让他生产 390 万吨。工厂的固定成本很高，只有达到生产能力，公司才能盈利。如果只生产 390 万吨，毫无疑问，公司就会损失数百万美元。但要彻底关闭工厂，也会损失一大笔钱。

皮尼亚泰利感到心烦意乱是可以理解的。在长达 7 年的时间里，他持之以恒地实施自己的战略，将这个意大利石油和汽油行业的小公司变成了行业中重要的企业之一。在皮尼亚泰利接手该公司时，海湾公司的加油站均分布在意大利北部。为了建立一个全国性的企业，皮尼亚泰利从马拉松石油公司（Marathon Oil）收购了 700 个加油站，主要分布在意大利的中部和南部。这次并购使得海湾公司的加油站遍布了整个意大利。海湾公司还在意大利南部和邻近的中东地区拥有原油生产能力，可以向意大利提供原油。在这个生产链上，海湾公司缺少的正是精炼这一环节。由于没有自己的炼油厂，皮尼亚泰利为了获得精炼石油的供应，就得依赖自己的竞争对手，不得不接受它们所控制的石油批发价格。皮尼亚泰利认为，海湾石油公司需要有自己的炼油厂，完善从井口到气泵的整条供应链，从而控制自己的命运。

在意大利建立炼油厂是一个漫长而昂贵的工程。公司在获得意大利北部建立炼油厂的许可后，由于当地社区的反对，不得不在施工前 5 次变换选址。这些位置的变化导致海湾公司多花了 1 600 万美元。为确保排气和排烟不会导致城市雾霾，皮尼亚泰利追加投资，建造了 450 英尺的烟囱（比正常的高一倍）。皮尼亚泰利还安装了一个特殊的燃烧室，替代了火炬塔（用来燃烧掉废气），以确保不会再产生噪声与有害气体。他还安装了一套最先进的水净化系统。为了展示系统的质量，皮尼亚泰利还亲自喝了处理过的污水。这些增加的环保设施，导致该项目的成本又增加了几百万美元。

因此，为确保该炼油厂能够盈利，皮尼亚泰利需要市场对该炼油厂所提供的石油有强有力的需求。除了满足海湾公司自己加油站的需求以外，皮尼亚泰利还与美孚石油公司（Mobil Oil）合资经营。美孚公司在意大利北部有很多加油站，正好位于海湾公司炼油厂的所在地区，但美孚公司在北部却没有自己的炼油厂。这样，海湾公司炼油厂的产品就可以确保美孚公司的需求，而美孚公司的投资又减轻了海湾公司建设炼油厂的财政负担。然而，如果海湾公司炼油厂不能满负荷地生产，精炼汽油的价格就会变得非常昂贵，美孚公司就不会购买。在这种情况下，美孚公司可以选择退出交易。

炼油厂从获得批准到修建花费了 7 年时间，投入了数亿美元。更为重要的是，皮尼亚泰利亲自向海湾全球总部的高层推销了自己的扩张战略（包括收购加油站和建设炼油厂）。他的个人声誉与此休戚相关。要获得满负荷生产的批准以及另外的开工授权即使不用花上几年，至少也要好几个月的时间。皮尼亚泰利觉得政府官员在有意刁难他。

此时，皮尼亚泰利能想到的选择有四个：

1. 他可以直接找政府，申请授权。

2. 他可以让更有影响力的合作伙伴（如美孚）对政府官员施压，加快批准两个授权。

3. 他可以支付一大笔钱（如将100万美元存入一个瑞士银行账户）给一名"顾问"。此人曾解决过这类瓶颈问题，并表示可以快速处理好目前这个状况。

4. 他可以私下付钱给政府官员，以获得炼油厂满负荷运行的权限。

皮尼亚泰利认真思考了每个选择。直接申请可能需要几个月以至几年的时间才能从政府那里获得授权。在此期间，该炼油厂将无法运作，或者只能不满负荷地运营，这将损失数百万美元。皮尼亚泰利不能肯定合作伙伴的压力是否能对政府官员产生影响。他也不知道向媒体曝光的效果如何。鉴于该项目目前巨大的成本、成千上万人的就业依赖于这个炼油厂的运营以及时间上的压力，如果能解决这一瓶颈问题，支付给顾问的100万美元似乎算不上是个大数目。如果他直接贿赂政府官员，他可能不用花费这么多钱就能获得授权。

◆ 思考题

1. 皮尼亚泰利应该怎么做？你会怎么做，为什么？

2. 皮尼亚泰利似乎倾向于聘用一名顾问，让他去行贿。如果皮尼亚泰利不直接行贿，他能免责吗？

3. 在意大利，行贿是非法的。即使在那里行贿很普遍，但能证明这种行为是合理的吗？

4. 皮尼亚泰利是否有责任为意大利市民建立一个高于法律要求的环保型炼油厂呢？海湾公司为环保而支付的额外开支主要是股东的钱，这合适吗？

5. 如果你是该公司一个低级别的员工，当你得知皮尼亚泰利打算通过行贿来解决瓶颈问题时，你有什么样的感觉？你会有什么样的道德义务？你是视而不见还是直接对质皮尼亚泰利？你应该告知你的直接上级还是通知媒体？

资料来源：与皮尼亚泰利的私人谈话。

第 3 章

国际管理和全球化

International Management and Globalization

学习目标

通过本章的学习，你应该能够：

- 解释什么是全球化，以及它如何影响企业和国家；
- 识别与区分全球环境的两个主要因素；
- 指出并说明国家制度环境的三个主要维度；
- 定义文化术语，并界定四个主要的文化维度；
- 描述进入国际市场的五种战略，并解释使用每种战略的时机；
- 说明三种国际组织的关注点；
- 论述跨文化管理的好处和挑战；
- 描述如何有效地管理多文化的团队；
- 定义全球思维，并解释其对管理者的重要性。

来自一线的管理挑战

姓名：凯坦·乔杜里（Chetan Chadhury）

职位：战略与运营管理者

母校：加尔各答大学圣泽维尔学院（商学本科），亚利桑那大学（科学硕士与工商管理硕士）

业余活动：阅读、看电影、冷知识

推荐的商业书籍：《薄伽梵歌》（*The Bhagavad Gita*）

偶像：印度史诗故事《摩诃婆罗多》（The Mahabharata）中的克里希那（Krishna），史蒂夫·乔布斯

座右铭：己所不欲，勿施于人

管理风格：事必躬亲，共同商议与合作，确保团队成员知情和融入，信任员工，允许他们独立工作

乔杜里最初被德勤聘为夏季实习生时，他正在亚利桑那州立大学读工商管理硕士。获得学位之后，他就进入德勤在加利福尼亚州最大的办事处工作。最开始，他主要承担公共部门大项目的工作。2006 年，乔杜里离开德勤，回到印度，开设了新公司。在这次创业中，他获益颇丰。他和合作伙伴专注于研究贫穷阶层（金字塔的底层）教育水平发展的可持续模式。

2008 年，乔杜里卖掉了公司，重新回到德勤，在加拿大渥太华办事处负责战略实践工作。目前，他负责管理德勤渥太华地区战略与运营咨询部门。他将大部分精力放在公共部门的商业流程改善、卓越运营、公民服务和科技战略的咨询上。德勤是一个全球性的公司，由于工作原因，乔杜里跑了海外很多地方。例如，他最近就在中东的一个大型项目上工作。乔杜里曾在印度、美国学习和工作，因此，在这样的环境里工作时，他对文化差异以及如何适应地方文化有一些最基本

的了解。不过，他和他的同事在为亚洲的一个公共部门客户做一个既复杂又有趣的商业转型项目时，还是遇到了挑战。他们所面临的工作环境与以往大不一样。例如，那里着装要求很严格，定好的会议常常被取消，但又会临时召集一些会议。客户经常迟到，而且在会议中用当地的方言交换意见。此外，客户的会议很少有主题，也没有什么开场白。客户不喜欢用电子邮件，更习惯用电话和短信沟通。客户对咨询团队所提供的资料或者建议很少即时给予反馈。面对上述情况，德勤咨询团队的士气很低落，一些人离开了这个项目，给客户关系造成了新的问题。

乔杜里和他的同事担心这样下去会失去这一项目，认为有必要马上解决这一问题。他们认真分析了情况，认识到核心的问题是文化差异。为此，他们着手解决问题，力图适应当地的文化，以便更好地满足客户需求。在这一章里，我们检验乔杜里及他的同事在为其亚洲客户提供有效建议和服务时所遇到的问题。首先，我们讨论全球化以及它对市场和商业所产生的影响。其次，我们研究各个国家不同的制度和文化环境，企业进入国际市场所采用的战略及其风险。我们还讨论了如何管理来自不同文化的员工和团队。这是乔杜里所遇到的一个很重要的问题。这些问题对我们所面临的全球经济以及像德勤这样的跨国公司来说是相当重要的。最后，我们讨论了所谓的“全球思维”的定义，以及管理者为什么要有这样的思维。

3.1 全球化

全球化（globalization），是指商品、服务、资本（钱）以及知识跨国流动的过程。全球化增强了各国之间和各国组织之间的经济依赖性。托马斯·弗里德曼（Thomas Friedman）在其畅销书《世界是平的》（*The world is Flat*）中把全球化分为三个阶段：第一个阶段是国家的全球化；第二个阶段是企业进入国际市场；目前正处在第三个阶段，即个人在全球范围展开合作（与竞争）。随着国家、企业甚至个人之间跨越国界的相互依赖性日益增强，一国政府对其经济的影响力被削弱。最近，金融和经济危机从美国开始，已经蔓延到许多国家。在这场危机中，各国经济之间的相互依赖性明显增强。

近年来，日益增加的全球化极大地改变了世界的竞争格局。例如，伴随着新技术特别是信息系统的兴起，小企业也可以利用其他国家的市场和资源，有效地与那些更大和更成熟的企业竞争。此外，来自欠发达地区的企业也能够在国际市场上参与竞争。

据托马斯·弗里德曼所言，全球化已经超越了大小企业进入国际市场的阶段。今天，即使个人也在全球范围内进行合作（和竞争）。弗里德曼认为，不管我们来自哪个国家，全球化使我们大家都成了“隔壁邻居”和竞争者。“管理者的挑战”中描述了这种例子，如公司 Orb Audio 和公司 Air Tractor 在国外的销售。事实上，Air Tractor 公司地处得克萨斯州西部的一个小镇，根本不能与那些欧洲和拉丁美洲具有相同产品和市场的公司相提并论。

在专业服务方面，很多工作已经转移到了中国和印度等国家。那里的工人能够以较低的成本做出高质量的工作。许多美国企业正在将服务工作分包出去，如将软件开发和税务申报等工作外包给印度公司。一些美国公司还把他们的美国员工送到印度去做手术，因为那里的医疗费用低，且护理周到。

管理者的挑战——全球化

小企业：走向全球化

近年来，国际市场机会不断增多，许多企业纷纷进入新的国外市场。由于经济衰退，一些美国企业在国内的销售减少，但却通过国外市场销售的增长得到了补偿。例如，Orb Audio公司是一个小型制造商，专门生产高端家庭影院系统。最近，该公司在国外的年销售额从10%增加到35%，总额超过了500万美元。在同一时期，由于经济衰退，该公司在美国国内的销售下降了10%。该公司的市场既包括澳大利亚和英国等发达国家，也包括津巴布韦和尼日利亚等发展中国家。目前，该公司销售总额的10%来自芬兰。同样，Air Tractor公司是得克萨斯州奥尔尼的一家制造商，主要生产用于作物喷撒和其他农业目的的飞机，也通过在世界其他地方销售产品，避免了因经济衰退造成的销售下降。美国进出口银行主要是担保小企业在国外市场出口的产品和服务得到支付，也为该公司在国外市场的销售提供了帮助。在最近一年中，美国进出口银行为出口到国际市场的2 540笔交易提供了43.6亿美元支持。

房地产开发商盖尔国际公司（Gale International）主要在美国国内建设办公园区。2001年，韩国政府要求它帮助打造一个全新的城市——松岛。为此，韩国银行给盖尔公司提供了350亿韩元的贷款。尽管新的城市项目要到2015年才能完成，但盖尔公司已经取得了很好的进展。2010年，在松岛完成了100英亩的中央公园。该公园以纽约市中央公园为蓝本，并使用了同样的名字。思科公司（Cisco）负责技术项目的建设，使整个松岛在技术上保持领先。基于其在韩国的经验，盖尔公司已与思科、3M、联合技术（United Technologies）以及建筑公司科恩·佩德森·福克斯（Kohn Pedersen Fox）合作，为其他国家打造新的城市。例如，盖尔公司近日宣布，该财团将以松岛为样板，在中国和印度建设20个新的城市。预计中国至少需要500个松岛大小的新城市，为此，盖尔公司新的全球业务将是非常有利可图的。

这些例子表明，国际市场为大小企业都提供了巨大的增长机会，大的如思科、小的如Orb Audio。由美国政府资助的美国商业服务组织（U. S. Commercial Service）也会帮助企业到海外发展。该组织对小企业帮助特别大，在很多问题上为小企业提供免费的咨询服务，包括文化敏感性问题和制定有效的商业计划。对于EQ Smart Energy这样生产和销售能量饮料的公司来说，这些服务很有用。最近，该公司宣布，批准其首次尝试进军国外市场的计划，向墨西哥和巴西出口生产能量饮料用的泡腾片。同样，康涅狄格州东汉普顿的Dickinson Brands公司也计划在全球销售其金缕梅产品。该公司希望借此在不同国家的经济波动中保持销售的稳定。对于很多企业来说，全球化是一个福音，但也使这些企业的管理更加复杂，更具挑战性。

资料来源：E. Maltby, "Three Best Ways to Expand Overseas," *Wall Street Journal*, May 28, 2010, http://www.wsj.com; "EQ Smart Energy Brand Goes International," *Business Wire*, May 28, 2010, http://www.businesswire.com; I. Mount, "Tips for Increasing Sales in International Markets," *New York Times*, April 21, 2010, http://www.nytimes.com; G. Linsday, "Cisco's Big Bet on New Songdo: Creating Cities from Scratch," *Fast Company*, February 1, 2010, http://www.fastcompany.com; E. Olson, "Some Small Businesses That Grew in 2009," *New York Times*, December 31, 2009, http://www.nytimes.com.

在未来30～40年里，印度和中国会在全球经济中扮演重要的角色。有人认为，到2040年，巴西、中国、印度和俄罗斯的经济总量极有可能超过目前六大经济体（加拿大、法国、德国、日本、英国和美国）的总量。

技术的使用，也会使全球化范围覆盖得更深远。例如，身处喜马拉雅山麓的某个不丹居民，可以通过在脸书上发照片引起国际关注。也正是由于世界的变化，在21世纪的第一个10年里，不丹发生了重大的改变。例如，2005年，该国通过了新宪法；2008年，进行了第一次议会投票。此外，25岁的Tsokye Tsomo Karchung当选第一位不丹小姐。她上了脸书，成为国际名人。毫无疑问，正如弗里德曼在《世界是平的》一书里所说的，对大多数国家来说，全球化会有正反两方面的影响。全球化既可以为企业提供机会，使它们可以通过进入新的国外市场而得以发展壮大，也可以改善一个国家的经济发展；然而，外国公司在东道国的市场上进行竞争，也有可能损害当地企业的利益。中国企业进入美国市场，就对美国一些企业及其员工造成了类似的问题。例如，中国家具企业和纺织企业在美国市场的竞争，已经严重伤害到美国这两个行业的企业。为此，美国政府官员必须权衡全球化的利与弊。在通常情况下，这些官员会在不同选民的强大压力下，颁布一些贸易壁垒政策，使得外国公司难以在美国市场上开展有效的竞争。

3.2 了解国家的环境

沃尔玛是世界上最大的公司。2010年，该公司的销售额超过4 000亿美元。该公司每周在15个国家的8 400家零售商店里为近2亿客户提供服务。为此，沃尔玛公司要获得持续增长并保持盈利，最重要的就是需要知道应该进入哪些市场以及如何在那里竞争。为此，管理者需要从制度与文化两个很重要的方面了解有关国家的环境。

3.2.1 国家的制度环境

每个国家都有其独特的制度环境，包括经济发展、政治法律和物质基础设施等。制度环境时常很复杂，许多重要的制度相互作用，对国家产生独特的影响。**制度环境**(institutional environment) 是由国家的法规、政策与执行流程组成，影响在该国经营的组织与个人的行为。

经济发展制度 每个国家的经济发展水平不同。对于大多数国家来说，经济发展和增长至关重要，有利于提高生活水平与公民的健康和福利。经济发展对本土企业和外国公司同样都很重要，会带来更大的市场机会。

国家按其经济发展程度可以分为发达、新兴和发展中三种类型。美国和日本等国家是高度发达的经济体。苏丹和萨尔瓦多等国则是发展中经济体。中国和印度等国还没有达到高度发达，但其经济正在迅速增长，属于新兴经济体。西欧国家是发达经济体，而东欧国家大多被认为是新兴经济体。

一般来说，发达经济体比发展中或新兴经济体更大一些，拥有更有效的资本市场。在有效的资本市场里，个人和商业组织能够随时从银行和其他金融机构贷款，或在股票市场上通过出售股票获利。与其他国家相比，发达经济体的股票市场规模较大。中国等新兴经济体经济增长迅速，但其资本市场还处于发展阶段，不成熟。最后，发展中国家的经济最为脆弱。

政治法律制度 这一制度环境是指国家的政治风险、法规和法律及其执行力。各国政府制定法律和政策，用来治理自己的公民以及在国内运营的企业的行为。国家可以颁布新的法规以鼓励更多的创业精神，而创业精神的程度对一个国家的经济发展有重大影响。由此可见，法规对国家的经济起着重要作用。与商业活动密切相关的重要法规主要是那些涉及外国公司运作方式的政策，包括征收进口货物关税和配额的法律、规范用工方式的法律、规范主要股票市场中上市交易公司行为的法律。

一些国家规范外国企业的行为，主要是为了保护那些缺乏必要资源和能力与发达国家企业竞争的本地企业。2002 年，美国颁布了《萨班斯-奥克斯利法案》（SOX），旨在遏制发生像安然和世通那样的丑闻。在美国证券交易所上市的国内企业和外资企业都必须确保遵守 SOX 的相关规定。例如，所有企业的首席执行官（CEO）和财务总监（CFO）必须确保公司公布的财务报表准确无误，并符合行业标准和法律要求。同时，股东也拥有合法的权益，可以影响企业所采用的战略。例如，由于有法律法规的支持，股东权力大的国家的企业能够比其他国家的企业更好地重组所获取的资产。最初，通过法律所设置的一些规定是为了使上市公司的管理更加透明化。然而，过度地使用这些规定就会妨碍来自国外的投资。越来越多的上市公司正在私有化（回购其上市交易的股票），避免耗资应对那些法律所制定的昂贵的申报规则。不过，像 SOX 这样的法案，对国家的制度环境重大影响。

与知识产权有关的法律格外重要。当与知识产权（如专利）有关的法律执行不力时，国外高新技术企业就不会把它们的技术带入当地。这些企业即使已经进入了该国市场，也不会在这个市场上使用其核心技术，或者禁止其当地的合作伙伴接触这些技术。当这些知识障碍存在时，就会降低合资企业的价值，对当地的合作伙伴更是如此。发展中国家和新兴市场的本地合作伙伴通常希望从其实力更强的外国合作伙伴那里获得技术和管理能力。

物质基础设施制度 对于一个国家来说，公共基础设施是商业运作的关键。它可以推动商业活动的进行，并实现产品从源头向最终消费者转移的过程。物质基础设施包括道路和高速公路的数量和质量、人均电话线路数量和机场的数量。对于外国企业来说，要进入一个新的国际市场，就必须考虑该国物质基础设施的可用性。在基础设施不发达的国家里，外国企业的绩效往往不好。因此，希望吸引国外投资的国家就必须尽量发展自己的基础设施。

没有良好的物质基础设施，企业很难将其产品销售给那些潜在客户。而企业接触不到更多的潜在客户，就只能在规模较小的市场上进行销售，或者不得不用更昂贵的方式销售其产品。无论怎样，与身处基础设施完善国家的企业相比，基础设施不完善国家的企业利润会较低。

图表 3－1 描述了部分国家的制度环境类型。尼日利亚和巴西等发展中国家为类型 1。这类国家经济相对较弱，而且是中央集权（政策控制强/政治权利低）。新兴市场国家是类型 2。这些国家正在经历普遍强劲的经济增长，并开始制定促进经济进一步增长的体制（例如，更好的交通、新的法律法规（如知识产权法规））。类型 3 以西欧国家为例，有着比较先进的制度环境。最后，最先进的制度环境还是在日本和美国，即类型 4。

制度环境的重要性 经济增长对所有国家都很重要，公民的生活水平、健康状况和福利均依赖于此。经济增长对本国企业和外国企业都非常重要。经济发展给所有企业带来更多的市场机会，吸引新的业务发展以及外国投资。

图表 3-1 国家制度环境类型

类型 1：这一类型主要包括发展中国家和转型经济国家。这些国家的特点是：政策控制强、政治权利低，如巴西、俄罗斯和尼日利亚。
类型 2：这一类型主要包括新兴市场国家。与类型 1 相比，这类国家的制度环境较为先进，但仍需下更大的力气进一步完善其制度环境。在这些国家里，政治权利略高，但是货币政策最弱，投资限制低于类型 1，属于该类型的国家包括中国、印度和新加坡。
类型 3：这类国家政策控制低于类型 1，但有很高的政治权利，物质基础设施条件很好。主要包括西欧及北欧国家，如芬兰、法国、德国、葡萄牙和瑞典。
类型 4：这类国家制度基础完善，政策控制与政治权利均衡；经济强劲，具有完善的物质基础设施，如日本和美国。

资料来源：M. A. Hitt，R. M. Holmes，T. Miller，and M. P. Salmador，"Modeling Country Institutional Profiles：The Dynamics of Institutional Environments" paper presented at the Strategic Management Society Conference，Vienna，November 2006.

除了经济发展和健康的经济环境的吸引力，一国的法律法规、政局以及基础设施等都对企业的行为产生着重要的影响。特别是那些希望在新的国际市场上进行投资的跨国公司，更需要了解一个国家制度环境中的这些因素，这些因素会极大地影响企业到一国市场上直接投资的意愿。最近的研究表明，在一个国家里存在的跨国公司数量多，会反过来强烈地影响该国家制度环境的发展。例如，在一个国家里跨国公司越多，当地政府面临制定和执行立法以减少腐败的压力就越大。这是因为，一方面，这些跨国公司影响着所在国的经济发展和增长；另一方面，腐败会阻碍外国公司对所在国进行重大的投资。正如本章后面所阐述的那样，制度环境会对企业的国际化战略产生重要影响，特别是影响企业对进入国的选择。

制度的力量在决定一个国家的企业行为上起重要作用，但社会文化也起着同等重要的作用。文化对人的行为的影响随处可见。

3.2.2 文化

制度力量在企业全球化的方式和市场的选择上起着重要的作用，但社会文化的作用也是至关重要的。**文化**（culture），是指某个群体成员习得并接受的，直接影响他们行为的一整套假设、价值观和信念。有些学者认为，文化是集体智慧的结晶，会对个体行为产生强大的影响。任何群体都有自己的文化，这里讨论的是国家的文化。

文化可以极大地影响人们对所在商业世界的观察和解释方式。因此，了解文化是至关重要的。例如，人们会把周围的环境看成是机会或威胁。一个人的文化很可能会影响他对管理行为对错的判断。例如，只有 10%的瑞典管理者认为他们能够准确地回答下级所提出的大多数问题，而 78%的日本管理者则认为他们能够准确地给予回答。这个例子说明，文化可以以一种预先存在的方式来解释与评价事件，并决定所采取的一系列行动。同时，国家文化会强烈地影响国家制度的性质。

文化的维度 在谈到全球化时，荷兰学者吉尔特·霍夫斯泰德（Geert Hofstede）开展的文化研究，以及以罗伯特·豪斯（Robert House）为首的一批研究人员所做的文化研究，是两个最卓越的研究。这些复杂的研究都指出，国家文化至少有四个重要的维度：权力距离、不确定性规避、个人主义与集体主义以及性别取向。

权力距离（power distance）是指人们对权力和权威差异的接受程度。权力距离不是衡量群体中权力和地位差异程度的指标。大多数国家有富裕的公民和贫困的公民，也有有权的公民与无权的公民。权力距离并不是指一个国家内所存在的地位和权力的差异，而是指人们接受这些差异的程度。霍夫斯泰德的研究发现，菲律宾、委内瑞拉和墨西哥接受权力差异的程度最高，而奥地利、以色列和丹麦接受差异的程度最低。

文化的差异在于人们对事物明确性的需要或模糊性的容忍程度。文化的这个维度被称为**不确定性规避**（uncertainty avoidance）。在不确定性规避高的国家里，公民更喜欢明确的规范（约束行为的规则）。不确定性规避高的群体善于创建结构和制度，以减少不确定性；而不确定性规避低的群体则宁愿规则少，喜欢模棱两可的情况。例如，瑞典、荷兰和美国的管理者会在不确定性高的情况下感到舒服，而印度尼西亚和日本管理者则在不确定性高的环境中感到不舒服。

个人主义（individualism），是指人们以自我为中心的程度，以及照顾自己与直系亲属的程度。美国人和英国人的个人主义倾向通常较高，对组织和机构表现出高度的情感独立性，强调和奖励个人成就，注重个人的决策。而**集体主义**（collectivism），是指个人对其所属组织（家庭、企业、社区等）所具有的功能，以及其群体成员相互照顾的程度。中国人、委内瑞拉人和巴基斯坦人的集体主义倾向高，对其所属组织和机构有高度情感依赖性，重视组织成员关系，强调集体决策。

性别取向（gender focus），是指人们注重阳刚或阴柔的程度。那些强调阳刚特性的国家，注重导致成功、金钱和财产的活动。相反，那些强调阴柔特性的国家，注重关心他人和提高生活质量的活动。

像美国这样的国家强调人们的阳刚特性。在美国，人们一周常常工作很长时间（超过60小时的并不少见），休较短的假期。在不强调阳刚特性的国家，工作往往没有那么重要。图表3-2显示了一些国家的文化分值。

图表3-2 文化价值观与分值（部分国家）

国家	权力距离	不确定性规避	个人主义/集体主义	性别取向
巴西	5.33	3.60	3.83	3.31
加拿大	4.82	4.58	4.38	3.70
中国	5.04	4.94	4.77	3.05
英国	5.15	4.65	4.27	3.67
法国	5.28	4.43	3.93	3.64
印度	5.47	4.15	4.38	2.90
日本	5.11	4.07	5.19	3.19
墨西哥	5.22	4.18	4.06	3.64
荷兰	4.11	4.70	4.46	3.50
波兰	5.10	3.62	4.53	4.02
俄罗斯	5.52	2.88	4.50	4.07
美国	4.88	4.15	4.20	3.34

资料来源：Based on data from R. J. House *et. al.*, eds., *Culture, Leadership and Organizations: The GLOBE Study of 62 Countries* (Thousand Oaks: Sage Publications, 2004).

需要理解文化重要性的原因很多。例如，文化特性可以预测管理者会如何应对与社会责任有关的行动。研究表明，与那些强调个人主义和高权力距离的文化相比，强调集体主义和低权力距离的文化的管理者更热衷于参与社会责任的活动。

全球化极大地提高了文化多样性在经营中所起的作用。企业全球化与在世界各地业务的扩大，创造了更多的机会和需求，让来自不同文化背景的人们可以有效地互动。管理者必须与来自不同背景的供应商、客户以及合作伙伴互动。在本章后面会讨论到对企业内部文化多样性和跨文化关系的管理。

对于管理者来说，如果想要在进入外国市场以及进入后如何运营上做出很好的战略决策的话，认识和了解不同的制度环境和文化是非常重要的。下面我们来检验这些战略，并讨论不同的制度和文化环境对战略选择的影响，以及如何实施和管理这些战略。

3.3 国际市场进入战略

对于大、中、小型企业来说，是否进入国际市场以及如何进入的选择都是相当重要的事。本章开篇就提到，日益增加的全球化使得大量企业从创建伊始就服务于国际市场。对于企业来说，国际市场具有吸引力的原因众多。例如，国际市场扩大了企业的潜在市场规模，从而增加了销售收入。当企业在国外销售更多的产品时，就会获得更大的规模经济，从而会增加潜在的利润。在一些国际地区，企业可以获得特定的资源（如低成本的劳动力、宝贵的原材料等），使得它们在全球市场上更具竞争力。这就是区域优势。

前面提到，企业进入国际市场的动力十足。但是，国际市场的条件千差万别。如前所述，每个国家的制度环境和文化各不相同。因此，各国市场的吸引力也迥异。首先，在国际化进程初期，企业更倾向进入与自己国家制度环境和文化类似的市场。这样，企业可以很好地了解所进入的环境，降低进入风险。这一点对于缺少资金的小企业来说格外重要。它们进入国际市场需要资源，还需要迅速地熟悉新的市场和环境。为了降低潜在的成本，企业常常会集中在某个或某几个地理区域里从事国际经营活动。随着企业在进入国际市场与经营上取得更多的经验，它们更愿意进入制度环境和文化差异更大的市场。然而，制度环境和文化的差异会影响企业进入新的国际市场的方式。

企业可以以各种不同的方式进入新的国际市场。每种方式都有不同的风险，需要不同水平和不同类型的资源。进入新市场的方式有：向新市场出口产品，对当地企业开展特许经营，收购或与当地公司创建战略联盟，或者在当地建立自己的运营机构。

3.3.1 出口

出口是进入国际市场最常用的方式，特别适合小企业，以及初次进入国外市场的企业。**出口**（expoting），是指企业将在本国制造的产品输送到国外市场。由于风险较低，资金需求少，出口成为一种流行的企业进入国际市场的策略。企业出口产品，不需要在东道国生产运作，也就不必在该国进行大量投资。不过，出口企业必须在该国为自己的产品建立营销和分销渠道。为此，出口企业可能需要采取出口以及与当地企业进行战略联盟两种方式，以便把自己的产品分销到顾客手中。不过，运输成本加上与当地企业分享利润，会减少企业的利润。因此，出口战略虽然风险较小，但相关费用高，不可能有较大的回报。例如，如果出口企业的运输成本高，企业就很可能只向邻近的国家出口产品。而且，出口对于汇率波动也特别敏感。

3.3.2 特许经营

特许经营（licensing），是指允许当地企业在新的市场里生产和销售其产品的协议。通常情况下，特许经营合同详细地规范了获得特许的企业生产的数量与所要保证的质量，以及特许使用费的比例。在这种情况下，特许企业成本低、风险小，而获得特许方则要冒很大的风险。特许经营的方式不能为特许企业带来高额回报，除非产品在新的市场上销量会很大。

由于吸烟人数减少，拥有菲利普莫里斯香烟品牌的奥驰亚集团（Altria Group）在美销售额不断降低。因此，奥驰亚集团在160个国家和地区许可销售其产品。例如，它与两家中国公司达成特许协议，在中国市场生产和销售万宝路牌香烟。对奥驰亚集团来说，这样的安排是有利可图的，因为中国香烟市场很大。

特许虽然具有以上这些优势，但也有其劣势。其主要劣势就是，特许企业在新市场上对其产品生产和品牌的使用控制力很弱。这就说明，企业签订一个明确而又能确保实施的合同十分重要。与出口方式一样，特许经营也不可能产生很大的回报，除非在新的市场上销售额很大。

3.3.3 战略联盟

国际化扩张中最流行的战略是战略联盟。**战略联盟**（strategic alliance），是指两个企业之间签订合作协议，说明双方同意为实现互利互惠的目标而分享资源。战略联盟允许企业共同分担进入新市场的成本与风险，并使企业能够获得原来所不具备的资源。有时，企业也可以从合作方学习到新的能力。因此，联盟可以使企业在全球市场上保持或提高竞争力。

战略联盟可以使企业将以前需要自己内部完成的职能外包出去。“管理者的挑战”中阐述了外包的利与弊。在一般情况下，外包可以使企业以更便宜而且更好的方式获得同样的结果。通过这种方式，企业可以在国际市场上更好地竞争，甚至进入以前难以进入的市场参与竞争。该案例还表明，外包联盟可以使大小企业都受益。承接外包最多的国家是印度、中国和马来西亚。其中，大部分外包给印度的工作集中在信息技术和服务业务，而对中国的外包主要是制造业。

不是所有的战略联盟都是成功的，也有大量失败的案例。不过，基于股权的联盟如双方共同承担风险、分享回报的合资企业往往更容易成功。因为联盟或合资企业在商业活动中拥有更多的话语权和控制权。联盟要获得成功，信任也是一个重要因素。随着大量战略联盟企业的出现，许多企业成立了联盟管理部门，以提高获得成功的概率。

一个国家的制度环境会影响企业的市场选择以及进入市场的方式。除了当地制度的特殊性，外国公司对制度的稳定性也十分感兴趣。制度环境的不稳定会阻碍经济增长，使市场吸引力减弱。因此，进入制度环境不稳定的区域的企业就需要采用某种方式来降低风险。企业通过战略联盟来分享资源与共担风险，就是方式之一。例如，在不确定的环境条件下，企业只会寻求短期的合作伙伴。在更稳定的制度环境中，企业愿意选择能长期合作的联盟伙伴。换句话说，企业希望从这种联盟伙伴关系中获得长期的回报。

管理者的挑战——变革

小企业：外包和离岸外包

外包已经流行了很多年。但在2008—2010年经济衰退期间，企业使用外包的频率有所减少。到了2010年，外包活动又开始增多。这主要是因为经济下滑，外包可以降低成本。尽管成本低通常是外包的一个优势，但其更重要的优势是可以由那些具备卓越专业能力的人员来从事外包活动，从而更有效地完成任务。

从事外包工作最多的是印度、中国和马来西亚三个国家。印度和菲律宾承接了业务流程外包业务的50%，其中印度遥遥领先。印度公司具有高质量的技术能力及低廉的成本，并且英语沟通顺畅，这些优势使得它们持续地在外包业务中独占鳌头。当然，中国也在努力提升自己从事外包的业务量。例如，中国政府最近在补贴、奖励和培训上投入了10亿美元，以争取更多的外包业务，其目标是到2013年将供应商的数量增加到1 000家，吸引100个国外新客户，在国内拓展10个外包中心，创造120万个工作机会。目前，中国最大的外包公司年收入5.4亿美元，拥有15 000名员工和8 000家企业客户。

许多企业和国家加入了这一热潮。例如，施乐公司最近以64亿美元收购了业内领先的业务流程外包公司——联盟计算机服务公司（ACS）。斯纳普公司（Snapple）把很多信息技术服务外包给了印度的诺伊达公司（Noida）。《旧金山纪事报》（*San Francisco Chronicle*）把自己所有的印刷工作都外包给了加拿大的洲际印刷公司（Transcontinental Printing）。

还有一些企业已经减少或完全不再外包，而是选择离岸外包。离岸外包是指，企业到别的国家从事自己的生产运营活动。通过这种方式，企业既可以节省资金（如获得较低成本的劳动力），也可以获得具有专业技能的人才。出于对金融风险防范以及控制任务质量的考虑，银行业已经加大离岸外包活动的力度。更重要的是，外包中难以控制的欺诈行为，以及工作上的疏忽让银行业十分担忧。对于小企业来说，外包可以帮助它们获得与大公司相同的规模经济、效率和专业知识。外包发出方为这些企业承担和管理了一定的风险。市场、竞争、政府法规和国外技术变化迅速，企业会在外包中获益。

资料来源：G. Colvin, "Ursula Burns Launches Xerox into the Future," *Fortune*, April 22, 2010, http://www.money.cnn.com; R. Fannin, "China: $1 Billion and Ambition," *Forbes*, March 10, 2010, http://www.forbes.com; G. Dennis, "The True Benefits of Outsourcing," *Fast Company*, March 16, 2010, http://www.fastcompany.com; E. Sperling, "Outsourcing Makes a Comeback," *Forbes*, January 25, 2010, http://www.forbes.com; R. Perez-Pena, "*San Francisco Chronicle* Outsources Its Printing," *New York Times*, July 13, 2009, http://www.nytimes.com; N. Heath, "Banks: Offshoring, Not Outsourcing," *BusinessWeek*, March 10, 2009, http://www.businessweek.com; N. Shivapriya, "India Remains World's Top Outsourcing Destination," *BusinessWeek*, July 10, 2010, http://www.businessweek.com; H. Timmons, "Snapple Deal to Outsource May Add Jobs in America," *New York Times*, July 1, 2009, http://www.nytimes.com.

3.3.4 收购

跨国收购（cross-border acquisition）是指，外国公司通过收购当地的企业而进入新的国际市场。最近几年，跨国收购的数量有所增加，在非美国公司之间已经成为很普遍的现象。近年来，欧洲企业跨国收购的数量急剧增长。而在最近的一年里它们开展的收购有史以来第一次超过了美国公司。新兴市场国家的企业也已经采用了这种战略。中国联想集团收购IBM的笔记本电脑业务就是一例。

近年来，全世界约40%～50%的收购是跨国收购。通过收购当地的企业进入新的国外市场有许多优势。例如，它提供了一种快速进入市场的方式。企业可以利用被收购公司的客户、设施和人脉关系（如供应商、政府机构等），直接在新市场上从事运营活动。在各种新市场进入模式中，跨国收购是运用最多的。最近，印度Bharti Airtel公司收购了科威特Zain电信公司，成为全球第五大手机运营商。跨国收购有时也会与当地民众或政府发生冲突。例如，当中国海洋石油有限公司试图收购美国大型石油企业优尼科公司（Unocal）时，就遭到了美国国会的反对。为此，中国海洋石油有限公司撤回了其竞标方案。可见，跨国收购也有它的弊端。

通过跨国收购，企业可以获得在本国收购时得不到的许多潜在优势收购，但也会出现严重的问题。在收购中，最普遍的问题就是如何整合两个以前彼此独立的公司。收购企业与被收购的企业之间的文化差异会让这种整合变得很困难。跨国收购面临的则是企业文化与国家文化的双重融合问题，需要解决双重文化差异。除了目标选择不当以外，整合不善是收购失败最主要的原因。

成本问题是跨国收购的另一个主要问题。普遍来讲，收购方需要为目标企业支付溢价（即高于市场价值）。然而，相对于国内收购来说，收购方对目标企业的信息不足，会使跨国收购中所要支付的溢价成为一个大问题。研究表明，在东道国贪污腐败严重的情况下，收购方支付的溢价更高。此外，收购方与目标企业所在国制度环境上具有较大差异时，收购成功的难度会更大。

收购方如果能够选择正确的目标又不需要过高支付的话，通过收购进入新的国外市场不失为一个好的方式。当然，收购方最大的挑战就是如何很好地进行整合。

3.3.5 建立全新的独资子公司

有些公司愿意采取建立全新的独资子公司的方式进入新的国际市场。**独资子公司**（wholly owned subsidiaries）是指，企业在国外直接投资所创办的由自己所有并控制的业务。这类子公司通常被称为绿地投资（greenfield venture）。

绿地投资对企业运作能施加最大限度的控制。如星巴克这样的公司有很强的无形资产，包括良好的品牌、人力资本等，可能更喜欢通过绿地投资进入国际市场，因为这种方式有助于它们在新市场避开现有及潜在竞争对手。

然而，在初始阶段，绿地投资既复杂又昂贵。公司为了保证控制权，不仅要在当地建设自己的基础设施，还必须与供应商建立联系，构建国外的分销网络，与潜在的消费者形成积极的关系。因此，新企业必须将顾客从现有的竞争对手那里吸引过来，或者说服新的客户购买自己的产品。开展新建投资的公司必须了解当地的文化和制度环境。如果母国与东道国之间的文化或制度差距过大，公司就很难成立一个新的独资子公司，也很难使其获得成功。因此，建立这类子公司的风险会很高。

随着中国经济的发展，中西方之间跨国贸易大幅度增加，联合包裹公司（UPS）在上海建立了一个新的独资子公司，联邦快递（FedEx）也在广州成立了一家子公司。它们之所以采取绿地投资的方式进入市场，是因为它们需要确保快速、可靠的服务，并能够控制物流的运作。

独资子公司有其价值，能够控制企业的运营，但是其风险也很大，而且不一定会获得成功。2002年，eBay通过部分收购易趣网（Eachnet.com）进入中国市场。第二年，该公司又以1.8亿美元完全收购了易趣网。2005年，该公司为其全资中国子公司的营销投入了1亿多美元。尽管如此，eBay还是管理不好中国的市场，回避不了所面临的竞争。eBay在中国主要的竞争对手淘宝网夺走了eBay独资子公司的市场份额。2006年12月，eBay宣布关闭其在中国的网站，与Tom Online组建合资企业，共同经营中国市场。分析人士指出，eBay之所以失掉其在中国的市场，不仅是因为它不了解中国市场和文化，也是因为没有迅速地采取行动，应对淘宝网的挑战。有关进入国外市场以及如何进入的决策是非常重要的。同时，国际运营的管理也会影响企业成功的可能性。在下面的几节中，我们将讨论国际运营管理，检验企业跨文化管理的方法与手段，特别是跨文化团队管理的问题。

3.4 管理国际运营

企业必须选择它们管理其国际子公司的方式。这些选择对于公司国际化运作的管理以及资源和信息的流动，有着重要的意义。其中，最重要的是各子公司制定和实施自己战略的自主程度。母国总部可以用三种不同的方法进行管理：全球聚焦，国家或区域聚焦，或者跨国聚焦。

3.4.1 全球聚焦

在**全球聚焦组织**（globally focused organization）里，企业母国总部制定重大的战略决策。因此，这类全球组织拥有中央控制权，其国际子公司在各自的市场上通常采取相同或类似的战略。这些组织在跨地域市场上一般试图推行相对标准化的产品，从而形成规模经济，控制成本并提高利润。因此，企业依靠在本国市场研发的产品在全球获利。当价格是竞争的关键时，这一点更为重要。在全球聚焦组织里，子公司通常能共享资源，使整个公司的资源得到最有效的配置。

全球聚焦不仅有以上所述的优点，也有一些缺点。全球聚焦组织不允许其国际子公司灵活地制定自己的竞争行动，因此也就不可能及时地抓住市场的机遇。此外，面对竞争对手的战略行动，这类组织的国际子公司也不能快速灵活地做出反应。因此，当竞争对手采取战略行动要“偷走”所在国的市场份额时，这些子公司表现得十分脆弱。面对当地顾客需求的变化，这些子公司很难做出反应。沃达丰公司采用全球聚焦方法时，由于无法及时根据当地客户需要做出反应，失去了它的市场份额。但是，世界上第三大水泥企业西麦斯公司（Cemex）却成功地运用了全球聚焦的方法。该公司所出售产品（如预拌水泥）在很大程度上实现了标准化。西麦斯公司总部设在墨西哥，在北美、南美、亚洲和欧洲都有运营。西麦斯公司采用集权的方法获得了规模经济和较高的收益。

3.4.2 国家或区域聚焦

在一个使用国家或区域聚焦方法的组织里，那些国际子公司的管理者有权决定其所在国家或区域的竞争战略。这样，这些管理者可以根据当地市场状况和需求来决定企业的战略。例如，子公司可以根据当地市场客户的特定需求设计、制造及销售自己的产品。这就是说，子公司可以为当地客户定制产品，不必拘泥于总部对产品的要求。因此，这类组织是高度分权的。国家或区域聚焦方法的优点是有灵活性，允许子公司对市场变化做出快速反应。它可以迅速回应竞争对手所采取的战略行动，也可以快速发现市场机会并迅速做出反应。在文化和国家制度环境截然不同的市场上经营时，子公司采用这种方法最为有效。然而，这种方法实现不了规模经济，成本比较高。此外，总部要监督与管理不同市场的各种战略也相当困难。特别是，总部难以评估子公司管理者的绩效，尤其是难以评估管理者所选择的那些战略的价值。

欧洲的跨国公司普遍采用这种国家或区域聚焦的方法，因为它们需要在拥有不同的制度环境下的欧洲国家里从事经营活动。例如，作为一家欧洲知名的消费品企业，联合利华公司传统上一直采用这种分权的方法来管理自己的国际经营活动。

3.4.3 跨国聚焦

知名学者与管理顾问克里斯托弗·巴特利特（Christopher Bartlett）和苏曼德拉·戈沙尔（Sumantra Ghoshal）提出了跨国组织的概念。他们认为，跨国组织应该是一种能够同时做到既集权又分权的组织。这类组织的目标是在对当地市场需求做出反应的同时，实现全球效率。这类组织的战略决策是分权的。不过，为了实现全球效率，这类组织会让其子公司实现资源共享。共享的价值观、信任关系，以及根据公司的整体绩效来奖励子公司管理者的激励体系均有助于这种协作。

如果能够进行有效的管理，这类企业的绩效常常要好于其他两种类型的企业。尽管同时实现全球效率与对当地市场需求做出反应，要比单独实现两者中任何一种困难得多，但是有些公司还是能够做到。例如，日产公司首席执行官卡洛斯·戈恩（Carlos Ghosn）就用跨国聚焦的方法，扭转了公司的绩效。不同的业务单位通力合作，既实现了全球效率，同时也可以保证对区域市场需求做出反应。正是由于采用了跨国聚焦的方法，日产公司现在成为全球汽车制造业中绩效最好的企业之一。

各种管理方式、子公司管理者所获授权的大小以及各公司之间资源共享的程度固然是很重要的，但管理跨文化的多元化个体以及多元文化团队对公司绩效来说才是至关重要的。

3.5 跨文化管理

在跨国公司里，各个子公司分别在不同的国际市场从事运营活动。总部管理者必须经常监督、指导和评估来自不同文化和制度环境的员工和其他管理者。管理来自一个国家的人员已经是一个重大的挑战，管理来自不同的文化和制度环境的员工则是一种极端复杂的挑战。这要求管理者了解不同文化的差异，了解这些差异对员工态度和行为的影响。

研究和理解不同国家的文化最有用的概念也许是文化情境。**文化情境**（culture context）是某种情境影响行为或影响对行为适当性的认知的程度。在一个高情境文化中，人们密切关注某种情境以及各种相关元素。关键的文化情境变量决定行为是否适当。在低情境文化中，情境变量对行为适当性的影响较小。换言之，在低情境文化中，某种情境可能会也可能不会影响什么行为被认为是适当的；但在高情境文化中，情境对这个判断有显著影响。

例如，在日本，“你”这个代名词就有五个不同的说法，在不同情境中，根据对象，使用不同的说法。图表3-3列出了一些低情境文化与高情境文化。

图表3-3 低情境文化与高情境文化

低情境文化	高情境文化
美国	越南
加拿大	中国
德国	日本
斯堪的纳维亚	阿拉伯
英国	希腊

了解了这些，就需要考虑与如何管理来自低情境文化与高情境文化员工相关的几个问题。假设一个四人团队成员分别来自美国、澳大利亚、韩国和日本，这个团队在一起开会讨论全球生产问题，并向客户公司的一位资深高管汇报。其中，有两个人来自低情境文化国家（美国和澳大利亚）。对他们来说，“有话直说”的方式不仅是熟悉的行为，而且是适当的。如果该团队经讨论后认为某项具体任务不可能完成，而那位资深高管又问到是否能完成该项任务时，两位来自低情境文化的成员最有可能会说“不能”。无论是否面对客户方的资深高管，他们都会认为如果心里想的是“不能”，却说“能”，就是不适当的。如果有人说“能”但他内心想的是“不能”的时候，这两个人就会产生怀疑，甚至觉得说话人不诚实。

但是，对于两位来自高情境文化的团队成员来说，客户资深高管所问的问题，会影响他们给出适当回答的感知。在这种情况下，他们认为口是心非的回答是完全适当的。不考虑当时的情境，直接说“不能”，会被人们认为是不谙世故、只考虑自己的感受或者是不成熟的。

试想一下，面对客户高管的问题，美国员工的回复是“不能”，而韩国员工则回答“能”。这不仅会使客户感到困惑，而且美国和澳大利亚员工会怎样看待日本和韩国员工？反过来，韩国和日本员工又如何看待另外两人呢？如果不了解文化情境的影响，团队的相互信任和工作效率就会受到影响。

管理者领导多元文化团队的关键问题，是要认识到在高情境文化和低情境文化之间没有对错之分，只是完全不同而已。这些差异会影响管理者的行为效率，包括沟通、谈判、决策制定和领导技能。上面的案例对解释这一概念以及它的应用是有帮助的。它指出，不能认识到文化差异的基本维度，就会导致错误解释、错误归因、不信任与无效率。多元文化团队的异质性，会有效地带来巨大的创造性。当然，如果这种团队管理不善，文化的差异会导致冲突，降低凝聚力。

然而，对于来自不同国家、文化和制度环境的员工的管理并不只是跨国公司管理者所要面对的复杂情形。即使在同一个国家内，当地劳动力也呈现文化多元化。美国一直被认为是各种文化的“大熔炉”，情况也是如此。随着全球化进程的加快，许多其他国家越来越需要面对这种情况。在同一个组织里，欧洲裔、亚洲裔（如中国人、韩国人、日本人和越南人）、非洲裔、西班牙裔等员工一起生活和工作。因此，管理者在一个地方的同一个组织里，常常也会面对管理多元文化团队的问题。

3.5.1 管理多元文化团队

第一种类型的多元文化团队是跨越国家边界分布在不同地理空间上的团队。尽管团队成员分布在不同的地域，但他们时常会共同完成一些常规的商业活动，如开发新的营销项目和产品。这种团队相互联系的方式与传统团队稍有不同。成员们没有面对面的会议，更多地依赖技术媒介，如电子邮件、网络聊天室、公司内部网、电话会议、视频会议等。这类团队由于依赖电子媒介沟通而被称为**虚拟团队**（virtual team）。

沟通的形式有很多种。在跨文化沟通上，信息很容易被误读与误解。一旦发生这样的问题，就会破坏团队完成任务的能力。如果在团队形成的初期出现误会，成员之间就难以形成信任，而信任是团队高效运转的关键。地理上分散的多元文化团队往往缺乏传统意义上的直接监督，必须更自主地工作。此外，由于不像传统团队那样容易与其他团队协作，因此信任格外重要。

在这些国际团队中，团队管理者的主要职责是确保有效运营。在团队初建时，管理者必须迅速建立信任。迅速建立信任有时被称为**快速信任**（swift trust）。快速信任是指，在完成团队任务过程中，人们通过积极互惠的沟通在团队中迅速建立起来的信任。要建立快速信任，团队管理者必须帮助成员以一种积极的方式进行沟通，协调他们的努力，并迅速消除任何误解。要做到这一点，管理者必须具备大量的文化知识和敏感性，以及有效的管理技能。为了获得更大的成功，管理者需要在国际团队里建立统一的愿景，并强调协作性成果。

3.5.2 构建全球思维

随着世界市场的开放，世界各地的企业纷纷制定了提高国际市场份额的战略。因此，对于企业的绩效来说，这些战略与管理多国家运营的能力以及管理多元文化员工的能力是至关重要的。由于这种全球性的演变，国际市场上的竞争格局也发生了变化，特别是那些来自大型新兴经济体（如巴西、俄罗斯、印度和中国）的企业的竞争能力日益增强。为了在国际市场上竞争，管理国际化经营，管理多元化团队，管理者构建出全球思维。**全球思维**（global mind-set）是一组认知属性，能使个人（如管理者）影响来自不同社会文化和制度环境的个人、群体和组织。团队成员的构成能够影响这种思维模式。宝洁公司前首席执行官雷富礼（A. G. Lafley）重组了其高层管理团队，使其中50%以上的管理人员来自美国以外的其他国家。雷福礼的目的就是帮助其高管人员形成全球思维。

全球思维对跨国企业的运营至关重要，全球化使得文化智力不可或缺。正如“管理者的挑战”中所描述的，管理者必须培养文化智力，以便能在多元文化的组织中从事有效的管理。丰田公司所面临的问题就清楚地说明了文化智力的重要性。显然，日本板硝子株式会社等日本公司已经采取了措施，成为更加多元的组织。那些理解文化和制度独特价值的公司和管理者能够适应这种变化，并很好地利用文化的差异性来实现自己的优势。全球思维会帮助他们实现这一点。

国际趋势方面著名的学者和咨询师贾格迪什·谢斯（Jagdish Sheth）认为，随着时间的推移，我们可以期待文化的融合，而不是文化的冲突。谢斯确信，西方文化将不会如有些人所担心的那样称霸全球。相反，他认为随着中国和印度经济实力和影响力的增长，西方人更愿意接纳多元文化的趋势，美国等西方社会将会采纳亚洲文化的价值观。例如，美国和加拿大已经是一个拥有包括中国人和印度人在内大量少数族裔的多元文化国家。这种文化的融合将会增加文化与地理上的多元化。其结果是，管理多元文化工作的能力与服务多元文化市场的能力将会持续受到高度重视。这些趋势都说明了管理者为什么需要具有全球思维。

管理者的挑战——全球化

全球经济下的多元文化组织

多元文化企业必须能有效地在全球经济中竞争。丰田汽车公司遭遇的困难就是最好的说明。到2008年，该公司已经成为世界上最大的汽车制造商。然而2009年，其在美国销售汽车时遭遇了质量控制的问题。像很多典型的日本公司一样，丰田的企业文化相当保守。该公司在全球销售汽车，但其高层管理人员都是日本人，基本听不进去海外公司管理者的建议，对美国区的管理者的建议也是如此。然而美国可是该公司在世界上最大的汽车销售市场。公司现任总裁丰田章男（Akio Toyoda）信誓旦旦地说，要改变这种保守局面，让更多的信息在两国管理团队之间流动。然而，这种改变对于这个多元文化的公司是遥遥无期的。

日本板硝子株式会社最近的变化可以供丰田公司学习。该公司最近聘用了一个美国人任首席执行官，董事会里有四名董事是外国人，而且英语是公司的工作语言。该公司之所以这么做，是因为意识到公司是在全球市场上进行竞争。例如，该公司在欧洲的销售量占40%。新的首席执行官雇用了一名巴西人执掌人力资源部门，并计划雇用更多的外国出生的高管，希望由此推动多元化，形成不同的思路和想法，从而能更好地在全球市场上竞争。日本板硝子株式会社聘用外国首席执行官的做法也是向别的日本公司学习的，如索尼公司的霍华德·斯金格（Howard Stringer）和日产公司的卡洛斯·戈恩。

由于需要更好地理解更多的文化，管理团队需要包容更多的不同文化，管理者和高管特别需要具有文化智力。一个具备文化智力的人能够在不同国家、种族和组织的文化中从事有效的工作。例如，这样的管理者既能帮助他们公司的产品和服务符合多元文化市场的需求，又能保留公司品牌的特征。文化上具有敏感性的管理者能够更有效地应对工作场所中不同的宗教信仰（如基督教、犹太教和伊斯兰教等）的要求，处理好不同种族与文化规范的要求。

要具备文化智力，管理者需要能理解某些细节问题，如在其他文化中建立关系的重要性（如中国的“关系”）、着装的重要性、应该赠送什么样的礼物以及在会议上派发什么赠品。

现代科技使得管理者与其他国家同事的沟通变得容易，不管他们是内部团队成员、顾客、供应商或者是其他利益相关者。视频会议和Skype可以使地理上分散的与会者聚集在一起开会。思科公司研发了一种称做思科远程呈现的远远超越了过去技术的新技术。这种技术将音频、高像素视频和其他先进技术融合在一起，创造出一种人们就在现场参加会议的感受。世界著名咨询师西玛·利伯曼（Simma Lieberman）认为，思科远程呈现技术将全球商务以及全球关系推进到了一个全新的阶段。毫无疑问，对企业和其他类型的组织来说，未来就是一个多元文化的状态。

资料来源：M. Sanchanta. “Cultivating Multiculturalism,” *Wall Street Journal*, June 7, 2010, http://www.wsj.com; M. Maynard, “At Toyota, A Cultural Shift,” *New York Times*, June 2, 2010, http://www.nytimes.com; M. Sanchanta, “Nippon Shett CEO Vows to Continue Culture Shift,” *Wall Street Journal*, May 19, http://www.wsj.com; S. Lieberman, “How Cisco Took Me Where No One Has Gone Before,” *Fast Company*, April 15, 2010, http://www.fastcompany.com; R. Tulshyan, “Quirkiest Cultural Practices from Around the World,” *Forbes*, March 18, 2010, http://www.forbes.com; D. Livermore, “CQ: The Test of Your Potential for Cross-Cultural Success,” *Forbes*, January 6, 2010, http://www.forbes.com.

来自一线的管理挑战——尾声

正如开篇案例所述，凯坦·乔杜里具备在多元文化环境中工作与生活的经验。他在印度和美国受过教育，曾在美国总部工作，现在在加拿大工作，他曾在很多国家和地区工作过，包括亚洲、欧洲和中东。然而，乔杜里只是团队中的一个成员。团队的全体成员都在适应某个独特的文化问题。在乔杜里的案例中，他和同事都希望这个项目能够成功。为此，他们退回一步，分析到底出了什么问题。他们希望把这个项目做到完美，但是他们需要了解究竟做什么才能使客户成功。他们认为，所有的问题都出在文化差异上。随后，乔杜里走访他所熟知的当地人士，以更好地了解文化问题。根据他对当地文化的了解，他的团队改变了与客户的工作方式。简而言之，他的团队是去适应客户的需求。他们不再苛求会议的时间，更好地处理客户的期望。他们与客户建立了更好的关系，包括在会议期间与客户聊聊家常（如谈谈彼此的家庭）。他们不再使用电子邮件作为与客户沟通的手段，代之以文字信件以及其他的沟通手段。为了适应这些改变，他们投入了大量的时间和精力，但是他们与客户之间实现了相互尊重。更为重要的是，这个项目获得了成功。

乔杜里确信，他的工作非常重要。政府在许多人的生活中起着重要的作用，特别是在全球经济中更是如此。所以，亚洲、欧洲以及世界上其他地方的政府所采取的行动会影响到所有国家的每个人。因此，政府能够有效地运营是十分重要的。乔杜里的工作能够启示与帮助它们，使之更具创新性与有效性。这对我们每个人都有好处。

本章小结

- 全球化是指商品、服务、资本和知识在国家之间流动。全球化提高了各国之间与不同国家的组织之间的经济依赖性。总之，全球化推动了很多国家的经济发展和福利的改善，但也引发人们对文化同质性的担忧。
- 全球环境中有两个主要因素，即制度和文化。一个国家的制度环境包括能影响在该国生存的个人和组织行为的国家法规、政策和执行程序。与此相反，一个国家的文化是群体成员约定俗成的，并影响其行为的一系列设想、价值观和信念。
- 每个国家都有自己独特的制度环境，由经济发展、政治法律和物质基础设施等维度构成。各国的经济发展水平不同，可以分为发达经济体、新兴经济体和发展中经济体。制度环境中的政治法律维度，包括经济要素规范的程度、政治行为、政治风险、法律及其执行力。物质基础设施是在一国之内进行商务运作的关键。它有利于商务沟通，促进商品从源头向最终消费者流动。物质基础设施包括道路和公路的数量和质量、人均电话线路数、机场的数量等。
- 文化是群体成员约定俗成的一系列假设、价值观和信念，为该群体成员所接受，并影响着他们的行为。还有人认为，文化是集体智慧的集合，会对个体行为产生强大的影响。国家的文化包括四个重要的维度：权力距离、不确定性规避、个人主义与集体主义以及性别取向。
- 企业可以以不同的方式进入新的国外市场。不同的方式具有不同的风险，需要不同层次和类型的资源。进入战略包括出口、特许经营、战略联盟、收购或建立全新的独资子公司。企业必须选择如何管理其国际子公司的方式，特别是子公司制定和实施自己战略的自主程度。

● 公司总部有三种不同的聚焦方法，即全球聚焦、国家或区域聚焦与跨国聚焦。全球聚焦的企业有很多的国际子公司。这些子公司一般是遵循公司总部所制定的相同或类似的策略。

● 国家或区域聚焦的组织实行的是分权制。各区域或国家的管理者可以根据当地的市场状况与需求确定自己的战略。实行跨国聚焦的企业既采取集权制又采取分权制，以便既能获得全球效率同时又能对当地市场的需求做出反应。

● 管理来自不同的文化和制度环境的员工常常是一个极具挑战性的任务。它要求管理者能够了解文化之间的差异，以及这些差异对员工态度和行为的影响。例如，在地理上分散的多元文化团队很少能够进行面对面的会议，它们常常使用技术媒介的沟通方式，如电子邮件、网络聊天室、公司内部网、电话会议、视频会议等。由于它们通过电子媒介方式进行沟通，这类团队被称为虚拟团队。在跨国团队里，最重要的是，管理者要确保团队有效运行。为此，管理者需要在团队形成的初期就建立起彼此间的信任。

● 全球思维是一组认知属性，能使个人（如管理者）影响来自不同社会文化和制度环境的个人、群体和组织。全球化的趋势提高了管理者建立全球思维的重要性，以便有效地管理多元文化员工，服务多元文化市场。

复习题

1. 什么是全球化？它如何影响不同的国家？
2. 全球环境中的两个重要因素是什么？它们为什么重要？
3. 国家制度环境的三个主要维度是什么？它们有什么不同？
4. 文化的含义是什么？它的四个主要维度是什么？
5. 进入新的国外市场的五种国际化战略是什么？每种战略在什么条件下最有用？
6. 请分别描述国际组织三种聚焦类型。
7. 为什么管理者需要了解如何进行跨文化管理？
8. 在管理跨文化团队时，管理者需要处理的主要问题是什么？
9. 全球思维指什么？为什么它很重要？

自我评估

评估你的全球化技能

列出你日常使用的不同产品，如闹钟、相机、汽车、咖啡机、电脑、电话、电视、DVD 播放机，甚至你喜欢的衬衫、水果汁或鞋子，确定是哪些公司生产的这些产品。当你列好了清单后，在互联网上搜索下列问题的答案：

1. 公司的总部设在哪个国家？
2. 公司年销售总额中有多大比例的销售来自国内市场？有多大的比例来自其他国家？
3. 某个产品最有可能在哪个国家生产？
4. 你为什么会认为这个产品是在某个国家生产的？

根据本章内容、你对上述问题找到的答案以及你自己的知识，回答以下问题：

1. 你认为普通高校学生会使用哪 10 种最常见的产品？
2. 国际商务对你日常生活的影响是什么？

3. 在这 10 种产品中，哪些产品有可能是外国厂家生产的？

4. 你认为你所列出的 10 种产品（包括其中的零部件）都是国产加国外生产的吗？

5. 从 1 到 10（10 为最高）给你的“全球化技能”评分。

团队练习

1. 组成一个三到五人的团队，检验本章图表 3－1 和图表 3－2 所列出的信息。

2. 以团队为单位，撰写巴西、中国、法国和日本的文化与制度环境。（可以查阅网络或其他资源，确保撰写内容的准确性。）

3. 利用这些内容，列出他国商人到这四个国家经商时必须注意的要点。每个国家至少列出三点。

章末案例

尝试改变跨国企业的公司文化：通用半导体公司

当岁纳德·奥斯特塔格（Ronald Ostertag）接手通用公司（General Semiconductor）的管理时，他很快意识到，为了公司的生存，他需要改变这个价值 5 亿美元的公司的文化。

奥斯特塔格改变这家半导体公司文化的第一步就是，撤换掉公司高管团队的大部分成员。顿时，公司各个层级迅速蔓延起一种不安全感。“我意识到，我们需要做一些事情来建立团队意识”，奥斯特塔格看到，仅辞退员工是不够的，“我们需要建立起一种互相尊重的文化，促进合作与创新”。

但是，改变通用半导体公司的文化谈何容易。这个总部设在纽约的电子零件制造商在全世界有 6 万名员工，讲着五种不同的语言。其中，在美国工作的员工只有 200 人。在美国以外，该公司在中国、法国、爱尔兰和德国都有工厂。

在接任首席执行官之后，奥斯特塔格决定安排一个团队建设的会议。新的管理团队将决定公司的指导原则。“我们的任务是，”他回忆说，“把我们的核心价值观写出来，使每个人都能与此保持一致。”会后，公司公布了一个具有凝聚力的使命陈述和八条公司价值观，并将其称为公司的“文化点”。其中重点目标是质量、诚信、良好的客户目标服务与准时交货。

很快，公司的每个人都记住了这些文化点，甚至把它们记在自己的微笑服务卡片上。“无论是在中国的工厂、爱尔兰的工厂还是这里的工厂，当员工们看见我，就知道我会走上前，提问他们有关价值观中的内容，”奥斯特塔格说，“我并不是要测试他们，而是要他们知道，这是我们奋斗的目标。”

遗憾的是，奥斯特塔格还没来得及改变企业的文化，通用半导体公司就被恶意收购了。2001 年，总部在宾夕法尼亚州的威世技术公司（Vishay Intertech-nology）认为可以改革通用半导体公司，从而获得更大的价值，便收购了该公司。如今，通用半导体公司成为威世公司下属的一家子公司。通过收购，威世公司获得了长足的发展，拓宽了产品线。该公司成了一家全球性的公司，在六个亚洲国家、欧洲、以色列和美国等设有生产基地，在全球其他地区设有销售处。威世公司还利用国际专业技能人员开发新的技术。威世通用半导体有限责任公司在 5 月份拥有了两项专利，进一步说明了该公司的成功。这些新技术是由该公司在中国天津和台北实验室的研究人员研发的。

◆ 思考题

1. 在你看来，奥斯特塔格采取的行动中那些最有可能改变通用半导体公司的文化？

2. 你认为跨国公司的员工有必要每人随身携带一张列有公司核心价值观的卡片吗？这能改变公司的文化吗？为什么？

3. 在你看来，在奥斯特塔格在改变公司文化的过程中是否有效地管理了跨文化运营？请解释。

4. 奥斯特塔格是否具有全球思维？为什么？

资料来源：S. Chin, "Vishay Finally Gets General Semi," *EBN*, August 6, 2001, 1c; C. L. Cole, "Optimas 2001—Global Outlook Eight Values Bring Unity to a Worldwide Company," *Workforce*, March 2001, 44-45; Company Web site, http://www.vishay.com, accessed May 20, 2010; "Patent No. 7,719,096 Issued on May 18, Assigned to Vishay General Semiconductor for Semiconductor Device, Manufacturing Method," U.S. Federal News Service, May 20, 2010, http://www.highbeam.com; "Patent No. D616,387 Issued on May 25, Assigned to Vishay General Semiconductor, Ornamental Design for Bridge Rectifier Package," U.S. Federal News Service, May 26, 2010, http://www.highbeam.com.

MANAGEMENT

第Ⅱ篇

计划与组织

Planning and Organizing

第 4 章

战略管理

Strategic Management

学习目标

通过本章的学习，你应该能够：

- 解释什么是竞争优势，并且能够识别它的组成部分；
- 描述战略管理过程；
- 阐述环境分析在战略形成中的作用；
- 列举并描述一般环境的五个维度；
- 解释行业五力和竞争环境；
- 讨论如何运用价值链方法对企业资源进行内部分析；
- 运用 SWOT 分析方法，阐述如何评价企业的条件以及选择最优战略；
- 识别并阐述业务层面的一般战略；
- 描述战略实施中的战略行动，如收购与战略联盟。

来自一线的管理挑战

姓名：威廉·F. “里克”·普里切特（William F. “Rick” Prichett）

职位：得克萨斯之魂银行休斯敦北部市场区域总裁

母校：得州理工大学（Texas Tech University）（管理学学士学位），得州农工大学（Texas A & W University）（工商管理硕士学位）

业余活动：打高尔夫球，跑步，支持休斯敦太空人队，做一个爷爷该做的事，旅游

推荐的商业书籍：《有一点信仰》（*Have a Little Faith*）。书中的两位主人公来自不同的背景，但拥有相似的生活原则。故事讲述了目的的重要性、所有人目的的来源的相似性，以及自我奉献的必要性

偶像：父亲。他教会了普里切特自尊的重要性；这不是一种虚荣，而是真正的骄傲，是做人必备的基本原则。他始终如一地尊重手里的工作，展现着他的“情商”；那时，人们还没有听过这个词。他热爱家庭、热爱国家，是一个优雅与活力四射的老人的典范

座右铭：“别眨眼”。事物的发展常非我们所愿，我们必须做出调整。然而，人永远也不应当失去目标和梦想。如果有需要，一个人可以重新评价所处的境地，但是永远也不要将目光从目标上离开。紧盯挑战，对其心存感激。但是，如果你眨眼了，你就会失败

管理风格：公平地对待他人。只要人们仍坚持努力，就要给予耐心。对员工既要高标准严要求，又要让他们能开心、忠诚和高效。对他们放权，委以责任，让他们以灵活的方式工作。与正派的人同行（吉姆·柯林斯的哲学）。相信他人，创建一个让人们在收获的同时能感到喜悦的环境

在获得了 MBA 学位之后，普里切特决定开办自己的银行。在分析了银行业环境之后，他决定将其主营业务定位为社区银行。那时，社区银行很少。花旗银行和美国银行等超大银行垄断着

社区银行业务。因此，他选定在休斯敦北部社区开设银行。没有一家当地的社区银行总部设在那里，而且那些为该市场服务的银行效率相当低下。

普里切特为新银行建立起一支杰出而强大的投资者团队以及一支经验丰富的管理团队。然后，他们便向得克萨斯州银行监管部门和美国联邦存款保险公司（FDIC）达拉斯办公室提交了申请。正当此时，普里切特所说的“完美风暴”开始了。他们提出申请那年，全美有176家新的地区银行获得经营许可。然而，联邦监管部门正手忙脚乱地应对银行危机，缩紧了所有的银行业活动。

持续加强的监管的一个结果就是，2009年监管部门只颁布了12个新的特许状。在普里切特的团队提交申请的第二年，监管部门建议他们购买一个现成的银行，而不是申请新的特许状。

基于这个建议，普里切特和他的团队评估了多家金融机构的财务状况，最终达成一致决定去购买。

万事俱备，只欠批准。

最终，他们筹集了1 500万美元的资本决定进行购买。但是，监管部门一直没有批准他们的方案。这件事轰动了整个美国金融界，最终导致他们的申请多次被延滞，使得Bank4Texas的团队不得不另作其他考虑了。最后，普里切特和他的投资者们发现了新的机会，将投资转向了一个新的充满活力的银行集团——得克萨斯之魂银行。

正如开篇案例所说，外部环境对企业领导制定与实施战略有重大影响。的确，银行业最近高度混乱，承受着各种压力，既有来自监管机构的，也有来自银行业组织的。普里切特和他主要的伙伴经历了他所说的“完美风暴”。因此，他们不得不更加灵活地去适应环境。由于普里切特和他的支持者具备适应环境需求的能力，他们最终在所需的市场上开设了一家商业银行。在该市场上，普里切特的银行主要与大型国有银行竞争，竞争十分惨烈。但是，他的银行采取不同的战略，更加看重社区关系，并支持社区内的企业与个人。

美国国内汽车市场是另一个能够说明行业混乱局面和激烈竞争的例子。仅在25年前，三大制造巨头——通用汽车、福特和克莱斯勒——主宰了美国这个世界上最大的汽车市场。后来，克莱斯勒被德国戴姆勒-奔驰收购。之后，一家私募企业从德国公司手上收购了申请破产的克莱斯勒公司。再之后，意大利汽车制造商菲亚特收购了克莱斯勒的资产。与此同时，随着宝马、大宇、菲亚特、本田、现代、五十铃、起亚、日产、雷诺、斯巴鲁、铃木、丰田等外国竞争者的市场份额不断加大，通用汽车和福特公司都随着时间的推移逐渐失去了市场份额。事实上，通用汽车曾接受过美国政府的资助，最终还是步入了破产的境地，目前才刚刚从破产的阴霾中走出。

丰田汽车最终获得了美国市场的最大份额，成为世界上最大的汽车制造商。但是，它也面临着由于经济衰退带来的销售下滑和广泛报道的质量控制等重大问题。

这些行业案例展示了全球化已成为影响竞争和市场份额的巨大力量。交通运输技术只会加剧主要市场的竞争强度。

相较以往，理解如何制定和实施有效战略的需求从来没有如此强烈过。英特尔公司的前CEO安德鲁·格鲁夫（Andrew Grove）观察到，只有那些“偏执狂”公司才能够生存。这主要是因为它们能够持续地分析自身的外部环境与竞争态势，并且能够不断地创新。那些帮助企业获得竞争优势的管理者认识到，竞争优势只是暂时的；要根据他们对竞争和所处环境变化的分析，随时准备改变战略。

战略管理的原则对企业高层管理者来说至关重要，但这些原则对组织中其他层级的管理者来讲也是适用的。例如，像亚伦·格林这样的较低层的管理者可能只是对多产品公司中某单一的产品线负责。从某种程度上来说，产品和服务可能会随着地区而变化，以迎合地区市场的需要。你可以根据本章阐述的原则，构建地区分公司、产品线或者整个企业的战略。此外，即便战略主要是由高层管理者来制定，组织中的其他管理者和员工也必须在组织中执行战略。如果各层管理者能够了解战略管理过程、战略是如何制定的以及战略的预定目标，会有助于他们更好地实施战略。本章将着重讨论这些问题。

4.1　什么是竞争优势？

从根本上来说，战略管理的目标是确定、建立并保持竞争优势。从本质上来说，**竞争优势**（competitive advantage）是指企业为顾客创造出超过竞争对手所提供的价值的能力。对营利性组织来说，拥有竞争优势就能使其持续地创造比竞争者更高的利润。

要获得竞争优势，企业需要拥有并管理资源，以提供满足以下标准的产品和服务：（1）提供卓越价值；（2）具有稀缺性——竞争对手无论是从质量上还是数量上都不能提供相似的产品和服务；（3）难以模仿；（4）不可替代。惠普公司是打印机市场的领先者。显然，这意味着惠普公司在这个市场中拥有竞争优势。惠普公司在打印机市场上提供的产品和服务满足了上述的四项标准。最近，惠普公司以 12 亿美元的价格收购了奔迈公司（Palm），试图提高其在智能手机市场的竞争优势。但是，它在智能手机市场举步维艰；至今，它的智能手机产品仍不能满足这四项标准。接下来，我们将逐一分析竞争优势的这四项标准。

4.1.1　卓越价值

作为竞争优势的一个方面，卓越价值的本质显而易见。企业提供的产品或服务的价值对顾客来说是否高于其竞争企业的产品或服务？联邦快递（FedEx）是率先采用包裹追踪系统的公司之一。该系统能够追踪包裹配送的路径，它使联邦快递公司能够比其主要竞争者如联合包裹（UPS）更快地确认顾客的包裹到达何处。当然，UPS 也很快安装了自己的包裹追踪系统，试图追回在顾客那里的价值。作为学生，你会选择现在所读的学校是由于它能够向你提供的特殊价值。例如，这所学校能够在你选择的专业方向上提供更卓越的教育，或者它位于更好的位置，或者恰巧在你想要居住的地方。近几年，苹果公司推出了多个卓越的产品，例如 iPad。苹果公司因为其能向顾客出售价值更高的视频、音频或其他可视化产品而具有竞争优势。卓越价值有时也指相对优势（comparative advantage），即相对于其他企业，该企业能够提供更好的价值；有的时候也指独特能力（distinctive competence），因为品质更卓越的产品或服务是独特的竞争力的结果。

4.1.2　稀缺性

拥有竞争优势，意味着没有其他企业有能力提供比你更多数量或更好质量的产品或服务。如果其他企业拥有相同的能力，就能向顾客提供相同价值的产品或服务。你可能会问："还有多少其他企业拥有相同的能力?"如果答案是零，并且企业具备能力向顾客提供卓越价值，企业就拥有竞争优势。然而大多数的竞争优势都是暂时的，因为竞争者会不断地试图从市场领导者手中夺取优势，尤其是竞争者会试图模仿市场领导者。

4.1.3 难以模仿性

拥有为顾客提供稀缺的卓越价值的能力只能带来短暂的优势。企业需要尝试避免竞争者对这种能力的模仿，也就是建立壁垒使其他企业通过模仿建立起竞争优势变得更困难。这些壁垒包括各种各样的障碍，从有形的，例如规模，到无形的，例如企业文化和公司声誉。

迪士尼主题公园具备竞争优势，因为它拥有友善的员工。当迪士尼的这些友善的员工为顾客创造了卓越价值时，你可能会问："其他公司很容易复制这一特点吗?"如果员工友善是影响提供卓越价值的主要因素，迪士尼的优势可能会消失。但是在长时间内一直都能招募、雇佣、培训和保留友善温和的员工是很简单的事吗？只要这件事对其他的主题公园来说十分困难，迪士尼就拥有竞争优势并能从中受益。

亲和、友善的员工显然形成了迪士尼的优势，但是其他方面的特征同样也会帮助迪士尼建立优势。举例来说，深受喜爱的著名迪士尼卡通人物（例如，米老鼠、高飞、布鲁托等）也是它的优势。因此，竞争优势可能是几项因素的结合，这会让竞争者更加难以模仿。

此外，有些优势存在的时间比其他更长。法律保护就能延长优势的存续时间，例如专利。许多专利授权时间达17～20年。类似于品牌识别这样的优势能够持续数年，例如，迪士尼品牌已经深入孩子们和他们的父母心中长达60多年。

4.1.4 不可替代性

除了之前提到的这些特点，能够随着时间持续的竞争优势还需要不太可能被替代。**替代**（substitution）指的是利用其他方式满足顾客需求的能力。我们用如下的例子来区分替代和模仿：歌蒂梵（Godiva）巧克力以其质量和独特的口味闻名。该品牌的巧克力有着其他公司的巧克力所没有的口味和柔滑口感。歌蒂梵所拥有的专门知识，帮助它们创造了独特的高品质的风味，使得其他公司难以复制或模仿歌蒂梵巧克力的口味和口感。然而，如果歌蒂梵要持续其竞争优势，顾客必须觉得难以找到能够与歌蒂梵巧克力一样满足他们对于甜蜜口味和柔滑口感的需求的替代品。为了能够比竞争者接触到更多顾客，歌蒂梵现在通过超市供应精选产品。

4.1.5 将竞争优势转化为利润

企业必须通过管理资源等方式从竞争优势中获取利润。**超额利润**（above-average returns）指的是企业获得的利润超过了与之相比较的一批企业的平均水平（通常是按照行业和规模进行比较）。超额利润主要是关于超出平均水平的成本-价格边际利润的函数。举例来说，如果一个750MB的U盘在硬件生产行业的平均制造成本是5美元，并且其平均售价是20美元，那么平均利润边际就是15美元。任何已售出的U盘超过

15 美元的利润都是超额利润。重要的是，顾客必须感觉到他们获取了价值。如果他们感到有价值并且企业能够赚取超额利润，企业就能为其股东乃至它所有的利益相关者创造价值。

接下来的几节内容调查了战略管理过程的几个特别方面，包括战略制定和战略实施。战略的制定和实施都是为了一个基本的目标——获得竞争优势。

4.2　战略管理过程：设定方向

战略管理是一种计划过程。在这个过程中，管理者要：(1) 建立组织的总体方向和目标；(2) 制定具体的战略；(3) 计划并完成战略实施；(4) 监控结果，适当调整。为了更好地理解这一过程，我们将分别阐述过程中的每一步（见图表 4-1）。

4.2.1　确定企业战略愿景

战略管理过程的第一步是确定企业的战略愿景。**战略愿景**（strategic vision）是从长期的角度来看待企业的发展，指出企业将来所要实现的目标。例如，施乐公司的愿景就是“做世界的复印公司”。而家乐氏公司的愿景是让世界上每一张餐桌上都有家乐氏的产品。这些例子表明，企业的愿景包括企业的总体界定、方向和期望的水平。战略愿景是战略和战略计划的核心。在实践中，一个有效的战略愿景陈述应该是简短且令人信服的，使人们从总体上了解组织的期望，从而激发起组织中成员以及其他组织成员的热情。愿景与使命是鱼水不能分离的关系。

图表 4-1　战略管理过程

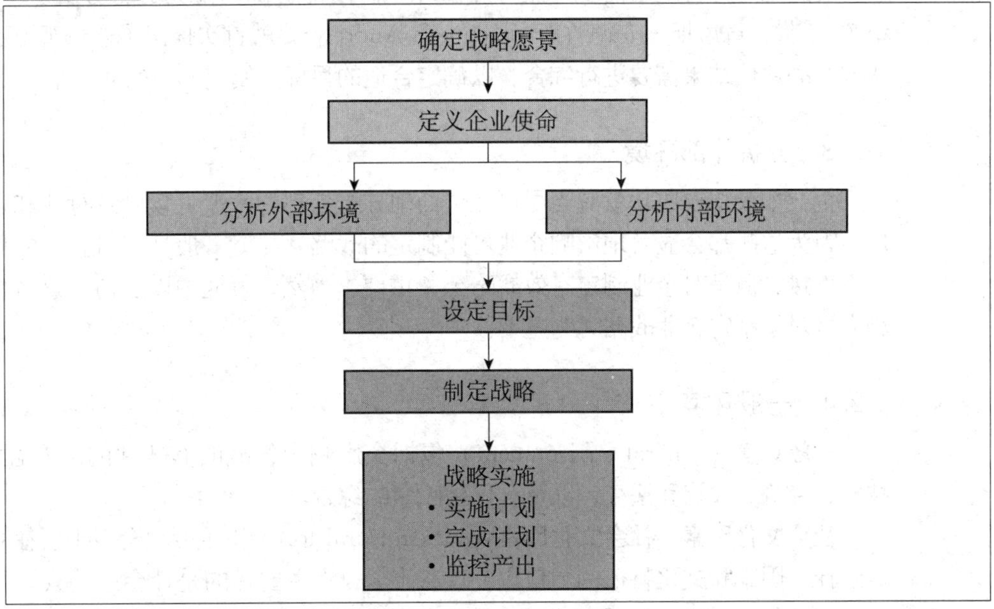

4.2.2　定义企业使命

战略愿景可能只需要用一句话来描述，但使命陈述通常要长一些。**使命陈述**（mission statement）要清晰地说明组织的基本目标，通常包括以下几个部分：

- 企业理念；

- 企业界定或自我概念；
- 主要产品或服务；
- 顾客和市场；
- 重点关注的地域；
- 对股东的义务；
- 对员工的承诺。

图表4-2是一个使命陈述的例子。这个例子展示出，使命陈述描述了一个组织的目标，该目标支持企业战略愿景，并与其保持一致。企业战略愿景和使命陈述的最主要的不同之处在于，使命陈述往往在价值观和组织的主要聚焦点上更加具体。

图表 4-2 美国国税局的使命陈述

美国国税局的使命陈述

==========

美国国税局的使命是“向美国的纳税人提供最高品质的服务，帮助他们了解和完成纳税义务，以及诚信、公平地实施税法”。

决定采用何种战略需要企业对外部环境和内部资源与能力进行分析。早在20世纪70年代，肯尼斯·安德鲁斯（Kenneth Andrews）就首次提出了这一观点。对上述两方面的评估结果需要进行综合，以确定合适的目标并制定必要的战略来实现它们。

4.2.3 分析外部环境

企业如果想要成功就应当尽可能全面地分析外部的一般环境以及行业和竞争者环境，因为这些都会显著地影响企业可能制定的战略。尽管一般环境对企业的作用往往并不直接，但是对企业制定有效战略至关重要。当然，行业中以及与竞争者相关的各种力量对于制定企业战略尤为重要。

4.2.4 一般环境

一般环境(general environment）包括会影响组织战略有效性的所有社会文化、技术、经济、政治和法律，以及全球化因素的综合。

社会文化因素　社会文化因素（sociocultural forces）主要包含组织所在社会的人口统计学因素和文化特征的力量。人口统计学因素主要指的是社会中的人口特征，例如平均年龄、出生率、教育水平、识字率等。举例来说，美国1920年的平均期望寿命为53.6年，而2009年为78.1年。

人口统计学因素能够显著地影响组织的投入和产出。比如，美国的平均教育水平和出生率结合在一起，会对特定教育水平和培训水平的员工的供给有显著影响。尤其是，低出生率和缓慢提高的教育水平可能会造成技术员工的人数增长缓慢甚至减少。

举例来说，在美国20世纪90年代以及21世纪的前十年中，对于有高技术能力的工人，比如软件程序员的需求，就远远超出供给水平。

2005年，日本人口数经历了第一次下降。到2007年为止，在不到一代人的时间内，日本超过65周岁的人增加了一倍多，从原有的占总人口数的10%增加到了占总人口数的21%。日本是世界上平均期望寿命最长的国家（2009年统计为82.1岁），因而面临着有史以来最严峻的形势：更少的工作者要支持更多的退休人员，因为这些人在65岁退休之后还能够活很长时间，所以肯定会将退休金花完，这意味着年轻的工作者需承担更高昂的政府税收，以支持针对老年公民的社会保障系统。

尽管是人口统计学因素提供了有关人口的重要数据，但社会价值观才是将这些数据转化为对企业的影响的因素。社会价值观指的是人们共同希望的“终极状态”。从实践角度来说，社会价值观决定了一个组织的产品或服务在多大程度上拥有市场。早些年围绕北美的运动型多功能车（SUV）的争议就是一个例子。整个20世纪90年代，SUV，例如福特的探险者、道奇的杜兰戈以及雪佛兰的萨博班都是卖得最快的车型。然而，随着对污染和全球变暖的关注的增加，以及汽油价格的上升，一些消费者开始对SUV产生抵触情绪，从而迫使汽车企业生产混合动力汽车。相对于SUV一加仑汽油只能行驶12英里，混合动力汽车能够行驶50或60公里。

精明的管理者需要同时结合人口统计学因素和社会价值观来确定它们对组织的重要启示。

技术因素　技术是另一种会对企业有重大影响的外部环境因素。一项特定的技术的创新意味着一个企业的诞生和成长，或是另一个企业的衰退和消亡。技术环境非常复杂，管理者需要重点关注两个基本维度——产品技术变革和过程技术变革。

产品技术变革指的是那些针对现有产品增加新特性或新功能乃至生产全新产品的改变。管理者需要知道，在他们的行业中产品技术变革会一直存在。这是因为企业会凭借其技术优势或劣势赢得或者失去市场，了解国内外技术的进步是至关重要的。

过程技术变革通常与生产产品或管理企业的方法的变革有关。举例来说，管理信息系统（management information system，MIS）技术能够使管理者以天为单位甚至以小时为单位跟踪产品，进而了解哪些产品热销、哪些滞销，就如年销售额达到4 000亿美元的全球最大的零售商沃尔玛使用的系统那样。这使管理者能够更高效地采购商品，避免热销商品脱销（错过销售收入）或是过度囤积滞销商品（使库存占用宝贵资金）。

北美的许多钢铁制造商都被迫破产，因为几乎所有的大公司都采用了一项重要的新工艺技术——电弧炉（利用电极电弧产生的高温熔炼矿石和金属的电炉。气体放电形成电弧时能量很集中，弧区温度在3 000℃以上。对于熔炼金属，电弧炉比其他炼钢炉工艺更具灵活性，能有效地除去硫、磷等杂质，炉温容易控制，设备占地面积小，适于熔炼优质合金钢）。大多数的大型钢铁企业（或者说综合钢铁企业）从原料铁矿石开始，融化钢铁，将其制成大块钢锭，然后进行进一步的轧制和精炼。电弧炉能够让小型的企业从融化废铁开始，制造钢铁制品。显然废铁比铁矿石便宜很多。尽管小型企业无法做出类似摩天大楼的横梁这样的金属产品，但是能够做出满足制造汽车外壳、洗衣机、烤箱等产品的金属板。加拿大汉密尔顿地区的Dofasco钢铁公司是第一家，也是当时唯一一家在传统炼钢工艺中引入这项技术的公司。然而，尽管这家企业现在因为新的电弧炉技术受益，但当时也花费了近十年的时间去适应此项技术。

经济因素 外部环境中的多种经济因素也同样能够显著地影响组织。然而，不同的经济因素对组织的作用并不相同。企业性质和行业决定了哪些特定的因素对组织的影响最大。

近年的经济状况显然会影响产品的需求以及生产成本。例如，通货膨胀水平会直接影响成本上升的速度，进而减少利润。当前的失业率会直接影响找到所需的合适雇员的难易程度。当前的利率会决定贷款的成本甚至企业能够借多少钱进行财务活动和扩张行为。当利率很低的时候，对房屋建筑商和抵押贷款提供商的服务的需求量更大。

但是经济活动不是静态的。经济活动往往呈周期性趋势。尽管很难预测经济环境具体何时会好转或何时会低迷，管理活动（例如计划）需要理解经济活动存在周期性并了解影响它们的关键因素。了解特定的行业周期也很重要，行业周期可能比国家的一般经济周期或多或少更明显一些。例如，建筑行业的顶峰和低谷比国民经济来得更加剧烈。

或许，确认经济状况中最难的一点是要确定经济变革究竟是暂时的还是长期的结构性变革。结构性变革会显著影响目前和将来的经济活动动态。举个例子，美国发生的两次结构型经济变革分别是从农业型经济转变为工业型经济，以及从工业型经济转变为服务型经济。这两次变革影响了人们在哪工作、做什么工作以及为了工作需要达到何种教育水平。在许多服务类企业中，例如设计、咨询和法律企业，公司最主要的资产是人，这些人所拥有的知识代表无形资产。这与工业类企业，例如汽车制造商完全不同，后者往往拥有数百万美元的有形资产，如车间、机器设备等。因此，汽车制造商能够轻易替换流水线上的某个员工，并且员工流动率影响不大。服务类企业的情况就不同了。举例来说，如果一位明星咨询师离职，她对于顾客问题和解决方案的理解也随之被带走。在某些情况下，价值与个人绑定得非常紧密，以至于当某个明星员工离职去了其他公司，顾客也会随之而去。

政治和法律因素 政治和法律因素对组织有重要影响。规定企业能做什么和不能做什么的法律框架，会为企业同时带来挑战和机遇。举例来说，新的污染法显著增加了燃煤电厂的运营成本。与此同时，这些法律也为类似于康宁公司（Corning）这样为燃煤电厂开发和销售过滤系统的企业带来了机会。另外，基于法律或者政府政策制定的法规也会对企业战略带来重大影响。法规的不确定性可能影响重大，因为它会导致企业为了应对可能出现的新法规而谨慎投资。

或许，外部一般环境中的政治因素最重要的就是联邦政府财政开支。一方面，政府开支的改变对整体经济影响巨大。地方、州以及国家层面的政府开支总额占 GDP 约 20%。更复杂且更重要的是，政府支出是增加赤字还是减少赤字。当联邦政府支出增加了财政赤字，利率有时会上升。随着利率的上升，企业贷款成本更高，因此，它们会倾向于少借款。若是企业减少借款，它们的业务扩张甚至所有的行动都会放缓。这提高了失业率，进而会减少消费支出。综合来说，这些状况会导致经济衰退。

全球化因素 虽然所有的管理者都需要关注全球环境，但其重要性取决于组织大小和业务范畴。当总销售额中的国际份额增加，全球环境就变得更重要。举例来说，可口可乐公司 70%的销售收入来自 200 多个国家和地区的国际销售；因此，全球环境对公司的绩效来说至关重要。在多个国家运营的跨国公司的管理者需要将公司的运作放到一个几乎无边界的企业中去。当沃尔玛成为国际化公司之后，它对于一般环境中的全球化因素变得很敏感。

分析外国环境时，需要在外部环境中增加两个测量外国情境的典型维度——制度因素和物理环境因素，主要是因为各国之间在制度和物理环境方面有很多不同。

制度因素包括了影响个体或在一国边界内经营的组织的行为的规则、政策和强制过程。评价制度时应当包括一个国家的政府、工会、宗教制度和商业制度，因为这些往往与那些国内的有显著的不同。如第 3 章所述，制度也包括法律法规和经济因素。物理环境因素包括一国可以影响或潜在影响企业经营状况的基础设施，如道路、通信、航空、耕地、深水海港、矿藏、森林、气候等。举例来说，中国拥有丰富的煤炭资源，但这并不是一个有吸引力的商机，因为这些地区的铁路和公路基础设施往往很匮乏。

图表 4-3 总结了可口可乐公司的一般环境分析。其中的社会文化信息表示，可口可乐公司的管理者需要在那些不常喝软饮料、特别是碳酸饮料的国家和文化中增加营销，以获得这些市场；而全球化信息显示，可口可乐的管理者需要在人口众多的新兴海外市场中加强努力，例如中国。

图表 4-3 可口可乐公司的一般环境分析

社会文化
- 人口统计学因素
  “婴儿潮”一代人的年龄在增长，饮用软饮料更少。
  美国人口增长放缓，并且其中的部分增长来自较少饮用软饮料的移民人群。
- 社会价值观
  社会越来越关注污染和再循环。
  对于健康的关注以及对于咖啡因、碳酸和糖的消极看法。

技术
- 新型灌装技术使得使用回收循环的铝材料更容易、更便宜。
- 互联网开放了一个新的进行营销活动和竞赛的战场。

经济
- 经济放缓减少了人均消费，主要是因为供应软饮料的社交场合（派对）更少了。
- 经济下滑触底以及经济复苏的前景。
- 对饮料污染致病的更严厉的问责制度。

全球化
- 其他国家对碳酸饮料的逐渐接受，例如印度和中国。
- 新兴国家和经济体电力使用更广泛，越来越多的人能够买得起冰箱。

4.2.5 企业所在行业和竞争环境

迈克尔·波特（Michael Porter）开发了公司的行业和竞争环境分析的最著名的模型——波特五力模型，该模型关注会显著影响行业内企业绩效的行业和竞争者力量（如图表 4-4 所示）。波特初始的研究是被设计来解释为什么同一行业中的有些企业比其他企业利润更高。总体来说，该模型的有效性在研究中得以验证。五力中的三个（竞争状况、潜在进入者和替代品）涉及竞争者，另外两个分别是顾客和供应商。

竞争者环境之中的第一个维度是竞争状况。例如，理解相对于企业来说竞争者的力量是很重要的。如果竞争者更强，它们更可能采取从企业手上夺取市场份额的行动。因此，可能更需要关注竞争者回避的细分市场以建立企业优势。在分析中，了解竞争者的弱点是很重要的。它们的弱点代表着可以被开发的机会。直接竞争对手的数量也为竞争状况提供了一定信息。

图表 4-4 行业力量和利润

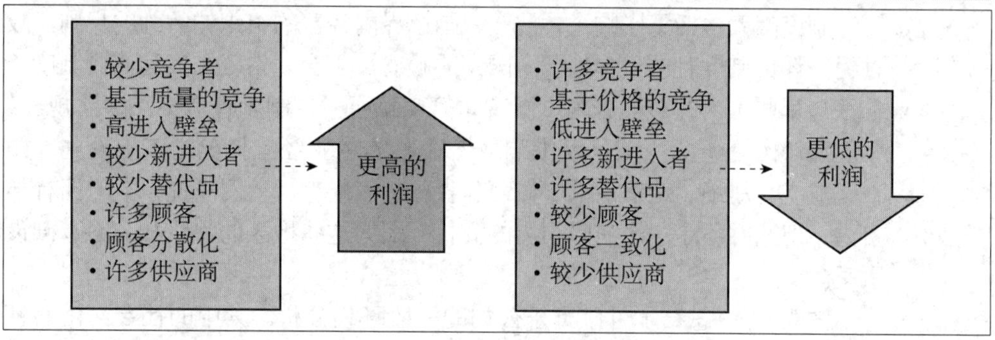

大型行业，例如汽车制造业，常常有着不同的细分市场，并且竞争状况随着细分市场的不同而不同。举例来说，微型轿车市场的竞争主要基于价格，而豪华车市场的竞争主要是基于质量和差异化特性，例如，安全、设计和舒适等主题就占据了梅赛德斯、雷克萨斯、宝马和英菲尼迪的广告。

行业和竞争者环境的第二个维度是企业进入行业的难度。总的来说，新进入者会加剧竞争。竞争加剧会导致边际利润降低，因为顾客的选择会更多。如果顾客转换到其他企业很容易且成本不高，企业就被迫要向顾客提供更高的价值。美国航空公司（American Airlines）开发了常客计划来增加转换成本。如果顾客决定乘坐其他航空公司的航班，他们将会失去美国航空提供的升舱或是免费飞行的福利。当转换成本很低时，竞争者需要提供更多的价值以吸引或留住顾客，这部分更多的顾客价值通常是用降低利润换取的。

进入壁垒（entry barriers）指的是阻止企业进入某个特定行业的障碍。壁垒越高，进入该行业的难度越大。所以，高壁垒会导致更少的新进入者。例如，饭店行业的进入壁垒较低，因此每年都有很多新饭店开张（也有许多倒闭）。然而，半导体行业的进入壁垒就很高，因为建立制造车间的成本高达60亿美元。

第三个环境维度是潜在替代品。该维度关注的是可替代的产品或服务能够替代现有产品或服务的程度。替代与竞争不同。它指的是满足顾客需求的可选择的方法。通常，可获得的替代品越少，利润越高。不同形式的交通方式（例如汽车、火车、飞机）彼此之间就是替代品关系，人们往往会以时间和成本来决定采用何种方式出行。

顾客代表了外部环境中一个重要的因素。组织存在大多数是为了服务顾客，因而，管理者会集中精力满足顾客需求。如本章前文所述，如果企业能够向顾客提供比其他竞争者更卓越的价值，它们就有竞争优势。从某种程度上来说，如果顾客相对较少，并且较为集中，他们就更有权力从供应商处要求更低的价格、定制化的产品或服务，或者更有吸引力的融资条件等。顾客更有权力，他们会吸收掉更多价值。当顾客有权力，企业就会处于弱势的议价地位，导致利益受损。当某一顾客购买了一个企业的大部分产出，这个顾客通常处于比供应商有优势的议价地位，因为其购买量很大。庞大的订单量甚至使宝洁这样的大公司也会失去议价权。管理者希望服务顾客、提供更卓越的价值，但不让他们有更大的权力。这种在企业和顾客之间的平衡力量会影响企业的有效竞争和获取超额利润。

第五个维度是供应商。管理者必须尝试获得与企业供应商之间的力量平衡。如果一个或少数供应商控制了企业生产产品或提供服务所必需的商品，供应商就会有相当大的权力。这样的供应商更可能要求溢价出售甚至限制企业购买商品。在这种情况下，企业就很难赚取超额利润，因为供应商造成了高额的成本。无论供应商的权力如何，与它们建立并保持良好的关系是非常重要的。供应商通过定制生产流程，提供其他形式的帮助以提高品质，促进企业对顾客的营销，降低成本，以及及时供货，为企业提供的产品和服务创造价值。许多企业已经专门建立了负责管理与其合作伙伴（例如供应商）的战略联盟关系的部门。

总的来说，企业必须仔细分析外部环境。它们承担不起由于对当前和潜在竞争对手存在"盲点"而造成的后果。如果它们轻视了某个对手，最后可能就会挣扎着求生存。举例来说，苹果的竞争者就没有预测到 iPhone 和 iPod 的潜在成功，而这两个产品改变了两个行业。苹果公司的 iPad 产品也可能会改变另一个市场。

图表 4－5 展示了美国捷蓝航空公司（JetBlue Airways Corporation）的行业和竞争环境。这个例子展示了环境分析的细分部分。

图表 4－5 捷蓝航空公司的行业和竞争环境描述

竞争者

- 对手
  主要依靠价格进行竞争，这对绩效不利。
  有很多中型或大型竞争者，包括西南航空这样的盈利者。
- 新进入者
  只要有 3 500 万美元无论谁都可以创办航空公司；然而过去的种种失败的例子使得新进入者不太可能出现。
- 替代者
  当视频会议技术越来越先进、连接越来越快速，它会成为一些面对面的商务会议的替代品，但它不太可能替代休闲、旅游和个人旅行。

顾客

- 寻求便利的商务旅行者。
- 寻求低价的休闲旅行者。

供应商

- 空客公司供给了捷蓝公司的所有飞机（均为空客 320 机型）。
- 多家航空燃油供应商，例如埃克森美孚。

4.2.6 内部分析

组织的内部分析与外部环境分析一样重要。在各种各样的框架工具中，迈克尔·波特提出的"价值链"方法是应用最广泛的。**价值链**（value chain）包括一系列关键活动，直接生产或支持企业生产提供给顾客的产品与服务。波特将企业的内部因素分为五项主要活动和四项支持活动（如图表 4－6 所示）。**主要活动**（primary activities）指的是直接与产品或服务创造相关的活动，这些活动将产品或服务带到顾客手中并将其留在顾客手中。**支持活动**（support activities）可以促进产品或服务的生产以及产品或服务向顾客的转移。管理者应该评估这些活动为产品或服务增加的价值，以理解企业竞争的能力。一件产品或一项服务的绝对价值是愿意购买这项产品或服务的顾客数量与愿意支付的价格的函数。如果一件产品或一项服务的价值超过了其成本，企业就能获得利润。为了确定公司内部价值链的哪个环节可以增加价值，管理者需要理解价值链的九项活动。

图表 4－6 价值链

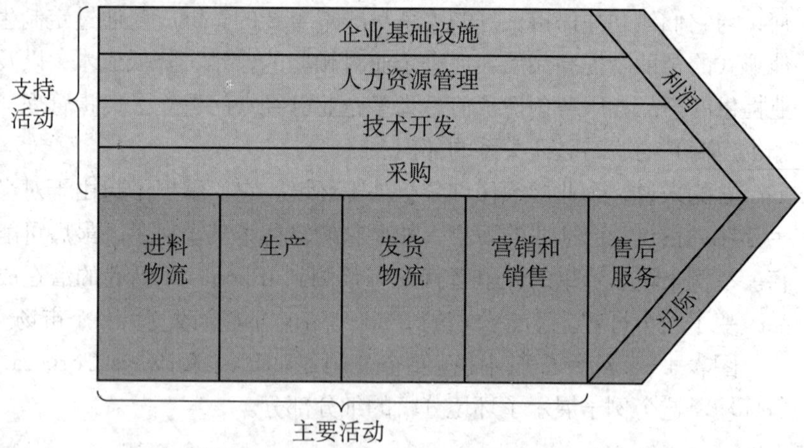

资料来源：Based on The Free Press, a Division of Simon & Schuster Adult Publishing Group, from *COMPETITIVE ADVANTAGE: Creating and Sustaining Superior Performance* by Michael E. Porter. Copyright © 1985, 1998 by Michael E. Porter. All rights reserved; Robert M. Grant, *Contemporary Strategy Analysis*. (Oxford, UK: Blackwell, 2002); R. E. Hoskisson, M. A. Hitt & R. D. Ireland, *Competing for Advantage* (Mason, OH, Thomson-Southwestern, 2008).

进料物流 价值链的这部分内容包括获取、存储和传输与企业的产品或服务相关的各种输入。进料物流通常包括原材料、获取、运输、库存和信息。在啤酒行业，进料物流包括从不同的酿造厂购买啤酒花、大麦和麦芽。对多数价值链行为来说，信息技术的使用是很重要的，对于进料物流来说尤其重要。

生产 价值链中的生产因素包括企业内部一系列将投入转化为产品或服务的活动。除此之外，生产部分还包括使机械正常运转的活动（例如维修）。在啤酒行业的例子中，企业的生产活动包括为不同的市场制造啤酒，也包括产品灌装和贴标。

发货物流 发货物流包括将产品或服务从企业送到顾客手上的行为。啤酒制造商需要将完工产品存入仓库，处理订单，安排运输车，将其产品（直接地或通过经销商）送到商店、酒吧、棒球场、饭店和其他可以出售的地方。

营销和销售 营销和销售活动让潜在顾客了解公司的产品和服务，吸引他们购买。因此，啤酒制造商会做广告、搞促销并进行销售。

售后服务 必要的售后服务是为了确保顾客购买之后能对产品满意，并提高重复购买的可能性。售后服务活动可能涉及维修、零部件供应、安装或产品调试。这项活动还能够帮助顾客了解如何更好地使用产品。

每一项主要活动都与成本有关。如果做得好，顾客愿意支付高于成本的价格，就能提高公司的行业地位和盈利能力。这些不同的活动的重要性随着顾客偏好的变化而变化。例如，在时尚行业，顾客总是想要最新的款式、颜色、面料，此时就需要重视进料物流和发货物流以确保产品能够更快地送到顾客手中。

除了这五项主要活动，还有四项支持活动。如图表 4－6 所示，支持性活动跨越了所有五项主要活动，也就是说，任何一项给定的支持性活动因素都会支持五项主要活动。

采购 每一项主要活动都包含采购可以使用和消费的资产。例如，进料物流活动不仅包括购买生产产品需要的原材料，而且包括购买运输队的卡车和调度软件，以保证材料能够及时运送。机械和零部件的采购是另一个存在于生产活动中的采购例子。企业往往有采购部门，但仍可能有各种其他不同的人进行采购，从采购代理商到秘书。为确保所需的原材料的质量和供应及时性，采购是至关重要的过程。供应商也担任了关键的角色。它们会影响质量、原材料成本和交付的及时性。供应商也经常通过直接参与新产品开发或者为开发过程提供相关的最新信息来参与创新过程。

技术开发 技术开发围绕专业知识和专业知识所需的工具、设备进行。技术可能很简单，也可能很复杂，比如超级计算机和相关软件。尽管技术开发集中在产品开发或者流程创新，技术和企业如何使用这些技术也会影响五项主要活动。因此，技术能力在价值链中发挥了关键作用。

人力资源管理 由于所有的活动都和人有关，人力资源的获取、培训、评估、报酬和开发在五项主要活动中都会涉及。有能力的而且有积极性的人力资源对于企业的所有活动都有深远的影响，因此人力资源管理是一项关键的支持活动。在银行、法律、咨询或会计公司这样的服务类企业里，员工的质量至关重要。他们的专业能力是提供服务的基础。因此，在价值链中的这项因素决定了一个服务类企业的存亡。

企业基础设施 尽管基础设施在人们心中的印象往往是车间、设施和设备等，但是一个公司的基础设施不仅指砖瓦，它还可以是一项能够支持主要活动的管理功能。一个公司的基础设施包括计划、财务、会计、法律、政府关系和其他能够与多种主要活动相关的活动。举例来说，一家企业的生产部门很可能需要知道关于员工安全标准法律的信息，市场营销部门很可能需要知道关于“广告真实性”方面的相关法律信息。

支持活动能够通过辅助主要活动提高最终产品或服务的顾客价值来提高企业的市场地位和盈利能力。支持活动的重要性也会随着顾客偏好的改变而改变。举例来说，在时尚行业，顾客的偏好是最新的样式、颜色和面料，这会提高价值链中的计划信息的重要性。计划信息与预测趋势、购买季节、购买周期有关，这种情况下顾客的偏好就很有价值。顾客偏好也会提高企业技术开发类支持活动的重要性。例如，将纱线先纺织成毛衣再染色（原先的技术是先染色然后再纺织）的技术能够增加产品价值。意大利贝纳通公司就开发了这样的流程，尽可能在生产流程中推迟染色，按照顾客要求的最新色彩趋势进行染色。

价值链提供了一个评估所拥有的资源和为顾客提供价值的分析框架，该框架能够让我们系统而全面地分析企业行为。

利用价值链 用价值链进行管理以获得更多利润和更好绩效的第一步是决定价值链的哪个环节有可能增加最大价值。

让我们回到啤酒厂的例子，多数的德国顾客喜欢口味较重的啤酒，并对价格相对不敏感。如果啤酒的原料质量决定了其口味，那么获取最高品质的原料很重要。识别高品质的原料是一个经验丰富的采购员最基本的能力，因此，招聘、选择和培训原料采购员的人力资源管理系统必须出众。价值链模型的作用体现在将企业的业务活动分块，让管理者能够更好地理解这些活动之间的联系。然而，管理者必须分析了解是哪些活动增加了大部分的价值，哪些连接是最重要的。

近期的研究表明，如果要充分了解企业的竞争地位和优势，不仅仅需要分析企业的价值链，还需要分析供应商、经销商还有其他业务伙伴是否与“价值网”适配。因为在当今，企业和供应商、经销商还有其他业务伙伴之间的联系越来越紧密，价值网络中，其合作伙伴的优势和劣势会影响该企业的竞争地位和优势。

评价资源管理 分析企业内部资源和能力强调建立和发掘企业内部优势。因此，管理者需要开发有价值的能力，并将它们用于为顾客提供更卓越的产品或服务。这些能力可能是技术、营销或者是行业中其他一些重要的领域。管理者如何获取和捆绑资源来开发能力、如何利用这些能力是其中的关键。这需要管理者对特殊价值的战略性资源进行投资。举例来说，在专业性服务类企业，如律师事务所和咨询公司，管理者需要找到劳务市场上最好的律师和会计。管理者必须将资源配置到企业的资源组合中去。管理者常常需要将不同的资源结合在一起建立能力。例如，制造产品的能力综合了实物资源（如车间和设备）、技术和人力资本。

资源需要持续开发。有些人将此称为动态能力。最后一步，管理者需要运用其建立的能力来实现既定战略获得超额利润。企业开发的有些能力可能变成核心竞争力。

核心竞争力（core competence）指的是一系列互相相关的、能够在短期和未来传递竞争优势的活动。当一项竞争力满足如下条件，才能被称为“核心”：（1）让企业进入更广泛的不同市场；（2）显著提高终端产品或服务的顾客感知利益；（3）竞争者难以模仿。举例来说，本田的其中一项核心竞争力就是其制造燃油发动机的技术。第一，燃油发动机拥有被应用于更广泛的市场和产品的潜力。本田使用这项技术制造摩托车、汽车、踏板摩托车、割草机、造雪机、小型发电机和其他产品。第二，顾客看重这些产品中的燃油发动机性能。例如，更好的燃油发动机技术能够让汽车和摩托车加速更快。第三，燃油发动机技术难以被模仿。这也是本田将其发动机用于各类汽车拉力赛的部分原因，例如印地赛车（Indy）和一级方程式（Formula One）。

4.2.7 整合内部分析和外部分析

整合内外部分析的工具和技术有很多，这里重点介绍一个最著名、使用最久的方法——SWOT分析法。

SWOT分析法（SWOT analysis）将单个分析结合起来，要求企业的管理者考虑持续经营的优势（strengths）、劣势（weaknesses）、机会（opportunities）和威胁（threats）。SWOT分析法是一个将内外部分析的结果整合起来形成合适战略的基本框架。为了实施SWOT分析法，企业应当识别并评价其优势和劣势。为了做到这点，需要了解如何管理资源和核心竞争力。此外，管理者还可以用前文提到的价值链框架来分析企业的优势和劣势。例如，企业在价值链的哪个部分做得较好，是原料采购还是营销？哪个部分做得不好，是顾客服务还是公共关系？

SWOT分析法的第二步是关注外部环境。首要的是识别企业的机会。例如，哪些产品和业务将会进入增长阶段？哪些国家有适合某些特定产品或业务增长的条件？有新产品可能会成为企业自身产品的替代品吗？市场中有可能带来严重威胁的潜在进入者吗？

SWOT分析法最重要的观点是将组织的优势和劣势以及环境的机会和威胁比较并

匹配。例如，沃尔玛最近面临很多国际机会。沃尔玛的优势是获取、运输和向顾客以低价销售大量的产品。然而，由于其对美国市场的强烈关注，只有少数的沃尔玛管理者有关于国外市场的经验和知识。幸运的是，只有少数竞争者能够立刻抓住这些现有的国际机会；然而，沃尔玛必须抓住国际扩张机会，因为法国的折扣零售商家乐福（Carrefour）和美国大型零售商玛莎百货（Marks & Spencer）也在向国际扩张。沃尔玛响应了这些国际机会。在2010年，沃尔玛在全球15个国家开设了超过8 400家门店，每周为将近2亿名顾客提供服务。沃尔玛知道如果国外市场存在赚钱机会，竞争者也会闻讯而来。为了有效响应，沃尔玛与了解特定国际市场的合作伙伴展开合作，在当地培养管理者，雇佣能够帮助进行国际扩张的人员，并且有时会收购他国企业。

4.2.8 设定战略目标

如果一个组织没有将其战略意图和使命转化为特定的绩效目标，那么它们就只是一纸空谈的美好目标。而且，如果环境分析的结果最终未能变成战略目标，那么这种分析就只是一种学术实践。**战略目标**（strategic objective）将战略意图和企业的使命转化为具体和可测量的目标。设定战略目标在战略管理过程中是非常重要的一步，因为它将使公司能够：（1）合理地分配资源；（2）对优先次序达成共识；（3）分配责任；（4）让人员为结果负责。特别地，战略目标可能包括以下内容：

- 利润增长率；
- 盈利能力；
- 顾客满意度；
- 市场份额；
- 财务回报（例如，权益回报率、资产回报率）；
- 技术领先度；
- 现金流；
- 运营效率（例如，单位成本、单位雇员开销）。

这里特别指出，战略目标与其他绩效指标的根本不同之处在于：战略目标本质上是一个长期目标，而不是一个年度目标。它代表了企业长期（通常是五年或更长时间）瞄准的目标。尽管设定战略目标很重要，但是管理者进行战略管理的大部分时间被战略管理过程的剩下几个步骤占据，其中包括分析企业内部环境、制定战略、开发和实施计划以及监控结果。

4.3 战略管理过程：制定战略

战略至少有三个层面——公司战略、业务战略（或称竞争战略）、职能战略（或称部门战略）。公司层面的战略决定了企业做何种业务，或是想做何种业务。换句话说，这个层面的战略决定了企业将在哪个市场进行竞争。业务层面的战略决定了企业如何在已确定的各个市场中进行竞争。部门层面的战略关注每个职能或部门该如何运营以帮助企业获取竞争优势。每一个层面的战略都很重要，而业务战略对于获取竞争优势来说最为重要。它也是我们分析的焦点。

从许多方面来说，制定竞争战略本质上是决定企业将如何参与竞争，如何实现战略目标、完成使命，最终完成战略愿景。接下来，我们将阐述一系列能够帮助企业获取竞争优势的一般竞争战略。

4.3.1 为了获取竞争优势的一般竞争战略

成本领先战略和差异化战略是两种最常见的一般竞争战略。

成本领先战略 **成本领先战略**（cost leadership strategy）是指企业以最低的成本生产一种产品或提供一种服务，定价稍低于行业平均价格。如果企业能够以比竞争对手更低的成本（例如，成本领先）以及与竞争对手相似的价格提供产品或服务，它就能实现超额利润。

对于U盘制造商来说，若要以成本领先战略获取超额利润，它的成本需要低于行业平均水平（比如，每个U盘10美元，而行业平均成本是15美元），并且要提供相对优质的产品使得公司能够以接近行业平均价格进行报价（例如，20美元）。在这种情况下，企业的利润是10美元，而行业平均利润只是5美元。有一点很重要，成本领先战略并不一定意味着价格也领先，也就是提供最低的价格。举例来说，如果成本领先者每个U盘的成本为10美元，而报价是市场最低价格15美元，企业每卖一个产品就只能赚取行业平均利润（因为行业平均利润也是5美元）。然而，如果该企业的产品质量与竞争者的产品质量相同，企业就能够以如此低的价格卖出比竞争对手多得多的产品，获得巨大的市场份额。因此，每件产品的边际利润并不一定能完全反映出特定战略的价值。

有很多种方法能够实现成本领先。使用特定技术是一种普遍方法。例如，芯片公司管理者投资最新的技术来减少缺陷，提高合格品数量，从而降低每个芯片的平均成本。管理者也可以通过规模经济来实现成本领先。举例来说，提高整个公司的所有工厂的产出可以降低单位制造成本。亚马逊公司通过在现有的网站渠道出售更多的产品来实现规模经济（最近的财务业绩比起初更好）。

西麦斯公司也通过在传统低技术含量的业务中使用技术手段来帮助其在美国国内乃至国际市场实现成本领先。西麦斯公司的高管采用信息技术提高效率和绩效。为了同时降低成本和更有效地使用资产，管理者在每辆水泥罐车上安装全球定位系统接收器并使用计算机系统来实现更有效的路线规划和时间更精确的配送。在这之前，任何问题，包括恶劣的天气和糟糕的交通状况都可能延误配送。将水泥罐车的精确位置信息和车间产出以及顾客的订单结合起来，管理者能够更加精确地计算出应当使用哪辆汽车、如有必要如何重新进行路线规划。该系统使西麦斯公司的管理者在20分钟以内就能准确地指引水泥罐车去哪里，而不是通常的3个小时。

西麦斯公司先进的信息系统使得该公司能够向国外扩张。该公司在全球50多个国家运营，并且每年生产将近9 700万吨混凝土。

差异化战略 追求**差异化战略**（differentiation strategy）的企业管理者会寻求生产与竞争对手的产品或服务不同的顾客价值。实现差异化使企业能够要求更高的价值。如果管理者能够保持接近行业平均水平的成本，高的价格能够使企业获得超额利润。举例来说，假使一个U盘制造商能够生产更大容量的U盘，且不需要提高每个U盘的制造成本，结果就是，能够报出更高的价格（比如，22.5美元而不是原来的20美元），而每个U盘的成本仅为15美元，接近行业平均水平。在这样的情况下，该企业每卖一个U盘就能赚取7.5美元的利润，而行业平均利润为5美元。任何特征都可能是差异化的来源。

实现产品和服务的差异化也有很多种方法——款式、质量、可信度、速度、时尚性、耐久性等都能实现差异化。关键是要添加顾客认可的那部分差异化，以原本的成本产生更高的边际利润。换句话说，为了实现差异化而增加的成本必须少于顾客为差异化多支付的那部分价格。如果为了让产品更加可靠多花费20%的成本，但是顾客也只愿意为此差异化多支付20%的价格，就不会产生超额利润。

星巴克以对其咖啡索取溢价而闻名。为了能够维持高价，它在提供产品给顾客的过程中采用了特殊的差异化方法。它购买了更优质的咖啡豆，并使用特殊烘焙过程，为其顾客提供了差异化的口味。这样，它通过产品的特征来实现差异化。不过，星巴克也在其他方面差异化其产品。星巴克的管理者称之为“体验”，也就是为顾客提供优质服务。为此，星巴克更好地培训服务人员，并对他们提供的高质量服务进行奖励。最终，由于高质量的咖啡、优质的服务以及门店舒适的氛围，星巴克的品牌具有了价值。可以看出，星巴克通过产品、服务、经验和品牌声誉进行差异化，有些差异化来自产品特性（咖啡的口味），而另一些则来自非直接因素（体验和品牌声誉）。

那些在产品上寻求差异化的企业，为了保持在竞争中领先，经常会在研发上进行投资，并强调学习新能力的重要性。然而，企业必须同时也有能力开发获取的知识和研发新产品。因此，它们需要将引入市场的新产品有效分销，并使顾客相信新产品的价值。然而，那些以产品差异化闻名的企业也往往会吸引来竞争者在类似的地方模仿、差异化它们自己的产品。因此，企业需要不仅“比竞争者更加努力、与竞争者不同，还要更加聪明”。

若想使用差异化战略获得成功，企业必须持续寻找市场机会，并研发新产品以开发这些机会。这常常需要企业在它们所在的所有业务领域都有大胆的创新。也就是说，它们必须同时寻找新的机会，并采取行动抓住这个机会（例如创新），以获得持续的竞争优势。

战略范围　企业可以限定其**战略范围**（strategic scope），集中于特定顾客群。尽管这种限制降低了企业的产量和可能从某种产品上获得的利润总量，但并不会影响它们赚取超额利润的能力。举例来说，法拉利基于款式和性能来差异化其产品，并集中于非常窄的细分顾客市场（并不是所有人都有能力买得起超过30万美元的跑车）。狭窄范围战略也可以运用于成本领先者。在某种程度上，如果成本领先者能够为目标顾客提供有足够价值的产品或服务，并且价格接近行业平均水平，它就可以获取超额利润。因此，企业能够采取聚焦差异化战略或聚焦成本领先战略。

若想用**聚焦战略**（focus strategy）获得成功，企业的细分顾客群或地理顾客群之间需要有显著的差异性。**细分顾客群**（customer segment）基本上指的是有相似偏好或对产品特征有相似评价的一群顾客。例如，在汽车销售市场就存在清晰的细分市场。有些顾客看中单位油耗，而另一些顾客看中性能。因此，高性能运动型车的制造商与小型经济适用车聚焦的细分顾客群不同。又如，不同地域的顾客对于产品特性的偏好也不同：在南方，更多的顾客对于空调车有需求；在北方，为了应对雪天环境，更多的顾客对于四轮驱动车有需求。在气候炎热潮湿的地区，顾客更喜欢棉质衣服；而在气候干燥寒冷的地区，顾客更喜欢毛质衣服。

普遍来说，随着时间流逝使用聚焦战略的企业只能做出有限的产品改善。但是，无论使用四种一般战略中的哪一种，管理者都必须意识到当下的竞争优势会在不久的将来被淘汰。向特定细分市场提供多种产品的企业的生存率更高。它们通过提供产品的多样化来降低风险。无论如何，为了拥有可持续的竞争优势，管理者需要持续建立一系列暂时的竞争优势，用新的替代旧的。

在许多行业中，某家企业若想成为主要竞争者则需要进行差异化，正如下文“管理者的挑战”中所述，如果企业不持续根据顾客价值差异化它们的产品，它们会失去市场份额并面对其带来的一系列问题。百视达（Blockbuster）戏剧性的衰落、金宝汤近期所面临的问题，以及航空公司的普遍衰落都昭示了这一问题。为了在特定利基市场中保持领先以及竞争优势，法拉利改变了其汽车奢侈品定位的设计。我们需要用几年的时间来评估法拉利的这一看似成功的举措其实际效果如何。我们也需要用很长一段时间来观察默克公司的战略是否可持续。

4.3.2 其他的一般竞争战略

整合差异化成本领先战略和多点竞争战略是另外两种重要的、可供管理者用来获得竞争优势的一般竞争战略。

整合差异化成本领先战略 **整合差异化成本领先战略**（integrated differentiation-cost leadership strategy）包括了一系列使企业在市场中取得产品差异化并同时维持与竞争对手相比成本更低的行动。这种战略很难有效制定和实施，因为这两种战略的某些目标是相互冲突的。例如，实现差异化需要持续性的投入研发，开发创新性产品，并用广告使市场了解新产品的优点。当持续向市场推出新产品时，很难达到规模经济。另外，成本领先战略常常强调高效制造，这让为制造新产品更新设备成为一种挑战。

管理者的挑战——变革

差异化是一种持续型战略

不论企业使用何种战略，都需要持续改进以维持竞争优势。以百视达为例，2010 年，百视达挣扎求生，许多分析专家认为它可能会倒闭。这个电影租赁行业的领军者怎么了？我们可以用另一个问题来回答这个问题。现今还有人愿意开车去商店租上影碟，然后开车回家，看完之后几天内再还回店里吗？答案是“几乎没有人愿意”，因为他们能够坐在家中在线点播或者通过有线电视系统及卫星电视系统点播电影。换句话说，百视达怎么能忽略网飞公司（Netflix）和视频点播系统呢？

金宝汤公司（Campbell Soup）多年来是美国汤品市场的领导者。但是，它的汤产品销量已经多年停滞。分析专家预测公司产品的销量在 2010 年只有 2%的增长，在 2011 年只有 3%的增长。在 2009 年的经济衰退中，行业同期销售增长了 5%，然而金宝汤遭遇了销售量下滑。究竟发生了什么？本质上来说，公司管理者没有恪尽职守。举例来说，金宝汤致力于开发更有营养的汤品，这拓展了其十年未曾变过的浓汤产品。公司采用了一种更加明智的进入中国和俄罗斯市场的有效途径。例如，它对俄罗斯市场做了大量的市场研究，基于研究结果，金宝汤公司开发了一种肉汤产品，使俄罗斯人可以用这种汤为基础做他们自己的汤。汤产品的主要消费份额在中国和俄罗斯，但是在这些国家大多数的汤都是在家里做的。2011 年，金宝汤公司打算向俄罗斯市场推出 14 种不同的汤产品。金宝汤公司的国际市场销售额虽然在持续增长，但是只占全公司销售额的 20%。金宝汤公司需要快速行动，否则分析专家预测公司将会倒闭。

Richard Levine/Alamy Images

金宝汤多年来是美国的市场领先者，但是分析者预测公司在可预见的未来将会经历缓慢的增长。

作为豪华汽车的终极品牌，法拉利关注在它的利基市场如何维持它特有的差异化和竞争优势。法拉利一直依靠受人尊敬的宾尼法利纳设计公司（Pininfarina）来设计新的汽车。然而，在 2010 年，法拉利指定了一个内部主管进行设计。公司的意图是用特别的汽车设计来确保市场领先。这些汽车对个人来说必须是别具一格的，因此才能定价到 30 万美元以上。

航空业经历了数年的挣扎，最终只有少数航空公司找到了为顾客提供差异化服务的方法。西南航空（Southwest Airlines）和捷蓝航空（JetBlue）提供了低价的服务，但是同时也加入了大多数顾客喜欢的独特的服务形式。但是类似于美国联合航空（United）、达美航空（Delta）、美国航空（American）以及大陆航空（Continental）这样的公司难以找到服务差异化的方法，它们中只有少数几家能够盈利，特别是在经济衰退时期。在经历了数年的巨大净亏损之后，大陆航空同意被美国联合航空收购。合并的新联合航空公司不太可能更加成功。事实上，他们解释他们合并的目的是为了获得规模经济。这将会稍微降低新航空公司的成本，却不会提高它们向顾客提供的服务的差异化。

由此，我们总结出，许多公司未能差异化它们的产品或服务。而且，甚至那些能成功差异化的企业最后也会停止开发新的和差异化的产品或服务。因此，随着竞争者用新的差异化和有价值的产品夺走它们的市场份额，它们会逐渐衰落甚至消失。

资料来源：J. Jannarone, "Change Stirring at Campbell Soup," *Wall Street Journal*, May 17, 2010, http://online.wsj.com; "Continental Name Change: So Long, Proud Bird," *Wall Street Journal*, May 3, 2010, http://blog.wsj.com; M. Boyle, "Campbell's: Not About to Let the Soup Cool," *BusinessWeek*, April 26, 2010, http://www.businessweek.com; D. Gardner, "Avoiding Corporate Death Spirals in a Sea of Change," *Fast Company*, March 22, 2010, http://www.fastcompany.com; P. Patton, "New Design Chief Hire May Signal Change for Ferrari," *New York Times*, January 14, 2010, http://wheelas.blogs.nytimes.com.

迈克尔·波特并不建议采取这种战略，认为是“左右为难”——试图达到两种结果有可能让公司两种都达不到。然而，全球竞争环境逐渐需要企业用有效的成本结构制造高质量的、价值独特的产品。在某些行业中，企业如果做不到这两点就无法生存。进入全球市场、使用精良的信息技术能够帮助企业达到规模经济并收回多数研发投资，使这种战略成为可能。例如沃尔玛使用了此类战略，在与其他零售商竞争的过程中，一边建立了高质量产品的独特品牌，一边聚焦于低成本。

多点竞争战略 **多点竞争战略**（multipoint competition strategy）指企业使用在某一市场中的优势来克服在其他市场中的劣势，以此和不同市场中的企业进行竞争。竞争可能会发生在不同的产品市场、不同的地理市场甚至同时发生在两种市场。举例来说，UPS 一度是地面运输和快递的市场领先者，而 FedEx 是隔夜送达快递的市场领先者。然而，UPS 进入了隔夜送达市场，FedEx 则购买了卡车和其他资产进入地面运输市场竞争。因此，这两家公司在两种市场都在彼此竞争，并在许多不同的国内外市场进行竞争。目前，它们在中国的两种市场陷入了激烈的竞争。UPS通过成为物流公司、进行价值链活动，特别是针对在海外运营中小企业，获取了一定的市场份额。然而，多市场竞争可能会非常激烈，并损害企业的竞争产出。例如，研究显示，在多市场与其他企业竞争的公司会降低为顾客提供的服务质量，这类公司面临失去竞争优势的危险。

4.4 战略管理过程：战略实施

战略制定之后，管理者必须有效地实施，使期望目标具体化。证据显示，一个被卓越实施的平凡战略比一个被马虎实施的伟大战略更好。因此，战略实施与战略制定同样重要。

在过去几年，由著名的战略咨询公司——麦肯锡咨询公司（McKinsey Consulting）开发的一个战略实施框架广受欢迎。这个框架名为7S法（麦肯锡七步法）。大约20年之前，麦肯锡发现，当它的客户实施它所建议的战略时，绩效却会下滑。基本上来说，它发现客户绩效下降的原因是其使用旧的结构、文化、技能、风格和员工来实施新战略。因此，新战略往往是无效的。成功战略实施的关键在于组织内部与战略达成一致并能支持战略。

如果战略号召进入新的产品市场或地域市场，企业需要有组织地通过并购或战略联盟进行。有组织地进入包括在内部开发新产品（这需要一个强大的研发部门）或在新地区进行经营，或称绿地投资。但是，在某些市场，收购可能是一个更具吸引力的进入方法。例如，即使是沃尔玛，也会通过收购来进入和拓展某些国外市场。收购不仅仅能提供一个新市场的即时入口，也能立刻带来关于这些市场的相关知识。或许进入新市场（以及获取可靠的供应商资源）的一个最受欢迎和普遍使用的方法就是战略联盟。尽管很受欢迎，战略联盟并不易管理，也并不总是能够成功。然而，若是企业能够平衡从战略联盟伙伴处学习并获取更多有价值的资源和自己内部开发的过程，战略联盟将会获得成功。

下文“管理者的挑战”阐述了鲍勃·纳德利试图将公司战略从差异化变革成整合差异化成本领先战略。然而，两种战略都没有被有效地实施，因此家得宝“左右为难”。纳德利通过决策制定集权、将门店的全职员工替换为兼职员工来加强成本管理。但是，这些行为减少了创业活动，因此降低了差异化。它们同时也失去了顾客的关注。它们的做法使得竞争对手如劳氏（Lowe's）通过蚕食家得宝的市场提高了自己的市场份额。取代纳德利及其团队的家得宝的新领导做出了数项变革。重要的是，他们利用强大的门店管理系统增强了顾客聚焦，开始重新夺回市场份额。他们持续提高了效率，因此降低了成本。因而，家得宝现在赢回了顾客。

管理者的挑战——变革

家得宝的新战略：重新获得竞争优势

最近几年，家得宝做出了数项战略变革。2007年，它进行了高管变革。公司与CEO鲍勃·纳德利达成“共识”，鲍勃将会辞职。机构股东呼吁家得宝的高层管理者和董事会成员为股票期权作假和在如此积极的股票市场中却表现低迷的股票价格做出解释。纳德利从家得宝退休意味着公司未能合理地应对股东的不满。

在纳德利的领导下，家得宝制定了一个意图提高企业财务绩效的战略计划，紧接着却出现销售下滑，股票价格下降。这个计划的部分意图包括了重组管理，以使纳德利能够更直接地接触公司的零售业务。之前的一个管理层被整个去除，为了让自己离日常运营更近。纳德利同时也取消了相当数量的全职岗位，将它们改为兼职岗位以降低成本。

纳德利在提高家得宝的运营效率方面也有大动作。举例来说，他投入了10亿美元来集中控制家得宝的信息技术。为了生成想要的数据，这个系统安装了自检通道和库存系统。他采用了军事化管理的模型，这是将家得宝变成一个集权化组织的关键。遗憾的是，组织从来都没有完全接受纳德利的领导方式。许多家得宝的员工接受不了他的军事作风，并痛恨成千上万的全职门店员工被兼职员工所替代。有些管理者称员工士气低迷，并正是这种"惧怕的文化"造成客户服务质量下降。因此，家得宝在失去对顾客的聚焦的同时失去了之前的创业文化。

家得宝的新管理团队做出了很多重大变革。领导们保留了纳德利的许多提高效率的变革举措，但试图重新激活文化，将焦点转回顾客身上。他们卖出了批发业务，采取了其他的提高效率的举措，例如减少能源消耗等，目标是降低20%的能源消耗。他们在过去的6年中已经减少了16%的能源消耗。节省能源为公司节省了资金，目前已经节省了相当于203 000个家庭一年的能源使用量。家得宝的管理团队同时也采用了一种新型的供应链系统，在为公司提高销量的同时提高效率。

或许，最重要的是为了提高顾客满意度设计的举措。在纳德利的领导下，家得宝的顾客满意度是所有竞争者中最低的，因而使得它最主要的竞争对手劳氏公司抢走了市场份额。家得宝美国门店的执行副总裁马尔文·艾利逊（Marvin Ellison）说，门店管理者目前关注三个目标：整洁的仓库、备货充足的货架以及最高等级的客户服务。首席财务官卡罗尔·汤姆（Carol Tom）说，家得宝的主要目标是为顾客提供日常生活价值。这部分价值包括用合适的价格提供合适的产品，并且在销售过程中为顾客提供超出预期的服务。这些变革提高了客户满意度、销售额和家得宝的股价。2009年家得宝的销售额比2010年增加了4%。最近它的一个顾客评价道，在购买过程中，她发现销售人员友好、乐于助人，并在需要的时候能及时出现。由于这些变革，家得宝2010年的股价比2009年上涨了56%。

资料来源：M. Lindner, "Home Depot Is Still A Fixer Upper," *CNNMoney*, May 21, 2010, http://www.cnnmoney.com; M. Hincha-Ownby, "Home Depot Shrinks Its Energy Bill," *Forbes*, March 11, 2010, http://www.forbes.com; G. Colvin, "Renovating Home Depot," *CNNMoney*, August 20, 2009, http://www.cnnmoney.com; J. McGregor, "Marvin Ellison: Home Depot's Mr. Fixit?" *BusinessWeek*, May 7, 2009, http://www.businessweek.com; A. Wardin, "Home Depot Unveils Shake-Up," *Financial Times*, October 13, 2006, http://www.ft.com,; J. Politi, "Company Failed to Quell Shareholder Anger," *Financial Times*, January 3, 2007, http://www.ft.com; B. Grow, "Out at Home Depot," *BusinessWeek*, January 15, 2007, http://www.businessweek.com; J. Creswell and M. Barbaro, "Home Depot Ousts Chief," *International Herald Tribune*, January 4, 2007, http://www.iht.com.

监控和评估战略实施

战略管理过程的最后一步是评估。评估和反馈能够改善个人表现，并提高组织绩效。当少数管理者为企业战略、战术和运营目标负责时，他们的个人绩效评估结果往往能够粗略地体现出企业的绩效。如果个体目标与企业的运营目标直接联系，并且他们达到甚至超出所有的目标，组织作为一个整体很可能也会实现其运营目标。

大多数组织会进行年度绩效评估甚至季度绩效评估。通常，这些评估的战略性结果会呈现给高层管理者，操作性结果主要传递给低层管理者。与个人反馈相似，企业进行组织绩效评估是为了强化那些能够实现预定目标的行为，并修正那些不能达到目的的行为。

来自一线的管理挑战——尾声

普里切特不断追寻目标，并最终取得了成功。虽然他没能成立一家新的独立社区银行，但是他成了得克萨斯之魂银行休斯敦北部市场区域总裁，他的投资者们依据协议也实现了财务目标。在该地区的其他社区中，这个银行也设有分支机构，因此它是该地区社区银行的主要代表。此外，社区中的客户对这家新社区银行的反馈也非常正面。

由于外部环境中制度的变化（联邦监管），普里切特的初始战略也必须要进行相应的调整。他至少进行了两项战略变革以应对环境的变化。正是因为他的战略柔性和应对具有挑战性的环境的能力，普里切特取得了很大的成功。实际上，普里切特应用了他的座右铭——“别眨眼”，他在达成目标的过程中所使用的知识还来自他所受的教育、在银行业的从业经验以及人生阅历。这些使他现在能够领导一家成功的地区性商业银行并应用他的管理哲学。普里切特的经历揭示了管理者如何在非常有挑战性的环境中取得成功。

本章小结

● 从根本上来说，战略管理的目标是确定、建立并保持竞争优势。从本质上来说，竞争优势是指一个企业能够为顾客创造超出其他竞争者所提供的价值的能力。它通过获取和管理资源，以提供卓越价值的、稀缺的、难以模仿的和不可替代的产品和服务而形成。

● 战略管理过程由组织的战略愿景和使命的制定开始。这些一旦制定，组织需要分析其外部环境和内部资源。分析结果能帮助确定组织的优势和劣势以及外部环境中的机会和威胁。战略目标制定之后，就可以形成战略来实现这些目标。最终，进行战略实施。

● 企业的外部环境分析包括一般环境和企业的行业及竞争环境分析。一般环境包括社会文化、技术、经济、政治和法律，以及全球化等因素。分析行业及竞争环境需要关注迈克尔·波特提出的五种力量因素。“五力”中的三种因素（竞争状况、潜在进入者和替代品）涉及竞争者；另外两种因素是顾客和供应商。

● 可以用价值链完成完整的企业资源内部分析。价值链包括一系列关键活动，直接生产或支持企业生产提供给顾客的产品和服务。波特将企业的内部因素分为五项主要活动和四项支持活动。主要活动指的是直接与面向顾客的产品或服务创造相关的活动；相应地，支持活动促进产品或服务的生产以及产品或服务向顾客的转移。

● SWOT 分析法可以被用来综合和解释内外部分析的结果，SWOT 分别代表优势、劣势、机会和威胁。SWOT 分析法能够帮助企业建立战略目标，制定战略。

● 设立战略目标是战略管理过程的关键一步，因为它能使企业：（1）合理分配资源；（2）达成优先次序的共识；（3）分配责任；（4）让人员为结果负责。

● 企业可以选择的业务层面战略有成本领先战略、差异化战略、聚焦成本领先战略、聚焦差异化战略、整合差异化成本领先战略和多点竞争战略。对战略的选择取决于市场机会、竞争者的行动和企业的资源与能力。全球化和技术同时促进了整合战略的形成，同时也需要全球竞争。多点竞争战略让企业能够在多个产品和地域市场与他人竞争。

● 制定战略之后，管理者必须有效实施战略使既定目标得以实现。通常，除了组织增长，企业可以通过战略联盟和收购进入新市场。在实施之后，管理者需要监控产出，并适时纠正战略和战略实施。

复习题

1. 什么是竞争优势？可持续优势的特点是什么？
2. 什么是战略管理过程？它由哪些主要部分组成？
3. 如何运用环境分析制定战略？
4. 一般环境的五个维度是什么？请逐一分析。
5. 波特五力中的每一个因素是如何影响行业和竞争者环境的？
6. 如何运用价值链来分析企业内部资源？什么是主要活动？什么是支持活动？
7. SWOT 分析法是什么？它如何能帮助选择最佳战略？
8. 每一个业务层面的一般战略在何时运用最合适？
9. 哪些是可以帮助实施战略的战略性行为？请逐一分析。

自我评估

1. 想一想，收集并确定有关你所在学校的主要优势和劣势的信息，然后确定与它有关的外部环境中的主要机会和威胁。

2. 选择一位同学并比较你们列出的清单。两张清单有多少不同？如果不同，为什么会出现不同？从网上查找你的学校有没有战略计划。如果有，在你看来，这个战略是否与学校的优势、劣势、机会和威胁相匹配？

3. 从确认学校的优势、劣势、机会和威胁过程中你学到了什么？下次进行这个分析时你会做什么不同的事？

团队练习

3～5 人组成一个小组，分析以下信息并回答最后的问题。

你们是一个为大型企业的员工提供软件和技术培训的小型企业的高管团队。事实上，你们的公司并没有一个正式的战略（更不要说战略愿景或使命陈述了）。公司是在一群同为自由培训师的朋友为了合并合同和赢取超出现有服务能力的培训需求而雇佣更多人力的契机上建立的。现在公司已经成立三年，共有 35 名员工，其中绝大部分是培训师。

管理者团队聚在一起讨论公司的未来和战略。你建议使用简单的 SWOT 分析法来进行讨论。下面是集体评估的结果：

优势：

- 管理团队在雇佣同时拥有扎实的技术能力和良好的授课技巧的人员方面做得很好。
- 当地大学有一个很好的技术人才库。
- 与当地一些大型企业有很稳固的关系。

劣势：

● 由于培训项目是每单独立谈判，所以价格并不一致。有些合同边际利润很高，有些却很低。

● 雇员并不完全理解企业为客户提供的价值与其他竞争者有什么不同。

● 公司没有进行市场竞争和获取未来市场份额的战略。

机会：

● 需求似乎相当大并有所增长。

● 有潜在的地理扩张需求，因为目前有些客户在其他城市也设有办事处，并要求在外地进行培训。然而，他们并不想为向那些地方派遣的培训人员支付交通费和住宿费。

威胁：

● 有些大型的临时工中介公司会为它们的临时工进行很多培训，例如万宝成（Manpower & Kelly），现在它们也开始向它们的客户推出自己的培训服务。它们的报价比你的价格高15%。顾客有一定的价格敏感度。

● 公司提供的培训与其他竞争者难以差异化。真正的差异化并非体现在培训内容中（因为所有人都覆盖了相同的主题），而是培训者做得有多好，并且学生有多享受这个过程并记住所学的内容。

你们的团队需要回答以下问题，并准备为你们的答案进行答辩。

1. 基于这个SWOT分析法，你们估计公司将如何向顾客提供卓越价值并获得竞争优势？

2. 为了确定最优战略，除了这些评估之外还要做哪些内部或外部分析？最优先的是哪两项，为什么？

3. 公司的战略应该是什么？是否应该进行地域扩张？

章末案例

百视达的生存之战

经过多年的成功增长，全球最大的录像出租连锁店百视达从其母公司维亚康姆（Viacom）独立出来。而现今，录像和DVD租赁的销售额已显著减少，市场所需求的包括数字电影在内的新技术，正威胁着百视达原本的核心业务。为了生存，百视达需要一个新战略。

大卫・P. 库克（David P. Cook）是一个年轻的创业者，他建立了第一家百视达录像租赁店。为了和原有的录像带租赁店只能提供有限主题、时间短的录像带租赁和少得可怜的服务进行竞争，库克建立了现在被人们所熟悉的超级录像店形式：宽敞又明亮的百视达店。在百视达，顾客可以从成百上千的录像带中随意挑选，类型包括古典片、外语片、音乐剧、西部片、连续剧和动画片。百视达通过收购和开设新店迅速而广泛地进行扩张。最终，它的约50%的门店是特许经营。

在数年间，百视达获得了巨大的成功，但娱乐行业和新技术的变革导致了竞争加剧（例如卫星电视和数字点播技术）。TiVo和Reploy TV这样的产品使在家录制和观看自己选择的电影成为对顾客有吸引力的选项。类如网飞公司这样的企业同样也带来强有力的竞争。网飞并不收取押金，而是按月收取订阅费，顾客想看多少电影就看多少。为了与网飞竞争，百视达建立了自己的在线服务和固定收费服务。然而与网飞不同，公司因为有着8 700家实体门店而担负着庞大的成本。

百视达最近显然陷入了麻烦。网飞的股票价格盘旋在每股70美元上下，而百视达的每股价格只有30美分。百视达在2008—2009年间损失了9.32亿美元的市值，并且其市值一直在蒸发。许多分析者预计不久的将来这家公司就会申请破产。

尽管有些亡羊补牢，但公司最近还是为应对竞争试图重新夺回失去的市场份额推出了很多举措。举例来说，公司最近与TiVo签订了一个协议，通过TiVo的机顶盒系统实现公司的网络在线订购服务。百视达也与主要的电影制作公司签订了协议，为店里和网上收集畅销电影。最近，百视达还推出了在SD卡上出租电影的服务。这是为了和大受欢迎的红盒子电影租售亭进行竞争。

百视达能否成功免于破产的威胁并有所转机？现在还不好说。从某些方面来说，这就是熊彼特（Schumpeter）所说的典型的创造性破坏。一些竞争者设计了更好的系统，其中有些能够使用独特的新技术来满足客户的需求。网飞公司是最初的“破坏者”，但还有许多其他的竞争者用其他的新创意破坏原有市场，比如红盒子，而百视达却反应迟缓。

◆ 思考题

1. 你认为百视达最近的这些举措（与TiVo和几家大电影公司达成的协议）成功吗？请详述。
2. 百视达能避免破产并生存下来吗？证明你的回答。
3. 百视达应该进入那些数字点播技术尚未覆盖的国际市场吗？
4. 百视达还有什么其他方法可以重新制定其核心业务，比如娱乐产品或者家用电器？如果要挽救这家公司你会建议何种战略？

资料来源：R. Grover，“The Last Picture Show at Blockbuster?” *BusinessWeek*，April 26，2010，http://www.businessweek.com；“Blockbuster Makes Payment Deals with Movie Studios,” *Forbes*，April 7，2010，http://www.forbes.com；K. Eaton，“Blockbuster Goes Online with TiVo，Apple to Save Its Business,” *Fast Company*，March 26，2010，http://www.fastcompany.com；J. Tamny，“What Blockbuster Video Can Teach Us About Economics,” *Forbes*，*March* 22，2010，http://www.forbes.com；C. Dannen，“Blockbuster to RentMovies on SD Cards，But Why?” Fast Company，November 9，2009，http://www.fastcompany.com；S. G. Beatty，“Viacom's Blockbuster Rethinks Strategy,” *Wall Street Journal*，November 20，1995，A1；C. Taylor，“The Movie Is in the Mail,” *Time Canada*，March 18，2002，40；S. Diaz，“Digital Video Recorders Challenge Television-Advertisement Makers,” *San Jose Mercury News*，June 13，2002；R. A. Munarriz，“Date Netflix，Marry Amazon，Kill Blockbuster,” *The Motley Fool*，February 14，2007，http://www.fool.com.

第5章 计划

Planning

学习目标

通过本章的学习，你应该能够：

- 定义计划，并说明它的目的；
- 区分战略计划、战术计划和运营计划；
- 描述组织层面的计划与组织其他层面计划之间的关系；
- 说明计划的过程；
- 将预算作为一种计划工具，并加以讨论；
- 列出并说明有效目标的五个特征。

来自一线的管理挑战

姓名：马特·金凯德（Matt Kincaid）

职位：曾是餐厅所有者、经理人、管理咨询师。现在是一名博士生和教师

母校：贡萨格大学（Gonzaga University）（工商管理学士，MBA）

业余活动：打篮球，弹吉他，与未婚妻一起消磨时光

毕业后的第一份工作：为威科特营销公司（Vector Marketing Corporation）销售CUTCO品牌的刀具

推荐的商业书籍：《关键对话》（*Crucial Conversations*）

驱动力：希望我能让世界产生一种积极的变化，并改变个人生活，或能改善许多人的生活

管理风格：我非常渴望成为一名公仆式领导者

随着他的成长，马特·金凯德逐渐意识到努力工作的重要性。在他们家里的一块石头上刻着他母亲的话："有备无患"。金凯德是两家餐馆的所有者，而且还是管理咨询师，这句格言对于他的事业成功极为重要。特许公司将特许经营权出售给金凯德，收取特许费，提供营销项目、营销计划，并对所有者在饭店运营方面提供培训。金凯德非常依赖公司所提供的这些信息。但是，对他来说，这些信息和计划不够有效，还需要他自身采取重要的行动。

金凯德必须为这两家餐馆建立品牌认知度，这就需要清楚地了解其餐厅所服务的市场，还需要通过制定积极的营销计划来吸引潜在顾客。他加班加点地工作着，每周差不多要工作100小时。最终，这两家餐馆都获得了成功。后来，他卖掉了位于印第安纳州西拉法叶的餐馆，回到华盛顿州，并在那里开设了新的餐馆和酒吧。大约一年半后，有买家与他洽谈，愿意购买他这家新的餐馆。最后，他卖掉了新餐馆。

随后，金凯德到新锋咨询公司（New Edge Consulting）工作，担任咨询师。新锋公司规模较小，工作重点主要是创新与企业战略，为一些《财富》500强公司提供服务。在新锋公司的两年

里，金凯德参与了不同的项目工作，从消费包装到能源管理。在参与这些项目的过程中，金凯德去了澳大利亚、英国和荷兰等。

在新锋公司的工作经历，为金凯德创造了一个非常好的学习机会。但在这一过程中，他经常需要进行专业上的转换，这使得他的工作变得更加具有挑战性，有时也会令人沮丧。尽管有了这些丰富多彩的经历，但他仍然觉得有些不满足，希望能够以更全面的视角去看待经营，找到实现自己目标的途径，从而“改善许多人的生活”。为此，他决定回到学校攻读博士学位。他加入贡萨格大学的博士项目，并在当地的社区学校担任教师。

在努力获取商业成功的过程中，金凯德估计自己每周要工作 100 小时左右。他说他必须学会自己做市场分析，制定计划，以吸引更多的顾客光临他的餐厅。在他的咨询工作中，他帮助那些企业学习如何进行必要的分析和计划，以确保企业获得成功。对于金凯德来说，他作为餐馆所有者和管理者的经历使得他成为更有效率的咨询师。

马特·金凯德所遇到的挑战表明，全面分析公司所处的市场，制定出一个能够在该市场上有效竞争的计划是非常重要的。通过申请接受教育并努力学习，金凯德从中获得了大量重要的商业运营知识，促成了经营的成功。此外，他从经营管理中所获得的经验与知识，使他能够成为一名管理咨询师，帮助管理者制定有效的计划。金凯德的事例说明了遵从计划过程的重要性。计划在高度竞争的市场上格外重要，可以帮助企业获得并保持自己的竞争优势。

一方面，如果一个组织或一个业务单元的管理者疏于计划，其后果要么是随波逐流，要么是失去前进的动力，其强大的竞争对手就会赶超上来。另一方面，变革的速度和信息的快速流动需要企业制定富有弹性且动态的商业计划。在当今社会，制定一个僵化的计划与不制定计划一样糟糕。同时，作为一个管理者，你不仅必须了解本地的竞争者，还需要了解世界上其他的竞争者。

在组织的所有层面上，有效的计划对公司的绩效有显著的影响。如果没有有效的计划，宝洁公司也许就无法成功进入东欧市场和中国市场与同行展开竞争。宝洁公司在这些市场上所取得的成功，某种程度上是因为该公司的管理者制定了计划，并且定期评估与调整。管理者需要持续地分析与了解企业的外部市场，并据此对所制定的计划做出修订。今天，信息随时可以获取，企业所在国家的经济形势、市场和国家政治环境的迅速变化，都会影响计划的效果。无论管理者最初计划如何，都需要做好准备去适应快速发生的变化。

管理者具备这种适应快速变化能力的前提是，要能够准确地分析企业的内部资源。例如，最近的研究表明，一个组织的人力资本对成功地实施战略计划至关重要。因此，企业要获得成功，管理者就必须拥有必要的人力资源。在宝洁和通用电气这两家公司里，人力资本与公司绩效之间的联系是有目共睹的。这两家公司因拥有出色的领导力发展项目而闻名遐迩。中国选择通用电气每年为其培训 25 名中国高管。这两家公司的绩效一直名列世界前茅。在 2010 年的《财富》500 强榜单中，通用电气公司名列第 5，而宝洁公司则为第 22 名。

分析组织的内部资源和外部环境，有助于管理者确定公司的优势，特别是组织的核心能力；同时，这种分析也有助于管理者了解组织的劣势，以及它们对公司未来计划的影响。这种分析还可以识别出管理者为实施计划、最终实现目标所需要的其他资源。研究表明，有效的分析和计划对大公司和中小公司的成功同等重要。通用电气公司首席执行官杰夫·伊梅尔特（Jeff Immelt）说道："大多数人认为，大型企业运行是缓慢的、缺乏活力的。然而，如果企业拥有好的流程，就可以将规模变为优势。"通用电气公司制定了有效的战略，并以杰出的计划过程去实施战略。本章的内容包括计划工作的类型和层次，以及公司制定计划所必需的计划过程。

5.1 计划工作概述

管理最基本的活动就是决定公司的走向，以及如何到达目的地。一个组织提出的**目标**（objectives）是管理者所设定的组织未来的"终极状态"。而**计划**（plans）则是管理者实现目标的手段。那么，从本质上来讲，**计划工作**（planning）是一个过程，用来确定和实施实现组织目标的行动。从这个角度来看，组织要在制定计划之前设定目标。没有组织目标，计划也就没有了价值。目标帮助组织设定方向、集中力量、指导行为，并评估过程。现在，我们来揭示计划的类型、基本的计划过程，以及有效实施计划的方法。

5.1.1 计划的类型

无论何种规模，大多数组织都会提供多种的产品或服务。因此，它们不能只用一种计划来应对组织的所有活动，必须制定出不同层次的计划。为了了解复杂组织的计划过程，我们需要区别三种不同类型的计划（见图表5-1）。

战略计划 **战略计划**（strategic plans）重点在于考虑组织的未来。管理者通过分析外部信息和内部资源，把握公司的竞争环境，确定公司提供业务（产品和服务）的范围，从而实现组织的长期目标。研究表明，有效地使用战略计划一定会有出色的财务绩效。战略计划包括了组织活动的主要方面，即组织的产品、服务、财务、技术和人力资源。大多数战略计划侧重于如何在未来3～5年内实现目标。

战术计划 **战术计划**（tactical plans）是将战略计划分解为组织各部门的具体目标。因此，战术计划往往时间比较短，涉及的范围窄。它所关注的不是整个企业，而是组织中的某个业务单元以及其产品线（一条或多条相关的产品线）。尽管战术计划是组织整体战略计划的补充，但单个战术计划常常在某种程度上独立于其他的战术计划。例如，通用电气喷气发动机业务部门所开发的战术计划。

运营计划 **运营计划**（operational plans）是将战术计划分解为组织中小单元的具体目标和行动。它只关注短期行为，一般为12个月或者更短。在三类计划中，这种计划最为简单。在制定运营计划时，不会直接影响其他部门或单元。例如，在通用电气喷气发动机业务中，采购组制定了一个运营计划，采购发动机制造所需要的各种零部件。研究表明，为单元或团队所制定的正式计划会影响这些群体的长期成功。因此，运营计划尽管时间周期短，比较简单，但仍然非常重要。

如图表5-1所示，战略计划、战术计划和运营计划在时间跨度、范围、复杂性、影响和相互依赖度等五个维度上各不相同。尽管存在这些差异，但这三类计划还是应该彼此整合起来，而且每一类计划通常要与组织的不同层面相对应。

图表 5-1 计划的类型：关键差异

	战略计划	战术计划	运营计划
时间跨度	一般为 3～5 年	多数只关注以后 1～2 年	通常只关注以后 12 个月或更短的时间
范围	宽泛，计划涉及整个组织	通常关注一个战略业务单元	范围有限，通常以组织的部门或更小单元为中心
复杂性	最复杂和全面的计划，会涵盖不同行业和业务单元	复杂但更加具体，应用范围更加有限	最不复杂，一般只关注小型同质的业务单元
影响	具有产生重大影响的潜力，对组织的生存和成功会产生正面或负面的影响	影响具体的业务单元，但对整个组织的影响有限	通常只对特定的部门或组织单元产生影响
相互依赖度	高度依赖，必须考虑整个组织和外部环境的资源和能力	中度依赖，必须考虑业务中一些单元的资源和能力	低度依赖，这些计划可能与上一层次的战术计划和战略计划有关，但是对这些计划的依赖度很低

5.1.2 组织层面

除了针对组织的战略、战术和运营问题所制定的计划以外，公司不同层级的管理者还面临不同计划所带来的挑战。图表 5－2 列出了企业中的三个主要层面。在每个层面上的管理者会面临不同的问题。

图表 5-2 计划与组织层面的关系

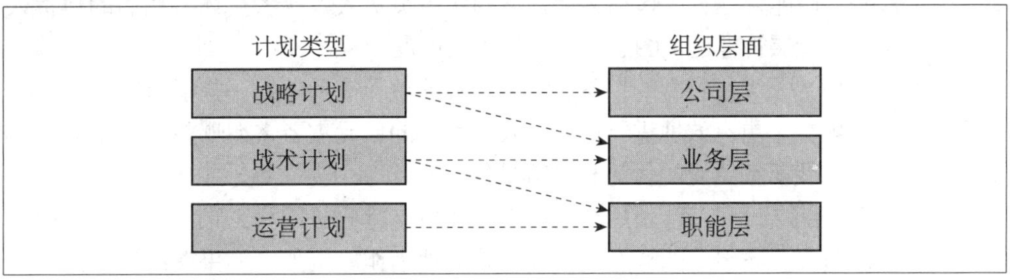

公司层 即使是中等规模的企业，也会有一个公司总部。而复杂的大型组织一般是将不同的业务划分为各种大的部门。部门的负责人同时也是公司总部中资深高管团队的成员。在大公司，公司层面的高管既包括总部的高管，也包括领导财务、人力资源、法律等部门的高管。公司层面的高管主要关注以下问题：

- 我们应该进入或者退出哪些行业？
- 公司应该进入什么市场？例如，到了大举进军中国市场的时候了吗？如果是，首先应该开展什么业务？
- 公司应该在哪些业务上给予投资？
- 在每项业务上，公司应该如何分配资源？

目前，高管也在关注公司的声誉问题。因此，百思买公司（Best Buy）的高管看到自己的公司荣列“2010 年世界最道德公司”的排行榜中，感到非常欣慰。百思买公司是一家《财富》100 强公司，在美国和国外拥有超过 1 000 家电子和技术产品销售与服务零售店。百思买零售店所出售的产品和服务一般来自不同的业务部门，如五星电器（Five-Star Appliance）、未来商店（Future Shop）、奇客（The Geek Squad）、木兰音频视频（Magnolia Audio Video）、太平洋销售厨具（Pacific sales Kitchens）、巴斯中心（Bath Center）等。公司总部决定在零售店中投放产品和服务的种类，并据此分配资源。

业务层 这是下一个层面，有时也称为**战略业务单元**（strategic business unit，SBU）层面。在这个层面上，管理者重点考虑如何在市场上进行有效的竞争。例如，在百思买公司里，奇客和木兰音频视频（家庭影院装置）是作为业务单元来运作的。在这样的业务单元中，管理者试图回答以下问题：

- 谁是我们的直接竞争者？
- 竞争对手的优势和劣势是什么？
- 我们的优势和劣势是什么？
- 我们在产品或服务中为顾客所提供的价值是什么？
- 我们超过竞争者对手的优势是什么？

在本章，我们讨论了业务层管理者可以用来回答以上问题的一些工具。然而，业务层管理者必须回答的计划工作问题，主要是考虑如何在具体的市场上进行有效的竞争。如果需要在财务、市场、产品开发等不同部门或者业务中的单元间进行协调，管理者则有责任认识协调的重要性，并保证协调顺利进行。

职能层 在职能层，管理者工作的重点是如何推动业务竞争计划的顺利完成。这些管理者通常是财务、市场营销、人力资源或产品开发部门的负责人。从企业的结构来看，职能管理者还包括具体地域的业务负责人，或者具体零售店的负责人。一般来讲，职能层管理者试图思考和关注下列问题：

- 为了满足顾客的期望，我所负责的单元需要做好哪些事情？
- 为了更有效地进行竞争，我所负责的单元需要掌握哪些有关竞争对手的信息？
- 我所在单元的优势和劣势是什么？

职能层管理者计划活动的重点是如何支持业务层和公司层的计划。职能层管理者需要负责保证组织能够有效率并有效益地运作。例如，如果在组织单元内个体员工之间需要协调，职能管理者就有责任进行这项工作，以提高单元的生产率。例如，在将星运网络公司（Starnet）和坦贝格公司（Tandberg）的业务整合到思科公司时，中层管理者与一线管理者扮演着重要的角色。此外，该公司的这些管理者还负责在公司的每个地方和单元实施环境敏感计划。财务、人力资源等职能部门管理者负责具体的碳减排项目与节约用水项目。由于各个地区的需求不同，监控的要求不同，有些计划还需要做出调整。

管理者的挑战——变革

思科为未来而制定计划

在21世纪头10年里，思科公司曾不得不面对两次重大的衰退。但是，思科公司制定出积极进取的计划，一旦经济改善，就去获取新的市场份额。例如，在2009年衰退期，思科公司在一个月里完成了两次重大的并购。该公司花了59亿美元并购星运网络公司（Starent）和坦贝格公司（Tandberg）。在思科的并购史上，它们是第5大和第6大的并购。星运网络公司生产可用于支持无线设备的数据通信管理的软件和硬件。思科公司也生产和销售相关的产品。通过并购，思科公司希望能向星运网络公司和思科公司的顾客销售更多的产品。最近，思科公司还购买了生产和销售视频会议与网络安全产品的公司。通过这些并购，思科公司希望能在新的市场上提高它的影响力。

此外，思科公司还希望通过在内部开发新产品，来满足现有市场与新市场。该公司建立团队，让管理者与员工一起工作，并与其他团队共同开发新产品，发掘新的市场机会。为了达到更好的效果，思科公司下放权力给这些团队，使它们有权分配资源，采取必要的行动，以实现目标。

思科公司还有面向未来的计划。该公司正在采取行动，展现自己对环境的敏感性。例如，在2007—2012年，该公司一直在实行减少公司碳排放的计划。针对该公司的努力，绿色和平组织将思科公司的环保工作排在信息技术类公司的第一名。思科公司还在加利福尼亚圣何塞园区里采取节水措施，如去掉园区内的喷泉、种植抗旱植物等。这样，思科公司每年节约4 200万加仑的水，足够满足2 000个家庭一年的用水需求。这些行动带来了很好的效果，不仅满足了社会与顾客的期望，而且还节约了财务费用。在这个案例中，仅节约用水一项，每年就为思科公司节省13.5万美元的开支。

这些计划以及计划的实施为思科公司今后10年的可持续发展做好了准备。在今后的几年当中，思科公司的增长项目将比其他高技术公司的平均增长水平高得多。

资料来源：D. Kahn, "Climate Policies Eam Cisco Top Spot in Greenpeace IT Rankings," *New York Times*, April 29, 2010, http://www.nytimes, com; O. J. Chiang, "Re-Routing Water at Cisco," *Forbes*, March 22, 2010, http://www.forbes.com; M. Marcus, "Cisco Signals Recovery," *Forbes*, February 4, 2010, http://www.forbes.com; C. Nuttall, "Cisco Data Signal 'Second Phase of Recovery'," *Financial Times*, February 4, 2010, http://www.ft.com; R. Cyran & L. S. Laughlin, "Assessing Cisco's Growth Strategy," *New York Times*, October 14, 2009, http://www.nytimes.com; A. Greenberg, "Cisco Aims Telepresence at Consumers' TVs," *Forbes*, January 6, 2010, http://www.forbes.com; D. Clark, "Tech Firms Jockey Ahead of Recovery," *Wall Street Journal*, December 31, 2009, http://online.wsj.com; J. Fortt, "Cisco: We're a Growth Machine," *Fortune*, December 9, 2009, http://www.fortune.com.

5.1.3 计划类型与组织层级之间的相互关系

战略计划一般是在公司层面制定的。有人认为，战略计划工作是公司层管理者所负责的关键的计划工作。公司层管理者不会参与制定战术计划或运营计划。业务层管理者会参与制定其所在业务单元的战略计划，也会参与制定其业务单元的战术计划，但一般不参与制定运营计划。职能层管理者一般既不参与制定战略计划，也不参与制定战术计划，主要负责制定运营计划。图表5-1阐述了不同组织层面上的计划工作责任。然而，需要牢记的是，在特定的组织中，计划工作责任会有所不同。例如，组织的规模会影响这种模式。在小型组织中，管理高层常常会参与制定战略计划、战术计划和运营计划。在金凯德所拥有和管理的两个餐馆里就是这种情况。

5.2 计划过程

计划过程有六个关键要素：环境分析、资源、目标、行动计划、实施和结果（见图表5-3）。在本节，我们将检验每一个要素，以及它们在整个计划过程中的作用。

计划过程最初同时进行的两个步骤是分析外部环境和内部资源，如果管理者不对环境和资源进行评估就制定和实施计划，这种计划将无法达到预期的效果。不过，如果能够认真地分析环境、了解组织的资源和能力，并将信息整合到计划工作过程中，管理者就能够从自己所制定与实施的计划中获得更大的成功。我们在第4章讨论了环境分析和内部资源与能力分析。本章则重点讨论分析的过程，以及如何将它们整合到计划过程中。

图表 5-3 计划过程

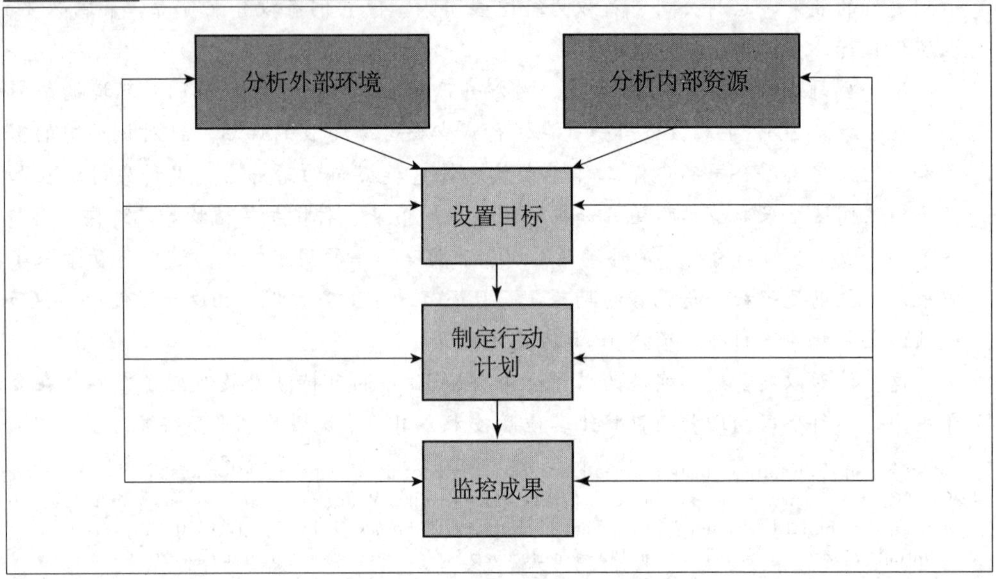

5.2.1 分析企业的外部环境

预测是分析环境的重要工具，极具挑战性。高度不确定的环境更凸现预测的重要。在评估竞争对手时，**标杆管理**（benchmarking）是一个有用的工具。

预测 这是管理者用来评估商业环境的一个重要工具。环境中的关键因素会影响到组织或管理者的职责范围，而预测正是根据所有这些关键因素做出来的。例如，如果你从事房屋建筑行业，商业周期与利率预测对你来说就很重要。一般来说，随着利率的上涨，借贷的成本会越来越高，或者经济形势开始下滑（或经济衰退开始引发对失业的恐慌），则购买新房的人就会越来越少。相比在利率比较低的条件下，或经济比较好的条件下，那些仍旧要买房的人将不得不去购买较为便宜的房子。因此，利率预测将会影响有关下一年度建造房屋数量的计划。

预测具有“层叠效应”。例如，管理者预计下一年利率会从6%上升到7%，该公司下一年将不会建造1 500套房屋，而是1 000套。同时，管理者也预测到公司下一年的利润会下降。这可能会导致采购经理改变计划，减少木材的采购数量；人力资源经理也会随之改变计划，缩减招聘建筑工人的数量。对于管理者来说，最重要的是要了解与制定出关键的预测，跟踪所有的变化，制定出适当的目标和行动计划，以便在预测的环境中进行有效的竞争。

环境的不确定性 准确地预测环境的不确定性是非常困难的。在动态环境中进行预测则是更大的挑战。在一些国家与某些行业中，环境的突变与不确定是常态。例如，在计算机硬件和软件等高科技行业中，新技术不断被引进，迅速地改变竞争的格局。同样，在发展中国家和新兴经济体中，有时由于政府不稳定或政府重要政策的变化，经济态势会发生很大的变动（如某些拉丁美洲国家）。在计划工作过程中，企业必须要考虑这种不确定性因素。这种信息非常重要，它会影响到进入某个市场的计划，或者影响到对在不同市场上运营的子公司的投资额度，如在巴西、中国和波兰的子公司。

对于管理者及其计划工作活动来说，关键的问题是，环境的不确定性越大，计划就越需要灵活性。在某些情况下，管理者甚至要制定出应急计划。**应急计划**（contingency plans）一般要识别出那些会影响预期结果的关键因素，并详细说明在关键因素发生变化时所应该采取的不同行动。例如，假定你是科比住宅建筑公司（KB Home，美国第四大住宅建筑公司）的一位管理者，很明显，预测未来的利率及其与商业周期的变化对公司运营来说是非常重要的。现有预测表明，在下一年度里利率和经济活动都不会发生变化。但是，仅仅依靠这个预测是不够的，最好还要制定出应急计划。例如，如果利率上升1%，新房的购买数量就会减少，或者人们去购买更便宜的房子。如果顾客选择家中换花岗岩贴面等房屋升级行动，你的应急计划应该包括降低顾客的贷款费用。你公司可以负担得起这种顾客激励措施，因为对房屋进行升级的利润会高于贷款补贴的成本。在利率变化之前，有了这样的应急计划就可以更好地应对变化。

标杆管理 这也是一种流行的环境评估工具。标杆管理可能会带来非常积极的结果。这种方法可以帮助企业了解竞争对手和非竞争对手所获得的最佳业绩，以便界定与模仿那些可以为企业所用的活动。例如，管理者可以用竞争对手中最高的收入-员工比率作为评估生产率的手段，来评估竞争对手。随后，管理者用自己的收入-员工比率与竞争对手最高者相比，以判断出自己与竞争对手各自在行业中的状态。这种评估中一个重要部分就是识别那些导致收入-员工比率高的实践行动。例如，他们发现收入-员工比率高的企业管理层级少，将决策权授权于组织中较低一层的管理者，强调参与式管理和员工参与。

这种评估也可以用于非竞争对手。非竞争对手的存在也会带来不同于竞争对手的潜在危害和收益。很明显，由于非竞争对手所面临的商业条件不同，管理者难以做出适当的比较。例如，通过电话销售较廉价产品的电话营销公司的收入-员工比率会低于大型计算机制造公司。相对来讲，电话营销公司是劳动力密集型企业，而大型计算机制造公司则属于技术密集型企业。同样，服务型企业的存货管理活动也很难直接用于制造企业。不过，通过观察非竞争对手，有时会发现一些独特且效果明显更好的做事方式。例如，在非竞争对手中对全面质量管理（TQM）实践进行标杆学习，会有助于找到一些特殊的实践活动，可以用来改进企业质量控制过程。

现在来看一下澳拜客牛排店（Outback Steakhouse）的案例。尽管钢铁行业与连锁饭店行业是两个完全不同的行业，澳拜客牛排店还是成功地借鉴了一些小型钢铁厂的激励实践。澳拜客的成功归功于餐厅的绩效，归功于那些对餐厅绩效尽职尽责的地区餐厅管理者们。特别是，管理者必须聘用到合适的员工，并有效地激励这些员工，以确保他们能够做出好的食物，提供好的顾客服务。因此，澳拜客需要高度激励餐厅的管理者。澳拜客采用的“最佳实践活动”是让管理者对自己所管理的餐厅持有一定的股权。因此，如果餐厅盈利，管理者就会赚钱。这样，管理者会觉得自己更像餐厅的所有者，而不是一名员工。澳拜客采取的这项激励措施使得它获得了巨大的成功。

因此，即使把非竞争者作为标杆管理的对象，也需要判断实践活动的相关性和适用性，从而找到获得竞争优势的方式。

5.2.2 评估企业的内部资源

在计划工作过程中，另一个要素就是评估企业所需要的资源以及这些资源的可获取性。管理者应该在分析外部环境的同时评估公司的内部资源。

可获得的资源 你应该识别出企业可获得的资源。这些资源影响着你所要建立的目标和制定的计划。很明显，一个有效的计划不仅需要制定得好，还需要能够灵活地加以实施。如果企业所需要的资源极大地超过了可获得的资源，就必须获得新的资源或者设计不同的行动。在评估可获得的资源时，管理者必须要问自己以下几个问题：

- 我们现在拥有什么样的人力资本？
- 现有的员工能否适应新的项目？我们需要新的员工吗？
- 为了实施新的项目，我们是否需要另外开发或并购外部人力资本？
- 我们可以从哪些方面获得财务资源？如果有需要，是贷款还是从股票市场获取资金？
- 我们是否拥有尖端技术，或者能否以划算的价格购买到？

这些问题，管理者除了需要自问，在确定组织中所能运用的资源能力组合时也需要加以思考。

分析企业所掌握的知识格外重要，这对企业获取与保持竞争优势是很重要的。企业的隐性知识具有独特性。员工掌握的该类知识是相当有价值的。这类知识是可以识别的，并有可能加以扩散。例如，可以通过观察与访谈著名演奏家，获得如何成为演奏家的信息。为了构建复合知识股票，企业需要清楚各方面的知识，以了解其在主要领域中的能力（如营销能力）。

5.2.3 设置目标

在外部分析和内部分析之后，计划过程的下一个环节就是设置目标。这就要根据预测结果，来设计与实施具体的行动。

优先目标与多重目标 管理者设置目标时，最先遇到的挑战就是确定优先目标。并不是所有的目标都同等重要或具有同等价值。进一步讲，有些目标目前是重要的，但以后就不那么重要了。如果不了解哪些目标是最重要的，哪些目标只是暂时重要的，员工就会不知所措，或者产生不必要的困扰。

以你所在的大学为例。大多数学校都有多个目标，有时候还彼此矛盾。例如，学生认为他们交学费，是为了能够从大学中最好的教授那里学到最新的知识。大学在设置目标时，不能忽视这种重要的期望。同时，为了拥有领先的知识，学校必须聘用顶级的学者，并且资助他们的研究。学校的优先目标不明确，院系的负责人就难以在教学与研究上做出最佳的预算分配，即有多少预算用于提高教师教学技能的活动？又有多少预算用来资助研究？

在目标中，优先目标有时会有先后顺序。例如，假设你在一个竞争格局明确的市场上推出新产品，你可能会认为目前的目标是获取市场占有率，在市场上形成一定的份额比例。你告诉销售人员，目标是获取10%以上的市场份额，为了促销可以最多给顾客20%的优惠。然而，当产品获取10%的市场份额后，你可能会要求销售代表把注意力更多地放在利润目标上，不再是增加格外的市场份额。如果不了解目标的优先顺序，销售代表将很难帮助你实现这些目标。如果目标是有先后顺序的，提前说明这一点，会让你的下属更好地了解他们应该做的事。

测量目标 当每个人都清楚地了解组织的目标后，管理者需要确定如何测量所实现的目标。例如，有的管理者可能认为组织的财务绩效是最高目标。然而，组织可以用多种方式来测量财务绩效。例如，企业可以根据销售利润率来衡量财务绩效，也可以根据资产利润率来衡量绩效。诺德斯特龙公司（Nordstrom）根据每小时的销售额来衡量员工的绩效，而其他零售商则不同，只衡量员工的净销售额。这种方法上的差异很重要。如果用净销售额来衡量销售人员的绩效，就会使他们通过增加工作时间来增加销售量。与此相反，诺德斯特龙公司使用每小时销售额的测量目标，会使员工更加注重销售效率，或注重工作中每小时最多能卖出多少产品。而且，提高每小时销售额的最佳方式就是将产品卖给老顾客。员工知道这些顾客的偏好、他们可能支付的消费额度等。因此，明确测量的方式很重要。因为即便是净销售额与每小时销售额这样微小的差异，也会对员工的行为造成完全不同的影响。

在“管理者的挑战”中，IDEO公司的案例十分有趣。一项设计是否获得成功，往往需要经过一段时间的检验才能衡量出来。IDEO公司运用了一系列周密到位的方法为顾客提供设计，从而获得了大量的成功。它们采用头脑风暴法、原型实验法、穷举搜索信息的方法提高了成功率。所有的公司都需要管理成本。然而，过于强调成本会使企业忽视其他重要的市场标准。在这个案例中，降低成本实际上已经影响了一项新设计的成功。在一定的诱惑下，企业为了降低成本，会减少原型测试与信息搜索的步骤。这种行动的结果是造成设计失败。但是，IDEO公司是不会走捷径的。

管理者的挑战——技术

IDEO公司帮助其他公司实现目标

IDEO公司是一家非常成功的设计企业，帮助很多企业设计新产品和服务。该公司获得过无数的奖项。人们普遍认为该公司是一个最具创新性的公司。该公司曾帮助福特汽车公司设计过新型的混合动力车；曾与日本禧马诺公司（Shimano）一起设计了新一代的创新型自行车；曾与美洲银行合伙设计了“保持变化”（Keeping the Change）储蓄账户。

福特公司确定了一个目标，要开发出一个新的仪表盘，用于所有的汽车。福特产品研发副总裁德里克·库扎科（Derrick Kuzak）认为，要像个人电脑行业开发出鼠标那样，在汽车行业开发出一款具有革命性的新产品。于是，福特公司聘用IDEO公司为它设计这款新型仪表盘。由于不同代际司机的专业技能不同，该设计所面临的挑战非常大。其本意是要设计出一个先进的系统，减少一些按钮，去掉变速杆等设备，使之成为一个更具操控性、更易保养、外观更有冲击力的系统，例如，把变速杆变成触摸屏。IDEO公司为禧马诺公司设计的自行车叫“coasting”。该车是为那些偶尔骑自行车的人设计的。例如，这些人可能几个星期（甚至几个月）才骑一次自行车去逛商店。IDEO公司从自行车爱好者团体、地方政府以及主要的自行车厂家那里获取信息，开发出一个开源设计，使得骑车人能够享受骑自行车的感觉。

IDEO公司还为自己的公司和流程制定计划和目标。有些人批评说，这些计划会失败。

从某种意义上讲，这些计划在设计过程中造成了大量冗余。例如，IDEO的团队在新型自行车设计上进行穷举数据搜索，甚至将地方政府这样不易获得的数据来源也纳入进来。这些团队在每个设计项目上使用头脑风暴法，开发出大量的想法。这样做是必要的，因为很多想法不能成功。例如，关于新项目的每4 000个想法中，只有12个会获得成功。IDEO公司在开发新设计前后都会使用头脑风暴法、原型试验法和田野研究来开发与检测新的概念，最终形成成功的项目。该公司也为自己的未来提出了一个愿景，并制定计划去实现这个愿景。公司要求所有的员工定期为公司提供一些新的想法，如公司还应该考虑哪些新的领域？下一个大项目是什么？如何进行这个项目？

资料来源：H. Walters, "Ford and IDEO Redesign the Dashboard," *BusinessWeek*, January 7, 2010, http://www.businessweek.com; Company Web site, "Hybrid Vehicle Dashboard Interaction for Ford Motor Company," http://www.ideo.com, accessed December 29, 2009; A. Bryant, "He Prizes Questions More Than Answers," *New York Times*, October 25, 2009, http://www.nytimes.com; T. Brown, "Change by Design," *BusinessWeek*, September 24, 2009, http://www.businessweek.com; A. Chen, "Built to Fail: How Companies like Google, IDEO and 37 Signals Build Failure-tolerant Systems for Anything," July 7, 2009, andrewchenblog.com; T. Weiss, "Designing a Better World," *Forbes*, December 21, 2006, http://www.forbes.com.

5.2.4 制定行动计划

计划过程的下一个步骤是制定具体的行动计划，描述组织为实现已定目标应该做的工作。

顺序和时间 一项有效的行动计划的特征是要说明具体的步骤或行动的顺序和时间。**甘特图**（Gantt Chart）就是一种以图表的形式表明具体行动顺序和时间的常用方法（见图表5-4）。图上横线表明时间，纵线表明所要完成的任务。甘特图表明行动开始的时间、完成行动所需的时间，显示各行动的顺序，说明是否要等一项行动结束后才能开始下一个行动，以及在必要的情况下，行动可能交叉的时间。

图表5-4 甘特图

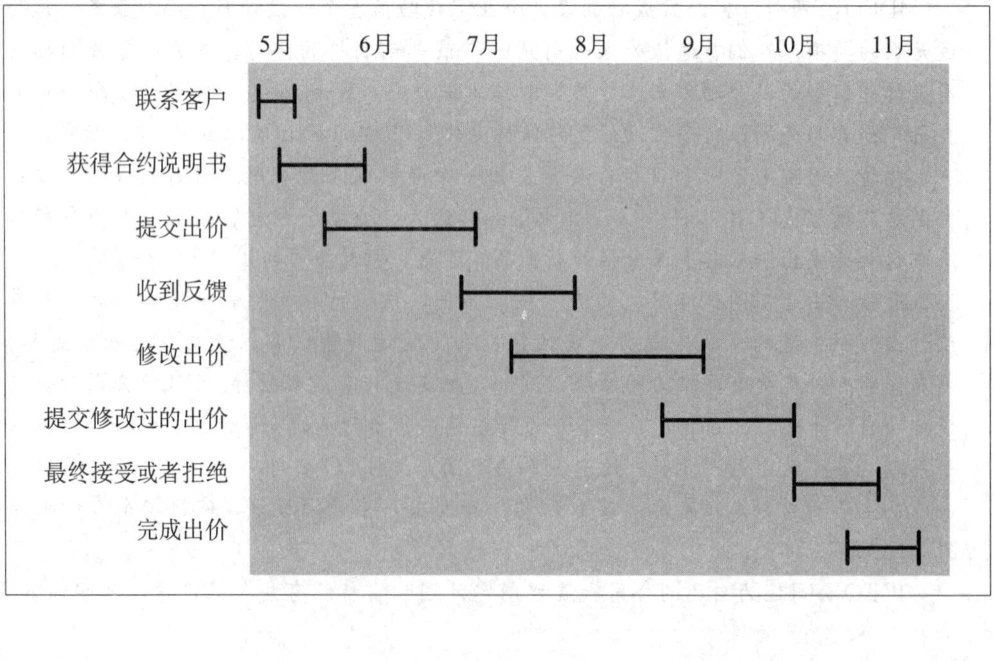

除了计划行动顺序和时间，管理者还可以在甘特图上标出行动的实际流程来。管理者可以根据计划来评估这些流程，并且根据需要对流程做出适当调整。今天，领先的计算机技术可以帮助管理者制定与实施计划。例如，为了生产出具有成本优势的产品，企业就需要有一个能将数百种原料和零部件按照合适数量和顺序组合在一起的计划。

问责制 有效行动计划的第二个关键方面就是确定具体行动的负责人。特别是，执行计划的人很多的时候，了解谁是具体行动的负责人，有利于工作的协调。问责制可以确保行动根据原定计划在规定时间内按质按量完成。在实施计划期间，如果管理者需要改变行动计划，问责制就显得格外重要。

戴尔公司运用一种团队工作方法实现问责，即让团队中的每个成员都感到自己在实施行动计划与实现公司目标上负有责任。如果目标适当且衡量成功方法正确，这种方法便是有用的。很明显，IDEO公司的团队方法一直是成功的。

5.2.5 实施计划

行动计划必须要付诸实施。除了计划本身的质量以外，计划实施的效果也会影响取得的结果。由于对所需资源估计不足或者实施计划的个人问责制不到位，计划在实施阶段常常会遭遇失败。但最重要的是，计划实施的方法必须与要达到的目标和设计的行动计划相匹配。

在本章开篇案例中，我们描述了马特·金凯德为自己的餐馆努力树立品牌形象，以招揽更多的顾客。例如，在第一家餐馆开业时，为了吸引顾客，他印了带有餐馆标识的T恤，并分发广告传单和打折券。金凯德还确保招聘到受过良好培训的员工，并且激励他们提供高质量的食物与服务。管理这些不同的工作占用了金凯德大量的时间。如他所说，他每周有时要工作长达100小时。

不管实施方案设计得多么谨慎小心，管理者仍需要加强监督，并在意外事件出现时做出调整。

监督计划实施 即使计划过程中前面的步骤都做得很好，也不能保证计划一定成功。这就是为什么监督计划实施是非常重要的。一般来说，需要监督三个关键因素。

第一，监督计划过程及其实施是很重要的。负责具体行动的人是否清楚地认识到他们的职责和完成行动的时间？这些人是否受到了适当的激励？是否对自己所负责的行动的实施做好了准备？是否在正确的时间展开了必要的行动？这些行动是否按照要求或必要的质量水平完成了？这些就是管理者在监督计划的实施进度时需要提出的问题。在实施进度上，计划常常会标出“里程碑”的阶段。

第二，在计划实施时，管理者需要监督计划受到支持的程度。鼓励、金钱报酬或者培训等都是支持的形式。没有持续不断的支持，任何复杂或持久的计划都不可能有效完成。其他关键的支持者是否提供了必要的鼓励？金凯德发现他的特许公司不支持他的计划。结果，他制定并实施了自己的计划。在他做管理顾问时，他对其他公司提供了同样的支持。

第三，管理者需要监控计划受到抵制的程度。很多计划及其实施会遇到变化。随着变化程度的增加，人们可能开始抵制计划。其中一个原因就是，当面对新任务时，人们都因为怕做不好而产生抵制情绪。即使他们认为这个变化是好的，由于担心出师不利，也会抵制变化。在这种情况下，管理者可能需要更多地鼓励或给予培训，确保员工能够取得成功。

做出实时调整 在前面几章里我们讨论过，组织生存在一种动态的环境中。因此，大多数计划可能需要做出调整。当环境发生改变，一个最初看起来完美的目标可能变得不现实或者太容易实现了。因此，就需要做出改变。同样，由于技术、经济或者政治法律等因素的变化，当初看起来合理的时间安排也会变得不再合理。我们不可能总是准确地预测会发生的事情，因此就需要对原有的计划及其实施做出调整。

一个关键原则就是做好备份。如果一个灾难性的事件发生，摧毁了公司的部分设备，就需要有原始设备的备份，因为这时很难迅速获得替代设备。谷歌公司有上千台服务器，某台服务器一旦出了问题，其他服务器就可以立即替补上去。

管理者需要帮助员工认识和接受实时调整计划的必要性。为了做好这一点，管理者要培养员工有效地应对计划调整的能力。这些能力包括很好地分析环境、了解需求并评估资源等技能。在今天的动态环境里，一个僵化不变的刚性计划与没有计划同样危险。

5.2.6 监控成果

计划工作过程的最后步骤是监控所取得的成果。如果组织的目标从计划工作过程的一开始就被明确地界定，那么监控或衡量其成果就不会有什么问题。如果计划的目标是改进公司的财务绩效，而且是根据所增长的销售额来衡量结果，那就很容易测量了。

然而，大多数计划也会带来意外的结果，有些是消极的，有些是积极的。这些结果都是有价值的学习来源。监控需要运用特别设计的信息系统实时获取和报告结果。对于大型、复杂的组织来说，这种信息系统特别重要。例如，多数大型公司都会认真监控其主要业务单位的财务绩效。然而，也还需要其他类型的信息。例如，有必要监控企业提供给市场的所有产品是否取得成功。如果一种产品卖得不好，该公司就需要找出原因。因此，当管理者监控成果时，应该尽可能多地掌握有关信息。另外，企业还需要一条反馈通道，以使公司能利用自己所学到的知识去修正与改善计划工作的过程。

很多公司制定了富有进取精神的计划，以求增加运营中的环保意识。就像“管理者的挑战”中所描述的那样，得州地毯回收公司（Texas Carpet Recycling）、生态产品公司（Eco-Product）、埃内尔绿色电力公司（Enel Green Power）和自由轮胎回收公司（Liberty Tire Recycling）所面对的巨大需求，为绿色产品和技术的市场创造了重大的市场机会。事实上，很多企业制定了非常具体的、可衡量的、有时间限定的目标。例如，沃尔玛的目标是在三年时间内，将其运输卡车的燃料燃烧效率提高25％。

管理者的挑战——道德

绿中见黄金：地毯、食品容器、电力和轮胎

2009 年，得州回收物资联盟为得州地毯回收公司颁发了明星奖，表彰该公司在废旧物资的回收再利用上做出的杰出贡献。该公司每年大约处理 2 000 吨地毯。公司将旧地毯粉碎后运到佐治亚，在那里经过回收后再制成地毯。

生态产品公司是一家地处科罗拉多博尔德的私人公司，生产杯子、餐具和食品容器等产品。其产品在垃圾填埋处理 120 天后，绝大多数会分解，不留残余。2009 年，该公司获得持续增长，年增长率达到 428.5%，销售总额为 1 140 万美元。而且，该公司还会以较高的幅度持续增长。迄今为止，该公司的产品大量销售给食品服务公司。连锁超市 King Soopers 也开始在店里销售生态产品公司的产品。

埃内尔绿色电力公司是意大利公用事业公司旗下的一家可再生电力子公司。母公司计划将这家子公司上市，希望由此获得超过 50 亿美元的资金。埃内尔绿色电力公司获得巨大成功，该公司在美国获利 6 100 万美元，在内华达建了两个地热厂，还计划在美国利用风力、太阳能和地热赚取更多利润。该公司相信，它们能够从再生能源中获得超额利润。再生能源市场一路走高的主要动力是世界各地政府对可再生能源项目的资助。

自由轮胎回收公司是宾夕法尼亚匹兹堡的一家公司，是美国最大的轮胎回收公司。事实上，该公司每年使 1 亿只轮胎免于被送到垃圾场。其中，25%的轮胎散布在美国各地。从轮胎里回收的橡胶被用来制造人工草皮、操场地面、门垫等产品。该公司的首席执行官迪克·格斯特（Dick Guest）是美国轮胎行业协会环境咨询委员会的联席主席。

所有这些公司得益于环境敏感产品市场的快速增长。在中国、美国、欧洲以及世界上其他国家和地区，这类行动带来了很高的价值。

资料来源：M. Scott and A. Morales, "A Gold Rush in Green Technology," *Business Week*, April 15, 2010, http://www.businessweek.com; "Liberty Tire Recycling's Dick Guest Appointed to Environmental Advisory Council," *Earthtimes*, February 2, 2010, http://www.earthtimes.com; K. Galbraith, "Companies Call Government Incentives the Key to Green," *New York Times*, November 19, 2009, http://www.nytimes.com; "Texas Carpet Recycling Wins 2009 'Star' Award," *Floorbiz*, October 16, 2009, http://www.floorbiz.com; "The 2009 *Inc.* 500; The Top Green Companies," *Inc.*, October 2009, http://www.inc.com; company Web site, "The Fruitguys Makes the Sun Francisco Business Times Fast 100 Five Years Running," www.fruitguys.com, accessed November 1, 2009; A. Wallace, "Eco-Products Names New Ceo," *Daily Camera*, July 14, 2009, http://www.dailycamera.com.

5.3 计划工具

管理者可以使用不同类型的计划工具。在本节，我们讨论管理者广泛使用的两种工具：预算和目标设置。

5.3.1 预算

管理者使用**预算**（budget）来确定资源的数量，并将资源分配给具体的活动，大多数组织以年为单位制作预算，而且预算包括很多内容。例如，**资本支出预算**（capital expenditure budget）详细说明公司计划用在具体项目上的金额。这类项目一般时间较长，而且需要大量的投资，包括设备制造、土地和建筑等。

另一种常见预算是**费用预算**（expense budget）。这是指单位或组织计划在所有基本活动上的开支，以及在一年内对每个项目所分配的资金额度。出于计划工作和控制的目的，大多数中等规模或更大规模的营利性组织和非营利组织都使用费用预算。

大多数组织的预算过程有两个阶段。第一个阶段，管理者思考未来并计划他们的需求。然后，组织制定预算，详细说明预期的重要开支或费用。**拟议预算**（proposed budget）提出一种计划，说明组织所需要的资金，然后提交给主管或者预算审核委员会。通常在其他预算也提交的情况下，拟议预算经过审核后，会得到批准（或者被要求修改后重新提交）。**核准预算**（approved budget）详细说明管理者被授权可以花费的资金额度，以及可以购买或允许开支的项目。

通常有两种主要的预算编制方法。第一种称为**增量预算编制法**（incremental budgeting approach），即管理者用上年的核准预算作为本年度预算的基点，然后对新预算的费用增减做出说明。增量预算编制法是一种有效的方法，管理者不需要每年花费大量时间为同类项目的资金预算或循环预算做出说明。增量预算编制法最主要的缺点是会造成"预算动量"（budget momentum）。这就是说，某单位今年拿到预算，仅仅是因为该部门去年拿到了预算。来看一下北卡罗来纳州一个小镇发生过的真实故事。每年圣诞节前后，主要街道上所有的停车计时器都会关闭，人们可以自由停车。城市大多数居民认为这是该市送给人们的最好的圣诞礼物。实际上，这是该市议会在制定预算时，利用增量预算法来维持原有预算水平的手段罢了。该市议会看到当年的预算还有节余，便考虑在一段时间内用免费停车的方式花掉这笔节余，以便下一年度的资金预算维持在现有的水平上。从中可以看到，增量预算编制法可能无法有效地使用有价值的资源。

零基预算编制法（zero-based budgeting approach）是指，每年所有的资金分配都必须从零开始论证。这种方法的好处是，任何项目如果目前无法通过论证（不考虑过去的标准和预算），就不能分配到资金。一般来说，这种方法可以使组织的财务资源得到更有效的分配。然而，由于每个项目每年都要重新论证，因此该方法需要花费大量的时间。

不管哪种办法，管理者都是运用预算作为计划工具来确定优先权、需要的资源和实施的关键要素。特别是，在大多数组织中财务资源通常很稀缺，难以满足需求。为了给不同的活动分配资金，管理者就必须讨论企业各活动的优先顺序。在组织的三个层面这种情况都会存在。例如，部门经理会认为，他们的资金需求多于已有的资源。同样，公司的管理者会发现部门和业务单元所需要的资金额远超组织可分配的资金额度。他们就要考虑，应该优先批准哪个业务单元及其活动的预算。

在这个意义上，预算是将企业公司层、业务层、职能层计划整合并且量化的有效手段。尽管预算过程既不能保证管理者在整合和协调过程中做出正确的决策，也不能保证管理者在优先顺序上做出正确的选择，但它确实增加了讨论和决策关键问题的可能性。

5.3.2 目标设置标准

目标设置是一个特定的计划工作过程，以便更好地管理绩效。尽管目标设置的原理也适用于团队、单位和组织，但通常是用于个人层面。研究表明，有效的目标可以对绩效产生显著和积极的影响。有效的目标具备五个特征。

明确性 为了使目标更加有效，企业、业务单元、员工的目标都应该明确而具体。例如，“可能取得的最好绩效”的目标就太模糊了，而“在下一年度里资产回报率要达到10%”或者“在接下来的6个月内增加15%的市场份额”的目标陈述则比较明确具体，也能很好地测量和比较实际达到的绩效水平。

可测量性 一个目标是否足够明确具体，就是要看该目标的结果是否能被测量。例如，“可能实现的最好绩效”的目标就很难测量。什么是“最好绩效”？但是，“获得10%的资产回报率”或者“增加15%的市场份额”的目标是可以测量的。此外，还需要实际测量目标的进展状况。

定期测量目标的进展状况，会使目标设置更加有效。测量的频率一般取决于与目标及其时间安排有关的活动的性质。例如，如果目标是下一年度实现10%的资产回报率，这个目标便很容易每个季度评估一次。大多数公司是每季度制定和报告它们的收入。而如果目标是在今后半年内增加15%的市场份额，那么最好是每月评估目标进展状况一次。这种间歇式测量可以使管理者了解目标的进展情况，还可以采取必要的纠正活动以确保实现目标。

承诺性 即使一个目标是具体明确而且可测量的，要实现目标也必须得到有关人员的认可和承诺。因此，对组织目标来说，这意味着组织的大部分员工必须认可组织的目标，并且承诺去完成目标。为了实现10%的企业资产回报率，员工就应该出色地完成工作，采取行动降低成本或增加收入（或者两者都实现）。同样，为了实现组织单元的目标，单元内的所有员工都必须接受目标，并且承诺去实现目标。

在推动员工对目标做出承诺时，管理者应该小心谨慎。管理者的地位使得他拥有权力，即使违心，下属们也常常会说一些他们认为管理者爱听的话。例如，销售代表可能会“同意”增加15%的市场份额的目标，尽管他们可能会认为根本无法实现这个目标。如果是这样，他们就不会对这个目标给以承诺，也不可能去实现它。因此，管理者不需要对目标的表面认同，而是需要更深层次的承诺。研究表明，提高目标承诺的方法就是，在目标制定时，允许员工参与讨论与制定。这样，员工会感到自己是企业的主人。

现实性 对人们来说那些承诺实现的目标必须是现实的。研究表明，不现实的目标（即不可能实现的目标）会引起承诺实现目标的人的负面反应。有些员工会忽视不现实的目标，设定出自己的目标，而组织不一定需要这些目标。还有些员工可能会因此感到沮丧，损害了他们想取得优异绩效的积极性。所以，如果销售代表认为他们实现不了在今后6个月内增加15%的市场份额的目标，他们就不可能朝着这个目标努力。

当然，太容易实现的目标也不是有效的。一方面，太容易的目标不能调动员工的积极性。为此，人们不会全力以赴地工作；另一方面，容易的目标往往不能带来重大的成果，即使实现了，也不会对在组织、单元或个人层面所取得的成果产生大的影响。

时限性 为了使目标有效，除了要明确具体、可测量、现实并且人们做出了承诺以外，目标还需要有时间的约束。因此，实现目标需要有具体的时间跨度。有些目标要花费很长时间才能完成（如1年或更长的时间），有些目标只需要较短的时间完成。例如，达到10%的资产回报率的目标的时限是1年。这就需要设置“里程碑”，在较短的时间内测量目标的进展，如每隔3个月测量一次。再如，测量6个月内增加15%

的市场份额的目标的进展状况，可能就需要每个月测量1次。为目标设定时间框架是有必要的，一方面便于评估目标是否获得成功，另一方面会促进目标的实现。期望在6个月内大幅度地提高市场份额是不现实的，但是如果在12～18个月获得增长是有可能的。因此，在目标设置过程中时间框架发挥着重要作用。

来自一线的管理挑战——尾声

通过努力工作，并运用从商学院学到的知识，马特·金凯德获得了成功。他的努力为他的餐馆在印第安纳州树立了良好的品牌形象，使之随后能够卖掉该业务，获得利润。金凯德又在华盛顿州的斯波坎市买下了一家餐馆和一家酒吧，也同样顺利地卖掉并赚取了利润。他从两次投资中获得了成功，而且从中学到了很多有价值的经验。其中最重要的就是，在开展一项重要的业务项目之前，要亲自进行研究并且制定自己的计划。他从自己的经验中获得了知识，又运用这些知识去做咨询顾问。现在，他运用从咨询中获得的知识去教授学生。

本章小结

- 管理中最基本的活动就是，确定公司要向何处去、如何到达那里。组织目标是管理者设定的终极状态，而计划是管理者实现目标的手段。本质上来说，计划工作是决定与实施组织目标的行动的过程。这个过程包括评估组织的外部环境与内部资源。
- 无论多大规模的公司，大都有三种相关的计划，即战略计划、战术计划和运营计划。战略计划关注组织更广阔的未来。通过分析公司的竞争环境和内部资源，管理者根据所获得的信息，决定业务（即公司所提供的产品和服务）的范围，以实现组织的长期目标。战术计划将战略计划转化为组织具体单元的具体目标。因此，战术计划的时间较短，范围也较窄。战术计划只影响组织内某个单元及其产品线（一个或多个相关的产品线），而不是对整个公司产生影响。运营计划将战术计划转化为组织内部更小单元的具体目标和行动。一般来讲，运营计划的时间较短，只有12个月或者更少。在三种计划中，运营计划最不复杂，而且对部门或单元以外的其他计划没有直接的影响。
- 除了组织的战略计划、战术计划、运营计划以外，组织中不同层面的管理者会面临不同计划工作的挑战。不同层面上的管理者面对不同的问题。公司层管理者制定战略计划，这是他们重要的计划工作责任。业务层管理者可能会参与制定针对其业务单元的战略计划，但一般是参加与业务相关的战术计划。职能层管理者主要负责制定运营计划。
- 计划工作过程有六个关键要素：环境分析、资源、目标、行动、实施和成果。预测和标杆管理可以帮助管理者分析组织的外部环境。然而，环境的不确定性常常会使分析面临很大的挑战。公司必须有足够的资源和能力去实施已制定的计划。因此，要确立现实的目标，分析内部资源十分有必要。接下来，组织还要设计和实施计划的行动步骤。
- 管理者用预算来量化与分配资源给具体活动。大多数组织按年编制和提交预算。资本支出预算要详细说明所需的资金额度，即组织计划在具体项目上的长期开支与所需的重大财务投资。另一种常见预算是费用预算。该预算一般包括在年度内业务单元或组织计划在所有主要活动上需要花费的资金，以及对每一项活动所分配的额度。
- 目标设置是一个为管理绩效而进行的具体计划工作过程。目标设置的原则不仅适用于个体员工，也适用于团队、单元和组织。研究表明，有效的目标对绩效有着积极的影响，具有以下五个明显的特征：明确性、可测量性、现实性、时限性以及负责实现目标的人的承诺性。

复习题

1. 什么是计划工作？其目的是什么？
2. 战略计划、战术计划、运营计划之间有什么区别？
3. 组织的三个层面是什么？它们与三种类型的计划如何相互联系在一起？
4. 计划过程是怎样的？简要说明计划过程的每个步骤。
5. 预算是如何用于计划过程的？
6. 有效目标的五个特征是什么？为什么它们对于行动计划的实施非常重要？

自我评估

预测利率

每一季度，在联邦储备委员会主席的主持下，联邦公开市场委员会（Federal Open Market Committee）召开成员会议，研究经济运行状况，决定是否采取刺激经济增长的政策或者采取“刹车”行动来减慢经济增长。委员会检验了大量的经济数据与报告，其目的是要平衡增长的需求，并降低通货膨胀。所以，委员会在通货膨胀率数据的基础上，分析 GDP 数据和其他经济指标（如失业率）的变化。然后，委员会对银行的联邦基金利率做出决策。如果联邦利率上调，银行将以同样的幅度自动调整自己最低利率。

1. 你的任务是仔细研究联邦公开市场委员会自上次发布关于联邦基金利率的通告以来的美国经济增长数据。(1) 基于你对数据的评估，预测联邦公开市场委员会下一次会议时，美国联邦储备是上调还是下调联邦基金利率，抑或是不做任何调整；(2) 预测利率将要变化的幅度；(3) 写出你做出以上预测的原因。

2. 在联邦公开市场委员会下一次会议后，通过它的通告获取关于联邦基金利率的信息。你的预测准确吗？你的分析与通告里有关委员会的决策的解释是否一致？

更多的信息详见 www. federalreserve. gov。

资料来源：J. Haveman. “Fed Chief Bemanke Wins High Marks for First Year.” *Los Angeles Times*. January 31, 2007，http：//www. latimes. com.

团队练习

3～5 人一组，重新阅读本章中有关准备为增长而变革以及更多的环境敏感性的内容。然后访问思科公司的网站（http：//www. cisco. com)，并且阅读最近有关该公司的文章。特别是，要阅读有关思科公司最近绩效以及其他变化的文章。

分析思科公司的外部环境及其最近的行动计划。基于你的分析，回答以下问题：

1. 思科在外部环境中所面临的最大威胁是什么？

2. 本章中所描述的计划与期望的成果能否帮助思科增加市场竞争优势，帮助其获得持续的增长？为什么？

3. 为了改善思科的未来机会，你是否认为该公司还可以有其他的目标？

章末案例

LDC计划启动新项目

领导力发展中心（Leadership Development Center，LDC）是一家位于美国中西部的大型培训公司，帕姆（Pam）是这家公司的培训主管，她的一项职责就是规划启动公司新的培训项目。这家公司在面向中层管理者的培训项目上已经享有盛誉。然而，公司高管深感应该提供更多的面向高层管理者的培训项目，他们认为如果高层管理者亲身感受到了公司的培训质量，那么这些高层管理者将会更可能推荐和支持对于中层管理者的培训请求。

帕姆与她的上司和同事讨论了这个新的“高管领导力项目”的项目目标。部分人认为这个项目应该是一种“亏本搭售”，换句话说，它自身是亏钱的，但却通过为公司的中层管理项目带来更多的参与者而弥补了亏损。另一部分人则认为这个新项目应该在财务上收支平衡。不过，大家一致认同这一项目应该具备足够好的品质以使得参与的高管对公司有一个非常好的印象。由此，他们将更可能鼓励自己的员工参加LDC的项目，并且支持员工这样做的请求。

帕姆决定通过三个方面来评估这个项目。首先，监测首次项目参与者的数量。帕姆计算得知这一项目需要18个参与者才能实现财务上的收支平衡。其次，她将会调查所有参与者对于项目及其内容、教材、设施、管理和教师的满意度。最后，公司将会追踪来自那些参加了高管项目的企业的中层管理者的培训人数，以确定中层管理项目的参与度是否会随时间的推移不断上升。

在启动这个项目时，帕姆研究了过去其他新项目的营销成本。以前新项目的启动在宣传手册和邮寄费用上的成本大致为30 000美元。她预期额外增加5 000美元足以启动这个新的高管项目。

现有的预算没有预见到这一高管项目的启动，但是另一个市场营销项目恰好被取消了。相应地，还有20 000美元仍在那个被取消项目的预算上，帕姆认为她可以将其用于新的高管项目。此外，她认为她还可以从30 000美元的一般应急预算中获得15 000美元。

她首先要做的事情之一就是与公司可能的培训教师谈一谈，并任命一个教学主任。这个人将设计这一项目的具体内容以及按培训工作的内容协调其他教师。在教学主任选定之后，项目需要完成设计，并且根据设计形成宣传手册。她估计项目的设计大约需要三周时间，而宣传手册的制作大约需要两周时间，手册的印刷需要四天，包装邮寄将再需要三天，手册的递送需要一周左右。通常，LDC会允许在收到宣传手册与报名截止日期之间有12周的时间。一般来说，项目报名会在项目开始前三周时截止（交费也随之截止）。在项目开始前两周时，所有的资料（讲义、笔记本等）需要完成分装。

帕姆有两个下属，他们直接向她汇报并且可以帮助她实施计划。塔米（Tammy）负责与宣传手册设计和印刷公司联系，确保手册会按时准备就绪。此外，她还将确认邮寄名单，以及安排一个外包商将宣传手册装到邮寄的信封中。丹（Dan）负责培训场地的各种细节。LDC拥有自己的培训设施，而且还与多家附近的酒店签订了住宿合同。丹还会负责所有培训资料的分装，这需要他按时从授课教师那里获取讲义和其他资料。

随着计划开始付诸实施，所有的事情看起来都进展顺利。一位授课教师被选定为教学主任，项目的设计和内容也在两周内而非预计的三周内准备完成。外请的设计公司很快地制作完成了宣传手册，经过少量的修改后已可以用于邮寄。塔米获得了多个列有大中型企业高管名字的邮寄名单。邮寄大约提前了五天。

对于这个项目的咨询比LDC过去启动的其他新项目要多出一倍。然而，随着项目开始日期的临近，咨询转化为报名注册的比率并不理想。通常，在联系LDC以进一步获取关于某个特定项目信息的人中有1/10最终会注册报名。但是，在这个项目开始前的八周时，咨询注册比为100：1

(而不是 10：1)。项目开始前的四周时，只有 10 个人注册了。对于应该做些什么，帕姆倍感压力。

◆ **思考题**

1. 此时你会做出什么样的调整？你会取消这个项目还是会亏损运营？

2. 画一幅关键活动顺序和时间的甘特图。这给予了你什么样的关于计划及其实施的感悟？

3. 你认为是什么出了差错？你认为哪些是这个案例中计划过程的优点以及缺点？

4. LDC 看起来是遵循了一个对于中层管理项目运行良好的计划程序。有没有一些高层管理者与中层管理者之间的差异能够解释为什么这个项目计划看起来并不如预期的成功？这些差异是可以预见的吗？它们应该被预见吗？

第6章 组织结构与设计

Organizational Structure and Design

学习目标

通过本章的学习，你应该能够：

- 解释组织结构与设计的概念；
- 讨论差异化与一体化的概念，以及它们在组织结构与设计中的作用；
- 描述正式、非正式、集权和分权的概念，并讨论它们之间的相互关系；
- 识别组织的常见结构，并描述每种结构的优点和缺点；
- 理解网络结构如何帮助企业管理其价值链活动，并获得竞争优势；
- 描述环境因素和组织战略如何影响组织结构；
- 解释在国际市场中运营的企业需要的重要的组织结构类型。

来自一线的管理挑战

姓名：路易斯·弗赖雷（Luiz Freire）

职位：哈里伯顿公司（Halliburton）安哥拉分公司副总裁

母校：菲尼克斯大学（学士）、得克萨斯农工大学（MBA）

业余活动：陪伴家人、航海

毕业后的第一份工作：拥有并经营一家园林公司

偶像：比尔·盖茨，因为他开创了一家价值万亿美元的公司，并与别人分享他的财富，如通过盖茨基金会支持高质量的中等教育、在全世界抗击艾滋病，以及满足其他的社会需要。

座右铭：成为孩子和他人的榜样

驱动力：成为一名有原则的成功经理

管理风格：以身作则

不能忍受的事：塞车

哈里伯顿公司是世界上最大的工程建筑和油田服务公司之一，路易斯·弗赖雷在该公司工作超过19年。哈里伯顿公司以使用创新技术与向顾客提供高质量服务而著称。弗赖雷目前是哈里伯顿公司安哥拉分公司的副总裁。哈里伯顿公司是井场服务市场中的领先者，而且是一家大型的跨国公司。

在安哥拉，弗赖雷全面负责哈里伯顿公司在该国所有的活动，包括业务开发、运营等。在业务开发上，他负责整体战略定位，并是公司在安哥拉的代言人。随着母公司全部产品线进入安哥拉，他的一部分工作就是确保建立正确的组织结构，以支持公司的活动，并向客户提供高质量的服务。弗赖雷还承担着与当地统治当局之间的联络人角色，将哈里伯顿公司的承诺导入该国。哈里伯顿公司在各地运营都采用的是矩阵型组织结构，弗赖雷便将项目的责任分配给负责技术工作的区域管理者与团队管理者。

当项目结束后，便要用哈里伯顿公司的“运作正确”指标进行评估。打分的标准是依据满足项目目标而设定的，如没有事故、按时完工、顾客满意等。每年，公司的管理者希望公司项目的各个方面都得到高分，至少达到96%的优秀率。这就需要公司矩阵型结构中的管理者通力合作，共同达到这个标准。

弗赖雷讲述了他最近在安哥拉遇到的一个挑战。经济衰退给安哥拉带来了极其负面的影响。哈里伯顿公司的客户减少了活动，并想中止该公司的服务。这件事发生在最糟糕的时间，80%的合同正在谈判当中。这就是说，在签合同之前，价格已经公开了。价格的让步会减少该公司所提供服务的利润，触及了公司的底线。结果，弗赖雷所在的单位被迫大幅度降低成本（这在安哥拉是很非常困难的，据报道，安哥拉是世界上最贵的国家），同时，该单位还要维持或提高所提供的服务的质量。此外，业务条件的变化还添加了其他方面的副作用，如库存管理、应收款等。

弗赖雷说，该公司成功地完成了投标，并准备开始提交新的合同。最后，他提到，哈里伯顿公司能够在安哥拉得以维持，并能在某些情况下进行扩张。

路易斯·弗赖雷的管理经历表明，今天像哈里伯顿公司这样的企业必须要在复杂的环境中经营。例如，在安哥拉各地，弗赖雷管理很多人。他必须面对当地政府官员，也要面对该公司的区域经理。在担任目前的职务以前，他是拉丁美洲的区域经理，负责8个国家的业务，必须面对这8个不同国家的政府与各自独特的规章制度。这些经历有助于他在安哥拉与当地政府官员一起工作。但是，他还是要适应这个不同文化和制度的环境，管理一大批且多元化的管理者与员工。哈里伯顿公司在管理企业的运营和多元化的员工时，其组织结构是非常重要的。尽管组织结构有优势也有劣势，但如果管理者能像弗赖雷一样，与区域管理者和团队管理者建立良好的关系，他们就能很好地应对来自竞争对手的挑战。

企业为了生存和兴旺必须拥有高效的组织结构。企业的结构可以决定其战略的成败及其整体绩效。最近的研究表明，企业要获得最佳水平的绩效，其组织结构需要密切适应其经营所在的环境。例如，在像大多数非洲国家这样动荡的环境中运营的企业的组织结构需要具有灵活性，以应对预料之外的挑战，就如弗赖雷所描述的他在哈里伯顿公司的经历那样。通常，在不那么动荡的环境中运营的企业，能够而且应该采用更加正式的组织结构，以实现更高的效率。

我们已经在前面章节讨论过，企业必须认真地实施战略，才能获得成功。战略如何被实施在很大程度上是管理者如何组织企业及其活动的问题。换句话说，它们决定了企业采用什么组织结构。此外，企业组织结构的集权和分权同样也会影响整体战略与部门战略的实施。有时，企业的组织结构会影响它所应选择的最佳战略。

今天，组织广泛采用的结构是网络结构（我们将在本章稍后部分详细讨论）。例如，如同耐克和许多其他运动鞋生产商所做的那样，企业在决定外包其制造运营时，就必须建立起一个网络结构，与外包其业务的公司保持紧密的联系。企业可能同样需要与众多的供应厂家保持密切的关系，以确保它们能够按质按时地交付产品。企业间经常会建立很多联盟，因此，网络结构在执行这类合作战略时就变得很重要。

对于目前和未来的管理者来说，理解组织结构和设计的基础是非常重要的。这样，他们才可以更好地为实施组织结构做好准备，使之更为有效。通常，组织结构有多种选择。因此，对管理者来说，最重要的是了解每一种常见的组织结构及其各自的优劣势。这包括具体结构的原则、组织的战略、外部的环境，以及决定这些要素能否很好匹配的关键因素等。最后，管理者必须能够把这些知识应用到计划工作与实施合适的组织结构中。

6.1 组织结构的设计原则

企业的**组织结构**（organizational structure），是指组织根据不同的任务进行劳动分工与协调的方法的集合。这种结构为组织中的报告关系、控制、权威和决策提供了蓝图。**组织设计**（organizational design），是一个评价组织战略、环境需求以及确定适当的组织结构的过程。

通常，人们会用组织结构图来讨论组织结构。**组织结构图**（organizational charts）利用方框和连线说明上下级部门之间权力线的关系。例如，图表 6－1 展示了森科能源公司（Suncor Energy）的组织结构图。组织结构图可以从某种角度展示企业的组织结构，但它并不能展示组织结构的全貌。组织的结构不是一张图所能描述的。为此，了解组织结构与设计原则是很重要的，有助于正确地认识组织结构图以及组织中其他的结构特征，这些特征不大明显，但仍旧很重要。

图表 6－1　森科能源公司的组织结构

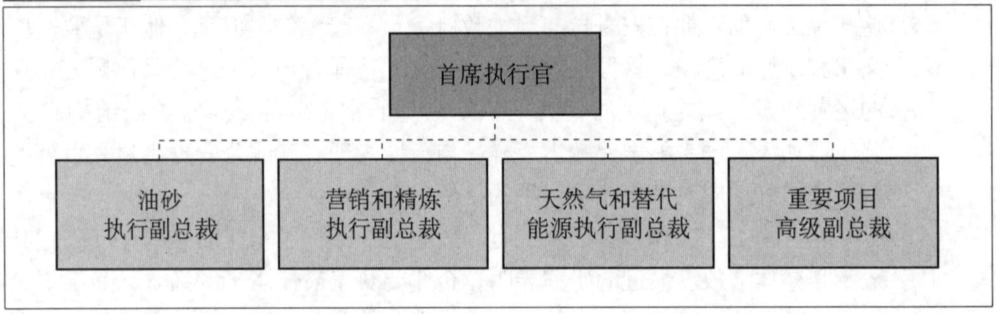

组织结构与设计的基础包括人员与活动。一方面，所有的组织，哪怕是最小的组织也需要人去执行不同的任务。即使是小型组织在完成任务时也需要一定程度的差异化和专业化。另一方面，执行不同任务的个人需要共同满足顾客的需要，实现组织的目标。组织结构与设计所面临的最大挑战就是如何平衡员工与任务，并把两者整合起来。本质上说，在差异与整合之间实现“适当的”平衡的“适当的”组织结构，是环境需求与组织战略的一个函数。

为了关注组织结构与设计的这种基本挑战，我们首先检验组织化的核心要素，然后探讨最常见的组织结构。最后，我们讨论为适应不断变化的环境和组织战略而设计组织结构时所面临的挑战。

6.1.1 差异化

组织过程中的一个重要维度就是差异化。**差异化**（differentiation），是指将任务分解成子任务并由专业人员去执行的程度。差异化主要的好处就是能够使知识和技能更加专业化。例如，由于商业喷气式客机制造的复杂性，波音公司（Boeing）便有专门设计机翼的工程师，还有专门设计飞机舱门的工程师。甚至在设计舱门的工程师中，有人专门设计舱门铰链，有人专门设计舱门锁定装置，保证在35 000英尺高空上舱门的密封性。这种通过任务实现的差异化，一般称为**任务差异化**（task differentiation）。

差异化的性质不仅体现在人们所执行的任务上，也体现在员工的思考方式上，这种差异化称为**认知差异化**（cognitive differentiation）。认知差异化，是指组织中不同部门的人员以不同的方式思考事物的程度，以及人们思考同类事物的不同程度。例如，会计人员一般考虑资产和负债，而营销管理者更多关注品牌形象和市场份额。但是，这两类人也可能会以不同方式思考同样的事物。会计人员可能会以财务结果来衡量组织绩效，而营销人员则可能会以顾客满意度和产品销售额来衡量组织绩效。

出于一些原因，差异化是很重要的。首先，为了服务顾客，企业必须完成很多专业化的任务。而且，公司希望能够很好地完成这些任务，服务好顾客，胜过竞争对手，获得竞争优势。专业化同样要求人们在具体的任务上提高专业水平，以便更出色地执行任务。此外，研究表明，差异化和由专业化所形成的专业水平能够帮助企业学习与运用独特的理念，以开发令顾客满意的更具创新性的产品和服务。

尽管差异化导致了更大程度的专业化，但在整合各种专业化能力以为顾客提供产品或服务方面，差异化还是个挑战。假设波音公司的设计工程师和制造人员需要在一起工作，以确保新设计的波音777舱门能够正常地工作，设计人员可能会从设计的复杂性来考虑舱门的效果，而制造管理者可能会从制造舱门并把它安装到飞机上的难易程度来考虑舱门的效果。为此，专业化程度过高，会给协作带来困难。如果波音的舱门设计完美，但安装起来既困难又昂贵，这可能就不是真正想要的结果。这样的话，可能会由于安装成本过高，舱门开支过大，减少了利润。或者，可能由于设计与装配之间不匹配，导致舱门不能很好地开关。这个例子说明了一体化的重要性。

6.1.2 一体化

一体化（integration），是指组织的各个部门彼此之间相互作用、协调与合作的程度。一体化的主要好处是可以协调不同的人员和活动，以实现组织预期的目标。前面部分所讨论的从差异化中形成创新就需要有效的协调，以形成各类人员和活动的一体化。通常，要实现高水平的协调，就需要有一个“跨界人”，即被正式或非正式地设计来协调部门之间甚至有时要协调组织之间活动的人。跨界人的角色是在参与其中的群体之间建立有效的关系。**相互依赖**（interdependence）是进行一体化的一种驱动力，是指为了完成一项必要的任务，每个部门或个人对其他部门或个人的依赖程度。

相互依赖有三种类型。**联营式相互依赖**（pooled interdependence），是指若干群体在各自的职能上相对独立，但它们集体对一个共同的产出做出贡献时形成的相互依赖。例如，在同一公司里，两个相互独立的产品部门可能会分别向同一家医院销售产品，满足顾客的整体需要。**连续式相互依赖**（sequential interdependence），是指一个群体的产出成为另一个群体的投入。例如，在波音公司里，采购部门购入的铝材成为锻压部门的投入。随后，锻压部门将铝材塑成门，其产品又成为舱门装配部门的投入。**互惠式相互依赖**（reciprocal interdependence），是指两个或多个群体在投入上所形成的彼此依赖。例如，在波音公司里，新产品开发部门依靠市场研究部门获得新产品概念，而市场研究部门则需要用新产品开发部门的新产品来测试顾客的需求。大体上，相互依赖性越强，就越需要协调，也就更有必要实现一体化。组织中的中层管理者在构建与维持单位间的协调中起着重要的作用。在全球供应链中，中层管理者在内部单位与外部单位的协调上甚至起着更大的作用。对于企业整合供应者与自己的活动，满足顾客的需求来说，这种协调极为关键。

影响一体化需求的另一个因素是不确定性。对于企业来说，**不确定性**（uncertainty）是指企业无法准确预测未来的投入、流程和产出要素的程度。企业越难准确地预测这些因素，所面临的不确定性就越大。不确定性越大，就越需要一体化与协调。因为随着事件的推进，个人与组织单位需要实时地协调其对事件的反应。

企业可以通过各种机制来实现一体化与协调。每种机制的适用性与企业相互依赖的水平和类型有关，也与环境的不确定性程度有关。这些机制包括规则、目标和价值观。

规则 规则构建了特定条件下的行为及其后果的准则。基本上来说，规则是组织的标准操作程序（SOP）。总体来说，组织中的任务越独立，作为一体化机制的规则就越有用。相反，任务相互依赖性与不确定性越大，作为一体化机制的规则就越没用。例如，唱片公司促销部门的一位管理者会发现在处理由于天气原因造成音乐会取消、乐队的交通问题，或者其他众多不可预测的因素上，很难用规则去协调与整合这些问题。在唱片公司的会计部门里，环境稳定，各种要求大多被标准化了，规则也就能很好地发挥作用。但是，公司的广告和促销部门身处动态的环境和要求中，规则也就不那么有效。

目标 随着任务的不确定性与相互依赖性增强，在协调任务上，现有的规则就不大有效了。在这种情况下，比起规则来，目标就是一个更有效的协调机制。目标详细地说明个人应该取得的结果，而不是仅仅详细说明个人应该做什么。有效的目标明确规定了可以测量的结果，该结果通常需要花大气力才能实现。目标详细地说明了结果，而不是过程，员工有更大的灵活性去决定如何完成任务。目标通过确保人们为了相同的结果而工作，可以促进一体化的实现。例如，大学教授要面对各种具有不同需求与条件的学生。大学一般是根据学生的水平来设定目标，而不是给教授们设定严格的规则。这些目标确保教授为了同样的结果而工作，但在应对学生的不同需要和条件时又具有灵活性。

价值观 在任务不确定性与相互依赖性高的情况下，价值观便成为一个重要的协调机制。组织中的**价值观**（values）从根本上界定了重要的行为、活动以及产出，如顾客满意度。但与目标不同的是，价值观并不需要提出可测量的结果。因此，当存在不确定性与相互依赖性高的情况下，比起目标来说，价值观是更好的一体化机制。在这种情况下，共享价值观会促进协调。因为具有共同价值观的人会为着相同的结果而工作，同时又在如何取得结果的过程中保持灵活性。

图表6-2说明了在不确定性程度从低到高的条件下，规则、目标与价值观的适用性。该图同样阐明了它们之间有部分重叠。从实践来看，很难具体说明在哪条线上规则不再有效而目标有效。同样，也不可能明确指出该使用目标还是价值观的准确界线。管理者需要了解不同不确定性程度上规则、目标和价值观之间的关系，并在使用它们的过程中做出自己的判断。

图表6-2　规则、目标和价值观的适用性

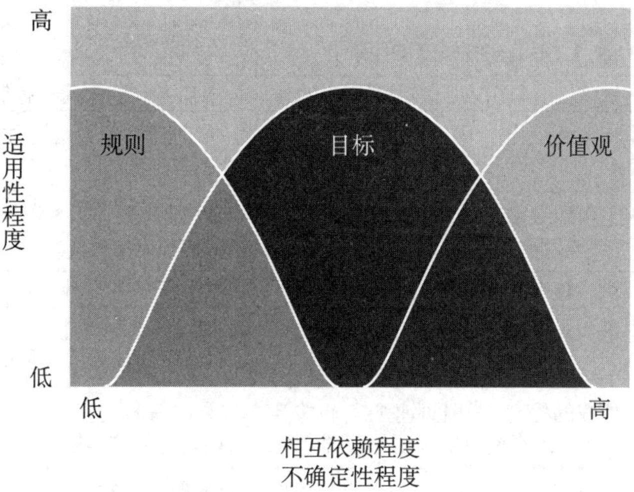

6.1.3　正规化

正规化是在人员和活动中进行差异化（分散化）和一体化之间进行平衡的一种方式。**正规化**（formalization）是指界定与组织决策、沟通和控制相关的结构和系统。这些机制通常清楚地说明了人员和活动相互独立的地点和方式，以及如何被整合。尽管所有组织都必须管理差异化和一体化，但是它们在使用多少正规化来实现这种管理上还是有很大差别的。

正式设计组织中的权力线是实现正规化的一种常用方法。企业的**权力线**（line of authority）说明了谁向谁进行汇报。在组织结构图中，下属与其上级之间通常会画出一条直线表示权力的关系，这条直线就是权力线。在很多情况下遵守权力线是很重要的。但是，管理者和员工有时候会越过权力线，寻求解决某个问题所需的特殊专长。

大多数正式组织更愿意强调统一指挥。**统一指挥**（unity command）要求一个员工应该只能有一个上级。这样，在高度正规化且统一指挥倾向强的组织中工作的员工可能只有一个上级，直接领导他们的工作，评价他们的绩效。我们稍后会讨论，路易斯·弗赖雷工作的哈里伯顿公司所使用的矩阵式结构违反了统一指挥原则。统一指挥结构的优势是通能够抵消由于拥有两个或更多上级所带来的问题。

多数正式组织还经常限制管理者的控制幅度。**控制幅度**（span of control）是指向一个指定上级汇报的员工人数。更多的正式组织倾向采用窄的控制幅度，而不是宽的幅度。这种做法的逻辑是，在正常情况下，管理者监管的员工越少，就能越紧密地监控他们。但是，有几个因素会影响控制幅度的有效性。首先，工作性质是一个重要因素。通常，下属的工作越是常规的，有效的控制幅度就可以越宽；如果下属的任务是可预测的和常规的，管理者就越能够有效地监管更多的下属。其次，影响有效控制幅度的另一个因素是下属的能力。一般来说，下属的能力越强，就越不需要对他们进行密切的监管，这样，较大的控制幅度可以是有效的。再次，管理者的能力也会影响控制幅度的有效性。管理者的能力越强，他们能够有效应对的控制幅度也就越宽。综合这三个因素，我们可以看到如果管理者的能力很强，其下属的技能也较高，就有可能运用较宽的控制幅度。图表 6-3 简单总结了影响有效控制幅度的关键因素。

图表 6-3 影响控制幅度的因素

● 工作复杂性。复杂的工作需要更多的管理投入与参与。因此，控制幅度倾向于窄一些。
● 工作相似性。相较于下属工作差异很大时，管理者管理一群工作相似的员工时的控制幅度要宽很多。
● 下级工作地点接近性。管理在同一地点工作的员工要比管理分散在不同地点工作的员工更容易。管理者能够亲身接触员工，就可以有较宽的控制幅度。
● 协调量。管理者需要花很多时间协调下属所执行任务的企业，应该采用窄的控制幅度。
● 员工能力。比起管理知识和能力较少的员工来说，管理知识和能力多的员工应采用较宽的控制幅度。员工的能力越强，需要的管理投入越少，可以采取较宽的控制幅度。
● 员工授权的程度。相比那些拥有较少自主权和决策权的员工来说，管理可信任并且有决策权的员工时，已经授权给员工的管理者可以采用较宽的控制幅度。
● 管理能力。能力较强的管理者比能力较弱的管理者能够管理更多的员工。管理者教育员工与有效回应员工问题的能力，可以提高控制幅度。
● 技术。移动电话、传真、E-mail、工作共享软件等通信技术使管理者能够有效地管理地域相距较远、从事复杂和差异化工作的、需要更多协调的员工。

组织一贯的控制幅度能够影响组织的总体“形状”。整体采用窄控制幅度的组织，会形成一个**金字塔式组织结构**（tall organization structure），或者拥有明显垂直差异化的多个层级。采用宽的控制幅度一般来说会形成**扁平式组织结构**（flat organization structure）。在员工人数相似的情况下，扁平式组织结构的层级要比金字塔式组织结构的少。图表 6-4 展示了金字塔式和扁平式组织结构以及其控制幅度。

图表 6-4 金字塔式和扁平式组织结构

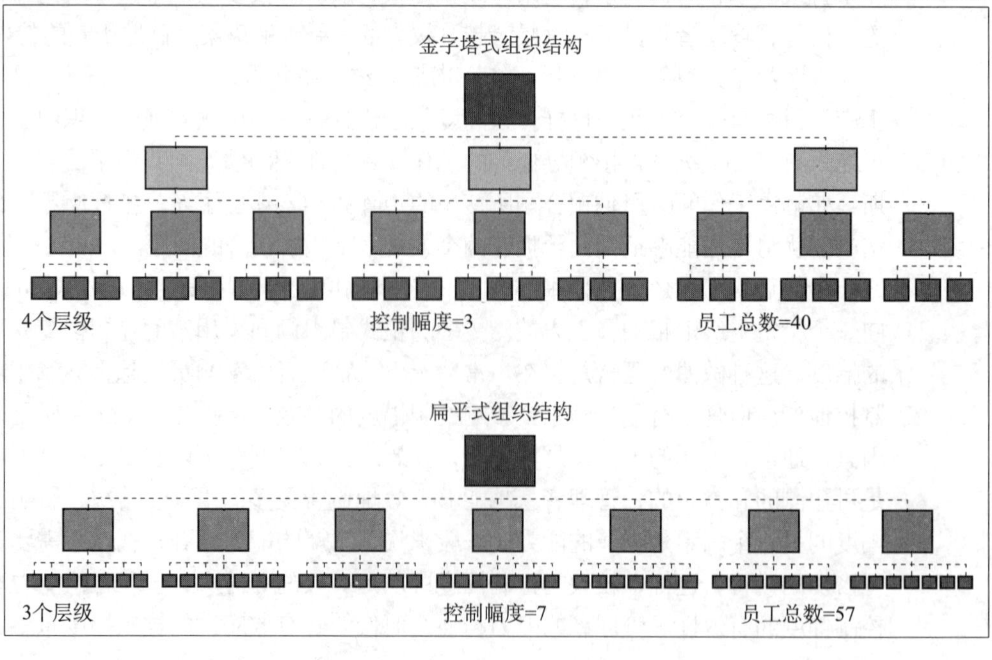

外部环境对金字塔式或扁平式组织结构的适用性影响很大。金字塔式且正式的组织在制定决策与对商业环境变化的反应上一般较慢。因此，金字塔式且正式的组织更适合稳定的外部环境。许多组织的环境已经变得更加动态，管理者常常尝试“扁平化”自己的组织结构来对环境做出反应。通常的做法是，去掉层级结构中各个层级以及流程中的人员，即精简。这样做的目的是，缩短决策所需的信息的传递路径（从底层到顶层），使管理者可以更快地制定和实施决策。

然而，实施和管理扁平化组织结构也是一个挑战。对许多组织来说，随着环境不确定性的增加，管理者经常设计较为扁平的结构，以加快信息的流动，能够更快地制定决策。而环境的不确定性还会带来更多的非常规任务，需要用更窄的控制幅度、更高的组织形态加以管理，而不是更扁平的组织。因此，只有在下属和管理者具有较强能力的条件下，企业才能采取更扁平的组织、更宽的控制幅度去应对更多的非常规任务。技术可以通过影响有效的控制幅度来帮助企业保持扁平化。

总之，在差异化与一体化员工及其活动上，控制幅度、权力线与命令链等正规化机制是有效的。它们以一种清晰且正式的方式发挥作用。

在“管理者的挑战”中，AES电力公司的结构是授予低层级员工以决策权。为了确保问责制与增加成功的可能性，AES根据企业的绩效向员工发放激励薪酬，这样，被激励的员工会帮助企业取得很好的绩效。多年来，AES运营的是一个不太正规化的组织，这个组织中没有人力资源、运营、采购或法律事务部门。它鼓励员工在制定主要决策前相互咨询，并咨询公司其他部门的管理者。在公司中，这一过程造就了跨越不同单位和层级的非正式沟通。AES公司的组织结构和方法一直是非常成功的。

管理者的挑战——多元化

AES授权给员工

AES是世界上最大的电力生产商之一。通过其非正式组织与对员工的授权，该公司获得非凡的成功。此外，公司一线的员工做出了许多决策。该公司一直获得成功，还有一个原因就是对地方单位授予决策权，使其独立核算，为自己的盈利能力负责。

AES的许多管理者和员工把这种授权看作一种受益。他们从中获得了很大的灵活性和自由度，好像是在经营自己的企业，而不是在为别人打工。他们还感觉自己具有更强的创造力和动力。因此，公司人员的离职率较低。AES甚至允许较低层级的员工做出重大决策。这个系统是有效的。在制定决策之前，公司希望员工能够征求其他部门员工以及高级经理的意见（经常通过E-mail）。

AES成功的另外一个原因要归功于公司的组织方式——一种非常扁平的组织结构。多年来，该公司没有为人力资源、运营、采购以及法律事务职能等建立过单独的部门。多个团队在一个单一的管理层级下工作。自下而上的决策是公司的准则。较少的管理层级和较短的沟通路线加快了决策的速度。因此，公司是敏捷的，并且能够快速地对市场变化做出战略性的反应。近年来，AES不得不增加一些单独的部门。例如，根据《萨班斯-奥克斯利法案》，公司原本集中的财务权放到由首席财务官（CFO）主管的财务部门。公司还设置了人力资源部。然而，AES还是给员工提供很大的自由度，让他们尝试找到完成任务的最好方式，保持他们的创业文化。

员工激励计划同样对AES的成功做出了贡献。例如，公司让员工在工资加奖金（激励性）或者小时工资加加班费两种付薪方式中做出选择。该公司大约90%的员工选择了工资加奖金的方式。值得强调的是，当标准与激励适当时，员工不大需要“集权式”经理加以干涉。AES认为，通过授予决策权，员工会更支持公司并且会更成功，也就使得公司更获利。通过对个人授权、发展更有能力的员工，并且通过股票期权获取员工对公司绩效的责任感，创业文化得以繁荣昌盛。公司对人的管理方式以及所进行的变革（如新的财务部门与人力资源部门）都帮助公司克服了21世纪头十年的两次经济衰退所带来的问题。例如，2009年，公司只有21%的收入来自美国。同时，该公司的国际化使得它在全球市场上得以扩张。2009年，AES公司从中国投资有限责任公司获得了20亿美元的资金注入。总的来说，分析家认为，AES的增长与财务表现有着非常好的前景。

资料来源：D. Bogoslaw, "AES: Ready for a Recharge," *Bloomberg BusinessWeek*, June 3, 2010, http://www.businessweek.com; S. Geidi, "AES Getting $2 Billion from China Sovereign Fund," *MarketWatch*, November 6, 2009, http://www.marketwatch.com; M. Gunther, "AES's Powerful Comeback," *CNNMoney.com*, October 19, 2009, http://www.cnnmoney.com; G. Lee, "AES Corporation: Rewriting the Rules of Management," *Ray Shan's Journal*, December 6, 2005, http://www.rayshan.com; T. W. Malone, "Pioneers That Cultivate a New Model of Work," *Financial Times*, August 11, 2004, http://www.ft.com; H. Wee, "A Nasty Short-Circuit at AES," *BusinessWeek*, October 4, 2001, "A Worldwide Power Play." *BusinessWeek*, November 27, 2000, http://www.businessweek.com.

6.1.4 非正规化

事实上，所有的组织都有某种程度的正规化。但是，即使是最正式的组织也还是会有某种程度的非正规化。**非正式组织**（informal organization）包含非正式的但是有影响力的沟通、决策和控制手段。在组织结构图中，一般体现不出来用于决策、沟通和控制的非正式结构。但是，在大多数组织的日常运营中，这种结构是普遍的。在像AES公司那样授权给员工的组织中，就可以看到非正式组织。这些管理员工的方式加上类似AES公司所用的激励系统，有时被称为**高绩效工作系统**（high performance work system）。运用授权会使AES公司这样的组织变得更有创新性。同时，要求员工在做出重要决策前征求组织中其他人的意见，可以帮助员工更好地利用组织中多元化和异质的能力。

每个公司的正规化程度和非正规化程度都会有所不同。每个国家的企业也会有所不同。例如，一项比较美国和日本企业的研究发现，日本企业更多地依赖非正规化。日本公司大部分决策、沟通和控制是通过没有正式汇报关系的人员之间非正式的、面对面的会议来实现的。这个过程称作“nemawashi”[①]（私下沟通）。当nemawashi发生时，新决策中的非正式对话就开始了。结果，在制定正式决策的正式会议召开之前，决策就已经被非正式地制定出来了。在中国，许多事情是通过关系完成的。关系需要时间来建立。基本上，在两个采取互惠行动的人之间的信任是逐渐演化的。换句话说，人们希望能够实现互惠。关系是中国组织中非正式组织的一个重要维度。

---

① nemawashi，日本园艺术语。原意是指移植树木之前做好一系列准备工作。具体是指，为保证树木存活，在移植的半年到一年前，切断树木粗根，促使它长出新根，以便在新环境能够更好地生存。如果判断不好切根的部位，很容易导致树木死亡，所以要谨慎。后引申为，为了让事情顺利进行，提前跟相关人员打好招呼（在正式会议前和对方商量好框架协议、事前交涉等准备工作）。在中国，可以称为打预防针、通气。这不仅仅是向上面通气，详细讲出前因后果、自己的想法的来源，求得支持，而且对参与讨论决策的相关人员也要把事前工作做到位。——译者注

6.1.5　集权与分权

组织结构除正规化和非正规化之外，其集权和分权的程度同样也很重要。集权与分权，是指在组织哪一个层级上做出的决策，即是在组织的高层决策还是在较低层决策。在**集权型组织**（centralized organizations）中，一般是高层少数几个人有权制定决策。与之相反，在**分权型组织**（decentralized organizations）中，决策权会下放到最低的层级。例如，欧洲跨国组织倾向于分权，允许处于不同国家的各单位根据当地情况制定决策。这经常使得它们能够适应政府需求以及不同的顾客偏好。

许多年来，总部设在荷兰的大型跨国电子企业飞利浦公司（Philips）是典型的分权型国际组织。飞利浦在全世界60多个国家拥有运营机构。其中，在较大国家中的单位享受一定程度的自由和自治。例如，荷兰总部开发出来V2000盒式录像机（第一代盒式录像机）。但是，飞利浦北美公司拒绝在美国和加拿大购买和销售这种产品，而是购买日本竞争对手生产的录像机，再以飞利浦的品牌在美国和加拿大销售。

日本企业显示出更大程度的集权，很少向欧洲或美国企业授权。绝大多数日本跨国企业如同一个中央枢纽一样运作，所有信息流进这个枢纽，再由这个枢纽把决策告知在外国的子公司。日本企业不断听到东道国中当地子公司有关“竹子天花板”的抱怨。这是因为日本总部为了保证更集权化的控制，将日本侨民安排在国外子公司中几乎所有重要岗位上，在进行战略决策时会把东道国的员工排除在外。丰田公司最近在美国销售的汽车所出现的质量控制问题，部分原因出在日本总部的中央控制，它们不愿意与美国运营丰田公司的管理者分享信息。2005年，索尼公司任命英国人霍华德·斯特林格（Howard Stringer）担任首席执行官时，打破了一个重要的“竹子天花板”。那时，索尼的业绩惨淡，斯特林格负责扭转困境。有人会认为，正规化与集权给人感觉大致相同，非正规化与分权也是同义词。事实上并非如此（如图表6-5所示）。一个高度正式的组织可能是集权的，但是一个正式的组织也可能是相当分权的。例如，正如我们前面所讲述的那样，飞利浦是一个相当分权的公司，把决策权下放到组织的基层。同时，飞利浦又是相对正规化，普遍存在权力线、命令链、正式政策等。相反，美国军队则既正规化又集权。

图表6-5　正规/非正规与集权/分权的组合

	集权	分权
正规	美国军队	飞利浦电器
非正规	松下	地中海俱乐部

一个高度非正规化的组织可能是分权的，也可能是高度集权的。例如，平均来

说，日本企业相对集权，但是它们同时也高度非正规化。同样地，对于家族企业来说，既集权又非正规化也很普遍。也就是说，企业主通过非正式关系、沟通和控制制定大多数的决策，而不是通过正式结构或规则来完成任务。与此相反，地中海俱乐部（Club Med）则是相当分权和非正规化。每个度假村的总经理都可以相对自由地做出决策，以满足他所面对的独特的市场需求。地中海俱乐部通过一系列总经理和公司管理者之间的非正式关系来实现协调。

一些研究认为，战略性运用分权型结构，可以使得各部门采用新的重要程序以适应其需求和环境。因此，企业采用分权化，可以使其子公司和事业部适应新的计划，如质量管理标准与方法。还有些研究表明，分权型结构可以在企业各单位之间促成一种更具创业性的方法，促进形成更多的创新。

管理者的挑战——变革

松下找到为利润充电的新方法

1994 年，松下公司前首席执行官森下洋一（Teruo Tanni）突然辞去职务，并称自己是因为公司业绩不断下滑而离职的。由于在日本企业界里从来没有发生过罢免首席执行官的事，因此森下洋一的突然离职引起了极大震动。对于固守日本传统管理模式的松下公司来说，这尤其令人奇怪。森下洋一辞职后，松下公司的总裁任命最年轻的一位执行副总裁来管理公司。他的选择发出了一个强烈的信号，即公司要改变其管理方式。在公司董事会没能留住前首席执行官森下洋一时，这一信号又进一步强化了。

在森下洋一离职后，松下公司立即进行了重组，聘请了中村邦夫（Kunio Nakamura）担任新的首席执行官。中村在扭转公司业绩上发挥了关键作用。公司运用了"4S 管理"方法，制定了一个为期三年的战略计划。所谓 4S 是指，"简单"（simple）、"小"（small）、"快速"（speed）、"战略性"（strategic）。公司新的管理团队想简化公司的管理方式，减少其组织层级。

这项计划最基本的就是，将决策权下放给松下公司较低层级的管理者。通过这样做，公司去除了总部的整个管理层，授予运营部门的领导者产品开发、生产和财务等方面的全部职责。基本上，每个部门都有经营自己业务的自治权，而松下公司则在每个部门中扮演着"股东"的角色。

在日本，这种分权以及对个人责任的关注是不寻常的，而以群体导向决策才是准则，集权更是普遍的现象。然而，这种变革对事业部的管理者产生了积极的影响，鼓励他们更具创业性。此外，公司要求从最低层到最高层的所有管理者以个人的名义向中村邦夫提交一份有关所在事业部或部门的三年"复兴"计划。公司集中研发业务，首席执行官直接授权每个人，使之享有职权和责任。这样，公司便形成了一种扁平化的组织结构。中村邦夫还通过集中研发业务，终止了公司内一些事业部开发同样产品的内部竞争现象。

最终，松下的重组带来了公司的复苏。随着管理层级的减少、30 个事业部重组为 4 个共享研发设施的集群，公司得以有效地运营，从而削减了成本，提高了利润。今天，这家价值 772 亿美元的公司是世界上最大的电子消费品制造商之一，正在从变革中获益。在 2008—2009 年经济衰退中，松下公司销售额有所下降，但比起其许多竞争对手以及其他日本公司来说，该公司要强得多，而且运营得很好。这家公司对未来有很好的定位。尽管该公司有一系列的电子消费品，但核心业务是平板电视。实际上，该公司已经在技术上取得了重大的进展，极大地提高了效率。例如，42 英寸屏幕的亮度比以前大幅度提高，且耗电量很小。而且，该公司在全球范围内扩大了市场，特别是突袭了欧洲市场。有趣的是，该公司的国际销售额在欧洲与美国市场上各占25%。松下公司将继续是全球电子消费品领导者之一。

资料来源：Company Web site, "Panasonic Sponsors Sustainable Brands 2010 Conference in Monterey, California," http://www.panasonic.com, accessed June 18, 2010; "Panasonic Corporation," *Answers.com*, www.answers.com/topic/masushita-electric-industrial-co, accessed June 10, 2010; Y. I. Kane, H. Kachi and J. Osawa, "Matsushita Electric's Profit Growth Is Driven by Its Flat-panel Unit," *Wall Street Journal*, July 30, 2008, http://online.wsj.com; "Matsushita Shifts Strategy to Succeed in Europe," *Wall Street Journal*, July 10, 2008, http://online.wsj.com; K. Hall, "Matsushita's Transformer Steps Down," *BusinessWeek*, June 30, 2006, http://www.businessweek.com; M. Nakamoto, "Reforms Drive Up Profits at Matsushita," *Financial Times*, February 5, 2005; "Management Tradition Be Damned," *BusinessWeek*, October 31, 1994, http://www.businessweek.com/archives.

6.2 常见的组织结构

组织结构有很多种类型，最常见的形式有6种。尽管有很多混合类型的组织结构，但是我们这里只讨论基本的组织结构。实际上，大多数组织的结构都是混合物，而不是纯粹的某种形式。我们在回顾这些基本的组织结构并简要地评价其优缺点之后，将讨论那些决定管理者采用何种结构的条件。

6.2.1 职能型结构

职能型结构也许是最简单的组织结构了（如图表6-6所示）。职能型结构用来在传统的职能领域中组织企业，如会计、金融、市场、运营等。这种结构是最常见的形式之一。它通过横向差异化将每一个职能领域的专业化知识区分开，并将这些知识直接用到企业的关键产品与服务上。

图表6-6 职能型组织结构

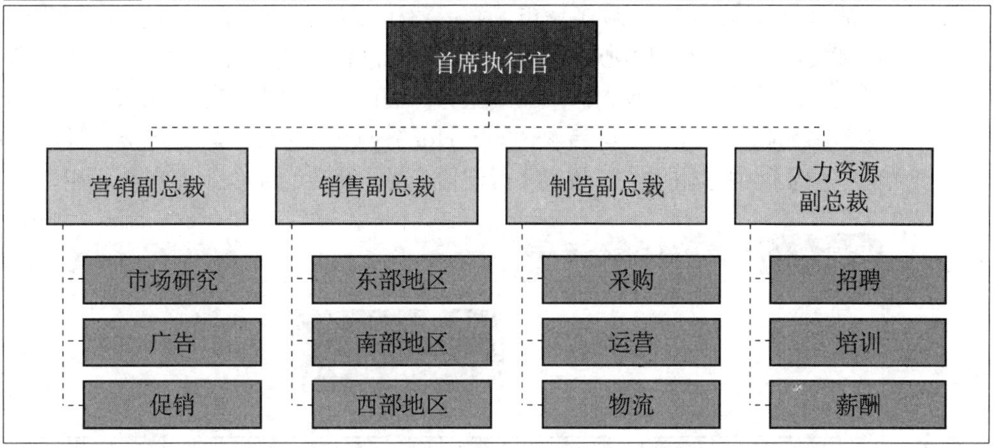

不只在本国范围内运营的企业也会采用职能型结构。一家纯粹的国内组织与一家跨国组织在职能型结构上的关键区别是，跨国公司中的职能经理的责任范围不同。在跨国公司，每一个部门都具有全球性责任。虽然每一个子公司可能都有一个当地的人力资源经理，但公司中级别最高的人力资源经理（通常在母公司）负责指导世界范围内的人力资源活动，如雇用、培训、评估或奖励员工。当企业的产品和服务在世界范围内都相似的时候，通常会采用这种组织结构。

职能型结构的主要优点包括：

- 非常适合拥有有限的产品多元化的中小企业；
- 促进企业职能知识的专业化；
- 减少企业职能资源的重复配置；
- 促进企业不同职能领域的协调与合作。

全球化的职能型组织结构还能够减少总部与子公司之间的冲突。它可以将世界范围的运营整合到其职能领域中，并赋予职能部门经理以全球化职责。这样又会提高管理者整体的全球化导向。例如，一个营销经理在营销部门中的职位越高，就越需要思考和了解企业的全球市场问题。

职能型结构的主要缺点包括：

- 经常会在企业职能群体之间产生协调问题；
- 可能会导致员工以狭窄的视角看待组织的整体目标；
- 职能群体只关注自己的具体领域，会限制其对顾客的注意力；
- 会导致组织对市场变化做出反应的速度变慢；
- 首席执行官的决策会涉及多种职能，这常常会增加他们的负担。

在国际环境中，当企业拥有一系列的产品，并且这些产品有着不同的环境要求，如不同的政府限制或标准、不同的顾客偏好或不同的绩效质量等时，职能型组织结构就有问题了。当不同的职能部门面临不同地域上的不同需要时，这个问题就会变得更加严重。例如，在英国和法国的会计工作相似，但是两国的广告手段差异很大，那么，会计和营销部门之间协调的难度就会增加。

6.2.2 产品型结构

在如图表 6-7 所示的产品型组织结构中，企业围绕着具体的产品（或服务）或者相关的一系列产品（或服务）而组织。通常，每个产品群体包含了职能型结构所拥有的全部传统部门，如财务、市场、运营和人力资源管理等部门。一般来讲，每个产品都被看作一个**利润中心**（profit center）。也就是说，与某种产品相关的费用都来自销售该产品所产生的收入。产品或服务部门的经理通常在公司总部工作。当然，也不必事事如此。例如，霍尼韦尔公司（Honeywell）的商业与住宅楼宇控制产品小组的总部位于明尼苏达州，而商业飞行仪器产品小组的总部位于亚利桑那州。

图表 6-7 产品型组织结构

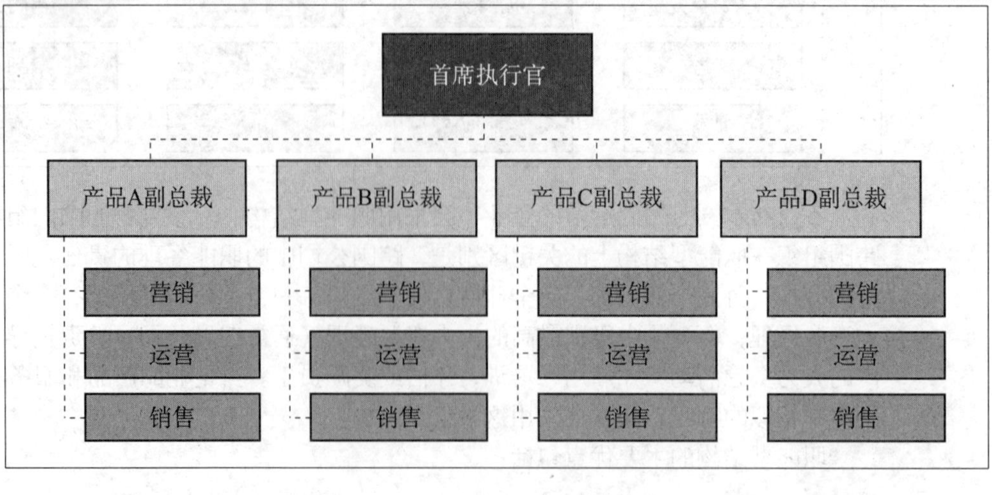

产品型结构的优点主要包括：

- 产品群体中不同职能领域的员工会更加注意特定的产品和顾客；
- 企业产品的绩效（盈利和亏损）很容易评估；
- 面对市场的变化，产品的反应通常会更迅速；
- 通常会减少高级执行官在运营决策上的负担。

产品型结构的缺点主要包括：

- 职能领域（如信息技术、财务、人力资源等）重复，难以形成规模经济；
- 顾客购买的产品跨越产品群体时，可能会出现问题；
- 有时，公司目标与产品群体的目标可能会产生矛盾；
- 不同产品群体间的矛盾可能会增加，彼此之间的协调也会变得更加困难。

跨国公司会采用全球产品型结构。在公司所参与的整个国际市场上，顾客对某个产品的需求很相似的时候，一般会出现这种结构。当碧迪公司（Becton Dickinson）采用了全球产品型结构后，其生物科学部门的经理便负责制定和实施其产品全球战略。

6.2.3 事业部结构

事业部结构可以看作产品型结构的延伸。图表 6-8 展示了碧迪公司的部分组织结构图。碧迪公司是一家医疗产品公司，采用事业部结构。事业部一般在一个相关领域里包含多种产品，而这些产品并不一定紧密相关。通用电气拥有 11 个不同的经营单位，形成一个多元化的产品组合，包括金融服务、交通、能源、保险、医疗系统和娱乐产品等。

图表 6-8 事业部组织结构

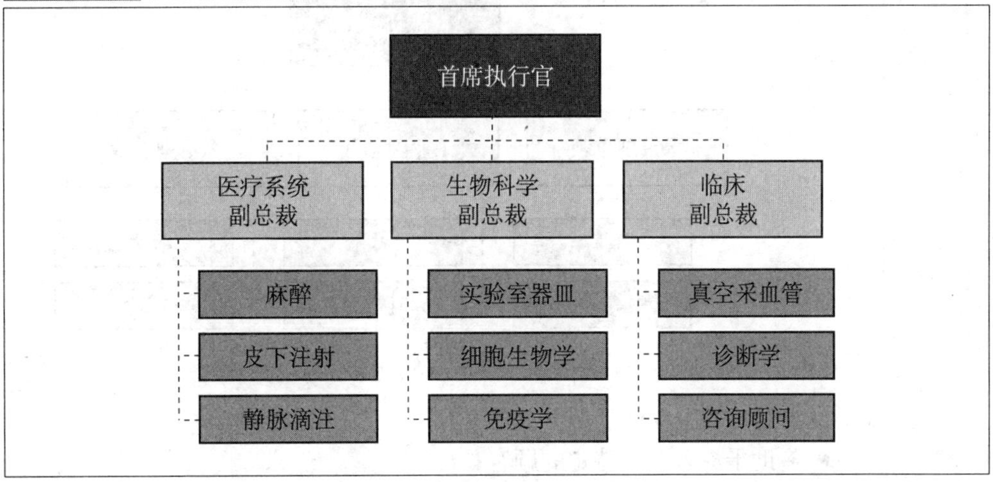

在每个单位内，会有很多的产品群和具体的产品。例如，通用电气的医疗系统部门包括 12 个不同的产品组合，如心血管病学、放射学、急救器械以及与骨科运动医学有关的产品。每一个产品组群中又包含许多具体的产品。很明显，大规模和多样化的产品需要事业部结构来管理。事业部结构还可以促进企业使用模块化产品。其中，每一个模块是不同的，但在模块中都包含着某些相同的部分。模块以不同的方式生产和组装，形成多种不同的产品。在事业部组织结构中，所有的职能活动都包含在每个事业部中。

事业部结构的主要优点如下：

● 在事业部中生产不同的产品族，可以减少职能的重复配置，并增强企业职能活动的规模经济；

● 事业部中的产品族服务于共同的顾客，导致顾客关注点增强；

● 事业部内跨产品协调会容易些；

● 产品族内以及事业部内的跨地区协调通常会容易些。

事业部结构的缺点如下：

● 主要适用于拥有众多具体产品和产品族的大型多元化公司；

● 不利于跨事业部的协调；

● 难以协调事业部目标与公司目标。

与国内公司类似，跨国公司经常采用这种组织结构。在这种情况下，每个部门都承担着全球责任。因为事业部结构大体上是产品型组织结构的延伸，所以二者有很多共同的优点和缺点。对于大型多元化的跨国公司，事业部是一种更常用的组织结构。

6.2.4 顾客型结构

正如名称一样，顾客型结构围绕着顾客的类别而组织（如图表6-9所示）。通常，在不同类别的顾客有着各自独立、各不相同的需求时，会用这种结构。例如，产业型顾客所购买的产品会与零售型顾客所购买的不同。

图表6-9 顾客型组织结构

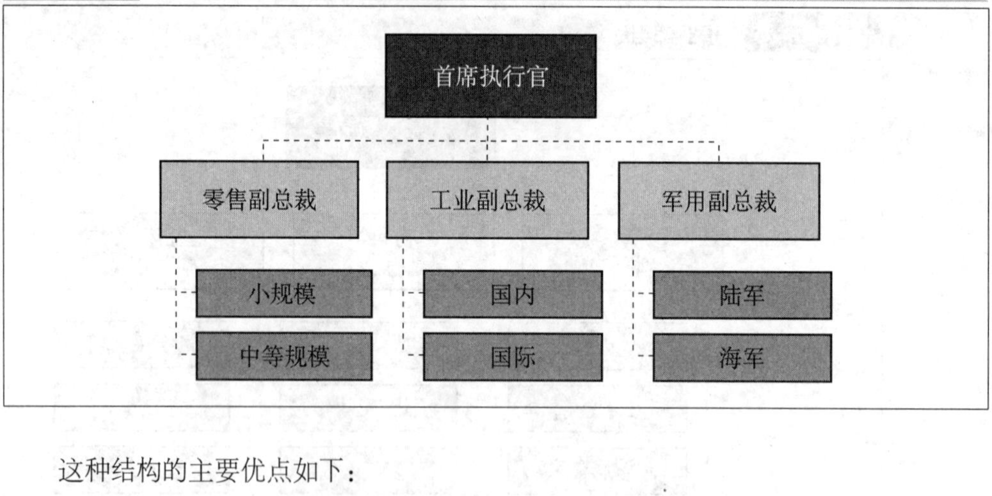

这种结构的主要优点如下：

● 有助于深入了解特定的顾客；

● 增强企业对顾客的偏好和需求变化的反应能力，以及对竞争对手行动的反应能力，以更好地服务顾客。

这种结构的主要缺点如下：

● 在每一个顾客单元中，重复配置职能型资源；

● 常常难以协调顾客单元目标和公司的目标；

● 难以在其他单元里利用某个顾客单元中的技术及其他优势。

由于不同国家和地区的顾客各不相同，许多跨国公司发现很难采用这种组织结构。例如，IBM原先有一个关注政府客户的咨询机构，但它发现很难在全球基础上组织这种单位。因为在选择计算解决方案提供商时，不同的政府有着不同的需要和要求。美国政府客户可能会与IBM的其他客户有着明显不同的需求，因此，在美国顾客细分上所获得的优势，可能就无法在世界其他地方派上用场。

6.2.5　地理或区域型结构

如图表6-10所示，公司可以根据其运营所在的地理位置或区域设立组织结构。在这种组织结构中，区域经理要全面负责所辖区域内的所有职能活动和产品。例如，一个西部区域的副总裁可能要负责该公司在华盛顿州、俄勒冈州、加利福尼亚州、内华达州、蒙大拿州、犹他州、爱达荷州、怀俄明州、科罗拉多州、亚利桑那州以及新墨西哥州的所有重要的业务活动。每个区域通常都是利润中心。因此，每个区域的盈利能力是用其所创造的收入和支出的费用来测量的。

地理或区域型结构的主要优点如下：

- 可以深入了解特定地理区域中的市场、顾客、政府和竞争对手；
- 通常会增强区域经理对其绩效的责任感；
- 增强公司对地理区域中的市场、政府管制、经济条件等方面变化的反应能力。

地理或区域型结构的主要缺点如下：

- 通常会制约区域间的协调或沟通；
- 可能会增加区域和公司总部间的矛盾和协调的困难性；
- 通常会带来区域间职能资源的重复配置；
- 不同区域间生产设备彼此独立，难以实现规模经济；
- 可能会造成区域间的竞争行为，不利于跨区域运营的顾客。

图表6-10　地理或区域型组织结构

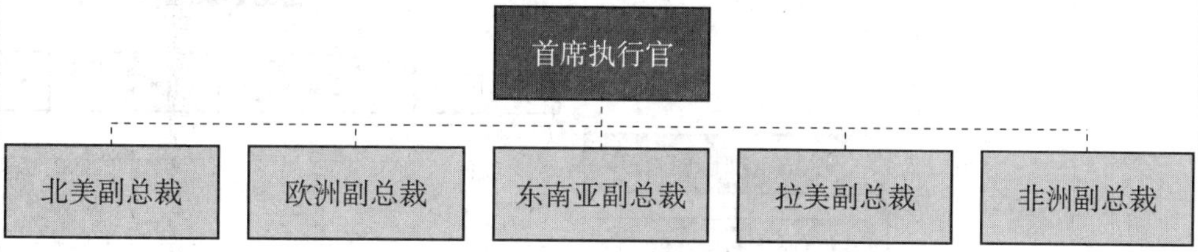

优点：
- 促进对当地的反应
- 能深入了解具体区域和国家
- 建立区域责任制
- 促进区域内的跨职能协调

缺点：
- 经常造成跨地区协调的困难
- 制约企业实现全球性规模经济
- 区域间资源和职能的重复配置

跨国公司普遍采用地理或区域型组织结构。这主要是因为世界上一个区域与另一个区域在顾客需求、政府管制、竞争条件、供应商的可获得性以及其他因素等方面差别很大。区域规模或范围通常是业务量的函数。例如，在消费品公司中，中东和非洲经常被包含在欧洲区域（EMEA——欧洲、中东和非洲地区）中，因为这些区域的销售额太小，不需要单独设立一个区域。然而，对大多数采用区域型结构的石油天然气公司来说，中东是一个独立的区域，因为它是一个重要的石油来源区域。

6.2.6　矩阵型结构

矩阵型组织结构（如图表6-11所示），由两种组织结构相互叠加而成。因此，这种结构具有双重汇报关系。也就是说，一个员工基本上要向两个上级汇报工作。这两种结构是我们已经讨论过的一般组织形式的结合。例如，可以是产品型结构与职能型结构组合的矩阵型结构，或者是区域型结构与产品型结构组合而成。本章开篇所提到的哈里伯顿公司采用的正是这种矩阵型组织结构。正如所介绍的那样，弗赖雷是一名安哥拉区域经理。他负责协调地区经理与海外产品或项目经理的工作。这通常是根据组织所处环境的两个主要维度来设定两种互相重叠的结构。

矩阵型结构的主要优点如下：

- 能够促进信息在整个组织范围内流动；
- 组织在做出关键决策之前，可以同时考虑到相互交叉的观点，从而提高决策质量；
- 该结构最适用于变化和复杂的商业环境；
- 可以更灵活地使用人力资源。

矩阵型组织结构的主要缺点如下：

- 因为员工通常会有两个上级，会使得绩效评价变得复杂；
- 制约了组织快速响应变化条件的能力；
- 分散了责任；
- 当公司试图整合不同观点以及交叉单位的目标时可能会产生冲突。

图表6-11　矩阵型组织结构

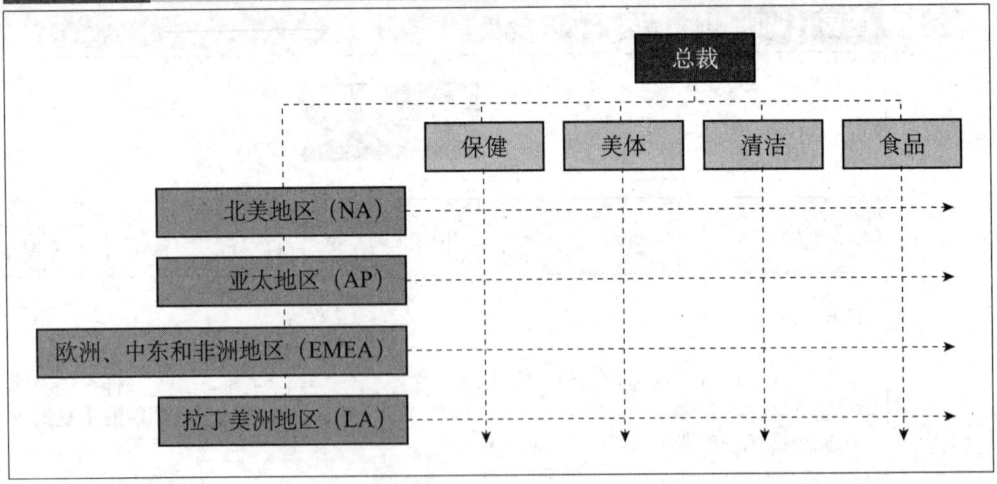

跨国公司经常采用矩阵型结构，如哈里伯顿公司。这是因为，实现全球产品、事业部以及顾客结构等的规模经济很紧迫，但与政府、文化、语言以及经济相关的地区差别又很大。在跨国公司中，矩阵型结构特别难管理。ABB公司是一家瑞士的大型工业企业，很多年来一直采用区域事业部矩阵结构。但是，在20世纪90年代后期，ABB公司的高管认为管理矩阵结构所带来的矛盾与困难已经超过了其所产生的收益，所以他们将组织结构转变成全球事业部组织结构。尽管这些改变是积极的，但它的设计和实施仍然困难重重。因此，这要求能针对组织结构的重大变化做好大量的计划工作。

6.2.7　混合型结构

正如我们前面所提到的，单一的纯粹组织形式是存在的，但是基本结构的任何结合都是有可能的。混合型结构最典型的目标就是，通过结合不同结构的长处，获得一种结构的优点并减少其缺点。图表 6－12 提供了一个职能-产品-顾客的混合型结构的例子。在现代的组织形式中有很多这种混合型结构。我们将在下面深入探讨。

图表 6－12　混合型组织结构

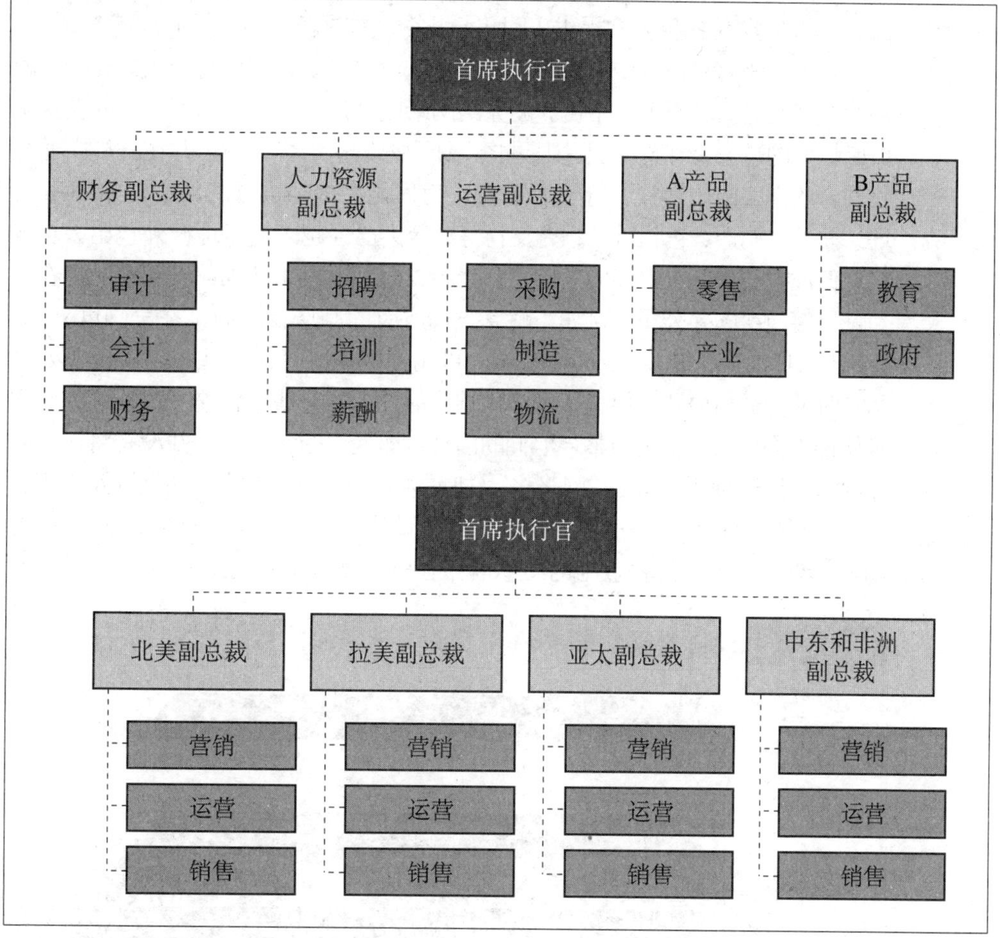

6.3　网络组织结构

现代的组织结构有多种形式，其中很多没有一致的标志或名称，它们实际上隐含在组织单位和活动的结构之中，很难用组织结构图描绘出来。价值链概念是可以把它们表述出来的一种方法。建立现代组织结构的一个重要部分就是重组企业的价值链，以降低成本，获得专业化优势，改善一体化与协调。

这些现代的组织结构通常称为**网络结构**（network structures）。网络结构有很多版本，从“低网络化”到“高网络化”，形成一个连续的统一体。在低网络化结构中，外部网络化活动的数量和规模受到限制。这就是说，企业拥有并实施了价值链和网络中大多数主要活动与支持活动，而外部组织只能进行有限数量的更小的价值链活动。相反，高网络化结构则可以进行更多数量和规模的外部网络化活动。在这些结构中，外部网络化价值链活动的数量常常超过企业内部所拥有与实施的价值链活动的数量。

将一种价值链活动外包是与外部组织进行网络化的一种最普通的方法。外包，就是在组织内选择一项重要的活动，通过合约将该活动包给外部的一个独立单位。例如，2007年，欧洲空间局（European Space Agency）与EDS公司签订了一项价值几十亿美元的合约，使后者在实际上执行了空间局所有的信息技术（IT）职能。惠普公司后来并购了EDS公司，使其成为惠普公司企业服务事业部的一部分。该单位的大部分收入来自为各种客户提供IT职能服务（如图表6-13所示）。

耐克几乎将价值链中主要活动的运营部分（制鞋）都外包出去。这样，耐克与其签约的众多制造商实现了网络化。耐克的网络联合是非常紧密的。它可以在位于俄勒冈州比弗顿城的总部设计鞋，通过卫星将设计图纸发送给合约商，并在一周内通过联邦快递收到合约商寄回的鞋样。管理者过去认为只能在内部进行的活动，如IT、人力资源管理、设计、制造、销售以及顾客支持等，今天已经越来越多地被外包出去。技术能够在实现低成本与保证可靠性的条件下，将各自组织的网络活动整合起来。现在，大多数外包是直接包给国外公司。例如，耐克公司所有的制造合约商都在美国以外。很多活动，特别是IT活动都外包给了印度公司。可用的技术已经使得远距离以及多人之间能够进行实时的沟通与协调，促进了网络化结构的发展。有些人将这一背景称为数字时代。技术使得人们可以去协调与整合他们的活动，即使一个正式组织并没有将这些活动结合在一起。利用这种新技术去“网络化”（协调和整合）不同的人、活动以及组织，给管理者带来了新的、有时是很重要的挑战。正如前文所述，管理者必须保证能有效地完成活动。如果人们仅仅是松散地与组织联系在一起就很难做到这一点。

图表6-13 外包结构

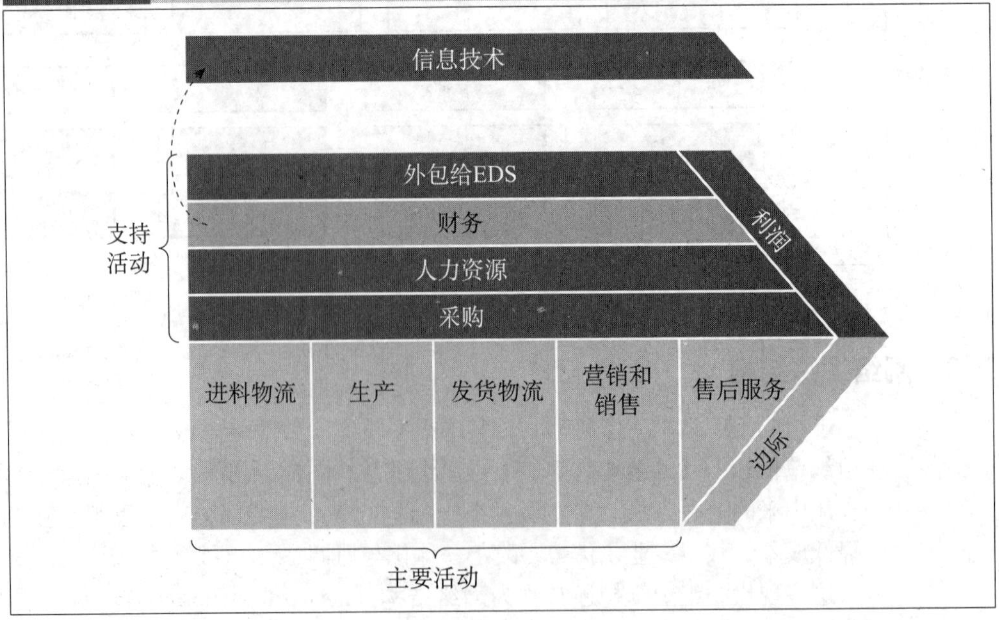

在高网络化的组织结构中，企业可以将更多的价值链活动外包给外部组织，而不是自己拥有和执行。假设一家服装设计公司将自己的竞争战略制定为卓越的设计、世界一流的原材料以及与零售商的紧密关系。在这个战略基础上，公司可能只需拥有和控制一部分价值链活动，如设计、采购和销售，其他的则不需要。公司可以与另一家公司，如锐得公司（Ryder），通过网络化合作进行进料物流管理。它可以与亚洲的众多合约商进行网络化合作，生产设计好的服装。公司还可与UPS签订合约，由它执行所有的发货物流管理。通过外包，可以将让亚美亚科技公司（Avaya）来处理其售后服务业务，让IBM和惠普公司来执行其IT职能，让安永（Ernst & Young）管理其人力资源、财务和税收的职能。这样，公司的管理者可以把精力集中在价值链活动关键部分上，如设计、采购和销售等。这些活动最有可能给公司带来竞争优势（见图表6-14）。

图表6-14　网络结构

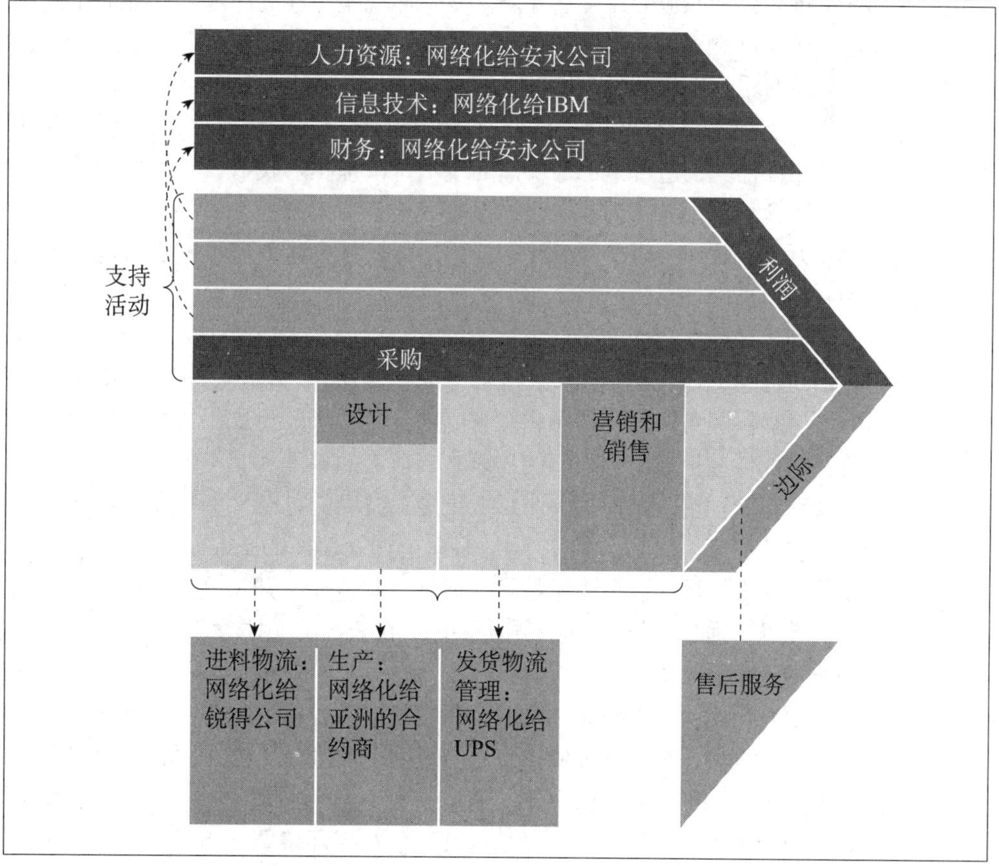

与多数传统结构类似，**网络结构**（network structures）既有优点也有缺点。其最明显的一个优势就是，网络化使得管理者去关注核心能力或最可能形成竞争优势的活动。通过集中精力在核心活动上，管理者可以更有效地实施这些活动。但是，同样也要有效地实施网络化的“非核心”活动。这就需要花费时间、注意力、精力以及技巧去处理与外部组织的关系。简单来说，网络结构可以使管理者更加关注具体的价值链活动，并加以专业化。该结构也同样要求对实施网络化活动的组织进行监管和协调，并将这些组织的产出整合到公司之中。

6.4 组织设计

从根本上说，在组织设计过程中，管理者需要面对获取专业化和一体化优势的挑战，同时要缩小常常出现的镜像劣势。随后要考虑，“在实际构建组织的时候，管理者应该如何决策?”外部环境和公司战略是这一决策的两个主要决定因素。

6.4.1 外部环境

决定环境和组织结构匹配的一个关键因素是环境的不确定性。在本章的前面部分，我们简单地描述了环境的不确定性。下面我们将这一概念拓展为两个相关但独立的部分：环境复杂性和环境动态性。

环境复杂性 从根本上说，**环境复杂性**（environ mental complexity）是指组织外部环境中差异和相似的广度和深度。复杂环境差异性的广度和深度大于简单环境。可以从多个维度测量差异性和相似性，但存在一些核心的维度，包括产品、顾客、技术、竞争对手、供应商以及地理区域。

与产品相关的复杂性在每个公司里都是不相同的。例如，比克笔（BIC pen）大约有 7 个部件。制造每个部件所需的技术含量都相对较低，将部件组装成最终产品所需的技术含量也不高。当波音公司组装一架 777 喷气式客机的时候，其组装的部件超过 100 万个，从一个简单的金属螺栓到由稀缺复合材料制成的面板等。因此，波音公司拥有一个高度复杂的产品环境，特别是相对比克笔的环境而言。

顾客是环境复杂性的另一个重要维度。例如，麦当劳每天为数百万顾客提供汉堡包，但是与其总体规模相比，顾客群体的差异性相对较小。相反，丰田公司每年为数百万顾客提供服务，但这些顾客需求的差异却很大。例如，悬挂和排放系统等丰田汽车的关键部件在世界不同地区的需求都有很大的差异。

技术也是环境复杂性的一个重要维度。技术的复杂性包括所需技术的多样性以及技术的复杂程度。例如，阿尔卡特-朗讯公司（Alcatel-Lucent）在其电话及通信产品中使用了模拟、数字以及光子技术。但是，制造光子开关以便利用光纤传输数据所需使用的技术与阿尔卡特-朗讯公司生产的实际产品所用技术之间的差异，即使是很多物理学博士也很难理解。

竞争对手也是环境复杂性的一个重要维度。更多、更强大的竞争对手会使环境更加复杂化。例如，在设计和制造商用飞机的过程中，波音公司的产品环境相对复杂，但它的竞争对手环境就比较简单。基本上，空客公司是它唯一的直接竞争对手。这倒不是说与空客的竞争很容易，而是说其竞争对手环境要比盖璞公司的竞争对手环境简单得多。盖璞公司要与成千上万的服装制造商和品牌争夺同样的顾客。

供应商也是环境复杂性的维度之一。更多数量、更多元化的供应商会导致环境复杂化。例如，波音公司的竞争对手环境简单，但其供应商环境却很复杂。波音生产的商用飞机大多是自己设计的，但拥有数以百计的供应商。有的供应商甚至生产波音飞机尾翼这样的大型部件。

地理复杂性是环境复杂性中最后一个维度，对前面提及的所有维度都有着很重要的影响。这主要是因为覆盖的地理区域越多，其他维度产生差异性的可能性就越大。

例如，一家公司的经营涉及的国家越多，这些国家之间存在差异性的可能性就越大（政府、法律、顾客偏好、语言等）。这些差异可能会提高产品、顾客、技术、竞争对手以及供应商等差异性的广度和深度。因此，涉及的地理区域范围大会增加环境的复杂性。

环境动态性 影响环境总体不确定性的第二个因素是环境静态或动态的程度。静态环境可能含有或多或少的要素，但是这些要素随着时间的变化仍然保持稳定。例如，笔及其部件的制造技术在过去30年的时间里几乎没有变化。相反，动态环境中的要素变化很快。例如，在过去30年中，复合材料和电子技术的进步给商用飞机制造商带来了巨大的变化。时尚行业在一个更加动态的外部环境中运行。在贝纳通公司所面临的环境中，颜色、面料和式样不是每年而是每个季度都在变化。处于动态环境之中的公司经常把所处的环境描述为“激流水域”，面临着在水流不断变化的河流中漂流的挑战。外部环境的迅速变化一般要求组织内部也做出迅速的变化。尽管我们在几个章节中都提到了变革的效应，但在第15章中会用较多的篇幅讨论为什么组织的变革是困难的，以及促使变革成功的系统性方法。

通过简单-复杂与静态-动态这两个维度，我们可以画出一个四象限矩阵，为组织设计结构提供一个大的背景（见图表6-15）。总的来说，环境越是复杂和动态，组织结构就越是需要协调不同群体的努力，这种协调的速度也就要越快。这意味着，企业所处的环境越是复杂和动态，组织结构就越是需要利用各种机制去促进协调和整合，如价值观、团队和联络。

图表6-15 组织不确定性矩阵

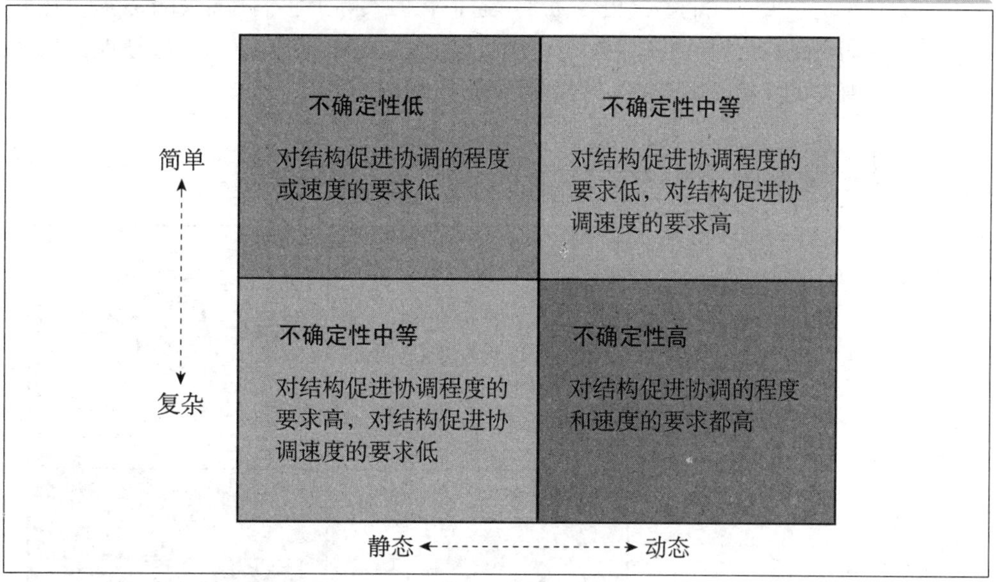

6.4.2 组织战略

在设计组织结构时，管理者必须考虑的第二个主要因素是公司战略。遗憾的是，没有简单的法则可以用来确定具体的结构去匹配战略。

但是，还有几个原则可以帮助人们理解战略和结构之间的关系。例如，结构应该补充与影响战略。但是，很难确定哪种结构可以补充和影响战略。然而，我们可以通过检验一种最普通的战略制定方法来获得对这一原则的重要认识。在第5章中已经讨论过，制定战略的一种普遍方法就是确定公司的核心能力或资源，它们是难以模仿的、稀缺的、为顾客创造价值的。通过识别核心能力或资源，我们可以更加容易地评估拟议的结构与战略匹配与否。

此外，企业通常采用事业部结构来完善多产品战略。采用这种战略的企业试图在多个产品市场中经营。通用电气公司采用这种战略制造并销售家用电器产品和喷气式飞机引擎，并提供金融和娱乐服务。对于每个产品或服务市场，它都有一个独立的事业部。

企业所采用的结构会影响其具体的战略行动，如形成战略联盟以便在开发新技术上进行合作。为了能够在开发新技术的动态环境中做出反应，企业需要保持战略的灵活性。至少，在开发新技术的具体行动上保持灵活性。在这方面可以采取多种行动，如通过并购去购买一个拥有新技术的企业，建立战略联盟去从内部开发中获得资源，或者通过合资与合伙人在其他的战略行动上合作。

6.4.3 国际情境中的组织结构

到目前为止，本章中主要关注在国内外情境中都存在的基本结构。现在，我们将讨论国际情境中的组织结构。由于技术发展的缘故，今天很多企业从一开始创办就具有国际性，还有些是在达到一定成熟水平与管理能力后才进入国际市场的。多数企业在一个国家创建，并在一段时期内只关注那个国家的顾客。如果国际性组织是稳步和系统地发展，我们就会更容易理解它们，但实际上它们并非如此发展。然而，企业的性质与结构之间存在一种一般关系。这种关系在30年前第一次被提出来，最近得到了普遍的支持。图表6-16总结了该理论及其发现。

图表 6-16 国际化战略与结构

	国际产品多元化低	国际产品多元化高
国外销售高	区域型结构	矩阵型结构
国外销售低	国际事业部	全球产品事业部

该矩阵的第一个维度是国外销售的程度。例如，诺基亚97%的销售收入是在芬兰以外的地区实现的。矩阵的第二个维度是产品的多元化程度。产品的多元化，是指企业在多个细分市场甚至行业中拥有多种不同产品的程度。例如，诺基亚主要销售移动电话以及移动电话系统的网络设备。这是一个相对较低水平的产品多元化。相反，通用电气拥有很多种不同的产品，横跨多个行业，如喷气式飞机引擎、照明设备、医疗设备、电视和广播、塑料以及电厂等。国外销售低和产品多元化水平低的企业通常会成立一个国际事业部，以管理其国际销售。因为没有多少国际销售需要管理，而且相对来说产品比较相似，所以通过国际事业部这样一个单独的单位来管理所有产品的国际销售就很有效了。

产品多元化水平低而国外销售高的企业通常会采用区域型组织结构。诺基亚就是一个例子。它将全球市场分成了四个主要的地理区域：欧洲、中东和非洲地区，北美地区，拉美地区，以及亚太地区。

国外销售低但产品多元化水平高的企业通常会采用全球产品事业部制。在这种情况下，按产品设立部门，会更有效地管理国外的销售。此外，国外销售高和产品多元化水平高的企业经常会采用矩阵型结构。ABB就是一个例子。与通用电气相似，ABB是一家大型的工业企业，拥有从火车机车到电力传输等高度多元化的产品组合。这些产品明显不同，ABB需要单独管理每种产品。但是，由于国际销售在其销售总收入中占有较高的比例，该公司同样需要一个区域型组织结构。通过组合，便形成了一个产品-区域型矩阵结构。

因此，国际企业战略与结构之间存在着某些联系。国际性组织的发展可以分为两个基本状态：初级国际化结构和高级国际化结构。大多数国际性组织在早期很少采用高级国际化结构，但企业在各自的发展上没有统一的顺序。不过，企业国际销售的规模、产品的多元化程度、国外研发与制造的规模决定企业会采取高级国际化结构。

拥有出口部门的国内组织　当公司进入国际市场时，它们通常会以有限数量的产品起步。通常，在国外市场中销售的产品是在国内市场中设计和制造的。因此，国际化的主要任务就是将产品出口到国外市场。为了管理这些国外销售，大多数企业都是在已有的结构中增加一个出口部门来管理专门化的任务，如国际运输和海关法规等。

拥有国际事业部的国内组织　当出口的数量超过少数专业人员的能力时，企业通常会成立一个国际事业部。国际事业部要负责与国际市场相关的所有职能活动。国际事业部通常有自己的会计、财务、市场和销售等部门。但是，国际事业部通常不生产产品。产品在普通的国内组织结构中生产，并根据国际事业部的需要加以改进。因此，国际事业部销售的产品通常具有很大的吸引力，并且在不同国家中的顾客的差别也相对较小。

设立国际事业部有很多优势。首先，企业的国际市场经验很少时，这是一个处理国际市场的有效手段。在事业部内关注国际事务和问题可以培养成员很强的专业认同感与职业路径。在国际化活动中，它还提供专业化知识和培训。当企业努力打入国际市场并需要拥有国际市场知识的员工时，这种专业化知识与培训就非常有价值了。对国际市场、竞争对手和环境的关注同样也有利于制定出更加有效的全球战略。此外，由于国际事业部的最高负责人通常可以直接向公司的首席执行官（或类似的资深副总裁）汇报工作，国际事务经常会获得组织结构中高层的支持。

但是，国际事业部太依赖其他部门提供产品和支持，会使它有时处于弱势地位。如果某种产品在国内的销售经常在总销售中占很大的比重，国际事业部就只可能获得较低的优先级别。企业中其他部门可能不愿意花费时间和资金调整向国际事业部提供的产品和服务，即使这些调整可以促进企业在国际市场上的销售。

高级的全球化结构　当国际销售在企业总销售中所占的比例逐渐上升，而且组织开始扩张到更多国家时，企业就再也不能在使国际事业部优势最大化的同时使其劣势最小化。当组织规模过大，不再适应最初的组织结构时，有6种先进的全球化结构可供选择。正如我们所指出的，从一种结构发展到另外一种结构并没有特定的顺序。这6种先进的全球化组织结构与我们已经讨论过的职能型、地理或区域型、产品型、事业部、顾客型以及矩阵型组织结构相一致，所不同的是它们具有的是国际视角，而不是国内视角。

日益深入的全球化给国内和跨国公司所采用的组织结构带来了一系列的变化。正如我们将在下面的“管理者的挑战”中所解释的，全球化造成了越来越多的**外包**(outsourcing)（网络结构）、更加扁平化的组织结构、更加灵活的组织结构以及越来越多的一体化（如战略联盟）。因此，随着时间的推移，许多公司开始采用更加先进的全球化结构。这些结构通常是跨越国家边界和文化的。

管理者的挑战——变革

全球化与组织结构

企业在不断提升它们的销售、制造、研发以及管理的国际化水平，同时也在改变其做生意的方式。全球化改变了劳动力市场，创造了灵活的工作设置，使组织的结构扁平化，并且提高了企业进行跨国网络化的能力。此外，全球化连接了市场与政府，为人们和企业创造了更多的机会和曝光率。

外包

IT公司引导了全球化外包的方式。30多年前，这些公司就发现可以在国外以低成本进行IT活动。由于可以降低成本，很多也将自己的业务外包给海外企业。例如，印度和中国是世界上两个最大的接受外包业务的国家。比起美国来，那里有受到良好训练的专业人士和蓝领员工，而且工资还低得多。最近的研究表明，80%的公司使用IT外包计划，以增加该业务，或在原水平上保持该业务。由于预期服务业务量会增加，印度三大IT公司目前增加了大约17 000名新员工以满足需求。结果，诸如摩托罗拉、得州仪器和英特尔等电子公司开始将自己的制造运营业务输送到海外，利用时区差异和较低工资来降低其运营成本、加速产品开发。在它们的带领下，许多其他的公司也将软件开发、人力资源管理，甚至是会计和财务等职能进行外包。

灵活性

组织的系统、过程和人员工作时不再受那些繁文缛节的规则、程序以及管理层级的约束。取而代之的是，它们获得了更多的自主权和授权，以保持创造性和积极性。部分由于全球化，企业也开始定制化其员工的合约，更多地鼓励他们远程办公和工作分享。此外，还授予员工在较低的管理层级上进行决策的权力。例如，底特律93%的员工和芝加哥85%的员工远程办公的时间占他们工作时间的20%以上。这种方式能使员工的工作更加灵活和自主。

扁平化的组织结构

许多进行全球化扩张的公司经常会下放其员工福利职能。取而代之的是，他们雇用当地的管理者来制定雇用计划，进行工作设计，制定财务战略，并在每个国家选择保险公司。公司通过以所在国为基准，采用符合当地情况的战略计划，确保当地的保险公司符合最低的安全标准并且评估灾难风险，来实现全球化。由于只有很少的垂直职位可供当地人员晋升，员工便通过学习新技术以及承担更具有挑战性的工作来获得加薪。技术的进步使得员工可以直接进行全球性的沟通，减少了中层管理者控制沟通的需求。换句话说，员工不再可能被要求通过“命令链”来进行沟通了。坦率地说，由于对更具技能的工人的需求不断增加，而具有必要技能的工人的数量正在减少，因此，这种方式是必要的。特别是，在西方国家工人老龄化的现象很严重，用这种方法可以适度解决这个问题。

一体化

许多人称20世纪80年代为质量的时代，90年代为重组的时代，而21世纪则是一体化的时代。一体化允许企业与其他企业进行网络化合作，通过给予它们互补资源来增强其竞争力。

研究表明，除2008—2010年很多国家所经历的全球经济衰退时期以外，通过全球化，多数参与到全球经济的国家国内生产总值都在增长。但是，采取贸易壁垒和保护主义的国家的财富在减少。因此，全球化带来了更多的机会，但是政府必须开放它们的市场才能利用这些机会。不过，全球化同样也有缺陷，如有些人担心随着时间的推移当地的文化和传统可能会消失。

资料来源：M. A. Costonis and R. Salkowitz, “The Tough Match of Young Workers and Insurance,” *New York Times*, June 11, 2010, http://www.nytimes.com; “Statistics Related to Offshore Outsourcing,” RTTS, March 24, 2010, http://www.rttsweb.com; “Best Benefits: Telecommuting,” *CNNMoney*, February 8, 2010, http://money.cnn.com; G. Hamel and A. Blitz, “Unshackling Employees,” *Wall Street Journal*, August 7, 2009, http://blogs.wsj.com; R. Garnick, “Globalization's Gloomy Guses Must Adapt,” *BusinessWeek*, March 21, 2006, http://www.businessweek.com; R. Hof, “Web 2.0 Has Corporate America Spinning,” *Business Week*, June 5, 2006, http://www.businessweek.com; S. Borgatti, “21st Century Organizational Trends,” Analytic Technologies, http://www.analytictech.com, February 5, 2001; B. Fung, “Technology Advances and Globalization Are Changing the Face of Risk,” *Aon Focus*, February 20, 2006, http://www.aon.com.

6.4.4 全球化思考与本土化行动

组织竞争所在的环境正日益国际化，为此，管理者在设计组织结构时必须考虑的另一个重要因素就是组织是否满足了全球或当地的需求。**全球化方法**（global approach），是指在协调的世界范围的平台上整合活动。当企业从世界范围的数量、效率或规模经济中获得显著收益时，就很可能会采用全球化方法。这些收益包括生产的规模经济、高成本分销网络的大杠杆作用以及昂贵研发活动的更大杠杆作用。在很多行业中，单个市场不能够支撑最低的有效生产规模。例如，波音公司的一种新型商务飞机的盈亏平衡点大约为 300 架飞机，每架飞机的成本超过 1 亿美元。这就需要销售总额达到 300 亿美元，才能保持不亏损。为了取得可接受的投资回报，波音公司必须尝试开发具有国际吸引力的飞机，仅仅靠美国市场不能达到所需的回报规模。高水平的研发与规模经济要求公司必须把诸如产品开发和制造等活动集中起来。

相反，国家和顾客偏好的差异是驱动公司采用本土化方法的两个关键因素。**本土化方法**（local approach），是指企业在所服务的每个国家进行差异化的活动。当区域特有的差异性和适应性所带来的收益很大，而规模经济等因素的影响很小时，企业通常会采用本土化方法。宝洁公司为了推销其所开发的洗涤剂曾被迫采用本土化方法。最初，宝洁希望为欧洲所有国家开发一款洗涤剂“Visor”，从而获得研发、制造以及营销活动的效率。但是，它发现国家之间的差异非常大。例如，德国人喜欢滚筒洗衣机，而法国人喜欢涡轮洗衣机。这就产生了一个问题，即衣服被放进滚筒洗衣机时，洗涤剂并不能随着衣服的滚动而均匀分布。为了解决这个问题，宝洁研发了一个塑料球，将洗涤剂倒在塑料球中，然后随衣服一起放进滚筒洗衣机内。在洗衣服时，塑料球随着衣服来回跳动，洗涤剂通过其表面的小孔逐步渗漏。这样，宝洁改进了其产品，适应了德国市场的顾客需要。

宝洁公司的例子表明，国家之间的差异越大，对产品和服务的影响越显著，就越需要采用本土化方法。但是，可以同时推动全球化和本土化，这要求企业进行全球化的整合与本土化的响应。在宝洁公司的例子中，由于制造洗涤剂基本上是一个连续的过程，为此，该公司在全球范围内整合了制造过程。这就是说，就像许多化工产品一样，许多化学品要在不同的状态和温度下进行混合，直到产生所需的化学反应后才能生产出最终产品。这是一个漫长的过程。这个过程既不能在任何离散点上停止，也不能在其他地方完成。要改变这个过程生产不同的洗涤剂也是不经济的。所有这些因素使得企业必须在制造方面采用全球化的方法，不需要为了本土市场做出很多的调整。另一方面，德国和法国洗衣机的需求差别很大，也要求关注本土的需求。

总之，深入参与国际商业的企业面临着一体化和差异化的双重压力。它们需要专业人员来完成特定的职能，如在德国进行营销、与法国政府官员打交道以及遵守美国会计准则。但是，它们同样也面临着一体化的更强需要。为了满足日益增长的一体化需要，企业可以运用直接接触、联络人和团队等结构机制。

直接接触 通常，直接接触可以分享信息，是一体化的一种重要方法。松下公司是世界上最大的公司之一。该公司实现直接接触的方法很有趣。正如本章前面所提到的，研发在电子消费品行业至关重要，所以松下公司拥有一个大型的中央研发实验室。为了确保管理者可以知道实验室的活动，以及确保实验室的科学家了解世界范围的新兴市场需求，松下公司每年都要举办一场世界范围的内部贸易展。松下在世界各地的运营机构的高级管理者聚集在一起，检验研究成果和潜在的新产品。管理者同样给致力于研发的科学家提供市场差异、顾客偏好和竞争对手定位的信息。就这样，通过直接接触产生的大量信息共享帮助松下保持其竞争优势。

联络人　**联络人**（liaisons）可以是个人，也可以是一个部门，在公司的两个区域或多个区域中充当“桥梁”或进行连接。其主要功能是加强团队、部门、事业部和分公司等群体之间的联系，并由此促进信息的流动。松下公司在录像机市场上的成功，应部分归功于一种有目的的联络人：松下美国公司的副总裁也是日本母公司的资深管理委员会的成员。他有1/3的时间花在日本。这促进了总部和美国公司之间的联系，后者是录像机最重要的消费市场。此外，日本公司视频部的总经理原先曾在生产部门下面的视频产品部以及日本国内市场部门中工作过很多年。这就为日本的产品部和美国公司之间创造了强有力的联系。美国公司中的产品经理助理也曾在位于日本的松下录像机中心制造厂工作过5年。通过这三个人，松下确保了在日本和美国之间存在公司、产品和工厂三个层次上的至关重要的联系。

团队　当一体化需要跨越职能领域的时候，团队可以作为一种有效的一体化机制。飞利浦公司就是把团队作为一种一体化机制。例如，长期以来，飞利浦拥有一个总裁办公室，而不是只有首席执行官一个光杆司令。总裁办公室里面有技术、商业和财务经理。更进一步，每种产品都有一个由公司商业和技术部门的初级管理者组成的团队。这些团队将有关单个产品的不同观点和信息整合在一起，以确保他们能够较早地解决职能间的分歧，而且从一开始就将必要的设计、制造和市场需求与关注整合起来，以保证产品的成功。

来自一线的管理挑战——尾声

由于需要做出联合决策，并在实施行动之前做好协调，矩阵型组织结构经常会降低反应活动的速度。但在哈里伯顿公司的例子中，这种结构运行得很好。经济下滑所带来的挑战，以及确保高质量的服务的需求都要求企业做出协调的反应。由于管理者已经建立了工作关系并且经常协调他们的工作，为此，矩阵型组织结构可以促进这种反应。因此，即使预算很紧张，路易斯·弗赖雷还是与他的管理团队以及每个产品线的管理者一道，确保实现当初的承诺，提供高质量的服务。随后，他将工作的重点转到财务与库存管理上。通过与管理者团队合作，他们可以降低成本，将库存降到预期的水平，从应收账款账户回收资金。因此，通过与有着不同观点和来自不同部门的管理者团队合作，弗赖雷与他的团队成功地克服了他们所面对的挑战。

本章小结

- 企业的组织结构可以定义为组织根据不同的任务进行劳动分工并对之进行协调的所有方法的集合。这种结构为组织中的汇报关系、控制、权威和决策提供了蓝图。组织设计是评价组织战略和环境需求，并确定合适的组织结构的过程。组织结构通常以组织结构图的形式进行讨论。组织结构图利用方框和连接线揭示部门和连接上下级的权力线间的关系。
- 组织过程的重要维度是差异化和一体化。差异化是指任务被分解为子任务，并由拥有专业化技能的个体去执行的程度。差异化的主要好处是使知识和技能更加专业化。一体化是指组织的不同部分相互作用、配合以及协调的程度。一体化的主要好处是使不同人员和活动相互协调，以完成预期的组织目标。

● 正规化、非正规化、集权和分权是结构的维度，用以平衡并帮助管理差异化和一体化。正规化是指在组织决策、沟通和控制中界定结构和系统。这些机制通常清楚地说明人员和活动相互独立的地点和方式，以及如何整合它们。非正式组织是指非正式的但有影响的沟通、决策和控制的方式。在组织中，这些是做事常用方法的一部分。集权与分权是指决策制定所处的层级，即在组织的高层或者低层。集权组织通常倾向将决策权集于组织的高层少数人手中。相反，分权组织倾向下放权力到组织的最低层级。

● 职能型、产品型、事业部、顾客型、地理或区域型以及矩阵型是六种常见的组织结构。职能型结构被用来在传统的职能领域中组织企业，如会计、金融、市场、运营等。在产品型结构中，企业围绕着特定的产品或者相关的一组产品而组织。事业部结构通常包含一个一般领域中的多种产品，尽管这些产品之间并不一定紧密相关。顾客型结构围绕着顾客的类别而组织。矩阵型结构由两种组织结构相互叠加而成，因此，这种组织结构具有双重的汇报关系。

● 网络结构是当今越来越普遍使用的一种组织结构。一种常见的网络结构源自外包。通常，企业外包其价值链活动的非核心活动，使其可以专注于为其带来竞争优势的核心活动。

● 组织设计必须在组织外部环境和战略的情境中进行。在组织设计中，环境的复杂性和动态性非常重要。从根本上来说，环境复杂性是指组织外部环境中差异和相似的广度和深度。静态环境可能含有或多或少的要素，但这些要素随着时间的变化仍然保持稳定。动态环境则不断变化。结构应该完善和促进战略。事业部制结构常被用来完善多产品战略。

● 当企业进入国际市场时，它们通常会以简单的组织结构起步，如国际部或者国际事业部。随着企业进入更多的国家，其国际性结构会变得更加复杂。结构的选择通常取决于公司国外销售以及产品多元化的程度。

复习题

1. 组织结构与组织设计的概念是什么？它们有什么不同？
2. 什么是差异化和一体化？它们在组织结构中的角色分别是什么？
3. 正规化、非正规化、集权和分权是如何联系在一起的？组织如何利用它们去平衡差异化和一体化？
4. 六种常见的组织结构以及它们各自的优缺点是什么？
5. 网络结构是如何促进管理活动并帮助公司获得竞争优势的？
6. 环境因素和组织战略是如何影响它所应选择的结构类型的？
7. 对于在国际市场中运营的组织来说，什么样的组织结构是最有效的？说明你的理由。

自我评估

冒险倾向

给下面量表的各项打分：

	非常不同意	不同意	中立	同意	非常同意
1. 我喜欢思考未来的机会，而不是只关注过去的成就或者现在的任务。	1	2	3	4	5
2. 如果我有 100 美元去投资，我更喜欢能够确保一个回报（例如 5% 的付现折扣）而且本金不会有损失的方法，而不是另一种可能获得 20% 的投资回报率，但是存在着无法获得回报的合理的高风险，甚至有可能损失一部分本金的方法。	1	2	3	4	5
3. 我喜欢新的想法并承担新任务，因为它们能够激励我。	1	2	3	4	5
4. 我不喜欢规律性的变化，我喜欢稳定的工作环境。在这种环境中，我的任务是可预测的。	1	2	3	4	5
5. 当我被分配去完成一项任务，我更喜欢用我所希望的方式自主完成。	1	2	3	4	5
6. 规则和已有的程序对完成一项工作来说非常有用。	1	2	3	4	5
7. 当有一项新的任务时，我发现上级的细心指导和监督对我非常有帮助，让人感到很舒服。	1	2	3	4	5
8. 在完成所分配的任务时，我相信我是有上进心的（与之相反的是“被动的”）。	1	2	3	4	5
9. 在大多数情况下，当人们承担了传统的角色（例如传统的性别角色）时我会感到很舒服。	1	2	3	4	5
10. 当思考可能会带来不确定结果的复杂决策时，我更喜欢独立做出决策，因为这比在群体中做出决策要快。	1	2	3	4	5

得分

将问题 1、3、5、8、10（第 1 组）中你的答案所对应的分数加总，并将问题 2、4、6、7、9（第 2 组）中你的答案所对应的分数加总。用第 1 组所得的总分减去第 2 组加总所得的总分。

如果最后得分为正，那么你更喜欢承担风险，在模糊和不确定的情境中工作你会感到很舒服。你所能得到的最高正分为 +20。

如果最后得分为负，你就更喜欢低风险的、更加确定和结构化的环境。你所能得到的最低负分为 −20。

团队练习

组成一个 3～5 人的小组。你的小组被聘为顾问，帮助管理者组建一个新的部门。请阅读下列有关管理者所处情境的说明。然后，你的团队必须为管理者提出建议。你们可以通过回答最后部分的问题来提出你们的建议。

一名新经理被一家大型食品和饮料公司任命为一种新型运动饮料的品牌经理。她的上司曾经问过她想如何组织她的部门。特别是，她的部门需要多少人，他们的职位将怎样被构建。

处在此层级的大多数新经理拥有大约 4～6 个下属。该经理表示她可以拥有少则 3 个，多则 13 个下属，这取决于她的请求以及相应的理由。在这次晋升之前，这名新经理已经在一个品牌小组工作了 3 年，并且在最后的 14 个月成为团队的非正式领导者。她被告知此次晋升的部分原因是她很好地管理了她的团队，该团队包括其他 3 名成员，他们的主要工作是市场研究。

这款新型的运动饮料已经上市 6 个月了，投放在美国和亚洲获得了成功。接下来是希望在欧洲和拉丁美洲进行的扩张。下面是新经理准备的一个关于13名潜在下属的描述。

市场研究员：目前有3个人在进行产品的市场研究活动。他们的大部分工作已在投放之前完成。目前，他们正在关注顾客满意和产品所带来的竞争反应。其中两个人在美国工作（一个在东海岸，一个在西海岸），剩下的一个人在日本工作。

统计员：共有2名统计员。一名在公司位于东海岸的总部工作，另一名在公司位于伦敦的欧洲地区总部工作。他们都进行相似的分析数据的工作，以识别不同顾客特点、产品特点、市场和促销活动以及购买类型间在统计上的联系。

广告专员：共有3名广告专员。一名主要负责处理印刷媒体；一名主要聚焦在广播媒体（主要是广播和电视）；第三个人主要专注于"可选择的广告"，这包括从促销竞赛到因特网的所有事情。负责印刷媒体广告和广播媒体广告的两个人在东海岸工作，负责可选择广告的员工在圣迭戈的家中远程办公。公司距离圣迭戈最近的是位于洛杉矶的西海岸办公室。

行政助理：有1名行政助理为投放运动饮料的品牌经理工作。这个人通常作为品牌经理的秘书、组织者和普通助手。

市场专员：共有4名市场专员。每一名专员位于不同的地区（美国、亚洲、欧洲或拉丁美洲）。这些人主要负责制定本区域内的市场战略。目前产品还没有在欧洲和拉丁美洲投放，这两个地区的市场专员还在为其他产品和任务而工作。

基于以上信息，阅读本章材料，并搜寻其他相关信息（如果需要的话），你的团队应该能够通过回答下列问题形成自己给新经理的建议。

1. 她应该请求得到多少个下属？她的控制幅度应该是多少？

2. 所列的职位是否都是必需的？请说明理由。对于每一个职位，她应该请求获得几名下属？为什么？

3. 你是否推荐她在职位列表中加入其他职位？所有的人都直接向她报告，还是应该有更多的管理者？请具体说明。

4. 新经理应该实现多大程度的正规化？对于每一类职位中的员工，她应该提供多大的自治权？

章末案例

金佰利公司的组织结构调整

2003年，拥有舒洁（Kleenex）、好奇（Huggies）和得伴（Depends）三个品牌的纸制品生产商金佰利（Kimberly-Clark）宣布，它正在打造一个全新的组织结构以支持一些绩效表现差的业务。这个全新的结构将会把金佰利公司所有的产品划分为三个品类：成长类、维持类和修复类。这三个并不是传统意义上的品类，它们的划分不是基于金佰利的产品类型、顾客和产品销售的地理位置，而是基于对产品本身表现强度的感知。

背景

金佰利公司于1872年在威斯康星州尼纳市成立，创立它的是约翰·金佰利（John A. Kimberly）、哈瓦那·巴博考克（Havilah Babcock）、查尔斯·克拉克（Charles B. Clark）和弗兰克·沙塔克（Frank C. Shattuck）这四个年轻的商人。公司最初只生产纸制品，但随后便开始了扩张，进入了个人护理消费品领域，并与宝洁等公司展开了竞争。

1978年，金佰利推出了后来成为销量冠军的好奇一次性纸尿裤。好奇一鸣惊人，很快便成了全美第一的纸尿裤品牌。在接下来的20年，金佰利又相继推出了成人纸尿裤品牌得伴和学步期儿童成长裤，并且收购了斯科特纸业（Scott Paper），后者是卫浴纸品和纸巾制造的领导者之一。如今，完成合并后的金佰利公司在全球150个国家和地区有产品销售，在80个国家的市场中占有第一或第二的位置，在38个国家设有运营机构，雇员超过55 000人。

重组的问题

同许多公司并购一样，金佰利和斯科特纸业 1995 年的并购进展得并不顺利，大部分斯科特纸业的管理者在并购后离开了。金佰利在并购后的整合过程中也遇到了重重困难，第二年它的营业收入和销售额都下降了。

直到 20 世纪 90 年代末，公司的管理者才最终解决了并购带来的整合问题，但是刚刚进入 21 世纪，公司又面临新的挑战，其中最主要的挑战是金佰利产品在发达国家销售增长的停滞，因为这些国家的市场已经饱和了。公司要持续增长，就必须寻找新的市场。与它最强劲的竞争对手宝洁的竞争也使金佰利丢失了一些市场份额。宝洁在 2002 年推出了高端的帮宝适品牌，吞噬了好奇的市场份额。由于一次性纸尿裤行业的激烈竞争，金佰利试图通过生产另一个相关产品来进行多元化，这个产品便是一次性婴儿湿巾。但是，这些增长计划也因著名婴儿洗发露生产商强生公司推出的婴儿湿巾系列而遭遇困境。

正是在以上竞争动态情境之下，金佰利的管理者才于 2003 年宣布了他们激进的组织结构调整计划。成长类（高速发展的品牌和部门）包括学步期儿童成长纸尿裤、家用纸巾和湿巾，以及舒洁。维持类（产生稳定收益的品牌）包括美国婴儿护理用品和其他面巾纸品牌。修复类包括欧洲个人护理产品和美国专业盥洗室商业产品，这些产品的销售额相对较低，尽管占据了总销售额的 20%，但它们仅占总利润的 10%。

金佰利的管理者们认为重组可以帮助公司加快市场进入速度，提高资本分配决策的效率，可持续地降低成本。但是，就在宣布重组的同时，金佰利也调整了它的年销售增长率预测值，从 6%～8% 下调至 3%～5%。可以预料，这引起了股东们的消极反应，金佰利的股价在公告发布后马上就跌停了。因此，管理者开始重新考虑先前计划的组织变革。

最终，金佰利于 2004 年年初提出了一个新的不一样的组织结构。与使用成长、维持和修复三个类型划分产品不同，管理层宣布将公司产品围绕个人护理、卫浴产品和新兴市场来组织。具体来说，管理层计划将北美和欧洲的个人护理团队合并为一个组织单元，盥洗室产品团队也是如此。此外，管理层将会打造一个“新兴市场”业务单元，专门用来最大化所有金佰利产品在亚洲、拉丁美洲和东欧的增长率，公司于 2010 年在俄罗斯设立的好奇纸尿裤生产中心便是一个例子。

到 2010 年为止，金佰利的这些变革使它变成了一家健康卫生护理企业。分析人士对这些变革的反响不错。另外，金佰利公司还宣布它降低成本的努力带来的效果可能会超过预期。管理层预测到 2010 年年末，节省的成本可高达 4.5 亿美元。管理层还公布了一项新的降低成本的计划，期望到 2013 年年末降低成本 5 亿美元。最后，公司目前正在寻找健康护理行业中好的收购标的。

◆ **思考题**

1. 金佰利的管理者为什么要将公司按成长、维持和修复三个类型重组？这种结构可能会带来哪些劣势？

2. 金佰利公司的管理者在 2004 年提出的组织结构比之前提出的组织结构好吗？为什么？

3. 金佰利公司的变革重塑了它的身份，它成了一家健康卫生护理企业，结合它降低成本的举措，这些可能会提升它相对于宝洁的竞争地位吗？请解释你的答案。

第 7 章

管理多元化的人力资源

Managing Diverse Human Resources

学习目标

通过本章的学习，你应该能够：

- 解释为什么将企业的人力资源潜力最大化对公司的人力资源部门和所有管理者都很重要；
- 解释企业的人力资源能力如何影响其战略；
- 强调将合适的人放在合适岗位需要关注的主要内容；
- 描述有效甄选应聘者的方法；
- 强调有效的社会活动和培训的主要内容；
- 描述向员工提供绩效评估反馈的各种方法；
- 讨论企业常用的薪酬和奖励体系；
- 讨论在全球化背景下为什么对多元化的管理越来越重要。

来自一线的管理挑战

姓名：琼－雅克·博萨特（Jean-Jacques Beaussart）

职位：Key 银行（Key Bank）首席采购官

母校：哥伦比亚大学

业余活动：旅游、读书、爬山、园艺

毕业后的第一份工作：工程师

推荐的商业书籍：《从优秀到卓越》（*Good to Great*）和《打破思维定式》（*Thinking Outside of the Box*）

偶像：比尔·盖茨

驱动力：对卓越的追求

管理风格：严厉但公平，始终追求卓越并要求身边的人也如此

琼-雅克·博萨特出生并成长在法国，曾住在摩洛哥和拉丁美洲，后来在美国哥伦比亚大学获得工程硕士学位。随后，博萨特又获得了新泽西州的菲尔莱狄更斯大学（Fairleigh Dickinson University）的公共管理硕士学位。Key 银行是一家位于克利夫兰的银行，资产约 950 亿美元，业务包括投资管理、零售与商业银行、消费金融以及为个人和公司提供投资银行的产品和服务，它在美国 14 个州有超过 1 000 个分支机构。博萨特是 Key 银行的首席采购官。目前，他负责监管超过 20 亿美元的采购，并管理着与该职能相关的一个团队。

不久前，博萨特遇到了一个复杂的人力资源问题。他相信他的团队可以做得更好，便提高了团队今年的绩效目标。

博萨特的一个主要下属在该银行已经工作了很多年，目前接近退休年龄。虽然他之前的绩效表现一直不错，但是几个月之后，博萨特发现这名员工没有达到新的绩效标准。博萨特与这名员

工进行了沟通，并指出了他与目标绩效之间的差距。半年后，该下属的个人绩效仍然没有达到预定的目标。

博萨特面临着一个艰难的挑战。一方面，数据显示该员工未能达到绩效目标，作为管理者，博萨特可以让银行的人力资源部门解雇该员工。但是问题在于：该员工可能会声称他因为年龄受到了歧视，特别是如果解雇他之后雇用的是更年轻的员工（考虑到该员工的年龄，这是完全有可能的）。而且，博萨特感到很难找到确凿的事实去支持他的意图，即解雇这名下属是因为绩效差而不是由于年龄歧视。

这名员工拥有 30 多年的银行从业经验和相关知识，博萨特相信就此失去这些有用的知识是令人惋惜的。此外，这名员工很明显还有其他长处和技能。所以，作为一个管理者，在这样的情况下博萨特应该怎么办？

正如开篇案例所说，作为管理者，我们必须认真思考如何管理人——人力资源。一方面，琼-雅克·博萨特已经意识到，姑息那些绩效差的员工会损害团队的整体绩效；另一方面，如果企业不能保留并有效管理员工，失去那些拥有知识、经验以及技能的员工也会对企业造成同样的伤害。

尽管一直说人力资源是企业经营不可或缺的部分，但在当代社会里，他们的作用却更加重要。为什么呢？当经济进一步向信息化、服务化方向发展，企业中人员对竞争优势的贡献比例远远大于机器或者设备。例如，当厂房和设备等固定资产对公司的产量做出了主要贡献时，因一个员工离开而重新雇用一个新人所产生的负面影响是不显著的。但是，如果一项业务很大程度上依赖于服务和信息的质量，公司的关键资产更多的是无形资产而不是有形资产。这些无形资产包括公司的文化、品牌、领导力、客户服务和知识等。在大多数情况下，人力资本作为这些不可替代的资产的精髓，会直接影响这些资产。因此，一个公司最核心的资产实际上是那些晚上走出公司大门第二天早上又走进公司大门的人员。

诺德斯特龙是一家在全美销售优质商品的零售商，在漂亮的店铺里，销售各类服装。但是，相比于公司这些有形的方面，诺德斯特龙的成功更多的来自它所提供的优质服务。其卓越的客户服务没有嵌入在设备上，或展示在橱窗的某处，而是灌输给了员工，体现在公司的文化上。如果员工脱离了服务的文化，还剩下什么？显然，所剩无几。这就是为什么我们说，在组织成功上，人力资源及其有效管理日益成为一个关键因素。

这给我们带来了两个方面的管理启示：

1. 管理者吸引、培养、提拔以及留住优秀人才的能力将越来越直接影响一个组织的成功；

2. 作为一个管理者，你的事业成败将越来越依赖于你如何管理所负责的人力资源。

但是，不仅是人力资源及其有效管理比以往任何时候更为重要，员工的多元化也同样重要。因此，管理者与各种各样的员工合作的能力就显得愈发重要。

鉴于经济和竞争的本质不断变化，人力资源管理在最近几年相应有了更多的演变发展，尤其是更多地和组织战略联系在一起，在本章中我们将强调这种联系的重要性。我们还将强调，作为管理者个人如何识别和选择那些拥有知识、技能的员工，而组织又应该如何用良好的职业发展、薪酬和绩效考核体系，来通过竞争获得这些员工并培养和留住他们。

传统人力资源管理活动侧重于规划人员需求、招聘和甄选员工、确定员工的职业导向，并进行员工培训、绩效评价、提供薪酬和福利以及管理员工的职业发展。在大多数组织中，人力资源部门对以上活动有一种特殊及具体的职责。然而，现实情况是，虽然人力资源部门起着重要的作用，但是负责落实和执行这些活动的却是一般管理人员。例如，虽然一个公司的人力资源部门可能负责设计雇用人员的政策和程序，但却通常是部门经理负责面试和甄选候选人。同样，虽然是人力资源部门设计员工绩效考核的形式和流程，但却是部门管理人员负责评估员工的绩效。因此，虽然了解公司的人力资源部门扮演什么角色很重要，更重要的是你作为一个未来的管理者也要懂得如何管理好人力资源。那么，怎么才能有效地管理人力资源呢？一般情况下，需要具备以下能力：

- 能够招聘和甄选合适的人；
- 能够对本单位内部的人员进行有效培训使他们适应团队；
- 能够有效评估员工的绩效；
- 能够确定奖励制度，以激励员工在一个较高的绩效水平上工作；
- 能够知道你的下属需要什么额外的经验和教育来发展他们的事业。

一项关于有效人力资源管理重要性和职业生涯成功因素的著名研究寻找了职业生涯脱轨的各种案例。该研究发现，管理职业生涯脱轨（也就是管理者在职业生涯上升过程中迷失）的主要原因之一就是无法有效地实施与人力资源管理有关的活动。最近的研究还发现，人力资源管理能力对公司绩效有正面积极的作用。因此，擅长人力资源管理的管理者就处于一个有利的位置上，有着更好的机会和更多的责任。

7.1 人力资源管理的战略角色

正如第4章所讨论的，企业的竞争优势来自创造并通过产品和服务为顾客提供价值，而且这种价值是竞争对手难以复制的。例如，在1978年放松航空管制之后，西南航空公司一直是为数不多的还能盈利的航空公司。为什么呢？因为它的飞机很独特吗？不是。西南航空公司只有波音737飞机，而任何一家航空公司都可以从波音公司购买这种型号的飞机。那么是西南航空公司的在线订票系统很有竞争力吗？不是。直到互联网普及到人人都能上网订票之前，西南航空并不是大部分旅游中介机构使用的订票系统中的一部分，所以在线订票实际上是对西南航空公司不利的一个方面，因为旅游中介机构只能通过打电话给西南航空公司，而不是像给联合航空、美国航空、达美航空和其他航空公司那样只要看着电脑屏幕就能查看是否有票、机票价格，并预订。那么，该如何解释西南航空公司在竞争中取得的成功？西南航空公司的高管认为它们的竞争优势来自于员工以及对员工的管理，这是西南航空公司能够获得成功的关键。

7.1.1　人力资源和战略制定

传统上，人们认为人力资源部门不应该参与战略制定，但是这种观点已经有所变化。越来越多的管理者正关注着员工以及他们现在及未来的能力，以此来确定公司的竞争战略。正如一位高管所言："在橄榄球比赛中，如果你有一个具备强大投掷力量的四分卫，那么设计一个保守的以跑动为主的防御战略还有什么意义？"回想我们在第 4 章的讨论，竞争优势很大程度上来自为客户创造竞争对手难以复制的价值，公司员工的能力常常就是竞争对手难以复制的。在某种程度上，员工的这些能力为客户创造了价值，也成为竞争优势的来源，因此也决定了公司的竞争战略。

这就是西南航空公司成功的部分原因，尽管联合航空和其他航空公司可以买到相同的波音 737 飞机，但它们很难吸引、甄选、培训和留住那些始终如一地为客户提供微笑服务的员工。较之于从其他航空公司那里得到的居高临下或冷淡的服务，许多客户更看重他们从西南航空公司的员工那里得到的笑容和热情的服务。西南航空公司的经营模式已经存在了 30 年，很少有其他航空公司能复制它，尤其是与人相关的无形部分。这表明人力资源是多么难以复制，也说明了一个企业的人力资源可以为企业带来多么强大的竞争优势。

Phil Huber\Black Star

西南航空公司已经盈利超过 30 年，它是航空业的一个成功典范。公司的管理者称他们认为公司的竞争优势来自员工。

7.1.2　人力资源和战略实施

一家公司的人力资源显然不能驱动所有战略的实施，但是很难想象任何战略在缺乏对人力资源有效管理的情况下能够顺利实施。例如，在前面诺德斯特龙的案例中所介绍的，通过卓越的服务来竞争是它的一部分，而优秀的服务在很大程度上来自诺德斯特龙的员工，而不是零售商的技术、门店的物理环境或其他内部资源。如果诺德斯特龙的管理者不选择以顾客导向为价值观的员工，如果它不对员工进行培训以使其掌握客户服务的具体技术和实践，或者不对他们优质的服务进行奖励，那么作为公司战略核心要素的优质客户服务将无法实现。因此，负责人力资源部门和其他部分的所有管理者都需要管理好公司的人力资源，以支持和实施公司的整体战略。

图表 7－1 将这些不同的观点归纳成人力资源管理的战略框架。如图表所示，具体的人力资源活动（规划、工作分析、招聘、甄选、培训、工作设计、绩效评估、薪酬和员工发展）存在于公司战略和整体环境之下，这些人力资源活动与公司战略及整体环境的匹配则为组织以及管理者个人带来竞争优势。

图表 7-1　人力资源管理的一般框架

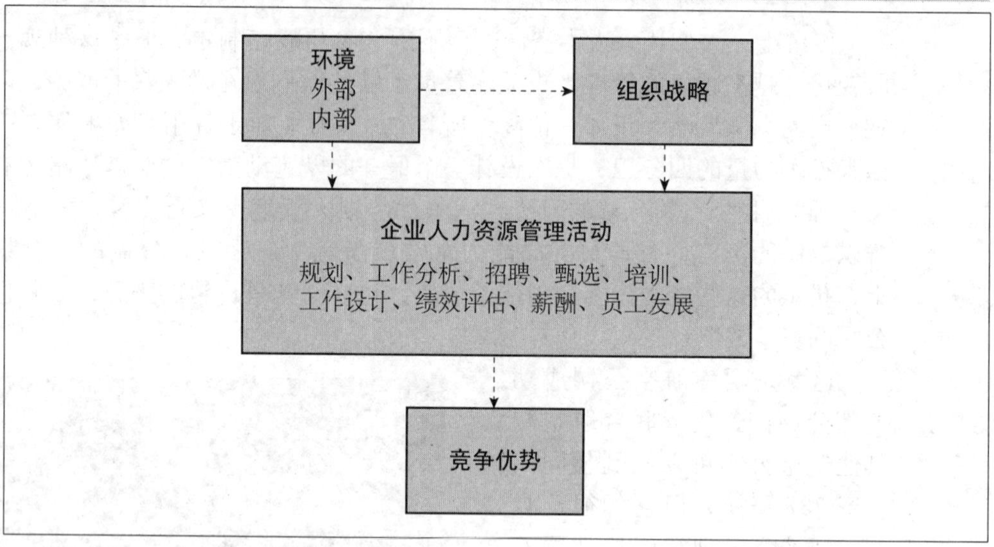

7.2　人力资源管理活动——选择合适的人员

到目前为止，我们已经探讨了竞争优势与人力资源管理之间的联系，也简单探讨了人力资源管理活动与企业战略相匹配的重要性。我们现在简要概述图表 7-1 中列出的关键人力资源管理活动。

简单来说，人力资源管理目标主要有两个：(1) 找到合适的人；(2) 使他们的绩效和潜力最大化。虽然现在许多人力资源管理活动都与这两个目标相关，但所有的管理者都需要在合适的时间找到合适的人并将他们分配到合适的岗位上，然后帮助他们最大限度地提高自己的绩效和未来的潜力。然而，重要的是要意识到适合某类组织的人员可能不适合另一类组织。例如，一个出色的创造性人才可能适合谷歌和苹果这样的通过创新产品和服务来盈利的公司，但同样的人可能不适合那些通过成本领先和低价来竞争的公司，例如沃尔玛。

在没有了解一个公司人力资源管理活动及其与公司战略之间的联系之前，你不可能招到合适的人。我们将分别讨论这些活动，但请记住它们是相互联系的，某个活动的成功或失败可能会显著影响另一活动的成败。例如，迪士尼在选择其主题公园“剧组成员”（员工）时强调他们要有乐观的性格，这就提高了后期对这些员工进行“友好服务”培训的有效性。这两项人力资源活动结合在一起，每年给迪士尼带来了数百万的游客。

7.2.1　规划

人力资源规划涉及评估公司未来的人力资源需求（需求）、确定所需人员的供给情况（供应）和制定计划以满足这些需求（满足）。在组织层面上，人力资源规划有时需要人力资源专家和其他部门（如会计、金融、市场营销和运营部门）的管理人员共同合作进行。

预测需求　预测需求，包括确定公司在将来某个时点需要多少以及何种类型的员工（例如，在一年或五年后）。这样的预期往往基于公司的战略及一般商业和经济环境。例如，随着经济进入衰退期，网飞公司意识到人们在家里租电影看的成本更低，因此对公司服务的需求将会增加，这意味着网飞公司可能需要雇用更多的员工。

评估供给　当下市场上各种类型员工（包括工程师）的供应很足，因为许多公司面对经济衰退，对员工需求下降，不得不裁员。但是被裁掉的员工一般不会是平时表现最好的那些人员，而网飞公司真正想要引入的一定是那些表现最优秀的人员。

形成满足岗位需求的计划　网飞公司想要招聘和雇用来自其他公司的最优秀的人才，而不是接收一些失业人员。要做到这一点，必须使应聘人员觉得网飞公司所提供的职位的价值大于他们目前的职位为他们提供的价值。此外，网飞公司认为为了吸引和留住这样的员工，需要让新员工觉得，这个职位不仅在目前而且在以后较长时期内都比他们现在的职位更好。因此，该公司决定强调自己的文化，而不仅仅是薪酬。具体来说，网飞公司将其文化描述为：关注“员工完成了什么，而不是他们花了多长时间”。

尽管人力资源部门可能专门负责制定人力资源规划，但是其他部门的管理者也应该擅长制定人力资源规划。作为一个管理者，你需要能够确定你的部门所需的员工类型和数量，评估相应的劳动力市场供给，并制定计划以招到合适的人。作为一名管理者，在考虑组织的战略之前无法判断一个员工是“对”还是“错”。例如，史蒂夫·乔布斯第一次离开苹果公司后，创办了一家名为 NeXT 的公司，致力于高端电脑和工作站市场。短短几年后，乔布斯决定将公司战略从硬件转向软件，这对于产品开发经理来说意味着他们需要更多的软件编程人员和较少的硬件工程师，以及整体来说人数更少的员工队伍。因为软件程序员市场紧缺，NeXT 的管理者把招聘目标重点放在通过令人兴奋的项目去吸引那些其他公司对现有工作不满的程序员。这种转变从根本上为 NeXT 后来被苹果收购、形成苹果 OS X 操作系统奠定了基础。

为了满足雇用需求，你可能需要考虑使用那些兼职或临时员工，以便具有足够的灵活性来满足产品或服务需求的突然增加。同时，这样做也使得你在需求降低时更容易减少员工的数量，又或者如果需求旺盛，可以在长期雇用这些员工之前先试用他们。

此外，你还可以外包某些具体的工作。例如，许多美国公司将它们的客户服务和电话营销工作外包到国外的公司。从某种意义上说，这可以将呼叫中心这项职能转移到另外的公司。外包公司有更多的经验和能力去雇用和培训从事这项工作的人员。

为了配合公司的需求，通常需要在公司以前没有注意到的地方去寻找人才，这就是下文“管理者的挑战”中沃尔玛所面临的情况。

管理者的挑战——多元化

沃尔玛：武装起来面对人才竞争

鉴于近期的经济衰退导致大量裁员，没有人会认为沃尔玛或任何其他公司会担心人才短缺。但随着该公司计划于2010年主要通过开新店增收300亿美元（接近可口可乐公司的收入），沃尔玛目前急缺门店经理和部门经理。公司的传统是专注于从内部提拔经理，而不是从外部招聘。从这个意义上说，一个员工从库房文员开始，然后做出纳，随着时间的推移，可以升为一个部门或门店的经理。这不仅是可能的，而且是相当正常的。然而，企业培养管理能力是需要时间的。因此，沃尔玛需要不同背景的人员来填补其管理需求，需要扩大人才库并将其多元化，以便从中选取经理。

幸运的是，军队初级管理人员（JMO）在第一期任务完成后离开军队，正好为这场管理者的争夺提供了一批新鲜血液。JMO往往20～30岁，大部分人都有大学本科学历，并有管理6～200人团队的经验。在2001年9月11日之后，这些军官在服役期满后尽快退伍的比率从超过30%下降到刚过6%。随着时间推移，人们的爱国主义情绪开始减弱。2004年形势开始扭转。大量JMO抓住机会离开军队，以寻求更高的薪水以及更好的生活质量，尤其是有更多的时间与家人团聚。

一些公司如通用电气多年来一直积极招聘JMO，沃尔玛则是2008年才起步。沃尔玛首席运营官比尔·西蒙（Bill Simon）在那个时候提出了沃尔玛要积极引进JMO。他自己就是一个曾在海军和海军预备役服役25年的老兵。沃尔玛高级招聘经理詹妮弗·塞纳德（Jennifer Seidner）说："我们的基本想法是直接引入这些已经接受过训练的世界级领导人才，再教他们以零售知识。"招聘程序启动后，沃尔玛在4个月内就雇用了约150名JMO。当时沃尔玛对此很满意，于是找来退役的准将加里·普罗菲特（Garry Profit）继续推进招聘工作。

鉴于退伍军人在战争中所受到的身体、情感和心理创伤，招募他们是一件棘手的事。但沃尔玛意识到，JMO受过正规教育并且具有在压力和艰苦环境中领导的实际经验，而这些都是那些没有军事背景的人所不具备的。

密歇根州立大学的诺埃尔·蒂奇（Noel Tichy）教授评论说："有一大批这样的军官，他们在枪林弹雨中决断的经验使他们非常有价值。那些进行良好筛选并有发展前景的公司会得到一些很优秀的领袖。"

资料来源：B. O'Keefe,"How a Decade of War Has Created a New Generation of Elite Business Leaders,"*Fortune*, March 22,2010,http://www.fortune.com; T. Shanker,"Young Officers Leaving the Army at a High Rate,"*New York Times*,April 10,2006,http://www.nytimes.com.

7.2.2 工作分析

工作分析（job analysis），是确定一个工作的广度和深度，以及完成这项工作所需要的技术、能力和知识的过程。这项人力资源活动非常重要，但却经常被忽视。例如，当摩托罗拉将其战略导向从仅仅完成客户订单变成创造世界一流品质产品的时候，它的管理者根据此项战略分析了工厂所有工作的性质，基于新的质量和相关工具、技术的要求，摩托罗拉发现许多现有员工是不合格的。管理者必须决定是要尽力培训现有员工以使他们达到所需水平，还是解雇他们并用更有能力可以处理新的系统和流程的员工来取代。最终，这两种方式摩托罗拉都尝试了，但更偏重于培训现有的员工。

来自工作分析的数据通常用于创建工作描述，即对于工作职责及能力要求的列表。这构成了职位说明书，即做好一份工作所需的技能、经验、教育水平等要素的一份说明。

7.2.3 招聘

招聘主要包括确定想要吸引什么样的候选人以及要采取哪些方式来吸引他们申请相应的职位。与我们已经讨论过的其他人力资源管理活动一样，期望的候选人取决于企业的战略，而能否聘请到你想要的人员又是另外一回事了，这在一定程度上取决于与竞争对手相比，企业能提供什么样的条件。

假设你已经有预定目标，想要吸引他们来你的公司，关键是要知道你的“目标”员工想要什么。让我们来看看 UPS 在德国的情况。当 UPS 在德国发展的时候，管理者曾经很难招到好的司机，因为从一开始他们根本不能吸引到高质量的应聘者。这里面有很多原因，但是最主要的是棕色的工作服与第二次世界大战期间纳粹青年军的制服颜色相同。UPS 没有提供高质量司机想要的，相反却提供了他们不想要的东西（棕色工作服）。

假设你现在已经吸引到了合适的人员，下一步，你需要确保你提供的条件比他们能从竞争对手那里已经或将要拿到的更具吸引力。人们永远在意钱，但如果你只强调钱，那么钱就成了你与其他公司竞争优秀人才的唯一要素。在以上 UPS 的案例中，公司发现给予员工可以选择上班时间的自由度很吸引目标司机。这一点就将 UPS 提供的招聘条件与其他公司区别开了。

一旦你确定目标人选会感觉你所提供的就业条件是有吸引力的，而且相信你所提供的条件，就需要去寻找现实中的候选人。挑选的方法各式各样，每种方法都有其长处和短处，你应该根据不同情况适时采用。

工作公告　**工作公告**（job posting）是一种流行的内部招聘方法，是将工作的内容、薪酬、等级、描述以及所需要的职业资格对当前所有员工公布的一种内部招聘渠道。现在越来越多的企业通过电子方式进行这项工作，包括电子邮件或在公司的网站公布。工作公告有助于让那些够资格的员工有机会申请某项工作，也可以帮助现有的员工对于可选择的工作有更多的了解并知道要成功得到这些职位需要什么样的资历，这有助于他们规划自己的职业生涯。从消极的方面来说，工作公告可能导致的一种情况是，需要向那些不合格的申请人解释为什么他们不合格，以及为什么他们没能得到那份工作。如果没有足够的解释，他们可能怀疑该岗位是否真正“空缺”。如果员工不信任发布工作的过程，将会在员工中产生怀疑情绪，从而限制了候选人的人群，甚至由此导致法律诉讼。例如，最近，某女性员工投诉哥伦比亚特区的消费者事务部。因为在某主管职位的 5 次公告中，她都申请了，但该职位最后录取了一个不太合格的男性白人员工。

广告　无论是通过一般广告还是在特定的出版物上发布招聘信息，都是找到员工的有效方法。《华尔街日报》这类商业报纸目标广泛；《人力资源杂志》（*HR Magazine*）这类专业杂志针对的是专业领域；你所在城市的报纸或出版物，针对的是当地的劳动力市场。现在越来越多的企业使用互联网平台作为空缺职位的公告渠道。随着互联网的成熟，很可能出现按区域与行业划分的方式，从而促进更有针对性的工作广告。

职业中介 在某些领域，职业中介机构也可以有效地招募应聘者。这些机构的有效性很大程度上取决于它如何理解你的组织和工作要求。它们往往收费昂贵，通常对那些低层次低报酬的工作来说不具有性价比。相比之下，大多数高级管理层的空缺会使用猎头公司作为招聘方式的一部分。例如，某职业中介机构比较了解波多黎各和加勒比的旅游业以及如何在当地领先的酒店安排经理和主管。作为找到一个合适候选者的费用，这些中介机构通常至少收取成功应聘者第一年年薪的 1/3。

员工推荐 管理者经常会发现现有员工也是找到空缺职位候选人的一个重要来源。任职时间较长的员工对组织有足够的了解，包括组织的文化以及需要招人的特定工作。他们通常也知道应聘者的工作经历、教育背景、技术和能力、个人特质等。在一定程度上，他们的推荐与自己的声誉休戚相关，所以现有员工往往会推荐那些他们觉得会好好干的人。员工与被推荐候选人的个人关系，使得员工既向此人推荐自己的公司，又向公司推荐个人。在一般情况下，研究表明，员工推荐是最有效的招聘方法之一。只有当该公司在寻找一个与目前员工不同类型的员工时，员工推荐的效果才会较差，因为现有员工往往会推荐和自己相似的人。因此，如果一个公司试图进入国际领域或新技术领域，就会发现他们的员工并不认识这些新领域的人。

学校就业中心 学校就业中心同样也是一个非常受欢迎的招聘渠道。学校就业中心包括那些设置在高中、技术学校、专科学校、大学和高级进修项目的就业中心。因为有足够的时间和明确的工作规范及要求，学校就业中心可以为雇主做很多的预筛选，过滤掉那些不合格的候选人，从而为公司在招聘过程中节约时间和金钱。

学校也开始越来越多地用视频技术进行虚拟面试和在线招聘。这些技术的发展可以帮助企业拓宽它们对候选人的搜寻范围，覆盖以前它们不能亲自去的地方。学校就业中心的缺点是他们经常面对很多的公司和学生，可能对双方都无法有足够的了解，很难进行较为理想的筛选。

互联网 很多公司渐渐发现互联网是一个强大的招聘工具。许多公司都利用自己的公司网页列出工作需求，以吸引应聘者。除此之外，越来越多的企业使用如 Monster. com 这类网站。目前，Monster. com 的数据库中拥有超过 4 100 万份简历，是网上排名第一的求职搜索网站。企业通常还在另外两个热门的网站发布招聘广告，Careerbuilder. com 和 YahooHotjobs. com。这些网站有能力为企业筛选简历，所以人力资源管理部门的员工就不需要做这项工作了。一些公司（如 Virgin Atlantic）也使用专业的社交网站（如领英）来寻找新的员工。考虑到由于航空运输业整体的低迷导致公司进行了大量裁员，Virgin Atlantic 也使用该网站与这些被裁的员工保持联络，以便经济复苏时重新雇用他们。

当今的高科技为招募新员工提供了一些有趣的新途径。例如，在“管理者的挑战”中，Elance. com 给那些自由职业者以及会雇用他们的企业在网络空间搭桥。你怎样看待这样的高科技方法？作为雇主，你是否会通过这样的机制来搜索人才？什么类型的工作适合这种方法，什么类型的工作不适合？相反，作为求职人员，你会使用这种方式吗？如果会的话，你会长时间地使用它，还是只将它作为补充收入的一种临时手段？

管理者的挑战——技术

Elance.com的生存与发展

自由职业者这个词来源于中世纪。那时候，骑士不属于任何一个国王，他们标出身价等待被雇用。因此，他们可以自由地使用自己的长矛，为任何愿意付费给他们的贵族征战。现在，让我们再回到21世纪初：随着互联网和通信技术爆发式的发展，员工可以在虚拟的世界里选择做一段时间的自由职业者，或者是选择自由职业作为他们的终身职业。自由职业者喜欢这样的安排，因为他们可以为不同的公司工作，但不必因此不断搬家。他们还可以从一个有趣的项目换到另一个。自由职业者使得雇主可以灵活地快速增加或减少员工人数，而这对于只雇用固定员工的公司是不可能的。使用自由职业者，雇主更容易根据需求增加或减少员工人数，还能够从一个几乎无限大的范围内选择符合他们某一特定项目需要的那些技能。

在这些把“骑士”和“贵族”联系起来的网站上，自由职业者有自己的评分。其中，最早的网站之一是Elance.com，它是一家成立于1998年的私人控股公司。它最近宣布，在过去12个月中有将近104 000名雇主在其网站上发布了近320 000份工作职位。该网站有近107 000名自由职业者注册会员，包括网站设计、程序设计、平面设计、业务咨询和行政支持等各种专业。自成立以来，Elance.com公司总收入为2.06亿美元。但该公司报告说，仅在2010年第一季度就有2 000万美元的项目蒸发，与上年同期相比，损失增加了40%。

在IT领域，该公司报告说PHP（超文本预处理器，一种专门为网站开发生产动态网页的广泛使用的脚本语言）的工作公告仍然排名第一。但是iPhone开发的工作公告上升了3个点，进入前10名。在提供IT人才的国家排名中，前五位分别是印度、乌克兰、巴基斯坦、美国和俄罗斯。

在创意类别方面，2010年工作公告比2009年增加了31%，收入增长了37%。最大的两个招人领域仍然是平面设计和创意写作，提供这类人才的国家中排在前五位的分别是美国、印度、英国、加拿大和阿根廷。

这些自由职业者可以为自己建立一个账户，按照模板填写标准的技能和经验，并可以对自己的能力做出额外的说明。在账户中，他们可以设置提醒通知，以便在新工作公布出来时得到通知。他们还可以按预算、时间、小时工资、项目费等分门别类地搜索整个数据库。最后，技术可以将分布于任何地点的“雇主”和“雇员”连接起来，而在过去则需要他们住得很近才能实现。

使用Elance.com的服务有7个步骤：

1. 寻找提供者与发布工作：如果你是一名雇主，可以用两种方法使用该网站：公开发布工作，并开始接收来自任何Elance.com的服务提供者的方案材料；搜索具体的提供者，私下邀请他们向你提交方案材料。

2. 审核材料与选择提供者：雇主审核与评估候选人（他们的档案、技能、证书和Elance上的反馈信息）。接着，常常会进行在线面试。一旦满意，雇主就会点击材料提供者名字旁边的“颁奖”按钮。一旦工作被确定，就会创建一个工作室，审核阶段和材料相关的所有消息将被自动传送过去。而所有未来的消息、文件、状态报告和里程碑事件记录也都将会在工作室中进行管理。

3. 界定业务条款：雇主确定关键的节点和交付日期，以及为实现这些节点而支付的中期付款。

4. 开始工作：一旦双方接受上述条款，雇主即被告知要为第一个节点付钱。付款通过 Elance. com 的托管处理。

5. 对工作进行管理：服务提供者和他们的雇主使用工作室协调和沟通正在进行的工作。文件共享、评论和发送消息通过短信甚至是在线聊天来实现。所有这些沟通都被存储起来，以确保双方可以在任何时候查看所有评论。服务提供者每个星期要及时提交一份状态报告，概述一周做了什么、花了多少时间以及离既定节点的进度。如果工作过程中有变化，雇主或服务提供者任何时候都可以进入工作室更新条款。一旦更改提交，对方可以选择接受、修改或拒绝这个更改。

6. 接收结果和付款：当实现一个节点并被接受，有关该节点的款项就要支付，并转到服务提供者的账户中。同时，下一个节点开始接受付款，工作继续进行。

7. 离开时提供反馈：一旦工作完成，最终的节点付款完成，无论雇主还是服务提供者都可以留下对此次工作的反馈。

资料来源：Company Web site，http://www. elance. com，accessed May 4，2010；C. Barbierri，"Elance report：Free lance is the new full time. "*VentureBeat*，April 12，2010 http://venturebeat. com/2010/04/12/elance-report-freelance-is-the-new-full-timc/.

7.2.4 甄选

成功的甄选是有效规划、分析、招聘以及恰当使用甄选技术的结果。即使有很多优秀的候选人，管理者还必须确定哪个人最适合这份工作。例如，像高盛或摩根士丹利这样的国际银行要招募员工去海外的职位是毫无问题的，因为这些银行的国际经营经验在日益全球化的金融业中显得非常重要。然而，银行所选择的海外经理有时会不成功。如果提前调回国，每人会造成大约 15 万美元的费用损失。这对于雇主来说是很昂贵的，同时这也会伤害员工的职业发展。这种失败的部分原因是没有明确适合海外工作的员工特点，以及缺乏有效的甄选技巧。

无论采用何种甄选技巧，关键要记住的是如果面临法律挑战，组织必须能够证明甄选技术是有效的。一个**有效甄选技术**（valid selection technique）可以成功区分哪些员工在工作中会更成功，而哪些会稍逊色。例如，在甄选新员工时通常会使用教育背景，因为知识通常与工作绩效显著相关，如果没有相关的教育和知识很难在一个工作中表现良好。甄选技术有很多种，每种都有自身的长处和短处。

面试 面试是最为广泛使用的甄选技术。在大多数情况下，面试是非结构化的。非结构化面试是指面试人员有一个关于要问的问题的总体思路，但没有一套标准的问题。针对不同候选人，面试人员可能会问不同的问题。用这些不同的问题以及相应的不同回答来比较候选人，就像比较苹果和橘子一样。因此，非结构化面试的一大缺点就是有效性低。相反，在**结构化面试**（structured interview）中，面试人员会问所有候选人一套标准的能够考察他们资质和能力的问题，因此具有有效性。仔细地将候选人的答案按照标准化的形式记录，并确保每名候选人的面试时间大致相同，可以进一步提高有效性。图表 7－2 针对面试人员提供了一些面试技巧，图表 7－3 则针对候选人提供了面试技巧。但是，美国法律规定有些问题不能用于面试，例如未来的雇主不能问候选人是否已婚或是否计划要小孩，雇主也不能问关于种族、宗教信仰、出生地、原国籍或年龄的问题。

图表 7-2　对面试人员的提示

1. 做出面试计划，审核候选人的简历与岗位的具体要求
2. 通过友好的问候，建立轻松的氛围，以与工作无关的话题开始面试
3. 按照一套结构化的问题提问
4. 避免那种只需要一个简单的是或否来回答的问题
5. 尽量不要为理想中的答案提供线索
6. 确保候选人有足够的时间来回答，不要独自霸占整个谈话
7. 仔细倾听并适当重复候选人的关键答案，以确保充分理解他在说什么
8. 询问候选人有关的经历或成就的具体事例，而不是宽泛的举例
9. 在面试结尾预留时间，回答候选人的问题
10. 在结束时，确保候选人了解招聘的后续安排和大概时间
11. 候选人离开后，回顾面试记录，在记忆清晰时总结最重要的发现

图表 7-3　对候选人的提示

1. 通过相关文章和公司网站了解公司，准备面试
2. 微笑并热情地问候面试人员，在对方伸手时应有力地与其握手
3. 确保你的整体形象（发型、衣着、化妆等）要与公司性质和企业的文化相匹配
4. 注意你的举止，确保有效的视线接触，传达热情但并不要做出过度的手部和身体动作
5. 试图在面试初期探索了解面试人员的需求
6. 在面试初期，确保自己通过“过去该职位上的员工是怎样成功的？”这样的问题全面了解应聘岗位
7. 明确地将自己的技能与面试人员的需求相联系，比如“您提到的该职位的关键技能之一是激励别人，我在 XYZ 公司的工作经验中……”
8. 回答问题之前要充分考虑，不必在面试人员刚刚提完问题后就马上开始陈述
9. 在面试结束时为面试人员能提供这次面试机会表示感谢，并再次表达你对该公司和职位的兴趣

工作抽样　企业可以采用多种技术来进行工作抽样。从本质上来说，这些技术试图模拟或完全重复将要被雇用的人会做的工作。它所依据的理由很简单：如果在抽样的工作中表现不佳或良好，在真正的工作中就有可能出现类似的表现。一般情况下，工作抽样的主要好处是它们对候选人将如何完成一个工作有相当准确的预测，其主要缺点是往往需要大量的时间和成本。

工作模拟　工作模拟通常设计情境，模拟候选人受聘之后所需从事的工作或所要完成的任务。例如，当日产汽车在田纳西州成立了新的组装厂时，需要评估申请者的手工作业熟练程度。这是装配线工人所必需的技能。公司要求他们组装手电筒。而在摩托罗拉公司，会给技术书写职位的候选人一台技术设备。在展示了如何使用这台设备以后，还给候选人以时间，让他们练习操纵这台设备，随后要求候选人写出一份有关该设备的技术描述和操作手册。摩托罗拉公司由此会清楚地知道谁可以把技术材料写得更好。

评估中心 评估中心通常使用一些筛选工具，包括工作抽样和工作模拟，以便更深入地了解员工与职位的契合情况。通常情况下，候选人必须要经过一系列练习。每个练习都是就工作的一个或多个关键方面展开的。例如，一个主管的工作可能需要良好的排序技能。为了评估这项技能，评估中心可以设置一个“文件框练习”。该练习会给候选人一大堆信件、备忘录和报告，让候选人阅读后做出优先排序。该活动会显示个人对于优先级事项的辨识与反应能力。一般情况下，研究显示，评估中心是一个有效的甄选办法。但是，使用评估中心来筛选候选人通常也需要大量的时间和成本。

笔试 笔试也是被广泛使用的方法。雇主可以使用这种低成本的方法测试大量应聘者。认知能力和智力测试用于测量个人的整体认知复杂程度和智力能力。这些测试的有效性颇有争议，但是它们对于监管和管理职位确实能够提供不错的预测。人格测试更具争议性，虽然它们可以相当不错地预测候选人与具有其他特定个性的同事的合作能力，但不能为整体的工作表现提供准确预测。最近才开发出来的诚信度测试，可用来衡量一个人的整体诚信水平。但是，它们的有效性还值得商榷。笔试的主要优势是操作成本较低。其结果对应聘者的整体能力而非具体岗位表现的验证力更强一些。

背景及推荐人调查 雇主可以通过背景调查来验证应聘者所提供的事实信息。大约有10%～15%的申请人会谎报或夸大所提供的信息。所以很值得做这样的调查，以确保他们确实获得了所填写学校的学位，或确实曾经在所填写的公司和职位任职。推荐人调查的目的是获得那些曾与求职者共过事的人对他们的坦诚评价。但是，那些给前雇员负面评价的雇主有可能因此引来法律纠纷，这导致雇主现在只愿意提供事实性信息，如职位、任职年限等。此外，法院裁决提示雇主若不对员工的推荐信息进行适当调查，则有可能承担法律责任。例如，金融服务公司应该确保那些参与证券交易的申请人过去没有犯过重罪。

体检 公司把体检作为甄选流程的一部分的原因，通常是招聘岗位具有较高的体能要求。除了帮助用人单位选择身体合格的申请人外，体检可以保护公司的利益。首先，体检信息可以帮助企业减少未来的保险理赔；其次，体检可以帮助企业识别高风险的申请人，如员工在将来面对工作中的紧张压力突发心脏病的时候，会保护公司免受诉讼。但是，根据美国最近的立法，管理者必须小心确保体检筛选的要求只涉及和工作表现相关的项目，而不是歧视申请人。例如，BNSF铁路公司要求部分员工参加体检以防止在职受伤。有一段时间该公司对那些声称因为工作得了腕管综合征的员工进行了基因测试，后来法院下令BNSF铁路公司停止对员工进行该项测试，因为该测试与员工目前的腕管综合征病征程度无关。药物测试是企业使用的另一种筛选机制，以确保员工的判断力和能力没有受损。

以上介绍了大量的具体技术，现在不妨回顾一下图表7－4所显示的基本框架。规划你需要的员工是第一项任务。你需要先了解关于员工的需求和供给状况，以决定该如何满足你的需求。组织的战略和该公司的职务分析，显然会影响上述这些活动。一旦主要规划完成，剩下的就是招募和吸引所需的候选人，最后一步是甄选并聘请最优秀的人才。

图表 7-4 招聘合适人员的主要流程

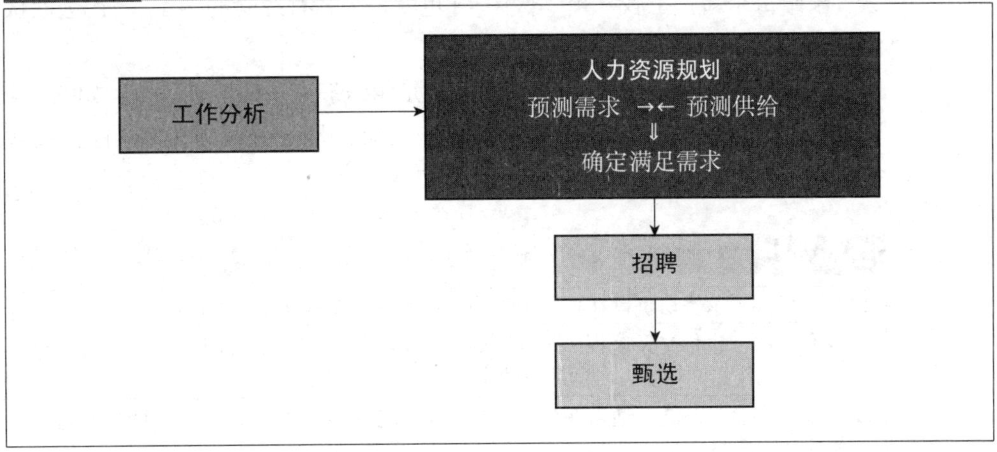

7.3 人力资源管理活动——促使绩效最大化

一旦合适的人被安排在合适的岗位上，管理者需要确保他们有良好的绩效表现。如何得到员工的最佳表现以及发挥他们的潜能，主要依靠的是组织的战略。例如，谷歌选择用新产品创新来竞争，并努力使其大部分收入都来自近三年的新产品。因此，它需要那些有新点子并能测试这些新点子的员工。对谷歌公司来说，员工的最佳绩效和潜能的表现很大程度上体现在创新方面。基于此想法，谷歌公司提供了各种各样的活动，以最大限度地激发员工的创造力。下列五类活动可以显著影响员工绩效表现和潜力。

7.3.1 社会活动与培训

正如早期的生活经历可以塑造一个人的品质、个性和行为一样，前期培训和社会活动经验也可以塑造员工绩效。例如，前期的培训和社会活动会影响：(1) 新员工留在该公司的可能性；(2) 新员工绩效表现的好坏程度；(3) 新员工充分发挥其全部潜能的程度。

管理者可以使用多种培训方法来提升员工的绩效和潜能，我们在这里只列举几种。虽然早期的职业培训非常重要，但在当今不断变化的环境中，培训和学习是伴随事业发展的长期需要。

入职培训 入职培训是组织塑造新员工期望和行为的第一个机会。通常情况下，入职培训为员工提供了关于行业、公司及其业务活动、主要竞争对手的概述，并介绍在公司工作的一些基本情况（如主要政策、薪酬支付程序及附加福利）。具体工作单元的入职简介相对范围较窄，一般旨在帮助新员工更快地熟悉新的工作、同事、政策、程序和期望等。为了使入职培训更有效，管理者应该考虑做好以下几件事：

- 为避免信息超载，将文书工作量降至最低，包括那些必须快速完成的文书工作；
- 与员工的直接管理者进行非正式的会议；
- 将那些与利益或保险相关的繁杂信息，替换为更加具体的现场或视频展示；

● 提供组织独有的术语表；

● 给每个新员工找一个“伙伴”（也就是一名有经验的员工）。在选取伙伴时，要注重个性兼容而不是工作的相似。

在职培训技术 在职培训（OJT）是组织最常用的培训手段。如图表 7－5 所示，管理者可用各种各样的方法来培训员工。在你的职业生涯中，你可能会接触到其中很多甚至所有手段。

图表 7－5 在职培训技术

1. 职责扩展。这类培训旨在扩展员工的工作职责、任务以及个人责任。
2. 岗位轮换。也称交叉培训，这种培训方法是将个人在组织内同一级别不同工作种类或者稍高一级的工作之间轮换，时间从一两个小时到一年不等。
3. 员工发展会议。会议通常在公司外的某个地方举行，讨论内容包括每个人的工作以及提高工作绩效的思路。
4. “助理”职位。让有前途的员工在一段指定时间内担任高层的工作助手（通常是 1～3 个月），从而使他们更熟悉组织中较高职位工作的内容。
5. 问题解决会议。专门召开会议来解决一个团队或整个组织正在面临的具体问题，包括用头脑风暴和其他创造性的方法来挖掘基本问题的解决方案。
6. 导师制。让组织内较高级别的人帮助新员工掌握组织内的一些技巧，并提供其他相关建议。
7. 特殊任务。给被培训者一项特殊任务或职责，要求其在指定的时间段完成。包括写一个报告；调查一个新的项目、流程、服务或产品的可行性；准备简报，或评估公司政策或流程等。
8. 企业培训师。涵盖如安全、新人事程序、新的产品或服务，以及一些技术主题的特殊项目。
9. 外部顾问。邀请知名专家到公司进行专题培训，培训内容包括目标设定、沟通、评估技术、安全，以及其他重要的主题，经常作为公司内部培训的补充。
10. 咨询意见评论。邀请专业领域的专家对各层管理者和员工群体进行调查，帮助解决具体的问题。此项目的重点是解决问题，而不是培训。
11. 阅读安排。建立一个正式的项目给指定员工传阅图书、期刊、文章、新的商业材料和其他材料。这样的项目如果要有效，还应该包括定期举行会议来讨论这些材料。
12. 学徒制。通过师从一个熟练的工人或一门手艺的大师得到训练。学徒和技术熟练的人员一起工作，并受教于该人。学徒制培训通常还包括一些家庭作业。

非在职培训 非在职培训通常是在教室里进行。这种培训计划的时间长度从一个小时到几个星期不等。内部专家（公司员工）或来自本行业及教育领域的外部专家（如大学教授）都可以来做培训。培训内容包括讲座、案例研究、讨论、视频、模拟或基于计算机的培训。现在，许多基于计算机的培训课程可以根据被培训者的掌握情况，相应地调整内容和难易程度。正式函授课程和在线学习有时也用于非在职培训。

技术、人际关系和概念性培训 入职培训以及一般的培训计划可以有各种各样的目标，但究其根本，这些培训的目的是提升员工的技术、人际或概念方面的能力。员工的技术能力范围可以从能阅读或做简单的数学计算到能够给超级计算机编程。正如前面提到的，当摩托罗拉公司决定将提高生产质量拔到战略的高度，它发现只有 1/3 的员工能达到新的质量控制所要求的读、写或计算水平，这一发现导致了大规模的技术培训。

因为很少有人可以孤立地工作，所以提高人际交往能力也是各种各样的培训课程的目标之一。这种培训通常关注有效倾听、冲突解决、谈判和指导技能。在过去的几年中，高管不断提到刚毕业的MBA及大学生最大的一个问题就是欠缺人际交往的能力。

最后一类是概念上的能力，包括各种技术和能力，如问题解决、决策、计划和组织能力。某个特定的训练项目可能被设计来解决其中的一个、两个或所有这三种类别的能力。

无论培训计划设计的目的是针对哪一类别，大部分成功的项目都能给参加者提供以下几方面的内容：

- 理解什么是正确的行为；
- 对为什么某些行为是正确的或错误的有清晰认知；
- 足够的机会去实践想要付诸实际的行动；
- 对于员工表现的反馈以及之后实践和改善的机会。

培训的一个重要部分是评估其有效性。最简单的办法是使用“微笑指数”，也就是说要衡量那些培训参与者的满意程度。这个办法通常是在参加者接受培训之后发给他们一份问卷。参加者如果不喜欢接受的培训，将不会记住训练的内容或更长远地从中受益。但仅仅因为参加者喜欢这个培训或认为它是有用的，并不能保证培训是有效的。对培训更细致的评估还包括培训前和培训后的评估。这是指评估参加者在培训前的知识和技能水平，并在培训后某个时点对其重新测试。如果培训的目的是为了提高岗位绩效，比如说质量，管理者可以通过测量一些重要的指标来确定其成果。例如，一家制造公司可能在培训前后分别测量每1 000个组装单位的缺陷数量。然而，虽然缺陷的减少可以揭示培训是否达到其预期效果，但无法显示培训是否符合成本效益。确定培训是否符合成本效益复杂得多。一般来说，需要评估培训的直接和间接成本，比如因缺陷产品的减少带来的成本节省，然后将此成本与获得的效益对比。但是，一个关键的挑战是确定在多大时间范围内计算效益。例如，如果更高质量的生产使公司每天节省100元的成本，那么公司在估计这些节省的总值时是应该按照一个星期、一个月、一年还是几年来计算？组织的决定将极大地影响计算的方法，从而影响对“培训是否物有所值”这个问题的判断。

7.3.2　工作设计

工作设计（job design）的重点是构建或者重新构建一份工作的关键组成部分。典型的工作设计通常包括这份工作应该有的职责。因此，职务分析的重点是分析工作的组成部分，而工作设计则是确定哪些组成部分应该被放在一起，以及应如何安排它们以提高绩效。例如，是让一个装配线工人孤立地工作，重复地将某个部件安装到产品上，还是让他在团队中与其他人一起工作，装配好整个单元？戴尔公司就是让装配线工人在团队中工作，装配整个计算机单元。在一些情况下，工作设计要比我们预先设计的流程更加靠前一些。通常来说，对于全新的工作，工作设计确实发生在最早期。此外，传统的职位同样需要工作设计，然后选择适当的人来做。然而，当今不确定的环境已经改变了这个过程。在一些情况下，比较合适的方法可能是先设岗后找人。但是，在另一些情况下，可能需要因人设岗。此外，还有一些情况可能既需要因人设岗，也需要因岗选人。例如，**工作分担**（job sharing）意味着两个人兼职做同一份工作。有效的工作分担需要两个人能很好地协调，并且能力相当。在那些必须兼顾家庭和职业需要的职业母亲中，工作分担非常盛行。技术的发展使得管理人员能够不断设计并改造工作方式，使员工的工作更加灵活、高效和令人满意。例如，捷蓝航空公司是一家新兴的航空公司，也是最盈利的航空公司之一。为了节约成本，它没有建立大型电话订票中心，而是让订票代理在家里工作。通信技术的进步使得这种灵活性变成可能。

在20世纪90年代早期和中期，流程再造成了一个关于工作设计或重新设计的流行概念。**流程再造**（reengineering）涉及重新思考和彻底重新设计业务流程，以实现绩效的显著提高，如成本、质量、服务或速度等方面。如今的计算机和信息技术使得组织可以设计更加丰富、更令人满足和更富有成效的工作。越来越多的组织正在寻找方法来赋予员工更多的灵活性以完成工作。例如，IBM在进行主要的流程改造之前，客户融资审批涉及四个不同的人执行非常具体、分工详细、重复的工作。一个人通过查阅标准化的数据库审阅客户的财务状况，另一个人回顾该公司与过去IBM相关的付款历史，第三个人检查融资请求是否符合IBM的规定，还有一个人将合同与IBM公司的标准相对照。流程重新设计后由一个人完成所有四个步骤，并配以相关技术支持，这样的流程再造产生了相当大的成效。首先，员工的满意度上升，因为对员工而言这份工作变得有趣了，并且生产率提高了近10倍。作为一个管理者，有效工作设计的目标就是使下属和所在单元的绩效最大化。

7.3.3 评估员工绩效

在组织或管理者鼓励或纠正员工的行为之前，他们必须知道员工现在表现如何。绩效考核过程中应：(1) 建立绩效目标和标准；(2) 按照那些标准衡量员工表现；(3) 给予员工有关衡量标准及结果的反馈。正如我们在前面提到的，企业的战略必须是工作目标及其相关绩效标准设定的驱使力。当摩托罗拉公司决定以质取胜时，它将六西格玛作为质量标准，仅允许百万分之三点四的次品率。在摩托罗拉，这个标准被广泛运用，从制造车间到公司食堂。在车间里，这意味着每百万件产品只有3.4件可以有缺陷；而在厨房，这意味着每百万个松糕中只允许3.4个被烤糊。虽然六西格玛标准在摩托罗拉不是立刻能得以实现的，但它对工厂员工绩效有非常重要的影响。

对于大多数管理者来说，绩效考核也许是最重要的但同时也是最困难的人力资源管理活动。有时，员工没能达到公司的标准，就必须告诉他们这一点。虽然很少有人愿意给予或接受负面反馈，然而，如果没有这样的反馈，无论员工或企业都不能将其绩效做到最优。因此，所有的管理者都需要了解影响绩效评估体系有效性的关键因素，并且能够熟练运用它们。

图示等级评价量表法 绩效反馈最常用的方法大概就是图示等级评价量表法（参见图表7-6）。该评价量表会列出一些品质，来衡量员工的表现。员工的绩效水平在每一个条目上用等级的形式进行测量。这些量表通常从1到5进行分级，条目的分级可以使用词（如1=差）或句子（如1=没有达到最低标准）。

图示等级评价量表被广泛使用的主要原因有两个。第一，对于管理者来说这种方式较为快捷，也易于使用。鉴于大多数管理者必须评估很多员工，而且也并不会因为撰写了高质量的评估报告得到额外的奖励，他们自然就希望尽快完成这些评估。第二，按这种方法评估得出的结果很容易量化，并可以比较员工之间的绩效等级。

然而，管理者应该清楚认识到图示等级评价量表法有两个关键的局限。一是可能无法清楚地定义用来评估的特征，便会任由个人解释。这样可能产生的结果是：在解读“人际关系技巧”时，一位经理解读为解决冲突的能力，另一位经理则可能解读为倾听的能力。基于两种不同的解读，就难以把不同的管理者所评估的员工加以比较。此外，两个不同的管理者可能对评价等级设定也有不同的解释，一位经理可能只允许前5%的员工获得极高的评价“5＝优秀”，另一位经理可能会认为“5”适用于前20%的员工。所以不同的管理者的不同解释，将使对员工的比较变得相当困难。这种不可比性非常重要，因为超过85%的企业使用绩效考核来确定员工能力的提升、奖金和升职。

图表7-6 图示等级评价量表

员工姓名：		部门：			
	优秀	良好	平均	及格	差
1. 工作质量					
2. 工作数量					
3. 合作情况					
4. 独立程度					
5. 主动程度					
6. 工作知识					
7. 工作态度					

行为锚定等级评价法（behaviorally anchored rating scales，BARS）。这是用来弥补图示等级评价量表法缺陷的方法。这两种方法的相似之处，是管理者用定量的方法衡量员工的特性。然而，行为锚定等级评价法是用更详细的细节来定义，并且用行为而不是抽象的特征来描述（见图表7-7）。这种更加细致的描述会减少评估员工的误差，但是无法完全消除，一些潜在的误差依然存在。

图表7-7 行为锚定等级评价法

职位： 工作维度：		
认真地计划工作和组织时间，从而使资源发挥最大效用并达到目标。	9	
	8	尽管这个同事在另一个项目上有总结报告，但是他应该在你的项目上好好准备分配给他的讨论。
	7	这个同事应该认真地标出截止日期和活动的日程安排，并且在做出新的决定前被咨询。
	6	作为一个项目负责人，这个同事可以较好地管理和配置所拥有的资源，但可能由于一时之急忽略了一两个细节。

续前表

职位： 工作维度：		
为任务的主要部分计划和组织时间而努力，通常能够完成目标，但是可能忽略其认为次要的细节。	5	如果同时有其他的任务，这个同事可能会在截止日期前完成报告，但是报告可能会低于正常水准。
	4	对这个同事的评估可能不能反映他的能力，因为他对其他的活动过于投入。
	3	这个同事尽管能够按时完成任务，但是经常在任务截止之前熬夜，他更多的是靠激情而不是时间表。
	2	这个同事经常迟到，尽管其他人在相似的情况下发现按时到达并不困难。
很少做计划，尽管错过截止时间，通过协调的努力可能会有高效的行动，但是看起来没有组织力。	1	尽管有足够的提醒，但这个同事从来不按时完成任务。

360 度反馈 **360 度反馈**（360-degree feedback）评价体系背后的基本原理是：应该从多个角度来评价一个人的表现。大多数 360 度反馈体系的绩效信息来源主要是员工的上级、同事、下属甚至员工自己。一些公司也从供应商、客户方面收集评价信息，这取决于员工与这些团体或人群互动的性质。360 度反馈的优点是从多个来源采集数据，这可以鼓励员工关注公司的方方面面，降低了某些功利行为，如只注重迎合老板而不能很好地与同事或下属相处。这种方法的主要缺点是需要时间和精力来收集、处理信息并有效地将数据反馈给个人。此外，最近的研究显示 360 度反馈可能并不具备它宣称的有效性。

有效的绩效反馈 无论使用哪种考核体系，绩效反馈的结果评估都需要有效地反馈给员工，以便他们对自己的表现做出积极改变。首先，如果在雇主对员工的表现进行评估之前，员工不清楚哪些结果是可接受的、哪些是不可接受的、哪些是优秀的表现，那么直接的负面评价是不太可能激励员工提高工作表现的。因此，上级从一开始就要清楚地向员工讲明期望的绩效，并被员工接受。其次，如果员工认为管理者在评价时本身带有偏见，那么评估的结果就不会如预期那样。这就是为什么记录**关键事件**（critical incident）如此重要。关键事件，是指关于员工的行为或绩效高于或者低于预期的那些重要而具体的事件。这个记录能使管理者回忆起关于员工所有的重要事件而不仅仅是最近的那些事情，它还有助于管理者在与下属进行绩效谈话时能够谈得很具体。由此我们对进行有效的绩效评估谈话有以下建议：

1. 根据主要工作目的、目标或标准对员工的绩效进行评审；
2. 通过回顾那些特定、具体的正面和负面事件，总结员工的整体表现；
3. 跟员工讨论他们表现不佳的原因，并认真听取员工的解释；
4. 讨论提高员工的未来表现的不同方法，并鼓励员工发表自己的意见；
5. 双方商定一个提高绩效水平的方案、时间表和操作程序；
6. 制作未来一段时间的关键目标、时间表和工作标准；
7. 用积极、鼓励性的语气结束谈话。

这些步骤看似简单，但它们确实是管理者必须长期面对的提高员工绩效的最困难且重要的挑战之一。而且即使你依照这些步骤，在期望值方面代际差异仍然会让你感到沮丧。例如，“婴儿潮”时期出生的拥有 23 名下属的管理者布赖恩·卡斯特罗报告说，当他的一个千禧一代（生于 1980—1999 年）的下属走进他的办公室，告诉他下周将离职的时候，他很震惊。卡斯特罗认为自己已经给予该员工大量“建设性”的意见，让员工回到正轨，但是该员工一直在寻找的是关于他的正面反馈。据卡斯特罗说，两代人对反馈的性质看法以及期待是完全不同的，而且的确有一些研究支持这个说法。

7.3.4 薪酬

奖金和薪酬有助于找到适合的人选，但其主要功能仍然是在员工进入公司后留住他们，并使他们的绩效最大化。从本质上来说，奖金就是用来鼓励实现预期的行为。前面已经讨论过，预期的行为必须与公司的战略连在一起。因此，奖金体系必须与公司的战略挂钩。

薪酬 大部分企业根据级别和职务构建**薪酬结构**（pay structure），并据此发放工资。工资是薪酬结构中最主要的组成部分，往往按小时或日历年度发放。按年来计算工资时，工资通常被称为年薪。实际上，年薪也是按月发放的。

传统的薪酬结构是层级制的，细分清楚。现在，大多数公司已经改用**宽带薪酬结构**（broad brand system）。该结构薪酬的覆盖面很广，图表 7－8 是传统薪酬结构和宽带薪酬结构的图解说明。宽带薪酬结构的主要优点是具有更大的灵活性，使企业员工的薪酬符合个人价值和不断变化的劳动力市场状况。

图表 7－8 传统薪酬体系与现代薪酬结构

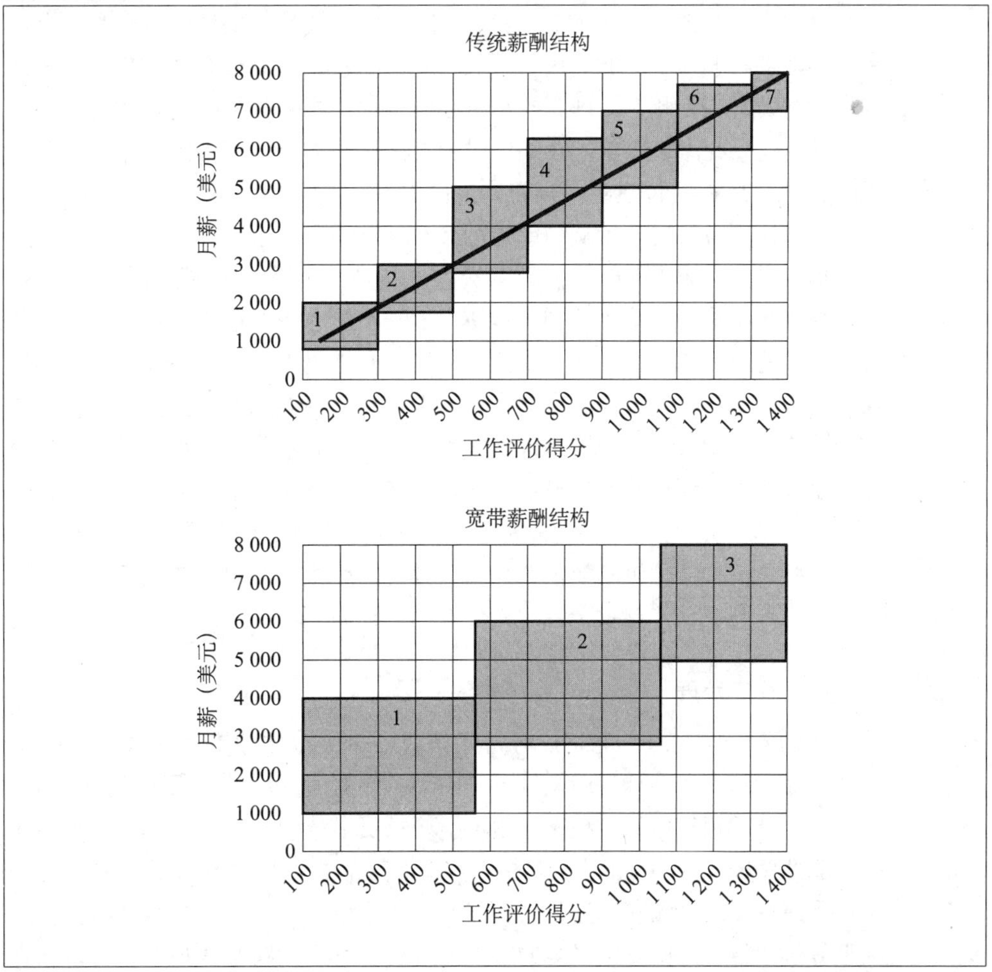

薪酬的另一个重要趋势是从个人的报酬总额主要由工资组成，演变成大部分报酬由风险报酬组成。**风险报酬**（at-risk compensation）（有时也称浮动薪酬），简单来说，就是薪酬随着一些条件变化，这些条件包括公司的一般盈利能力，达到本单位特定预算目标、收入或成本节约目标，或达到特定的个人绩效目标等。越来越多的公司正在将员工的报酬总额之中的绝大部分“放到风险部分”。这主要是因为，如果薪酬总额由工资构成，那么在通货膨胀之后工资就要相应上调，通货膨胀加上由此产生的薪酬大幅上调会导致公司成本显著增加。如果薪酬中大部分与绩效挂钩，那么高绩效就会带来高薪酬。这就是**激励计划**（incentive plans）的概念，也就是说薪酬的一部分绑定绩效，这种方法虽然曾经只对高管适用，但是现在正越来越多地在整个组织中使用。

福利 传统的福利计划，包括诸如医疗保险、牙齿保险和人寿保险等项目。在某些情况下，某些保险项目是州政府或者全国范围内强制要求的。在全球范围内运营的公司发现，不同国家对于这些福利的要求也不尽相同。在过去，企业通过提供有吸引力的福利计划来吸引以及留住员工，但随着企业面对的员工范围越来越大且需求各不相同，企业在福利计划中的支出越来越多，甚至达到工资的20%～40%。为降低高涨的福利成本，同时仍然满足不同员工的需求，公司开始推出所谓的“**自助式福利计划**”（cafeteria-style plan），即员工拿到一笔“福利币”，可以用来购买满足员工特定需要的福利计划。

奖励及激励 奖励和薪酬体系的设计主要由公司的人力资源部门负责，但是有效的奖励并不单纯地体现在工资、奖金、医疗保险或其他福利的金额大小上。每个管理者不仅能够影响员工薪酬的增长，而且还控制着一些更加有力的奖励方式，如对员工的肯定和赞赏。因此，管理者非常有必要了解不同的奖励机制以及它们如何影响员工的绩效。这将在第9章更加详细地讨论。在这里需要特别指出的是，许多公司给予员工的奖励与对员工的期望不相符。奖励的是一种行为，而期望的是另一种行为。例如，当摩托罗拉公司开始从简单的运输产品发展到以生产世界一流品质的产品为目标时，员工仍然会因为即时快捷的发货而被奖励（其质量水平远低于六西格玛），而且员工会因为出货慢而受到惩罚，即使出货的质量水平接近六西格玛。因为奖励机制没能与公司的新战略挂钩，结果摩托罗拉的六西格玛没能达到高管人员的预期。另一个例子是，在零售经纪公司工作的大多数股票经纪人的奖励是基于他们完成的交易量，这导致许多经纪人“利用”个人投资者的账户，通过购入和卖出股票增加交易量以赚取佣金，即使依据投资者的投资目标没有理由如此频繁地交易。由于这种后果及向客户收取的相关费用，投资者往往把他们的账户挪到其他与公司有竞争关系的经纪公司。最终，这种奖励机制鼓励“利用”行为的产生，但因为造成客户的离开，最终损害了公司的利益，并导致了经纪人个人佣金额的下降。

7.3.5 员工发展

激励人们加入一个企业并努力工作的一个最主要原因就是成长和职业发展的机会。职业和员工发展计划就是针对这一动机设置的，用以确保组织的人力资源能力得到充分发展。根据组织的战略，它可能要求员工从职业路径入手准备承担起一定的责任。**职业路径**（career path）包括一整套有序的工作职位和经验。例如，壳牌公司在全世界超过120个国家运营，其战略的一部分涉及承担只有少数其他公司可以解决的大型复杂项目，因此，它需要的管理者要拥有良好的跨文化技能，可以与世界各地各式各样的人合作，并且可以管理庞大而复杂的项目，这些项目往往涉及数百亿美元。这些复杂的技能不可能在一夜之间培养出来，于是壳牌通常会进行员工职业生涯路径的设计，包括在多个国家工作以及参与复杂程度递增的项目，从而使它们有一定数量的、掌握适当技能、能够在世界各地管理大型项目的人员储备。该公司还利用整合团队来完成复杂项目，团队中的成员来自市场研究、工程、销售、财务等部门。因此，壳牌注重员工在其职业生涯中能够在不同职能部门工作，这称为**跨部门工作轮换**(cross-functional job rotation)。

正如我们前面提到的一样，大多数公司的人力资源部门肩负着创建员工职业生涯发展体系的重任，可是直线管理者才最了解员工的特点，也最能够直接向员工提供职业指导。此外，管理者在员工发展工作中会树立相应的声誉，影响他们吸引具有什么资质的员工与其一起共事，这些员工的表现反过来又会影响该部门的绩效。因此，员工的职业生涯发展对于管理者来说是一个严峻的考验。

晋升　员工可以而且应该补充和提升自己在工作中的能力，这并不一定总会带来晋升，但对于大多数员工来说，自我发展的动力往往来自晋升带来的高职位和高薪酬。

在大公司，晋升往往意味着调动。例如，许多 IBM 的员工说公司名称的缩写意思是“我被调走了”(I've been moved)。随着双职工家庭比例的上升，工作调动尤其是跨国调动给他们带来了很大的挑战，也越来越受到异议。对于**双职工夫妇**(dual-career couple)，调动员工为家属在当地找到一份工作，尤其还是在异国他乡，是阻挡他们接受升迁调动的一个巨大障碍。甚至即使能在当地或组织内部为家属找到临时工作，但是由于工作签证的关系，也限制了他们在国外工作。为了应对这一挑战，很多公司正在推广配偶安置援助方案，还设立了一些非正式的组织，以便于那些对调动感兴趣的员工以及那些已调动的员工交换关于就业机会以及其他在国外工作的相关信息。

离职　作为管理者，不管你在招聘、雇用、培训、薪酬和绩效管理方面做出多大努力，你可能还是会发现不得不终止或解雇员工。合理解雇的原因通常包括员工有犯罪行为（如盗窃公司财产）、违反公司政策，或向竞争对手泄露机密信息。大部分公司都有关于“终止原因”详细的书面政策以及解雇步骤，而管理者在解雇触犯这些条款的员工时必须严格遵守这些步骤。员工也可能因为表现不佳被解雇。在此方面，大多数公司也有成文的规定，说明在解雇表现不佳的员工之前应该做什么。通常，这些政策涉及以下内容：

1. 告知员工工作绩效标准；
2. 正式并具体地记录员工表现不佳的具体事件；
3. 通知这些表现不佳的员工，重申工作的标准，给予改进的时限及具体措施；
4. 正式告知员工在规定时间内不能改进并达到绩效标准的后果。

采取这些措施后，在规定的时间内如果员工的表现仍然没有充分改善，很多公司都要求其上级和一位人力资源专员一起解雇该员工。

裁员　裁员是指因为经济或业务的原因终止一个员工群体的工作。研究表明，公司如果不能以合理方式进行裁员，将来也不太能够吸引和留住优秀员工。在许多情况下，根据合同或法律规定，公司在大规模裁员之前必须留出一定量的时间提前通知。显然，“合理”有各种解释，但现实中合理的做法包括再就业辅助，例如帮助修改简历、职业咨询、办公室拜访、秘书帮助和协助找工作等。通常企业将这些活动外包给专门的公司，以帮助被裁员工找到工作。

7.3.6　劳动关系

当工会代表员工就工资、福利和就业的其他条款与公司进行集体谈判的时候，劳动关系就开始发挥其重要的作用了。工会代表大部分员工的利益和意愿，诸如汽车制造业和航空业的工会。在航空业中，工会不仅代表了行李搬运工等低收入者，还代表了飞行员之类的高收入者。

虽然美国员工由工会代表的比例在过去50年中已逐年下降，但对很多公司来说良好的劳动关系仍然至关重要。众多管理者正小心翼翼地维持着工会代表的员工与他们自己员工的不同需求。

7.4　管理多元化的员工

当我们使用多元化这一概念的时候，我们所谈论的是人与人之间的差异，包括年龄、性别、种族、宗教信仰、文化背景、教育、心理和生理残障、性取向等。显然，美国的劳动力正处于一个人口统计学上大规模的转型期。例如，从1980—2020年，白人适龄劳动力预计从82%将下降到63%（见图表7-9）。同一时期，少数族裔劳动力预计将增加一倍（从18%～37%），而西班牙裔或拉丁裔的劳动力预计将翻三倍（从6%～17%）。

这种劳动人口转型主要是由两个原因造成的。首先，更大比例的年轻人群（从出生到44岁）是少数族裔。其次，越来越多的白人员工到了退休年龄，离开劳动力市场，这些人都是“婴儿潮”一代——1946—1964年出生的人。从2000—2015年，美国中青年人口中增长最快的将是西班牙裔或拉丁裔（见图表7-10）。

图表7-9　1980—2020年美国劳动力分布的改变

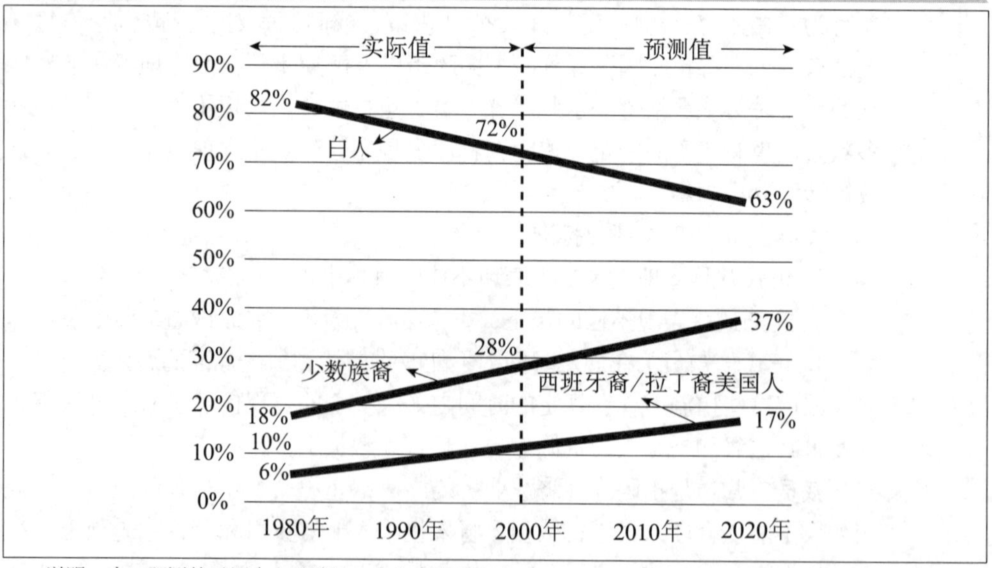

说明：人口预测基于历史上的移民、出生率和死亡率。

图表7-10 2000—2020年美国人口年龄和族裔的改变预测

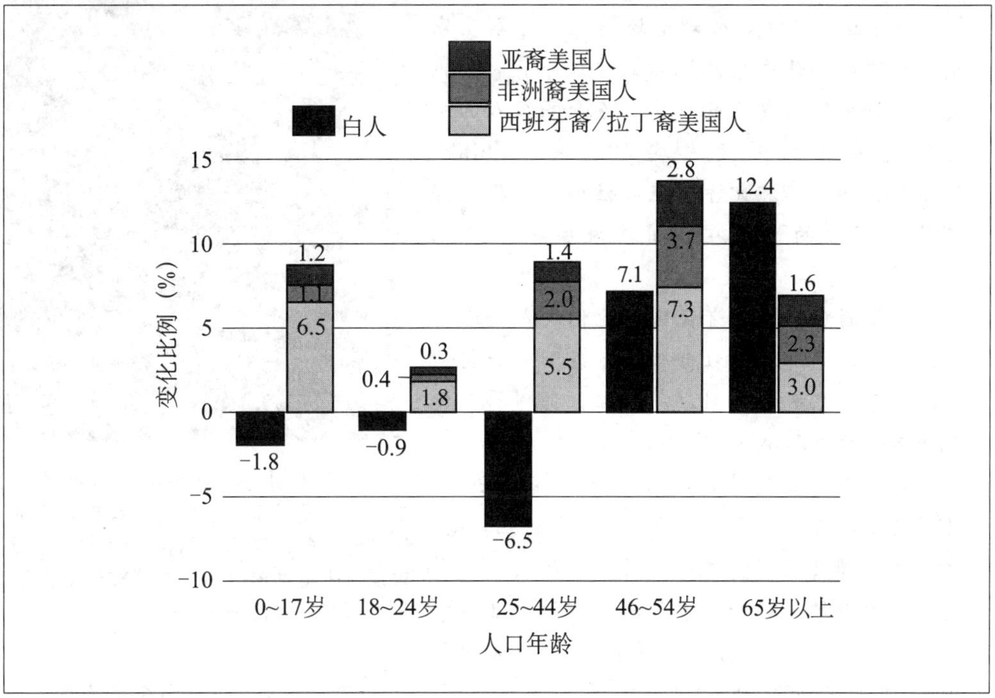

说明：人口预测是基于历史上的移民、出生率和死亡率。太平洋岛上的居民归为亚裔美国人。预测基于2000年的人口普查，不包括美国原住民。

万豪的高管层认识并接受了这种变化，在接下来的“管理者的挑战”中我们突出了公司为提升现有员工及潜在员工多元化方面的一些关键行动，你觉得万豪国际公司的这些做法怎么样？

管理者的挑战——多元化

万豪接受并充分利用多元化

万豪在美国拥有124 000名员工，其中有61%是少数族裔，55%是女性，这些员工使用的语言超过50种。多数万豪员工都在初级岗位上工作，负责打扫房间、洗衣和餐饮服务。鉴于今天的员工在人口统计学方面不断变化，万豪酒店的管理者必须找到一种方法来协调日益多元化的员工队伍。对于万豪而言，酒店是靠服务信誉竞争，不能简单地随便招一个人进门工作。管理人员需要员工不仅能做好自己的工作，还要用让客户满意的方式。由于该公司提倡内部晋升（超过1/3的管理人员都是从初级岗位做起的），万豪酒店的管理者需要吸引和留住最优秀的初级员工。

万豪的初级员工中，许多人缺乏良好的工作习惯，如管理不好钱财、经历过家庭暴力，或者家里有小孩需要照料。此外，许多初级员工是移民，英文讲得不好或所受教育和技能有限。“管理好这样的员工队伍很重要。”万豪的“工作与生活”项目总监唐娜·克莱因(Donna Klein)这样说。

为了深入了解这些缺乏技能的员工，万豪酒店的管理者进行了一项研究，并且认识到了工人所面临的各种挑战。例如，它发现万豪现有的儿童看护项目很难完全满足这一群体的需求。该研究还发现，约1/4的工人有阅读问题。对此，万豪发起了非英语母语员工在工作时间学习第二语言即英语的课程。

除了这些努力，管理者还提供关于解决家庭工作冲突和建立托儿中心的建议，有时还预支一些薪水给有急用的员工。万豪高级人力资源副总裁克利福德·埃尔利赫（Clifford J. Erlich）说："相比于重点关注顾客，很多经理花了15%的时间在与员工相关的社会工作上。"

万豪酒店的管理者优化了他们的人力资源管理项目，添加诸如社会服务、亲子班和托儿设施等项目来吸引和激励小时工，并保持了比竞争者低的离职率。

为了吸引、激励和留住初级员工以及小时工，万豪发展了一些具有里程碑意义的项目，例如社会服务、亲子班和托儿设施。注重员工的需求反过来帮助该公司保持了较低的离职率并赢得了卓越服务的良好声誉。

在美国的福利计划经过一系列变革之后，万豪的管理者制定了一个所谓"通向独立之路"的计划，帮助福利受益人成为万豪的员工。作为这个项目的一部分，学员不仅学习商业技能（如工作守时），还包括生活技能（如金钱管理）。每人获得的资助额度是5 500美元（一半来自政府补贴），目前已经有超过3 000名福利受益人成为万豪的新员工，重要的是这个群体的离职率低于平均水平。

批评人士说万豪酒店的管理者过于家长式，但该公司的成功案例证明了这些方式是如何增加价值的。例如，李·通（Thong Lee）已经在万豪酒店工作了16年，是西雅图万豪的酒吧招待，他在公司提供的课程中学会了英语，利用酒店的工资和他的万豪股票买下了原来租住的房子。李还记得他的上司有一天为了让工作人员可以出席李的母亲的葬礼，将酒店洗衣房关闭了一天。

对于美国劳动力构成变化的响应以及对公司初级岗位员工需要的满足，帮助万豪酒店维持了自身的竞争地位，并获得了卓越服务的声誉。此外，该公司的持续成长更为其员工创造了个人和职业的发展机会，事实上，管理者十分注重吸引和留住员工。因此，万豪成为《财富》杂志评选出的"100个最适合工作的地方"中22家连续入选的企业之一，这进一步使经理有能力招聘和留住优秀员工。

资料来源："100 Best Companies to Work For," *Fortune*, January 2009; "Marriott Makes Major Strides Toward Diversity Goals, Setting Industry Standards," Hospitalitynet. org, July 21, 2006; A. Wheat, "The Anatomy of a Great Workplace," *Fortune*, February 4, 2002, 75+; J. Hickman, "America's 50 Best Companies for Minorities," *Fortune*, July 8, 2002, 110.

7.4.1 性别与多元化

除了种族的多元化之外，性别是多元化的另一个重要方面。女性占美国劳动力的46%，超过59%的美国女性都是离家工作，其中75%是全职。2008年，女性工作占比最大的（39%）是管理、职业服务和相关职业；33%为销售和办公室岗位；21%为服务行业；6%为生产、运输和搬运行业；1%为自然资源、建设和维修行业。女性人数在以下职业中超过男性：公关经理、财务经理、人力资源经理；教育管理者、医疗卫生服务管理人员、会计师和审计师；预算分析师、生物科学家；学前班、幼儿园、小学、中学教师；物理治疗师、作家、注册护士。约有 400 万名女性是非农业领域的自由职业者，占就业女性的 5%。

尽管女性在整个劳动力以及某些特定行业中占比很高，她们在管理职位上的出现率却较低。有些人把这种现象称为“玻璃天花板”(glass ceiling)，意思是说女性可以“看到”高管职位，但一道无形的屏障阻止了她们向更高的管理层晋升。虽然玻璃天花板现象正在发生变化，但这个改变十分缓慢。例如，1998 年《财富》500 强企业的总裁职位上有 11.2%的人是女性，到 2008 年也只增长到了 15.7%。

随着商业全球化的发展，“玻璃天花板”现象变得更加复杂。有人可能会想当然地以为，随着全球化趋势，国际化的工作经验将变得更重要，至少对决策层的职业生涯来说应该如此。为了确保所有公民不分性别、种族或其他的差异享受平等的机会，《1991 年民权法案》要求美国公司在对待海外美国员工和美国国内员工时遵守相同的非歧视规定。该法案的影响之一是，除非某个国家禁止女性担任管理职务，否则美国企业就不能歧视在海外供职的女性候选人；哪怕当地的习俗和价值观使得女性很难有较好的业务表现也是如此。

当《1991 年民权法案》通过时，美国被派往海外执行 3～5 年临时任务的员工中只有 3%是女性，与当时 41%的美国管理者为女性的事实形成了鲜明的对比。这表明在美国外派人员的选择中很可能存在一些性别偏见。如果美国企业越来越多地把国际性的任务作为晋升为高级管理职位的一个必要经历，而接受这种机会的只有 3%是女性，女性可能会发现未来的“玻璃天花板”问题更具挑战。

而那些管理者去执行国际性任务的具体国家会使形势更加复杂化。例如，因为日本是美国的第二大贸易合作伙伴，美国公司很可能会派员工到日本工作。然而，在日本，所有管理人员中女性的比例低于 1%，这可能表明在这个传统上由男性主导的社会，来自美国的女性外籍管理人员很难取得成功。然而《1991 年民权法案》指出美国企业的外派候选人不能由性别这个因素决定，有趣的是，尽管最初倾向于认为女性外籍管理人员比男性外籍人士在日本将面对更大的困难，研究却显示女性外籍管理人员和男性做得一样好。

女性就业的增加还体现为双职工家庭的增加。一项研究表明，女性在双职工家庭中平均贡献 44%的家庭收入，相比于 1997 年的 39%有所增长。男性和女性都不太可能固守传统性别角色，男性认为由他们来赚钱更好，而女性负责照顾家庭和孩子的比例从 1977 年的 74%下降到 2008 年的 42%。近 1/3（比 1992 年的 21%有所上升）的女性说，她们的配偶或伴侣正在至少承担起照顾孩子的同等责任。男性面临的工作与生活的冲突也有所回升，从 1977 年的 34%提高到 2008 年的 45%。

7.4.2　性骚扰

在过去的十年里，性骚扰已经成为一个主要的劳动力问题。特别是，这类问题一旦发生，公司会遭受严厉的经济处罚。性骚扰有两种基本形式：第一种是交易，涉及明示或暗示的性关系要求，以换取继续就业和其他福利，如晋升；第二种形式涉及一些创造“不利环境”的行为，包括带有性暗示的笑话、触摸、评论、图片及其他沟通方式。最近几年，有关性骚扰的诉讼剧增。受这些诉讼判决结果的影响，很多公司越来越多地向管理人员提供培训计划，帮助他们了解相关法律，以避免此类事件发生。

7.4.3 影响人力资源管理的法律和法规

虽然人们有不分性别、种族、年龄和其他方面的差异而公平对待每一个人的良好意愿，但这并不总是能化为行动，所以需要相应的法律法规。这些法律法规中有很多对人力资源管理有很大影响。例如，达美航空公司的一群空乘人员提起对公司的诉讼，因为达美航空对空乘人员有体重限制。空乘人员声称他们受到了歧视，因为虽然体重限制适用于所有的空乘人员，不论男女，但是对飞行员却没有此类限制。达美航空一开始宣称体重限制是合法的，因为为了使空乘人员在飞机上有限空间内执行任务，对其身材进行一定限制是合理的。尽管这样，达美航空后来还是降低了对所有空乘人员的体重要求。

图表7-11归纳了对人力资源实践和政策有显著影响的法律。大部分法律的基本意图是确保求职者和现有员工都享有平等的机会。因为法律的目的是要纠正过去的不平等现象，许多企业要么自愿要么迫于来自员工或其他机构的压力采纳了**平权行动计划**（affirmative action program），以确保企业改变不平等的现象。这些计划包括诸如采取额外的努力，向少数族裔求职者提供更多就业信息，为弱势群体候选人设置特殊培训课程，或在决定晋升时对员工的种族或性别比例给予特殊关注。

需要注意的是，美国大多数法律法规的意图在于提供平等的机会，但是这并不意味着企业不能使用某些特定的标准，尽管这些标准看上去会被认为存在歧视，但只要这些标准满足**博纳菲德职业资格**（bona fide occupational qualification，BFOQ）或者能够证明其对于工作绩效会产生显著影响。例如，你可能会认为拒绝雇用留胡子的男性员工（或要求他们被录用之前刮掉胡子）会构成歧视，然而迪士尼对其主题公园的员工就有这样的要求，并在被告上法庭时取得了胜利。尽管在法律上迪士尼遇到挑战，但迪士尼能够保留这个政策是因为该公司能够用统计数据说明客户对于不留胡须的员工有更好的反应且客户的满意度更高，因此在迪士尼的案例中，刮干净胡须就是BFOQ。

图表7-11 美国与人力资源管理相关的主要联邦法律和法规

法案	要求	对象	执行机关
《宪法第十三条修正案》	废除奴隶制	所有人	法院系统
《宪法第十四条修正案》	为全体公民提供平等的保护，并要求国家行为必须保证程序合法性	国家行为（如政府部门的决策）	法院系统
《1866年民权法案》及1871年修正案	所有公民都有权设立、执行、修改或终止合同，并享有合同关系中的所有收益、条款及条件	所有人	法院系统
《1963年公平薪酬法案》	要求从事相同工作的男性和女性必须获得相等薪酬	涉及跨州业务的雇主	平等就业机会委员会（EEOC）

续前表

法案	要求	对象	执行机关
《民权法案》第七章	禁止任何针对种族、肤色、性别或出生地的歧视	拥有不少于 15 位员工且每位员工每年工作时间超过 20 周的雇主；工会；就业机构	EEOC
《1967 年反就业年龄歧视法案》	禁止在雇用过程中歧视年龄在 40 岁以上（含 40 岁）的个人	拥有不少于 15 位员工且每位员工每年工作时间超过 20 周的雇主；工会；就业机构	EEOC
《1973 年康复法案》	在雇用残疾人的过程中应该采用平权行动	政府机构；合同金额超过 2 500 美元的联邦合同承包商及分包商	联邦合同执行计划办公室（OFCCP）
《1990 年美国残疾人法案》	禁止歧视残疾人	拥有超过 15 位员工的雇主	EEOC
第 11246 号行政令	要求在雇用女性及少数族裔时采取平权行动	合同金额超过 10 000 美元的联邦合同承包商及分包商	OFCCP
《1991 年民权法案》	禁止歧视（同《民权法案》第七章）	同《民权法案》第七章，加上适用于《美国法典》第 1981 节的就业歧视案例	EEOC
《1993 年事假及病假法案》	针对员工的事假和病假，要求雇主提供 12 周的无薪假期	拥有超过 50 位员工的雇主	劳工部

7.4.4　员工多元化与企业绩效

员工多元化与企业绩效之间的关系，不论是在小型团体还是大型组织，都已经被研究了超过 20 年，这些研究的结论并不统一。一些研究发现企业员工的多元化水平和绩效之间存在正相关关系，而另一些研究则显示了负相关关系。最近的研究已经发现，这两者之间并非简单的线性关系。

一般而言，管理者可以从资产负债的角度看待成员多元化的团队。首先，成员之间的差异可以看成团队潜在的资产，这些资产包括不同的视角、知识、经验、教育背景、价值观、倾向等。相较于由相似的人组成的单一团队，这些资产可以使团队从更多的视角看待问题，这一点对于那些急需创新或新思路的组织而言无疑是非常重要的。

然而，这些差异也可能成为一种负债，因为所有能提供不同视角的多元化同样也是潜在的会产生摩擦的地方。多元化的工作团队经常遇到以下问题：

- 沟通困难和误解；
- 不信任；
- 冲突和用不恰当的方法解决冲突；
- 群体凝聚力较低，并且会基于语言、种族或性别等形成更多小群体。

在现实中，员工多元化是一把双刃剑。多元化可以带来新的想法、创新和更高的绩效，但这些不是自然而然就产生的。如果这些差异带来的冲突没有得到良好的管理与解决，组织的绩效将受到拖累。

7.4.5 充分利用劳动力的多元化

考虑到这一点，管理者面临的现实问题是："我怎样才能充分利用员工多元化，并限制其带来的问题？"其中要考虑的第一件事情就是你面临的问题或机会的复杂性。一方面，如果情况相当简单明了，在同等能力的前提下，一个高度多元化的团队或员工可能无法超过成员能力相似的同质团队。另一方面，如果情况复杂，成员的多视角就能够给多元化团队增加价值。在这种情况下，假定潜在多元化产生的负债，例如冲突，都被妥善处理了，那么多元化似乎确实会产生更高的绩效。

除了要关注能够使多元化团队发挥优势的客观情况，管理者也应该采取一些相应措施，发挥多元化带来的好处，并限制其相关的负面影响：

- 了解自我。你将要面对多少不同的族裔、种族、宗教、教育或文化背景的员工？你对这些差异的宽容和理解程度如何？你能否从容应对？你好奇吗？
- 让你自己和你的员工做好准备。你和你的员工关于倾听、沟通、谈判和解决冲突的技能如何？
- 提供支持。是否存在一些团队支持少数群体员工，当他们感觉不被重视并想离开组织时给予指导？少数群体员工是否有导师帮助他们了解组织并成为组织的一个有益部分？
- 指导行为。你是否会对你的下属和同事的行为进行监测？你有没有一贯积极强化那些促进宽容和有效利用多元化的行为？对于那些对多元化表现得不够宽容，或者存在其他问题的员工，你是否在私下给予一些负面反馈？

无论从国内还是国际的角度来看，劳动力的多元化现象只会增加。因此，一个能够使你脱颖而出的方法就是与那些拥有多元化背景的下属、同事、顾客及供应商继续有效地合作。

7.4.6 全球化如何影响多元化

不仅是美国的劳动力日趋多元化，全球化的发展也在使越来越多的跨国公司雇用更多元化的员工。许多人认为，世界正变得越来越小。然而，从人力资源的角度来看，世界正变得越来越大！如果你研究大多数跨国公司的历史，它们创建和经营的初期都是在一个国家或者有限的地区内。随着企业的成长，它们扩展到越来越多的国家，特别是通信和交通技术的发展，推动了这种扩张。现在，像万豪、飞利浦、花旗集团这样的公司在超过60个国家经营，对于它们来说，这意味着企业有说40多种不同语言的员工、涉及60个不同国家的政府、与来自10个主要不同宗教的人交流，而且需要应对数百种不同的风俗、节日和传统。随着公司扩展到新的国家和文化中，世界对他们来说变得更大、更复杂。

大多数企业不能简单地避免海外扩张。考虑一下与现在相比全球未来的劳动力来源，图表7-12显示大部分未来的劳动力将来自发展中国家。由于大部分大型跨国公司的总部都设在发达国家，而在未来大多数工人将来自发展中国家，继续进行海外扩张似乎是不可避免的。

图表 7-12 劳动力来源

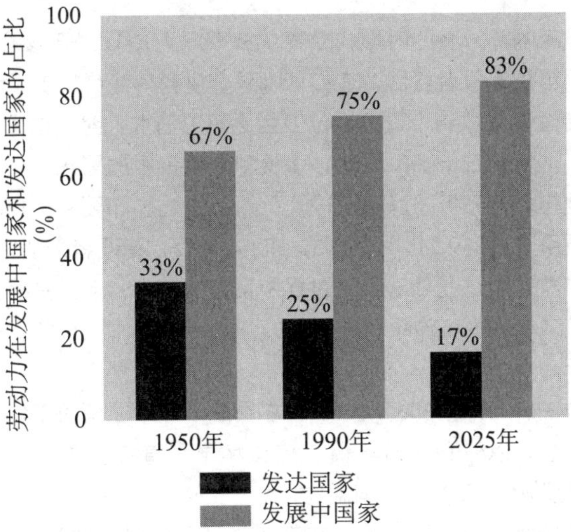

随着公司继续在本国之外扩张，它们将继续面临一系列关于多元化的管理挑战。例如，甄选技术在一个国家有效是否在另一个国家也有效？某种绩效评估形式是否适用于全球的各个职位？公司是否应该改变其奖励制度以适应一个国家？如果必须适应，如何才能避免公司的员工认为这些差异不公平的风险？企业必须采取什么措施确保对其所有员工提供公平的发展机遇？例如，最近一家韩国跨国公司正在招人填补其全球市场高层管理者的位置，最好的人选应该是韩国人吗？一个跨国公司如何保证可以在世界范围内找到业务所在地所需的人才？当一个公司需要向国外派遣员工，它应该如何选择这些人？这些员工接受他们的国际任务之前它应该如何培养他们？当汇率变化、政府价格控制或其他外在因素变化影响到海外业务最低要求时，如何考核这些员工？在当今日益全球化和多元化的环境下，这些只是管理者不得不试着解决的人力资源问题的一小部分。

来自一线的管理挑战——尾声

经过仔细考虑后，琼-雅克·博萨特决定，在该年年终的绩效评估中他能做出的最好的处理方法就是告诉该员工他的表现没有达标。但是，博萨特也在该员工身上看到了价值和优势。因此，他将会为该人专门设置一些职责，以便充分发挥这些优势。具体来说，该员工善于管理合同、洽谈并与供应商合作，很多供应商都和他合作了很多年。经过两个人一番讨论后，该下属的工作重心转变为管理公司的外包和离岸活动，而这也是公司一个重要的新任务。这个新的工作设计非常适合该员工的能力。他第二年的绩效表现很好。这样一来，博萨特就把一个糟糕的局面变成了一种对他的采购团队以及那位长期员工双赢的安排。

本章小结

公司员工的能力将同时影响公司的战略（形成）以及该战略的执行（实施）。因为人力资源能力很难被竞争者复制，它们可以是企业竞争优势的来源。

● 将合适的人放到合适的岗位上包含四项基本内容。首先，管理者必须规划自己的人力资源需求。这包括三个相关活动，即预测人力资源的需求、估计供给、确定完成。其次，管理者必须进行职务分析，以确定该公司的工作性质和要求。再次，管理者必须针对公司及其工作机会吸引合适的人才申请（招进来）。最后，管理者必须甄选到合适的人员。

● 非结构化面试是甄选员工过程中常用的技术，但是其有效性低于结构化面试。给予此候选人与将来要做的工作相同或相似的任务，如工作抽样等，往往是检验谁是更好的候选人很好的指标。

● 有效的社会活动和初期培训应在员工刚开始在公司工作的时候进行。只保留必需的文书工作和信息，以避免过载。员工应该尽早和直接主管见面。给新员工安排一个“伙伴”（一个更有经验的员工）也是有益的。

● 有效的培训包括正式的（在教室或基于计算机的）培训和在职培训。在这两种情况下，有效的培训需要：(1) 明确什么是不正确或不被期望的行为，以及为什么；(2) 提供足够多的机会练习这些行为；(3) 进行绩效反馈并提供进一步练习和改进的机会。

● 图示等级评分量表法因为简单高效，是评估员工绩效常用的方法。行为锚定等级评价法也很常用，可以提供关于不同绩效水平更丰富的描述。在一个360度反馈评价中，员工的绩效需要由不同的人进行评估。

● 大多数的薪酬体系包括工资或薪水、风险报酬和福利。风险报酬通常是和绩效联系在一起的，随绩效向上或者向下移动。福利如医疗保健，通常占员工工资或薪金20%～40%的货币价值。

● 在多数情况下，一个管理良好的多元化员工队伍可以超过一个同质的团队。随着公司不断全球化的发展以及需要在发展中国家招募未来的员工，管理一支多元化的员工队伍在将来更加重要。

复习题

1. 为什么从事人力资源活动如甄选时，将公司战略时刻铭记于心很重要？
2. 工作分析有哪些主要方面？
3. 有效的甄选技术是怎样的？
4. 结构化面试和非结构化面试有哪些不同？
5. 列出选择员工时三种笔试方式以及每一种的有效性。
6. 列出组织可以使入职介绍更加有效的五个举措。
7. 图示等级评价量表法和行为锚定等级评价法之间的主要差异有哪些？
8. 列出组织能让绩效评估更有效的七种方式。
9. 为什么组织逐渐不使用传统的薪酬结构，而采取宽带薪酬结构？
10. 平权行动计划的目的是什么？
11. 在性骚扰情况下，交易和创造不利环境之间的区别是什么？

12. 列出三种可以用来提高管理多元化劳动力能力的方法。

自我评估

就下面的陈述选择你同意或不同意的程度，请坦诚回答。

	非常不同意	不同意	中立	同意	非常同意
1. 我同情无家可归的人	1	2	3	4	5
2. 我认同他人的成就	1	2	3	4	5
3. 我提防他人	1	2	3	4	5
4. 我不信任别人	1	2	3	4	5
5. 我相信“以牙还牙”	1	2	3	4	5
6. 我难以原谅他人	1	2	3	4	5
7. 我拒绝他人的提议	1	2	3	4	5
8. 我不能容忍任何缺点	1	2	3	4	5
9. 我认为自己高高在上	1	2	3	4	5
10. 我能接受各种各样的人	1	2	3	4	5
11. 我尊重他人	1	2	3	4	5
12. 我认为多数事物是多面的	1	2	3	4	5
13. 我相信人们的动机都是良好的	1	2	3	4	5
14. 我能够听从他人的建议	1	2	3	4	5
15. 我经不起失败	1	2	3	4	5
16. 我很容易动怒	1	2	3	4	5
17. 我对他人很宽容	1	2	3	4	5
18. 我会很快评价他人	1	2	3	4	5
19. 我容易被他人的错误惹怒	1	2	3	4	5
20. 我能理解他人的不同想法	1	2	3	4	5

得分

对于项目 1，2，10，11，12，13，14 和 20，用 6 减去你选择的数字（例如，如果在第 1 项你选了 5，那么你的分数会是 1（6－5＝1）），然后加总计算结果，再加上所有其他项目的实际得分。你的分数越高，说明你越不能容忍多元化；你的分数越低，说明你越能容忍多元化。这些得分在管理多元化中有什么用？

团队练习

每四人分成一组，阅读下面的场景。指派一人扮演认为消防队是一个“不利环境”并且令人不安的女消防员，另一个人扮演消防队队长，还有一个人扮演另一个女消防员，剩下一个人扮演消防队的人力资源经理。

一位女消防员曾抱怨消防队是性别方面的不利环境，要求再次和队长面谈，听听队长下一步对此会做什么。队长必须做出决定并给予解释。文末的问题用来引发大家的思考和建议可能的行动方案。

假设你是一个有 12 个队员的消防队队长，队员中有两名是女性。你的小队一般在岗 24 小时，然后休息 24 小时。当在岗的时候，大家共同生活在消防队里，一起吃饭、睡觉、训练、休息和出任务。有时候任务很紧张，大家没有时间干别的事情，而有些时候则比较清闲。

良好的消防技能对你的团队至关重要，队员之间的信任也很重要。例如，如果在一个燃烧着的建筑里你受伤了，你会希望你的团队成员能够救你出去。

大多数消防队，包括你管理的这个，最近才增加了女性员工，所有的女消防员必须通过和男性一样的体能测试。男性导向的谈话、幽默和其他活动（如举重）传统上可以帮助队员紧密地团结在一起。

一名你新雇用的女消防员已经抱怨过消防队的工作环境存在性别歧视。她说，她无意中听到的笑话都充满了侮辱性，还有几个人在他们的储物柜里放着带有侮辱性的图片。她的身体和其他男消防员一样强壮并一贯表现良好。由于这是一个老旧的消防站，没有单独的更衣室和淋浴间。虽然已经排定了单独的淋浴时间，该女消防员还抱怨说，在她淋浴的时候一些人故意“意外”地进来，号称他们“忘记”了淋浴时间规定。

针对此投诉，你和另外一个女消防员讨论。她来这个消防队快一年了，她不同意该消防队是存在性别歧视的工作环境，但不愿讨论任何细节。她的表现一直很普通，并不优秀。

1. 作为队长，你会采取什么行动?

2. 当别人向你提出抱怨时，他们怎样做可以让你满意?

3. 作为人力资源经理，面对这个情况应该怎样做? 应该给消防队队长留多少自主决定权?

4. 假设其他成员告诉你几个比较年轻的单身男消防员在彼此聊天的时候可能显得有点“大男子主义”。当你去质问这些人时，他们却声称这个新的女消防员不应该偷听他们的私人谈话，你会怎么做?

章末案例

阿兰特能源公司让多元化闪光

阿兰特能源公司（Alliant Energy）为美国伊利诺伊州、艾奥瓦州、明尼苏达州和威斯康星州近100万名用户供应电力和天然气，这个中等规模的组织拥有约33亿美元的收入。相比较美国其他公用事业公司，阿兰特能源公司十分注重多元化。“致力于打造一个充分鼓励个人天赋、思想和观点的工作场所”是其核心价值观之一，“我们的目标是创建和维护多元化的员工队伍及供应商队伍，使我们更好地了解市场，最大限度地提高我们迈向成功所需的能力”。

阿兰特能源公司在过去的几年里一直在寻求拓展供应商的多元化。公司主席兼首席执行官威廉·哈维（William D. Harvey）说：“阿兰特能源公司支持少数族裔和女性开办的企业，我们同样致力于业务指导和帮助供应商维持和发展业务。我们有责任确立一整套为少数族裔及女性拥有的企业增加机会的采购流程。”

当被问及为什么阿兰特要对它的多元化供应商做出这样的承诺时，该公司的供应商多元化项目负责人杰米·托莱多（Jamie Toledo）列举了三个主要原因：

1. 在做出购买决策时，为公司挖掘尽量多的供应商，这本身就是一个良好的商业意识。通过鼓励多元化的供应商来争夺我们的业务，我们将从他们所能提供的创意和新视角中受益。

2. 与不同的供应商合作是对当地社区的一种投资。

3. 给不同的企业机会能确保它们在市场上获得公平的机会。

关于劳动力的多元化，阿兰特管理者的多元化定义是指性别、种族、年龄、体质和心智能力、生活方式、文化、教育、想法和背景等方面的差异。公司期望所有员工欣赏并努力发掘与多元化有关的不同观点，并拒绝与培育多元化的员工队伍这一使命相冲突的行为。关于多元化，阿兰特公司采取的第一步行动是创建一个多元化指导小组，由来自组织各个层级的15名员工组成。利用一份针对全公司的调查问卷，该团队开始着手多元化的问题，如实施员工的平权行动计划、测量员工的工作满意度、人际关系和工作态度等。分析结果之后，小组成员的结论是：员工们不是很清楚阿兰特公司对多元化的定义以及公司管理层对于多元化的期望。由此，他们建议所有员工接收多元化意识培训，以更好地理解员工队伍的多元化带来的不同视角的范围有多大以及多元化的其他好处。

为了将高层对多元化的重视传达给员工，每次8小时的研讨会都是由公司副总裁或部门经理开场。然后，主持人开始解释多元化的好处，描述阿兰特的期望，并讨论什么样的行为是与此期望一致的，什么是不一致的。研讨会的亮点是员工要完成两个旨在帮助他们思考问题的练习。在第一个练习中，每个员工被要求确定自己会采取什么具体的行动支持多元化。在第二个练习中，他们要设定关于多元化的一些基本规则。例如，一个组设定的规则是“一切有攻击性的笑话和语言都不应该出现在工作场所”；另一组也创立了一个规则，他们最初的措辞为“尊重别人的想法”，后来修改为“接受、理解、尊重，并颂扬我们之间的差异”。这种积极的参与有助于员工把这股劲头带回到自己的工作岗位。

所有新员工在入职第一年都要经过培训，大多数员工认为培训帮助他们在自己工作的团队中更加支持多元化。

为了继续在整个组织内鼓励多元化，阿兰特的高层管理人员最近在公司内部成立了多元化委员会，该委员会的主要目的就是为了促进多元化而提建议并驱动新政策的实施。经理们也同时拟定新的计划和项目，以吸引和留住更多元化的员工队伍。他们这样做的目的是鼓励种族多元化，并把女性纳入组织内非传统的职位。

阿兰特的管理者所采取的鼓励多元化的方式在两个方面做到了创新。第一，所有高层管理人员都积极支持和参与，而不是把这个责任推给人力资源部门。第二，成立多元化指导小组和多元化委员会这两个组织在更大规模上解决了这个问题。

扩展的多元化倡议包括以下内容：

- 员工资源团体——这些团体服务可以为员工提供资源，并在全公司提供参与多元化的机会，现有的这些具有亲和力的组织包括“多元文化商务局”、“女性网络”和“阿兰特自豪网络”；
- 针对所有员工的多元化和包容意识培训；
- 关键业务部门的多元化的招聘计划；
- 供应商多元化和发展计划；
- 社区网络、社区支持和社区参与；
- 国际日、围绕“世界各地的节假日”的庆祝活动；
- 印刷多元化日历分发给所有员工；
- 在员工契约调查中不断了解员工对公司组织文化的理解和多元化意识。

◆ 思考题

1. 为什么阿兰特能源公司如此致力于员工的多元化？公司这样做将会获得哪些收益？

2. 阿兰特能源公司没有公开报告其供应商多元化举措的结果，你认为应该公开吗？怎样确定其供应商多元化倡议是有效的？

3. 你认为该公司是在强制推行多元化吗？是否有必要要求所有员工接受多元化培训？请解释你的答案。

4. 一些调查研究结果显示，企业无法量化多元化的效果。你会建议阿兰特能源公司采取什么措施来衡量拥有多元化劳动力的成本和收益？

MANAGEMENT

第Ⅲ篇

领　导

Leading

第8章
领　　导
Leadership

学习目标

通过本章的学习，你应该能够：

- 定义领导并认识到领导在组织中的重要意义；
- 比较管理和领导二者之间的区别；
- 分析领导者权力的来源以及如何有效地使用权力；
- 在领导全过程中，描述并对比领导者、追随者以及情境的作用；
- 讨论国家文化在多大程度上使有效的领导行为在不同国家有所区别；
- 解释可以替代或中和有效领导的条件；
- 计划如何提升自己的领导能力。

来自一线的管理挑战

姓名：泰勒·里道特·格雷（Taylor Ridout Gray）

职位：得克萨斯州阿灵顿“布朗斯通村商场”的所有者和经营者

母校：得克萨斯州立大学（广告专业学士）

业余活动：与家人一起游泳

毕业后的第一份工作：在一家交易卡公司担任活动协调员

偶像：父母

座右铭：“相信直觉”“思考、行动、权衡”“做正确的事”

管理风格：严格而友好

泰勒·里道特·格雷在得克萨斯州位于达拉斯和沃斯堡之间的阿灵顿长大，年少时她常去附近的一家溜冰场玩。后来，那里年久失修，日渐破败，她便不再去了。然而，当她大学毕业后，在父亲（一个开发商）的帮助下，她买下了这家溜冰场！

在近30岁时，格雷将溜冰场彻底改造，打造成了一个由众多精品店和餐厅组成的综合零售商场，名叫“布朗斯通村商场”。鉴于她的教育和家庭背景，对于格雷来说，开发与营销这家商场并不是一件困难的事情。她所面临的挑战是，如何形成一种合适的领导风格，来管理商场中上百名员工与商户。

在她大学毕业后的第一份工作中，格雷通过为她的雇主——一家交易卡公司协调超级碗和世界联赛的各项活动，积累了丰富的市场营销知识和经验。她发现这份工作真的很有趣，甚至令人兴奋。但在她的第一个孩子出生后，她意识到需要减少在活动协调工作中出差的次数，并找一份离家较近且不需要频繁出差的工作。这时，她决定追随父亲的足迹，尝试自己开发一块地产，并经营管理这一新翻修的商场。

2004年11月，“布朗斯通村商场”开业后立刻成为当地流行的购物好去处。这种情况也一直得以保持。客户络绎不绝，甚至出现了一个典型的既是好消息又是坏消息的问题：车太多，停车位太少。对于格雷来说，这个问题不是大问题。最困难的是，她应该如何领导众多商户与员工。正如她所说，她的本意是“想要和每个人都成为朋友”。在商场开张最初的几个月里，这种富有亲和力的理念一直指引着她的领导方式。然而，她很快就发现这种领导方式不管用，很多员工表现出的行为举止都相当冷漠和懒散。

正如泰勒·里道特·格雷在管理生涯开始时需要学习一样，领导是管理全过程中不可或缺的重要组成部分，在管理中处于核心地位。如果没有领导，组织的绩效水平就会大打折扣。事实上，在21世纪，如果一定要提及企业、政府、教育或其他机构等组织的成功，就不能忽略领导在成功中的作用。显然，对于组织甚至整个社会，领导都是至关重要的。至今，还不太明确的问题就是，如何提高领导在组织中的有效性与地位。这正是泰勒·里道特·格雷所面临的一个管理挑战。而且，她并不是一个特例。

领导，首先是一个影响过程。它不是仅限于首席执行官、执行副总裁、制造总监、区域营销经理或者运动队教练、队长等人的行为。它是一个几乎任何人都参与的过程，潜伏在组织中的任何地方。

组织中的领导行为是广泛和普遍的，但有时又不是这样。对于组织和管理者来说，核心问题是将领导的潜力转化为实际领导能力。已经有许多文章和书籍关注领导这一话题，这些确切的事实表明，不是只有典型的组织或职业管理者才面临领导能力方面的挑战。

本章首先提出三个由来已久的问题：什么是领导？领导与管理相同吗？不同国家文化下的领导是否相同？其次，本章探讨了领导力与它的近亲——影响力和权力之间的关系。再次，本章界定权力的来源和类型，分析如何有效使用权力的问题。这些都是一些背景知识，有助于检验领导-影响过程中的基本要素：领导者、追随者以及情境。通过讨论领导的全过程，我们分别阐释了各种相关的理论方法。最后，本章检验了是否存在有效的领导替代。

8.1 什么是领导？

领导是一个人们熟悉的日常用语，但是它远比人们想象的要复杂得多。正是因为这样，它才成为一个有趣而又耐人寻味的话题。让我们看看组织科学家是如何定义领导的。遗憾的是，目前没有明确的定论。正如一位著名学者几年前所发现的那样，“有多少人尝试定义领导，几乎就有多少种领导概念。”然而，根据大多数人的定义，我们将**组织领导**（organizational leadership）定义为影响他人以实现组织目标的人际过程。

虽然人们普遍认为领导是一个影响过程，但是对于以下三个问题并未达成一致意见：(1) 领导是否仅指那些身处指定的领导职位的人所产生的影响力，如“管理者”“总经理”“主席”“教练”等；(2) 为了实现团体或组织的目标，该影响是否必须是有意识行使的；(3) 是否他人都是自愿服从的。我们随后会针对这三个问题分别提出观点。

正如我们前面所说，任何人都可以在一个组织中表现出其领导行为。这些行为并不限于处于指定的领导岗位上的人。近几年来，有些人把这种看待领导的方式称为"分布式领导"。特别是，这意味着领导不应该被理解为仅仅发生或者主要发生在组织上层。领导常常体现为一线主管要求下级密切关注安全程序，避免造成生产停机；体现为支持新产品的小组成员向其他成员说明产品的潜力；体现为人力资源经理确信即使自己不下命令，人事部的员工也会尊重和公平地对待所有职位申请人；体现为某员工不断寻求改善工作流程和工作条件的方法，为同事树立了榜样。

然而，通常在贴有管理或监督标签的岗位上工作的人，会有更多的机会来发挥他们的领导能力。同样人们更期望主管和管理者频繁展示领导行为，而不是出现在其他的员工身上。这种期望往往深刻地影响那些担任领导职务的人及其周围的人。期望很重要！例如，制药巨头强生公司为解决管理中的道德问题而自豪。因此，强生公司的员工希望他们的管理者身体力行道德准则，也就是以身作则。不遵守公司道德准则的管理者，或者是被认为不尊重这些准则的管理者，首先就会失掉员工的信任，紧接着便会失去有效领导员工的能力。最近，强生公司发生了一起有关领导期望的事件，即随着生产过程的失误导致强生公司的产品被污染，产生了重大问题。随后，销售经理采取的措施是减少该产品的官方召回。为此，公司及时对负责产品及非处方药的六大"领导核心"给了降级处分。

管理者的挑战——多元化

不到30岁的最高领导者

在本章其他部分中，我们将讨论不同领导类型的经验对未来高层管理者成长的作用。在过去，在拥有超过数百名员工的组织中，高级管理人员是先从基层做起，获取管理经验；然后逐步晋升到高层或接近高层。更重要的是，在他们的职业生涯中，当他们升到高层时，年龄已经四五十岁了。当然，在20世纪80年代，著名的比尔·盖茨是一个例外。近年来，随着组织逐渐多元化，在商业世界里有越来越多大公司的首席执行官从来没有这样的经历，他们甚至还不到30岁！这是为什么呢？在大多数情况下，这是因为他们（如比尔·盖茨）是公司的创始人或是联合创始人。

马克·扎克伯格可以说是这种现象的代表人物。扎克伯格是世界上最大的社交网络脸书的创始人。2004年，在哈佛大学宿舍里，扎克伯格给他高中的母校菲利普斯·埃克塞特中学（Phillips Exeter Academy）的纸版学生花名册开发了网络版。因为附有学生的照片，因此称为脸书，这一举措深受学生的欢迎。扎克伯格在哈佛大学启动脸书后的两周内，波士顿地区近一半的大学生纷纷涌入脸书网络。仅仅四个月后，在两位密友的帮助下，扎克伯格的脸书已经扩张到30多个高校网络，并且拒绝了1 000万美元的收购报价。

在6年后的2010年，脸书已经拥有超过4亿活跃用户，1 000多名员工和超过5亿美元的收入（2009财务年度），距扎克伯格拒绝那1 000万美元报价才过去几年时间而已。现在（2010年），至少扎克伯格非常想保留他在公司的领导位置。作为一个出了名的苛刻的老板，他很注重工作专注度。正如一名员工所说，"与扎克伯格一起工作，从不指望自己因推进了讨论而得到他的认可。做好产品就是对自己最大的奖励。"

运营一个以不可思议的速度成长的公司是一件相当不容易的事情。扎克伯格从谷歌公司挖来了一位经验丰富的总经理，作为公司的二把手。他还把几个来自其他公司的高管放到了脸书董事会成员的位置上。即便如此，依然有问题存在。例如，在2009年年底，脸书在对其隐私控制功能进行重新设计时，导致一些用户账户信息泄露，遭受了相当多的批评。针对这种状况，公司放弃了先前计划的那些变革。这个案例说明，从一个创新的想法到建立一个组织是一回事，领导该组织成长和壮大是另一回事。在耶鲁大学管理专家杰弗瑞·索南费尔德（Jeffrey Sonnenfeld）看来："脸书正处在某些创始人因太过自信而让自己陷入困境的阶段。它正处在一个十字路口上，我们要看看扎克伯格是否能够打造一支强大到可以挑战他权威的队伍。"或许值得注意的是，2009年年初，扎克伯格将他的职场着装从T恤、牛仔裤和凉鞋变成有扣子的衬衫和领带。"这是严肃的一年。"他解释说。

当然，马克·扎克伯格只是当前30岁以下最高领导人中的一员。其他人包括蔡斯·马蒂奥利（Chase Mattioli），20岁时就担任马蒂奥利赛车副董事长；迈克尔·赛贝尔（Michael Seibel），Justin TV的首席执行官；以及纳撒尼尔·布劳顿（Nathaniel Broughten），27岁时已经参与了五家企业的创业。10年前，上述任何一个或是其他类似的不足30岁的企业领导人是否可以有效地管理和领导组织，是一个开放性的问题。至少，他们的职业轨迹和成就可以为关于组织基层的领导经验对于高层领导者有多么重要或一点也不重要的问题提供证明。

资料来源：FaceBook. Company website. FactSheet. http://www.facebook.com/home.php#!/press/info.php?factsheet, Accessed 6/4/2010; Milani, J. (2009) Literally "driving" a new business, Chase Mattioli. *Under 30CEO: Live the Dream*, http://under30ceo.com/literally-driving-a-new-business-chase-mattioli/, Accessed 5/29/2010; Anon. (2/23/10) Skip class, Make ruoney: CEO Nathaniel Broughton. *Under 30 CEO: Live the Dream*. http://under30ceo.com/skip-class-make-money-ceo-nathaniel-broughton/. Accessed 5/29/2010; Fenn, D. (10/1/09) Getting by with a little help from their friends, *Inc. com*, http://www.inc.com/30under30/2009/articles/getting-by-with-a-little-help-from-their-friends.html, Accessed 5/29/2010; McGirt, E. (5/1/2007) Facebook's Mark Zuckerberg: Hacker, Dropout, CEO. Fast Company.com, Accessed at http://www.fastcompany.com/magazine/115/open_features-hacker-dropout-ceo.html, Date accessed 5/21/2010; Vascellaro, J. E. (3/3/2010) Facebook CEO in no rush to "Friend" Wall Street. Wall Street Journal Online. Accessed at http://online.wsj.com/article/SB10001424052748703787304575075942803630712.html?KEYWORDS=Facebook+CEO+in+no+rush+to+%27friend%27+wall+street, Accessed 5/21/2010.

人们担任领导者的原因很多，而且他们的努力不仅仅是为了实现某个群体或组织的目标。换句话说，领导者的动机常常是实现多重目标，不仅是组织的目标，还包括自己的目标。人们很少只有单一的动机。但是，为了便于讨论，在本章中，我们假定领导者是为了实现组织的目标，而忽略他们个人的目标。上文的"管理者的挑战"提供了一个很好的案例，说明年轻领导者刻意追求组织的目标（尤其是他们创办的组织）。

利用强制手段让人服从（例如，威胁说"照着做，不然就开除你"）不是领导的典型特征。然而，往往很难确定强制和非强制的分界线。也许最保险的概括就是：追随者对领导者刻意的指令表现出纯粹自愿行动的程度越大，领导的有效度就越高。

前面的讨论中提出了一个关键的问题：什么是**有效领导**（effective leadership）？简单地说，它是帮助群体或组织成功达到目标和目的的影响力。这意味着有效领导是"赋能"行为，即可以帮助其他人实现比在没有这种影响时更多的成就。

行使有效领导的人，可以通过他们的行为在员工所有的努力中添加额外的因素，帮助员工实现更多成就。有效领导可以释放驻留在他人体内的潜能。

8.2 领导和管理：相同还是不同？

领导与管理是两个经常交替使用的术语。但它们真的是一样的吗？近年来，一些学者争论，管理和领导是不同的。他们认为，领导需要创建组织或单位的愿景，即设立、沟通、提出新的方向性目标和程序、激励下级去实施。“管理”的职能更日常化、具有任务导向，如处理人际冲突、计划或组织，通常是实施他人（组织的领导人）所制定的目标。

当领导和管理以这种方式定义的话，当然是不同的。然而，如果我们从更广义的角度来考虑管理（如贯穿本书的定义），两者的差异就不像表面上那么明显了。也就是说，管理应该包括领导者角色中的大多数活动。把这些“领导”活动从管理中移除出去，人为地区分开管理和领导，只把管理归为日常的、几乎是微不足道的活动，是不符合事实的。

我们可以用文氏图（Venn diagram）来解释领导和管理的关系，这与数学课上遇到的图形类似。该图由完全相互独立、完全重叠或部分重叠的一些圆圈组成。假设一个组织中的所有领导者占据一个圆圈，该组织中的所有管理者在另一个圆圈。这两个圈是部分重叠但并非完全重叠的，如图表 8-1 所示。有些人可以是领导者，有些人可以是管理者；但是，也有很多人可以既是领导者又是管理者。坦率地说，领导是管理的一个非常重要的组成部分，但管理不仅仅限于领导，还包括许多不直接影响他人的活动。

因此，不是所有的领导者都是管理者，也不是所有的管理者都是领导者，但现代组织最需要它们的管理者从事领导行为，如鼓励创新和创造、激励他人以及提高组织绩效。因此，在本章和本书中，我们认为组织领导是一个过程，应包括管理活动中的重要活动，但它绝没有涵盖所有的管理活动。

图表 8-1 领导者与管理者角色的重叠

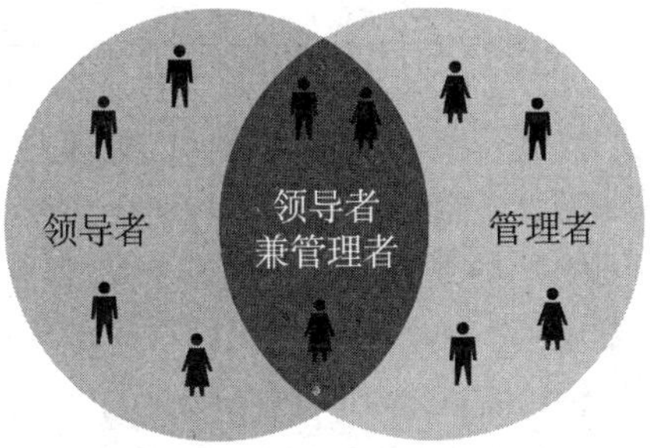

8.3 跨国家文化的领导是否有区别？

从一个国家到另一个国家，领导是否有本质上的不同？没有人给出定论，但研究人员正在试图解决这个问题。正如一些观察家指出的那样，“领导是一个相当现代的概念。直到 19 世纪上半叶，这个概念才出现在英语中，而且主要应用于受盎格鲁-撒克逊文化影响的国家。在此之前，在其他国家中，'领导'这个概念一直很重要，如国家首脑、'酋长'或'执政'职位。"或者，用另一位学者的话来说，"领导的普遍性（管理活动的一部分）并不……意味着全世界只有一种领导风格。"

例如，东南亚专家指出，在东南亚地区，关于领导有两个基本的文化特征：要求秩序和服从、要求和谐。"秩序"的要求是指，承认等级观念、顺从与尊重权威等传统的价值观。"和谐"的要求是指，不仅下级要服从上级，上级也尊重下级，并关心他们的福利。这种风格可以称为"家长式"领导。人们把领导者看作供给者或"父亲"，负责照顾下级；而下级则以富有责任感的行为和绩效来报答上级。除了亚洲以外，中南美洲也存在这种领导风格。这些地区的国家很强调集体主义价值观，而不是个人主义价值观。

尽管存在这些差异，但在世界范围内领导实践日益有规律地呈现出相同之处，如让下级更多地参与决策过程。作为最新最全的国际领导研究项目，环球项目的报告中包含了如图表8-2所示的结论。根据该研究所收集的数据，某些领导人特征，如"可靠"和"果断"在所有文化中都被视为正面的领导者品质；如"独裁"和"不合群"等特征，通常被看作负面的，而如"谨慎"和"有野心"等特征则取决于具体的文化和价值观，有些文化认为它们是正面的品质，但有些文化认为它们是负面的品质。

图表8-2 对领导者品质的态度受文化的影响

普遍被视为正面品质的范例 +	普遍被视为负面品质的范例 —	不同文化背景下对领导者品质看法的不同 +/—
+值得信赖	—缺少协作性	+/—有野心
+鼓舞人心	—急躁	+/—个人主义
+诚实	—独裁	+/—狡猾
+果断	—残酷	+/—谨慎
+善于交际	—以自我为中心	+/—阶级意识
+可靠	—不合群	+/—避实就虚

随着工业化的发展，有效领导的需求已经成为一个世界性现象。但是这种需要如何在特定的组织和国家中很好地得到满足，仍然受文化环境和传统的影响。在未来几十年里，世界范围的各种领导风格和实践会大大不同于21世纪初的风格与实践。这已经在某些地方发生了。例如，维亚康姆公司旗下的MTV全球音乐电视网中国区前总经理、现任阳狮锐奇集团大中华区负责人的李亦非就是一个典型的例子。在她的带领下，一个面向青年的公司发展成了中国最成熟的、以男性工作者居多的监管机构。她通常表现得自信满满、盛气凌人并且凡事都冲在前面，但当她与官方交涉时她就会稍微改变风格。如果是在一个世纪以前，甚至是十年前，她这种领导风格根本不会被环境容忍，更不用说被人所接受。

8.4 领导与权力的使用

把领导作为一种社会影响力进行研究时，不可能不考虑"权力"这个概念。

权力（power），一般被认为是施加影响的能力。因此，一个人的权力越大，影响他人的潜力也越大。权力可以用来“改变事件的进程、克服阻力并且能让人们去做他们不想做的事”。但事实上，一个拥有权力的领导者或其他任何人，并不能保证能够使用自己的权力或很好地使用权力。实际上，拥有权力与使用权力并不是一回事。

领导者是否使用手中的权力取决于诸多因素。但是，他们在可以使用权力时却放弃使用的一个主要原因，就是他们认为使用权力会产生负面作用。有人说：“许多人认为，权力是一句‘粗话’。”这一著名但又有些极端的论断出现在一个多世纪前的英国。当时，阿克顿勋爵（Lord Acton）给主教曼德尔·克莱顿（Mandell Creighton）的一封信中写道：“权力导致腐败，而绝对的权力导致绝对的腐败。”

不难发现，在一些组织中一些自诩为领导者的人不恰当地使用权力。几年前，某消费品制造商的首席执行官被免职了，尽管他曾经主持了公司的一个重大转折，扭转了破产的局面。他被解聘的原因是利用自己的权力恐吓下级，甚至在生气的时候往员工的身上摔东西。他的行为严重破坏了公司的士气，董事会别无选择，只能寻找一个新的CEO。

然而，仅仅看到权力消极的一面也是一种误解。在许多情况下，领导者巧妙地使用权力，也会产生积极的结果。组织中出现了问题，往往不是因为领导者行使太多的权力，而是因为他们没能正确地使用可利用的权力。这是由两位对领导进行广泛研究的行为科学家发现的。他们指出：“在当今社会中，权力的缺失是个显著的问题。在危机面前权力缺失，在复杂情况面前权力缺失……”

8.4.1 权力的类型和来源

无论怎样使用，权力不会自发或神秘地出现。事实上，它有具体的、可识别的来源。基于不同来源，权力主要有两种类型：职位权力与个人权力。**职位权力**（position power）是基于个人在组织中的职位和级别的权力；**个人权力**（personal power）是基于个人特征的权力。

显然，想成为领导的人可以同时大量拥有这两类权力，以便于施加影响力。例如，思考一下开篇案例中的泰勒·里道特·格雷是否同时具备这两种权力？这些权力是否能帮她实施影响力？当然，也会存在这种情况，即想成为领导的人很可能这两类权力都很低。这样的话，领导的工作就会很困难。例如，一个基层管理者既缺乏积极开发新产品或项目的能力，又不善于与人沟通，他就很难激励下级努力去寻求改变、实现新的目标。这位管理者既缺乏个人权力，也不会得到提升，也就无法因此加强自己的职位权力。

在许多情况下，一个潜在的领导者在某方面权力会很低。例如，某人处于相对较低的职位上，但这是可以弥补的。如果人们公认他具有很强的个人领导特征，也就不在乎他在组织中的正式级别了。

为了更好地理解组织中权力的本质，让我们来看一看职位权力和个人权力的不同类型（见图表8-3）。

图表 8-3 权力的类型

职位权力	个人权力
法定权力：组织授予个人的职位多大的权威性	专家权力：你是否拥有他人需要的知识
奖赏权力：你是否可以为他人提供他们想要的奖赏	参照权力：他人是不是尊敬你，并且希望变得和你一样
强制权力：你是否可以惩罚他人或者拒绝给其奖赏	

职位权力 这是一种与职位相关的权力，包括法定权力、奖赏权力和强制权力。

1. **法定权力**（legitimate power），是由组织授予个人（如管理者）的一种职位权力，有时又称**正式权威**（formal authority）。在工作场合，法定权力意味着管理者拥有让其员工服从的权力，能够使管理者发起或停止一些活动。

然而，在现在的组织中，随着劳动力教育水平的不断提高，以及社会对什么是"法定"权威的观念发生了改变，这种权力的有效性明显受到了限制。下级通常不赞同管理者的权限范围，会质疑管理者"适当的"要求的界限。例如，在过去，许多管理者习惯让自己的秘书或助手安排私人约会或提供一些与工作不相关的服务。现在，管理者和助理之间的关系已经发生改变，上述类型的要求通常被认为不合理。

在当今复杂的组织里，法定权力的范围并不明确。管理者和下级之间的协议通常比较含蓄，而不是明确的，为潜在的冲突留有余地。此外，管理者正式权威的范围取决于下级对他个人资历的认可程度。如果人们对某个人提拔到管理职位的资格提出质疑，其法定权力就会受限。例如，一家中型公司的首席执行官决定任命一个对业务知识知之甚少的近亲到高管职位，而这一职位过去都是员工通过努力工作逐级晋升获得的。在这种情况下，下级不会认可该亲戚拥有与职位有关的法定权力，对于他的指示也不可能会迅速并且满腔热情地给以响应。在西方工作情境中，上述案例可能是个非常特殊的案例，与亚洲文化相比，这种现象很少。在亚洲，家族关系被看作决定高层职位人选的更合适因素。本质上，虽然在大多数组织中正式权威代表权力，但这绝对不是无限制的权力。

2. **奖赏权力**（reward power）。对于任何一个管理者来说，职位权力的最强来源是奖赏权力，即分配奖赏的权力，尤其是将不同的高价值奖励分配给不同的人。无论在哪一个层级，这种权力都会对他人的行为产生显著影响，因为它涉及分配众人渴望但相对稀缺的资源。然而，最多也只有少数几个人可以得到奖励；只有一个或两个下级通常可以获得最多的年终绩效奖金；只有一个人可以获得晋升。奖赏的一个积极方面就是，它能够起到释放"信号"的效应，即让下级知道他们如何与老板保持一致，并且知道如何改进自己的立场。其消极的一面是，奖赏有时会让那些没有得到奖励或认为奖励不公平的人失去动力。由于行使奖赏权会产生好坏参半的重要影响，管理者需要慎重且有技巧地使用奖赏，并且要高度警觉下级对于管理的感知。

3. **强制权力**（coercive power）。这是对人进行惩罚的权力。这种权力既可以拒绝给予人们希望得到的东西，如提升；也可以给予他人不希望得到的东西，如批评信。如今，一些组织在使用这种权力时十分谨慎，至少在直接与公开的场合下十分小心。然而，强制权力有时要通过暗示性的威胁来间接实施。例如，管理者可以让员工知道，如果不服从自己的指令，将会被分配到他们最不想要的项目或任务上。负责分配轮班工作的管理人员可以让那些不赞同他政策的人去上一连串的间隔班，从而巧妙地对员工施加影响。

行使强制权力的一个主要问题是，它可能会导致接受者伪装自己的行为，避免被发现，而不是激发他们按照管理者要求的方式行事。此外，使用强制手段会导致报复行为。如果员工不愿承担更多责任或接受某个激励性不足的计划，管理者便威胁要减少他们的工作时间或薪酬，会造成员工怠工、故障部件数量增加或向政府监管部门投诉。这些行动显然是不利于生产的。

另一点值得注意的是，职位级别越高的人行使强制权力的能力越大。但是，强制权力的使用并不只限于管理者和主管，每一个人实际上都拥有潜在的强制权力。例如，一个低级别的员工为了损害上级，会隐瞒有价值的信息，或者让局面变得更加困难。在强制权力的使用上，下级可能是狡猾的，但在某些情况下的确是非常有效的。

个人权力 **个人权力**（personal power）是隶属于个人的，与其职位或组织无关。对于那些想成为领导者的人，个人权力特别有价值，因为它并不直接或只依赖于他人或组织的行动。实际上，个人权力可以提高管理者使用说服力的能力。个人权力的两种主要类型是专家权力与参照权力。

1. **专家权力**（expert power）。这是基于不能被他人轻易获得的专业知识而形成的个人权力。由于其他人要依靠或需要咨询有专业技能的人，这就成了权力的一种潜在来源。医生与病人之间的关系是专家权力在日常生活中最好的例子。大多数人听从医生的指示，不是因为医生拥有任何正式的职位权力，而是为了避免忽视医生专业知识会造成的潜在的负面后果。目前，脑力工作者（拥有特殊专长）在组织中的比重在增加，各种现代组织正在更多地使用高度复杂的知识，为此，组织日益需要大多数管理者去掌握某类专业知识。拥有专业知识不一定会拉开管理者与其下级的差距；但没有专业知识的话，就会大大降低各种形式的职位权力的有效性。

专家权力并不局限于组织的高层，低层员工也可以拥有一些组织非常需要的高度专业的知识。只要想想行政助手帮助老板从文件中找出某个文档时展示出专家权力而大受赞赏的情景，或者看看在技术人员维修计算机或传真机时高层管理者无奈等待的场景，它们都可以说明一个事实：他人的依赖性为专业技能转变成权力创造了一个机会，而不论拥有该专业技能的人处于何种职位。

十多年前，通用电气公司前首席执行官杰克·韦尔奇就特意使用了这一原则，将导师制的想法引入公司。他要求在世界各地的几百名高管下到基层团队中，挑选出年轻的、“网络化”的下级去教会自己复杂的网络知识。基于这一体验，高层管理人员都认为，自己比以前更乐于倾听来自基层员工的声音了。

2. **参照权力**（referent power）。如果一个人具有吸引力或被认同，他就获得了参照权力。获得这种权力是因为其他人视其为“参照”，想要取悦于他或以某种方式得到他的认可。参照权力往往可以通过一些细小的事情得到体现。例如，某下级可能会开始使用与上级类似的手势，甚至会模仿上级的一些说话模式，或者是下级可能会发现自己在重要工作问题上的意见会越来越像他的老板。

对于在工作环境中处于领导职位的人，能够产生参照权力显然是一笔巨大的财富。这是一种免费影响他人的方式。参照权力可以通过树立榜样而不是发号施令的方式去领导他人。例如，管理者可以利用自己的参照权力来改变他人的工作习惯。如果她上班来得早，下班走得迟，午间休息时间短，并当天完成工作，从不拖到第二天，她的下级就可能会仿照她的行为，改变自己的工作习惯。

然而，关于参照权力的一个问题是：如何才能有意并轻松地开发参照权力？在这一点上，没有公式可以告诉你该如何增加自己的参照权力，而且试图让别人喜欢你或欣赏你经常会导致相反的效果。诚实和正直等个人特征显然有助于提高个人参照权力。此外，经验以及成功经历也是有一定帮助的。基本的启示似乎是：一个潜在领导者的参照权力是通过长期言行一致建立起来的，从而使得他人产生对领导者的敬仰和钦佩之情。

管理者的挑战——变革

领导经验的价值——特别是应对的经验

在人类活动中，经验是潜在的宝贵财产，尤其是领导活动的经验。在组织情境下，并不是所有类型的经验对领导都有同样的价值。然而，其中的一类经验的确具备非常高的价值，即学习应对模糊性、变革和“意料之外”的经验。组织中可能拥有此类经验的潜在领导者是那些退伍军人，尤其是那些领导属下经历过战争的老兵。这些老兵不仅有机会在实战中学习经验，而且他们之前还受过集中训练，这些训练可以让他们更加高效地从实战经验中学习。

在第二次世界大战后的几十年中，许多公司的CEO都有此类经验。例如，在1980年时，美国大公司的CEO中拥有此类经验的比例就达到59%。然而，这一比例到2006年下降至仅8%。在2006年之后，由于美国在世界不同地区冲突中兵力部署的数量，退伍军人再一次成为潜在的管理者，他们拥有现成的领导技能以及大量应对模糊性、变革和“意外”的经验。

这些军官的经验为何能使他们成为现代文明组织的潜在领导者？美国的大卫·彼得雷乌斯（David Petraeus）将军认为：“这些经验都是逐渐形成的，他们需要为此经历严峻的考验。”另外一位资深人士、前英国军官认为：“（军官）可以在很短的时间内分析问题并提出解决方案。他们每天都要做出艰难的决策。”密歇根大学著名管理学教授诺尔·迪奇（Noel Tichy）则认为：“战火下作判断的经验使一些军官具备非常高的价值。”

刚刚服完兵役的军官尤其胜任领导职位，这一事实并非偶然。2001年，美军召开了一个专题会议，会上发布了一份报告，该报告是对基于对冷战后变化的环境下美军军官需具备的特质所进行的为期一年的研究，研究结论是“自觉”与“适应性”是当今军官最需培养的特质，“美军承认未来是不确定的，并且已经学会接纳风险”。与此类似，面对“对具备近期服役经验的军人印象最深的是什么？”这个问题，通用电气首席执行官杰弗里·伊梅尔特（Jeffrey Immelt）的回复是：“文化敏感性和建立新关系的能力”以及“关于预算、设备及人员的资源意识高”。

不是所有人都能够拥有领导他人战斗或处理类似危险情形的经验。当然，许多人也不想有这类经验。但是，每个人都能够从自己的经验中学习，学习更好地应对快速的变革以及意料之外的事件。从军经验恰好是可以促进此类“领导力”学习的一种经验类型。

资料来源：McCall, M. W., Lombardo, M. M. and Morison, A. M., “Lessons of experience: How successful executives develop on the job”(New York: Free Press, 1988); B. O'Keefe, “Battle-tested: How a Decade of War Has Created a New Generation of Elite Business Leaders,” *Fortune* 161(4): 107-108; N. Haston, “Military veterans: Ready to serve in the workplace,” BusinessWeek Online, Accessed at 2/26/2009; http://www.businessweek.com/bwdaily/dnflash/content/feb2009/db2009 90225_702876.htm, Accessed on: 5/29/2010.

8.4.2 有效地使用权力

管理者在使用权力时至少需要考虑四个关键的问题（如图表8-4所示）：

- 在特定的情境下应该使用多大的权力？
- 应该使用哪种类型的权力？
- 应该如何使用权力？
- 权力是否应该被分享？

图表8-4 权力使用的四大关键问题

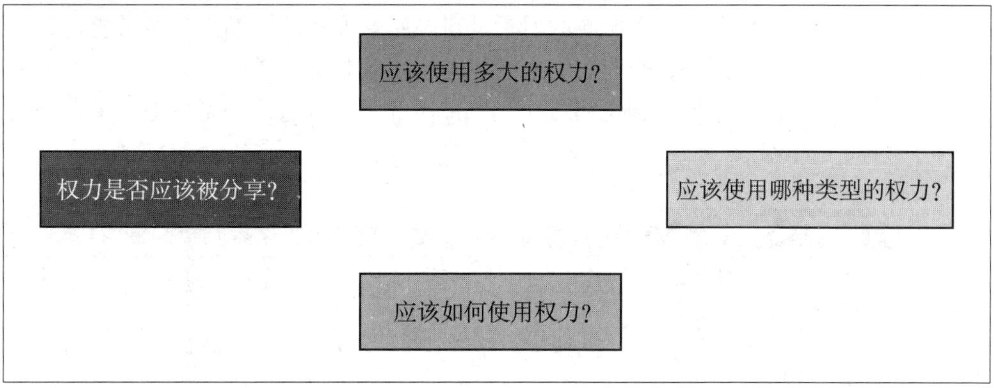

应该使用多大的权力？ 这个问题的答案似乎是：使用足以实现目标但又不过量的权力。在组织环境中，权力使用过小会导致无所作为，特别是在需要变革但存在或预期会遭遇强大的阻力时。在一般情况下，管理者会因为预料到反对而不大愿意行使权力。但是，有时使用权力是实现变革的唯一途径。正如管理学教授杰弗里·普费弗所说："管理者拥有权力，意味着他们要明白，完成一件事情是需要权力的，而且需要比反对者更多的权力。"

然而，使用太多的权力也会出现问题。从长远来看，当权力使用过度，人们的行为可能就会发生变化，随之而来的怨恨和反感会对权力的使用者不利。在许多组织环境中，人们对适当地使用权力是有感觉的。如果破坏了这种感觉，管理者未来的权力就会削弱。在工作机构中，过度地使用权力，就好比在民间骚乱中过度使用警力，会造成严重的负面影响。

应该使用哪种类型的权力？ 这个问题的答案取决于情境和环境的特点：以前发生了什么事、需要什么类型的改变、预期的阻力有多大、反对力量来自何方等。无论是职位权力还是个人权力，每种类型的权力都有特定的影响。有些类型的权力，特别是参照权力与专家权力，成本相对较低。也就是说，使用这类权力很少会遇到直接的反对。因此，这些权力似乎无论在什么时候都可以使用。但问题是，这类权力的影响可能不够大。如果管理者的参照权力很小，要使用这个权力就难以达到目的。同样，如果管理者的专家权力不被下级认可，无论他的专业知识实际上有多深厚，都不太可能激励自己的下级去做出改变。在这些案例中，使用正式权威或奖赏权力等职位权力可能是必要的，但负面反应的风险也随之增加，从而削弱权力的影响。

应该如何使用权力？ 各种形式的权力构成了影响力的基础。然而，权力必须转换为实际的领导行为。巧妙地使用不同类型的权力是可以培养的专业技能。这意味着管理者所接触到的权力总量，不是一个固定的量，而是可以随着时间的推移扩大或缩小。

权力的使用涉及**影响策略**（influence tactic），即用来影响他人行为和态度的一种特定的行为。图表8-5给出了一些可以使用的策略，不同类型的权力都有与之最匹配的策略。例如，专业知识程度高将支持使用理性说服策略；拥有大量参照权力的人比参照权力少的人能更有效地使用感召策略；职位权力小的管理者就很难采用合法化策略。

另一个影响具体影响力策略使用的主要因素是所处的环境，尤其是与目标人群相关的环境。因此，如果影响的目标是在高层管理者，施加压力很可能就是不适当或者无效的策略。同样，交易策略在同事中使用效果会非常好；但用到下级身上，也许就不大适合了。理性说服策略可能在各种情况下都很有用，无论是对于自己的上司、同事还是下级。

图表8-5 影响策略的类型

理性说服：代理人使用有逻辑的论证和事实证据，表达某个提议或请求是可行的，并且与完成重要任务目标有关
告知：代理人解释完成某项要求或支持某项提议对于被告知人的益处，或者对对方的职业生涯有何促进
感召：代理人通过对价值观或理想的呼吁，唤起对方的情感，以此获得对方完成某项要求或支持某项提议的承诺
磋商：代理人鼓舞对方对某项方案提出改进意见，以及参与活动或变革的计划，并能在计划执行过程中起到支持和协助作用
交易：代理人提供一个诱因，以和对方进行互惠交换，或者传达出若对方按其要求行事，则事后提供酬谢的意愿
协作：代理人提出只要对方完成某项要求或推动了一项变革，对方就能获得相应的资源和帮助
个人诉求：代理人请对方看在友情的份上，去完成某项要求或支持某项提议，或者在不提出具体要求前就请对方答应帮忙
奉承：代理人在试图影响对方之前或期间，赞扬和肯定对方的能力，认为对方能够完成艰难的任务
合法化策略：代理人试图建立某项要求的合法性，或者提及章程、正式的政策或官方文件来证实其权威
施加压力：代理人使用命令、威胁、频繁检查或者设置长期提醒等手段来影响对方
结盟：代理人请他人帮忙说服对方，或以他人对自己的支持为理由使对方同意某事

权力是否应该被分享？ 近年来，**授权**（empowerment）的概念在管理文献中变得很突出。广义上讲，授权意味着与他人分享权力，即那些拥有大量权力的人与权力较少的人分享权力，尤其是在决策的过程中。这一过程可以在组织层面上实现，但管理者或领导者个人也能做到这一点。丹麦制药公司诺和诺德公司（Novo Nordisk），是一家备受推崇并坚决实行授权的公司。该公司一位临床部经理把自己的组织描述为拥有“充满辩论和争论的文化”。不过，他还指出，一旦组织做出了一项决策，“对外，我们将表现出对公司的绝对忠诚……这里不容忍事后的埋怨”。

那些支持授权的人建议，授权是一个重要的领导实践，可以帮助组织以更高的水平运行并从容地适应变化。授权也可以促进组织认同感、学习以及创新。然而，为了实行授权，管理者不能只是简单地宣布他们下面的人已经获得了不少的权力。他们必须采取必要的措施。例如，在做出具体决策时，管理者要给予更多的正式授权，提供更多的培训机会拓展员工的专业知识和自信，提供更多的资源和信息获取途径，以实施有效的决策。出现问题时，不能马上收回已给出的授权。

8.5 领导过程：领导者

在本节及接下来的两节，我们认为领导是一个过程。正如刚才提到的，在组织环境中，领导的过程包括三个基本要素：领导者、追随者以及情境。为了全面了解领导过程是如何展开的，需要充分考虑这三个要素。如图表 8-6 所示，三个因素的交叉部分称为“领导所在”，即具备一系列特定特征和行为的领导者与特定的追随者在具有一定特征的情境下发生相互作用的时间和地点，其中的任何一个因素都能影响另两个因素并受其他因素的影响，而且其中任何一个因素发生变化都将改变另外两个因素相互作用的方式。

在本节及后面的两节我们将讨论这三个因素对领导过程的影响。在领导过程的第一部分中，我们重点关注领导者，具体而言，即领导者的特质、技能和能力以及行为。

图表 8-6 领导所在：领导过程中三个基本要素的交集

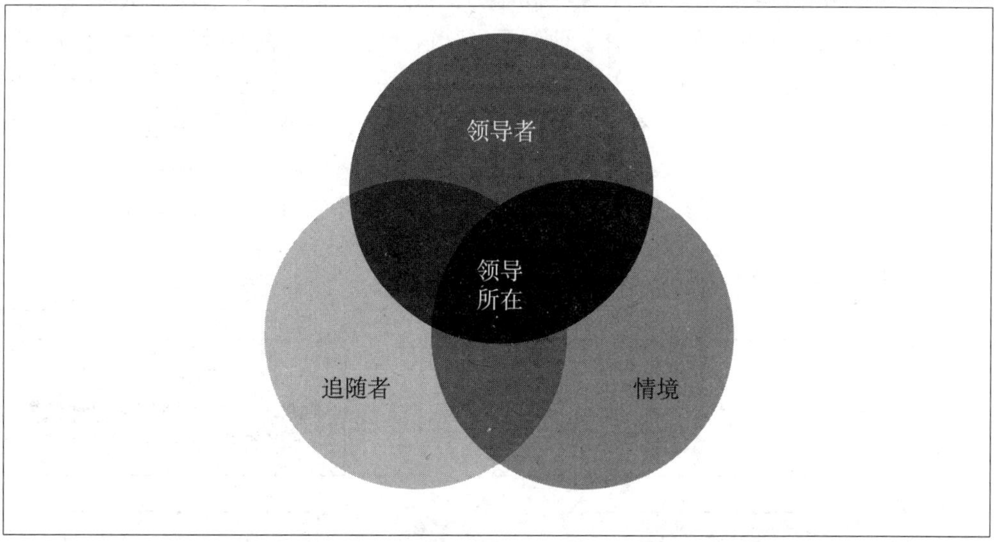

8.5.1 领导者的特质

担任管理角色的领导者带给工作环境的一个重要组成部分就是其**特质**（traits），即个人一些相对持久的特征。关于领导者特质作用方面的科学研究已经有了一段类似过山车的历史：在 20 世纪初，关于领导的“伟人论”风行一时。在那个时代，领导者被认为天生具有一些特征，可以把他们和追随者区分开来。在这一观念下，领导者被认为是天生的，而不是后天培养的。然而，随着时间的流逝，这一理论销声匿迹了，因为很难证明领导者的特质是来自遗传。在20世纪20年代和30年代，研究的焦点发生了变化，转移到探讨那些可以明确区分领导者和非领导者的特质或特征上，如口才、体貌特征、统治力和自尊等。

在现代观点看来，尽管这些具体的特质并不能绝对地决定一个领导者的有效性，但是它们可以增加领导成功的概率（至少在西方工作环境中是这样）。如图表8－7所示，在所有的特质中，研究已经表明能够预测领导有效性的最显著特质是：内在驱动力、领导的动机、诚实/正直、自信以及情感成熟度。

● 内在驱动力：追求目标时投入大量的精力，坚持不懈。

● 领导的动机：有强烈的愿望去影响别人，想做“负责人”。这种人在与他人交往时乐于使用权力。

● 诚实/正直：值得信赖。拥有这种特质的人所说的话一贯都是可以信赖的，而且总是言出必行。

● 自信：坚定地相信自己的能力。具备这种特质的人对自己及他人的期望都很高，对于克服障碍实现目标总是很乐观而不会悲观。与诚实/正直相比，自信这种特质如果表现过度，就会产生负面效果，让自己产生绝对没错的感觉，并表现出傲慢的态度。潜在的追随者会因为这种感觉和态度而疏远自信者。换句话说，过度自信可能会导致所谓的“成功的阴影”，即领导得过于成功反而会为今后的领导问题埋下伏笔。此外，无论管理者对自己和员工多么有信心，都代替不了对未来的准备。依赖自信而忽略计划性的管理者，必将面临未来的失败。

● 情感成熟度：面对紧张和压力，依然能保持淡定。成熟的人往往会准确地评估自己的长处和短处；此外，他们很少以自我为中心，在面对批评时不做过多的辩解。

必须再次强调，这些特质并不能保证一个人会成为领导者或必然可以有效地领导。很少有人能够拥有以上全部的特质。但是，如果某人具备这些相对持久特征中的一个或者多个，那么就会增加他成为成功领导者的机会。特质提供了潜力，但其他要素（如技能、态度、经验以及机遇）决定了这种潜力能否得以实现。

图表8－7 领导者的特质

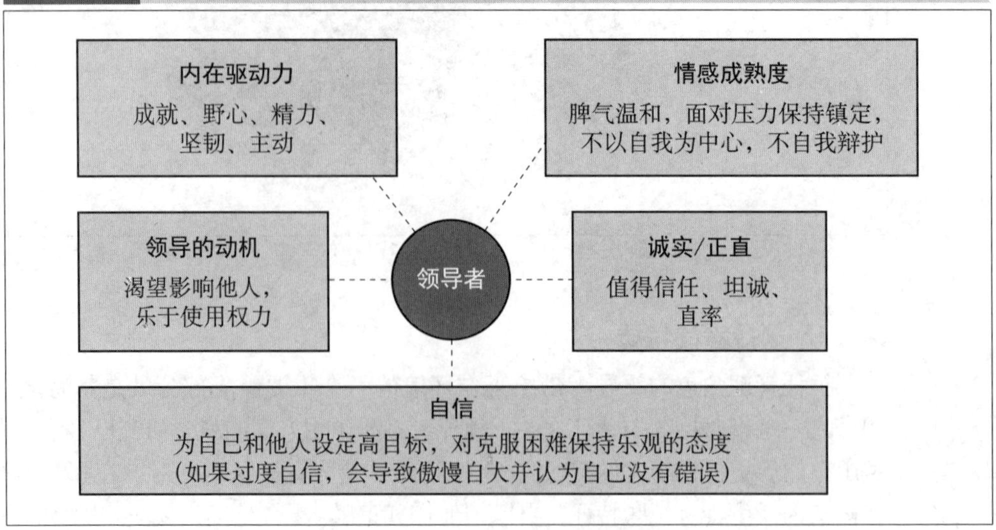

最后，必须强调的是，大多数关于个人特质与领导有效性之间关系的研究都没有考虑到文化的影响。这些研究主要是在西方工作环境中形成的，以美国居多。特质是否可以普遍预测成功的领导仍然是一个悬而未决的问题（见本章后面对全球研究项目的讨论）。这可能是因为至少在一些其他的文化中，不同的特质同样有影响力或更具影响力。在许多非西方文化中，具体的个人素质和领导特质是成功影响的关键这个观点本身就值得商榷。例如，在韩国和马来西亚等国家里，一个人担任领导职位往往是凭借所有权或家庭地位。他人表现出的尊重也是出于这个原因，而不是因为某些个人特质。

领导魅力的特例　魅力由一组特质构成，可以产生特别强大的参照权力。魅力这个词起源于希腊语“天赋”，字面的意思是“天生被赋予的才能”。20世纪初，社会学家马克斯·韦伯（Max Weber）第一次将这个词与组织情景联系起来。韦伯把**魅力型领导者**（charismatic leader）描述成是依靠自身鼓舞人心的特质，而不是依靠正式权力或职位影响他人的人。因此，追随者或下级被认为是通过这些优秀的特质来认同领导者的。很多人会认为自己被赋予魅力，但只有相对较少的人才真正享有这种特殊的权力。如果他们很普通，也就不会那么出类拔萃了。

George Burns\AP Wide Photos

从最开始在密西西比乡村的跌跌撞撞，奥普拉·温弗瑞现在已经成为我们这个时代最具魅力和影响力的领导者之一。作为哈普公司的董事长，温弗瑞像对待观众一样，利用情感和同理心管理员工。

在政治领域中，魅力一词常用来形容那些对民众具有影响力的人。历史上有很多这样的人物，如圣雄甘地（Mahatma Gandhi）、纳尔逊·曼德拉（Nelson Mandela）、温斯顿·丘吉尔、特蕾莎修女（Mother Teresa）、马丁·路德·金（Martin Luther King Jr.）以及约翰·F. 肯尼迪（John F. Kennedy）。在商业世界里，史蒂夫·乔布斯、山姆·沃尔顿（Sam Walton）、理查德·布兰森（Richard Branson）都是典型的例子。

组织领导学的学者开始研究魅力这个概念才几十年的历史。但从那以后，这个话题越来越受到关注。其中的一项研究发现，魅力型领导者应具备以下特质：

- 对权力的强烈需求；
- 高度自信；
- 对自己的思想有坚定的信念。

有了这些特质，魅力型领导者比其他类型的领导者更倾向于：

- 以期望行为作为典范；
- 对追随者的表现寄予厚望；
- 关心他人，并试图影响他人对自己的印象；

● 强调理想、价值观和高尚的目标。

西南航空公司的创始人赫伯·凯莱赫经常被说成是一个有魅力的企业主管。他的观点证实了上述最后两点。凯莱赫总是告诉新员工："我希望你能告诉他们（员工的子女），成为西南航空的员工可以使你们的生活变得更加崇高和丰富。这可以使你实现仅凭你个人永远都达不到的成就。"

根据一些学术研究，图表 8－8 总结了一套魅力型领导者所具有的特质。

魅力是少数人才拥有的一种"特殊权力"。那么，普通的管理者或领导者是否能够设法增加自己的魅力呢？显然，没有人能够通过假设自己拥有领导魅力或者渴望领导魅力而创造出这一权力。它必须是在特定的形式下产生或被赋予。只有少数的管理者所具备的个人特质能够像那些著名的商界和政界领袖一样，可以轻易或自发地形成领导魅力。但是，大多数处于领导位置的人还是可以努力使自己的下级更愿意追随自己，为自己工作。图表 8－8 所概括的这些特质，是后天可以发展的。

图表 8－8　魅力型领导者的特质

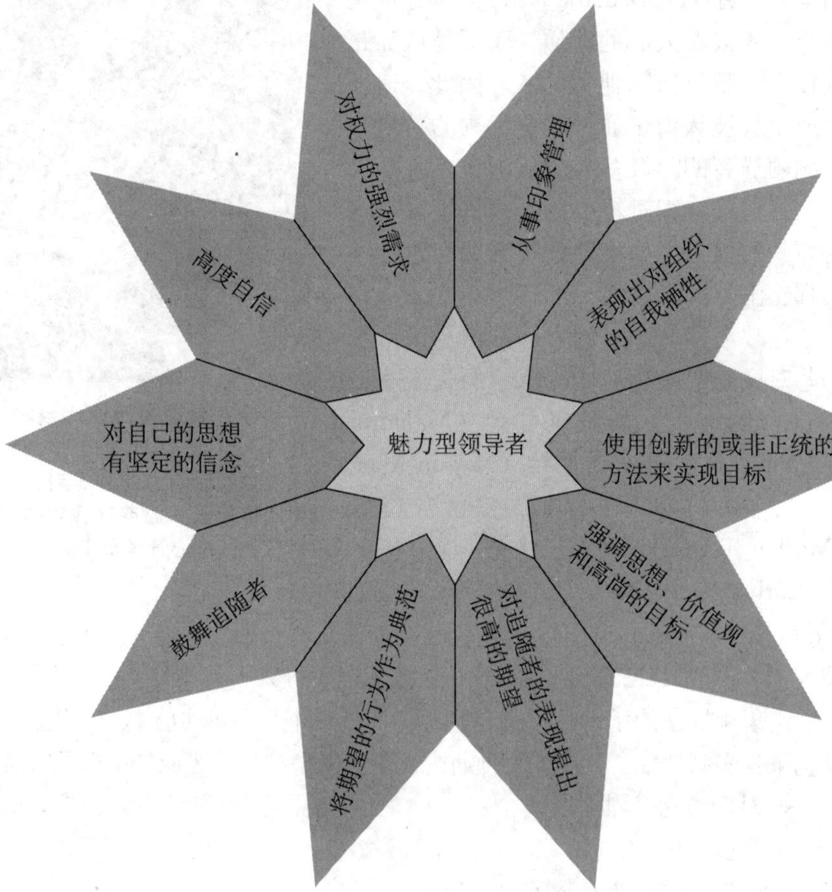

最后，关于魅力，还需要提一点：魅力也可能产生负面效应。一个魅力极强或过于强势的领导者并不总是能够适应每一种环境。例如，人们普遍认为 E＊Trade 公司的前首席执行官克里斯托斯·科萨科斯（Christos Cotsakos）是个极具魅力的人物。

他最大的特质就是行动非常迅速，以此为下级做出了榜样，甚至为其高级助手赞助了一天的一级方程式赛车比赛。(他利用自己的“业余时间”去攻读伦敦大学经济学博士。) 科萨科斯毫不避讳对公司价值观的支持，并设定了很高的目标：“在 E * Trade，我们是进攻者，我们是猎食者……”“(我们的文化) 是让所有人为他们如何能够改变个人与团队而感到兴奋”“(我们) 非常渴望与众不同……”科萨科斯是在网络经济最鼎盛时出任 E * Trade 的首席执行官的。当外部环境发生变化，网络公司面临更激烈、更复杂的竞争时，公司的董事会解雇了他，而聘用了一个能够使用不同方式领导公司的人担任首席执行官。

另外需要说明的是，领导魅力是把双刃剑，好坏参半。阿道夫·希特勒 (Adolf Hitler) 在第二次世界大战之前及期间的所作所为，使社会与整个世界都看清楚了这样一个“领导人”是怎样使用领导魅力导致灾难的。领导魅力具有一系列特质，能使人具有特殊权力，但没人能保证领导魅力总会被用于有价值的目标上。

8.5.2 领导者的技能和能力

在第1章中，我们讨论了对任何身居管理岗位的人都很重要的三种技能，即技术技能、人际交往技能和概念技能。正如我们指出的，在管理生涯的早期，前两类技能——技术技能和人际交往技能在衡量某人是否可以获得晋升时尤其重要，随着个人的地位在组织中不断提升，技术技能的重要性开始下降，人际交往技能继续保持很强的重要性，而且概念技能变得越来越重要。

过去15年左右的时间里，在关于影响过程的研究中，另外两组技能或能力日益突出，即**情绪智力** (emotional intelligence) 和**社会智力** (social intelligence)。其中，情绪智力目前已经受到大量的关注。它的一个主要支持者甚至认为情绪智力是“领导者必不可少的能力 (不可缺少的要素)”。情绪智力的本质，顾名思义是对他人情感的感知以及对自身情绪的敏感和控制能力。这些特征对后面我们要讨论的变革型领导和诚信型领导这两种现代重要的领导方法特别关键。

如图表8-9所示，情绪智力这一概念由五个部分构成：自我意识、自我调节、动机、同理心和社会技能。管理者需要特别关注情绪智力的三个方面：(1) 它与情商或认知智力不同；(2) 它虽然在某种程度上是天生的，但可以通过培训、辅导、练习，特别是努力来学习和提高；(3) 在组织中，它与领导者的绩效显著相关。

图表8-9 情绪智力和社会智力的构成要素

情绪智力	社会智力
自我意识	社会洞察力
自我调节	行为灵活性
动机	“悟性”
同理心	
社会技能	

几年前，在英国广播公司 (BBC) 某个新闻部发生的一件事，可以证明两个管理者在处理问题时表现出的情绪智力的差异。该公司决定关闭一个雇有200名新闻记者的部门。一位高管向员工宣布了这一决定。在宣布的过程中，这位高管表现得完全以

自我为中心，说话唐突无礼，毫无同情心。在场的员工反应很强烈。据说这位高管不得不打电话，求助公司保安。第二天，另一个高管来到这个部门与员工谈话。他表现得平静且善解人意，能够设身处地地为员工着想，得到了员工的真正理解。

虽然在某种程度上，社会智力与情绪智力有些类似，但两者之间还是存在差异。情绪智力中自我意识和自我调节是两个重要的组成部分，而社会智力则更侧重于能够“解读”他人及其意图（见图表8-9）。社会洞察力是一个重要部分，而行为灵活性也很重要。这是指根据社会的感知调整自己行为的能力和意愿。因此，社会智力和情绪智力一样，重视能够根据社会环境的评估来监控和校正自己行为的能力。具有社会智力的人拥有大量的隐性知识，即只可意会不可言传的知识，通俗说法就是有“悟性”。与情绪智力一样，社会智力对领导者来说，也是重要和期望得到的，而且通过努力可以习得并获得提高。

8.5.3 领导者的行为

领导者只有将特质和技能转化为行为，领导才能发生。因此，大量的研究都集中在领导者的行为及其对下级和追随者的影响。早在20世纪50年代，研究人员就重点研究两种类型的领导行为：一种主要关注任务的执行情况，另一种则关注对任务执行有支持作用的人际关系。多年来，对这两种类型的行为的命名五花八门，最容易记忆的应该就是**任务行为**（task behaviors）和**人际行为**（people behaviors）。图表8-10给出了这两种行为的一些例子。

图表8-10 领导行为

任务行为（定规）	人际行为（关怀）
详细说明角色和任务	友好
设计任务分配	支持
列明工作安排	对下级表现出信任和信心
设定绩效标准	关心下级的福利
建立完成任务的流程	下级完成任务后给予认可

任务行为　任务行为，也称**定规行为**（initiating structure behaviors），其关键是说明与识别领导与下级在工作中的角色和任务。这种行为包括计划工作分配、列明工作安排、制定绩效标准，并建立完成任务的程序。

人际行为　领导行为的这一维度也称为关怀行为或人际导向。从本质上讲，人际行为包括友好的、给予帮助的行为，表现出对下级的信任和信心，关心他们的福利并认可他们的成就。

这些年来，各种研究已经确定了领导行为的这两个维度。因此，你可能认为最有效的领导者在这两个维度上的得分都很高，也就是既有强烈的任务导向又有强烈的人际导向，但是这一点还没有得到最终的证实。不过，比较一致的研究发现：下级常常对人际行为得分很高的领导者感到满意。

女性领导者会表现出与男性领导者不同的行为吗？一些研究表明，女性比男性更容易表现出高水平的人际交往能力，但对此还存在一些争议，尚未得到最终证实。不过，可以确定的是，在给定的组织环境下，男性或女性中的个体差异可能比两个性别群体间的差异重要得多。

就领导者行为而言，50年来的研究似乎可以归结为一点：有效的领导者需要重点关注构建工作（任务行为）以及支持与发展和下级之间良好的人际关系（人际行为）。以这种方式看待领导，能帮助你评估你自己的领导行为。定期地问问自己："我的任务行为怎么样？我的人际行为怎么样？"

强调领导行为的领导理论 在多年来提出的多种用于理解领导者实际行动的重要概念和理论中，有一些是关注领导者行为的。

布莱克和莫顿的管理方格 几十年前，心理学家罗伯特·布莱克（Robert Blake）和简·莫顿（Jane Mouton）提出了一种可以提高领导有效性的方法，其关注点正是前面所讨论的两种领导行为，即任务导向及人际导向。他们把这个方法称为管理方格，把两个维度都看作由低得分到高得分的过程，并可以将得分绘制在图上。这种方法的中心思想是，最好的管理者是在这两个维度上得分最高的人，也就是任务导向高和人际导向高的领导者。那些只在一个维度上得分高而另一个维度低的人，被认为是缺乏成功领导者所必需的关键技能，那些在两个维度上都处于中等水平的人被认为是一般或中庸的领导者。

这种方法格外强调领导者的特征，而很少谈及追随者和情境的特征。任务导向与人际导向均高的领导者被认为是最好的领导者，不管他的追随者是谁或面临什么样的情境。这个"管理方格"方法可以被看作一个"普适"的领导理论。也就是说，该理论认为，存在一种绝对好的领导者，即其两种行为的得分都很高。这在所有条件下都成立。这种方法非常重要，突出了领导行为的两个维度，但它忽略了影响领导者行为以及追随者反应的情境因素。如前所述，研究至今还没有证实哪一种领导风格是普遍适用且有效的，是高-高型还是其他类型。

变革型领导 在过去的二三十年中，许多研究领导学的学者一直在推崇一种领导理论，强调一组特定的领导行为，即激发追随者做出重大改变或达到更高的水平。人们称这种理论为变革型领导理论。**变革型领导**（transformational leadership）最初的概念是由政治学家詹姆斯·M. 伯恩斯（James M. Rurns）提出的，他将其形容为一个过程，在此过程中"领导者和追随者互相提升到一个更高的道德和动机水平"。后来，社会学家将这一理论提炼并引入了组织情境，强调领导者即使不一定诉诸"更高层次的道德和动机"，只要激励追随者忽视他们自身的利益，为该组织更大的利益而工作即可，这就是变革型领导。

与魅力型领导者一样，变革型领导者也会鼓舞他们的追随者。然而，他们这样做不仅是因为追随者像认同魅力型领导者那样认同他们，也是为了授权并指导追随者。换句话说，追随者不需要高度依赖变革型领导者，但他们却很依赖魅力型领导者。此外，魅力型领导的实例并不多见，变革型领导行为被认为是可能出现在组织中的任何地方。

认为在组织中变革型领导更好的人通常会将之与所谓的**交易型领导**（transactional leadership）作比较（见图表8-11）。后者是指比较被动的领导，强调通过奖励来换取追随者的服从。变革型领导者是向追随者诉诸组织利益或"公共利益"，而交易型领导者更多地依赖于追随者对于自我利益的追求来激励他们的绩效。然而，这种区分在许多方面有些武断，个人的行为往往既为了自己的利益也是为了组织利益。领导的交易行动，有时甚至可以增加其正面效应。

图表 8-11 变革型领导与交易型领导

	变革型领导	交易型领导
领导者获得下级的服从的途径	鼓舞、授权以及指导追随者	用报酬或利益做交换
关注点	组织利益或“共同”利益	自身利益
计划取得变化的类型	重大的组织变革	常规的变化

一些专家指出，变革型领导与交易型领导之间还有一个区别，即前者往往激励下级做出根本性的和创造性的变化，而后者则涉及常规的改变和程序的执行。但是，在许多组织情境中这种区别仍然不够明确。无论怎样，变革型领导确实是将重点放在激发人们取得有意义甚至不同寻常的成就上。一些研究探讨了变革型领导如何影响他们的追随者，使他们取得出色的成就。例如，一项针对 12 位 CEO 的研究发现，变革型领导者能够：（1）识别对重大变革的需求；（2）协助下级为接受这样的变化做好准备；（3）能够很好地说服下级接受做事的新方法。也就是说，他们在组织中传递一个新的愿景。研究表明，变革型领导者：

- 认为自己是变革的推动者；
- 是深思熟虑的冒险者；
- 对员工的需求很敏感；
- 向周围人讲述一组核心价值观来团结队伍；
- 灵活且乐于学习；
- 具有良好的分析能力；
- 对组织的愿景有充足的信心。

另外一项针对商界和政界 90 位领导者的研究也得出了类似的结论：

> （变革型领导者）关注发生了什么事情，判断手头上事情的哪一部分对于组织的未来更重要，然后设定一个新的方向，并把每个人的注意力都集中于组织（即新的未来）。这对于乐团指挥、军队将领、足球教练和学校管理者以及企业领导者都是千真万确的。

图表 8-12 为那些渴望变革他们的组织或组织中的一部分的人总结了一套指导方针。

图表 8-12 变革型领导的指导方针

想要成为变革型领导者应该：
建立一个清晰且有感染力的愿景
制定一个实现愿景的战略
明确地表达并推广这一愿景
自信乐观
对追随者有信心
用早期获取的成功来建立自信
庆祝取得的成功
通过戏剧性、象征性的行为来强调核心价值观
以身作则，树立榜样

诚信型领导 最近出现了一个类似的领导理论，也同样专注于领导者的行为，称为**诚信型领导**（authentic leadership）发展理论。研究者的兴趣起源于两个当代的因素：在过去10年左右的时间里，一些管理者和某些公司出现大量的道德迷失现象；以及心理学理论研究中“积极心理学”这一领域的发展。根据这种领导理论的观点，那些被他人认为“诚信领袖”的人应该具有高度的自我意识和自我规制的能力。换句话说，他们非常了解自己，并且他们的行为与其基本特征保持一致。他们从不试图给他人留下不真实的印象，反过来，这将帮助他们获得追随者对自己行为的信任。实际上，他们为追随者树立了自我意识和自我规制的榜样。根据这一理论，领导者也会促使追随者的行动表现得更加真实。人们常常提及沃伦·巴菲特、伯克希尔·哈撒韦以及印度塔塔集团的拉坦·塔塔（Ratan Tata）是诚信型领导者。这一理论还很新颖，以至于我们无法知道它有多大的影响力。然而，这与最近组织中的一个趋势是一致的，即组织更加强调所有成员的积极行为，既包括领导者也包括追随者。

8.6 领导过程：追随者

现在我们来关注领导过程的第二个关键部分：那些接受领导和被影响的人，即追随者或下级。对追随者的研究数量比领导者的少得多。实际上，追随者往往能在很大程度上影响领导者的成功。

类似于领导者，追随者也具备个人特质、过去的经验、信念和态度以及技能和能力，但是相对于领导者来说，这些特征的数量和本质可能是不同的。此外，在一个工作环境下，追随者通常比领导者拥有较低的职位权力。然而，在日益扁平化以及层级更少的现代组织里，这种差异不像过去那么明显。例如，下级通过互联网技术可以获取大量的信息，这样可以减小权力的差距。追随者的正式权威和领导者的正式权威差异的减小，正在改变当今组织中领导过程的本质，从而给想成为领导的人带来了新的挑战。在当代组织中，领导者不能想当然地认为他们比那些处于从属职位的人拥有更多的专业技能和知识。

此外，不容忽视的一个事实是：在组织中，几乎每一个领导者也都是别人的追随者。因此，在组织中，大多数人要学会如何成为优秀的追随者和优秀的领导者。美国西点军校也认可这一点。在学员第一年的学习期间，学校指导他们学习关于追随者的基本知识。正如一名前西点军校教官所说：“新学员不知道如何带好士兵，不知道如何有效地激励、训练、奖励或惩罚。”因此，在他们入学的第一年，教授他们如何成为一个好的追随者，并且示范如何成为一个有效的领导者。一名经验丰富的观察员指出，“组织的兴亡在一定程度上取决于领导者能否正确地领导，也在一定程度上取决于追随者能否有效地跟随。”学会如何做一个有效的追随者，是成为有效领导者的重要部分。但是，这并不是说，所有的追随者都能够或将要成为一个优秀的领导者。

8.6.1 追随者的行为如何影响领导过程

领导者影响追随者，但反过来也一样，即领导者行动，追随者回应，然后领导者再针对这些回应作出行动。在这些不断进行的相互作用中，最重要的是追随者对领导者的看法，也就是跟随者如何看待领导者的特征和行为，以及他们认为领导者应该表现出什么样的特征和行为。实际上，追随者倾向于以他们心目中特定的标准或期望来评判领导者的行动。如果不符合期望，追随者可能会将团体或组织的失败归咎于领导者；同样，如果满足期望，领导者通常就会获得信任。

一些理论家认为，组织中的领导者就像运动队里的明星，通常会为事情的结果承担过多的甚至是不当的褒奖或责备。例如，多年来每当人们说起微软的故事，一定会提及比尔·盖茨。无论正确与否，他已经成为该公司的标志。报道里赞扬或批评该公司新的软件产品，似乎把所有的赞美或责备断然地加在比尔·盖茨这位高层领导人身上。然而，如果有可能，组织中的其他管理者也应该获得更多的关注。

强调追随者行为的领导理论　所有的已被接受的领导理论都强调了领导者这一角色的重要性，但是还有一个特别关注追随者的理论——**赫塞-布兰查德情境领导模型**（Hersey and Blanchard's situational leadership model）。这是关于领导的最早的模型之一，特别关注追随者。虽然它是个贴上了"情境"标签的理论，但主要侧重于单一方面的情境：追随者"准备"着手学习新的任务。下级的"准备"包括两部分：他们的能力以及他们承担任务的意愿。该模型认为，下级的准备程度决定着领导者的最佳行为。

该模型有其正确的部分，但在真正执行时还有很多明显的问题。例如，下级的准备程度通常不能简单地用高低组合来表示。更多的时候，这种能力和意愿的组合处于中等水平。这个模型最大的不足之处是，只把下级的准备程度作为人物和组织环境中的特征，从本质上忽视了环境中其他的重要因素。例如，下级与组织中其他个人或单位之间互相作用的效果和类型、群体或组织的文化、过去发生的事件等。

8.6.2　领导者与追随者的关系

正如我们一直强调的，在组织工作中领导者和追随者存在一种互惠关系，即他们的行为是互相影响的。在某种情况下，领导者直接与一群追随者接触。例如，在工作单位里领导者与追随者的关系是上下级的关系。研究表明，这种关系可能会有很大的不同。换句话说，一位上级与一位下级的关系，会与他与另一位下级的关系不同。

强调领导者与追随者关系的领导理论　这种关系的重要性导致了**领导者-成员交换理论**（leader-member exchange theory，LMX）的发展。这一理论的研究表明，两个人关系的质量可以强烈地影响下级的积极性和行为。LMX理论强调单个领导者和单个追随者之间的关系类型，而不是仅仅关注领导者和追随者的行为。根据该理论，领导者的中心任务是建立紧密的、彼此相互尊重的、令人满意的关系。然而，这种关系发展的程度取决于追随者的行为和绩效以及领导者的行为。此外，形成这样深厚的关系并不容易，所以这种方式可能比较耗费时间。在较新的LMX理论版本里（见图表8-13），领导者-成员关系被认为是随着时间的变化而经历不同的阶段。例如，从一种"陌生人"的互动关系，到"相识"的关系，最终成为"成熟的伙伴关系"。

LMX理论强调，不是所有的领导者与追随者的关系都会发展到成熟合作伙伴关系阶段，有的甚至可能不会到达相识阶段。但是，如果可以达到成熟伙伴关系阶段，每一方对自己和组织的利益都可以发挥相当大的影响力。例如，有证据表明，在各种成员组成的群体中员工离职率较高，但领导者与追随者关系稳固，会降低离职率。LMX理论最重要的是，它特别强调了如何发展个性化的领导者-追随者关系，以及从高品质关系中能产生的潜在重要结果。

图表 8-13 领导者-成员交换关系随着时间的发展

关系的特征	陌生人	相识	熟悉
关系所处的阶段	角色建立	角色塑造	角色执行
领导者-成员交换的质量	低	中等	高
相互影响的数量	无	有限	几乎是无限的
利益关注点	自身利益	------→	团队

关系所处的阶段（陌生人 → 相识 → 熟悉）；时间 ------→

8.7 领导过程：情境

对于领导过程的分析，第三个关键元素是围绕着领导过程的情境。除了追随者之外，还有两个重要的情境变量，即需要完成的任务与组织情境。

8.7.1 影响领导过程的情境类型

任务 需要完成的任务的性质是领导者所需面对的情境的一个重要组成部分。如果改变任务，领导过程极有可能也发生改变。研究表明，任务从两个方面影响领导过程，即任务的结构化程度，以及任务所需的员工的判断能力。例如，美国报税代理商H&R Block公司中的某个团队是一群刚刚接受训练的缺乏经验的税务编制员。这个团队的管理者很可能就要采用一种以任务为导向的高度公平的领导方式，以确保在分析客户回报时能有精确的方针指导员工。而在诸如默克制药之类的公司中，项目领导者要负责检查的是一群受过高等教育的、进行前沿研究的科学家的工作。他可能更关注确保新的科学信息持续供给，以及即使不能立刻研究出一些实用的成果，也要为团队筹集更多的资金。因此，这个管理者可能会使用一种更人际导向的、很少下达命令的领导方式。

组织情境 这里的组织情境，不仅包括直接工作小组（那些与领导者直接接触的群体），而且还包括更宽泛的组织（包括那些不常与领导者有频繁个人接触的个体和团队）。组织情境的许多特性会影响领导过程。其中，特别重要的是组织的基本文化，即组织的历史、传统和规范。例如，某人以前在一家大型且节奏较慢的公司工作，可能会发现自己以前能有效应用的领导风格在瞬息万变的初创型企业中不会产生相同的效果。反过来也会如此：在本&杰瑞冰淇淋店里幽默、不拘小节的领导风格并不一定适用于像美国银行那样更大、更传统的公司。这些可能是极端情况，但它们表明一个组织的文化是极有可能决定哪种类型的领导一定会成功的。除了文化，组织环境中影响领导的其他重要方面还包括组织结构（第6章）、人力资源政策（第7章）以及控制模式（第14章）。全球管理咨询公司埃森哲的首席执行官比尔·格林（Bill Green）是领导者在独特的组织情境下进行管理的一个很好例子。“管理者的挑战”对此作了描述。

管理者的挑战——全球化

随时随地领导埃森哲公司

年收入超过210亿美元，拥有超过180 000名员工，在50多个国家的200个城市设有办事处，无论以什么标准来衡量，埃森哲这家全球管理咨询和技术服务公司都是一个大公司。其中，员工中很大比例都是高学历专业人士。但埃森哲与其他专业服务公司的区别不是规模，而是埃森哲没设立运营总部。从这个角度来看，它几乎就是一个“虚拟”组织。几年前，埃森哲的首席执行官比尔·格林常驻波士顿，但公司的财务总监在加利福尼亚州硅谷上班，技术总监住在德国，负责人力资源的总部则设在芝加哥。格林所面临的领导挑战是显而易见的，在最近一年里他的飞行里程超过了165 000英里。

埃森哲公司成立于1989年。当时，安达信会计师事务所的合伙人想自立门户，将管理咨询部分离成一个独立的公司，称为安达信咨询公司（在2000年改名为埃森哲公司）。20世纪80年代末公司刚成立时，合作伙伴没有就公司总部的地址达成一致意见，主要是因为很多人不想从他们当前工作的地方搬出去，而且他们知道今后会经常出差。于是，他们简单地决定在百慕大合并，并且定期会面。每六个星期，格林与他的23人高管团队在从世界各地选定的某个城市见面。“我们降落在某地，与该地区的客户会面、会见员工，然后聚集起来，作为一个团队一起做决策，再各奔东西。”他说。

埃森哲的最高领导人面临许多潜在的困难，其中之一就是努力协调与其下级的沟通和互动。他们总是处在出差状态中，无论何时都不可能在某一个地点集合。即使采用了很先进的计划方式，要在某个具体的时间点上安排一次电话会议仍是一个难题，因为与会者处于不同的时区。一位高管说，电话会议的最佳时刻是伦敦时间下午1点，北京时间晚上9点，澳大利亚午夜，而加利福尼亚则是早上5点。但是，高度敏感的问题仍然需要面对面的会议。这就会使参会者在路上耽搁很多时间。

手机和互联网使得管理这样一家全球扩张的企业变得容易了。每天，埃森哲的员工登录公司的内部网站，就能显示那一天他们的工作地点。这样一来，任何员工，无论当时在哪里，最终都可以到达会议场所。当员工在出差途中需要用一间办公室，他们只需找到一个最近的埃森哲办事处的空闲办公桌。如果格林在出差，打给他波士顿办公室的电话就会被自动转到他那天所在的埃森哲办公室。如果有必要既听到其他合作伙伴或客户的声音，还要能看到他们，视频会议则使这个需求变成现实。

领导任何一个大型企业都是困难的，领导这种分散的全球性公司更是如此。埃森哲的一名资深高管说：“如果有人说这种管理很简单，他一定是在说谎。”

资料来源：Company Web site, http://newsroom.accenture.com, accessed June 25, 2010; C. Hymowitz, “Have Advice, Will Travel,” *Wall Street Journal*, June 5, 2006, B1; S. Prasad, “IT Is Nothing More Than Servant to the Business,” *Global Service*, March 12, 2007, http://www.globalservicesmedia.com/sections/ito/showArticle.jhtml?articleID=197801123.

8.7.2 强调情境权变的领导理论

费德勒的领导权变理论 几十年前，心理学家弗雷德·费德勒提出了**领导权变理论**（leadership contingency theory）。其前身是一个研究项目，重点研究领导者对待同事的态度。和其他领导理论模型一样，这种理论强调领导者任务导向或人际导向的程度。费德勒的理论认为，领导的有效性是由领导者的类型（任务导向或人际导向）和领导者所处的情境的有利程度共同决定的。根据这一理论，具备以下三个条件时，领导者所处的情境是有利的：

- 与下级的关系良好；
- 工作是高度结构化的；
- 领导者具有相当大的职位权力。

如果以上条件不具备，将会出现不利的局面。例如，负责编制公司年度财务报告的财务副总裁如果能与编制上一年度财务报告的团队一起工作，而且高层管理者认为他是优秀的，这位副总裁所处的情境就是有利的。相反，如果一个高管需要与一个下级共同开发新产品，但该下级曾希望自己被提升的位置恰恰是这位高管目前所担任的，那么这位高管所处的情境就很不利了。该理论预言，任务导向型领导者在非常有利或非常不利的情境下是最有效的，而人际导向型领导者在中度有利或不利的情境下最有效。这一理论给出的理由是，在非常有利的情况下，任务导向型领导者不需要对人际关系特别敏感；但在非常不利的情况下，高度任务导向型领导者只能把工作做好。相反，当情况既不是特别有利也不是特别不利的情况下，该理论假定对于他人的感觉更敏锐的领导者会做得最好。

这种领导理论的主要价值在于，它突出反映了领导者所面临情境的重要性，表明这些情境条件是如何影响不同类型领导者的工作有效性。根据该理论的观点，对于领导而言，改变他们的风格比改变情境（或让领导者匹配特定类型的情境）更加困难。很显然，这是一个权变理论，而不是一个认为某种领导类型可以在所有情境下都能很有效的通用理论。

豪斯的路径-目标理论 20 世纪 70 年代，豪斯和他的同事提出了所谓的**路径-目标理论**（path-goal theory）。从本质上讲，该理论强调领导者的工作是为了提高下级的满意度，并且努力“增加下级的个人回报，以换取工作目标的实现。通过减少障碍和陷阱的方式，使下级获得报酬的过程更加容易，并增加实现个人满足感的机会”。

路径-目标理论在很大程度上借鉴了激励中的期望理论（在下一章讨论）。因此，它假定领导的作用，是影响下级去估计通过自己努力工作能获得所需奖励的概率。此外，与其他的领导理论类似，路径-目标理论强调领导行为的两个基本类型：支持型领导（人际导向）和直接型领导（任务导向）。

与其他权变型领导理论一样，领导的路径-目标理论假设，特定的领导方式在某种情境下会比其他情境下效果更好。该理论认为，如果你的下级正在做的工作是令人沮丧的、枯燥的或高度紧张的，支持型领导风格有助于提高他们的乐趣并减少他们的焦虑感，从而提高他们的努力程度及满意度；如果他们的任务是愉快的、有趣的，支持型领导风格将没有太大的影响（见图表 8－14）。

相比之下，根据这一理论，当你的下级缺乏经验，并且他们的任务变动很大、是非结构化的时候，直接的任务导向型领导风格会很有效。这种直接的行为可以减少情境的模糊性，并且可以使下级更容易成功地完成自己的任务。另一方面，如果你的下级都具有丰富的经验，并且他们的任务都是比较结构化的，直接型领导风格就不是必要的，你的下级甚至还会抵触它。

图表 8-14 路径-目标理论

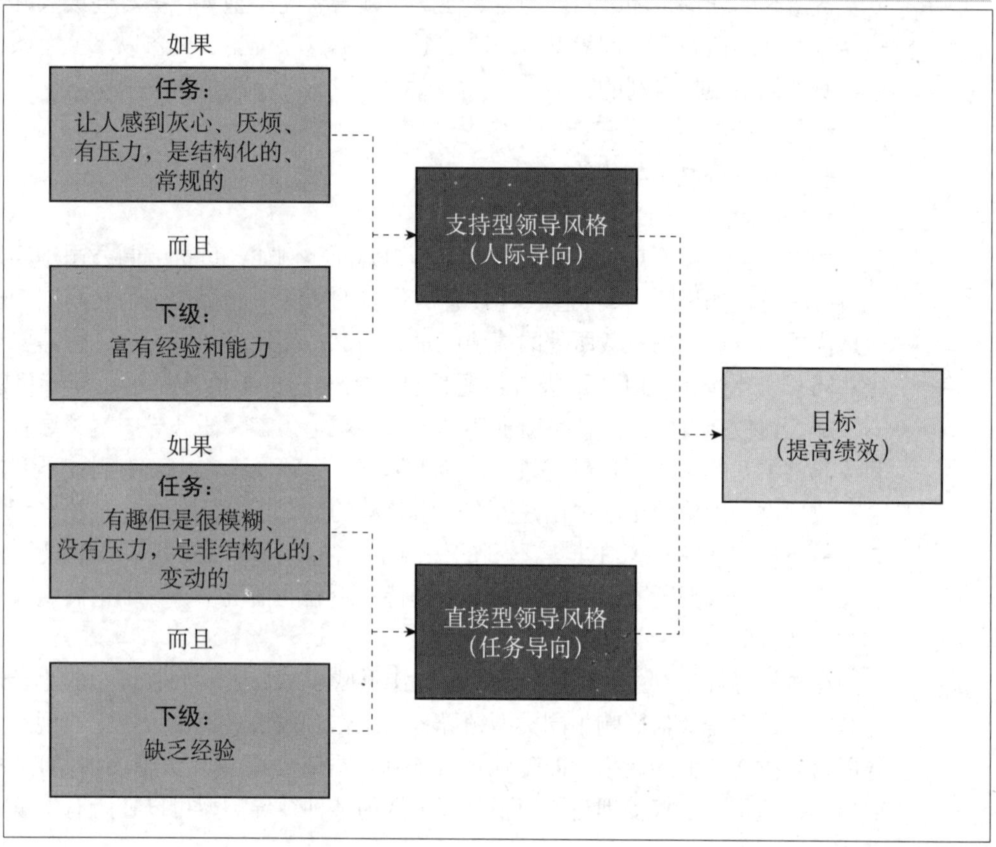

不同于费德勒的权变理论，路径-目标理论认为，领导可以修正自己的领导风格来适应环境，而不是必须要改变环境以适应领导者。事实上，路径-目标理论的主要价值是帮助潜在的领导者系统地思考自己什么样的行为在什么样的情境下是最有效的。

8.8 领导可以被替代吗？

总之，本章提出这样一个问题：是否存在领导的替代品？答案是，至少在某些情况下，领导是可以替代的。也就是说，更多地利用领导行为并不总是唯一或最好的解决方案。在某些工作环境下，其他方式至少可以部分替代对领导的需求，或有时可以克服领导的不足。图表 8-15 列举了这方面的一些例子。

例如，在快节奏和复杂的工作中，大量的培训和经验可以减少对于领导者指令的需要，如那些空中交通管制员、警察以及急救人员。在这些工作中，往往需要迅速制定决策，没有时间让领导者来干预。因此，前期的员工培训可能会代替这种影响。此外，在许多技术和专业职位，高层次的正规教育可以减少密切监管的需要。在一个新的岗位上工作，律师、科学家或计算机程序员与一个技术不足的员工相比，需要的监管强度是不一样的，当然需要的监管的类型也是不同的。同样，那些对工作本身就很满意的员工，就像那些潜心开发令人兴奋的新产品或服务的人，就不太可能需要领导者来激励他们。这些例子导出一个结论：领导的监管程度与方式是随着情况的变化而变化的。有时对组织和想要成为领导者的人来说，过多的领导行为或过于细致的领导方式，与缺乏领导一样危险。

图表 8-15　领导的替代品

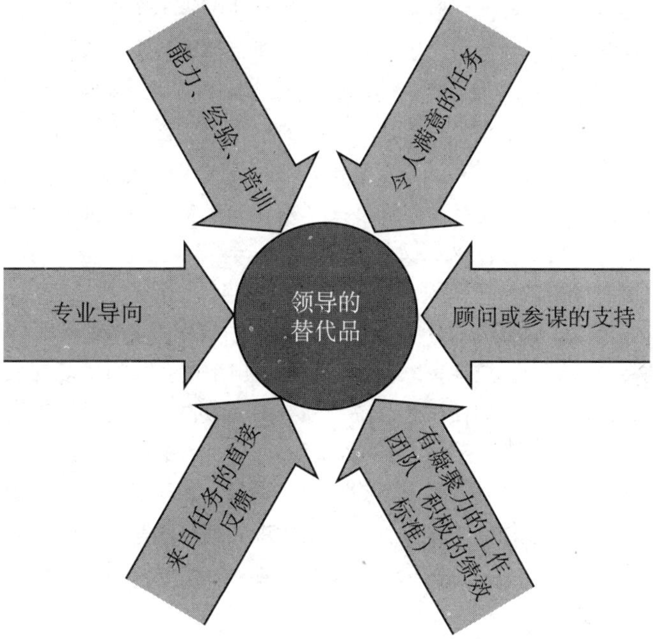

除了领导的替代品之外，还存在**领导中和剂**（neutralizer of leadership），也就是组织或工作情境中存在的使领导者的努力遭遇挫败的部分。例如，固定的组织程序不能给领导者充分的选择自由，或者组织的薪酬政策不允许领导适当地奖励表现出色的员工。中和剂与替代品一样，强调环境变化的重要性，以及这些变化可能如何影响领导。但是，中和剂的影响常常导致组织功能障碍。

来自一线的管理挑战——尾声

在担任管理者的头几个月，泰勒·里道特·格雷很快就认识到，不是每个人都可以成为朋友。她决定必须得采取一种与众不同的管理风格。经过深思熟虑后，她的结论是：她需要采用一种更加强硬的领导方式。"我意识到，我们必须得有明确的工作说明和期望，然后促使员工把工作做好，并让他们对自己的工作目标负责。这对我来说是一个巨大的挑战，但我意识到不得不这么做。"

到目前为止，她修正后的领导方式是成功的。随着综合商场中所有摊位全部租出，她在北得克萨斯州地区继续寻找新的地点。此外，她作为一个年轻的领导者，当选为所在地区"40岁以下的40个成功者"之一。

本章小结

● 领导是一个影响过程，有可能发生在组织中的任何地方，而不仅仅是在组织的高层。虽然任何人都可以实施领导行为，但那些具有管理职位的人一般有更多的机会去运用它。对于个别管理者以及他们的组织，关键的问题是如何将领导“潜力”转化为真实有效的领导行为。

● 领导和管理有许多相似之处，但它们是不同的。管理包括领导（影响他人），但也涉及其他各种活动，如计划以及组织。这些活动可能不会直接影响他人。不是所有的领导者都可以胜任管理者的角色，也不是所有的管理者都是有效的领导者。

● 领导者潜在地拥有各种不同的权力。其中，两个主要的权力类型是职位权力和个人权力。职位权力是基于个人在组织中等级的权力，包含法定权力、奖赏权力与强制权力。个人权力是基于个人技能和知识的专家权力，以及当人们被某人吸引或认同某人时，他就会拥有参照权力。权力的使用产生了许多关于领导的重要问题，如应该使用多大的权力、使用哪种权力、如何使用权力，以及权力是否应该被分享。

● 看待领导的一个有效方式就是把领导当作一个过程，它包括三个基本要素：领导者、追随者和情境。这三个部分的交叉点称为“领导所在”。对于领导者来说，特别重要的是领导者的特质、能力、技能，以及他们所表现出来的各类行为。在领导过程中追随者有时是被忽视的部分，然而他们往往可以决定领导的有效性。领导者与追随者的关系尤为重要。情境为领导提供了机遇和制约，会影响特定的领导行为的有效性。

● 领导不是有效解决管理问题的唯一途径。对于员工来说，更高的教育和专业知识水平往往可以减少直接领导的需要，如严格的规则和程序等其他变量会中和领导的影响。

● 尽管成为一个广受赞誉的领导者可能是一件困难的事，但是几乎任何人都可以提高自己的领导能力。

复习题

1. 什么是领导？在组织中，哪些人被认为可以表现出领导力？
2. 领导和管理相同吗？为什么？
3. 简述职位权力和个人权力的区别。
4. 下级最有可能具备哪种权力？为什么？
5. 什么是参照权力？如何形成该权力？该权力与领导魅力之间是什么关系？
6. 在领导中，情绪智力的作用是什么？
7. 为什么考虑追随者的特征很重要？
8. 根据豪斯的路径-目标理论，领导者的主要责任是什么？
9. 变革型领导和交易型领导的区别是什么？其中的一个必定比另一个好吗？二者会带来怎样的变化？
10. 领导的替代品是什么意思？

自我评估

我是哪种权力导向？

利用以下量表，针对每个陈述，圈出代表你所同意或不同意程度的数字。

	非常不同意	不同意	中立	同意	非常同意
1. 管理他人的最好方式是对他们说他们愿意听的话。	1	2	3	4	5
2. 当你要求他人为你做事的时候，最好是给出你想这样做的真实原因，而不是一些冠冕堂皇的理由。	1	2	3	4	5
3. 那些完全相信他人的人都是在自找麻烦。	1	2	3	4	5
4. 如果不处处走捷径，就很难领先于他人。	1	2	3	4	5
5. 每个人都有一定的陋习，在一定条件下就会表现出来。	1	2	3	4	5
6. 任何人都只能做符合道德的事情。	1	2	3	4	5
7. 绝大多数人都是友好善良的。	1	2	3	4	5
8. 没有任何理由去欺骗他人。	1	2	3	4	5
9. 对于大多数人来讲，财产的损失比丧父之痛更难以忘记。	1	2	3	4	5
10. 一般来说，如果没有外力的驱使，人们不会努力工作。	1	2	3	4	5

得分

计算你的分数：

1. 将第1、3、4、5、9题的得分相加，将总分写在这里______。

2. 将第2、6、7、8、10题的得分颠倒后（5变1，4变2，以此类推）相加，将总分写在这里________。

你的马基雅维利主义（MACH）总分是______（它是两部分得分的总和）。

分析和解读

该方法的目的是计算出你的马基雅维利主义（MACH）得分。在16世纪，马基雅维利撰写了如何获得和操作权力的专著。MACH得分高的人是务实的，主张在情感上保持距离，并相信只要目的正确，可以不择手段。美国民意调查中心用该方法在美国成年人中进行随机抽样，他们发现全国平均得分为25。你的得分越接近50，表明你在使用权力时越可能是马基雅维利式的。

团队练习

该练习的目的是回顾各种提高领导有效性的影响策略，并练习如何使用它们。

步骤

根据以下情境，你的小组将有15分钟时间在全班同学面前进行一次角色扮演。你应该特别注意一些问题，如最有可能成功的策略；如果所选择的策略不起作用，你应该做什么（你的备选计划是什么）；以及同一时间内使用一个以上策略的可能性。每次表演结束后，全班尝试说出所采用的影响策略的名称，并讨论它们是否有效。

情境

你是一家小型的、快速增长的互联网公司的市场主管，你热爱这一领域，并且是公认的业界领先的创意营销者之一。你的同事、高层管理人员以及客户都很尊重你。

在考核实习生的表现时，你不安地发现一个非常有前途的实习生帕特（Pat）已多次上班迟到。此外，帕特能最先提出创意，但是他的兴趣和创造力很难持续下去，项目为此经常延期。你认为实习是职业提升的好机会，但帕特却认为这不过是一门成绩合格或不合格的课程。你无法真正从他身上感觉到该职位所需的努力和兴趣。你看到了该实习生的大好前途，并认为他具有巨大的潜力，可以成为一个非常成功的市场营销人士。你正在考虑使用各种方法来影响帕特，让他有所改善。具体而言，你希望帕特可以变得更职业化，按时上班，重视自己的任务，并能持续地保持高水平的创造力。你很清楚帕特是可以胜任的。

影响策略

理性说服：代理人使用富有逻辑的论证和事实证据，来表达某个提议或请求是可行的，并且与完成重要任务目标有关。

告知：代理人解释完成某项要求或支持某项提议对于被告知人有何益处，或者对对方的职业生涯有何促进。

感召：代理人通过对价值观或理想的呼吁唤起对方的情感，以此来获得对方完成某项要求或支持某项提议的承诺。

磋商：代理人鼓舞对方对某项方案提出改进意见，以及参与活动或变革的计划，并能在计划执行过程中起到支持和协助作用。

交易：代理人提供一个激励因素，建议进行互惠交易，或者传达出若对方按其要求行事则事后提供酬谢的意愿。

协作：代理人提出，只要对方完成某项要求或推动了一项变革，对方就能获得相应的资源和帮助。

个人诉求：代理人请对方看在友情的份上，去完成某项要求或支持某项提议，或者在不提出具体要求前就请对方答应帮忙。

奉承：代理人在试图影响对方之前或期间，表达他对对方能力的赞扬和肯定，认为对方能够完成艰难的任务。

合法化策略：代理人试图建立某项要求的合法性，或者提及章程、正式的政策或官方文件来证实其权威。

施加压力：代理人使用命令、威胁、频繁检查或者设置长期提醒等手段来影响对方。

结盟：代理人请他人帮忙说服对方，或以他人对自己的支持为理由，使对方同意某事。

章末案例

新主管

格蕾斯·里德（Grace Reed）在县医学会呼叫服务公司（County Medical Society Answering Service）工作的第18个月收到了晋升为轮班主管的通知，她非常兴奋。她非常努力地提升自己接听电话的能力，以及与患者及其医生沟通的人际交往能力。此外，她还通过自愿加班和在假日工作的方式表明自己对晋升的渴望。最后，她终于被提升了。

然而，现在格蕾斯面临着之前没有预料到的问题：该如何说服她的朋友在她的新角色里把她当上级看待？怎么才能既维持她和朋友们之间的友谊，又依然遵守工作中所必需的纪律？

医学会的医生们对以前的县呼叫服务公司非常失望，这些公司不但处理医生的电话，而且还接受企业和私人业务。由此，医生们决定开通自己的接听服务。他们的接线员仅处理医疗呼叫，并且更好地培训接线员识别迫切和紧急的呼叫，这将获得更好的收益，而且他们支付给接线员的工资要比竞争对手的呼叫服务公司高。医生们相信，这将使他们能够吸引并且留住最好的员工。

为了监督日常的服务运作，医生们聘请了一位职业管理者，并且每个班次都有一个主管，其职责包括：调度人员；处理来自医生、医院、药店以及病人关于他们的呼叫处理方式的投诉；学习怎么操作新设备，并指导接线员的操作；维持医生所需的高服务水平。这些职责是轮班主管在八小时的工作以外的任务。

格蕾斯是该组织雇用的第4个接线员，而且她是第一个从该队列中被提拔的人。当她一被录用，就很幸运地接受一位非常有经验、有能力的接线员的培训。她模仿她的培训师，并形成了自己的技能。她勤奋地工作，处理的呼叫次数最多，呼叫中失误也最少，投诉更少。对比其他的接听员只能做到60～70条独立的进线，格蕾斯通常能处理100～120条，其中包括一些呼叫量最高的线路。她不仅能搞定自己的呼叫，还经常帮助其他接线员处理积压的消息。当一些极其困难的呼叫进来时，如自杀来电或病人的骚扰来电，这些连医生都不愿意和他们说话的呼叫，格蕾斯经常被要求去处理它们。她很快就和所有“她的”医生、员工，甚至是他们的家属建立了极好的关系。在她工作的第一年里，她被五次提名为月度最佳接线员。在第二年，她学会了怎么调度人员，并接受了其他的高级实务培训。

尽管工作节奏极快并且要求专注，她还是经常有时间和其他员工交流、开玩笑以及一起娱乐，在员工之间形成了牢固的友谊，他们经常在下班后或是休假日一起开展社交活动。此外，高水平的培训以及待遇使得人员流动率极低，这让员工感觉到他们处于一个“大家庭”中。这个主管职位总是有排着队等候的申请人。如果某个接听员想要离开，他在医院或是电话公司找份工作完全没有问题，公司员工的士气普遍较高。

格蕾斯在呼叫服务公司的朋友得知她的晋升消息以后，为她举办了一个聚会。没有上班的人都参加了聚会，他们为格蕾斯感到高兴，并衷心祝愿她更好。毕竟这证明了他们中的每一个人都可以从该行列中得到晋升。格蕾斯急于承担她的新职责，甚至尝试了一些她已经制定的新程序。

一个月之内，格蕾斯的升迁似乎并不像她原以为的那样使她开心。她的朋友，现在也是她的下级，似乎并没有太注意格蕾斯关于他们工作绩效的建议，他们忽视她的指示，并且经常把那些指示当作一个笑话。她花了很多时间安排时间表，结果导致其他接听员调班、早退或迟到。他们声称，彼此之间有着友好的关系，相信她不会介意，因为她清楚他们所有人的毛病。毕竟，她是他们的朋友，他们知道她会忽略他们稍许的懒散，而她最好的朋友似乎是一些最严重的犯规者。

格蕾斯很快便意识到，她的新职位缺失了一样东西，即与她新职责相匹配的权威。她没有权力处罚她的任何一个下级：她不能削减他们的工资，不能让他们加班，或者削减他们的工作时间。她不能缩短他们的午餐休息时间，或取消他们的咖啡时间，只有总公司的管理者可以做出那种处罚。但问题是，如果她试图坚持让一个接听员使用新程序或在某些时间工作，该接听员犹豫了，她就没有求助的对象。如果她将她的情况向管理者投诉，她会被看成无法胜任工作；她也不能向她的朋友抱怨，因为这些朋友是问题的一部分。

为了解决问题，格蕾斯试图利用大量的权威来行动，例如她坚持让员工遵循她已经制定的新方法，结果遭到了反抗，她的朋友们也不再和她说话。有一天，她表示自己已经受够了，斥责了一群朋友，谴责他们怎么能不尊重自己、不合作、没有完成他们的工作。毕竟，她从来没有要求他们做任何他们不愿意做或她自己能做的事。但随之而来的就是士气直线下降，效率下跌。格蕾斯觉得自己的工作很失败，为了得到该工作，她曾那么努力地工作，她甚至觉得自己正在失去她的朋友。

格蕾斯知道有些事情不得不改变，她需要去尝试一些新东西，以某种方法重新获得下级的尊重，并且寻找新的途径去激励他们改善他们的表现以及效率，从而恢复士气。她不得不完成所有这些事项，同时仍然维持与他们的友谊。

◆ **思考题**

1. 格蕾斯具备成功领导者相关的何种特质、技能以及行为？为了提高领导能力，是否存在她需要加强的特征？

2. 在第一次晋升到需要实施领导行为的职位时，为什么格蕾斯会在做出改变以及维持纪律上存在问题？

3. 依据格蕾斯的权力来源，分析她的领导情境：是否存在格蕾斯不能或不应该使用的权力类型？她可以利用何种类型的权力，并且她怎么可以让这些类型的权力发挥更大的效用？

4. 在目前的情况下，是否存在领导的替代品？为了成为一个有效的领导者，格蕾斯需要克服哪种领导中和剂？

第9章

激　　励

Motivation

学习目标

通过本章的学习，你应该能够：

- 分析在某一特定情境下的激励力量；
- 识别个人激励的来源；
- 区分内容型激励理论和过程型激励理论，并指出每种理论在特定的激励情境中的作用；
- 比较与对照强化的不同方式，描述它们的相对优势和劣势；
- 说明工作价值观和工作态度如何影响激励。

来自一线的管理挑战

姓名：伊丽莎白·海耶斯（Elizabeth Hayes）

职位：企业培训师/教学设计师，房利美（美国全国联贷协会）

母校：得克萨斯大学奥斯汀分校（学士）

业余活动：读书、看电影、参观博物馆、练瑜伽

毕业后的第一份工作：高中教师

偶像：所有的教育工作者

座右铭："无论你认为你自己行还是不行，你通常都是正确的。"（亨利·福特）

驱动力：为教师提供可以提高教学质量的工具

管理风格：授权者——为员工提供他们成功所需的工具和支持。

大学毕业后，伊丽莎白·海耶斯的行业主要集中在教育和商业领域。刚毕业的那几年，她在一所高中教英语，之后去了一家大学教材出版公司工作，成为一名策划编辑以及负责组稿的副主编。编辑这份工作从字面上看和文字及写作密切相关，但她同时需要密切关注重要签约作家编写教材的项目，这最终将有助于公司的收入。对于提交的书稿，哪些可以签约、哪些应该拒绝的错误判断会导致宝贵资源的浪费。相反，正确的选择可以通过未来不断的再版获得源源不断的经济收益。

几年后，海耶斯离开出版行业，加入了得州仪器公司，在公司的教育部担任产品经理。此后，她又跳槽到美国在线（AOL）成为教育服务项目的主管。在 AOL，海耶斯主要负责一个免费门户网站的编辑视野、完整性和产品方向，K-12 教育工作者可以从这个网站找到合适的在线资源，以及他们所需的教学工具。她还负责构建顾客对产品与 AOL 品牌的认同，发掘战略伙伴并与其合作，同时监督项目人员。在最后的一个角色中，她所面临的最大的管理挑战是如何使远程下属始终保持工作的积极性和挑战性。作为"虚拟"员工，这些下属常常觉得发生在办公室里的事情与自己无关。此外，员工不在公司里工作，有人可能会因为不被监督而逃避（至少是暂时的）责任。

能够成功激励自己员工的管理者一般都会获得高绩效，但这不是轻易能实现的。如果那样的话，每一个员工都会是卓越的。其中，一个主要障碍就是管理者或组织不可控的环境因素会影响员工的积极性，而且这些因素还是不断变化的。例如，经济状况的不断波动会影响许多员工的激励水平。同时，家庭和其他个人情况有时也会严重地影响他们的工作态度和努力程度。

自从工业时代开始以来，了解这些激励力量是管理者面临的一个持续挑战。然而，我们希望在本章中阐明的是，不管那些因素是否直接可控，我们仍然可以影响员工的动机。虽然伊丽莎白·海耶斯在试图激励“远程”员工的问题上面临严峻的挑战，但她仍然可以发挥影响力。换句话说，管理者有很多机会影响共事的或是为他们工作的人，特别是在他们了解激励过程的一些基本原则后。如果你作为一个管理者希望能够充分表现出自己的领导能力，那么你就需要发展自己激励身边员工的能力。

9.1 什么是激励?

当我们使用激励这个词时，忽略语境，它的含义是什么？**激励**（motivation）可以被理解为激发、指导和维持行为的力量集合。这些力量可以来自人，即所谓的内在力量的“推动”，或者来自周围的环境，即所谓的外在力量的“拉动”。因此，管理者在分析行为背后激励的来源时，正确认识激励的这两个方面至关重要。

然而，过分强调激励的一组力量而排斥另一组力量，会造成错误的判断，以及不能解决激励问题的行动。例如，管理者可能会想当然地认为下属的销售电话绩效低是懒惰的原因，而实际上是因为激励不足，不能调动员工的积极性和兴趣。该管理者或许会认为这一问题的原因是缺乏内在的推动力；而更准确的判断应该是关注外在拉力不足。对激励的这种误读很容易发生。这可能会导致有价值的员工的流失。同样，管理者可能会认为，某个员工工作做得特别好是为了取悦他的老板，而实际上该员工可能是一个具有很强上进心的人，不管接受什么样的监督，他都干劲十足。在这两个例子中，只有对激励的两个方面有更全面的认识，才会得出更准确和有效的评价。

在本章中我们将会研究不同类型的激励力量，重点阐述心理学家和其他行为学家在激励的内容和过程上的观点。首先，我们用一个模型来分析工作中的激励来源。随后，我们将研究关于激励的几个主要的行为理论。在本章的后面部分，我们重点关注解释强化作用和工作的情境如何影响激励的强度与方向。

9.2 激励的来源

如图表 9-1 所示，三大要素决定在工作环境中的激励：

1. 个人的特征；
2. 工作或任务的特征；
3. 工作情境的特征。

图表 9-1　影响激励的关键因素

内在（推动）力量	内在（推动）兼外在（拉动）力量	外在（拉动）力量
个体的特征（例）	工作/任务的特征（例）	工作情境的特征（例）
需求 ● 安全 ● 自尊 ● 成就 ● 权力 **态度** ● 关于自我 ● 关于工作 ● 关于上级 ● 关于组织 **目标** ● 完成任务 ● 绩效水平 ● 职业提升	● 直接反馈的数量 ● 工作量 ● 任务的种类 ● 任务的范围 ● 对任务的控制程度	**直接社会环境** ● 上级 ● 团队成员 ● 下属 **组织的行为** ● 奖励和薪酬 ● 培训的可获得性 ● 取得高产出水平的压力

第一种类型，即个人的特征是内在（推动）力量的来源，是由员工带到工作环境中的。有三个要素共同影响个人内在推动力：（1）需求，如安全需求、自尊需求、成就需求或权力需求；（2）态度，对自我、工作、上级或组织的态度；（3）目标，例如完成一项任务、完成特定的业绩以及职业发展目标。佳顿公司（Jarden）是一家消费品陈列设备生产商。公司的 CEO 马丁·富兰克林代表了由个人带到工作环境中推动力量的一个典型案例。作为马拉松和三项全能运动的参加者，富兰克林的理念是："对我而言，一切都看你能够走多远，包括在商业中、在帮助别人时或是在比赛中……如果有一天我说我不能做更多事情了，那真是太可悲了。"

第二类激励力量与内在（推动）和外在（拉动）力量都有关，关注的是工作/任务的特征，即个人在工作中所做的事情。这些特性包括个人收到直接反馈的多少、工作量、工作中任务的多样性和范围以及员工对工作的控制程度等。

激励力量的第三种类型由外在（拉动）力量构成，涉及工作情境的特征对个人的影响。这类激励力量有两组变量：由员工的上级、工作团队成员以及下属构成的直接社会环境；各种组织行为，如公司的奖励和薪酬制度、是否有培训和发展项目，以及为达到高产出而产生的工作压力等。

综上所述，不论个人的工作场所是在曼谷、利马还是芝加哥，个人、工作以及工作情境三大类要素综合起来都可以构成分析激励力量来源的理论框架。该框架还为考虑组织环境中相关的主要激励理论奠定了基础。下面我们将对这些理论展开阐述。

9.3　适用于工作情境的激励理论

很多激励理论都与工作情境相关。每个理论通常都强调了图表 9-1 所展示和讨论的一个或多个激励力量来源中的要素。

然而，值得注意的是，几乎所有的理论都是由美国行为科学家提出来的。因此，一个显而易见的问题是：这些理论是仅适用于美国文化和社会背景，还是可以用来分析在其他社会和文化背景下的激励问题？遗憾的是，这一问题的答案并不明确。根据现有的证据，最好的答案是某些理论可以广泛地应用于全世界，而有些则不能。然而，不应该有任何理论因为其出生在特定的文化背景而被排斥，也不应该有在原来环境中成熟的理论被认为在其他环境中也能完全照搬应用。相反，不管是怎样的情境，管理者都应把这些理论看成观察激励问题的可能路径。

心理学家通常将激励理论分为两类：内容型理论和过程型理论，如表9-2所示。将这两种类型结合在一起，可以帮助我们更深入地了解激励。

图表 9-2 激励理论

	内容型理论	过程型理论
关注点	● 员工试图满足的个人需求 ● 能满足员工需求的工作环境特征	● 不同变量如何联合起来影响员工工作的努力程度
理论	● 马斯洛需求层次理论 ● 麦克利兰习得需求理论 ● 赫茨伯格双因素理论	● 公平理论 ● 期望理论

9.3.1 内容型理论

内容型理论（content theories）强调个人试图满足的需求，以及工作情境中哪些条件能够满足这些需求。该理论从两个方面来解释激励：(1) 内力：特殊需求；(2) 外力：可能会影响行为的特定工作和工作情境的特征。需求层次理论和成就需求理论强调识别内在的激励力量，双因素理论则侧重于识别影响激励的外部因素。

需求层次理论 最有名的需求层次理论是一个半世纪前由心理学家亚伯拉罕·马斯洛提出的。管理者热衷于马斯洛理论是因为此理论容易记忆。这一理论根据需求的强度和影响程度将需求由低到高分为五个层次：

- 生理需求：维持自身生存的最基本要求，如水、食物和住所；
- 安全需求：感到安全的需求；
- 社会（归属）需求：被他人爱和被接受的需求；
- 尊重需求：自我尊重以及被他人尊重的需求；
- 自我实现需求：实现个人理想、抱负，最大限度发挥个人能力的需求。

马斯洛需求层次理论的本质是认为人们会首先尝试满足基本需求，如生理需求和安全需求；之后才会努力满足更高层次的需求，如社会需求和自尊需求。根据这一理论，只有当最基本的需求得到满足，人们才能够专注于满足高层次需求；如果基本生理需求和安全需求受到威胁，那么人们将可能恢复到低层次需求，减少对社会（归属）、尊重、自我实现需求的追求，直到解除基本需求的威胁。

近年，世界范围内的经济衰退所产生的影响是说明这个理论的一个很好的例子。根据托尔沃森咨询公司在2009年年底对全球范围内22个国家超过20 000名全职员工开展的大规模劳动力调查研究，“安全和稳定是当前最迫切的需求，部分原因是员工将安全性视为工作中快速消失的部分”“移动性需求在长达十年的时间里达到了最低点，大量雇员愿意牺牲职业发展而选择一份稳定的工作”。

在20世纪90年代的洛杉矶地区，当低层次需求的满足受到威胁后，出现了人们转向低层次需求的另一个更为极端的例子。年轻的泰国人在那里的服装车间工作，工作环境恶劣程度接近于奴隶时代。他们连续几个月（甚至在某些情况下是几年）不被允许离开工作大楼，工作和生活都在车间里，一天的工作时间长达18小时。需求层次理论能够很清楚地预期，当工人们最基本的需求——生理和安全都无法得到满足时，他们显然不会关注更高层次的需求，如尊重和自我实现。

Ann States/Ann States Photography

SAS软件研究所是一家世界领先的软件开发商，清楚地知道该公司最宝贵的就是他们的程序员。首席执行官吉姆明白自己的工作是激励员工在晚上离开公司大楼后第二天再回来。为此，SAS为员工提供了领先于其他公司的一揽子福利计划——现场托儿所、广泛的保健计划、汽车美容、艺术博物馆，帮助员工处理日常事务，甚至在公司餐厅都有现场娱乐活动。

从需求层次的角度了解一个人的激励水平的关键，是识别此人尚未得到满足的需求。对于在洛杉矶工作的泰国制衣工人，他们的需求是最基本的生理需求。一旦这种需求得到满足，它将不再是一个激励因素，除非这种需求再次受到威胁。如果这些基本的需求受到威胁，那么它们就又会成为关注的重心。

关于需求层次理论可以提出很多问题。例如，在任何文化背景和其他国家中，需求层次是按照固定的高低顺序发生的吗？大概不是。该理论是在美国背景下提出的，并没有令人信服的证据表明国家之间或是个人之间需求层次结构是一致的。例如，一个近期针对印度的IT高管的研究表明，他们同时关注低层次需求（如安全需求）与高层次需求（尊重和自我实现需求）。

不仅需求层次在不同的文化中的顺序可能不同，对于不同个人来说它的顺序也不是一成不变的。此外，不同的人对于需求是否得到满足的临界值也完全不同。例如，在一个贫困家庭长大的人，成年后尽管已经很富裕，可能仍会难以感到其对财务安全的需求得到了满足。个体差异不仅存在于需求层次的顺序上，也存在于各阶层需求的临界值上。这让管理者更难以基于需求层次理论来制定相应措施。

基于马斯洛需求层次理论，行为科学家克雷顿·奥尔德弗提出了一个更简化的需求层次理论。奥尔德弗的版本被称为生存-关系-成长的ERG理论，该理论将马斯洛的五层次需求变成了三层次需求，为需求层次理论提供了更为直接的思考方式（图表9-3是这两种需求类型的比较）。ERG理论在某些方面不同于马斯洛的理论。例如，它假定同一时间可能有不止一种需求起作用。因此，不是说较低层次的需求必须完全或大部分得到满足才能出现更高层次的需求，如上文提到的印度IT高管研究即可验证。另外，奥尔德弗的理论表明，即使一个较低级别的需求已被满足，如果对于试图满足更高级别需求失败而感到沮丧之后，可能也会转向低层次的需求。ERG理论提出了另一种不同于马斯洛理论的更为有趣的、更加复杂的版本。但关键的一点是，这两个理论均着眼于人们努力满足特殊需求，以及它们是怎么影响激励的程度和方向的。

图表 9-3　马斯洛和奥尔德弗的需求层次分类

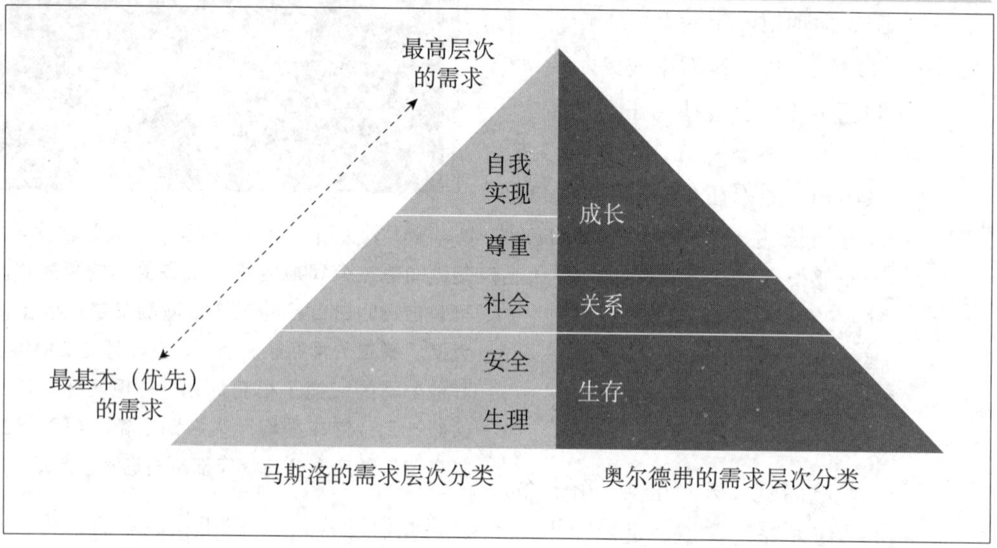

从组织中单个管理者的角度来看，他们几乎无法影响员工的基本生理需求，但却能有一些机会帮助员工确保他们的安全需求不受威胁，并且尽可能多地满足其安全需求。

相比较而言，管理者和组织可以有很多途径来为员工提供机会，从而满足他们的社会、尊重，甚至是自我实现的需求。例如，在华盛顿大学圣路易斯分校伯纳德·贝克尔医学图书馆中，管理者让员工代表图书馆和学校对表现优秀的同事做出评价，然后举荐出其中的先进者授予其一个或若干奖项。奖项不仅授予工作表现优异的人，还表彰为日常运营提出新方法的人（金点子奖），或是自愿接管琐碎的杂事、改善工作环境的员工，如打扫食堂（社区精神奖）。显然，上述奖励都是针对员工高层次需求的。

习得需求理论　这是由戴维·麦克利兰提出的另外一种注重需求内容的激励理论。习得需求理论强调通过学习得来的或获取的需求，例如成就需求、权力需求和归属需求。这些需求成为持久的倾向性或者个人偏好，就像是人的性格特征，当遇到环境中适当的因素就会被激活。麦克利兰认为三类需求，即归属、权力和成就特别重要。因此，他的理论有时也被称为三重需求理论。不过，后来大多数的研究都集中在成就需求上。

根据麦克利兰的理论，一个成就需求高的人更容易取得成功或者更容易实现目标。由麦克利兰和他的同事收集的研究数据表明，成就需求高的人者更倾向于：

- 从事难度适中的工作；

- 风险偏好中等；
- 对自己的行为负责；
- 对自己的表现接受具体和实质的反馈信息。

换句话说，成就需求高的人喜欢挑战，但只接受现实的挑战，而不是那种不切实际的挑战。从管理的角度看，尤为重要的是，麦克利兰的理论认为，可以通过“适当”的培训给员工展示怎样识别和回应相关成就的线索，从而增强员工的成就需求。但是，该理论的这一特征也存在争议，许多专家质疑通过这样的培训能在多大程度上改变员工的成就需求。

成就需求是一个普遍的动机吗？它在巴西和美国是否一样流行？在印度的流行程度不如在德国吗？横跨20个国家的研究结果表明，成就需求以及权力需求都是普遍的动机。虽然高成就者的百分比在不同国家差异很大，但这类人在每一种文化背景中都存在。“各地高成就者的首要目标都是使自己得到认可。”

Paul S.Howell/Getty Images,Inc-Liaison

从1976年起，国际人类家园（Habitat for Humanity）组织已经在全球建造了超过350 000栋房子，为超过100万人提供了他们买得起的、安全的房子。很多管理者要求他们的员工给国际人类家园做志愿者，以回馈社会。

研究结果显示，在第二次世界大战后的几十年，成就激励水平在日本和美国发生了巨大的变化。日本在20世纪70年代至90年代初，成就激励的整体水平明显下降，特别是在年轻一代中尤为显著。这可能是因为在这一时间跨度中，日本经济全面繁荣。此外，20世纪90年代初的美国年轻人比起60年代末和70年代初的年轻人表现出更高的成就动机，或许这反映了美国在那段时间中经济安全水平的下降。综上所述，强大的社会力量，如不断变化的经济环境和民众对于工作态度的变化，都会影响成就动机。另外，90年代中期以及过去几年的研究表明，日本的成就动机水平要低于美国，但是随着这两个国家未来的社会变革，上述情况可能再次改变。

双因素理论 20世纪60年代初，美国心理学家赫茨伯格·弗雷德里克提出了后来被称为双因素理论的激励理论。该理论强调那些可以提高工作满意度的因素（激励因素）和那些能减少不满意但不能增加满意度的因素（保健因素）之间的区别。如图表9-4所示，激励因素是内在的因素，直接与工作内容相关，如工作本身的性质、责任水平、个人成长机会、成就感和通过优秀的表现获得的赞誉等。保健因素是直接从事的工作的外在因素，与工作周围的环境相关，保健因素包括监督、同事关系、工作环境以及与福利和薪酬相关的公司政策和规定。如图表9-5所示，双因素理论认为，激励因素可以激发员工的满意度，而保健因素只能减少不满意度，使员工“既没有满意也没有不满意”。

图表 9-4 赫茨伯格的双因素理论：激励因素和保健因素

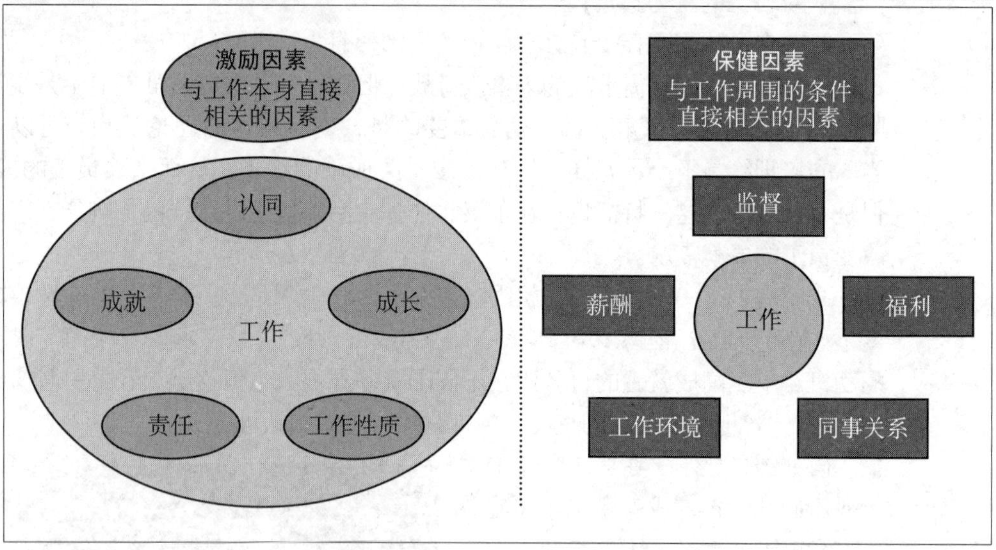

图表 9-5 赫茨伯格的双因素理论：激励因素和保健因素的不同作用

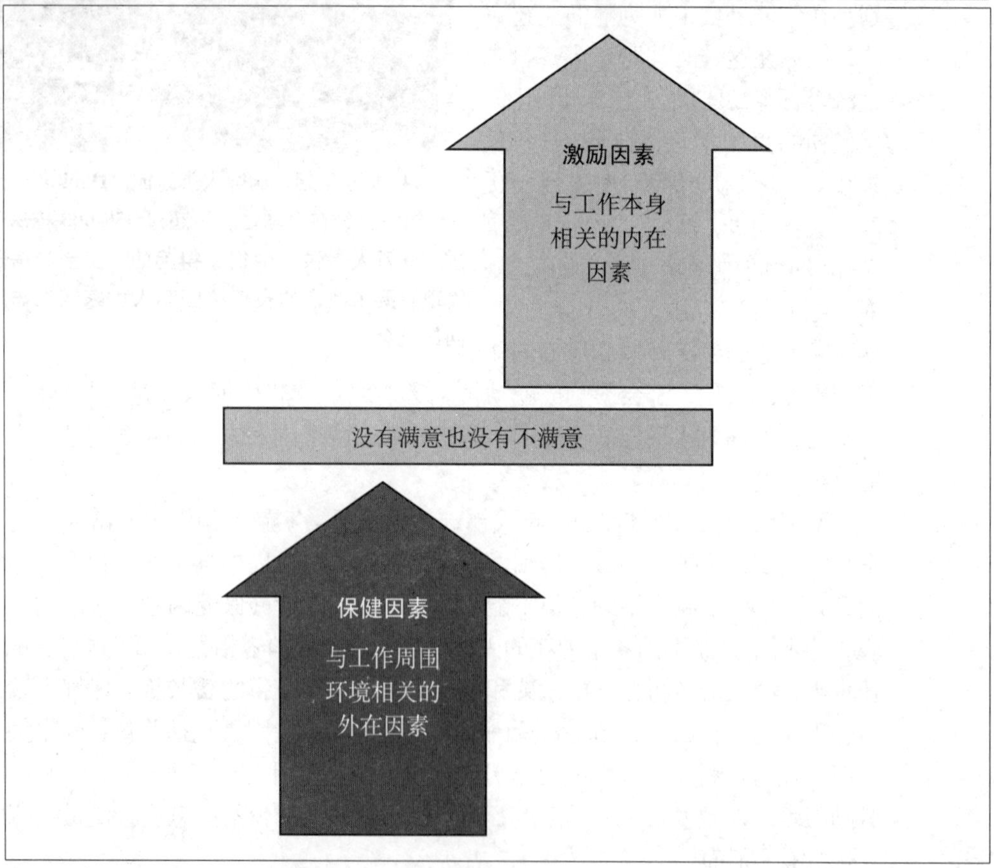

若干年前，该理论的提出直接地冲击了管理者。它传递了一个相对简单的信息：

激励员工要着眼于改善工作的结构，即员工做什么。简单地关注保健因素，只能降低不满意度，但不会对正面激励有任何影响。虽然双因素理论表面上很有说服力，但也被一些学者批评过于简单化。一方面，该理论有时混淆满意度（期望得到回报的积极态度）与激励（激发、引导、保持组织成员的行为的力量）的概念。此外，后续的研究表明，将只会提高满意度的因素与只会降低不满意度的因素明确区分开来，是一件不可能完成的工作。例如，监督在双因素理论中是保健因素，但它不仅可以减少不满，也可以激励员工，使绩效达到更高的水平。因此，一个人在工作中所受到的监督和领导很可能会有一个全面的效果。它不仅仅是如双因素理论所预测的那样，减少一些不满因素，还影响环境中的其他因素。双因素理论把类似具有激励和保健作用的因素另外归成一个类别。

对工作设计的启示 虽然有不少批评，双因素理论在提出后的几年还是产生了非常重要的影响：人们更加重视工作设计，即如何将不同的任务组合在一起，形成特定的工作。至少，双因素理论让组织学者和雇主充分考虑工作的内容是如何影响员工执行工作的动机的。管理者及组织意识到，通过对工作进行调整，让员工充分体会到责任感、成就感，反过来可以提高他们工作的积极性。此类常用的工作设计方法称为**工作丰富化**（job enrichment）。

一种最全面、最具潜力、能够提高激励水平的工作设计方法是**工作特征模型**（job characteristics model）。此模型由两名组织理论科学家理查德·哈克曼和格雷格·奥尔德姆提出，强调三方面的内容（见图表9-6）：

- 核心工作特征，如技能多样性和任务重要性；
- 关键的心理状态，如丰富的工作经验及对工作成果的责任心；
- 预期的成果，如较高的内在工作动机和高工作效率。

当然，并不是每一位员工都希望承担更多的责任，但多数人还是希望如此。近年来，许多公司都更加重视员工工作的激励内容。例如，在1977年对美国工人进行的调查中，只有17%的员工说他们做的工作“对于我是有意义的”。相比之下，在2002年，该比例为66%。同样，工人肯定地认为“我的工作能发挥我的技能和能力”的比例从28%跃升至68%。在欧洲，过去10年的研究显示，那些能够有效利用员工自身的资源（如乐观精神和自尊心），并将这些资源与组织或管理者所提供的资源（如有效的指导和适当条件下给予员工自主性）相整合的工作取得了非常积极的效果，研究者称之为“工作联姻”。

图表9-6 工作特征模型

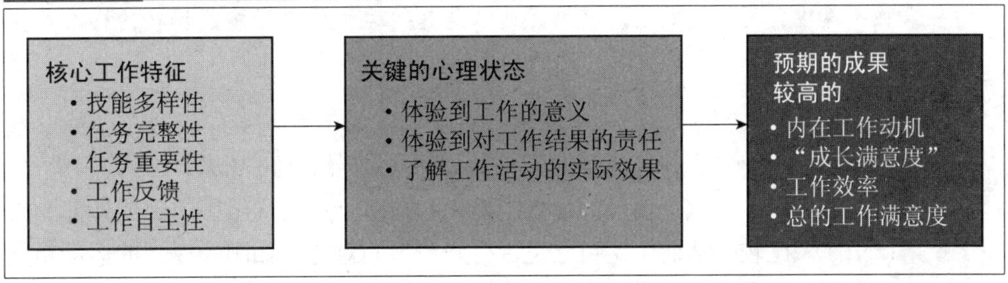

对管理者来说，最基本的信息是，如果他们能够创造或调整工作以包含更多的核

心工作特征（见图表9－7），并且能使用更多的员工带到工作中的个人资源，他们就能同时提高员工的积极性以及满意度。管理者通常有高度丰富化的工作，丰富化下属工作的一个有效方法就是使得下属的工作更像管理者自己从事的工作。

图表9－7 工作特征模型中的核心工作特征

核心工作特征	定义	例子
技能多样性	开展工作所需的一系列活动，包括运用不同的技能和才干。	航天工程师必须能够设计图纸、计算容忍误差、领导工作团队并向上级汇报工作。
任务完整性	工作要求的完整程度以及每一份工作内容可识别的程度，即将工作从开始进行到结尾，并得到可见的结果。	会议经理处理年度高层会议的所有计划、参加会议并从与会者处得到会议是否成功的信息。
任务重要性	工作对他人的影响程度，不管这些人是在组织内部还是外部。	财务经理设计了一项新的福利计划，以改善所有员工的医疗保险。
工作自主性	工作给员工在安排工作内容、决定工作程序方面实际提供的自由度、独立性和自主权的程度。	研发科学家通过公司的内部网相联系，这使得他们能够在一天中的任何时间提出想法、询问问题并提出解决方案，无论他们是在办公室、家中或是路上。
工作反馈	在开展工作的过程中，员工能够得到直接、清晰的有关工作绩效信息反馈的程度。	车工知道他准确地完成了切片工作，因为下一道生产领域的员工很少拒绝他的产品。

资料来源：Adapted from J. Richard Hackman and Greg R. Oldham，*Work Redesige*（Reading，MA：Addison-Wesley，1980）.

9.3.2 过程型理论

工作激励的**过程型理论**（process theories），关注不同要素结合在一起影响人们努力程度的方式。换句话说，内容型理论侧重哪些因素影响动机，过程型理论则侧重这些因素是如何影响动机的。公平理论、期望理论、社会认知理论和目标设置理论是四种最典型的过程型理论。

公平理论 20世纪60年代初，心理学家斯泰西·亚当斯提出了公平理论，认为个人会将他们的情况与他人进行比较，从而会激发某种行为。一位研究者指出，职业运动员是一个特别生动的例子：

（这些）运动员经常会在自己赛季结束之前，放出合同已经终止的新闻。这是一种不尊重合同法的做法。其原因通常是这些运动员觉得按照现在的标准，先前商定的薪酬不再“公平”。

如图表9－8所示，公平理论假定人们知道要投入多少的努力以及投入何种技能到自己的工作中，并且清楚他们可从雇主那里得到何种报酬（工资、晋升等）。该理论还假定个人喜欢将自己的投入产出比和同事或熟人（组织内部或外部的人）的投入产出比做比较，从而确定自己是否得到公平的对待。如刚才提到的运动员例子，最重要的条件就是，如果比较后个人感觉自己受到不公平待遇，那么此人会通过观察不公平现象的原因，并迫使自己采取措施以减少不公平感。

图表 9-8 公平理论的基础

如果	是	那么	我有动机去
我的投入产出比	与他人的投入产出比相等	我感到满意	不采取任何行动
我的投入产出比	低于他人的投入产出比	我感到不满意（不公平）	从以下行动中做出选择： ——增加我的产出 ——减少我的投入 ——重新评估他人的投入 ——改变参照对象 ——离开

公平理论指出，人们有许多方法来减少“他人比我做得更好”的感觉。一种方法是增加报酬，如增加工资或获得晋升；另一种方法是减少投入，例如他们可能会在报酬水平不变的情况下降低自己今后的努力程度；第三种方法是他们可能会离职。

如果人们认为自己获得了不公平的报酬，也会有其他方法处理这种情况。他们可能会改变参考基准，也就是说，他们会选择其他的人和自己做比较。例如，将参考对象改为邻居而不是同事，这不涉及行动的改变，只是主观心理上的自我安慰。同样，人们可能会重新评估参考对象的投入和产出，然后辩解“她拥有我之前所不知道的更多工作技能”或“他的工作不如我想象的那样好”。

遗憾的是，公平理论一直难以成功预测人们在特定情况下会使用的方法。但这一理论的主要价值在于：在与参考对象做比较的情况下，突出人们的公平感会影响他们的动机。实际上，公平理论更强调激励或动机的“社会性”。

还应该指出的是，和参照对象的比较可能会让当事人觉得自己的报酬更多。在这种情况下，个人可能会采取措施，如提高自己的投入以降低感知的不公平。然而，按常理来说，很少有人会认为自己的投入产出比高于他人。

期望理论　心理学家维克托·弗鲁姆基于人们的预期，提出了适用于工作环境的激励理论——期望理论。期望理论的细节很复杂，但该理论的基本思想简单易懂（如图表 9-9 所示）。

图表 9-9 期望理论的组成部分

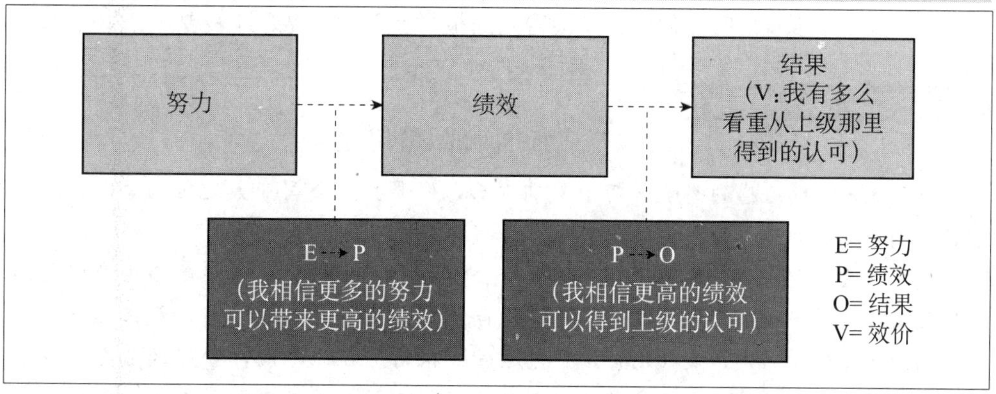

期望理论关注当人们在面对特定选择尤其是行动方针抉择时的思维过程。简单来

讲，该理论认为两种类型的理念会影响人们选择的努力程度。一种理念（通常称为预期）是努力-绩效（E→P），即一定程度的努力会导致一定水平的绩效："如果我努力做了，我会成功吗?"另外一种理念（通常称为工具理论）是绩效-结果(P→O)，即达到一定的绩效水平很有可能会获得特定的结果或影响："如果我成功了，我将从老板那里受到什么奖励呢?"在该理论中，第三个关键因素是效价（V），是指达到目标对于满足个人需求的价值："如果我成功的话，我会在多大程度上喜欢来自老板的称赞?"如果获得的效价越高，那么行为的动机就会越强；同样，如果这些奖励的预期值低，或提供奖励被视为无关紧要的，激励的作用就会减弱。

期望理论指出，这三个关键因素通过乘法而不是加法相互作用。人们决定在工作中投入的努力程度取决于以下公式：

$$努力 = (E \rightarrow P) \times (P \rightarrow O) \times V$$

根据该理论，这三个因素的乘积共同决定了努力程度。所以，这三个变量中任何一个的值偏低，都会导致较低水平的激励。例如，即使一名销售员坚信一定程度的绩效水平（如达到目标销售额）将让自己获得非常理想的奖励（如奖金），但是如果她不是强烈地认为她的努力可以达到那样的绩效水平，她受到的激励水平也会很低。重申一遍：如果要让员工斗志昂扬，则必须要让期望和对结果的预期效价同时保持在一定的高水平上。

期望理论为管理实践活动带来了一系列的启示。管理者可以通过三个关键因素中的任何一个来采取措施，提高员工的工作积极性。例如，E →P 预期可以通过很多方式来改进：如果一个人认为自己不具备达到一定绩效水平所需的技能，这种看法可被改变。他的经理可以通过适当的指导和辅导，鼓励他去参加技能培训或深入实践，帮助他建立信心（从而影响他的 E →P 预期）。相信自己有足够能力完成工作的员工更有动力去实现自己的目标。下文"管理者的挑战"可以很好地诠释这一点。

另外，为了充分肯定员工的工作表现，管理者可以提高员工因为业绩出色而获得奖励的概率（影响 P →O 预期）。从员工的角度来看，有多少次组织许诺会奖励自己的出色表现，最终发现该组织忘记或没有按照先前的承诺授予奖励？如果这种情况持续发生，激励作用毫无疑问会失效。

相反的情况是，如果工作很困难，但员工却出色地完成了绩效目标，并且管理者和组织明确地认可了员工的表现，那么未来员工的工作积极性会增强。如果员工坚信工作表现良好时，他们一定会得到回报，员工就会更好地表现。

管理者的挑战——全球化

受到抑制的销售潜能

马克·约翰逊感到恐慌。两个星期以后，他要去见公司亚太地区的总裁，解释为什么自己到任之后六个月时间内销量下降了 15%，利润下降了 40%。

约翰逊是百事和一家越南企业的合资公司的总经理。该公司在越南生产瓶装可乐和非碳酸果汁饮料。该合资公司成立初期在越南南部地区分销百事饮料，最终业务覆盖到整个越南。值得欣慰的是，最初几年该公司运营得很好。在此期间，管理者主要将业务集中在越南的现有合作伙伴，主要是越南的国有企业。在该公司运营的第三年，约翰逊被派到了该公司，主要负责目标市场的推广及分销战略。

他抵达后不久，销量和利润开始下降。当约翰逊问他的销售经理、营销经理以及业务员为什么销量和利润均下降的时候，他们只是耸耸肩，然后将其归咎于雨季。约翰逊也很沮丧与困惑。销售目标是明确的，而且员工突破销售目标的奖励比起越南标准也是相当丰厚的。在越南失业率为12%，约翰逊无法理解该奖励制度对于越南推销员为什么不起作用。

在绝望之际，约翰逊在跟踪一个销售人员电话销售的过程中，有了意外的发现。首先，尽管他越南语不是很好，他还是可以辨别出销售人员非常不乐意打"冷电话"（第一次给新客户打电话）。其次，越南的分销及零售行业比美国更加分散。销售员在越南要完成一定数量的销售额，至少要打10倍的销售电话。约翰逊还发现，在越南大城市之外的道路大都脏乱不堪。在雨季，摩托车和自行车（运输货物给零售商的主要工具）在这些道路上几乎无法通行。

销售人员承认工作报酬和丰厚的奖励完全满足他们的目标，但他们仍然没有积极性去努力工作。为什么呢？因为他们不相信自己具备的素质可以让他们走上成功的康庄大道。他们知道如何处理与老客户的关系并且成功取得订单，但他们极度缺乏向小经销商和零售商推销产品的经验。

因此，约翰逊决定让现有销售人员继续为老客户推销产品，聘请另外的人负责新客户和新市场。对于这些新的销售人员，解决激励问题的方案之一是为他们提供他们所需的信息、培训和技能，例如，电话推销的步骤以及如何更有效进行分销活动的技能。实际上，约翰逊不得不加强努力-绩效，即E→P期望，增加他们与新客户合作达到销售目标的信心，由此获得承诺的奖励。

由于约翰逊采取了一系列措施，公司销售额稳步回升，约翰逊也因此得到了提升，被委派了更为重要的工作。

以下两个组织的例子说明了P→O理念如何产生积极的激励作用。Informa公司是一个全球性的商业信息服务供应商，业务遍及30多个国家。近年来，该公司与绩效挂钩的奖励数量不断增加。正如公司人事主管所说："随着业务发展和关键绩效指标的出现，我们推出了新的奖项类别，如'金融创新奖''年度最佳独家新闻奖'。人们往往更想为设置丰富奖励的公司工作。"几年前，谷歌推出了"创始人奖"，获奖人可领取高达百万美元的限售股，并被授予特殊奖励。一些获奖团队至少拥有十几个小组成员，他们共同平分奖项。该奖项最近的获奖者包括谷歌浏览器（上线第一年就拥有3 000万名新用户）开发团队、G-mail开发团队和谷歌地图开发团队。

从期望理论的视角来看，下面的要点总结了管理者——不仅仅是作为一个整体的组织——能够潜在影响员工的动机：

- 确定有价值的奖励；
- 让下属坚信努力能得到回报；
- 让下属明确付诸努力的方向；
- 确保在你控制之内的期望的奖励直接根据一定的绩效水平发放；
- 提供奖励的数量和水平要与期望奖励的现实水平相一致。

与期望理论有关的最后一个问题是：文化环境会影响期望理论的应用。例如，中东地区某些国家的员工相信命运说，因此，由努力实现绩效（E→P）的观点可能行不通。同样，在亚洲和拉丁美洲的某些国家，在集体主义文化环境中试图在公众面前表彰个别表现杰出的人，可能不如在个人主义文化强于集体主义文化的德国或澳大利亚那样能够激发员工的积极性（回忆一下第3章我们提到的个人主义与集体主义多元文化的讨论）。激励的方法，要充分考虑人们在选择行动时如何估计潜在的个人利益，比起不太重视个人所得的文化环境来说，这样的方法显然更加适合在西方文化中使用。

在期望理论中，心理过程不一定受文化约束，但心理变化无处不在，只是发生的频率不一致。对于任何一种文化，关键是期望理论有助于理解和预测与努力程度选择有关的动机，而不是预测由个人习惯决定的日常行为。

社会认知理论　与期望理论密切相关的一种过程型理论，是由社会心理学家艾伯特·班杜拉提出的**社会认知理论**（social cognitive theory）。最近，这一理论在研究组织的学者中受到了相当多的关注。对于我们而言，要重点关注的是社会认知理论的一个重要组成部分：自我效能。**自我效能**（self-efficacy）可以被定义为“一个人为了成功完成特定的任务，运用自己的能力充分调动积极性、整合资源和采取行动的信心”。换句话说，自我效能是个体对自己能够取得成功的信念。大致相当于期望理论中的E→P期望。自我效能的理念有三个维度：幅度（完成工作的难易程度）、强度（能完成任务的确定性程度）和广度（在多大程度上可以完成相似但是不完全相同的任务）。迄今为止的研究确凿表明，当个人具有高度自我效能感时，与工作相关的表现会更加出色。

从管理的角度来看，你应该问自己这样一个问题：如何才能提高自我效能？社会认知理论提出了决定自我效能的四大因素（见图表9-10）：

- 熟练经验：从以往类似任务中吸取经验和教训，并且将成功归于自己的能力，而不是运气或是环境。
- 替代学习：通过观察或学习别人如何成功地执行任务获取经验，然后以类似的方式构建自己的行为。
- 口头说服：通过言语说服别人，让他人相信自己可以成功地执行任务。
- 生理和心理唤醒：如果个人直接关注工作，能增加自我效能的潜在激励力量。

图表9-10　社会认知理论：提高个人自我效能的方法

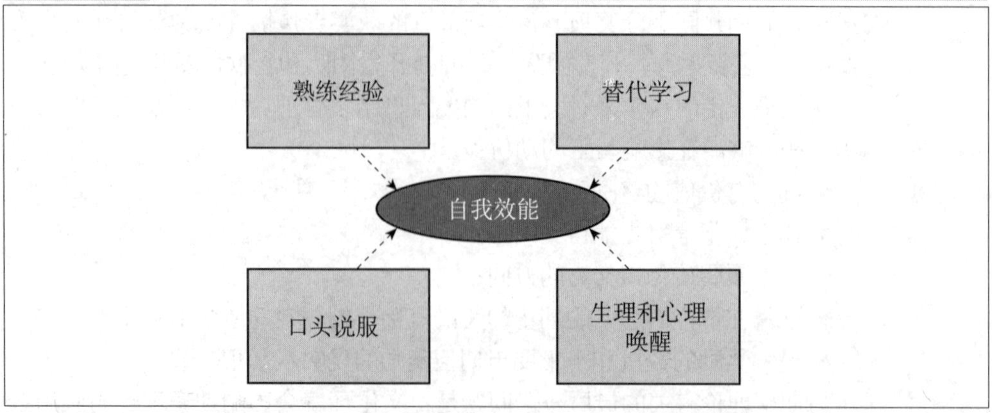

通过以上的讨论，可以清楚的是：管理者可以用不同的方式来提高员工的自我效

能。他可以为员工创造机会获取熟练经验，如可以接管并且成功完成员工起初不愿尝试的任务，以便员工从示范者身上学到解决问题的策略和方法，从而胜任工作。管理者可以尝试说服员工他们有足够的能力成功地完成任务，但是这并不容易做到。而且管理者也可以通过在具体的工作中鼓励和引导员工，提高他们的能力水平。管理者要记住一个关键点，即上述提高自我效能的方法并不是相互排斥的，可以一起运用。

目标设置理论 目标设置理论是一种稍有不同的过程型理论。近年来，这一理论吸引了大量研究者的关注。“目标设置理论假设人的行为受有意识的目标和意图支配。”正如伊丽莎白·海耶斯在AOL项目主管职位上了解到的，如果管理者能够影响员工的目标和意图，就可以直接影响员工的绩效。目标设置的水平是一个决定动机水平的重要潜在因素，因此获得一个人对于目标的具体承诺就显得特别重要。

目标设置理论的研究给出了两个基本结论：

1. 更具挑战性（更高或更难）的目标一旦被接受，投入努力的水平也会更高；

2. 明确、具体的目标所对应的努力水平高于模糊的、笼统的目标。

在实践中，上述两个原则可以通过一个零售商店经理的案例加以说明。在节日期间，该经理采用了具体的目标来激励员工以提高销售业绩。她决定将过去的季度销售数据和当前季度的销售数据公布出来，让每个销售员都可以看到。她认为通过这种方式会改善销售人员的个人销售业绩。令她感到欣慰的是，第一天的销售水平比去年同期增长了40%，增幅甚至比她先前设定的目标更高。一项针对几个荷兰组织的近期研究表明，为了让下属学习新的技能和知识，上级设定具体并且较高的目标，员工都会非常积极地去执行，尤其是当上级同时提供了适当的学习机会时，员工的积极性会更高。

当然，对于有一定难度的目标，有几件事需要注意。最明显的是，目标若设置得过高或不切实际，那么伴随而来的便是挫折感和沮丧感，而不是激励。然而，区别哪些是具有挑战性的艰巨目标，并不是一件容易的工作。在某种情况下，下属会视过度困难的目标为完全不恰当的目标，这是激励的另外一种情况。此外，在许多工作环境中，往往不止一个目标需要实现。因此，如果设置太多具体且困难的目标，组织成员可能会在同一时间面对很多需求冲突，可能只会选择其中的一个目标而忽略其他目标。目标的总数量和目标总的难易程度是影响激励程度和方向的决定性因素。图表9-11列出了管理者设置目标之前可以用到的一系列有用的问题，并且指出了为什么需要考虑这些问题。迄今为止，有关目标设置理论研究的主要结论是：它在推动提高绩效的过程中有潜在的优势，但它绝不是适合所有场合和所有环境的万灵药。

图表9-11 设置目标之前应该回答的问题

问题	这个问题为什么重要?
目标是否太具体?	如果目标关注点很窄，那么任务环境中与这个特定目标不相关的其他重要因素就可能被忽略
目标是否太有挑战性?	如果员工未能达到目标，将会有损他们的积极性、自我效能并有可能带来风险

续前表

问题	这个问题为什么重要?
谁设定目标?	虽然人们对于自己参与设定的目标承诺较高，但是他们有时倾向于给自己设定简单的目标
应该设置多少目标?	人们倾向于在一段时间内集中于一个目标，尤其是那些不太难并且容易衡量的目标
目标应该是短期还是长期的?	关注于实现短期目标有可能对长期绩效产生干扰
对所有员工制定相同的目标标准还是量体裁衣制定不同的目标?	由于员工之间的差异，标准化的目标也许没有效率；但根据个人能力制定的目标也许不公平并可能有损合作
个人是否已经具有内在的动机?	设置目标可能会降低个体的内在动机
目标应该是关注绩效还是关注学习?	当员工关注于绩效目标时，他们可能不会去寻找新的战略进而不会去学习

资料来源：Based on L. D. Ordonez，M. E. Schweitzer，A. D. Galinsky，and M. H. Bazerman，"Goals Gone Wild：The Systematic Side Effects of Overprescribing Goal Setting，" *Academy of Management Perspectives* 23（2009）：6-16.

9.4 强化和结果

紧随人们某些行为之后发生的事情——人们的绩效结果——可以强化他们继续或停止该行为的倾向。这些结果可以是正面的、中性的或负面的，程度也可以从微不足道到压倒一切。适当地运用这些结果，可以给管理者提供一组有力的激励工具。

9.4.1 强化的方法

正强化和负强化是管理者可以用于增加他们所预期的行为概率的两种方式。下面我们将对二者进行讨论。

正强化　正强化奖励那些符合组织目标的行为，以使这些行为得以进一步加强，在未来可以重复出现。在许多情况下，采用正强化，如经理称赞员工的出色表现，加强了这种行为在未来出现的可能性，特别是当下属发现这样的称赞不是常规的或并非言不由衷时。然而，积极的结果也可能在不经意间强化了不想要的行为。例如，员工可能会选择冒险走捷径的方式来实现一个重要的绩效目标。如果经理没有意识到这是投机取巧，为该员工达到目标而祝贺，那么这种冒险的行为就会被加强。

另外一个关于管理者无意识强化"错误"行为的例子发生在一家公关公司。该公司领导让员工为庆祝公司成立十周年准备一份关于公司历史的报告，项目组成员在处理常规任务时习惯一拖再拖。这次他们低估了项目完成需要的时间，处于落后的困境中。由于截止日期不能后延，于是公司领导允许他们暂时放下手中的其他工作，甚至聘请了临时工来帮助他们。他们日夜赶工，与时间赛跑，该项目最终如期完成，领导给参与该项目的员工发放了奖金，奖励他们的辛勤工作。鉴于这些事实，不难猜测出小组成员从他们的拖沓中吸取的教训是什么。该案例表明管理者很容易出于好意，而强化了"错误的"行为。

早先一位关于如何利用奖励的学者型专家史蒂芬·克尔建议，正强化（奖励）要在组织情境下有效地激励员工。这些奖励必须是：

- 公平的：奖励的大小应参考过去工作相关的绩效的质量和数量。

- 有效的：该奖励必须有能力影响未来业绩。例如，明确未来特定水平的绩效表现必然会获得理想的奖励。
- 可获得的（能够被授予的）：管理者和组织不应该谈论或提供不现实的奖励，或仅有少数人视为奖励的奖励。如克尔所说："组织为了微不足道的涨薪空间花费数百小时的管理时间用来给员工做评估、排名和分级，这纯粹是在浪费时间，给员工期望，最终却只有可怜的增长幅度，每个人都感到失望和尴尬。"
- 兼容的：获得奖励的可能性不应该仅限于小部分员工。越多的人被认为是"不合格的"、丧失获得奖励的资格，给定的奖励越不太可能起到广泛激励的效果。
- 可见的：该奖励不仅对于获奖者可见，对于其他人也应该是可见的。每个人都有可能在将来获得该奖项。
- 可逆的：这里并不是指奖励被授予后还可以被取消。相反，它指的是如果情况需要，奖励可以在未来不予发放。奖金就是一个典型的例子，不同于每年加薪，奖金可以是一次性奖励，也可以是未来可再次发放的奖励，这一特征为管理人员提供了极大的灵活性。

负强化　撤销或消除负面的、消极的结果，即个人所做的组织不需要的结果，可以提高这些行为在未来发生的频率。去除不愿看到的结果称为负强化，而增加所需的结果称为正强化。在这两种情况下，如果使某种行为得以延续或是增加发生频数，那么就起到强化的作用。例如，在某一销售区域一名面对着难缠的、高要求的顾客销售人员发现，通过自己的艰苦努力，当他调任到另一个销售区域后，他所遭受的那些不愉快经历减少了。如果这名销售人员相信调任或晋升是他努力工作的结果，消除不希望的结果（在困难的销售区域面对难缠的顾客）就强化了他在新区域努力工作使顾客满意的可能性。在这个例子中，公司和销售人员都会从负强化中获益。

负强化也可能与组织的利益相抵触。例如，某主管曾经遇到过员工因为自己评估成绩为"低"，而发生不愉快争端的情况。为避免发生类似情况，主管以后给员工评估成绩便为"中"。显然，该主管的行为受到负强化作用影响。因此，尽管员工的表现可能会继续保持在低于标准的水平，主管还是会继续给下属"中"的评级。

正强化和负强化这两种类型的强化机制，维持或增加了特定类型的行为和表现。因此，它们可为管理者提供潜在的强有力的激发所需行为的途径。但是，如果稍不注意，反而会使不想要的行为得到延续。除了上述两种强化机制，管理人员还可以应用下面两种涉及结果的方法，来降低特定行为发生的概率。

惩罚　对不良行为导致消极的后果实施**惩罚**（punishment），以降低该行为重复出现的可能性。在一些组织中，惩罚是防止不必要的行为的有效方法。然而，许多组织对惩罚持否定态度，认为惩罚这种做法不恰当并且毫无作用。而且，惩罚偶尔会促使不希望的结果出现。例如，惩罚员工旷工，可能会导致更深思熟虑的请假借口，而不是更高的出勤率。这个例子说明，在组织中应用惩罚的难点在于，无法确保惩罚只表现出管理者想要的效果，而不会强化不良行为。

在组织中，有许多关于不恰当应用惩罚而产生不良后果的案例。例如，给予表现出能够处理压力的人以更多的责任，或给予履行承诺特别可靠的人更多的任务。除非管理者高度警觉，否则不经意的惩罚会比预计发生的更加频繁。

消失　另一种减少不希望行为的方式，是避免对该行为提供任何积极后果。这个过程称为**消失**（extinction），不能产生积极强化的行为不会被重复或者至少重复的次数不多，这一点得到了研究结果很好的证实，也是日常工作生活中的真实写照。管理者可以利用消失原则，故意不去强化他们所不希望的员工行为。例如，管理者可以有意识地避免对一个无趣的笑话做出积极的回应。

然而，管理者如果使用消失的方式，将面临两个挑战。一种是忽视对应该强化的行为的奖励。一个典型的例子就是制造企业经常发生的安全行为。通常，监督者认为安全工作行为是员工必须具备的，就不再明确强化该行为。其结果是，由于安全行为通常需要额外的时间和精力，员工逐渐失去执行这些额外的步骤的动力，最终导致了事故的发生。另一个常见的例子是员工在一个关键的项目中付出了很多额外的精力，却未获得上级的认可或表扬。在这种情况下，员工不太可能有动力在下一个重点项目中付出同样的努力，其他员工如果认为自己的额外努力会被忽视，也不会这么做。

第二个潜在的挑战是，无论是有意地还是无意地应用消失方法，都可能将对重要情景的解释留给了员工，而不是处在管理者的掌控之下。相反，明确的强化和惩罚给员工提供了清晰的、至少是比消失手段更清晰的信息，即管理者认为哪些行为和绩效是需要的，哪些是不需要的。

图表9-12总结了使用各种强化方法的效果。

图表9-12 强化方法与结果

强化方法	管理活动	效果	例子
正强化	提供期望的结果	增加行为被重复的可能性	高速公路建设的管理人员根据工程提前完工的天数获得奖金
负强化	消除不希望的结果	增加行为被重复的可能性	当员工的产出超出定额时，管理者不再提高定额
惩罚	提供不希望的结果	降低行为被重复的可能性	迟到的员工每次迟到被罚一小时工资
消失	可消除的希望的结果	降低行为被重复的可能性	当团队领导者在团队会议上不再提到一些成员时，他们便不再主动提出建议

9.4.2 正强化的计划方案

组织常常指定既定的计划方案，系统地运用强化理论（通常称为行为矫正或应用行为分析）。这些计划方案涉及4个基本步骤：

1. 精准地确定所需要的表现。（例：降低并保持事故发生率在1%以下。）
2. 衡量所需要的行为。（例：监控安全操作A，B，C。）
3. 为特定的行为提供奖励。（例：每半年发放一次奖金，奖励100%安全执行程序的员工。）
4. 评估计划方案的效果。（例：过去6个月内，事故发生率是持续低于1%吗?）然后，公布这一进步。

这种类型的方案已在全球范围内，如中东、欧洲和美国的各行各业中得到了广泛应用。应当强调的是，此方案并不是强化理论有效应用的必要条件。在管理岗位上的任何人都可使用这些方法。这些计划可能在构成激励定义的第三个因素上发挥最大作用，即行为的持续。

9.5 情境如何影响激励

虽然这一点有时被忽略，但是要正确理解激励就不能只局限于个人行为的分析上。如果我们关注特定工作情境中的行为，那么清楚地认识到情境对激励行为的强大影响作用至关重要（如图表 9-1 所示）。

9.5.1 直接工作群体的影响

直接工作群体可以从各方面影响个体行为，尤其是个人动机。对于在持强烈的集体主义价值观的文化背景和国家中运行的组织来说更是如此，如在亚洲和拉丁美洲。在这些文化背景下，个人很可能深受**内群体**（in-group），也就是个人所属的群体的影响，但不太会受到非内群体成员的影响。然而，在某些情况下，在几乎所有文化或组织中，群体强烈地影响着群体成员的动机。

什么情况下群体对个体动机的影响作用会非常显著呢？首先，应该满足：(1) 存在内群体，个体是其中的一员；(2) 个体有强烈的愿望成为该群体的一员，并且获得了该群体的认可，这一点尤其重要。当上述条件满足时，群体肯定会影响到个体的努力程度或激励水平。

群体影响动机的方向可能取决于群体的规范，即群体期望的个体成员的行为标准。当这些规范符合该组织的目标，该群体便会鼓励成员去执行。当规范与组织目标相抵触时，该群体会抑制其成员执行的动机。很多年前的一项研究表明，群体凝聚力越强，越能影响个体的行为动机，可能强化也可能弱化。

个人所在的工作群体除会影响员工的绩效水平外，还会影响其行为动机。例如，针对在快餐店工作的青年员工的研究表明，当一名员工决定离职时，会增加（而不是减少）其亲密朋友们继续留在快餐店里工作的愿望。这样的结果似乎出人意料，研究人员为了解释该现象做了如下假设：继续留在餐馆工作的朋友不得不重新审视（“辩护”）自己留下来的原因，从而产生留下来工作的更强烈的决心。因此，在该研究中，工作群体中朋友的社会影响至少加强了对一类行为的激励：继续留在组织中工作。

9.5.2 上级和下属的影响

上级和下属不仅仅是工作群体中的同伴，还是影响员工激励的直接社会环境的关键部分，对员工激励既有正向又有负向的影响。正如我们前面所讨论的，上级或领导对员工激励的影响，与他们对奖励和惩罚的掌控力直接相关。同时，也与他们在设置员工绩效目标过程中所扮演的角色密切相关，我们在目标设置的影响中讨论过此问题。在多数情况下，为上级工作的员工都会尽自己最大努力去实现那些明确的目标。此外，管理者会通过刻意营造工作氛围，努力激发员工创新和创意的潜能。

需要指出的是，上级带来的激励对于不同下属的作用会不一样，经常是参差不齐的。同一上级可能是某些员工增加工作积极性的源头，但是对于另外一些员工来说却可能会挫伤他们的工作积极性。这在很大程度上取决于上级长期以来与不同下属之间构建的一对一的人际关系。

下属也可以反过来影响上级的行为激励，特别是他们通过巧妙地保留奖励而对某些行为进行惩罚的能力。下属通常没有上级那么多的奖惩杠杆，但他们并非没有力量。例如，下属可能会因为不喜欢上级的某些行为而故意隐瞒一些只有他们具备（上级没有）的专业知识，如系统分析员因对任务分配不满可能不会向他的老板透露一些关键技术细节。尽管这样的小动作并不容易察觉，但是这必然会影响到上级在未来应对这些小动作的行为激励。

9.5.3 组织文化的影响

组织文化对员工的激励作用同样也不容忽视，这种作用主要是通过组织规范来实现的，即组织期望员工如何行事。个人越是想要成为组织的一员，就越容易被该组织的文化所影响。组织可以被认为是一个大型群体，组织文化与工作群体相比通常对员工激励有较少的直接影响，但其影响仍然是存在的。经历兼并或收购的组织能很好地理解，一种不熟悉的公司文化如何对新组织中的成员激励产生潜在的破坏性影响。

9.6 价值观和工作态度的影响

如果不考虑人们的价值观和基本态度如何影响他们的工作，那么对工作环境中激励的分析则不完整。这些价值观和态度对国家内部和国家之间的文化差异特别敏感。因此，要理解国际化的员工队伍或国内多元化的员工队伍中激励的差异，管理者就必须要关注价值观和工作态度的差异。

9.6.1 价值观

本书第3章介绍了文化以及文化价值观的相关内容，以此为背景，我们接下来讨论价值观在影响激励过程中的作用。价值观可以影响人的目标和意图，同样也可以影响个体会认为哪些行为是值得的和令人满意的。

不同文化的核心价值观也不一样。图表9-13列举出学者们总结出的不同地区，包括美国、日本、阿拉伯国家的核心价值观。在这三种不同的文化背景中，对不同奖励的价值评价也会截然不同。因此，从激励的期望理论框架来看，来自这三种不同文化的管理者必须慎重考虑对于高绩效水平的奖励类型。

图表9-13 三种文化中核心价值观的差异

	美国	日本	阿拉伯国家
核心价值观	竞争	群体和谐	声誉
	承担风险	归属感	家庭安全
	物质财富		宗教信仰
	自由		社会认同

资料来源：Reproduced by permission. Adapted from Farid Elashmawi and Philip R. Harris，*Multicultural Management 2000*（Houston：Gulf Publishing Company，1998），Table 3. All rights reserved.

为了说明文化价值观如何激励特定的行为，我们可以回想一下第3章中关于个人主义文化和集体主义文化的内容。个人主义是指集体目标从属于个人目标，而集体主义是指个人目标从属于集体目标。有一个以亚洲和美国的大学生为对象的有趣研究探讨了文化如何影响动机这一问题。该研究比较了在分配奖励给工作群体成员时对两个主题的偏好，即基于“平等”（每个成员平分奖励）还是基于“公平”（根据成员的贡献决定奖励的份额）。研究结果显示，虽然亚洲和美国的大学生一般首选“公平”作为奖励的原则，但来自中国香港和韩国的大学生则比美国大学生更倾向于选择“平等”这一原则。这一研究结果完全符合之前提出的基本假设，出生于强调集体主义价值观环境的人们在工作中也很容易受观念影响，他们会比那些从小受个人主义价值观熏陶的人更加重视考虑集体组织中每一个人的需求，即使这不符合普遍接受的公平奖励分配原则。该研究还表明，虽然亚洲学生更倾向于用“公平”作为群体内成员奖励分配的原则，但是这种观念不会外延到群体外成员。因此，亚洲学生显然清楚地区分开了这两种类型的群体。

9.6.2 工作态度

了解不同群体或文化对工作的意义的看法，即工作的价值是多少，可以帮助我们进一步洞察在不同文化之间激励的差异。著名社会学家马克斯·韦伯是最早指出这些差异的人之一。韦伯认为在他那个时代（19世纪后期和20世纪早期）的基督教国家，新教的价值观强调实干和财富的积累，这个观念铸造了著名的“新教职业道德准则”。根据韦伯的观点，许多美国和欧洲北部的人都被认为受到这种道德的引导，不管他们是不是真正的新教教徒。

20世纪后几十年，学者对工作的意义，特别是**工作中心**（work centrality）展开了研究。工作中心被定义为“一项工作在某人生命中的某一时间点的总体重要性程度”。为了衡量工作中心，研究人员要求有工作的成年人对他们所从事的工作的重要性进行评估，并且将它的重要性与生活中其他的内容作比较，如休闲、家庭和宗教信仰等。调查发现，在那个年代人们的生活中，工作是相对更重要、更核心的。这种现象在日本比在以色列、德国和美国更加明显。

与工作中心紧密相关的一个重要话题是工作与生活的平衡问题，员工一方面要为工作付出努力，另一方面也要承担非工作情境下的责任（如家庭责任），同时也要追求工作之外的机会（如进行娱乐活动等）。虽然在不同的文化背景下可能会有所差异，但是追求工作与生活的适当平衡在不同的文化背景下都非常重要。正如一位专家所言，“在美国，工作与家庭的冲突比其他发达国家都要严重，其中一个原因是美国人工作的时间比其他发达国家的人更长，包括日本。”

工作与生活的平衡不仅仅是管理者和专业人员关注的问题，同样也是非管理者关注的问题。例如，针对澳洲管理者的一项研究表明，很多人都因工作中的压力和疲劳日益侵入他们的日常生活而感到困扰。一位经理说：“我总遇到烦人的事，特别是随着电话和家用电脑的出现。我有一个客户经常在早上6点半或者更早打电话给我，甚至在平时晚上7点半给我老婆打电话，因为他在办公室里找不到我。”还有一个人说：“虽然我们有极好的工作/生活计划，但这往往取决于那个时候谁是经理，他们的期望是什么。当然，我们可以选择对额外的工作说不，但你也会很清楚，如果那样做的话，你的职业生涯永远不会比那些愿意干活的人发展得顺畅。”

管理者的挑战——变革

"婴儿潮"一代、X一代、Y一代：不同代际的工作-生活平衡方法

过去几十年，管理者或组织对想要孩子并降低工作负担的人员所提供的支持相对较少。不管这些人员处于何种职位，管理者或组织对他们的期望都是工作第一，他们甚至要求这些人员自己想办法或离开公司。简而言之，就工作-生活平衡而言，过去尤其强调组织的需求，而对员工家庭或非工作需求基本不作考虑。

在最近几年里，这种"一边倒"的情形发生了极大的转变，转变的原因在于双职工家庭的流行、社会规范的变化以及员工对此问题关注度的增加。例如，一项调查显示，员工认为工作-生活平衡比工作安全、财务回报以及职业发展更加重要。在另一项针对200 000名员工的调查中，34%的员工说"工作需求严重影响了他们的私人生活"。在第三项研究中，大约20%被访的管理者和职业人士说因为目前的工作缺乏工作-生活平衡，他们准备在来年跳槽。

但是，也不是所有的员工对工作-生活平衡问题的关注度都一样，例如以下三代人之间就存在着明显的差异：

- "婴儿潮"一代：出生于1946—1964年间的人，他们中的一部分人已经退休了，另外一部人也临近退休；
- X一代：出生于1965—1979年间的人；
- Y一代：有时也称为"千禧一代"，出生于1980—1999年间的人。

这几代人因受到他们成长期间或职业生涯早期发生的不同事件的影响而呈现不同特点。例如，"婴儿潮"一代出生于第二次世界大战之后，随着他们的成长，他们见证了苏联与美国之间的冷战、民权与女权运动以及越南战争。1946—1964年间的经济尚且繁荣。

X一代经历了双职工家庭的崛起——父母都工作，其中一些人在他们成长早期经历了不太稳定的经济发展。Y一代经历了个人计算机的出现、电话、互联网及电子邮件、短信等其他社交媒体的发展以及全球经济的快速增长。

鉴于第二次世界大战后60多年来组织环境和外部环境发生的巨大变化，不同代际对工作和生活持不同期望及不同实现方法也就不足为奇了。作为一个大的群体，"婴儿潮"一代是个人或职业成功驱动的，现在的他们特别关注健康等相关问题。X一代的员工对于工作-生活平衡给予了更大的关注，他们比"婴儿潮"一代更加独立，也更愿意变换工作组织。Y一代的特征是特别自信、乐观、多任务处理能力特别强、特别关注个人或职业上的自我实现。

当然，也需要提醒一下：关于这些代际的描述只指出了广大人群中一些代表性的行为特征，并提出了一种较为一般的观点。这些群体成员之间也存在个体差异，这就需要管理者对这些人与人、代际之间的差异都要有警觉性。不管怎样，代际之间的差异影响管理者和组织采用的激励、薪酬和行为强化措施的有效性。

资料来源：M. Macon and J. B. Artley. "Can't We All Just Get Along? A Review of the Challenges and Opportunities in a Multigenerational Workforce," *International Journal of Business Research* 9(2009), 90 - 94; M. Crumpacker and J. M. Crumpacker, "Succession Planning and Generational Stereotypes: Should HR Consider age-based Values and Attitudes a Relevant Factor or a Passing Fad?" *Public Personnel Management* 36(2007), 349 - 369.

来自一线的管理挑战——尾声

伊丽莎白·海耶斯本可以只挑选身边的员工。然而，她决定不采用该方案，因为这项工作远程完成就可以了。美国在线是以方便远程就业为目的创建的，所以她可以充分利用公司的现有技术。此外，在世界各地招募员工给了她招揽贤才的更广阔的空间。

尽管如此，在技术支持下，激励远程职员的挑战永远存在。为了解决这一问题，海耶斯为下属设立了明确的绩效目标，并且要求他们定期反馈工作进展情况。她通过每季度一次的一对一会议审核员工的工作绩效。作为一个管理者，海耶斯也在为员工寻找机会享受公司赞助的远程培训课程和其他成长机会。她还召开了虚拟会议来提高下属的团队感。使用 AOL 教育门户网站的用户数量稳步增加，海耶斯的团队的员工保持率也继续维持在较高水平。拥有在 AOL 的经验后，海耶斯的职业生涯发生了转变，现在她是房利美抵押贷款公司的企业培训师和教学设计师。

本章小结

● 激励是激发、指导和维持行为的力量集合。这种力量可以是内在的，即“推力”；也可以是外部的，即“拉力”。过分强调两种力量中的一种而排斥另外一种，均会在组织环境中造成错误的判断。在任何时间点，激励的任何一种或两种力量都会发挥作用。

● 激励的内力（即推力），来源于个人。一个人的需求、态度和目标是主要的推力。外力（即拉力），主要来源于工作及工作环境的特性。工作特征包括对工作的控制程度、工作的难易程度以及完成工作而获得的反馈。工作环境特征包括个体的直属上级、工作组成员和组织的各项措施，如报酬和培训。

● 研究过组织中激励的人发现，工作激励理论可以归为内容型理论和过程型理论。内容型理论强调个人带入环境中的需求，以及可能满足这些需求的工作环境的特征。过程型理论关注的是不同变量如何结合起来，以决定人们投入任务中的努力程度。

● 关注内容的研究，可以让管理者理解工作设计会影响执行工作的人的积极性。如果按照工作丰富化的方式来设计工作，那么员工完成任务也会感到更加有意义。

● 员工所经历的紧随其行为的结果可以影响到该行为在未来发生的可能性。正强化是利用需要的结果，从而增加行为发生的概率。同样，负强化是去除不需要的结果，同样也可以增加行为发生的概率。惩罚是利用不需要的结果，来降低未来行为（可能会产生其他不可预测的影响）重复的次数。消失是忽略行为的任何结果，以降低行为在未来发生的可能性。

● 员工带到工作中的价值观和态度可以强烈地影响他们的动机。不同类别的员工（例如，年轻人和老人）有不同价值观，特别是文化背景不同的人，价值观更不一样。同样，个人对工作重要性的态度（工作中心），可以影响他们对于管理者激励措施的反应。对于管理者的启示是，某激励措施可以充分激发一些员工或群体的工作积极性，但是对于另外一些人却可能是无效的。

复习题

1. 激励的拉力和推力分别是什么？分别举例说明。

2. 在组织中，决定激励的三大特征是什么？每个特征有哪些要素？

3. 成就需求高的人有哪些特征？

4. 管理者怎样通过改变工作的内容来影响激励？

5. 根据公平理论，如果某员工认为其在工作中比同事倾注了更大的努力，但是同事却获得了更高的薪水和更可观的奖金，可能会发生什么？

6. 根据期望理论，管理者可以采取什么措施来激发员工的工作积极性？员工的文化背景对此是否有影响？

7. 内容型理论和过程型理论的区别是什么？

8. 正强化需具备什么样的特征才能激励员工的行为？

9. 正强化和负强化的区别是什么？请举例说明。

10. 什么是工作中心？为什么管理者如果想激励他们的员工，理解这一概念很重要？

自我评估

什么激励着我？

阅读下面的量表，根据你的观点，圈出所列事项的重要程度。

	不重要	有些重要	一般	很重要	非常重要
1. 与同事的合作关系	1	2	3	4	5
2. 在工作中能学到新的技能和知识	1	2	3	4	5
3. 薪酬优厚	1	2	3	4	5
4. 被他人接受、认可	1	2	3	4	5
5. 工作提供独立思考和行动的机会	1	2	3	4	5
6. 经常涨工资	1	2	3	4	5
7. 工作中可以发展亲密的友谊关系	1	2	3	4	5
8. 自尊感	1	2	3	4	5
9. 完整的附加福利方案	1	2	3	4	5
10. 同事之间的坦诚相待	1	2	3	4	5
11. 自我成长和发展的机会	1	2	3	4	5
12. 人身安全的保障	1	2	3	4	5

得分

按照如下分类计算你的得分：________

题目 2、5、8、11＝成长需求得分：________

题目 1、4、7、10＝关系需求得分：________

题目 3、6、9、12＝生存需求得分：________

分析与解释

每一类别的最高得分为 20 分。

大学生通常给成长需求的打分最高。如果一个人现在只有微薄的收入，则会将生存需求视为最重要的。假如一位学生的成长需求、关系需求和生存需求的得分分别为 20、10 和 15，则可以解释为他的关系需求已经大体上得到满足，但成长需求仍未满足。

一个低得分可能表明该项需求对你来说不是最重要的，或者它已经得到大体上的满足。

团队练习

1. 选择一份工作，小组中至少有一个成员熟悉这份工作。不要随机挑选工作，因为你需要知道工作的职责、缺陷、挑战、优点和缺点，以完成这个练习。这并不一定要是你曾经做过的最糟糕的工作，许多工作是为了变得更加完善才需要重新设计！选择一份你认为有可能被重新设计的工作。

2. 分析这份工作的激励潜能。运用下面的问卷形成的分值得出初始的激励潜能值（MPS）。将初始 MPS 分数填到这里__________。

3. 通过头脑风暴重新设计该工作来提高它的激励潜能值。想法要既合理又有创新性。

4. 一旦作为管理者的你，决定了如何重新设计工作，新工作可以激发员工更高水平的表现，那么再次运用下面的问卷计算新的 MPS 值。将修正的 MPS 值填写到这里__________。

5. 在下次课上提交一份报告。报告内容包括：

a. 谁管理该工作，为什么要选择这份工作。

b. 工作的初始 MPS 值，以及得分的理由。

c. 重新设计工作的详细方案。

d. 经过重新设计后的工作的新 MPS 值。

给定工作的 MPS 被定义为：

$$MPS=\frac{TV+TI+TS\ (A)\ (F)}{3}$$

式中，TV 为工作的多样性；TI 为工作的同一性；TS 为工作的重要性；A 为自主权；F 为反馈。

工作诊断问卷

1. 在工作中有多少自主权？即工作允许个人决定如何来完成任务的程度如何？

1	2	3	4	5	6	7
非常少，个人没有任何自主决定完成工作的方式和时间		——	中等自主：有许多的标准无法受个人掌控，但是某些事情个人可以自己决定	——	很自由，个人几乎可以完全决定工作如何完成、何时完成	

2. 该工作作为一个“完整工作”的程度如何？它是否有明显的开始和结束标志？或者它只是一份工作中的一小部分，而这项工作由其他人完成或机器自动完成？

1	2	3	4	5	6	7
该工作只是一份完整工作中的一小部分，个体的行为后果在最终产品或服务中不可见		——	该工作在一份完整的工作中占比适中，个人的贡献会在最终成果中体现	——	该工作是从开始到结束完整的工作，个人的行为结果很容易在最终产品和服务中体现	

3. 工作的多样化程度如何？工作中要求个人利用他的各方面技能和才华完成不同任务的程度如何？

1	2	3	4	5	6	7
很少，只需要员工日复一日地重复同样的事情		——	多样化适中	——	很多，工作中要求个人利用他的各方面技能和才华完成很多不同事情	

4. 该工作有多重要？员工的工作成果是否会显著地影响他人的生活和幸福感？

1	2	3	4	5	6	7
一点也不重要，工作成果不会对任何人产生影响		——	重要程度适中	——	非常重要，工作成果可以通过很多方式影响其他人	

5. 该工作可以反馈个体工作表现信息的程度如何？除了由同事或管理者提供反馈，该工作是否有关于个体工作情况的信息？

1	2	3	4	5	6	7
很少，一个人一直干下去也不会有关于他工作情况的任何反馈信息		——	一般，有时会有反馈信息，有时没有	——	很多，员工可以及时、不断地获取关于其工作情况的反馈	

得分

按照3、2、4、1、5的顺序依次回答问卷中的问题，在上文的空白处填写MPS得分，计算公式为：

$$MPS=\frac{(Q3)+(Q2)+(Q4)}{3}\times(Q1)\times(Q5)$$

如果MPS得分为200～343，则为很高；120～199为中等；0～119为很低。

章末案例

前银行家：帕梅拉·琼斯

帕梅拉·琼斯很喜欢银行业，一系列的个人能力评估和兴趣测试的结果也表明她喜欢并且可以在银行业和图书馆业有所建树。在她毕业的时候，就业市场中图书馆员岗位就已经供不应求，于是她申请了一家大银行——温尼伯ABC银行的岗位，并很快被录用。

她前几年在银行业的经历几乎总是充满挑战，因而收获颇丰。由于她的专业背景（语言文学学士学位和工商管理类研究生学位）、积累的工作经验以及她的智力和上进心，她被纳入银行的管理者培养项目。

在培训项目的第一年，琼斯选修了银行程序和政策的课程，而且在她所属分行里各个基层岗位上工作突出。她多次因为高于平均水平的绩效表现而获得经理表扬。负责年轻员工发展的培训主管也多次告诉琼斯，她是20名学员中最好的3名学员之一。

琼斯以温尼伯ABC银行，特别是她所在的支行为研究对象，撰写了一份深入的金融报告。她很自豪能成为一名银行家，并能成为温尼伯ABC银行的一员。在管理者培养项目中学习了一年后，琼斯发现她没有学到任何新的关于银行或者温尼伯ABC银行的知识。她在分行里从一个工作岗位跳到另一个，这样循环多次轮换岗位，以帮助解决因缺勤、超负荷工作和人员流动引发的相关问题。人员流动问题在银行业非常严重，琼斯对此感到很吃惊，不明白为什么有这么多人在银行业开始了自己的职业生涯，却在一两年后就选择离开。

上级多次许诺把琼斯调到其他分行，但是这种承诺对于琼斯来说仅仅是空谈。培训主管说在其他分行没有适合她的空缺岗位。其中，有两次出现了岗位空缺，但有关分行经理却拒绝了琼斯的申请，原因不详，大概是因为琼斯在银行业工作的时间还不够长。

在琼斯所在的支行里，她并不是唯一不高兴的人。她的上级乔治·伯恩斯抱怨银行为了追求利益，让客服岗位一直都处于空缺的状态。作为分行的会计师，伯恩斯还得负责日常的客户服务。因此，他常常无法完成自己分内的工作。经理总是对伯恩斯说，客户服务才是关键，但伯恩斯必须提高自己会计工作的表现。最终，伯恩斯离开了银行，去了一家信托公司。伯恩斯的离开让琼斯成为监管柜员的人，而那些柜员正是前不久培训过自己的人。柜员们在工作中犯的错误让琼斯感到吃惊，但她发现自己很难去纠正他们不良的工作习惯。她想运用所学的所有惩戒程序，但是必须获得总行的批准。

和培训主管经过几次电话沟通后，琼斯被调到了其他分行。虽然还有一些渴望和执著，但是她的热情很快就消失殆尽。

在新的分行中，琼斯成为一名"助理会计师"。她的职责是监管7个柜员、负责一些客户服务和大量的文书工作。她遇到了自己在试用期中所在分行同样的情况，即由于利益驱使经理拒绝更换客服人员。于是琼斯捡起了前台松散的工作，而忽略了自己的工作。她的柜员很少有人可以做收支平衡的核算，所以琼斯几乎每天晚上都要找出他们工作中的错误。为了节省加班开支，经理常常将柜员打发回家，而只留下琼斯，琼斯首先要纠正出纳员在收支核算方面的问题，然后才能去完成她自己的文书工作。她的经理告诉琼斯，作为银行的高级职员，她理应留下直到她的下属的工作以及她自己的工作圆满完成。琼斯意识到，在其他ABC银行分行中的大多数同行都有这种奉献精神，因此自己理所当然也应如此。这种情况持续了6个月，几乎没有任何改变的迹象。

一天，琼斯从在另外一个分行工作的朋友的来电中了解到，她要被调到不列颠哥伦比亚省霍普市（距温哥华东部100英里）工作，那里刚空出一个岗位。琼斯的丈夫是温哥华一家大公司的技术人员，他的公司在霍普市没有分支机构，而且他的业务很特殊，只有在大城市才能找到工作。

接受调岗会被认为是年轻员工想要出人头地。琼斯询问了总公司，得知她悬而未决的调岗传闻是真实的。但是，她的培训主管告诉琼斯，如果她愿意，可以拒绝调岗，但他说不准琼斯要多久才可以得到晋升。

琼斯感到无比郁闷、恼怒、失望和沮丧，最终，她选择离开银行。

◆ 思考题

1. 结合各种需求理论，思考什么是激发帕梅拉·琼斯动机的潜在需求。你的依据是什么？

2. 根据第一年培训主管对琼斯的评价，在培训期后她真正期待的是什么？她得到的又是什么？利用期望理论解释为什么环境无法激励她。

3. 伯恩斯被分配了额外的工作，并被告知这项工作是首要任务，而且他完成得很出色。但是他因为其他工作没有完成而受到惩罚。根据强化理论分析该现象。在上述情况中，你期望看到伯恩斯什么样的表现，为什么？

4. 帕梅拉·琼斯被调到距离温哥华大约100英里的一个分行工作。你认为仅仅是因为她丈夫的工作原因，使她不愿意接受该职位吗？还有什么因素影响她是否接受该工作的态度？她的公司原本应该如何鼓励她接受这份工作？

资料来源：Adapted from Pinder. C. C.，*Work Motivation：Theory，Issues，and Applications*（Glenview，IL：Scott，Foresman and Company，1984），pp. 317 - 318.

第 10 章 群体和团队

Groups and Teams

学习目标

通过本章的学习，你应该能够：

- 描述群体和团队之间的相同点与不同点；
- 识别和比较不同类型的群体；
- 列出影响群体形成和发展的因素；
- 分析群体的各种结构和行为特征；
- 明确自我管理、跨职能、全球化和虚拟工作群体与团队的优势与劣势；
- 解释不同类型团队能力的差异；
- 区分两种主要的群体冲突，并讨论它们的成因与后果；
- 解释管理者如何帮助他们的工作群体发展成为高绩效团队。

来自一线的管理挑战

姓名：斯蒂芬·奥尔蒂斯（Stephen Ortiz）

职位（和公司）：堪萨斯州草原赌场公司市场营销副总裁

母校：哈斯凯尔印第安大学（准文学士）、华盛本大学（工商管理学士，工商管理硕士）

业余活动：钓鱼

毕业后的第一份工作：德勤会计师事务所的内部咨询师和企业风险管理服务

偶像：父母，祖父与外祖父，以及（已故的）朋友凯利·琼斯

座右铭：珍惜活着的每一天

管理风格：建立并管理愿景；倡导合作

工作之余，斯蒂芬·奥尔蒂斯喜欢参加户外活动，特别是在欧萨克举办的垂钓锦标赛。在过去的十年里，奥尔蒂斯的垂钓成就已经被户外杂志报道过 20 余次。他认为钓鱼不仅是一项运动，更是一门艺术，同时参加钓鱼比赛也有助于磨砺他的竞争力。正如他所说的："钓鱼比赛与商业运作很像，决策的好坏决定了成王还是败寇。关键是要从自己的决策中不断学习。"

读大学是奥尔蒂斯人生中最重要的决策之一。高中毕业时，读大学并不是他的优先选择，但是他父亲说服了他。奥尔蒂斯拿到准学士学位后，想继续攻读环境科学的本科学位。然而，为获得经济回报他在一家创业风投公司工作，加上附近一所大学的一位教师的建议，奥尔蒂斯改变了他最初的专业设想，取而代之，攻读了会计方向的工商管理学士，后来又获得了工商管理硕士学位。

毕业以后，奥尔蒂斯进入德勤会计师事务所，负责一些大客户的内部审计和业务流程控制工作。4 年后，他受聘于一家游戏娱乐公司——哈拉斯公司，在公司位于堪萨斯州托皮卡夫附近的赌场的市场部工作。几经升职，目前他是这家赌场的市场营销副总裁。这家赌场现在隶属于美国堪萨斯州草原赌场公司。

当奥尔蒂斯最初以经理身份加入哈拉斯公司时，他遇到了人生最大的挑战之一，那是在他晋升为赌场市场部经理之前。他负责拓展赌场业务中的 VIP 客户。那时，奥尔蒂斯所接手的这个部门的业绩低于平均水平，该部门的客户服务评级是哈拉斯公司所有机构中最差的。于是，奥尔蒂斯不得不深入内部工作，分析如何改善部门绩效。他从几年来收集的大量数据中得知，除非那些被指定与 VIP 客户直接接触的员工能够对他们的自身工作更加满意，否则 VIP 客户也不会感到满意或者愿意进行更多消费。如何改变这一困境就是奥尔蒂斯面临的挑战。

21 世纪初期，随着人们对效率、灵活性尤其是对创新的重视，在更加扁平化和精简的组织中，群体和团队的有效运营与管理受到了人们前所未有的关注。无论是企业、政府、医疗保健机构还是其他机构，所有类型和规模的组织都比几年前更多地使用群体和团队。这代表了组织运作方式中的一个重大改变。因此，这也要求管理者和他们的下属转变思维方式。人们需要改变他们对群体工作的态度，强调团队合作而不只是个体工作。实际上，这也正是斯蒂芬·奥尔蒂斯所面临的挑战。

当然，对于那些能够产生卓越创新或创造性成就的杰出员工而言，将会一直存在独立工作的一席之地。并不是所有的个人和文化都能同样好地适应群体导向的组织环境；组建群体也并非总是组织工作的最有效方式。然而，需要承认的是，在全球市场的运营中，组织现在越来越依赖群体和团队这样高度网络化和相互关联的关系。管理这些网络关系需要很强的协作技巧和能力，以保证能够在群体和团队之间或内部成功地工作。要在组织内以及与组织外的群体和组织建立社会资本，这些技能是必须的。如果管理者拥有这些技能，便能处于更有利的位置，能够更好地领导其他人并获得认可和承诺，进而应对当今组织面临的重大挑战。

群体会从事一系列不同的活动。例如，从开发新产品、设计汽车，到制定施工预算，再到制定战略计划。即使是那些倾向于独立的创业者最终也会面对这样一个现实的考验：如果一个组织不是基于高效的群体和团队，将很可能无法在目前或未来的竞争格局中有效竞争。因此，对于任何渴望从事管理工作的人来讲，最关键的是要应对好两个根本性的挑战：如何做一个群体或团队的有效成员，以及如何做一个群体或团队的有效领导者。eBay 前首席执行官梅格·惠特曼对此做了很好的总结。她说："我们雇佣的是那些不会一直强调'我，我，我'的人。在进行面试时，我问的第一个问题就是：你所工作过的最高效的团队是哪些，这些团队是如何运作的?"

区分群体与团队是非常重要的。在某些情况下，两者是相同的；但在其他情况下，它们则是不同的。**群体**（group）通常被定义为，拥有一定程度的互动和共同目标的一群人，其人员数量是有限的（一般为 3～20 人）。而**团队**（team）则是群体的一种形式。但它有"简单"群体之外的一些特征，包括更高程度的相互依赖性，协同互动，特别是成员对于实现特定群体目标有更强烈的个人责任感。而且，当群体发展成为团队时，它使每一个成员都拥有一种高度的群体认同感。换句话说，对每一位团队成员来讲，作为这一整体的一部分是很重要的。

理解群体和团队关系的有效方式之一是将其视为一个连续的过程，如图表 10－1 所示。个人被放置进或自己加入一个群体；而群体可能会，也可能不会发展成为一个团队。

简单来说，所有的团队都是群体，但并不是所有的群体都是或者都会成为团队。当今的大多数组织的一个主要目标是快速地发展和演化它们的工作群体，使这些群体能够像团队一样运作。

图表 10-1　个人-群体-团队的连续变化

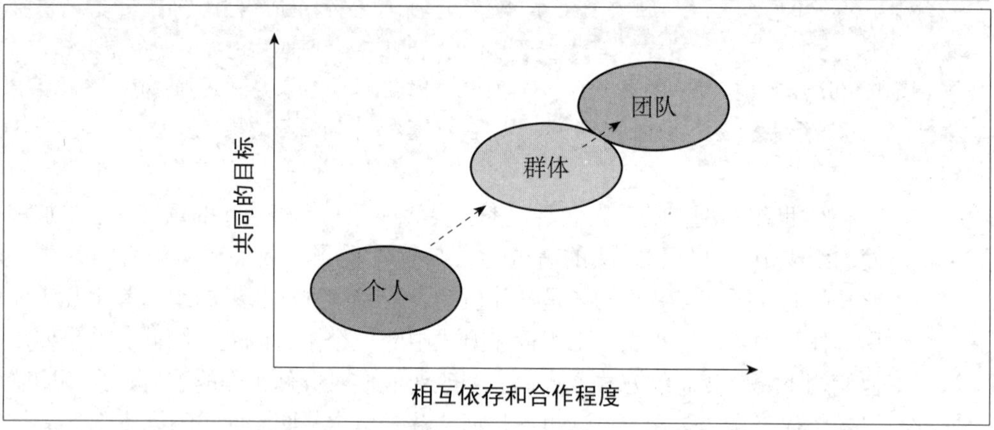

资料来源：Adapted from M. E. Kossler and K. Kanaga, *Do You Really Need a Team* (Greensboro: Center for Creative Leadership, 2001).

本章首先概述组织中运行的各种不同类型的群体；接着探讨群体的形成与发展，以及群体的一些最重要的特征，比如结构、规范和凝聚力；随后分析很多群体共同存在的关键问题——群体冲突；最后探讨改进群体有效性所遇到的挑战。

10.1　群体的基本类型

大多数在组织中工作的人至少属于一个群体，通常会属于几个不同的群体。这些群体的类型可能各有不同，有的是“正式的”，即由组织所建立；有的则是“非正式的”，即由特定的个人建立，没有正式组织的直接参与。图表10-2几乎涵盖了所有组织成员可能归属的基本群体类型。

图表 10-2　群体的基本类型

群体类型	特征	举例
正式群体		
命令型（监督型）群体	一个主管，很多下属 相对持久 成员变化相对缓慢	行政单位 生产装配部门 向区域销售经理汇报的本地销售经理团队
项目/任务小组	临时的 特定的有限目标 成员知道群体的临时性质	产品设计团队 开发升级计算机系统的管理信息系统团队 大学课程中的学期项目组
委员会	永久或临时的 仅定期会面 成员有不同的固定工作/上级 成员身份通常不能代表员工的最高责任	预算委员会 安全委员会 晋升审查委员会
非正式群体		
友谊型群体	不是由组织发起的群体 自愿加入 成员和非成员之间有明显的区别和界限	周五共进午餐的员工 拼车群体 茶歇群体

10.1.1　正式群体

在任何类型的组织内或组织间，通常存在三种基本类型的正式群体：命令型（监督型）群体、项目/任务小组、委员会。

命令型群体（command group），通常也称为监督型群体（supervisory group），包含一个监管者或管理者，其他的所有成员均向这一个人汇报。例如，在一个部门中，成员向特定的生产主管或销售经理汇报。命令型群体通常被认为是一个组织的基本工作单位。但是，不同的命令型群体成员之间的互动程度可能有很大的不同，这取决于分配给每个人的任务的性质。比如，在一个服装加工厂，一群工人可能会被分配加工某一特定款式的牛仔裤。所有工人在做同一件产品，但是由一个工人负责缝裤子口袋，一个工人负责缝拉链，另一个工人则负责缝合裤腰。他们之间很少存在互动的机会。相比之下，一家玩具公司的营销团队成员会频繁会面，讨论新产品，安排宣传活动，对特别的促销活动进行决策。

命令型群体通常相对持久，不是临时性的。同时，这些群体中成员的变化也相对缓慢。这些因素共同影响着群体成员间人际关系的性质和质量。当你知道将在一段较长的时间内和同一组人重复进行互动时，会对你与其他成员的互动关系产生很大的影响。

项目/任务小组（project/task force）是指由于特定目标而被组织安排在一起的群体，如研发新产品或解决特殊问题，通常存在于一个有限的时间段内。例如，2009年，金融服务企业陷入了经济低迷的困境，很多企业采取了裁员和其他削减开支的措施。为了尽可能减少这些措施并保留企业的核心人才库，先锋科学卫星公司便设立了先锋行动小组，研究特定的顾客导向问题以及发展解决方案。这些任务小组的持续时间被设定为 18 个月，小组的成员来自于公司的不同领域，各自掌握着完成任务所需的不同知识和技能。通过这种方式，公司避免或者至少减少了人员冗余部门的裁员，同时也激励了项目小组的成员，促进他们开拓新的专业技能。18 个月后，项目小组成员都回到原来的组织架构中。但是，他们都没有回到原来所工作的部门。

项目/任务小组与命令型群体的关键不同之处在于，项目/任务小组预先设定就是临时性的。它们通常有明确的开始时间和具体的结束时间。群体的成员们都知道，项目/任务一旦完成后，该群体就解散。这一特征不仅改变了群体成员的感知和他们之间的互动关系，也改变了成员与项目/任务小组中指定的领导者之间的关系。

然而，由于所设定目标的性质和重要性，项目/任务小组（真实的群体可能会，也可能不会成为团队）构成了组织内和组织间的一些最关键的类群活动。它们通常也会涉及虚拟群体情境（非面对面的）。但是，建立项目/任务小组并非总是处理组织问题的理想解决方案，它在运作中可能会碰上各种各样的问题，比如缺乏清晰的目标、完成任务目标的资源不足、团队领导无效等。尽管如此，任何规模的组织离开项目/任务小组都无法正常运行。

委员会（committee）的存续既可以是永久的，也可以是临时的（特别的）。通常，组织中的委员会最重要的特征是其成员只是偶尔见面，其他时候则向组织中各自固定的上级汇报（见图表 10－3）。因此，对于大多数成员而言，他们的互动是偶然的，委员会也不是他们需要承担最大责任的正式组织群体。例如，一家公司的预算委员会可能会在一个财年内碰面数次，其成员可能来自公司的每一个主要部门。但是，对预算委员会的成员而言，其主要工作在他们各自的工作部门，而不是共同服务于预算委员会。2010年，丰田公司成立的全球质量特别委员会是一个不同类型的委员会的实例。它主要负责调查公司在设计、制造、销售和服务等所有运营阶段的质量问题的原因。委员会的成员是丰田汽车主要经销地区（北美、欧洲、中国、亚洲等）的首席质量官。显然，成立这一委员会的意图在于齐心协力地，而不是分散地关注质量这一根本问题。

图表10-3 组织中的委员会实例

治理委员会	薪酬委员会	监督委员会
执行委员会	财务委员会	审计委员会
督导委员会	安全委员会	道德委员会
灾难规划委员会	长期规划委员会	公共关系委员会

前文所述列举了**正式群体**（formal group）的类型，即一些由组织指定、创建并监督的群体。这些群体的目的在于执行组织的基础性工作，实现组织的总体任务。然而，在许多方面，非正式群体和正式群体一样重要，有时甚至更重要，需要管理者更多的关注与理解。

10.1.2 非正式群体

非正式群体（informal group），是指由自愿交往的成员形成的群体，而不是由组织授权成立的。一个典型的例子是友谊型群体。尽管非正式群体没有正式的“加盟”过程，但群体成员与非成员之间往往有相当明显的界限。在任何特定的时间，人们认为他们知道自己是不是某一特定群体的成员（虽然从群体其他成员的视角看，这可能并不正确）。例如，一起吃午餐的人或者交谈特别频繁的人，通常就是友谊型群体边界的清晰信号。非正式群体可以是相当短暂的，但更典型的是它们会持续一段相当长的时间。

对管理者而言，一个更重要的事实是，友谊型群体和其他非正式群体可以显著影响其成员对组织目标与任务的态度和绩效。例如，最初是陌生人的一些员工，在共同乘车一段时间后，就可能会发展成一个非正式群体。如果群体成员进行的是对组织新政策的消极谈话，那么这一群体可能会成为新政策实施的阻碍。但是，非正式群体也往往能为管理者处理组织挑战提供很大的帮助。对管理者而言，关键在于是否可以影响这些群体，以支持组织和工作团队的目标。为了实现这一点，管理者需要能够识别重要的非正式群体，了解群体内的规范，并识别出群体的领导者。如果能够做到这些，非正式群体便能发挥其积极的潜力。

10.2 群体和团队的形成与发展

在组织中，群体和团队的形成有多方面的原因和多种方式。通常，组织会有意识地形成各类群体以服务于组织目标。但非正式群体反映的是另外一种情况。它的形成或多或少基于成员的自发行动，并主要服务于成员的自身利益，不一定与组织的利益相契合。

10.2.1 群体和团队形成的影响因素

影响组织中群体形成的最重要因素，包括组织目标、互动和共享知识的机会，以及潜在群体成员的心理因素。

组织目标 较大组织的目标和目的直接影响其正式群体的性质。一个组织之所以成立新的正式群体（无论是命令型群体、项目/任务小组还是委员会）通常是基于这样一个判断，即现有的群体无法达到组织需求，或者是群体组织中缺少这类群体。

新群体的形成可能是由于组织的发展，所提供的产品或服务的改变，或者仅仅是因为主要的管理者意识到增加、修改或合并现有的群体可以提高效率与效益。然而，需要指出的是，为了开始一些新的计划，有时候公司也可能会从其他公司雇佣一个完整的群体为其工作，而不是发展一个自己的新群体，这就是通常所说的“外包”。

对组织和管理者而言，新群体形成的一个关键问题，就是该群体能否获得足够的资源来完成其特定的目标。霍尼韦尔国防航空电子设备公司产品数据存储系统开发团队的一位领导者表示：“我最重要的任务是……为团队提供所需要的任何信息、资金和其他资源，使团队成员认为自己是项目所有者。”

如果你是组织中新群体的一员，你可能会有诸如此类的疑问：

- 为什么选择我，而不是别人？
- 这个群体建立的真实原因是什么？
- 在群体中我的责任是什么？
- 群体的目标现实吗？它们是要被评估的真实目标吗？

著名主厨阿兰·杜卡斯在摩纳哥、纽约和巴黎拥有顶级餐厅。在过去的 20 年中，杜卡斯雇佣了超过 500 人。他非常喜欢为他的餐厅雇佣团队，并且在这些团队独立自主之前选择、欢迎和培训它们。

对成为新群体成员的任何一个人来讲，这些问题都自然而然地会遇到，但它们通常不会被直接或公开询问。因此，无论这些问题有没有被公开提出，那些建立群体的管理者都必须预判这些问题，并准备好提供必要的信息与解释。同时，正如前面所提到的，如果你成了组织新群体的成立负责人，你需要意识到，建立一个新群体并不意味着建立一个新团队。你可能期望，你的新群体能够发展成为一个对群体绩效和产出有强烈共同责任感的团队，但是，凝聚力和合作却不是你能制定出来的。管理者不能轻易地宣称新群体成为团队，并期望它能像团队一样运作。团队发展取决于管理技巧和后续的能引发真正团队合作的管理行为，而不仅仅是名称的改变。

互动和共享知识的机会 显然，成员间的地域临近是群体发展成团队的有益因素之一。当人们有密切合作的机会时，可以促进相似兴趣和经验的学习。这些相似之处提供了良好人际关系发展的基础，有助于群体工作。然而在当今，群体往往在地理上是高度分散的。在这种情形下，加强成员间的互动变得尤为重要，即便只是通过电子邮件。换句话说，在分散的“虚拟”群体中，采取措施发展成员间的共同知识（即发现“共同点”）是非常必要的。（本章后面的部分将详细讨论与虚拟团队相关的其他问题。）

心理因素 有很多的个人因素可以激励组织成员间形成更紧密的群体关系，尤其是人类对安全、社交、自尊和地位的基本需求。当归属于某个群体时，即使是虚拟群体，员工也往往能够实现一些无法被工作本身满足的需求。因此，对很多个人来说，工作中的群体归属感非常有益。实际上，对个人而言，这是获得某一独特社会身份的重要途径，而这一身份对于他们自身以及与他们互动的人来说均具有重要意义。

10.2.2 群体的发展阶段

无论是组织创建的群体还是自发形成的群体，从其创建至其成熟会经历不同的发展阶段。一般而言，可简要地把群体的发展归纳为几个阶段：形成（开始熟悉）、震荡（表达不同的观点）、规范（在基本问题上达成共识）和执行（实施合作性的小组行动）。虽然这个模型是思考群体随时间发展阶段的一个很好的方法，但它并不一定适用于所有的群体。正如一些管理学家所说的：“一个单一的序列不可能描述所有类型团队（群体）的发展。”

尽管如此，在组织情境下，群体发展确实显示出了一些可识别的规律性阶段（见图表 10-4）。我们使用形成、震荡、规范和执行来标识这些阶段。

图表 10-4 团队发展阶段

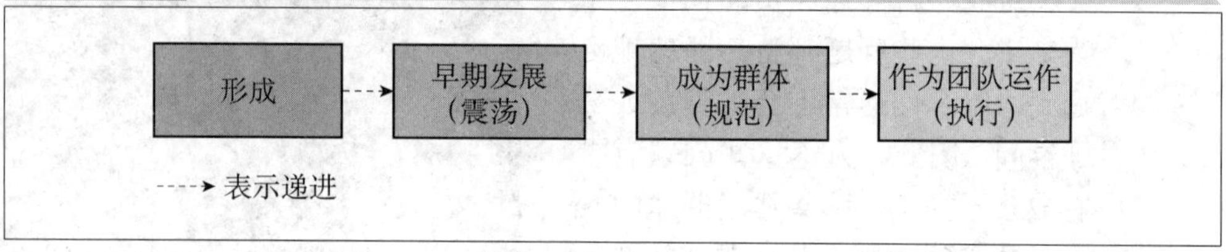

形成 如果你正在组建一个新的群体，将会面对很多独特的挑战。其中之一即是，潜在的群体成员还不习惯群体导向的工作方式。对于已经习惯了独自工作的成员来说，他们要面临巨大的转变。另一个挑战则是无论他们是否会公开询问，群体成员都将会有很多问题。比如，他们想知道，谁在这一群体中、为什么他会在其中、谁是群体的领导、每一个成员现在的态度和观点是怎样的。几乎所有的新群体都会经历这个“开始熟悉”的阶段。

震荡 在群体经历了形成和最初的互动之后，一个早期发展中的震荡阶段将会出现，并可能持续一段时间，时间长短取决于群体及其任务的性质。在这个阶段，成员要了解对他们的期望、什么是可以接受的行为，以及他们彼此间的相互关系如何。典型的情况是，成员们会谨慎地交换信息，有时甚至保护信息。如果你是群体的领导者，这是一个了解群体内对关键问题意见是否一致的重要时期。通常，关于群体目标或者实现方式的冲突可能会在该阶段出现（因此用“震荡”来形容此阶段）。将这一阶段类比做人的青春期，有助于对它的理解。

规范 在这一阶段，至少在一定程度上对于群体问题和规范（相互认同的行为准则）达成共识，成员个人开始认同群体身份和目标。但实际出现的群体凝聚力和群体认同的程度将因群体不同而异。一个关键因素是，群体在多大程度上满足了每个成员的需要，以及成员认为群体的领导力如何。在这一阶段，如果你是领导者，就可以对群体规范的发展产生很大的影响（见下一节），从而帮助它成为一个真正的团队。

执行 在该阶段，群体已经能够像团队一样运行，并作为具备凝聚性的整体采取行动，而不只是一群松散联系的个体。从内部来看，这意味着群体已经能够在对群体重要的事情上影响成员的态度和行为；从外部来看，这意味着组织内或组织外的其他人也将会受该群体行为的影响。

群体内部或外部的事件都可能导致群体退回前一个发展阶段，此时需要进行重构并努力再次达到执行阶段。然而，如果群体没有明确的结束点，也就是说，没有“中止”阶段，那么它就可以无限期地维持执行阶段。因此，如何保持群体持续处于这一阶段无疑是对管理和领导的一项挑战。

10.3 群体和团队的特征

所有的群体都具有某些特征或属性，它们决定着群体对成员的影响类型和程度以及整体绩效水平。这些特征中的一部分是结构性的，另一部分则与群体的基本属性相关，如群体规范和成员的凝聚力。对管理者来说，理解所有特征可能产生的影响十分重要。特别是，管理者需要关注来自组织内部或外部的变化会如何改变这些特征，而这些改变反过来又会对群体的运营和绩效产生怎样的影响。

10.3.1 结构特征

正如组织有结构一样（详见第 6 章），群体也有自己的结构，只不过群体的规模更小。群体结构中四个最主要的特征是规模、构成、不同角色与不同地位。

规模 一个群体的最优规模是多大呢？关键取决于这个群体所面临的任务类型。接下来我们探讨不同规模群体的优点及缺点。

大型群体的根本优势在于拥有更多资源，包括更多的人才、技能和专业知识等。这些资源能帮助群体更好地解决所面临的问题。一项持续 30 年的关于群体创造力和创新的研究表明，相对于小型群体，大型群体更容易产生创造力和创新。研究者对这一现象的原因解释为“创造性思想的产生和实现是一项不明确的且复杂的任务，而不是一项常规任务”，因此，一般来说，更大的群体更可能包含大量不同的观点和其他相关的知识。科学界的许多例子也证明了大型群体的优势。在过去的 50 年里，很多重大科研项目是由越来越大的团队完成的。例如，位于日内瓦附近的一个耗资 60 亿美元的大型强子对撞机项目团队就有多达 3 600 人，来自 38 个国家的 180 多个机构。团队的一位领导说：“我不能直接命令任何人做他们不想做的事。所有决策都是基于共识。”这一项目能正常运作的原因，就在于构成这一团队的专家的专业知识的深度、广度和多样性。

如果群体成员数量太少，任务又多时，就可能有损当初建立群体的初衷。几年前，美国米其林公司的小型轮胎部门就体会到了这个教训。当时，公司管理层为了节约成本，缩减了销售团队的规模。但最后由于经销商投诉增多，不得不推翻了这一计划，并在 18 个月后将规模扩大一倍。

另一方面，大型群体也存在很多潜在的并且往往是关键的劣势。研究数据证明，一个重要的劣势就是，随着群体规模的增大，群体成员对产出或绩效的个人责任意识会下降。在大型群体中，这种人均努力程度降低的现象称为**社会惰化**（social loafing）。相对于小型群体，大型群体的成员更容易认为其他成员会担起重任。同时，在较大的群体中，个体成员的具体贡献更不容易被识别。这可能是大型群体中“惰化”行为的一个主要原因。

当然，也有很多办法来解决大型群体的社会惰化问题。例如，可以像强子对撞机项目那样，结构化群体的任务，以鼓励成员全面参与。解决的关键在于，能够容易地识别每个成员的贡献。在一项大学游泳队成员的实验中发现，每个运动员在其个人赛中游得比在团体接力赛中更快。如果把接力赛的规则改变（结构化），让每个队员在游完自己的部分后大声报出他所用的时间，队员们接力游的速度就会比他们个人赛时更快。这些实验的结果表明，管理者可以通过明确每个成员对项目最终结果的个人贡献来激励每个人做出更大的努力。此外，研究也似乎表明，比起美国或澳大利亚等国家的个人主义文化，亚洲国家这样的集体主义文化（见第3章）有着很强的群体取向，较不容易发生社会惰化。

大型群体另一个明显的问题是，随着群体规模增大，与协调人员相关的**过程成本**（process cost）也会增加。随着群体规模变大，人与人之间的交往会明显增加，协调就会变得更加难以处理。而且，群体规模增大必然会导致成员之间发生冲突的机会增多。

当群体规模由小变大时，与群体相对规模有关的另一个管理挑战是会出现预料之外的问题，有时是剧烈爆发的。几年前，Next Jump公司还是家相对小的公司，在发展中就遇到了这些挑战。最初，该公司是几个朋友组建的一个小型风险企业。这些朋友又雇佣了其他朋友，这就形成了一个“家庭树”。在短短3个月内，该公司的员工从30人增长到105人。公司的规模变大了，公司的首席执行官查理·金仍试图在企业里保持家的感觉。然而，随着公司规模的增长，这种“所有成员都专注于同一个目标，并紧密合作的”大团队理念不再奏效。公司的会议开始崩溃，混乱和冲突增加，人们开始陆续离开，“家庭树”也解体了。作为管理者，查理·金经历了这种群体规模改变给群体成员和群体管理所带来的影响。他着手应对规模增长带来的挑战，到2010年，他的公司已经与60%的《财富》500强公司有业务往来。总体来看，关于“群体的最佳规模”这一问题，对管理者的最好建议就是，“只要能完成任务，人越少越好”，这是一项针对群体的研究得出的结论，当然，前提是管理者真正地了解群体的任务。

Image Source/Corbis RF

人口统计学差异、人际风格差异和价值观差异可以带给群体优势，也可以成为群体内冲突的来源。管理者应该积极强调成员的共同利益，劝阻成员间的个人冲突。

构成 群体是由相似的或截然不同的个体组成的。如果是前者，这一群体被称为同质的；如果是后者，群体的组成则被认为是异质性的或不同的。现在，大部分群体都具有一定程度的多元化，很多还存在较大程度的多元化。图表 10-5 展示了群体内部存在着不同类型的多元化，包括一些明显的差异，如成员的人种/族裔、性别和年龄；还有一些不明显的差异，如成员的价值观、技能、知识、信息以及在组织和群体中的时间长度。"管理者的挑战"说明了把不同的人才集中起来关注于同一个目标，才是能够建立真正伟大团队的方法。

图表 10-5 群体内多元化和潜在后果

多元化的种类 可观察的属性	潜在的后果 情感性后果
● 人种 ● 族裔 ● 性别 ● 年龄 潜在的属性 ● 价值观 ● 技能 ● 知识和信息 ● 资历	● 满意度 ● 群体认同 ● 群体冲突 认知性结果 ● 创新 ● 新想法的数量及质量 与沟通有关的后果 ● 降低群体内频率 ● 提高群体外频率

资料来源：Adapted from Frances L. Milliken and Luis L. Martins, "Searching for Common Threads: Understanding the Multiple Effects of Diversity in Organizational Groups," *Academy of Management Review* 21, no. 2 (1996), 402-423.

一些管理者有意识地利用多元化群体的优势。例如，把南加利福尼亚州变成了全球汽车设计中心的日产汽车设计中心前总裁杰里·赫希伯格就特意招募了不同专业和文化背景的员工进入他的团队。他认为，这些多元化团队中的文化冲突会导致"摩擦和碰撞，进而带来突破的机会"。波士顿咨询集团的首席执行官汉斯保罗·博克纳也发表了类似的观点："当我们面对一个看似无法解决的问题时，与那些由相似成员组成的团队相比，由不同类型人才组成的团队将会提出更好的解决方案。"

关键的管理问题是：群体内更大的多元化会促进还是阻碍群体的效能和绩效呢？这一问题没有简单的答案，特别是考虑到存在不同类型的多元化。研究的发现也只是建议性的，而不是结论性的。但是，这些发现表明，增加多元化会潜在地：

- 对成员的行为反应和成员间的互动有一些负面影响；
- 由于要讨论大量的思想和观点，会对群体成员的思维成果质量有积极影响，尤其是当创新是主要目标时；
- 导致群体内的沟通减少，但是与群体外的沟通会增多。

总之，管理者的挑战在于使群体多元化所带来的利益最大化，同时使多元化潜在的劣势最小化。要缩小劣势，可以先预测劣势会是什么，然后设法直接解决掉。因此，一种供管理者选择的方法就是，要格外关注发展强的群体合作规范。同时，由于群体成员在价值观和态度上的多元化最可能造成困难，管理者需要帮助群体克服这些最初的差异，并将它们转变成优势而不是阻碍。令人鼓舞的发现是，群体成员在一起工作的时间越长，就越有可能找到方法克服那些最初的价值观和态度差异。有一件事似乎是绝对肯定的：日益多元化工作团队的应用，特别（但不仅仅）是跨国群体，正变得越来越司空见惯。因此，对管理者而言，利用群体多元化的优势的机会以及应对其潜在挑战的必要性，正在增加而不是降低。

管理者的挑战——多元化

伟大团队不是偶然的

很显然，组织中的管理者在组建团队时总是希望它能表现得非常好，但是大部分的团队往往只是以合理的方式完成了任务和安排，而不一定是最优的方式。对管理者而言，挑战在于如何使团队表现突出，而不只是合格。虽然并不存在一个创建高绩效团队的简单公式，但是审视商业史上那些伟大团队也可以得到一个启示：在形成团队时，将正确的具有不同才能的人聚集在一起，是提高产生伟大团队可能性的方法之一。

过去和现在的许多案例都支持了这一观点。在20世纪初期，一种被称为“汽车”的革命性的（从那个时代来看）交通工具刚刚发展起来。挑战在于如何有效地生产这样一种复杂的装置。为了实现这一点，具有工科背景的亨利·福特组建了一个拥有三种不同个性的人才团队：拉伦斯·艾利，有创新精神的最初流水线的设计者；彼得·马丁，系统思想家和流水线的负责人；查尔斯·索伦森，操作细节专家。他们共同设计出了一个生产流程，该流程不仅能稳定地生产汽车，更为重要的是能以大部分客户可以支付得起的价格生产。

一个更早的拥有多样化人才的伟大团队的例子是托马斯·爱迪生团队，该团队成立于19世纪70年代新泽西州门洛帕克市的一个小镇上。爱迪生招募了一组具有不同能力的人：一个受过美国教育的数学家、一个德国玻璃工匠、一个英国机械师和一个瑞士钟表匠。这些人不仅技能不同，文化背景也不同。因此，这也是一个早期的全球化团队。在这个团队的协同努力下，各式各样的产品被创造出来，包括以新型能源——电力为动力的能可靠运行并长时间照明的灯泡、叫做“留声机”的娱乐音响设备。

一个更近的创造出了无与伦比成就的团队案例就是现已发展成一家强大公司的谷歌搜索引擎的创建团队，其两位创建者谢尔盖·布林和拉里·佩奇在20世纪90年代都还是斯坦福大学的学生。他们先是在佩奇的宿舍，然后是在车库，完美优化了易于使用的网络搜索技术的细节。但是，他们两人都不是管理或营销专家。为了解决这一问题，他们引入了有丰富经验的技术管理者埃里克·施密特和营销大师奥米德·柯德斯塔尼，组建了一个具有不同能力的伟大团队，并最终成为一家世界级企业。

还有一个相关的伟大团队的案例来自于广告业。20世纪90年代末，广告代理商麦肯公司赢得了一项万事达信用卡的业务。那时，万事达信用卡对先前代理商品牌广告的无效结果非常失望。麦肯广告建立的核心创造性团队非常小：仅有乔伊斯·金·托马斯、杰瑞恩·布尔和乔纳森·凯瑞因。他们已经一起工作了两年，但在万事达信用卡与其主要对手的竞争中找到一个引人入胜的故事线，他们持有不同观点。他们激烈的头脑风暴持续了一个月之久，有一天凯瑞因在淋浴时突然想到了“金钱买不到的东西”这条线。不久，托马斯构建了可以刻画这条线的点，托马斯和布尔进一步为这一想法发展出一个情境，并将其设置在了棒球比赛中，同时也引入了关键词“无价”。这一广告投入最终发展成为大范围的插播广告，并以超过40种语言出现在了105个国家。从1997年开始，万事达信用卡的用户增加到维萨信用卡的两倍。

以上四个团队都是商业史上的传奇，它们的共同特性是，每一个案例中，都能整合一系列不同的人才去实现被所有团队成员所承诺的目标。虽然并非所有日常商业领域的团队都会成为伟大的团队，但对于管理者而言，在提高团队绩效上，这些案例中存在可借鉴的经验教训。

资料来源：J. Palfini, "Four Great Teams in Business History," *BNet*, http://money.cnn.com/2006/05/31/magazines/fortune/sixteams_greatteams_fortune_061206/index.htm, accessed May 17, 2010.

不同角色　在任何规模的群体中，不同的成员都扮演着不同的角色；也就是说，他们占据着不同的位置，而这些位置也有附带一系列不同的期望行为。图表 10-6 展示了一个团队中不同角色的分类。不同位置附带着不同的期望行为，这可以通过运动队比赛的例子来生动地说明。当团队在进攻时，运动员会扮演特定的角色，而在防守时又扮演另外的角色。"管理者的挑战"中阐述了一个不同角色的例子，它描述了一个自行车队。

图表 10-6　团队角色

	角色	何时尤为重要
任务型	承包者	任务是模糊的
	创建者	团队是新建的或是已经停滞
	贡献者	专业人才分散于群体成员中或存在明显的地位差异
	完成者	任务强调个人导向
	评论者	没有对积极和消极的突发事件进行充分的分析就要达成共识
社会型	合作者	团队已经做出了决策
	沟通者	需要保持社会敏感性
	校准者	存在非功能性的团队过程或者团队是新建的,
跨界型	执政者	团队依赖于外部资源
	协调者	团队的活动必须与其他活动相协调

资料来源：Based on T. V. Mumford, M. A. Campion, F. P. Morgeson, and C. H. Iddeking, "The Team Role Test: Development and Validation of a Team Role Knowledge Situational Judgment Test," *Journal of Applied Psychology* 93 (2008): 250-267.

管理者的挑战——全球化

团队合作就是一切

没有什么运动能比自行车团体赛更需要团队成员间的密切协作了。当然，每个团队成员的个人运动技巧和能力是必要且基本的条件，但只有成员能够通过协作实现真正的团队合作，才能在这一高要求的运动中赢得比赛。

即便如环法自行车赛的七连冠获得者阿姆斯特朗这样伟大的自行车手，如果失去队友精心的安排，也无法赢得这一久负盛名的比赛。一个典型的国际自行车队的阵容有 20～30 名骑手。车队领队要从中选择一个 9 人团队去参加比赛。这 9 个人将是一个不同技能、优势和劣势的组合。这种组合非常关键，要有人擅长冲刺，有人擅长爬坡，有些人则承担粗活。在比赛前，团队会选择一个"领骑"，即团队将尽力保证在比赛结束时处在第一位的车手。通常，这个人是所有车手中最强的，即被认为最有可能为团队赢得比赛。团队中的另外 8 个车手是"辅骑"。他们的基本任务是尽力帮助领骑最终赢得比赛。理论上讲，每个辅骑都能够赢得比赛，但除非发生意外事件，这基本是不可能的。具体来看，辅骑的任务就是，在每次比赛的大部分时间，他们都骑在领骑前面。这么做，是为了保存领骑在终点前的体力。从长时间看，在其他车手后骑行可以节省一个人高达30%或更多的体能消耗。知名的国际车手博比·朱利谢是这样回答“支持领骑的感觉如何”这一问题的：“由于得不到同样多的个人认可，有时担当辅骑的工作会很难；但是在一阶段比赛之后，领骑或车队领队走向你，握住你的手或拍拍你的背，你便会从当天的比赛中获得满足。”

在一天赛的不同环节中，自行车队的团队合作得以充分体现。大部分时间，不同车队的大部分车手会保持密集的队形，称为“大部队”。有时，某一车队的车手可能会离开大部队往前冲，称为“攻击”；这时，竞争车队的辅骑就要换位，尽力追赶出队的车手，以便自己车队的领骑能够节省体力迎头赶上。在其他时候，整个车队可能会突然攻击，并且试图在其他竞争车队尝试做出反应时消耗他们。在单车手或团队攻击的情形下，对攻击者和防守者来讲，都需要高度的协调努力和策略。

在有很多阶段（天）的长期比赛中，更是团队密切配合的累积效果才能带来最后的胜利。正如世界级的西班牙车手阿尔贝托·康塔多所说：“相信我，任何想要赢得环法自行车赛的选手都需要队友的帮助。依靠自己去赢得它真的是不可能的。”

资料来源：D. Engbe,” How Do Cycling Teams Work?” *Slate News*, July 13, 2005, http://www.slate.com/id/2122645; “Tour de France: An Outstanding Case Study in Leadership and Teamwork,” *Trident Leadership*, http://blog.tridentleadership.com/2010/02/an-outstandingcase-study-in-leadership-and-teamwork/, accessed May 12, 2010; and B. Julich, “How Teamwork Played a Role in First Uphill Finish of Tour,” *ESPN*, http://sports.espn.go.com/oly/tdf2008/news/story? id= 3481713, accessed May 12, 2010.

但是，在许多工作群体中，角色的界限并不总是那么清晰，其边界的范围从相当宽泛（如从事分析工作），到与具体任务相关的高度专业化（如监控某个机器设备的特定部件）。而且为了面对不确定的竞争与环境的挑战，越来越多的组织正在尝试放松工作说明和角色界限，以便获得更大的灵活性。对于在当今快速变化的环境中运营的团队的管理者来说，挑战在于让团队的成员打破“条条框框”，即更创造性地思考如何实现他们的角色。

对团队绩效而言，比起其他角色来，群体中的有些角色更核心、更本质。领导者就是这样的角色。在过去，工作群体的领导角色倾向于特殊化并集中在一个人身上，即主管。然而，在当今高度竞争的组织中，一个明显的趋势是尝试将领导职能尽可能地分散于团队成员之中。这在自我管理团队中尤为明显，在典型的命令型群体中也正在变得越来越普遍。其基本原理在于，如果一个群体的领导职能被更广泛地共享并接受，那么这一群体就能对快速变化的压力和环境做出更快、更有效的响应。

群体会面临两个与角色相关的具体问题，即角色模糊和角色冲突。在个人的群体经历中，你可能已经遇到过这个问题。**角色模糊**（role ambiguity），是指没有清晰界定群体成员的期望行为的情境。这会增加群体成员的压力。**角色冲突**（role conflict），是指群体成员面临两个或多个相互冲突的角色期望的情境。例如，要花时间友好地接待所有的顾客与会见一定数量的特定客户。康宁玻璃公司的前任经理就遇到了这种问题。作为经理，他的工作绩效通过两个基本准则来评估：(1) 让公司从事研发的科学家心情愉悦，应采用相对宽松的领导风格，让研发科学家在想工作的时候以想要的方式做想做的事；（2）让公司满意，应采用全身心投入的、命令式的领导方式，压缩成本并确保研发者的产出效率。在这种情形下，管理者不得不做出非常困难的选择。

不同地位 在群体中，成员不仅有不同的角色，也通常处于不同的地位或级别。**地位**（status），是指个人在群体中所拥有的身份或威望。这种身份与威望建立在个人领导能力、资历、专业技能等一系列因素之上。

研究发现，地位的差异能够极大地影响群体内的相互作用。例如，地位高的成员会比地位低的成员获得更多的交流；当群体进行决策时，地位低的成员一般会遵从地位高的成员。但是，如果群体内的地位差异太过悬殊，群体的沟通和决策可能会受到抑制。在这种情形下，与群体成员相关的信息不太可能被广泛分享，因此，无法得到群体的充分关注。

10.3.2 行为特征

群体和团队的两个主要行为特征是，群体内形成的规范和群体的凝聚力。

规范 正如前面在非正式群体和群体发展阶段部分讨论过的，**规范**（norm）是指被群体成员共享的能够指导每个群体成员行为的标准。例如，当群体成员无论对上级或者群体外人员都行动如一时，便很好地展现了群体规范的影响，如当他们进入办公室便会停止与工作无关的谈话。在没有规范的情况下，群体将难以正常运作，每个成员的行为都变得过于不可预知，以至于难以产生协同行动。规范还有助于减少模糊性，为群体成员的行为提供信号和有效的指引。

新加入群体的成员需要尽快了解群体状况，因此，群体规范提供的信息便至关重要。这在一位管理者的亲身经历中得到体现，这位管理者离开了先前的公司进入一家科技企业担任项目经理，在她开始新工作不久，让她的助手安排她与几个项目经理的个人会议。令她吃惊的是，助手将会议安排在了她下属的办公室，而不是她的办公室。当她询问原因时，助手回答说："我们这儿都是这样的。"这位管理者意识到，如果她坚持将会议安排在自己的办公室，便可能会违反现行的规范，并因此导致不必要的敌意。

群体规范的特点 通过回顾群体规范的几个主要特点，可以更好地理解规范及其意义：

- 规范通常是为群体中所关心的重大问题而确立的，如可接受的最低产出或绩效。
- 规范不一定适用于群体中的每个成员；有的规范只适用于某些成员（如领导），这通常取决于成员的地位或特定的角色。例如，一个群体的高级成员开会迟到是可以接受的，但初级成员则不行。
- 规范被群体成员接受的程度是不同的。一些规范会被所有的成员接受和认可，而另一些则只被一小部分成员接受和认可。例如，关于如何处理工作中的问题的规范可能会被每个成员所接受，但关于合理着装的规范可能只被某些成员认可。
- 关于允许群体成员遵从规范时的偏离程度，不同规范存在差异。换句话说，有些规范是非常宽松的，允许成员在行为上有比较大的回旋余地；而其他规范，特别是涉及关键群体问题的规范，则要严格得多。比如，一个对群体外人员谈论群体内部问题的成员可能会受到其他成员的严厉指责；如果一个成员仅仅是在会议上说话声音比平时更大，这可能是可以接受的（至少在某种程度上是）。

群体规范的发展 群体规范并不是突然或奇迹般出现的，也很少是纯粹自发形成的。通常，规范是群体成员之间相互作用逐渐形成的。图表10－7展示了一个典型的规范发展过程。影响规范发展的关键因素主要包括以下几点：

- **早期行为**（early behavior）。通常情况下，特别是对新形成的群体而言，最初的行为会为以后的行为树立标准。比如，在委员会中，前几次会议会为应该怎么直接或间接地讨论敏感问题确立规范。这种快速建立的规范通常在后期很难重塑或改变。
- **外来行为**（imported behaviors）。群体成员经常会带来他们先前所在群体中的显著规范。"当有疑问时，按熟悉的方法行事"似乎成了组织中很多人的口号（尽管有些时候是不正确的）。如果一个地位高的成员引入某个规范时，如那些群体中公认的专家或握有实权的人，那么该规范的影响力会更为显著。例如，组织新的首席执行官可能坚信"沟通只能通过渠道"的规范，虽然这违背了组织此前"开放性沟通"的规范，但是因为新首席执行官的地位很高，很少有人会挑战这个外来的规范。
- **关键事件**（critical events）。一个对群体突如其来的挑战，如受到其他群体的批评，会激起群体具体且强烈的响应，从而形成未来组织成员被期望应该如何响应的基础。危急时刻会使得成员对环境的暗示尤其警惕，并趋向于强化该时期所形成的规范。例如，在一家宣布裁员的公司中，可能会出现公开展现勤奋工作的规范。
- **明确规定的标准**（explicitly stated standards）。不容忽视的是，群体的领导者或地位高的成员可能会简单地断言"这就是我们这里做事情的方式"。例如，新任命的管理者和运动教练经常会在他们的群体或团队中使用这种方法。

图表10－7 群体规范发展的实例

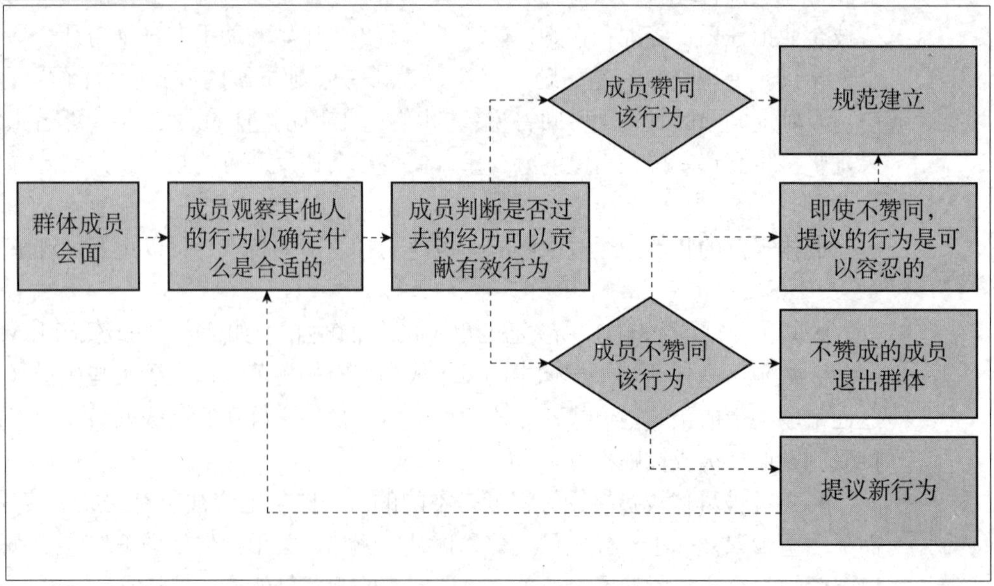

资料来源：Adapted from Kenneth Bettenhausen and J. Keith Murnighan, "The Emergence of Norms in Competitive Decision Making Groups," *Administrative Science Quarterly*, Vol 30, © 1985 by permission of Administrative Science Quarterly.

群体规范的影响 强大的规范会缩小个体在行为和信念上的差异，从而导致群体成员在一定程度上的一致性，或者成员认真遵从群体的规范。在本章的开篇案例中，哈拉斯的奥尔蒂斯就面临要改变那些阻碍群体绩效的现有规范。他需要群体能够支持修订后的目标，采取新的、不同的规范。

这种一致性是“好”还是“坏”取决于观察者的角度。如果该规范支持管理者为群体设定的目标，如每个人都应该寻找机会提出创新建议以改善群体有效性，那么管理者会认为一致性是非常有利的。但是，如果现有的规范与管理者正在努力实现的目标相矛盾，那么一致性则是负面的。因此，对于管理者来说，应该像关心群体规范的一致性程度那样，关心规范的内容或方向。

从群体单个成员的角度来看，规范有时具有强制性。在这种情形下，个人可能偏离群体期望的态度和行为。这种偏离的行为或偏离的想法可能会令群体内的其他成员不安，因为这可能会威胁到群体的团结，在极端情况下，甚至会威胁群体的生存。因此，为了实现更大的一致性，群体有时会对偏离行为实施制裁。一个典型的例子是，在西方工作的某些情境中，尤其是钟点工，群体会对他们应有的工作效率有预期的评价。为了劝说或迫使工人按照更符合群体规范的速度工作，那些效率低的员工通常会受到嘲笑或排斥，有时会被称为“慢手”或“懒虫”。

凝聚力 群体的另一个重要的行为财富是凝聚力，即成员自愿留在群体中的程度。群体凝聚力具有许多优点，一旦得到增强，会给群体带来更多的好处。当管理者和组织尝试将群体变成团队的时候，他们实际上是在努力形成更强的群体凝聚力。但是，正如下面所要讨论的，群体高凝聚力并不总是带来积极的结果。

群体凝聚力的发展 对管理者而言，并不存在可以提高群体凝聚力的万无一失的捷径。但是，现有的研究表明，在构建更强的群体凝聚力时，有三个因素能够产生重要的潜在影响：

- 强化群体成员间的人际吸引力；
- 保持群体过去取得的成功以及现在取得更大辉煌的纪录；
- 鼓励与其他群体的竞争。

在这三个重要因素中，第一个因素最为重要，即群体成员是否认为他们与其他成员有相似之处，而且愿意和他们在一起；也就是说，他们是否觉得自己真正属于该团队。其他两个因素对凝聚力的影响不如第一个因素明显。但是，群体过去与现在所取得的成功，或者与其他群体的冲突，都会使群体成员团结起来，增强他们之间的凝聚力。特别是，当群体成员间已经存在较高的人际吸引力时，这种情况会更加明显。而群体成员彼此特别不喜欢，在面临来自外部群体的竞争时，该群体就会解体，而不是发展出更强的凝聚力。这再次凸显了发展成员间人际关系的重要性。

群体凝聚力的影响 群体凝聚力的提高能够带来很多潜在的优势。其中，最主要的是提高群体间互动的数量和质量。群体凝聚力高的第二个优势是，群体可以有力地影响成员遵循群体的标准或规范。当然，这里一个重要的前提是，从管理者的角度来看，这些规范是积极的，那么强凝聚力将带来显著的积极优势。一个相关的附加优势是，强凝聚力可以帮助群体降低单个成员的社会惰化倾向。另外的一个可能优势是，群体凝聚力高会提高成员的满意度。

从管理者的角度来看，群体凝聚力高可以带来潜在的优势，也可以产生消极影响（见图表 10－8）。首先，如果群体规范不支持组织的目标，那么凝聚力高绝对是负面力量。在这种情况下，相对于凝聚力低的群体，群体成员的“错误”的影响要大得多，如有些群体居然会容忍性骚扰。群体凝聚力高的另一个潜在缺点是，这类群体否认与抵制一切偏离群体规范的行为，即使它是最终会对群体有益的创造性行为。与之相关的是，凝聚力高的群体会更加强调群体思维。群体思维，是指群体成员大多数达成共识而不听取个别成员不同意见的一种倾向（见第12章对群体思维的进一步讨论）。这是很危险的。“唱反调的人”所提的不同观点可能会帮助群体评价当前的决策与观点。

图表10-8 群体凝聚力高的影响

积极影响	消极影响
● 提高群体互动的数量和质量 ● 加强对群体规范的遵从 ● 增强群体目标实现的有效性 ● 加强个人对群体成员身份的满意度	● 可能会强调降低生产力的规范 ● 如果有用或者创新的想法偏离了已有规范或价值观，它们可能会被忽略 ● 增加了群体思维形成的可能性 ● 潜在地损害群体间的合作

群体凝聚力高另外一个常被忽视的缺点是，群体间的合作可能会受到负面影响。例如，当生产部、市场部和销售部一起开发与营销新产品时，这三个部门之间就会出现问题。如果生产部凝聚力高，并且存在一种不允许外部人员知晓内部问题的规范，那么它可能不愿意告知其他部门某个关键的设备零件不能正常运行。没有这一信息，市场部可能会对产品的出厂日期产生不切实际的期望，而销售部可能会承诺比实际高出许多的销售额。许多组织有很多工作群体，有的有数百个或更多。对高层管理者而言，让这些群体和团队顺利、可靠展开合作，就是一个很大的挑战。因此，高凝聚力可能影响群体间的合作。

10.4 当今组织中新兴的群体和团队类型

在前面的内容中，已经讨论了群体的形成与发展以及群体的一些基本特征。现在，我们将探讨当今组织中一些越来越突出的组织和团队类型（见图表10-9）。并不是每个组织中都会存在所有类型的群体。但是，当组织中存在某一类型的群体时，就会给组织带来一些特殊的挑战。

图表10-9 当今组织中突出的群体和团队类型

类型	潜在优势	潜在劣势
自我管理	更多团队式的行为	不是所有的员工都愿意自我管理
跨职能/新产品	增加创造性 分享知识 加速进入市场	增加了群体冲突
全球化	团队背景多元化增强了创造性	瘫痪 懒惰 失败
虚拟	提高沟通速度 降低成本	误解增多 缺乏信任 难以管理

10.4.1 自我管理工作群体

自我管理工作群体（self-managing work group），也称自治型工作群体，是命令型工作群体的一个变形。这类群体近年来才出现，但越来越重要。这一群体中没有正式任命的主管，但与命令型群体类似，这类群体成员的工作协调方式类似于在向一个正式任命的管理者汇报。其实，这一群体是根据组织的目标进行自我管理，并且成员通常会任命他们的非正式团队领导者。这一群体由很多拥有适用于群体任务的不同技能的成员组成。通常群体关注如何完成工作，即哪些成员执行哪项任务，以及按何种顺序执行。群体成员也会频繁地做一些传统的监管性工作，比如举行小组会议、解决生产问题。施乐、宝洁和通用汽车等企业，探索组建自我管理工作群体的一个主要原因就是为了在传统的命令型群体中发展更多的具有团队性质的群体，从而获得更高的效率和效益。

但是，自我管理工作群体只是在理论上具有优势，也许它并不能作用于那些它应该影响到的群体成员。进一步讲，它不能适用于所有的情形和文化。简言之，自我管理工作群体绝不是解决群体绩效问题的万灵药。对想建立这一群体的管理者和组织来讲，既要看到它的优点，也要看到它的不足。

10.4.2 跨职能的新产品（或服务）群体

群体从组织中的不同部门吸收成员的做法由来已久，如研发小组和营销小组。但是，近些年来，群体的数量和重要性有了显著提高。这类群体或团队的一个基本目标是，给任务带来尽可能多的创造力和新的知识。整形外科和其他康复产品生产商 DJO 公司是一个很好的使用跨职能团队的例子。考虑到行业的激烈竞争特性，该公司需要专注于新产品的研发。为了实现这一点，公司为每一个项目设立了一个新产品研发团队，其成员来自工程设计、制造、质量、市场和监管部门。每个团队都对项目全程负责，并且有权监管所有的项目任务和要素。在不得不让更高层的管理者牵涉其中进行最终决策之前，这些跨职能团队也被鼓励自行设法解决它们所遇到的问题。

跨职能团队的另一个主要目的，尤其是对高科技公司来讲，是在加快产品市场进入的同时，使成本最小化。跨职能团队听起来很不错，但由于群体成员所持有的最初观点不同，会导致冲突升级，使得它实际上达不到预期的结果。为了解决这个基本问题，有研究指出，管理者应该在跨职能团队中设法加强以下几点：

- 成员对于群体决策的主人翁感；
- 成员的动机、期望和个人安排的透明性或公开性；
- 广泛征集各类意见后再做出高质量的决策；
- 建立高水平的相互交流与信任。

10.4.3 全球化团队

另一种群体形式也越来越突出，尤其是在大型组织中，这就是全球化团队。无论涉及一个还是多个职能领域，由于其成员往往来自非常不同的文化背景，因此通常全球化团队都是一个高度多元化的群体。正如前面所讨论过的，多元化群体可能会给组织提供很多优势。但是，事实却并不总是这么乐观。这类组织以瘫痪或失败告终也很常见。

一部分研究者将全球化团队划分为三种常见类型：毁灭者、平衡者和创造者。毁灭者完全就是个灾难，它将成员的努力和注意力都引到了非生产性的冲突和人际攻击上。例如，一名在欧洲的毁灭者团队的成员坦率地描述了团队的氛围：“我们的团队中，英国人太严肃；德国人在工程上太高傲，认为其他人都没脑子；法国人对生产指标漠不关心。”平衡者是那些自认为做得很好并且不存在明显冲突，但实际上却只能获得一般产出水平的全球化团队。更本质来看，平衡者是未能利用跨国多元化的低效团队。创造者是那些坦然接受并依赖和利用差异性来加强自身创造力的全球化团队。

10.4.4 虚拟团队

正如本章前面所提到的，组织正越来越多地建立虚拟团队或群体。它们是由那些共同工作但在地理上不临近的个人组成的。虚拟团队的成员往往在地理上是分散的，通常是跨组织或者跨国的。虚拟团队很少线下会面，往往通过电子通信进行大部分或者全部的业务。

通信速度的提高和见面成本的降低是这类群体的明显优势。但是，虚拟团队也有它们自身的管理挑战和问题。首先，群体的沟通虽然很快，有时几乎是实时的，却可能并不充分，并且容易误导信息接收者。其次，由于缺少典型的逐步了解的社会化过程，虚拟团队成员间的信任往往很难发展起来，而非虚拟团队则可以通过面对面的会见加强社交。最后，与典型的非虚拟群体相比，虚拟团队的监管可能更加困难。因此，在虚拟团队中，那些在所有团队中可能出现的问题都会出现，而且可能更严重，如角色模糊和社会惰化。我们可以看一下“管理者的挑战”，该案例描述了一家由众多不同运营部门组成的大型综合食品配送公司福德克公司（化名），在采用虚拟团队时出现的一些问题。

但是，在过去十年左右的时间里，有时可能是由于不成功的经历，组织已经发展出了一些减轻或克服这些虚拟团队潜在问题的方法，包括确保奖励和有效参与挂钩；保证尽可能通过技术和监督使成员关注群体任务；创造活动来促进群体凝聚力和对群体共享目标的承诺，甚至可以偶尔地面对面交流。

管理者的挑战——技术

虚拟团队的阶段

虚拟团队会与许多面对面群体一样有“生命周期”吗？在周期的每一阶段，虚拟团队会遇到与面对面群体相同的挑战吗？这些都是北卡罗来纳大学的研究人员所要研究的主要问题。

研究表明，很多团队，特别是项目团队的活动有具体的开始与结束时间点，而且在其整个发展过程中会经历一系列的阶段，由此称为生命周期。尽管人们已经对很多群体的生命周期作了研究，但这些群体多是那些成员相距较近、可以经常面对面开会交流的群体，很少有人研究由地理位置上分散的成员构成的虚拟团队。而这是北卡罗来纳大学与一个行政领导力学院联合开展的研究的焦点。

那些行政领导力学院的成员都是福德克公司的中高层管理者。福德克公司是一家拥有大约20家运营子公司的大型全国性食品分销公司。它的客户包括快餐连锁店、医院、大学和独立的餐厅。在公司的参与和鼓励下，教练将29位参加这一领导力项目的管理者分配到6个虚拟团队中，每个团队4～5人。每个团队给定一个具体的任务目标（比如，如何将最优实践从一个部门复制到其他部门），要求在8个月内完成它们的项目并向高层管理者提出具体的建议。同时，管理者还要在各自原来的岗位上处理好自己的日常工作。

研究者发现，群体生命周期中的形成-震荡-规范-执行阶段也可以用于虚拟团队。在形成阶段，团队展现出了对任务和与队友合作的极大乐观。到了震荡阶段，现实问题开始出现，比如缺乏团队领导，一些成员明显缺乏团队承诺，以及协调分布遥远的团队成员存在困难。在第三个阶段，一部分团队开始建立形成共识的规范，即如何运行、如何更好地实现知识共享、如何获得时间上的承诺等。到了第四个阶段，即执行阶段，6 个团队之间出现了明显的分歧——是否要赶工。

虚拟团队很少进行面对面的会面。他们通过电子沟通来进行大部分或全部的商业活动，以实现共同的目标。这类团队允许组织在全世界范围内雇佣和保留员工，不管他们身处何方。为此，随着商业的全球化，虚拟团队正变得越来越普遍。

从这个研究中，我们可以得出什么样的结论？很多虚拟团队遇到的问题与相对的非虚拟项目团队遇到的非常相似，而且更严重，如就权责达成一致以及怎样在完成团队任务的同时做好自己的日常工作等。几乎所有的团队成员建议，未来的虚拟团队应该“及早开始”行动。他们发现，团队的“虚拟”特性使得人们更加难以寻找有效的沟通与协调方式。这完全出乎意料。同时，从这个研究中可以明显看出，高层管理者及时介入去帮助团队是非常重要的。总之，“要实现蓬勃发展，虚拟项目团队必须嵌入在支持型的企业文化中。”虽然这项研究中的团队是虚拟的，但它们经历的挑战却是真实的。

资料来源：Based on S. A. Furst, M. Reeves, B. Rosen, and R. S. Blackburn, “Managing the Life Cycle of Virtual Teams,” *Academy of Management Executive* 18, no. 2(2004): 6 - 20. See also W. Combs and S. Peacocke, “Leading Virtual Teams,” *T + D* 61, no. 2(2007): 27 - 28; D. L. Paul, “Collaborative Activities in Virtual Settings: A Knowledge Management Perspective of Telemedicine,” *Journal of Management Information Systems* 22, no. 4(2006): 143 - 176; B. Rosen, S. Furst, and R. Blackburn, “Overcoming Barriers to Knowledge Sharing in Virtual Teams,” *Organizational Dynamics* 36(2007): 259 - 273.

10.5 建立和管理群体与团队

本章在不同的地方，都提到了管理者可以用来提高群体绩效与群体成员满意度的一些步骤。本节将重点讨论建设和管理群体以及将群体转变成真正的团队的三个关键问题：发展团队能力，处理团队冲突，提高群体和团队的有效性。

10.5.1 发展团队能力

正如本章通篇所强调的，在群体间和群体内工作与仅把个人工作做好是不同的。这种不同是因为群体的工作需要与他人互动，无论是通过面对面的方式，还是通过网络或其他间接的方式。因此，为了在群体中表现出色，非常有必要发展在团队工作的能力。团队能力不同于个人能力。思考“团队情境下需要什么”的一个有效方式，即考虑团队能力的三个基本领域：知识、技能和态度（knowledge, skill, attitudes, KSA）。这三个领域能力的例子见图表 10 - 10。

图表 10-10 三个领域中团队能力的实例

知识	技能	态度
团队使命、目标和规范	适应性和灵活性	团队导向
任务序列	相互间的绩效监督和反馈，自我修正	共享的愿景
团队角色的互动模式	协调和任务整合	团队凝聚力
了解团队工作技能	沟通	相互信任
团队成员特点	决策制定和问题解决	团队合作的重要性

资料来源：Adapted from J. A. Cannon-Bowers and E. Salas, "A Framework for Developing Team Performance Measures in Training," in M. T. Brannick, E. Salas, and C. Prince (eds.), *Team Performance Assessment and Measurement: Theory, Methods, and Applications* (Mahwah: Lawrence Erlbaum Associates, 1997), 47.

在群体情境下，知识（K）是指对事实、概念和关系的必要理解，以及完成团队任务所需的潜在信息。图表 10-10 展示了在群体情境下非常有用的各类知识的具体例子，如关于团队任务和目标的知识、关于团队所面临的任务序列的知识、关于团队成员角色和责任的知识，以及关于队友特点的知识。

技能（S）是指完成团队任务和实现团队目标所必需的高超的行为和认知能力，如情商。这些技能还包括，与完成团队任务相关的适应性和灵活性能力、能够监管自身和其他团队成员绩效的能力、能够接受和给予批评的能力，以及能够承担群体内领导责任的能力。

态度（A）是指关于事情的相对稳定的情感和信念。换句话说，我们的态度通常表明了我们对环境的看法。在群体工作情境下，这包括对团队和团队合作概念的态度、对团队凝聚力需求的态度、对团队能力评估的态度，以及对群体内信任水平和重要性的态度。

10.5.2 处理团队冲突

当人们在群体中工作时，总会存在群体内的冲突。产生冲突的原因可能有很多，由此也会产生各种后果。群体冲突的影响通常是消极的，如显著地降低群体内凝聚力，但并不总是如此。某些类型的冲突，特别是任务冲突或本质冲突（下面会讨论到），可能会产生潜在的积极影响。比如，波士顿一家信息技术公司——Keane 公司的一名资深高管认为，"我们能够允许自己做出可怕的决策。但是当人们可以畅所欲言的时候，无论多么争执不休，总会产生一些神奇的结果。当越多的想法摆上桌面时，就可能带来越多的发现，就越可能导致改进和创新上的巨大突破。"

需要记住的重要一点是，群体成员间的冲突是相当常见的，永远无法杜绝。事实上，如果完全没有冲突，只能说明该群体在做出决策解决问题的时候，没有采取开放的态度面对众多的不同观点和备选方案。

群体冲突的类型 研究者通常将冲突分为三种基本的类型：任务冲突、过程冲突和关系冲突。**任务冲突**（task conflict）是指，那些对群体所面临问题的本质和群体目标的看法不一致所导致的冲突。有时，它也称为认知（思维）冲突或者本质冲突。研究表明，有时（但并非总是如此）一定程度的任务冲突对群体是有益的，特别是在面对非常规的复杂任务，以及"唱反调的人"故意把冲突引入群体的时候。**过程冲突**（process conflict）是指，关于群体实现目标过程的不同观点，也可能是有益的，但同样并非总是如此。

另一种可能发生在群体中的主要冲突是**关系冲突**（relationship conflict），通常被认为是负面的。关系冲突关注于人际间的差异，有时也称为情感或情绪冲突。由于它分散了对任务和想法的注意力，因此对群体而言，它通常是一种消极的冲突。它会抑制而不是鼓励群体成员考虑多种观点，以及公开地讨论想法和方案。

群体冲突的原因　群体冲突的产生有很多潜在的原因，但它们通常可以被关联到不同类型的冲突。

任务和过程冲突的潜在原因包括：

- 任务的含糊性；
- 群体成员在目标、目的和观点上的差异（例如，来自于不同的职能背景）；
- 实现群体目标所需资源的稀缺性（实际的或感知的）。

关系冲突的潜在原因包括：

- 群体成员构成的差异性，包括人口统计学的多元化（年龄、种族/文化背景、性别等）以及地位/权利的不同；
- 个体成员的人际风格差异；
- 价值观的差异。

造成群体冲突的一些潜在原因可能会一起出现，如一个成员具有不同人际风格或明显价值观差异的多元化群体遇到了一个高度模糊的任务。像这个例子一样，当群体存在多重原因时，就很难找到解决冲突的方法。

管理群体冲突　如果你处在群体的领导位置，你能做些什么来帮助群体解决各种冲突呢？也许处理群体冲突最重要的管理方针，就是设法增加本质冲突与关系冲突的比例。例如，这意味着，大力鼓励开放性的和合作的文化，允许成员对任务方法和目标表达不同意见，同时要特别善于接受能应对任务要求的新奇的或创造性的方法。通过这种方法，群体面临的问题可以获得最大量的相关信息，并且无意识的群体思维倾向可以最小化。“当市场部和工程部对某件事情存在激烈的争议时，你将获得一个很好的机会来想出如何通过满足两者的目标来实现改进。”

除了促进和强化文化的开放性以外，你应该通过阐明任务来降低任务的模糊性，并且设法让群体聚焦于超越成员个人利益的更大的目标。换句话说，就是强调所有成员的共同利益。同样地，有证据表明，主动避免关系冲突，是消除或至少降低对成员满意度和绩效有害影响的有效方式。这里最关键的一点是，想要完全避免群体内的冲突是非常困难的，但任一类型的冲突都可以被合理地管理，并且可能激发出多产高效的群体行为。

到目前为止，我们所讨论的大部分内容都属于**群体内冲突**（intragroup conflict）。但是在组织情境下，协调和减少**群体间冲突**（intergroup conflict）也很重要。管理群体内冲突的策略同样也可以很好地运用于群体间冲突。因此，在组织间互动的情形下，管理者应寻求机会来减少不必要的关系冲突，提高对相关的本质冲突的关注。而且值得强调的是，更多组织层面的目标有助于增强合作和提高绩效。例如，如果销售和生产部门可以集中精力在提高顾客满意度这一问题上，将它提升到最优先的地位，那么这两个部门在产品生产和销售上的分歧就可以最小化或者解决。正如群体内冲突，群体间冲突可能会产生积极的影响，但是这些冲突同样需要应对和管理。

10.5.3 提高群体和团队的有效性

群体和团队不是组织的静态元素，它们会产生、消失并且随时间变化。此外，最重要的是，它们的有效性和绩效也可以改变和提高。但是，作为一个群体领导者，这并不容易做到，不存在一个神奇的规则。不过，在组织情境下，还是有一些有用的方法可能会帮助改进在组织设置中的群体的绩效。

评估群体的有效性 当我们说到群体有效性时，究竟是指什么？高效群体与低效群体有什么区别？一项对61家美国企业的调查显示，约2/3的企业使用客观的、可量化的标准来衡量群体有效性，包括对产量、质量改进、成本降低和周转时间的测量。很多企业也使用了更主观的标准，包括成员参与、合作和介入的程度。

我们如何才能说一个群体表现得特别好？理查德·哈克曼是群体有效性领域最著名的专家之一，提出了以下三个主要指标（见图表10-11）：

- 群体的产出（产品、服务或决策）是否被那些接受或使用它们的对象所重视。委员会建议被实施了吗？产品开发组的创造被投入生产了吗？高层管理人员对客户服务部门的绩效满意吗？
- 群体成员间进一步合作的能力是否得到了保持或提高。
- 群体成员作为群体的一部分是否感到满意、有成就感和很好的福利。如果群体内部的成员看起来并不满意，没有成就感，那么群体外的人员就不可能认为这个群体或团队是有效的。

图表10-11 高效群体的特征

● 顾客迫切需要或高度评价群体开发的产品或服务
● 鼓励与实现成员间的深入合作
● 群体关系提高了个体成员的满意度、成就感和总体福利

资料来源：Based on J. R. Hackman (ed.), *Groups That Work (and Those That Don't): Creating Conditions for Effective Teamwork* (San Francisco: Jossey-Bass, 1990).

大多数观察者可能会说，在组织情境下，这些标准中的第一条，即他人对组织产出的认可是最重要的。然而，如果一个群体无法实现其他两个目标中的一个，随着时间的推移，它也很难生产有价值的产出。因此，这三者都是群体有效性的重要组成部分。

群体有效性的基本元素 对于一个有效运作的群体来讲，必须有能力做好以下三件事：

1. 付出足够的努力，按可接受的数量和质量完成任务；
2. 获得足够的知识和技能，以完成工作；
3. 使用适当的策略，以有效地运用努力、知识和技能。

实现高水平群体有效性的这三个元素看起来很简单，但它们是管理者所面临的巨大挑战。为了确保它们在实际中能贯彻到位，管理者必须强调以下几个问题：

1. 发展适当的群体结构。为了达到有效，群体需要清晰地定义能够激励成员的任务和目标。群体也需要根据任务适当调整规模，同时还需要技能和专长充分混合的成员。这意味着，如果领导者有机会选择群体成员，将会在很大程度上影响群体的初始绩效和能力的提升。

2. 获得组织适度的支持。在企业和组织中运行的群体需要得到所处环境的支持。例如，它们的有效合作需要得到奖励。它们也需要教育和技术培训以从事重要任务，同时要从其他的责任中解脱出来，而且能够获得必要的信息。

3. 获得适当的指导与咨询协助。在日常工作中，大多数群体需要外部帮助（无论是来自组织内部还是外部）以减少潜在的冲突，增强处理内部问题的协调能力，并制定完成群体任务的战略。加强合作是一个重要的目标。这里所要强调的是，一个群体通常不应该单干。

图表 10-12 总结了以上几点，说明管理者关注群体结构、来自组织情境的支持以及相关的指导和咨询的程度，有助于提高影响群体有效性的三个必要成分：足够的努力、丰富的知识和技能，以及运用努力和技能的合适战略。表中所列的要点并非群体成功的完整手册，而是为那些希望提高群体绩效的领导者和组织提供了一些有益的指导方针。同样，基于一项拓展研究，图表 10-13 为群体领导者评估自己在群体中的角色和作用提供了一个检查清单。如果群体成员一致认为他们的领导者在这些方面做得很好，那么这个群体（不仅仅是领导者）也应该运作得很好。

图表 10-12 增强组织有效性

	杠杆支点		
必要的过程	群体结构	组织情境	指导和咨询
足够的努力	群体任务的激励结构	组织的奖励体系	处理协调问题和建立群体承诺
获取丰富的知识和技能	群体构成	组织的教育/培训体系	纠正成员投入不均问题，提供跨岗培训
开发提高任务绩效的战略	控制成员行为的群体规范以及培养监督和计划能力	组织的信息系统	纠正实施问题和培养战略发展的创新性

资料来源：Adapted from J. R. Hackman (ed.), *Groups That Work (and Those That Don't): Creating Conditions for Effective Teamwork* (San Francisco: Jossey-Bass, 1990), 13.

图表 10-13 群体领导者的检查清单

你做得如何：
□鼓励成员互相学习
□承认和赞扬成员的贡献
□保持群体外的关键人员了解群体的成就
□及时将可能影响成员的主要进展通知他们
□授予群体成员（至少一些）做出重要决策的权力
□公开接受和回应群体成员的反馈
□在重要任务结束后回顾群体的表现
□对成员如何提高绩效提供有针对性的和具体的建议
□了解群体成员努力工作的动力

资料来源：Adapted from G. L. Hallam, "Seven Common Beliefs About Teams: Are They True?" *Leadership in Action* 17, no. 3 (1997), 1-4.

来自一线的管理挑战——尾声

奥尔蒂斯正面临着一个巨大的挑战，即如何从他工作的草原赌场公司的 VIP 客户中获得更多的收入。这意味着，他不得不提高员工更好地为这些客户服务的动力。为了实现这一点，奥尔蒂斯形成了一个“基于团队”的方法。他规定，所有为 VIP 客户服务的员工都要为最后的结果负责，为他们制定了月度目标。具体来说，他开发了一个系统，其中每位 VIP 客户都可以得到任一个员工的服务。而在先前的系统中，每个员工只负责一位客人。这就引起了整个群体的重视。更重要的是，这给 VIP 客户留下了深刻的印象，即无论哪位员工都能提供优质的服务。

实施变革两个季度之后，堪萨斯分公司的顾客满意度得分超过了公司的平均水平，VIP 客户销售额比上年增长了 18%，公司价值创下了 7 年以来的新高。

本章小结

- 群体和团队两个术语通常是可互换的。但是，有时将它们区分开是很有用的。群体通常被认为是由一小部分围绕某共同目标互动的人组成，一般有 3～20 名成员。团队可以被认为是具有更高协同互动水平以及更高个体成员对群体认同水平的群体。一些群体成为团队，而有些仍然只是群体。
- 组织内的群体可以划分为不同的基本类型。一类是“正式”群体，例如命令型群体、项目/任务小组和委员会，它们是由组织配置形成的。另一类是“非正式”群体，即由个体自愿行动而不是组织指令形成的群体。非正式群体往往可以极大地影响管理者行动的成败。
- 有三大主要因素影响群体形成：组织目标，群体成员间互动和共享知识的机会，以及心理需求，如对安全、社交和自尊的需求。一旦群体形成并且其成员开始互动，群体在其发展过程中通常（但并非总是如此）会经历可预见的和顺序性的阶段。这些阶段普遍被描述为：形成，震荡，规范和执行。
- 所有的群体，不论正式或非正式的，都具有结构特征和行为特征。结构特征包括群体规模、群体构成、成员的不同角色和地位。任何群体的一个主要行为特征是群体规范，或者说是共享的行为标准。规范往往能强有力地影响个体成员的行为。凝聚力水平，或者成员想保持是群体的一部分的程度，是另一个显著的行为特征。
- 在当代组织中，为特定目的而形成的许多特定类型的群体正变得越来越突出，这包括自我管理工作群体、跨职能群体、全球化团队和虚拟团队。每一种类型的群体有其优点，也有其潜在的问题。比如，自我管理工作群体可以形成一种强的成员参与感，但并不是每一个人都想在这一类型的群体中工作。其他三种类型的群体可以很好地适用于处理特定类型的问题，但是有时要面临协调群体成员努力的主要问题。
- 如果团队成员具有好的团队合作能力，几乎任何类型的群体都可以表现得很好。这样的能力可以被分为知识（例如，对队友的了解）、技能（例如，沟通能力）和态度（例如，相互信任）。有些能力是“可转移的”，并可以在任何情境下使用；其他的有时则是针对特定任务、特别情境，或特定的任务与情境组合的。
- 所有的群体都会面对成员间发生冲突的可能性。冲突通常有两种类型：任务冲突和关系冲突。每种类型的冲突都有许多可能的原因。不管具体原因如何，研究表明，处理团队冲突的一个有效方法是尽量减少成员间的关系冲突，以及在决策达成之前利用任务冲突生成不同的甚至是新颖的任务方法和任务目标方案。

- 几乎任何群体的有效性都可能通过关注下列问题而提高：群体过程和群体结构的适当性，组织情境的性质，以及在必要时获得外部指导和咨询。

复习题

1. 群体和团队之间的相同点和不同点是什么？
2. 群体形成的四个阶段是什么？指明每个阶段的重要特征。
3. 存在最佳的群体规模吗？为什么？
4. 什么是社会惰化？管理者能够采取措施来尽量减少或消除它吗？
5. 多元化对群体成员和群体运行有什么影响？
6. 举例说明角色冲突和角色模糊这两个术语之间的差别。
7. 为什么规范对群体很重要？
8. 什么是群体凝聚力？群体凝聚力高总是好的吗？
9. 虚拟团队的优点和缺点是什么？
10. 什么是 KSA？它们与团队能力有什么关系？
11. 管理者可以消除团队冲突吗？他们应该尝试这样做吗？
12. 可以用于识别高效群体的三个主要指标是什么？

自我评估

我在建立与领导一个团队方面的能力有多强？

使用下面的量表。在每一题中最能反映你同意或不同意程度的选项上画圈。

	非常不同意	不同意	略有不同意	略有同意	同意	非常同意
1. 我了解团队生命周期中会经历的不同发展阶段。	1	2	3	4	5	6
2. 当团队成立时，我确信最初所有团队成员会被相互介绍。	1	2	3	4	5	6
3. 当团队第一次相聚时，我会提供指导、回答成员的问题以及阐明目标、期望和流程。	1	2	3	4	5	6
4. 我能帮助成员建立彼此间以及成员和我之间的信任基础。	1	2	3	4	5	6
5. 我能确保团队以卓越的，而非平庸的或仅仅是可以接受的标准工作。	1	2	3	4	5	6
6. 我能给团队成员提供大量关于他们绩效的反馈。	1	2	3	4	5	6
7. 我能鼓励团队成员平衡个人自主性和相互间的依赖性。	1	2	3	4	5	6
8. 我能帮助团队成员将团队成功看得与个人成功至少同等重要。	1	2	3	4	5	6

续前表

	非常不同意	不同意	略有不同意	略有同意	同意	非常同意
9. 我能帮助团队成员学会扮演有助于团队完成任务和建立良好人际关系的角色。	1	2	3	4	5	6
10. 就团队能够实现什么而言，我能表达一个清晰的、令人兴奋的和充满激情的愿景。	1	2	3	4	5	6
11. 我能帮助团队成员对团队愿景负责。	1	2	3	4	5	6
12. 在团队中，我鼓励双赢的哲学；也就是说，当一个成员获益，每个成员都会获益。	1	2	3	4	5	6
13. 我能帮助团队避免群体思维或者使得群体的生存比完成任务更重要。	1	2	3	4	5	6
14. 我会使用正式的流程管理程序来帮助群体变得更迅速、更有效率、更高产，并避免错误。	1	2	3	4	5	6
15. 我鼓励团队成员向团队外部人员展示团队的愿景、目标和成就。	1	2	3	4	5	6
16. 我能判断和利用团队的核心竞争力。	1	2	3	4	5	6
17. 我鼓励团队取得引人注目的突破性创新以及小的渐进性改进。	1	2	3	4	5	6
18. 我能帮助团队避免错误的工作，而不仅仅是在发生后进行改正。	1	2	3	4	5	6

得分

将每个问题中你的得分加总。你的得分将在18～108之间。

在这里填写你的总得分：__________。

分析与解释

这一量表的开发者计划在五个方面评估团队发展行为：判断团队的发展（第1，16题）；管理形成阶段（第2～4题）；管理规范阶段（第6～9，13题）；管理震荡阶段（第10～12，14，15题）；管理执行阶段（第5，17，18题）。

基于对500名商学院学生的标准样本的调查，以下可以帮助你评估相对于其他人你表现得如何：

总得分在95分或以上	=你处于上四分位
在72～94分	=你处于第二个四分位
在60～71分	=你处于第三个四分位
在60分以下	=你处于下四分位

如果你需要加强你的团队建设技能，可以参见 S. A. Mohrman，S. G. Cohen，and A. M. Mohrman，Jr.，*Designing Team-based Organizations*（San Francisco：Jossey-Bass，1995）。

资料来源：Robbins，Stephen P.，*Self Assessment Library* 3.4 *for Sales Management*，1st，© 2009. Printed and Electronically reproduced by permission of Pearson Education，Inc.，Upper Saddle River，New Jersey.

团队练习

设计一个梦之队

情境

你刚刚会见了X-lent公司的首席执行官，它是一个在中国和墨西哥都有工厂的中等规模的服装制造公司。X-lent 公司的产品主要销售给美国几家经营中等价位服装的大型商店。这位首席执行官担忧的是，客户已经越来越多地表达了不满——针对 X-lent 公司关于产品质量投诉的响应性、订单退回流程以及当存在任何形式的顾客服务问题时公司员工的处理方式。这位首席执行官要求你的咨询小组为打造一个长久的顾客服务“梦之队”提出建议，这个“梦之队”将负责制定和监管解决这些问题的计划和政策。

你的团队必须马上形成建议并提交给 X-lent 公司的首席执行官和高管。(记住，你并不是在设计或讨论你自己的团队，而是在给这位首席执行官提出构建新团队的建议。)

任务

你的小组的任务是向首席执行官提供建议。你的建议至少应该解决以下问题。你可以自由讨论其他你觉得在开发这个新的 X-lent 团队时重要的问题。

论证你的每一个答案。不要仅仅只给出一句回答。解释为什么你相信你的建议是适当且关键的。

1. 这应该是一个什么样的群体？(正式或非正式的？命令型群体项目小组，还是委员会？)
2. 讨论这个团队最合适的特征（例如，规模、组成和角色)。
3. 应该如何建立规范？这可能与你推荐的团队类型相关。
4. 对这个团队而言，要有效运行，需要多大程度的一致性和凝聚力？X-lent 公司能做些什么来帮助这个团队形成适当水平的凝聚力？
5. 什么团队能力将是最关键的？
6. 组织可以如何帮助该团队发展其有效性？

资料来源：Grace B. McLaughlin，Ph. D. Reprinted with the permission of the author.

章末案例

团结一个课程项目小组

明天你的管理学课程项目小组要提交书面报告，现在已经是下午 3 点，你将要去会见小组的其他成员，以便将完成的其他部分整合进你的报告。每一位成员最初都同意提供两页的材料，拷贝电子文件在磁盘上，并提供一份编辑过的打印稿。随着小组成员陆续到达会议现场，你发现大部分成员甚至连一页都没准备好，并且还有好几页是手写的。你意识到，如果这份报告要在明天的最后期限形成并提交，还有很多工作要做。这些报告部分必须要整合、录入、编辑、润色和校对。同时，还有一些图表，特别是几个比较详细的图表，仍然有待最终定稿。

你的团队中有 6 个人。一个是曾在某次小组会议上做出过特别好的贡献的校队成员，为了配合她的训练安排，你们已经设法推迟或取消了几次小组会议。然而，今天她的教练再次通知她必须参加下午 4 点到 9 点的练习赛。一个是口语不错但书面英语不佳的国际学生，他一直乐意提供帮助并且有不错的想法。虽然因为一些原因，这个学生常常感到你对他不满，但你们两人只是看起来相处得不和睦。一个是联席会主席，他意识到，规划本周末即将到来的重大社会活动与此次会议产生了冲突，所以他急于结束会议并尽快离开。然而，令人吃惊的是，他明显花了很多时间来润色和编辑他负责的部分，并且提供了打印稿和电子稿。另一个成员，一个话剧专业的学生，刚刚获得了校话剧的主演位置，现在对这个课程项目完全没有兴趣。由于过去错过最后期限导致的挫败、满足于一般报告的意愿和不愿意错过明晚的排演，这位小组成员只提交了一份手写的草稿，而且在你看来草稿太短了，并且必要的细节不足。还有一名成员有今晚早些时候的旅游预约。作为一名营销专业的学生，他只是记下了一些创意，而并不关心谁来写报告，只要报告能完成，他乐意借出自己的笔记本电脑。

作为小组领导者，你想知道事情怎么会变得如此糟糕，以及现在你要做什么。但在你的脑海中，你不断提醒自己，这个小组下周将会再次合作来形成一个在全班同学和老师面前展示的课堂演示。你和小组的其他成员在过去已经讨论过这个事实，即教学大纲中明确指出项目评分将会基于书面报告和课堂演示两部分的综合。

◆ 思考题

1. 就你对小组中每个成员的了解，你预期在这个小组中存在什么类型的冲突？小组的生产力可能会受到什么样的影响？

2. 这个小组看起来处于什么发展阶段？

3. 记住本章讨论过的内容，作为一个团队领导者，你现在要做什么？

第 11 章 沟通和谈判

Communication and Negotiation

学习目标

通过本章的学习，你应该能够：

- 解释为什么沟通对于有效的管理很重要；
- 描述沟通的基本过程；
- 讨论如何选择最佳的方式和合适的媒介来有效沟通；
- 分析组织情境对沟通的影响；
- 识别影响有效沟通的关键障碍；
- 分析克服沟通障碍（包括跨文化障碍）的不同方法；
- 描述谈判的基本过程。

来自一线的管理挑战

姓名：布里奇特·钱伯斯（Bridgette Chambers）

职位：美国 SAP 用户组（ASUG）的总经理

母校：休斯敦大学（教育学学士）；得州农工大学（MBA）

业余活动：非营利组织的志愿活动，家庭活动，打高尔夫球

毕业后的第一份工作：创业

推荐的商业书籍：托马斯·达文波特所著的《竞争能力分析》（*Competing on Analytics*）

偶像：祖母；前通用电气首席执行官杰克·韦尔奇；亚历山大大帝

座右铭：完成、做好、在完成时感到骄傲

驱动力：不懈地追求增长、完成下一个目标的愿望

管理风格：目标管理和问责制

不能忍受的事：第二名

为了促进信息在全球范围内的 SAP 用户间传递，ASUG 提供了用户驱动的专业网络和教育机会。作为该公司的首席执行官，布里奇特·钱伯斯经常需要同各种人面谈或者通过电话和邮件沟通。她的工作是不坐班的，不需要坐在办公室分析一堆表格，她每天的核心工作就是沟通。她说："我每天大部分的时间都用来沟通了。"如果钱伯斯不善于沟通，她也不可能在这类职位上做这么久。

大学毕业后，钱伯斯成了一名创业者。她创办了名为 Trans Resolve Legal Service 的小型公司，以此开始自己的职业生涯。七年后她卖掉了这家公司。基于这段经历和背景，她进入了咨询行业，为一家公司设立外部销售部门。随后她为多家公司提供咨询服务，并加入了 COMSYS 公司，这是一家市值 7.5 亿美元并专门提供各种咨询服务的公司。她就职于企业业务解决方案部门，

管理三条业务线：商业分析、商业智能和企业资源规划。在这个职位上，钱伯斯有8位直接下属，还管理着400多名职员。她在ASUG中的职位需要不间断地同超过40位职员进行交流，并利用社交媒体提高沟通效率。

钱伯斯的沟通也并不总是成功的。在她的职业生涯早期，因为不能忍受业务失败和不良业绩，她经常忘记了自己作为一个领导者对他人的影响，所以有时候事与愿违。“不是每个员工都带着同样的对生活和目标的期许来工作，这一点我没有意识到，我必须要进行自我反省并寻求批判性的反馈意见。”

大多数人在像钱伯斯那样处于职业生涯早期时都认为**沟通**（communication）是理所当然的，因为这是我们每天都在做的事，但是要实现有效沟通却并不容易。如开篇案例中所描述的，组织与组织之间、人与人之间、个人与群体、群体与群体之间要想达到准确和有说服力的沟通通常很不容易。信息接收者经常不完全理解信息发送者的意思，但是沟通的核心就是信息、意义和对事物的理解从发送者传递到接收者的传递过程。对于管理者行使领导权来说，令人信服并熟练地执行沟通是十分重要的。实际上，缺乏良好沟通技巧的领导不太可能成功。要成为一位优秀的领导者，第一步就是要成为一位优秀的沟通者。

本章我们先介绍沟通的基本过程，其次是沟通的方式和媒介的应用。这些主题的讨论引出了关于组织情境对沟通过程的影响，因为组织情境会影响管理者。虽然组织会促进管理沟通，但它同样也会成为阻碍沟通的关键因素，比如其中的人际关系、组织文化等，这些都会在本章中讨论。接下来的部分会重点讨论管理者可以采取哪些措施来减少或者克服这些障碍。

本章最后一部分关注对管理者尤为重要的一种特殊的沟通——谈判。在这部分，我们讨论文化因素对于谈判策略和谈判过程的影响。在本章的学习过程中，我们需要牢记一个基本观点：虽然沟通是一种普遍的人类活动，但是成功的沟通不是必然的，它需要动机、技巧和相关知识。

11.1　沟通的基本模型

人们如何沟通？他们如何发送和接收信息？有哪些因素会影响沟通？我们首先来看在图表11-1中展示出来的沟通过程的基本模型。

所有的沟通都包括四个行动和五个组成部分。四个行动分别是：**编码**（encoding）、发送、接收和**解码**（decoding）。五个部分包括：发送者、信息、媒介、噪声和接收者。这四个行动和五个组成部分联合起来将意义从发送者传递给接收者。发送者通过编码构建发出的信息，这就是沟通的内容。然后发送者通过**媒介**（medium）（传递信息的方式或方法）发送消息。类似的媒介有口头谈话、视频、备忘录、传真和电子邮件。接收者通过倾听、阅读或者在传真机和电脑上接收信息，并最终通过解码来解释信息。有时会存在干扰信息的因素，这些干扰因素称为“噪声”。噪声会造成信息接收者对原始信息的误解，只有通过反馈或验证原始信息才能发现沟通问题并予以解决。

图表 11-1　沟通的基本模式

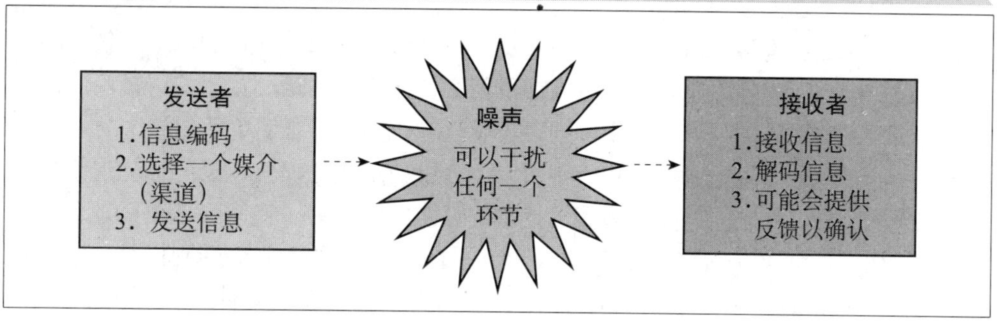

这个沟通模型是最基础并具有普适性的。也就是说，无论沟通在怎样的文化背景或组织中发生，该模型都适用。然而，虽然沟通过程的基本行为和组成部分是相同的，但是具体的沟通行为是如何展开的以及沟通各组成部分的特性受到文化、组织甚至个人因素的影响。谁可以发送信息给另一方、什么样的信息以及什么数量的信息被发送、使用什么媒介发送信息、会产生什么样的噪声、什么样的线索可以用来解码等，这些沟通问题都会随着管理者、组织或者国家的不同而发生改变。

11.2　沟通模式

沟通可能是语言模式或者非语言模式的，如图表 11-2 所示，管理者需要了解不同沟通模式的特征和相关问题。

图表 11-2　沟通的模式

	语言模式（使用语言来传递意义）		非语言模式
	口头的	书面的	
例子	• 谈话 • 演讲 • 电话 • 视频会议	• 信件 • 备忘录 • 报告 • 电子邮件 • 传真	• 穿着 • 音调 • 手势 • 面部表情
优点	• 生动 • 有刺激性 • 引人注意 • 很难忽视 • 灵活 • 适应性强	• 减少误解 • 精确	• 与口头表达越一致，沟通有效性越高 • 能强调要表达的意思
缺点	• 短暂 • 易被误解	• 在翻译中精确性降低 • 不灵活 • 易被忽视	• 非语言沟通的意义不是通用的

11.2.1　语言沟通

大多数人认为语言沟通指的是口头语言，但是语言沟通的关键并不是所说的话，而是如何用所说的话（语言）传递意义。因此，当我们说到语言沟通的时候，指的是口头沟通和书面沟通。

口头沟通 口头沟通有着生动、有刺激性、引人注意的潜在优势。在大多数组织情境下，接收者也就是倾听者很难忽视传递者说的话。试想一下最后一次别人跟你直接说的话，即便你对他说的内容不感兴趣，你也很难简单地忽略这个人而转身就走。

此外，发送者和接收者都可以十分灵活地运用口头沟通。当你说话的时候，你可能会尝试用一种特定的方式表达你的意思，但是为了使倾听者更好地理解你，说话过程中你会改变你的方式。因为口头沟通是互动式的，它会受到情境的影响并且不断适应情境。然而，这种沟通模式最主要的劣势是具有瞬时性（除非被记录下来），并且被误解的可能性很大。即使个体使用同一种语言，口头语言中的细微差别也有可能会被忽略，甚至还会导致误解。在当今的管理沟通中，管理者母语的不同也可能导致口头沟通失去原本的意思。

书面沟通 如果信息是书面的，例如信函、备忘录、电子邮件等，接收者误解发送者信息的可能性就会降低。虽然接收者可能还是会对信息产生误解，但是不会无法确认发送者到底使用了哪些词语。在这个意义上，书面沟通更为精确。但不是每个人的书面表达能力都很好，所以更高的精确度并不意味着更好的理解。当一种语言需要被译成另一种语言的时候情况会更复杂。例如，美国人在比较着急的时候会写“在您方便的时候尽早……”，但是欧洲人会把这句话解释为根据他们的意愿进行回应。因为作者（发送者）无法立即知道信息传递情况的好坏，书面沟通的一个缺点就是灵活性不强。此外，相对于口头沟通，书面沟通不是那么生动和引人注目。你很难忽略正在跟你说话的人，但却很容易忽略收到的信件。

11.2.2 非语言沟通

在直接的人际沟通中，非语言的动作和行为经常会传达信息。做出什么行为，或者不做什么行为都在进行沟通。你的穿着、谈吐、手势、餐具的使用、面部表情、与接收者的距离也是非语言沟通模式的一部分。关于这种类型的沟通需要强调的一个关键点就是，当你越准确地认识到如何进行非语言沟通，你对你要发送的信息的控制力就越强。即使在频繁使用电子通信的时代，仍然要重视这种重要的沟通模式及其沟通效果。在很多工作情形中仍然包含着面对面的互动。

管理者需要记住的是：当语言沟通和非语言沟通发生矛盾时，接收者通常会更加关注非语言符号。例如，你可能告诉你的员工：“我奉行开放政策，有需要时随时可以来找我。”但是，如果你很难腾出时间来与他们会面或者当他们走进你的办公室你基本不从工作上转移视线的时候，他们会很快相信非语言信息：“我很忙，不要打扰我”，而不是先前的语言信息。

当非语言信息和语言信息相一致的时候，有效沟通的概率就会增加。比如说，除了口头上说推行开放政策之外，当员工进入你的办公室时你用目光迎接他们，示以微笑并从电脑前或者正在写的报告前离开。将这两者联系在一起，你觉得你会传递一种什么样的信息呢？

在如今的组织中，许多管理者需要与来自不同文化背景的员工一起工作，甚至还要跨国界工作，他们面临的问题是许多非语言信息的意义在世界范围内并不通用。例如，在美国传统的“OK”手势在日本代表钱，在巴西则是一种很粗鲁的手势。你可能会觉得淡化非语言手势能解决这种错误信息的传递，这种努力在芬兰可能有用，但是对于意大利人或者希腊人来说，没有任何非语言动作他们可能会觉得你对这个讨论没有兴趣。作为管理者，你应该多了解经常与之打交道的国家或文化中非语言提示和手势的含义。

11.3　沟通的媒介

沟通媒介是指沟通的手段，或信息如何从发送者传递给接收者。在组织中，可使用的媒介有限，从非常个人的、直接的面对面交流到非个人、间接的公告牌通知，介于中间的是电话交谈、电子信息、信件、备忘录以及报告。

不同媒介有不同的特征，如：

- 个人-非个人特征；
- 发送和接收的速度；
- 帮助接收者准确理解信息的各种提示的可获得性；
- 获取接收者及时和持续反馈的机会。

我们用**媒介丰富度**（media richness）来总结这些差异。不同的媒介根据它们“促进信息共享的能力”被划分为丰富的或者贫乏的媒介（见图表 11－3）。人与人之间的面对面交流属于丰富的媒介，因为这种交流方式提供了多种类型的信息和方式以促进信息发送者和接收者之间的相互理解。相反，一封普通的群发给多人的电子邮件被认为是贫乏的媒介，因为它缺少上述的一些特征。一条基本的原则是：信息越模糊、越复杂，媒介丰富度应该越高。

图表 11－3　促进媒介丰富度的因素

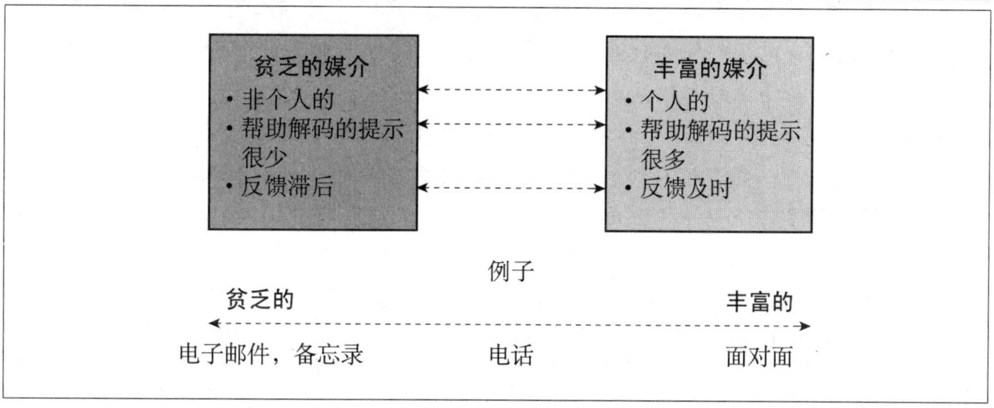

因此，管理者应该灵活地将信息与媒介相匹配。使用面对面的会议来传达简单直接的信息，例如下次会议的时间和地点，无疑是对丰富媒介的不必要的浪费。也就是说，这会使发送者和接收者花费更多时间和精力来获得一个相对明确的信息。另一方面，如果高层想要通过发送邮件而不是面对面会议的方式来否决下属的提议，则不是一个很好的选择。这种媒介实在不足以传达这种高度复杂和模糊的问题。正如一家国际律师事务所的董事长所说：“如果你与某人的意见不同，你肯定不会通过邮件来传达，甚至不会用电话，你会希望面对面沟通。”“管理者的挑战”就解释了公司利用电子邮件这一沟通媒介的优缺点。最快的方式并非在所有情况下都是最好的方式。

管理者的挑战——技术

电子邮件：太多了是好事吗？祝福还是诅咒？

20世纪90年代初诞生的电子邮件确实为个人和组织之间的沟通带来了极大的便利。几乎在一夜之间，人们可以忽略距离、不需要成本地瞬时发送信息给一个人或者上千个人。对于需要远距离进行沟通或者需要跟不同部门联系的人来说，电子邮件的出现就像奇迹一样。现在很难想象没有电子邮件、即时信息和网络会议，生活会变成什么样子。

就像生活中其他所有东西一样，虽然电子邮件有很多的优点，但它也存在着很多缺点。例如，谁没有抱怨过被不想要的垃圾邮件包围？经常听到的关于电子邮件的抱怨就是因为发送电子邮件太容易，并且可以在同一时间发送给多人，所以大多数人都会被大量的邮件淹没，而其中很多邮件都是没必要的。我们的研究表明，有75%的员工花费一半的工作时间来处理邮件。另一项调查发现员工工作时收到的47%的邮件跟工作是没有关系的。这些都是电子邮件比较明显的缺点。

通过电子邮件进行沟通是不是还有一些重要的、无形的、隐性的成本？一些公司开始思考这个问题，尤其关注媒介丰富度。其中一个主要的问题就是使用电子邮件沟通是一种懒人的交流方式，而电话交流或者面对面交流会提供更丰富的沟通。尤其当需要传递的消息非常微妙时，后两种交流会更好。就像一个管理者说的那样：“你不能够通过电子邮件了解某个人。”

几年前，一家提供呼叫中心管理以及其他服务的公司开始逐步减少电子邮件的使用，并渐渐更多依赖人与人的互动。这家企业的CEO规定“星期五零电子邮件”，他还建议员工在其他时间减少电子邮件的使用。结果，该企业的电子邮件使用率减少了80%以上，更重要的是，顾客与企业的积极沟通也逐渐增多。

“星期五零电子邮件”当然不可能适用于所有的组织，但是这家企业对该政策的执行说明了电子邮件有一些意想不到的后果，需要同该媒介的优势进行比较以作权衡。电子邮件确实提供了很多好处——一个典型的例子就是“不能没有它”，但是这些好处也不是没有代价的。

资料来源：Sources: D. Brady, “＊！＃@ the E-mail. Can We Talk?” *BusinessWeek*, December 4, 2006, 109; “Stoned on E-Mail,” *Profit*, June 2005, 115; G. Browning, “Resolve to Develop Your Email Intuition,” *People Management* 11, no. 1 (2005): 102; G. Flood, “Tame the Mountain,” *Information World Review* 210 (2005): 18-9; S. Sweetham, “E-mail Tactics,” *T&D* 60, no. 1 (2006): 13; “Lack of Email Training Is CostingEmployers Dearly,” *Accountancy Ireland*. 40, no. 3 (2008): 102; “You've Got Mail,” *Accountancy* 142, no. 1385 (2009): 43.

通常情况下，由于时间压力和距离的原因，管理者使用丰富的媒介要花费更高的成本，例如大型会议使用自动化设备收集与会成员的反应（比如电子表决器），可以克服贫乏媒介的潜在缺点。

当会议参与人员距离很远的时候，另一种可以帮助提高沟通过程媒介丰富度的科技手段是视频会议。然而，作为一个管理者，关键在于你需要根据信息的复杂性和模糊程度以及你拥有的组织资源来选择合适的媒介。选择一个合适的媒介不能仅凭运气。

11.4 沟通的组织环境

管理者不会在抽象环境里进行沟通。相反，他们是在一定的组织环境中进行沟通的。组织结构和组织流程都影响组织之间和组织内部沟通的性质和有效性。各种组织，无论是企业、医院或政府组织，都有一系列既定的特征，这些特征会以各种方式影响沟通。因此，组织：

- 由个人和群体组成；
- 以目标为导向；
- 有不同的功能；
- 拥有预期的协作；
- 具有时间上的持续性。

任何一个组织，无论属于哪个国家、规模如何，都不是由一些个体随机偶然地相聚而成。他们也并非偶然地要相处一段时间而不为任何目的，实际上，他们有着共同的目标、完整的组织结构并共同影响着沟通的性质和沟通的数量，这些影响可以从沟通方向、渠道和沟通模式这些方面来分析。

11.4.1 组织内部沟通的方向

任何组织无论其复杂程度如何，都有不同的功能和许多责任程度不一的各层级职位，因此，根据信息流向的层级，组织内部沟通的方向可以进行如下分类：

- **下行沟通**（downward communication）指信息从组织的较高层级向较低层级传递，例如从企业 CEO 到员工、从上级到下级。
- **上行沟通**（upward communication）指信息从组织较低层级向较高层级传递，例如从非管理人员到他们的上级、从管理人员到她的老板。
- **横向沟通**（lateral communication）指信息在组织同一层级中进行传递，例如从一个文书助理到另一个、从产品 A 的经理到产品 B 的经理，或者从营销部门到工程设计部门。

组织内部沟通的内容通常会随着沟通方向的不同而不同。如图表 11－4 所示，下行沟通通常涉及目标、目的、方向、决策和反馈信息；上行沟通通常侧重于信息、建议、问题、难题和澄清的要求等；横向沟通包含各种信息，有正式的也有非正式的，它们帮助或影响问题的共同解决或工作协调。

组织文化（或组织所处国家的文化）会影响沟通的方向和性质。例如，一个等级制度分明的组织相比奉行平等文化的组织，上行沟通可能更为正式。举一个简单的例子，在一个等级制度分明的企业，谈话可能由下属先称呼上级“尊敬的先生/女士”作为开头。在包括韩国在内的很多国家，谈话开始时下属需要称呼上司的头衔，如“帕克经理”。但是在不那么看重等级的组织中，谈话可能由下属直接称呼上级的姓名开始。同样地，组织或者国家文化会影响上行沟通的频率和特点。例如，在一个拥有强烈等级观念的组织中，上行沟通比较少见。

图表 11-4 组织内部沟通的方向

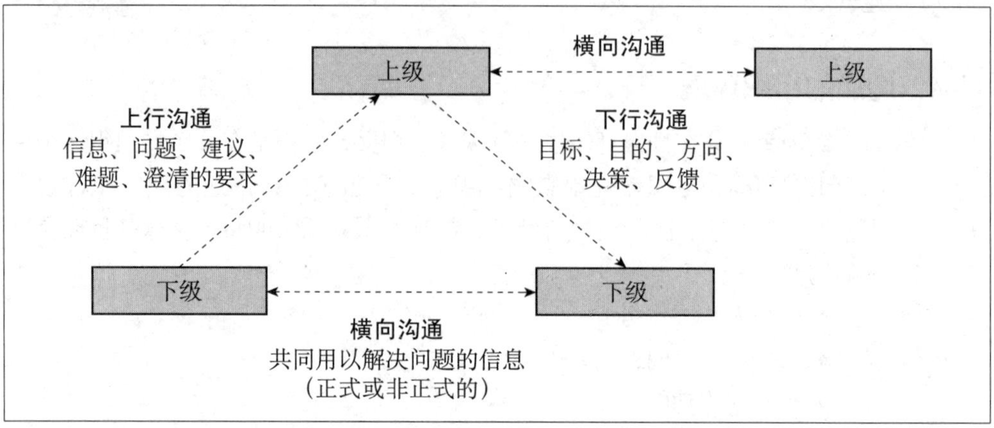

11.4.2 组织内部沟通的渠道

组织的渠道或路径包含两种基本类型：正式的和非正式的。两种类型对组织功能都很重要，任何一种都不能简单地被另一种所替代。

正式沟通渠道（formal communication channel）是组织认可、计划和规定的沟通路径，这些路径与组织的正式结构直接相连。因此，组织结构表明了上行、下行或横向沟通的一般路径。正式沟通渠道（如图表 11-5 所示）就像地图上标出的醒目的大道，它们详细指出了谁应该为信息在上下级或在相邻部门之间的沟通负责。此外，正式渠道也指明了应该向哪些人或职位发送有关的信息。正式渠道可以被修改，因此具有灵活性，且很少被忽略。

图表 11-5 组织中的正式和非正式沟通渠道示例

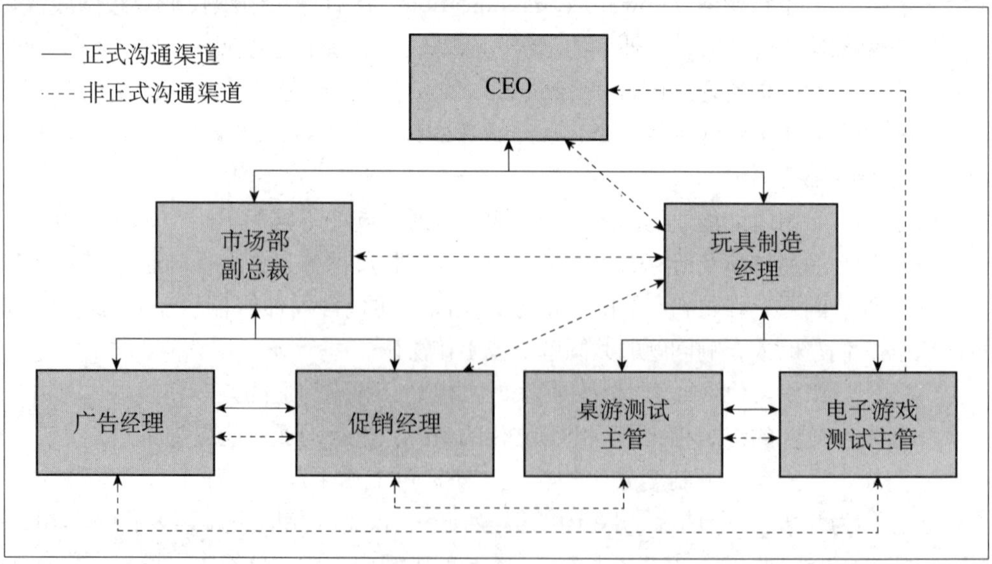

非正式沟通渠道（informal communication channel）并不是由组织预先规定的沟通路径，但是产生于员工之间的人际交往。这些渠道依赖于情境，可能会迅速

出现、变化或消失。但它们也有可能被固定下来，特别是当里面的个体已经一起工作过一段时间时。如果一个特定的模式已经成熟，它会被称为“网络”（后面会讨论）。

非正式沟通渠道有几个重要特征值得关注：

● 第一，相比正式沟通渠道，非正式沟通更多是横向沟通，而不是纵向沟通（见图表11-6），因为它们不是组织或高层管理者设计的。

● 第二，信息在非正式渠道中的传递速度非常快，这主要是因为发送者有很强的信息传递动机。所谓的“小道消息”就是一个典型的例子。在最近几年，互联网的沟通能力促进了大规模口碑网站的兴起。一些研究人员指出这些机制对组织中非正式的信息流通有重要影响。

● 第三，非正式渠道传递与工作相关信息的同时还传递与工作无关的信息。渠道是非正式的并不代表传递的就是与工作无关的消息，与工作相关的信息通常会在这类渠道中传递。不足之处在于一些通过非正式渠道传递的消息是不准确的或只专注于负面信息。然而，需要重点强调的是，很少有仅依赖正式沟通渠道的组织能够持久存在。

图表11-6 正式和非正式沟通渠道的特征

正式沟通渠道	非正式沟通渠道
· 由组织授权、计划和管理 · 反映组织的正式结构 · 确定谁对信息传播承担责任，并指出与工作有关信息的恰当接收者 · 可能会被组织修改 · 很少会因为被忽视而产生严重后果	· 由组织成员的人际活动发展而来 · 组织未作出具体规定 · 持续时间可能很长也可能很短 · 更多是横向沟通而不是纵向沟通 · 信息流动有时非常快 · 可以同时传递与工作相关和与工作无关的信息

11.4.3 组织沟通的模式

沟通网络（communication network）指组织内和组织间各种可辨别的沟通模式，无论其使用的是正式渠道还是非正式渠道。换句话说，沟通网络是稳定的联络系统，包含了特定发送者与接收者之间的持续联系。例如，如图表11-7所示，一个位于洛杉矶的区域营销经理的沟通网络可能包含他在纽约的主管、三个在纽约总部的其他部门经理、在西海岸城市的七个下属以及外部的两个市场调研数据提供商。该经理的另一个网络可能包含在洛杉矶分部的两个基层部门经理、以前的同事和朋友（也是现任芝加哥分部的销售主管），他们拥有该地区的营销推广情况的内部消息。

可口可乐公司的亚特兰大总部与其全球灌装厂和分销商的沟通联系是一个更大、范围更广的组织沟通网络。网络不仅可以在组织内部形成，还可以在组织间形成。例如，当两家公司的管理者需要合作解决国际合资企业面临的问题时，这种情况就经常发生。

图表 11-7 两种组织沟通网络示例

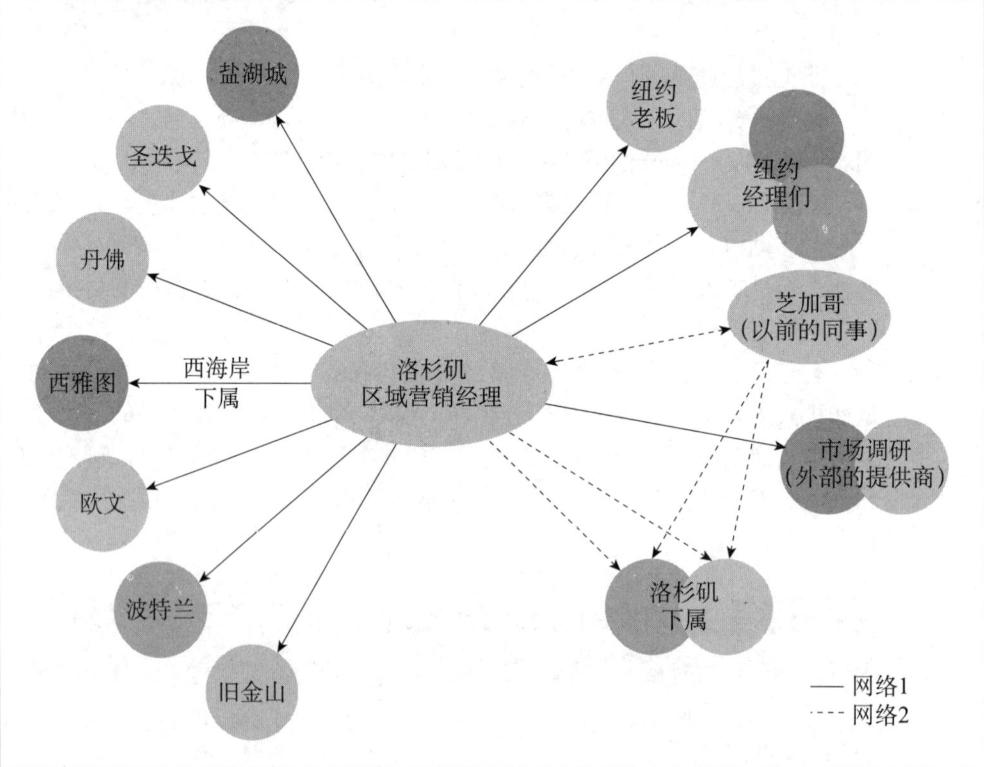

沟通网络对管理者的重要性在于它们可以提供重要的和经常性的信息（通过正式和非正式渠道），这些信息用其他办法可能要花很长时间才能获得，特别是在每次遇到新的问题就得“从头开始”建立各种沟通联系的情况下尤其如此。此外，当管理者是一个已经建立起来的网络的成员时，他会更容易影响其他人参与到这个网络中来。由于上述两个原因，管理者需要特别注意他们可以、需要以及能够参与到什么样的网络中，以及这个网络的构成如何。毫无疑问，网络构建（networking）一词表示可能帮助管理者（或其他相关者）获得优势的过程，通过这一过程可以找到更多经常与之轻松互动的人，因而建立一种自信和信任感。有研究表明，实际上在组织内外构建和维护网络会对收入的提高和职业生涯满意度有正向影响。

在传统的西方组织中，相对来说男性更容易在职场里与其他男性建立各种沟通网络，然而，至少到目前为止，女性和缺乏代表的少数族裔相对较难建立起类似的有用网络。研究表明，包含女性和少数族裔的组织网络在构成和内部关系上与仅包含白人男性的组织网络是有差异的，这种组织网络对管理者的重要性和用途并没有降低，但它们更强调沟通模式依据不同的情形进行调整，这些情形包括年龄、性别以及相关人员的种族等。

11.5 沟通障碍

沟通中遇到的障碍可能有几种来源，包括人际的、组织的以及文化的因素，如图表 11-8 所示。接下来，我们将依次讨论这些来源。

图表 11-8　沟通障碍

层次	障碍来源	影响谁与谁之间的沟通
人际障碍	· 选择性知觉 · 参照框架 · 个体差异 · 情绪 · 语言 · 非语言暗示	· 个体或群体
组织障碍	· 等级（由正式结构导致的障碍） · 职能（由不同职能部门的差异产生的障碍）	· 同一组织中的个体或群体 · 不同组织中的个体或群体
文化障碍	· 语言 · 高情境文化或是低情境文化 · 刻板印象 · 民族中心主义 · 文化距离	· 不同国家文化下不同组织中的个体或群体 · 不同组织文化下的个体或群体 · 同一组织中不同文化背景的个体或群体

11.5.1　人际障碍

人与人之间的沟通障碍可能来源于发送者，也可能来源于接收者。发送者和接收者都负有保证沟通准确性的责任，但发送者有选择语言和文字来编码这些信息并获取最大精确度的义务，这也是我们在开篇案例中的钱伯斯身上学到的教训。尤其是当发送者试图以接收者不喜欢的语言或沟通方式劝说他们去做一些他们不喜欢的事情时，这更加重要。例如，当你想要说服你的老板授权一个新项目时，你采用了非正式沟通和简单的言语，他可能会拒绝你的请求，因为他期望的是更为正式的方式。在这种情况下，你可能需要调整你的沟通方式以使沟通更加有效。

当然，接收者也常常是沟通障碍的来源。接收者可能会有**选择性知觉**（selective perception），也就是说，接收者可能会在无意间筛选掉部分与自己的信仰或需要相矛盾的信息。例如，你在强调一个项目的高生产率，而你的老板关心的却是项目的预算成本。尽管选择性知觉是人类的自然倾向，但是它阻碍了准确的沟通，特别是在讨论敏感或非常重要的话题时尤其如此。另一个可以说明这一点的情况是人们倾向于选择一个**参照框架**（frame of reference），或者说是解释信息的简化方式，以帮助他们理解复杂的信息，但这些捷径会阻碍原始信息的接收。

发送者与接收者的个体差异，如年龄、性别、种族和教育水平等基本特征，都可能成为沟通的障碍。一般而言，双方之间的基本特征差异越小，他们之间的沟通障碍就越少。有研究表明，即使存在差异，这些差异也不会对良好的沟通产生严重的影响。管理者应该警惕发送者和接收者的个体差异有多大可能会影响良好的沟通，而不是认为其永远不会影响沟通，或者认为其永远都是沟通的一个障碍。

情绪可能是另一个障碍，接收者接收信息时的情绪可能会影响他如何解释这些信息。你肯定有过这样的经历，有些人对你的信息反应过于敏感，结果导致一般的评论被误认为是批评。

语言也可能会产生障碍。即使双方说的是同一种语言，他们对特定的词汇或短语的理解也有可能不同。例如，“这是一个糟糕的发型”，这句话对 50 岁的人和对 15 岁的人来说是完全不同的，前者可能会觉得这句话就是在点评理发师没有剪好头发，但后者可能会理解为他自己很“酷”。

非语言的暗示可能会从两个方面给良好的沟通带来障碍。首先，人们可能会无意间发出一些非语言信号，造成无心之过。例如，你在向你的老板提出新项目计划时没有与她进行眼神交流，你并没有意识到，即使你的提议很好，你的老板可能因为你的这个行为觉得你有所隐瞒而否决你的项目计划。其次，正如我们已经谈到的，非语言暗示对于不同的人来说可能有不同的含义。一个轻微的握手在印度尼西亚是礼貌的象征，但在美国得克萨斯州则是缺乏自信的表现。

“管理者的挑战”给我们展示了一个案例，讲述了各种各样的沟通障碍，包括选择性知觉、不同的参考框架以及无意识的非语言暗示，是如何影响信息的传递的。

管理者的挑战——沟通

沟通困惑

杰克·高迪和约翰·高迪两兄弟辞掉工作，开了一家属于自己的汽车修理铺。最开始，只有两兄弟自己经营修理铺。随着业务的增长，他们雇佣了一些工人，并搬到了更大的店铺里。十年之内，兄弟俩的汽车修理铺的销售额已经达到了每年50万美元，但不久后收入就达到了顶峰，并开始逐渐减少。因此，负责销售和财务的约翰开始想办法来改善业务。他发现了一种方法，那就是使用技术。约翰开始将先进的技术引入店铺的行政系统中，但是他必须说服员工，包括把更多时间花在车间而不是办公室的杰克在内，让他们相信他重建修理铺的战略会成功。

约翰召开了一个员工会议，向员工阐述了他的新战略。利用图表和数据，他说明了该战略将带来的利润分享、员工参与以及最先进的技术。他预测：“从今天开始，我们将会成为一个完全不同于以往的公司。”他也不知道该如何证明这句话是正确的，但是员工们并没有分享他的激情；实际上，他们根本不懂约翰在说什么，因为他们之前没有接受过财务、人力资源以及如何使用技术等方面的训练。他们不能理解约翰使用的那些词汇和他想表达的思想。“到处都是一脸茫然和偶尔的唏嘘声。”约翰回忆道。这样，修理铺内部有了沟通不当的问题。

约翰采购了一台新的计算机信息系统，减少了办公室里书面沟通的工作量。但是员工们后来发现最初的预算和最终的工资单并不相符，这让他们觉得约翰少算了他们的工作时间和工资。另外，尽管约翰跟他们解释了员工利润分享计划（他们不能理解），他们还是经常对约翰提供的信息持怀疑态度：约翰经常抱怨较低的利润，但是第二天就开着一辆新的跑车来上班。在感到员工的士气比较低下后，约翰每天都召开会议，旨在减少员工的抱怨和担忧，不过这些措施好像适得其反。“约翰认为大家一起工作就好像是足球队，但是很快会议就转变成了演讲，约翰讲，我们听着。”一位员工提到。另一位职员则指出：“很明显，约翰并不在乎我们的想法，他过于兴奋地表达他的高见了。”

最终，虽然约翰努力地吸引新顾客并通过技术来提供更好的修理服务，但是员工却慢慢地离开了公司，转向另外的公司。起初，他不明白哪里出了问题，他不了解要想经营好自己的公司是一件多么难的事情。他还知道自己不善于沟通。“每天都有问题，”他说，“不久，他们就重重地打击了我。”当公司陷入低谷时，约翰开始意识到与员工沟通的重要性——

不仅需要同顾客沟通，员工也有需要。他开始进行一些小的改变。“现在（当我参加员工会议时），我都会带上一个本子，认真听并做记录。”

资料来源：Based on E. Conlin, “Company Profile: Collision Course,” *Inc.*, 14 no. 13 (December 1992), 132 - 142.

11.5.2 组织障碍

正如人际障碍会限制沟通一样，组织障碍也会。组织障碍可能影响个体和组织之间的沟通、组织与其他组织之间的沟通以及整个组织之间的沟通。这种组织障碍的根源在于组织的等级结构。无论组织的复杂程度如何，它们都有专业的职能和多层权威，这种专业化的分工为沟通困境的产生提供了土壤。例如，来自营销部门的人员在与研发部门的人员进行沟通时，营销人员可能觉得自己的想法并不夸张，而研发人员总是低估她的观点。久而久之，营销人员可能会觉得研发人员十分乏味、缺乏想象力，而研发人员会觉得营销人员十分肤浅和马虎。此外，双方可能来自组织的不同层级：一位高管可能希望了解一个即将执行的项目会给企业带来多大的影响，而低层级的技术主管可能更多关注项目的具体进程。

11.5.3 文化障碍

沟通与文化是紧密联系的。文化的存在离不开沟通，而人与人之间的沟通都是在一定的文化背景下发生的。既然沟通与环境密切相关，那么文化就会促进或阻碍沟通。因此，接收者和发送者之间的文化相似会更利于达成良好的沟通。双方文化背景的相似度越高，他们之间的信息转换效率就越高；而双方文化背景差异度越高，他们之间进行良好沟通的可能性就越低。所以，在其他条件不变的情况下，举例来说，一位美国经理与一位澳大利亚下属之间的沟通就比与一位希腊下属的沟通容易些。又如，“yes”一词在美国和印度这两种不同文化下的含义存在差异，一位在班加罗尔为 Infosys 公司工作的印度经理指出：“印度人在说‘no’或指出他人错处时会感到很难受。印度人的等级观念很强，除非被要求，否则他们什么也不会说。”因此，一些美国经理发现，当印度人对一个请求或指令说“yes”的时候，意思是他们会尽力去做，而不是意味着他们一定完成或如果没有完成会对此负责。

来自加拿大的杰夫·斯克尔发现，即使是文化之间的细微差别也有可能会阻碍沟通。斯克尔是一家电影公司的 CEO，也曾是 eBay 的第一任总裁，他回忆道：“从加拿大到美国工作，对我来说是大开眼界，我发现加拿大人的处事方式更加柔和、有礼貌，也更为间接。但这种方式在美国不受欢迎，出于礼貌或敏感而不直接说出自己的想法在美国行不通。”

组织文化也有不同，例如组织所处的行业就会影响组织的内部文化，因此一位华纳兄弟的主管与迪士尼的主管之间的沟通要比他与埃克森（石油公司）的主管的沟通更加成功。这并不是说极端的文化差异会阻碍良好的沟通，而是说沟通出现障碍的可能性与文化背景及双方习俗的差异是成比例的。下文“管理者的挑战”中的案例就说明了国家和公司文化背景的差异对沟通的影响。

发送者和接收者在高情境和低情境沟通风格上的差异也会极大地影响沟通的有效

性。我们在第3章讨论过，在高情境文化下的个体会非常关注沟通过程中的环境因素，因此他们会不断根据环境改变他们的谈话内容与谈话方式（参见图表11-9）。而低情境文化下的个体则不太关注环境因素，因此在不同的情境下作出的调整也更少、更细微。虽然高低情境文化最大的差异体现在国与国之间，但是组织与组织之间也存在这些差异。例如，日本就是有高情境文化背景的国家，依据说话者与听者的相对地位形成了三种不同的语言。“你”这个意思就有五个不同的单词来表达，每一个单词依据的是相对等级和地位。然而，即便在日本国内，三菱重工中的沟通比任天堂中的沟通更加带有高情境色彩。

高情境文化背景的人跟低情境文化背景的人沟通时遇到的最大问题就是，双方会对彼此的沟通方式进行消极的解释。由于高情境文化背景的人经常变化的沟通方式，低情境文化背景的人会觉得他们虚伪、伪善甚至反复无常，这些印象会导致双方难以建立信任，沟通也很难进行。高情境文化背景的人会认为低情境文化背景的人沟通风格没有变化是不成熟、自私或缺少教养的表现。

在日本，管理者被教导应该信奉这一条使沟通有效的谚语——“言为心声”。含糊不清的指令和指示被认为是缺乏沟通技巧的表现。在此情形下，预设的前提是说话者应该承担沟通是否有效的责任。相反，在阿拉伯国家和拉丁美洲国家，预设的前提是说话者和倾听者都应该分担使沟通有效的责任。在这种文化下，双方不愉快的谈话、直接冲突以及产生分歧的可能性都会降低。

图表11-9 高情境和低情境文化中沟通的差异

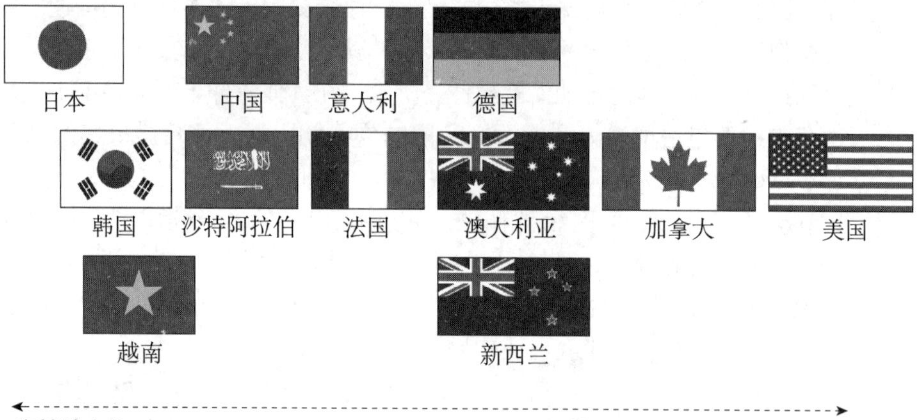

高情境文化

- 对信息有更多、更大的调整
- 接收者的地位可能会影响信息和媒介
- 非语言沟通暗示非常重要
- 媒介和信息一样重要

低情境文化

- 对信息有更少、细微的调整
- 接收者的地位不会影响信息和媒介
- 非语言沟通的暗示不是很重要
- 信息比媒介更加重要

可能最大的单一文化障碍就是民族中心主义，它影响到不同的部门文化、组织文化、地区文化或国家文化。持**民族中心主义**（ethnocentrism）的人认为自己所在的群体具有优越性，而且倾向于使用自己的价值观来评判其他群体。民族中心主义导致人们将他们的人际关系领域划分为内群体和外群体。正如我们在第10章讨论的，内群体成员是你认同并在乎的人。内群体成员之间相互信任、相互倾听、相互分享信息。但是内群体成员对外群体成员就算不去猜疑，也会抱有怀疑的态度，而且通常对于信息不会完全分享。这种行为不仅存在于人际沟通中，还存在于组织之间的沟通中。

一种与民族中心主义密切相关的跨文化沟通障碍是刻板印象。**刻板印象**（stereotyping）是指将某一群体过分简单化和一般化的倾向，尤其是对那些自己文化之外的群体。沟通者越坚信刻板印象，就越难以跨越先前的预期并关注于发送或接收到的信息的具体细节。一位意大利咨询经理提出了一个很好的处理对其他文化持有刻板印象的方法："学习其他文化中的一般性，但是不要将这种一般性刻板化……（刻板印象）对复杂的人际关系过于简化，会导致判断失误。"

当然，刻板印象会影响所有组织情境中的沟通，不管是同一文化背景还是不同文化背景。例如，假设你是一家软件公司的技术服务经理，公司总裁对这个职位有负面的刻板印象，认为技术服务经理关注细节但是无法纵览全局。如果这样强烈的刻板印象存在，总裁就可能认识不到你了解并且正在考虑一种新的软件工具在企业竞争中的意义，因而会忽视你潜在的、有价值的付出。

第三种影响沟通的文化障碍是文化距离。**文化距离**（cultural distance）指两种文化在基本特征上的差异，这些基本特征包括语言、经济发展水平和传统与习俗等。一项为期五周的文化探索调查阐述了文化距离的含义，这个调查的对象包括来自日本、美国、巴西、英国以及印度的 21 位大公司的高级管理人员，这些管理人员共同参加讲座和研讨会、共同建造木筏、攀登悬崖，甚至到对方的国家去出差。尽管如此，观察人员说五个星期里他们的沟通仍然存在很大的问题。虽然大部分困难来自语言差异，但是更深层次的困难来自文化距离。很多日本人为了融入组织，给自己起了英文名，但是他们实际上很讨厌别人这么称呼自己。美国人不明白为什么日本人会这么安静，也不明白为什么日本人觉得在会上第一个发言是不明智的做法。日本主管的职位越高，他倾听别人讲话的时间就会越多，而参与这次研究的日本人恰好都处于高级职位。像这样的例子表明，来自不同国家的人之间的文化距离会造成难以逾越的沟通障碍。这些问题的严重性不应该被低估。

管理者的挑战——全球化

当不同的文化相遇时，沟通有时会遭遇挫折

"参加一个会议，翻到 597 页的第 7 章 42 条。"这是一位克莱斯勒公司前美国经理谈到他早先与德国同行沟通的经历时发出的哀叹，那时正是 20 世纪 90 年代末克莱斯勒与戴姆勒-奔驰合并后的最初几个月。由于全球商务合作的迅速发展，来自不同国家和文化的公司之间开始有越来越多的互动和合并行为。这也给这些公司带来了潜在的管理沟通问题。对于大型组织来说，保持内部沟通的顺畅就已经很困难了，一旦要跨越不同的国家和组织文化，其难度就出现了指数级的增长。

直接和间接的沟通问题都可能出现。在克莱斯勒和戴姆勒-奔驰开始合并的时候，合并的日期就差点被推迟，原因竟然是他们因新公司名片是使用美国尺寸还是英国尺寸产生了分歧。基于他们长期的使用习惯以及相同的尺寸能够方便与本国公司的交流，双方关于这个尺寸问题都不愿意让步。这一纠纷最终升级到高层之间，最终还是选择了稍宽的欧洲尺寸的名片。

在戴姆勒和克莱斯勒公司合并的案例中，主要人员相反的沟通风格放大了本来就很复杂的沟通状况。对于德国人来说，美国人往往过于非正式和随心所欲，而对于美国人来说，德国人和他们的对立又有点过头了。在他们看来，这方面的例子包括戴姆勒-奔驰的前CEO尤尔根·施伦普成为了合并后的戴姆勒-克莱斯勒的CEO：“大多数合并都非常希望合并后大家能够和谐共处，我们把这个棘手的问题放在首位。”几年前，当他还在俄亥俄州管理奔驰汽车组装厂时曾经说：“我知道什么时候该告诉德国人放松一下，什么时候该告诉美国人：‘看，我们在周一做了一个很好的决定，要不要坚持到周二？’”

可能如预期的一样，合并的早期阶段并不是很顺利。克莱斯勒的经理们很快就被戴姆勒经理的一份报告惹怒了，这份报告列出了大量的组织流程图。正如克莱斯勒的经理先前所述：“德国人为他们分析制定出的生产计划而感到自豪，但美国人的方式是不断地尝试那些不可能的事情，不断想出新点子让这些不可能变成可能。”毫无疑问，这种思考方式跟德国人的观点完全不同。沟通困难的另一个表现是在合并后的6个月左右，新公司的沟通部门竟然聘请了外部人员来帮助企业内部的人员进行沟通！除沟通困难之外，还有很多原因导致了这次合并的失败。到了2007年，它被卖给了Cerberus资本管理公司，并在2009年被意大利的菲亚特公司收购才得以走出破产。有人可能会想，会不会有全新的沟通困难出现在最近的这次涉及两个国家文化和企业文化的融合过程中。

这些类型的沟通挑战告诉管理者的不是来自不同文化的人沟通时有问题，而是这些困难仅仅是一个起点，并不表示无法建立强有力的沟通联系。

资料来源：J. Snyder and B. Wernle，“1998—2007：Chrysler Shriveled ...”，*Automotive News* 83（6347），23；“In Tandem At Last，”*Economist* 378，no. 8471（2006）：50－52；F. Gibney，Jr. and J. R. Stuttgart，“Daimler-Benz Chrysler：Worldwide Fender Bender，” *Time*，May 24，1999，http：//www. time. com.

11.6 提高你的沟通技巧

上文中提到的各种障碍会干扰有效的沟通，但是有办法处理或者克服它们——提高你的沟通能力。首先，拥有一个培养良好沟通能力的承诺对于你而言究竟有多重要？答案是：非常重要！对高层管理者和人力主管的多项调查都表明，当他们雇佣应届毕业生时，他们愿意将这种沟通技巧作为考量新员工的重要依据。例如，一份来自《华尔街日报》与哈里斯公司共同发起的关于招聘人员的调查表明，沟通技巧是应届毕业生所有能力中最被看重的。正如《华尔街日报》的一篇文章曾提到的：“人际沟通技巧是公司在招聘MBA毕业生时最渴望的，但是这项能力也是最难在MBA毕业生身上发现的。”

鉴于这一主题的重要性，本节接下来将会论述一些最重要的方法。作为组织中的一名管理者，如果你想提高自己的沟通技巧，你可以考虑这些方法。

11.6.1 提高你的倾听技巧

当提到提高一个人的沟通技巧，尤其是语言表达技巧时，大多数人首先想到的是提高他们的口头表达能力或是写作技巧。然而，实际上拥有良好的倾听技巧也是至关重要的，这是人们经常忽略的。倾听技巧容易被忽略是因为人们往往认为它相当容易掌握，而口头表达能力与写作技巧则难以精通。然而，成为一个良好的倾听者并不是一件想当然的事情。

多倾听而不是自己说　不要只顾着自己说，集中注意力倾听其他人，这一简单的行为是提高倾听技巧的途径之一。即使是招聘面试官有时也会忽视这一基本原则。正如维朋健康保险公司的人力经理大卫·伊瓦拉所说："面试官最常犯的错误就是说多于听。而面试结束后，你都不知道候选者是什么样的人。"

思维更开放　刻板印象、民族中心主义、刚性的参考框架和选择性倾听都可能会成为理解发送者意图发送的信息的障碍。因此，要想提高你的倾听技巧，首先就要深刻认识到你关于这些障碍的个人倾向。一旦你对这些倾向有一个更好的认识，那么你就可以在谈话中注意并掌控它们。直接、有意识地关注这方面的部分原因是大多数人每分钟能讲 120 个左右的单词，但每分钟能听 1 000 个左右的单词，这就导致了我们的思绪游离和对听到的内容给予评判机会。这些倾向性会主导和扭曲我们如何理解所听到的内容。

移情　当你了解了你的沟通倾向，下一步就是开发移情的能力。**移情**（empathy）指的是将自己置于他人的位置来理解他的情感、情境和动机的能力。从某种程度上说，这需要设身处地为其他人着想，也是布里奇特·钱伯斯意识到需要给予强调的一种行为。他们对当前的话题有何感受？他们有什么动机？他们为什么会谈论这些？所有这些问题都会帮助你提升你对信息发送中的个体情境的理解。

积极倾听　提高沟通技巧的下一步是采取行动以确保你作为一名合格的接收者听取并理解发送者所试图沟通的信息。正如一名从事管理工作的作者所阐述的，"首先要理解，然后才能被理解。"在交谈中，眼神接触是一个很好的方法，它可以使发言者感到舒服，同时也会使他相信你对理解他所表达的内容非常感兴趣。除了信息发送的方式，关注信息的内容也很重要。即使人们并没有选择最好的词或是使用了错误的语法，他们仍然可能将一些非常有价值的信息传递出来。只关注发送方式而非实质内容会导致你错失信息中有价值的东西。为了确保你所理解的就是对方所说的，你可以提出一些质疑。即使你认为你已经理解了信息的内容，重申你所认为的信息内容仍是一个释义的好主意。重申你所认为的信息可以采用提问或是陈述的形式。例如，你可以问"所以，你是说……？"或者你可以更直接地提出来，例如，"对于你所说的内容，我是这样理解的……"

观察非语言暗示　如上文所述，观察非语言暗示对于有效的沟通至关重要。倾听中拥有开放思维并积极倾听只是其中的一部分，你还需要关注非语言信号。在跨文化的环境中，这意味着你需要牢记不同的手势和表情在不同的文化背景下可能会有不同的含义。学习将要接触到的文化中的非语言暗示和手势的含义，除此之外，别无他法。

11.6.2　提高你的发送技巧

在很多情况下你可能需要发送信息。你可以通过提高发送技巧来增强沟通能力。

简化语言　提高沟通技巧的第一件事就是简化你要发送的信息的语言。很显然，如何进行简化取决于你的听众。简化可能涉及少用术语，因为很多听众可能不熟悉。简化还可能涉及选择更简明的、主动语态的词语，并选择更短的句子。辨别复杂语言和被动语态的最好方法是检查是否使用了过多的介词。句子中的介词越多，能简化该句子以使表述更直接的可能性就越大。

组织写作 主管经常抱怨新任管理者的写作技能太差，他们的抱怨不在于拼写或者语法错误（尽管很明显这些也应该被消除），而在于缺乏逻辑思维过程。作为一个管理者，你可能需要写很多报告和备忘录，而你的写作技巧以及沟通效率对你的职业生涯会有很大的影响。所以，培养写作技巧对于管理人员来说很重要，唯有在实践中不断练习，没有其他的捷径可走。

理解听众 对于发送者来说，加强沟通效率的最佳途径就是了解听众。例如，思考下列问题，这些都来自我们前面已经提到的一些材料：

- 沟通的方向如何（上行、下行还是横向）？接收者是否有关于这类沟通方式的期望？
- 沟通是正式的还是非正式的？我该如何去构建这次沟通给接收者留下的印象？
- 接收者希望得到含蓄的还是明确的信息？
- 接收者是否对一些特定的沟通方式存在偏见（例如，喜欢或不喜欢电子邮件、面对面交流等）？

如果你不了解你要发送的信息的对象，那你几乎不可能回答这些问题。了解你的听众对于提高你的发送技巧非常重要，尤其是在不同的文化背景之下。图表 11－10 列出了一些提高跨文化沟通能力的小技巧。

图表 11－10 成为一个更加有效的跨文化沟通者的建议

1．学习适用于所有文化类型中的沟通的一般原则。
2．向将要和你一起工作的人了解其他文化的基本特征。
3．对于高情境文化，提前学习尽可能多的关于组织目标以及具体代表人的细节。
4．对于高情境文化，使用倾听者语言中的单词或短语。
5．对于高情境文化，尤其注意肢体语言以及语调、语气。
6．在低情境文化中，使用书面沟通，迅速、直接地阐述主要观点。
7．学习并尊重沟通者对正式性的偏好程度，尤其是相对于美国典型的随意和非正式方式。

11.6.3 加强组织层面的沟通

组织可以采取措施来改变它们关于经理应该如何沟通、何时沟通的政策和方法。遗憾的是，这些更加结构化的方法的指导原则不像个人管理者的原则那样发展得很成熟。一项对 14 家大型公司研发实验室的研究为我们提供了一些建议。这项研究结果指出了"守门人"，即所谓的"边界跨越者"的重要性，他们是位于独立的组织或组织内不同单元之间通信接口处的人。大型企业特别需要这些守门人来利用他们的才能去推动沟通过程，以确保最关键的信息已被发送和接受。这项研究的结果说明，沟通效果可以通过运用一系列规则和程序加以改善，例如使用电子沟通代替面对面沟通、开发特殊的沟通网络等，甚至可以创建一个用于管理沟通活动的中央办公室来加强组织层面的沟通。

11.7 沟通与谈判

本章最后一部分聚焦于一种对管理者而言越来越重要的特殊沟通类型——谈判。**谈判**（negotiation）是拥有各自利益诉求和偏好的双方通过协商达成一致意见的过程。谈判的目的是看双方是否能在符合其共同利益的前提下达成协议。既然达成一致意见涉及沟通，那么谈判和沟通也就有着不可分割的联系。

11.7.1 为什么管理者需要良好的谈判技巧

现代的管理者经常发现自己在不同的情形下扮演着谈判者的角色。在管理者所处组织单元的日常活动中，管理者需要谈判以形成一个解决意见分歧的方案，这些分歧可能是他们自己与其上司之间的、他们和公司其他部门管理者之间的、他们和下属之间的、下属之间的，也可能是部门内部的。在这些不同的情况下，管理者通常都作为一个谈判者在发挥作用。

管理者参与谈判的另一种情形就是作为其所在单位或组织的代表，与另一个单位或组织的代表进行正式谈判。无论在哪种情形下，管理者都扮演着催化剂的角色——尽力说服各方就某个行动达成一致。此外，如果不考虑环境的特征，实现有效谈判的一些原则可以帮助管理者应对组织内外出现的各种意见分歧。

11.7.2 实现更加有效的谈判

管理者可以使用一些方法提高自己实现成功谈判的机会（见图表 11－11）。一个有效的原则即是在谈判过程中关注双方的利益而不是各自的立场。利益就是一个人或一个组织的关注点和兴趣点，换句话说就是他们希望得到的东西。立场是他们关于这些利益所持有的态度。例如，利益可能是一个下属希望接受具有挑战性的新任务的愿望，而立场则是这个下属宣称“我是接受这项新销售任务的合适人选，因为……”在利益上达成一致比在立场上达成一致更加容易，这是因为不同的结果可能都可以满足某一既定的利益，并且谈判的双方至少在某些方面是有相同的意愿的，而不是直接冲突的。只要找到双方的共同利益点，促进谈判取得成功的机会就增加了。

图表 11－11 提高谈判的有效性

有效性低 ←	→ 有效性高
立场	利益
涉及人	问题/议题
维持/增加竞争	减少/缓和竞争
（关注输赢）	（关注合作）

在之前的例子中，上司不能把新的销售任务分配给那位很希望得到的下属，但其中的共同利益是明显的——例如双方都想以未来的更具挑战性的工作奖励该下属先前的优秀业绩——即便不是当前这份特定的工作。

谈判的第二条原则是关注谈论的问题而不是参与谈判的人（见图表 11－11），这里的关键在于谈判者应该努力把注意力集中在分歧的实质内容上，而不是与他们的想法有分歧的人身上。这条原则作为对谈判者的忠告，可以被概括为“严于事，宽于人”。

对处于谈判者位置的管理者而言，另一条建议就是试着通过建立一个合作的氛围（“双赢”的局面）来减弱双方的竞争意识（“我赢你输”的局面）。合作就是努力达成双方一起面对问题、解决问题的局面，而不是演变成一方击倒另一方的输赢竞争模式。因此，双方应该共同努力创建使所有资源能被双方更好地分享或分配的创造性解决方案。

最后，如果管理者发现谈判太复杂，而且双方似乎已将情绪因素引入结果之中，那么可以邀请一个中立的第三方来干预谈判。组织内部的利益不相关者有时也被邀请担任这一角色。第三方可以充当裁判、协调者或唱反调的人的角色。作为裁判，第三方负责处理双方的谈判，并决定可能的最好方案，接着双方遵循这个方案。作为协调者，第三方负责调控整个谈判过程，但由组织中的高级管理人员对争议作最终决策。如第10章中讨论的，唱反调的人会站在双方的对立面进行提问，让双方都考虑到原先都不曾考虑的立场。

11.7.3 跨国谈判中的关键因素

如前所述，作为管理者，你可能会成为谈判队伍中的一员，尤其是随着国际事务的增多，你可能需要进行跨国谈判。由于交通和通信技术的发展以及世界范围内日益增多的资本流动，组织能够参与更多对外贸易和国际业务合作。所有这些活动都提高了在跨国环境下取得谈判成功的重要性，如同在你自己的组织或国家内部谈判。一般而言，三个变量决定了谈判的结果，尤其是在跨国谈判中：谈判的人、谈判的环境和谈判过程本身。

谈判的人 个体之间的差异在谈判过程中能起决定作用，影响最终的结果。尽管优秀谈判者的特质存在文化差异，但也存在很多共性（见图表11-12）。这些共性包括良好的倾听能力、社会智力高、强烈的自信心等，还包括一些组织导向的个体特质，如愿意进行团队合作、在所处组织中发挥影响力的能力强等。

图表11-12 在国际谈判中取得成功的关键因素

良好的倾听能力
社会智力高
愿意使用团队合作
自信
抱负远大
在组织中的影响力强
语言能力强

资料来源：Based on W. H. Requejo and J. Graham, *Global Negotiation*: *The New Rules* (New York: Palgrave McMillan, 2008). Used with permission.

谈判的环境 影响谈判结果的第二个变量是谈判的环境，其中最重要的可能是谈判地点、席位安排、对速度和时间的重视以及谈判团队的构成。

1. 地点。通常情况下，谈判的地点倾向于选在自己的主场或者一个中立的场所，尤其是比较重要的谈判。“主场优势”似乎很普遍：所有人在自己主场谈判时感觉更加舒适和自信，能更好地处理信息和资源。在跨国谈判中，在管理者自己的办公室或者自己的国家谈判能够使他们更具心理优势。

谈判地点的特征因文化不同而不同。例如，在美国，几乎所有的谈判都在办公室或会议室等正式场合举行。与之相反，在日本和墨西哥，关系的建立非常重要，关系建立过程中的大部分内容都是在饭店或高尔夫球场等非正式或非工作场合进行的。在韩国，谈判形成的最终协议的签订一般在正式的公开场合进行，而不是在某人的办公室。

2. 席位安排。在美国，谈判的双方通常被安排在谈判桌的两边，面对面，以强调他们在争取各自的利益。当然，也有其他的设置方法，如双方的座位成直角或者双方坐在同一侧，强调大家一起“面对问题”；或者双方围坐在一个圆桌子旁，强调大家一起解决问题。

3. 对速度和时间的重视。美国人总是避免浪费时间，他们希望直接讨论问题，直指核心。有些国家的谈判文化则不是这样，例如，在墨西哥和中国，花费大量时间建立关系或进行其他与中心谈判过程并没有直接联系的活动。因此，在这些文化中，谈判的速度被牺牲了，谈判的效果和效率经常取决于双方的关系发展得如何。

4. 谈判团队的构成。谈判团队的构成及规模也会影响谈判。例如，谈判团队中的成员越多，就要做越多准备以保证团队的统一。团队构成在决策权威方面也很重要，如果参与谈判的人有权威做出重要决定，那么谈判一般会更高效。

团队构成因文化的不同而有显著的差异。在重视地位差距和等级的国家（如新加坡、印度、委内瑞拉、日本），团队成员在地位、职位、年龄和权威上与谈判的另一方保持对等十分重要。但是这在其他国家可能并不那么重要（如新西兰、加拿大和美国）。谈判团队的规模与国家文化也有很大关系。在美国这个推崇个人英雄主义的国家，其谈判团队的规模往往比推崇集体主义的中国、日本等小很多。由于谈判人数的不匹配可能会导致一些意想不到的误会。在中国台湾，如果只有一个人参与谈判或者谈判团队规模很小，可能会被认为不重视这次谈判。类似地，美国人可能会认为台湾企业派出规模庞大的团队是想利用人数威胁他们。

谈判过程 第三个也可能是谈判结果最重要的决定因素就是沟通过程本身。图表 11－13 描述了这一过程中的五个常见阶段，它们在所有文化中都一样。

图表 11－13 谈判过程的五个阶段

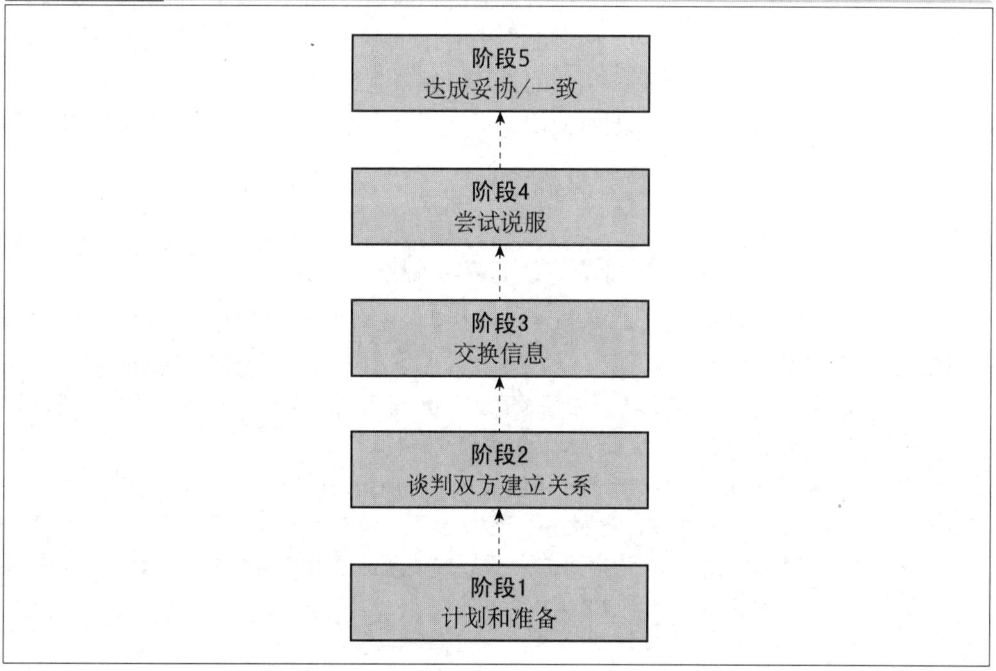

1. 阶段1：计划和准备。这个阶段包括在面对面沟通之间进行的所有计划和分析，以为谈判奠定基础。在这个阶段，个体或团队要进行背景调查、搜索相关信息并制定战略和战术，提前确定谈判的目标以及在谈判过程中哪些决定可以做、哪些不能让步。

2. 阶段2：谈判双方建立关系。这个阶段一般被喻为“非任务时间”。在这个时间段里，双方试图建立良好的工作关系。正如我们前面提到的，美国人倾向于缩短这个阶段的时间，他们认为这些活动相对来说并不重要。但是来自拉丁美洲、中东和亚洲等地区的谈判者则认为这个阶段非常重要。研究发现这个阶段中通常有三种行为：增强互信、建立个人关系以及建立长期联系。

3. 阶段3：交换信息。在这个阶段，双方主要了解对方的需求和要求。美国的管理者经常以“你告诉我你的需求，我告诉你我的需求”的态度快速地完成这些活动。然而亚洲的管理者往往采取一种间接的方式获取和交换信息。阿拉伯国家和拉丁美洲的管理者也采取类似的方式，只不过后者在这个阶段更加悠闲缓慢。

4. 阶段4：尝试说服。这个阶段主要是试图改变对方的立场，影响对方以使他们接受自己希望交换的条件（例如，以一定的价格交换一定质量或数量的产品或服务）。这个过程中的行为通常因为低情境文化和高情境文化而不同。美国的管理者往往很重视这个阶段，他们在试图得到想到的东西时非常直接和坦率，有时甚至威胁恐吓对方。阿拉伯国家的管理者在说服阶段采取的策略与美国人类似，但他们并不急于求成。来自亚洲的谈判者在这个过程中会采取缓慢、谨慎的行动，不到最后不会直接摊牌。拉丁美洲的管理者倾向采用多种谈判策略，以此显示其在谈判过程中的强硬，但是如果“刻意延迟”战术合适，他们也会采用。

5. 阶段5：达成妥协/一致。在最后这个阶段，如果已经取得了合理的进展，那么妥协和让步会让双方都获得有价值的东西。美国的管理者倾向于在谈判之初就持有与最终结果相近的立场，他们能作出的让步不会很多。阿拉伯国家和拉丁美洲国家的管理者似乎倾向于从一个极端的立场开始谈判，这使他们能在接下来的谈判中作出让步。亚洲国家的管理者通常使用“诉诸规范”（例如，“这是你的职责所在”）试图让对方作出让步。

来自一线的管理挑战——尾声

经过一次艰难的沟通事件后，布里奇特·钱伯斯找到了她在公司的一个导师征求意见。“她看着我的眼睛，说我做的事情与所想的（即成功的沟通）是不同的。”钱伯斯回忆她的导师时说道：“她让我意识到，当我得到一些结果的同时，也留下了一堆烂摊子，从长期来看，这带来的损失如同失去了目标一样。她给我的反馈就像刀子一样。”

有了那次经验，钱伯斯对自己直接沟通方式可能带来的反应更加警惕和敏感，即便当她必须要向受影响的人传达令人不适的信息。她已经学会了把潜在的困难环境转变为积极和有价值的机会，这些机会将有助于共同目标的实现。结果，钱伯斯的公司持续发展，同时她也因在领导和沟通方面做出的努力而赢得了大量的赞美和奖励。

本章小结

- 由于沟通涉及信息、意义和理解的传递，它是管理有效性的重要组成部分，并且是实施有效领导的关键。
- 基本沟通过程包括发送者编码信息并且通过媒介将它们传送，接收者解码并解释这些消息。通常情况下，会存在某种形式的反馈（也有可能没有任何反馈），它们由接收者返回给发送者。在整个过程中，可能会出现某种程度的“噪声”或干扰因素，它们会干扰发送者与接收者之间的沟通。
- 沟通可以是语言的或非语言的，它们在媒介丰富度或促进共享意义的能力上程度不同。
- 组织环境的不同特征直接影响沟通的有效性。这些特征包括沟通的方向（上行、下行或是横向）、使用的渠道（正式和非正式）和存在于组织中的现行沟通网络的模式。
- 有效沟通的主要障碍包括：人际障碍，如情感或不同的参照系；组织障碍，如发送者和接收者之间的差异及其层级或单位的隶属关系；文化障碍，如民族中心主义和语言差异。
- 虽然很多沟通障碍几乎难以被完全消除，但是我们可以采取措施来减少其影响。个人可以努力提高他们的信息发送技巧，特别是倾听技巧。组织可以提高对沟通问题，如与跨文化相关的问题的认识并积极响应，还可以改善自身的沟通流程。
- 对于管理者，尤其是那些在组织中地位较高的管理者来说，谈判是日益重要的一种沟通类型，谈判是指与另一方会面并达成协议的过程。谈判过程通常包括五个主要阶段：计划和准备、建立关系、交换信息、尝试说服以及达成妥协/一致。与其他任何沟通过程一样，任一阶段都可能出现误解。

复习题

1. 什么是沟通？
2. 沟通模型的基本要素有哪些？
3. 哪种沟通模式是最灵活的？最不灵活的沟通又是什么？为什么？
4. 媒介丰富度是什么意思？
5. 在组织中，上行沟通、下行沟通以及横向沟通的主要区别是什么？
6. 什么是沟通网络？
7. 选择性知觉以及参照框架是如何相关联的？
8. 高情境文化与低情境文化的主要区别是什么？
9. 讨论四种可以提高倾听技能的方法。
10. 组织可以通过何种方法来改善内部沟通？
11. 在谈判中，利益和立场的区别是什么？
12. 有效谈判的四条原则是什么？

自我评估

我的倾听技能怎么样？

利用以下量表，对于每一个阐述，圈出代表你赞同或是不赞同程度的数字。

	非常赞同	赞同	中立	不赞同	非常不赞同
1. 我经常试图在同一时间内听几个谈话。	1	2	3	4	5
2. 我喜欢人们只给我事实，然后让我自己解释。	1	2	3	4	5
3. 我有时会假装关注别人。	1	2	3	4	5
4. 我认为自己对非语言沟通有很好的判断能力。	1	2	3	4	5
5. 我经常在他人说话之前就知道他要说什么。	1	2	3	4	5
6. 我经常会通过把自己的注意力从说话人身上挪开以结束一些我不感兴趣的话题。	1	2	3	4	5
7. 我频繁地点头、皱眉或是提供其他非语言的暗示，让说话人知道我对其所说的话的感觉。	1	2	3	4	5
8. 当他人的讲话结束后，我经常会立即回应。	1	2	3	4	5
9. 我会评估他人在说什么。	1	2	3	4	5
10. 我通常会在别人还在说话的时候有所回应。	1	2	3	4	5
11. 说话人“传递”信息的方式经常会影响我所听到的内容。	1	2	3	4	5
12. 我经常请求他人证实他们所说的，而不是自己猜测。	1	2	3	4	5
13. 我会努力理解他人的观点。	1	2	3	4	5
14. 我经常听取我期望听到的，而不是别人所说的。	1	2	3	4	5
15. 大多数人觉得当我反对他们的观点时，我对他们的观点是理解的。	1	2	3	4	5

得分

计算你的得分：

1. 把第1～3，5～11和14题的得分加总。输入你的得分：________。

2. 反向加总第4，12，13和15题的得分（5变为1；4变为2；依次类推）。输入你的得分：________。你的总得分就是以上两部分之和。总计：________。

分析及解释

有效的沟通者具备良好的倾听技能。设计该方法是为了帮你更深入地了解你的倾听技能。

总分在15～75之间。分数越高，证明你是一个越好的倾听者。如果你的得分在60或以上，表示你的倾听技能是相当好的。得分在40或以下时，表示你还需要非常努力地提高你的倾听技能。

以下资料有助于提高倾听技能：

- M. Helgessen，*Active Listening*：*Building Skills for Understanding*（New York：Cambridge University Press，1994）.
- M. Burley-Allen，*Listening*：*The Forgotten Skill*（Hoboken：Wiley，1995）.
- J. E. Sullivan，*The Good Listener*（Notre Dame：Ave Maria Press，2000）.

团队练习

模拟媒介丰富度

这是一个有趣的练习，能生动地展示根据沟通需要选择合适媒介的重要性。教师可以将学生分成三组：老师、学员和观察员。

每位老师试图指导他的学员进行一项复杂的任务，每个团队在指导中运用不同层次的媒介丰富度。

示范过后，班级成员将讨论以下问题：

1. 哪种方式是最有效的？
2. 最快的方式同时也是最成功的方式吗？
3. 哪些因素会影响指导的成功或失败？
4. 这个练习与媒介丰富度理论有何关联？
5. 说出你遇到过的错误选择沟通媒介的例子。在这种情况下，什么是正确的？什么是错误的？媒介选择不当带来了什么不良后果？
6. 怎样在工作中应用你所学的知识？

章末案例

填补沟通“代沟”

不同代际之间的差异会给管理者带来诸多挑战，尤其可能带来沟通问题。如何最好地应对这一问题？

大部分中等或更大规模的组织都雇佣了不同代际的员工。年轻员工由于他们的生活经历以及他们在青年时期就接触并使用新的沟通技术，他们习惯于即时沟通并快速利用各种方式。年长员工由于成长环境与年轻员工完全不同，他们更倾向于使用和回应正式沟通，尤其是书面模式。速度、非正式性、互动性是那些20多岁和30多岁的员工所具有的特征，而对那些在职业生涯末期的员工来说，深入、可靠、更加线性的沟通方式则更重要。

如同许多人观察到的，将这些不同的代际成员混在同一个组织，尤其是同一个工作团队中，会产生许多意想不到的沟通难题，下面描述的就是可能给管理者带来沟通挑战的两种情形：

情形1：

星期五下午4点，马克放下了公司最近的财务报表，拿起了手机和办公室钥匙，走向了咖啡馆后面的露台，那儿有曲奇和正在进行的谈话。马克在公司才工作了6个月，他将这种非正式的场合看作结识其他管理者的好时机。他加入了一群人，这群人正在倾听肯特分享自20世纪70年代开始公司早年的故事。即使肯特只提及了少量事实，而且也没有太多情绪性的表达，这些故事依然很有趣。马克在听的同时，还给他的一些朋友发送了关于当晚计划的信息。突然，肯特停住了，盯着马克说：“我知道我让你感到无聊了。”说完后肯特就起身离开和别人说话去了。马克立即向他的朋友们发了一条推特说了此事，并开始寻找其他可以加入的群体。就在那时，玛丽亚拦住他并建议他说如果他真的要给群体留下一个好的印象，最好将手机收起来。不久之后，马克就回到了他的办公室。

当马克回到办公室时，他对刚刚几个经理给他的一些评论感到很困惑，他又将这个情形用信息发给了他的朋友们并寻求反馈。大多数朋友的反馈都是说不用担心，这仅仅是一些年长的管理者不懂他和他的朋友所理解的多任务处理罢了。然而，他也接到了朋友萨姆的电话，萨姆做的是人力资源工作，即使萨姆是“婴儿潮”一代，也经常使用电子设备，但是他也有坐下来面对面讨论重要问题的习惯，因此接到萨姆的电话而不是收到电子邮件对马克来说也不足为奇。马克去了萨姆的办公室，两人之间的谈话令人惊讶。萨姆向马克阐述了不同代际进行沟通时使用的不同方法，他解释说许多年长的人将在会议期间发短信视为非常不严肃的一种行为，他们也更看重面对面沟通。萨姆建议马克开始注意那些年长的管理者相互沟通的方式。他说马克将会对不同代际管理者的沟通方式和偏好的差异感到惊奇。感谢萨姆后，马克回到了自己的办公室，他有很多事情需要仔细思考。当然，他立刻将这次谈话又通过短信发给了他的一些朋友。

情形2：

工作了6个月后，惠特尼很高兴自己成为营销推广部的经理。惠特尼才28岁，为了使促销计划更加有效，她非常努力，并且已经就团队之间的沟通提出了大量的变革措施。除了临近退休的布莱特，她的团队成员大部分处于20～40多岁之间。惠特尼似乎与部门中的大部分人进行沟通都不会有问题，但却不知道如何同布莱特沟通。布莱特从来不回复短信、从来不在部门博客留言，也从来不将计划方案在线与团队成员共享。前一任部门经理告诉过惠特尼，说布莱特是部门的一项重要资产而且有很棒的想法，但是惠特尼不明白为什么布莱特不能达到她的期望。

◆ 思考题

1. 在这两种情形下，你发现了哪些沟通障碍？

2. 两种情形下有人“错”了吗？说明原因。

3. 在情形2中，你认为年龄和性别差异是影响沟通的因素吗？或者两者都不是，仅仅是个体之间的差异？请解释。

4. 马克、肯特、惠特尼和布莱特应如何提高他们的沟通技能？

第 12 章

个人和群体决策

Individual and Group Decision Making

学习目标

通过本章的学习，你应该能够：

- 解释决策制定的传统模式；
- 认识并解释决策过程中的有限理性；
- 描述风险和不确定性对决策的影响；
- 列出在什么条件下个人决策最优，以及在什么条件下群体决策最优；
- 确定促进群体决策的步骤；
- 描述有效决策的阻碍以及克服它们的方法。

来自一线的管理挑战

姓名：卢芮·洛德（Lurue Lord）

职位：洛德眼科中心合伙人

母校：佐治亚南方大学

业余爱好：海上钓鱼，打高尔夫球和网球

第一份工作：在佐治亚州萨凡纳市的一家法律公司做助手

推荐的商业书籍：《合神心意的领导》（*How to Lead and Still Have a Life and The E Myth Revisited*）

偶像：父母

座右铭：享受生活，享受工作

驱动力：受到成功挑战的激励

管理风格：坚持到底，心智坚韧

不能忍受的事：与没有干劲的人打交道

1978 年，洛德跟她的验光师丈夫一起在佐治亚州的斯泰茨伯勒成立了洛德眼科中心。通过他们的辛勤工作和奉献精神，公司迅速成长，在佐治亚州的 6 个城市开设了分店。如今，洛德眼科中心已经拥有 11 名医生，成为佐治亚州最大的私营验光配镜企业。

跟许多小企业一样，洛德眼科中心的早期成功主要来自洛德夫妇的积极管理。最初，洛德对公司各个方面的运营包括怎么去竞争、从哪里买原料等，都要亲力亲为并做决策。但是，随着业务的增长和公司地理上的拓展，洛德开始面临一个有趣的挑战：她是否还应该像以前那样去做决策？所有事情都亲力亲为？还是招聘一个得力助手，赋予他权力让其做决策？

洛德面临这样的选择。第一，随着眼科中心的发展，有更多简单决策要由洛德来做。第二，随着公司的繁荣发展，洛德夫妇能够雇佣并且培养那些有潜力做决策的人。“我发现我们员工的思想和处事方式有时非常出色，给予他们更多的自由和灵活性能够激励他们。”洛德解释道。第三，所有的事情都靠她自己来做决策很耗费时间，而她本来可以利用这些时间享受自己的劳动成果。第四，随着商业版图的扩展，经常亲临所有的商店、了解一切运营细节并在需要做具体决策时在那里，变得越来越难。

但是，授权员工去做决策并不是没有风险的。验光配镜行业竞争激烈，回头客很重要，同时口碑（正面的或负面的）对一个公司吸引新顾客的能力也有极大影响。因此，今天糟糕的决策可能会影响业务的未来发展。

那么洛德必须做什么呢？越来越多的决策要做，雇员遍布佐治亚州从南往北的6个地方，并且每个公司面临的竞争环境也不同。她是否应该授权给员工，让他们更多地去做决策，还是坚持曾经成功的亲力亲为的方法？

许多人认为决策是最重要的管理活动。决策是确定一个问题或机会的本质，并且在多个可能方案中做出选择，以解决问题或利用机会的过程。从这个意义上说，决策包括两个方面：行为和过程。决策行为涉及在可供选择的方案中做抉择。决策过程包括几个步骤，这些步骤可分为两个方面。第一，界定，包括确定一个问题或机会，获取信息，诊断影响问题或机会的因素。第二，解决，包括产生可选方案，选择最佳的解决方案，以及执行决策的行动过程。执行解决方案后，管理者监控形势以确定决策成功的范围。

像卢芮·洛德一样，作为管理者，你需要了解什么因素影响决策的质量，以及你能做什么来改善这些因素。接下来讨论的模型有助于你更好地了解个人或者群体的管理决策的形成，每一个决策都是基于人们所从事的工作的本质。

12.1 个人决策

详述决策过程并不容易。关于个人和群体如何做决策的研究结果是复杂的。即便如此，至少有三种解释决策过程的尝试值得关注，它们分别是：（1）经典或理性模型；（2）管理或有限理性模型；（3）追溯决策模型。当你学习这些模型的时候，请注意对决策者性质的假设，并分析这些假设的差异。

12.1.1 经典或理性模型

经典模型也称理性模型，代表最早把决策过程模型化的尝试。该方法包括7个基本步骤（见图表12-1）。

第1步：识别决策情境 在经典模型中，决策者从识别决策的情境，即问题或机会的存在开始。当一个经理发现公司现状与所期望的绩效之间存在差距时，问题就出现了。这是我们决策时经常遇到的情形，也解释了为什么决策制定和解决问题经常被交替谈论。例如，你可能发现，你的下属有做不完的工作。结果你可能决定多雇一名员工。

当管理者看到了一个能够使公司达到比现状更好的状态的方法时，机会就出现了。例如，你可能会看到一个占领更大市场份额的机会，因为一个主要竞争对手存在

图表 12-1　经典决策模型

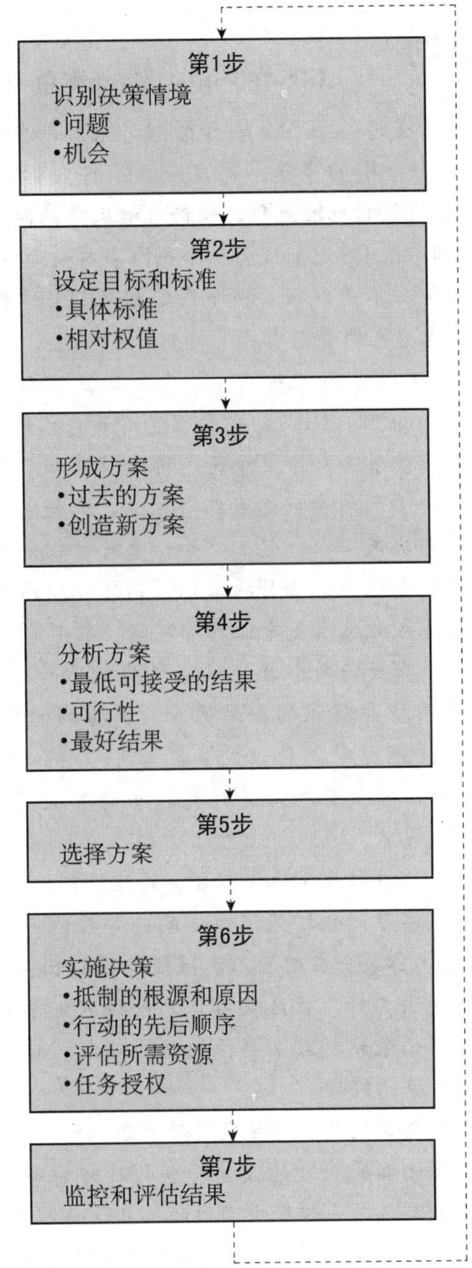

与安装和增加新设备相关的生产问题。对此，你可以增加产量来填补竞争对手因生产水平低而留出的市场空白。

知觉的作用　不同的管理者对环境有不同的解读，有的将环境视为机会，有的将其视为威胁。你的知觉（看待环境的方式）在很大程度上取决于你的经验、性格和需求。因此，当你第一次考察环境时，询问其他人在此环境下的需求，这对你会有价值。

下面的“管理者的挑战”说明了联合包裹服务公司（UPS）如何通过给予管理者平常无法获得的经验来开阔其视野，以帮助他们做出更好的决策。

管理者的挑战——多元化

UPS在决策中获得新视角

在美国联合包裹服务公司（UPS），对于管理者来说，在管理时从不同的角度出发去做出更好的决策是一件难以平衡的事情。一方面，UPS宣称它经营“最严格的船舶航运业务”。公司通过形成日常决策的标准流程，包括司机送货的时候该如何拿钥匙等来建立起成功的全球快递业务。同时，UPS逐渐成为一个拥有多样化员工的公司。公司有超过40万名员工，并且有一半的新员工不是白人。一个高级经理说：“我们的员工各有特色、多种多样。我们需要能够管理这些人的管理者。”

因此，自1968年以来，每年大约有50名高级管理人员参加UPS的社区实习计划（Community Internship Program，CIP），即管理者离开自己的工作或家庭，在新的社区实习计划工作地点（如纽约、查塔努加、麦卡伦、得克萨斯和旧金山）工作一个月。在这些城市，UPS的经理会遇到一系列社会问题和经济问题，包括贫穷。在这一个月里，不管他们是清理破旧公寓，还是与移民工人一起工作等，参与者都说这些经历使得他们对多元化有了新的体验。比如，通过在纽约一个月的工作，销售经理马克·温·安洛说，社区实习计划帮助他增长知识，使他成为技术更全面的管理者，并且让他对人们面临的问题有了更深的了解和认识。佩蒂·霍布斯与两个曾经吸毒成瘾的青少年一起工作，完成了她在纽约的实习。她指出，这些青少年提供的帮助他人远离毒品的周到建议令人印象深刻。回到工作岗位后，在讨论解决问题时，她让更多员工参与群体决策，而不仅仅是最高级别的管理人员。“无论职位如何，没有人知道所有问题的答案。”她解释道，“答案来自我们所有人。”

包装部经理格雷格·坎贝尔基于他在旧金山的经验指出：“这是一个重要经验，会影响我未来的许多方法。社区实习计划增强了我们的领导技能，并让我们以不同的方式思考和行动。”人力资源经理金·华莱士在旧金山获得经验后指出：“我认识到一群聪明执着的人的想法比我独自一人的想法要好。社区实习计划给经理们亲自体验苦难的机会，而这些苦难通常是别人不得不经历的艰辛。我不会很快做出判断。我相信这有助于我在未来的职业生涯中成为一个更善解人意的经理。”

艾伦·肖本布尔曾参与田纳西州的社区实习计划，他评论说：“这个经历让我更了解如何与员工相处，我对群体面临的管理的或非管理的日常事务有了更好的理解。作为一个经理，社区实习计划给了我与员工一起解决问题的工具，而不是使事情更糟。”

通过这个计划，UPS已经为它的1 500位中层管理人员投资超过1 500万美元，付出了人均1万美元的成本。尽管高管们无法说明这一投资的财务回报，但从参与者的反馈来看，他们不仅在决策中获得了新视角，而且他们回来后开始在自己的社区做志愿者。一个最近参加该项目的人说：“我们永远不会真正知道我们影响了多少人。”

资料来源：Company Web site，http://www.community.ups.com，accessed May 1，2010；B. Leak，“UPS Delivers an Eye-Opener，”*BusinessWeek*，October 10，2005，http://www.businessweek.com.

第 2 步：设定目标和标准　一旦你确定了问题或机会，下一步就是在可选择方案中确定标准。例如，你在决定雇佣某位应聘者之前，需要确定要实现的结果。如果你需要雇佣高效的销售人员，那么良好的人际交往能力可能是一个标准。然而，根据单个标准做决策是很少见的，因为一个因素很难形成所期望的所有结果。比如说，仅有良好的人际交往能力未必能带来好的销售结果。销售人员需要激励，也需要了解整个销售过程。

Jim West\Alamy Images

1968 年以来，UPS 已投资超过 1 500 万美元让 1 500 名中层管理人员帮助存在贫困和其他问题的社区。该计划由 UPS 创始人詹姆士·凯西发起，旨在增加公司视角的多样性。上图是 UPS 的志愿者在当地的一所高中画壁饰。

当涉及多个标准时，为不同标准设置权重是很重要的。例如，你决定是否雇佣一名销售人员取决于四个因素：人际交往能力、动机、产品知识和对销售过程的理解。然而，这些因素的影响可能不是相等的。作为管理者你可能会为每个标准分配一个权重。例如，动机占 30%，人际交往能力占 25%，对销售过程的理解占 25%，产品知识占 20%。

第 3 步：形成方案　一旦你已经建立了目标和标准，下一步就是形成方案，以达到预期结果。你如何能够彻底解决一个特定问题或抓住一个机会？大多数人首先考虑的选择都是曾经成功使用过的方案。如果目前的情况是类似的，过去的解决方案也许有效。但是，如果情况不一样，我们就必须进行新的选择。即使情况类似，追求新的、创造性的方案也是值得的。为什么呢？因为没有两种情况是完全相同的，微妙的差异可能会让过去的解决方案在今天失效。例如，以前在 IBM，销售人员对产品的认知和行业经验是其成功的关键。如果你销售电脑主机，就需要知道所有的技术规格并且能够传达给客户部的技术经理。随着时间的推移，主机、服务器、台式电脑、软件等，变得如此复杂，客户想要一个集成的解决方案，而不只是优越但独立的方案。现在销售经理要销售 1 亿美元的解决方案，而不是出售 1 000 万美元的大型计算机；销售经理不是和技术采购经理沟通，而是必须和首席信息官（CIO）或首席执行官沟通。因此，IBM 不得不使用不同的标准来挑选销售人员，如说服客户购买解决方案而不是技术产品从而获得商业回报的能力。

第 4 步：分析方案　即分析可选择的方案。首先，需要确定可选方案最低可接受的结果，以排除那些不可能实现最低可接受结果的方案。其次，检查剩余方案的可行性。回到招聘的例子，你可能已经发现销售职位的 3 个候选人都能达到最低可接受的销售结果。但其中一个候选人的工资需求超过你的预算，所以这个人选不可行。一旦去掉不可行的方案，下一步就是确定剩下的方案中哪个会产生最好结果。通常情况下，需要应用第 2 步中的标准和权重。例如，针对剩下的两个销售职位的候选人简和玛莎，你可能会运用图表 12-2 中的四个标准来对两人进行评估。尽管在对销售过程的理解和产品知识方面，简的得分低于玛莎，但简却是更佳候选人，因为简在重要标准（动机和人际交往能力）上得分较高，因此总分更高。

图表 12-2　分析方案中的标准应用

候选人	标准	评分* ×权重 ＝ 得分
玛莎	动机	8×0.30 ＝ 2.40
	人际交往能力	6×0.25 ＝ 1.50
	对销售过程的理解	7×0.25 ＝ 1.75
	产品知识	6×0.20 ＝ 1.20
		总分 ＝ 6.85
简	动机	9×0.30 ＝ 2.70
	人际交往能力	8×0.25 ＝ 2.00
	对销售过程的理解	6×0.25 ＝ 1.50
	产品知识	5×0.20 ＝ 1.00
		总分 ＝ 7.20

*1＝低；10＝高

第5步：选择方案　选择方案是分析的自然结果。经典模型认为，管理者会选择预期结果最优化的方案。**主观期望效用（SEU）模型**（subjectively expected utility (SEU) model）充分体现了这一点。该模型认为，管理者选择的方案可以产生他们主观认为最优的期望结果。该模型的两个关键因素是：选择所产生的预期结果和实施该选择的概率。在招聘的例子中，因为简在成功销售的标准中得分较高，所以似乎是能够带来更大销量的候选人。根据SEU模型，选择简之前，你应该评估如果把这份工作给简，她是否会为你工作的概率。如果简是更好的人选，但不会为你工作，那么她就不是最好的候选人，玛莎才是。

第6步：实施决策　在经典决策模型中，有效决策的实施分为四个部分。第一，分析潜在抵制决策的原因。例如，乔是公司的一个地区销售经理，玛莎是他的朋友，所以他可能会拒绝雇佣简。乔许诺玛莎，帮助她得到这份销售工作。第二，预先设计好克服决策阻力行动的先后顺序，以保证决策的有效实施。例如，你知道乔认为招聘一个新的销售人员，对销售过程的理解和产品知识是最重要的。你也知道在这两个标准上，玛莎的得分比简高。因此，你在做决策时可能先要向乔做个解释，即你认为动机和人际交往能力的权重高于对销售过程的理解或产品知识，并且公司和独立研究都支持这一看法。此外，你可以安排简在一名区域销售经理处工作，而不在乔的部门工作，确保她在公司有一个好的开始。你也可以让她去参加一个月的培训，帮助她更好地了解产品，接着让她参加一周销售过程培训。确定行动的时间和顺序之后，就是第三步了，即评估有效实施决策的所需资源。例如，你将在简的销售培训课程上花费5 500美元。此外，你需要确定是否可以把实施环节（如为简安排销售过程课程）委托给他人，确保这些人明白并为这些步骤和结果负责。

第7步：监控和评估结果　在经典模型中，最后一步是监控和评估决策结果。要做到这一点，必须收集信息，并且将这些信息与之前设定的目标和标准相比较。这一点知易行难。首先，你必须收集正确的信息，否则评价会扭曲，甚至更糟的是，评价会变得毫无意义。例如，在雇佣简的例子中，仅仅收集她生病天数的信息，不能帮助你评价她的早期工作表现。销售结果至关重要时，收集生病天数的信息非常愚蠢。但是，收集容易得到的信息来模糊重要之事并非罕见。通常，最重要的信息是最难收集的。例如，收集简打过的销售电话的数量信息，远远比收集她在电话销售的过程中对待顾客的态度的信息要简单得多。然而，从销售方面来说，后者可能比前者更重要。如果你没有收集到适当的信息，最后一步将失败。关键一点是，为了发现原始决策和实施中的问题，监控和评估结果非常重要。这将使你在必要时能够迅速采取纠正措施。

对许多人来说，经典模型意义重大。但重要的是要了解模型建立的假设：

- 问题或机会是清晰的。
- 公司目标是明确的。
- 人们在决策标准和权重上意见一致。
- 所有选择都是已知的。
- 所有后果都可以预期。
- 决策者是理性的：

——他们没有偏见；

——他们处理所有相关信息；

——他们检验决策的即期和长期结果；

——他们寻求能够最优化其预期结果的方案。

当你回忆当初选择哪所大学的决策时，经典模型的潜在劣势就会暴露出来。你的问题/机会和目标清晰吗？每个人（你、你的父母、你的朋友）都同意你评估不同学校的标准和权重吗？你知道并会考虑所有你可能进入的大学吗？对每所学校的问题和机会的评估是不是完全没有偏见，并且包括了所有相关信息？你看到了决策的即期和长期结果吗？你是否能完整预期到进入各个学校的即期和长期结果呢？也许你对一些问题的回答是否定的，并不只有你是如此。研究表明，人们并不像经典模型那样理性。在图表 12-3 中，我们罗列了一系列抑制人们准确地识别和分析问题的能力的因素。

因此，尽管经典或理性模型显示了决策应如何制定，但其本身也存在一些短板。

图表 12-3 阻碍准确识别与分析问题的因素

因素	描述	例子
信息偏见	不愿意发出或接收负面信息	你支持简成为候选人，而忽略关于她在上一份工作中绩效问题的信息
吸收不确定性	信息传递时失去确定性的趋势	不清楚玛莎上一份工作中的表现，但是信息反馈给你时，她被描述成绩效差的员工
选择性知觉	忽略或者躲避一些信息，特别是模糊信息的倾向	简可能有几个就业机会甚至正在考虑回学校读书，但是你忽略了这一点并录用了她
刻板印象	基于他人描述做出选择	简毕业于一所私立高中，拿到半奖进入一所排名很前的大学，所以你认为她一定会是一名优秀员工
认知复杂性	人们能够一次性处理的信息量是有限的	一开始有 200 人申请这个职位，但你决定淘汰掉所有销售经验低于 3 年的人
压力	人们处理信息需求能力的降低	因为没有足够的销售人员，公司的市场份额正在下滑，所以你觉得没法详细查看每个候选人的所有信息

12.1.2 有限理性模型

诺贝尔奖得主赫伯特·西蒙开发了另一种决策模型，称为有限理性模型。它假设当人们在做决策时，并不是完全理性的。相反，该模型指出尽管人们寻求最佳解决方案，但通常会满足于与之差距较大的方案。为什么呢？因为做决策所需的信息和时间，往往多于他们所拥有的，因此，人们寻求一种“有限的”或“受限的”理性。

有限理性模型的概念试图描述关于决策的三种机制。第一，理性模型认为人们识别所有可能的解决方案，然后选择最佳方案。西蒙和其他学者认为，人们并没有这么做。相反，对于一个问题，人们一次检验一个解决方案。如果第一个解决方案不可行或他们认为效果不好，他们就会放弃该方案并考虑另一个。如果他们找到一个可以接受的（虽然不一定是最好的）解决方案，就会停止寻找新的替代方案。因此，如果第一个方案是可行的，搜索和分析努力可能会停止。

第二，有限理性模型认为人们使用启发式算法而不是明确的评价标准和权重去评估选择方案。**启发式算法**（heuristic）是一种为获得成功而搜索概率高的区域的规则。因此，利用启发式算法，你或许会认为做得好的销售员，是那些做过该工作的人，而不是四处为新的销售职位寻找可能的候选人。所以，你可能只是尽力寻找从竞争对手出来的人。这个方法能帮助你迅速做出决策。这就是为什么我们经常看到一些公司每年都在同一所大学招聘，因为以前这所学校的毕业生在公司表现良好。

第三个机制是满意化的概念（不要和令人满意相混淆）。满意化是指，选择一个最低可接受的解决方案，而不是竭尽全力搜索能够产生最好结果的方案。理性模型把决策者视为一个优化者，而有限理性模型则将其视为一个满足者。马奇和西蒙解释说：一个备选方案如果满足以下两个标准：（1）必须有一套比较可选方案的标准；（2）基于该标准，该方案是首选的，那么该方案就是最优的。一个备选方案如果满足以下两个标准：（1）有一套描述可接受最差方案的标准；（2）该方案符合或超越所有标准，那么该方案就是满意化方案。他们强调，找到一个最佳解决方案比找到一个满意化方案要难很多。

根据有限理性模型，决策过程如下：

1. 设定你想追求的目标，或定义要解决的问题。
2. 建立一个最低绩效或标准水平（即什么样的方案即使不完美，起码是可接受的）。
3. 运用启发式算法将解决办法缩小到有希望解决问题的范围。
4. 如果你不能确定一个可行方案，降低你的期望水平并搜寻不同的解决方案（重复步骤2和3）。
5. 在确定一个可行方案后，评估并确定其可接受性。
6. 如果这个方案不可接受，重新搜寻不同的解决方案（重复步骤3～5）。
7. 如果确定的方案是可以接受的，就实施该方案。
8. 实施后，根据未来的决策，评估是否达成目标，并随之提升或降低在以后决策中的绩效水平标准。

这一决策过程与理性模型完全不同，不追求最佳解决方案，而是寻找一个可以接受的解决方案。我们的搜寻行为是连续的，换句话说，我们一次评估一个解决方案。最后，相比之下，理性模型预先规定了人们应该如何行动，而有限理性模型是描述性的，它描述了决策者如何确认组织问题的解决方案。

12.1.3 追溯决策模型

第三种模型关注决策者在决策后如何使其选择合理化，我们称之为**追溯决策模型**（retrospective decision model）或隐性偏爱模型。

在该领域做出最大贡献的学者之一是麻省理工学院的教授皮尔·索尔伯格。索尔伯格观察商学院毕业生的工作选择，发现在许多情况下，学生的“隐性偏爱”（他们希望的选择）很早就存在了。然而，毕业生继续搜寻其他替代方案，并做出退而求其次的选择。索尔伯格称之为“确认候选者”。例如，一个学生可能确定亚利桑那的制造厂作为他的隐性偏爱，并选择了一个加利福尼亚的高新技术企业作为他的确认候选者。接着，学生会试图说明他的隐性偏爱是更好的。

索尔伯格理论指出，学生陷入知觉失真。也就是说，他们更强调其隐性偏爱的积极属性，而不是确认候选者的积极属性。例如，一个学生可能会更看重隐性偏爱所在地区的住房费用较低这一事实，虽然住在那里的生活总成本与确认候选者所在的地区没有什么不同。但讽刺的是，索尔伯格注意到，隐性偏爱通常仅仅在一个或两个维度上优于确认候选者。即便如此，决策者仍认为他们是考虑了所有的因素，并因此做出合理决策。

想一下，当你在买衣服、汽车、音响系统等时，有多少次你是这样做出决定的？一开始，一件商品吸引了你，然后你就花相当长的时间让自己和周围的人相信它是“最好”的选择。如果你的隐性偏爱是竞争商品中最便宜的，那么你强调它的价格；如果不是，你就强调其质量或款式。最终，你购买了最初一眼就看中的商品，为你做了正确的选择而感到满意。当然，这种靠直觉做出的决策不一定是错的。一些研究表明，直觉决策不仅更迅速，而且其结果与其他类型的决策相比，一样好甚至更好。

12.1.4 决策类型

你认为哪种决策过程最能体现你的风格？你是一个理性决策者、有限理性决策者还是追溯决策者？也许三者兼而有之，在不同的时间根据决策类型而定。

大多数决策可以分为两种基本类型：程序化或非程序化。程序化决策是指，对简单的或常规问题的标准反应。决策者能够很好地界定和清晰地理解问题的本质和可能的解决方案。例如，管理者做出录取决策通常使用程序化决策。同时，许多大学的录取标准，如学分和考试成绩都有明确标准。在设置了录取的最低门槛后，高于该门槛的学生就会自动被录取。工会在评价公司如何对待员工时，也经常进行程序化决策。例如，根据资历来确定公司给工会成员的工资待遇与晋升情况。在这些决策中，都可以确定明确的具体标准（大学录取的标准是学分与考试成绩，工会成员晋升的标准是资历水平）。程序化决策过程的特征是明确说明问题和问题解决的高度确定性，并且规则和程序通常能够明确说明人们应该如何做出反应。

相比之下，非程序化决策是对复杂的或新的问题做出反应。例如，资金有限的大学校长是否应该扩大商学院的规模来满足日益增长的学生需求？是否应该增加学校的科研设施，以吸引更多的联邦政府的科研合同？没有哪个选择一定是正确的，而且过去的决策参照性也有限，你必须仔细地权衡方案及其结果。在大多数组织中，企业的等级制度决定了谁做程序化决策，谁做非程序化决策。如图表 12－4 显示，高层管理人员通常面临非程序化决策，同时基层管理者通常会遇到程序化或常规决策，中层管理者则介于两者之间。

图表 12－4　决策者层级和决策类型

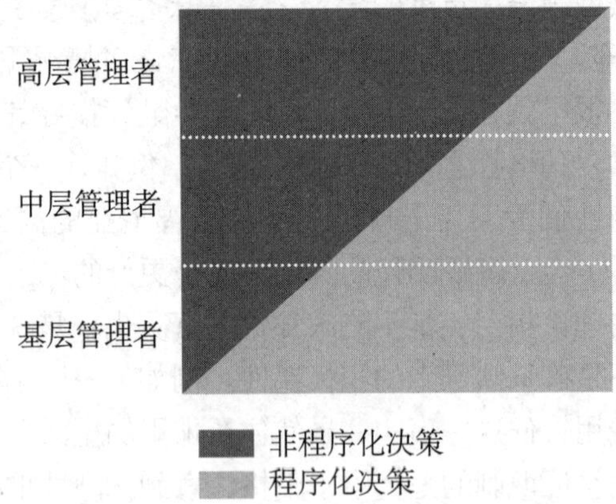

最后，关于程序化与非程序化决策需要指出的是，程序化决策通常是基于结构化、官僚化的技术。例如，**标准作业程序**（standard operating procedures，SOP）通常应用于程序化决策。标准作业程序明确了应该做什么，即每一步的顺序以及每一步应该如何实施。在许多情况下，公司都用这些方法避免事故。如果行为偏离了公司所制定的安全有效的步骤和行动，就会发生事故。例如，在 2010 年 3 月，格雷戈瑞·罗斯法官判定河谷公司有罪并罚款 3 万美元。他还命令该公司支付 6 万美元，作为公司教练特尔·布雷斯特蒙的死亡补偿。因为在一个高难度 5 级的支点速滑中，布雷斯特蒙指导的木筏与河谷里的其他木筏碰撞，布雷斯特蒙不幸遇难。海事调查局的海事经理史蒂夫·斯普林德说："尽管有一个标准作业程序用于识别和减轻河道已知的危险，如在水位较高的水流中使用安全皮筏穿过急流。但在事故发生的那一天，这些步骤并没有被执行。"

由于非程序化决策的结果往往很不确定，管理者似乎都倾向于用程序化活动来掩盖非程序化活动。因此，如果一个管理者有一系列的决策，会倾向于把精力放在那些常规的和重复的决策上，然后再处理那些独特的、需要深思熟虑并且结果更具模糊性、不确定的决策。这种倾向称为**格雷沙姆定律**（Gresham's law of planning）。因此，管理者有时候并没有抓住那些必须要做的更困难、更重要的决策，他们要么用完了全部时间，要么继续让程序化决策占据了他们的时间。

格雷沙姆定律的含义非常明确。作为一个管理者，你必须及时地决策，按时检查是否明智地利用了决策时间，否则你就是格雷沙姆定律的受害者。图表 12－5 的矩阵可以帮助你评估这一问题。

12.1.5　什么影响有效的决策制定?

从实践角度看，也许对管理者而言最重要的事情就是，什么影响了有效的决策制定？图表 12－6 显示了影响决策质量的普遍因素。

图表 12-5　格雷沙姆定律

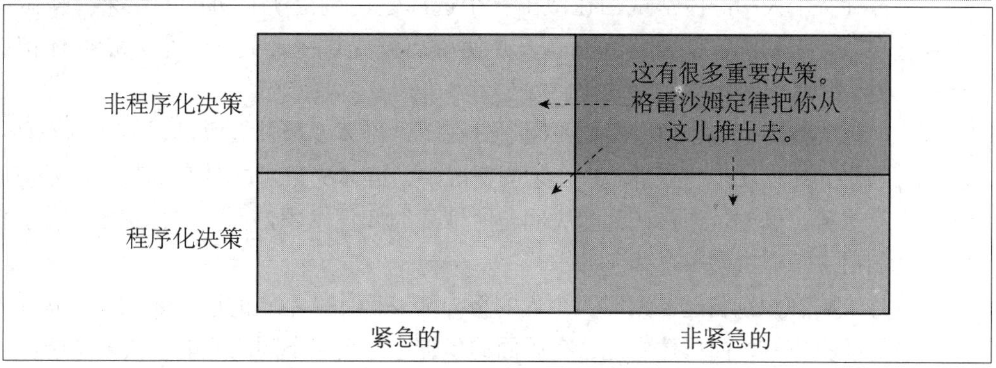

第一个是决策者的特征。之前的章节讨论过我们也许没有自己认为的那么理性。例如，在我们试图做理性思考的时候，往往仍会有偏爱和偏见。此外，我们可能对问题不熟悉或者对它太熟悉而做出仓促的决策。我们能够处理的信息量有限，这经常导致我们满足于最低要求。

图表 12-6　决策过程的影响因素

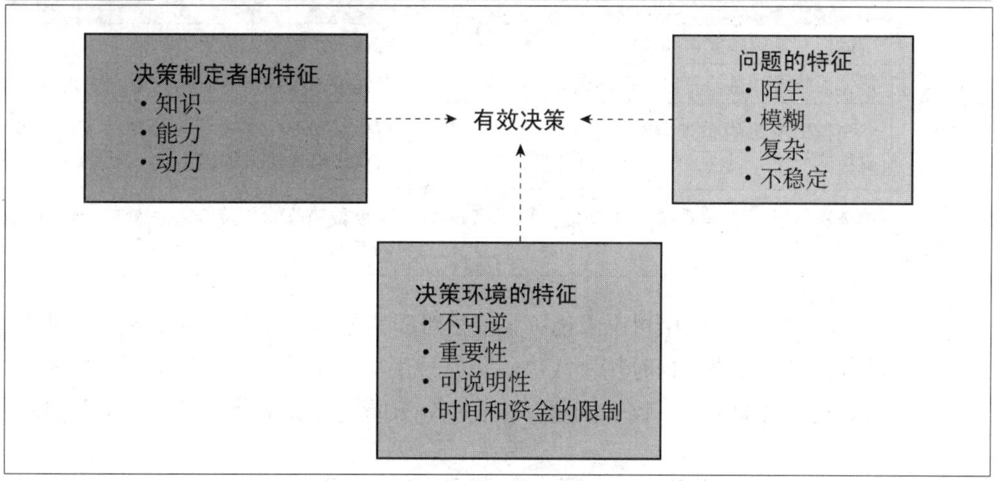

第二个是问题或机会本身的特征。越模糊不清的问题，越难确定“正确”的决策。也正如我们讨论过的，人们倾向推迟做模糊的决策，或者没有完全核查相关信息就做了决策。问题的复杂性也会影响结果。问题越复杂，对决策和有效执行的挑战也越大。问题的稳定程度也会影响决策有效性。显然，问题越是不稳定，变化的机会也越大，同时被选出来的解决方案在执行时越有可能与之不相符。

第三个是决策环境。例如，时间和资源的限制（人口、资金、设备等）可能会影响决策的有效性。你面临的压力越大，就会有越多的限制，就越有可能漏掉决策的某个重要方面。此外，决策本身的重要性也会产生压力，这也会影响决策的有效性。

12.2　群体决策制定

本章开篇描述的三个模型解释了个人决策的某些方面。然而，这些模型也可以阐释群体决策。许多基本过程是一样的。在经典（理性）模型中，个人和群体都要确定目标。个人和群体都试图在做出一个选择之前确定所有可能的结果。在做决策的时候，个人和群体都要感到满意，并使用启发式算法。最终，个人和群体都有隐性偏爱，并且试图将它们合理化。

群体决策与个体决策的不同之处在于，群体要与社会互动，因而动态环境更加复杂化。如图表12-7所示，在某些情况中，群体决策可能具有优势，但是有时可能具有劣势。例如，通常在为解决问题所带来的知识累积方面，群体优于个体。但是群体制定决策通常慢于个体。

- 在识别备选方案时，个人的努力能够确保从不同的职能领域来考虑不同、独特的解决方案，而群体可能会在后面的步骤上才会从不同的职能领域来考虑。
- 在评估备选方案时，群体判断通常优于个人判断，因为它包含了更多的观点。
- 在选择备选方案时，群体成员的参与会使最终结果更能被人们所接受。
- 在实施备选方案时，个体责任通常优于群体责任。无论是个人还是群体做的决策，在执行决策时，个体通常比群体表现得更好。

图表12-7 群体决策制定的优势与劣势

优势	劣势
群体能积累更多知识和事例	群体工作常常慢于个体工作
群体能集思广益，考虑更多的选择	群体决策经常需要彼此妥协，难以产生最优方案
参与群体决策的个人会对决策更满意，更可能支持它	群体经常受一个人或者少部分人的支配，导致无法体现群体过程的优点
群体决策过程具有重要沟通功能，也是有用的政治功能	过度依赖群体决策会削弱管理者迅速而果断的行动能力

从图表12-7中可以看出，我们很难断定个人决策和群体决策哪个更优。作为管理者，你必须决策何时用个人决策，何时用群体决策。本章后面讨论的参与性决策的权变模型有助于解决这一问题。让我们先来看看有关群体决策的几个普遍问题。

12.2.1 群体决策问题：群体思维和承诺升级

群体思维现象对群体决策有消极影响。心理学家欧文·贾尼斯的研究表明，群体思维发生在成员一致性处于支配地位时，掩盖了对备选行动方案的真实评价。这一观点产生于贾尼斯关于政府领导者对高级政策决策的研究，包括美国政府对越南战争、猪湾事件和朝鲜战争的政策。贾尼斯在分析导致每个行动的决策过程时发现，构建群体规范以改进提高士气是以牺牲批判性思维为代价的。图表12-8展示了群体思维如何在群体中发展的模型。

群体思维症状 通过研究政府和商业领导者，贾尼斯确定了8种群体思维症状(如图表12-8所示)。群体思维会导致无懈可击错觉。群体成员经常会打消自己对明显危险的疑虑，变得过度乐观，并且愿意冒险。例如，20世纪60年代，在灾难性的猪湾登陆事件中，美国人做了能够秘密入侵古巴的错误假设。甚至在计划泄露之后，政府领导层仍旧相信他们有能力保守秘密。

图表 12-8 群体思维的过程

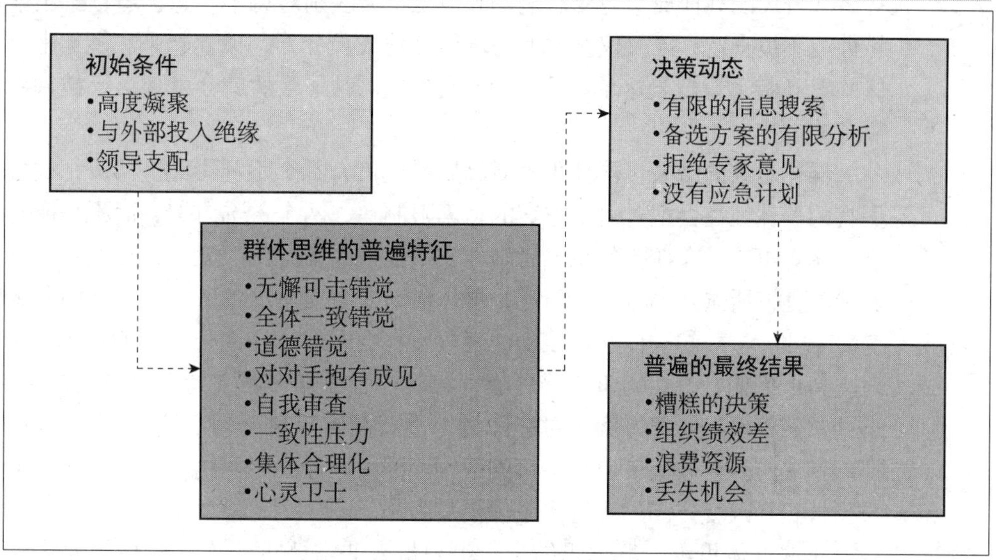

资料来源：Based on Gregory Moorhead，“Groupthink：Hypothesis in Need of Testing，” *Group and Organization Studies* 7，no. 4，December 1982，pp. 429 - 44.

群体思维的受害者倾向于集体合理化，并且忽视引导大家重新考虑早期决策的警告信号。摩托罗拉就是群体思维的牺牲品。20 世纪 90 年代早期，摩托罗拉管理层认为诺基亚这样一家制造橡胶靴和林木业产品的公司是没有机会的。他们也怀疑欧洲是否会采用统一的数字标准，这将会使诺基亚出售大量手机。即使欧洲采用了新标准，与美国相比，那里的手机市场规模实在微不足道。经过 10 年的发展，诺基亚夺得了市场份额，成为名列第一的移动通信公司和全世界第六大知名品牌。与此同时，摩托罗拉从全球市场第一的位置跌到第七位，市场份额从 35%下降到 2010 年初的 2.8%。

你可以认为，后来的诺基亚与当时的摩托罗拉一样，同样受制于集体合理化，忽视来自新的竞争对手的警告信号。当诺基亚正在享受超过摩托罗拉成为世界第一的移动通信公司的时候，忽视了三星正以一个强大竞争对手的身份出现在这个领域。直到 1999 年，三星才在韩国以外的地方真正进入手机行业。但是，从 1999 年到 2009 年，三星从不在移动通信生产商前十名之列，一跃变成了世界排名第二的生产商，占有超过 20%的市场份额。三星全球市场份额的增加很多来自对诺基亚的分割，而诺基亚的全球份额从最高点的 40%下滑到大约 34%。

群体思维会产生道德错觉。也就是说，明显忽略了决策的伦理或道德的后果。例如，烟草公司不断地做有关吸烟自由的广告（特别是在一些不受法律限制的国家），完全忽视了有关吸烟有害健康的医学证据。

对对手抱有成见也是群体思维的一个特征。成员经常对竞争群体的领导抱有成见，苛求他们，拒绝听取他们的观点或与之磋商。受群体思维影响的群体倾向于参与自我审查。他们常常不认真对待成员的怀疑，向成员施加巨大压力，让他们与群体意见保持一致。群体思维会形成全体一致错觉。其中的部分原因是自我审查造成的。结果，成员们臆断，保持沉默的个人是赞同他们的。最后，群体思维的受害者经常把自己当成心灵卫士，隐藏那些可能在行动方案正确性上导致冲突的不利信息，以保护领导者和群体的其他成员免受影响。心灵卫士会区别对待不同意见者，指出他们具有破坏性或不被支持，或仅仅把他们与群体其他成员分开，孤立起来。多年来，华盛顿特区的FBI特工只要表达了不同于政党路线的看法，最后就会发现自己被调到一个更不满意的地方。

群体思维的结果 群体思维对高质量决策有几个不利影响。第一，被群体思维所困扰的群体往往会把对可能方案的搜索限制在一两个备选方案，而不是所有可能的备选方案。第二，在新的信息或者事件表明他们需要做出改变时，该群体通常会拒绝重新检查他们所选择的行动。第三，群体成员很少去考虑备选行动方案中不太明显的优势。第四，这样的群体往往很少或者根本不会听取公司内外专家的意见。第五，成员对支持他们偏好方案的事实感兴趣，忽视或者不理会不支持他们方案的事实。第六，群体常忽视他们所选方案的可能障碍，没有制定应急计划。这一点与追溯决策相似，即制定决策时仅收集了支持决策的数据。因为同伴强化了这个决策，所以群体不愿意重新检查和改变方向的意愿比个体更加强烈。

克服群体思维 群体思维会给组织带来非常严重的不良后果，因此我们必须考虑如何把影响降到最小。贾尼斯提出几个策略。首先，管理者可以鼓励每个成员以批判性眼光来评估提议，由此减少群体思维。其次，确保成员开始时不直接陈述自己的立场，而是用开放性讨论来考虑各种方案。避免群体思维的其他策略还包括对切实可行的方案提出更多的建议。通过把同一个问题分配给两个独立的群体来解决就能实现这一点。或者在群体做出决策之前，成员可以从公司内的其他群体处寻求建议。还有一个方法，就是邀请群体以外的专家在群体会议上挑战成员的观点。

针对群体成员本身的策略也能用来避免群体思维。例如，在每一次群体会议上，任命一个成员为“唱反调的人”，他的角色是去挑战多数人的立场。例如，伊拉克经历了混乱致命的暴动，这在很大程度上归咎于糟糕的决策制定过程。美国军队在暗中培训自己的“唱反调的人”骨干。根据项目主管格雷戈·方特诺特的说法，要质疑主要假设，以避免陷入群体思维中，就需要内部有人说“等一分钟，别太快”。除了指派一名“唱反调的人”，在达成基本的一致后，群体可以安排一个继续跟进会议，给群体成员表达疑惑并重新思考问题的机会。

群体可以利用图表12-9总结的步骤，来降低陷入群体思维的可能性。

12.2.2 对决策的承诺升级

当决策制定者发现决策错误，但仍然坚持该行动方针时，**承诺升级**（escalating commitment）就发生了。你是否曾经在两人显然不合适在一起的情况下继续和某个人约会呢？如果是这样的话，也许你就遭受了承诺升级的痛苦。在管理层“想补偿损失反而损失更多”的时候，同样会发生承诺升级。例如，2010年年初，几家给希腊贷款数十亿美元的银行发现它们的借款存在风险，相对于希腊的GDP，希腊的债务太多。后来，这几家银行即使很清楚希腊偿还借款非常困难，还是不断给这个国家更多的贷款，只不过大幅度提高了利率。或者思考一下下面这个案例：一个投资人以每股50美元的价格购买了股票，但接着股价降至20美元。该投资人便以低价买入了更多的股份，而不是卖掉已有的股票。不久股价进一步下降，该投资人再一次面临决策，是继续买入更多股票，还是全部售出已持有的股票。投资者下不了决心卖掉股票，又回到最初的决策上来，即继续购买股票。毋庸置疑，你可以想出尽管有证据清楚表明最初的决策是错误的，人们还是会继续执行该决策的其他情况。问题是，为什么呢？

图表 12-9 克服群体思维的指南

对公司而言 ·建立几个独立群体去检查同一个问题 ·培训管理者避免群体思维的技巧
对领导者而言 ·为每个人分配批判性评估者的角色 ·利用群体之外的专家来挑战群体意见 ·指派一名群体成员担任“唱反调的人” ·尽量做到中立，避免仅从自己的视角陈述观点
对群体成员而言 ·尽量保持客观，成为一个批判性的思考者 ·让可信赖的外部人员来审议群体意见，并报告给群体
对审议过程而言 ·有时候把群体分成几个小组来讨论问题 ·花时间去研究在相似的情况下其他公司和群体的做法 ·在做出最终决策之前，安排第二轮会议重新思考问题

至少有三个可能的解释。第一，我们能够指出个体在信息处理方面存在局限。人们的渴望和处理所有信息来做复杂决策的能力是有限的，因此会发生判断错误。例如，股票投资者所投资的公司可能在汇率发生负面变化或者政府的监管已经发生变化的国家开展重要业务，投资者未能完全理解这些情形会如何损害公司绩效和随后的股票价格。第二，把决策失误解释为由于群体动力导致的理性缺失。例如，股票投资者可能已经从可信赖的朋友那里得到提示，或者投资者是公司首席执行官的朋友，因此有一种强烈的情感承诺。虽然这两种解释可以帮助我们理解决策错误，但巴里·斯托教授的工作表明，这些解释远远不够。“一个显著的特征……就是一系列的决策是和行动过程联系在一起的，而不是一个孤立的选择。”

斯托提出了一个承诺升级模型（见图表 12-10）。这个简略的模型显示了承诺升级的四个决策性因素。由于需要向他人辩护之前的决策，所以人们很可能会对行动过程（即使它明显是不正确的）保持承诺。社会心理学有关被迫遵从的文献支持这一点。在被迫遵从的研究中，当个体在没有外在奖励，被迫去执行令人不开心或者令人不满意的行为（例如，吃草蜢）时，在他们遵从以后，个体通常会偏袒他们的态度，去为他们之前的行为辩护。例如，草蜢有高蛋白，所以吃草蜢并不是坏事。在个人觉得应该对负面结果负责或结果难以消除的时候，这种偏袒态度最有可能发生。

此外，一致性准则影响对先前决策的承诺。也就是说，相对于那些突然从一个行为换到另一个行为的管理者来说，始终如一的管理者常被认为是好的领导者。

最后，觉察到的未来成果的可能性和预期结果的价值这两个额外的因素会共同影响预期理性。**预期理性**（prospective rationality），只是一种认为将来的行动过程是理性和正确的信念。当人们认为他们能够扭转形势或者"胜利就在眼前"，并且当他们对目标非常珍视时，他们就会对持续的行动过程展现出强烈的承诺。他们使自己确信，一定能够转败为胜。

图表 12-10 承诺升级的决策性因素

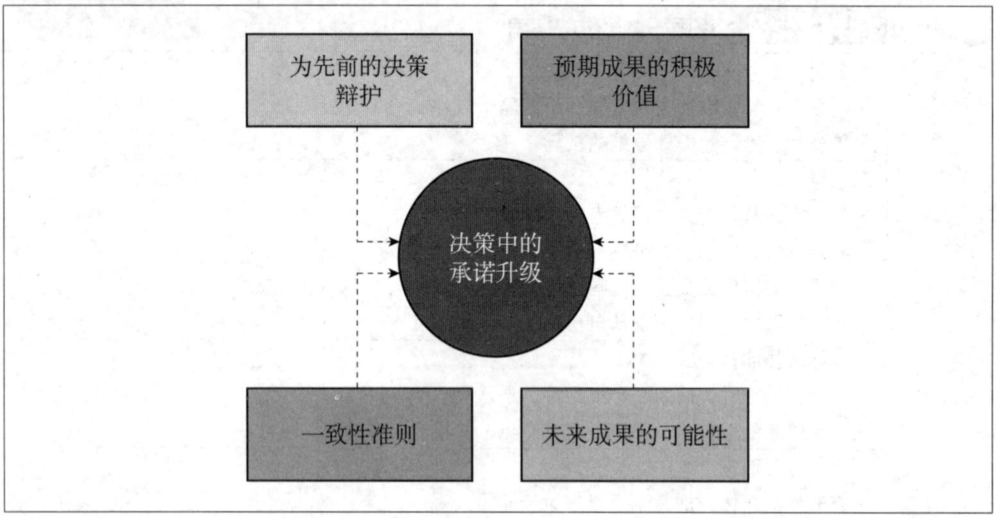

克服承诺升级 承诺升级会给公司带来严重的负面后果，我们必须要考虑如何减少它的影响。

第一，作为管理者，应该让自己和其他人（上级、同级、下属）都认识到过去的投资是沉没成本，即投资不能收回。所有的金融理论都认为，管理者在做将来决策的时候应该忽视沉没成本，并且他们应该只考虑将来的成本和预期的利益。

第二，你必须创造一种一致性并未占据主导地位的氛围。这要求强调竞争、社会、文化和商业环境方面的不断变化，并且注意使当前决策与当前以及预期环境相匹配，而不是与过去的决策一致。

第三，你可以激励每一位成员批判性地评价未来结果的前景和预期成果的积极价值。你可以邀请群体外的专家对成员的未来预期提出质疑。

和群体思维一样，可以指派一位成员为"唱反调的人"，去挑战多数人的观点。

12.3 参与性决策的权变模型

到目前为止，我们已经论述过你不能简单认为个人决策优于群体决策，或是群体决策优于个人决策。但是，大多数决策不是直接在个人或者群体的基础上制定出来的。实际上，当涉及让他人参与决策时，大多数管理者面临一个连续统一体，即从零参与（做个人决策）到完全使他人参与（群体决策）。研究表明，他人参与决策的程度取决于当时的情况。作为一个管理者，关键问题是，你如何决定什么时候自己做决策，什么时候与他人一起做决策？

12.3.1 谁应该参与？

为了确定构成良好参与性决策的一些变量，研究人员已经对以下问题进行了探索：参与性决策何时是有效的？谁该参与进来？研究指出，参与决策过程的那些人必须要有与决策内容相关的丰富知识。像福特、联邦快递、宝洁和波音等公司经常组成**跨职能团队**（cross-functional teams，一个由不同部门成员组成的工作团队）来推出一个新产品。为什么呢？因为每个成员都有独特的知识，可以为成功投放新产品所需做出的决策增加价值。

然而，除了所需知识以外，成员还需要有参与群体决策的意愿。因为并不是每个人都有这种意愿。不过，假如他们确信他们有相关的知识，大部分人还是想要参与其中的。他们的参与将有助于变革，产生他们珍视或者偏爱的结果。同时，公司也会重视他们的参与，并且这种做法符合公司目标和目的。当通用汽车第一次鼓励员工参与到决策制定中的时候，由于员工不相信这是“真的”，所以他们拒绝为之努力。因为从来都是管理者做决策，员工去执行。结果，通用汽车的管理层不得不不断努力让员工们相信，他们非常认真地对待员工的参与。

12.3.2　参与者应该是低度参与还是高度参与？

像个人决策一样，参与性决策也包括独立但相关的过程。利用经典决策模型，参与性决策的群体同样要经过七个步骤。但是，在每一个阶段上成员的参与度都会有变化。低度参与是让员工对相关问题互相交流他们的观点和潜在解决方案，但不参与最终决策；高度参与不仅让员工交流观点，还要去做最终决策。因此，经典决策模型七个步骤中的参与程度有高有低。图表 12－11 给出了一个特定群体在经典决策模型中的前几步高度参与，但在后几步却是低度参与的案例。

图表 12－11　参与程度与决策过程的样本结构

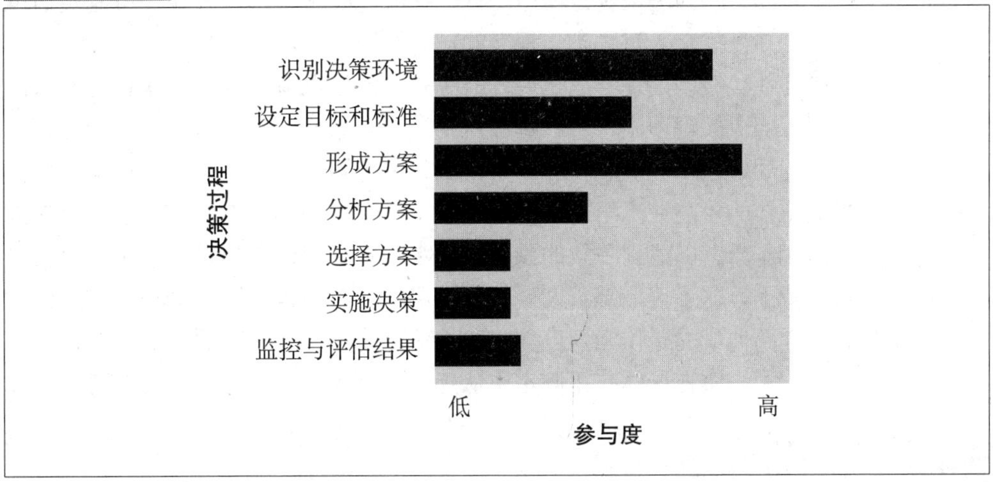

那么，高度参与在决策过程中哪个要素上有更大的作用呢？一项研究发现，高度参与在决策过程中的三个步骤上有很强的作用。具体而言，在形成方案、实施决策、监控与评估结果上，高度参与与高水平的满意度以及工作群体绩效显著相关。作者认为，由于解决方案几乎都是来自所形成的备选方案，所以形成方案过程中的高度参与是非常重要的。他们还发现，由于执行解决方案对结果的影响大于解决方案本身，所以参与实施决策很重要。最后，他们还注意到，由于反馈对再次开始决策循环很关键，所以参与监控与评估结果也很重要。

研究中有个有趣的发现，即群体成员为了使参与性决策有效果，还需要理解群体动力。例如，成员的交流和处理冲突的能力，与他们的知识及参与的渴望度一样重要。环境扫描对识别问题至关重要。毕竟，如果群体中没有成员能够识别问题和机会，是难以开始参与性决策的。创造力是形成备选方案的关键能力。一个群体没有争执就能在首选解决方案上达成一致是不可能的。因而，有效处理分歧是一个至关重要的过程技能。从这个意义上说，第10章有较多关于群体和群体有效性的信息可以应用在有效群体决策上。图表12-12列出了管理者应该问自己的问题，以确定参与性决策是否有效。

图表12-12 有效的参与性决策的权变要素

1. 潜在的群体成员有足够的内容知识吗？
2. 潜在的成员有足够的过程知识吗？
3. 成员渴望参与吗？
4. 成员相信他们的参与会改变结果吗？
5. 成员积极看好预期结果吗？
6. 成员认为参与是合法的，并与组织其他方面一致吗？
7. 如果对以上问题的回答是“否”，还有可能改变吗？

资料来源：Based on N. Margulies and J. Stewart Black, “Perspectives on the Implementation of Participative Approaches,” *Human Resource Management* 26, no. 3 (1987), pp. 385-412.

基于一项长期研究，维克托·弗鲁姆和他的同事菲利普·耶顿以及亚瑟·杰戈发展了一套清晰的具有管理学意义的参与决策理论。我们可以把该理论模型归类为领导力模型，或者归为决策制定模型。该模型考虑的是，管理者在决策制定情境下应该如何表现，并且规定了有关参与程度的正确领导行为。

参与性决策制定并不总是最好的方式，但在很多情况下看来还是有效的。研究人员发现了四个关键理由，可以解释这种情况。第一，参与有助于向员工阐明，关于正在决策的问题他们能够期待什么。第二，参与增加了员工为了获得奖励和他们重视的成果而工作的可能性。第三，参与加强了社会行为的影响效果。也就是说同行会监督并且互相施压，以达到一致的预期表现水平。第四，参与扩大了员工对自己工作活动的控制范围，这不仅能够帮助公司达成目标，而且也能够帮助员工达成他们自己的目标，并提高他们的工作满意度。“管理者的挑战”中的案例可能会令你感到惊讶，该案例说明了一个在群体决策制定中从高度参与到低度参与都有效的例子。

管理者的挑战——变革

从合作人到职业经理人：律师事务所改变了它们的决策制定模式

传统上，大多数律师事务所的合伙人共同参与所有的决策制定。当一家律师事务所的律师人数和全球办公地点急速成长的时候，会发生什么？在这种情况下，将会有许多合伙人，因而参与性决策的制定可能会导致瓶颈。

欧华律师事务所在29个国家的67个办事处有3 500名律师。随着事务所的成长，它意识到需要一种集权的决策方法，而不是让公司所有合伙人一起去积极投票。现在，欧华律师事务所主要依靠精通专业知识的职业经理人，这些专业知识涉及合伙人所不熟悉的市场营销、信息技术、人力资源和金融领域。联合首席执行官李·米勒说：“我们意识到因为规模扩大，我们不得不采取企业模式。”“它简化了我们的决策制定，让我们能够快速、果断地做出反应。”

然而，有时候合伙人习惯于参与性决策制定，很难把决策委派给职业经理人去做。斯特拉托与施瓦兹律师事务所（Stellato & Schwartz）的一名合伙人说：“当你基于能力来展现忠诚、长久性和商业敏锐而升至合伙人职位时，不参与决策有时候会让人难以忍受。天生具有这些品质的人都渴望成为领导者。但有时候，为了群体的利益不得不把那些渴望放在一边。”对于代表律师事务所做决策的经理人来说，必须不断仔细评估每一个重要决策的结果，以及对公司和合伙人可能带来的影响。

约翰·霍瑟斯是伊利诺伊州一家律师事务所的执行官。霍瑟斯没有法律学位，而是一名拥有 MBA 学位的会计师，他的经历和教育背景为无数个日常决策提供了技术和管理支持，确保了事务所的顺利运营。“我把我的工作视为一家医院的行政管理者，为了让医生能照顾病人，行政人员要关注所有的细节。”他解释说，“我努力工作，以便律师能够专注于服务客户。”霍瑟斯理解律师事务所的目标并注重业务的细节，合伙人都要依赖他，以避免让自己陷入无尽的群体决策会议中。

资料来源：Organization Web site, http://www.dlapiper.com, accessed May 3, 2010; A. Palmer, “DLA Piper Makes Measured Progress Since Merger,” *Legal Times*, June 2, 2006; J. T. Slania, “More Firms Mind Their Business: Corporate Model Helps Streamline Decision Making,” *Crain's Chicago Business*, January 28, 2002, SR10.

12.4 决策的速度和质量

你曾经听说过加维兰（Gavilan）电脑吗？如果你拥有笔记本电脑，你应该听过，但也可能你没听过。20 世纪 80 年代早期，加维兰电脑在发展中形成垄断，很快在笔记本电脑市场盈利。但是到 1984 年，公司已经申请破产。尽管风险投资家投入了 3 100 万美元，犹豫不定和长期延误让公司早期的技术和市场优势消耗殆尽。竞争者进入市场，而加维兰未能利用自己的优势。正如一位高管所言：“我们错过了机会。”

Photo Courtesy of The Computer History Museum

20 世纪 80 年代早期，如照片所示，在加维兰便携式电脑的介绍中可见该公司拥有最前沿的蓄电池驱动的便携技术。但是到 1984 年，公司已经申请破产。

类似加维兰的故事在今天仍频繁出现，特别是在那些处在高技术行业的公司身上。在一系列针对以频繁变化和动荡为特征的行业——所谓的高速环境下的决策制定研究中，凯瑟琳·艾森哈特和布儒瓦试图确定成功的决策者和管理者与不成功的决策者和管理者有何区别。在高速发展的行业（如微电子、医疗技术、基因工程等行业），由管理者和公司做的高质量的、迅速的决策与良好的公司绩效紧密相连。在这些行业中，犯错误的代价是高昂的；信息常常是模糊、过时或者不正确的；想从错失的机会中恢复过来极其困难。为了公司的繁荣和生存，这些行业中的决策制定者必须做什么呢？

艾森哈特和布儒瓦发现了影响管理者在高速环境下快速做出决策的能力的五个因素（见图表12-13）。三个决定管理者和群体处理信息的数量和质量能力的“中介过程”调节这五个因素。

图表 12-13 快速决策制定的影响因素

1. 即时信息。快速决策制定者必须可以并且能够处理即时信息。即时信息描述当前而不是昨天发生的事情。
2. 多个同步方案。决策者同时考虑几种可能的行动方案，而非按先后顺序（例如，“让我们同时看看方案X，Y和Z是怎样的。”）这增加了分析的复杂性和丰富性，减少了信息处理所需的时间。
3. 双层咨询过程。快速决策的制定者们利用双层咨询过程，不仅群体成员可以提出想法，而且让更有经验的同事给出更重要的意见。
4. 符合资格。快速决策的制定者试图在决策的时候就能获得广泛认同，而不是在决策制定以后。
5. 决策整合。快速决策的制定者在决策过程中整合策略规划和实施中的若干问题。（例如，“如果我们打算去做X，我们可以怎么做呢？”）

1. 加速认知处理。决策者必须能够快速、有效地处理和分析大量信息。一些人和群体能够比其他人和群体更快、更好地简单处理信息。管理者处理信息越快，决策就越快。

2. 流畅的群体过程。为了更有效率，管理者必须与一个有流畅和谐关系的群体合作。这并不是说要让每个人总是一致。正好相反，有效的群体成员经常有分歧。然而，他们产生分歧和解决分歧的方式很有价值。群体成员有着相同的愿景，并且他们互相支持，紧密团结，促进快速决策。

3. 有信心去行动。最后，快速决策群体必须不害怕行动。正如我们注意到的，一些人在面对不确定和“分析瘫痪”的时候，不愿做决策。很遗憾，在高速环境中，不确定是持续的。快速决策者即使面对不确定性，也必须乐意做选择。

记住，这个研究关注高速环境，而不是所有的组织环境。在以相对稳定为特征的行业（如殡仪馆行业）中，快速决策可能是灾难性的。因为稳定为更完整的数据收集和处理提供了时间，管理者在稳定的环境中不需要采取快速的行动。因此，作为一个群体的管理者，你需要评估你所在行业的时间因素，这会让你做出更好的决策。

12.5 改善决策制定的战略

作为一名管理者，在组织中你能怎样改善决策制定过程？在本章开头，我们提及决策可以分为两个阶段：问题界定和问题解决。相应地，改进决策制定的战略也可以分成两类。

12.5.1　改进问题界定

把一个问题的架构弄清楚，需要认真地、深思熟虑地检查问题的本质，以便能更好地解决它。麻烦的是，群体常常不能突破所熟悉的事物来看待问题，甚至曲解问题。以下的步骤能帮助群体和管理者改进他们对问题的界定。

做出更好决策的第一步是更好地评估决策环境。图表 12－14 列出了一组与三类影响因素（见图 12－6）相关的简单问题。你可以问自己这些问题，以对情况和潜在缺陷有一个清晰的了解。在一个**结构化讨论**（structured debate）中，参与者利用像唱反调的人、多元倡导、辩证探索这些方法去更好地架构一个问题。下面我们讨论这些方法。

图表 12－14　有关决策质量影响因素的问题

决策者特征
1. 你是否有一个隐性偏爱的解决方案?
2. 你是否有满意化倾向，并且同意第一个可用的解决方案?
3. 当你不得不处理大量信息时，是否感到不堪重负?
4. 你是否觉得缺乏相关问题的知识?
5. 你对问题特别熟悉，还是特别不熟悉?
问题特征
1. 该问题是不是看似很模糊?
2. 该问题实质上非常复杂吗?
3. 该问题看起来是稳定的还是不稳定的?
决策环境特征
1. 你是不是在巨大的时间压力下做决策?
2. 你是否面临与问题和解决方案相关的严重资源局限（人力、资金、设备等)?
3. 决策可撤回吗?
4. 该问题和决策是否非常重要?

唱反调的人　就像我们之前解释的那样，唱反调的人是指充当不同意群体立场角色的成员。例如，如果你问美国汽车公司高层群体，为什么销售量下降了，他们肯定会谴责进口的日本产品。在这个事例中，唱反调的人会主张，这个问题跟日本没关系，而是美国汽车公司本身和产品质量的原因。这类争论会迫使群体去为自己的立场辩护，从而把问题及其潜在原因讨论得更精确与清晰。

多元倡导　多元倡导除了提出不止一个反对观点外，与唱反调的人的方法是一样的。参加决策制定的每个群体都具有表达其观点的责任。因此，如果一所大学想要提高校园内族裔和文化的多样性，它可以建立一个包括非洲裔、西班牙裔、亚裔、女性群体等在内的委员会。由此产生的意见分歧者之间的对话，最终会带来一个令人满意的讨论。

辩证探索　当一个群体或者个体被指派质疑问题界定的潜在假设时，**辩证探索**（dialectical inquiry）就发生了。首先，群体识别出关于该问题的主流观点以及相关的假设。接着，某一个体被要求去开发一个可信的、但基于不同假设的替代方案。这样，原始假设的正确性得到了重新审视。因此，这样能推动群体成员的创造性思维与寻找分析问题的新方法。实行辩证探索是克服群体思维和承诺升级缺陷的好方法。

12.5.2 改进问题解决过程

为了改进问题解决的过程，群体成员必须尽可能地考虑周到且富有创造性。激发创造性扩大了对可能方案的搜寻和分析。你可以采用以下三种方法。

头脑风暴法 头脑风暴法是一个形成很多创造性解决方案，但不立刻评估它们优点的过程。它是一种被频繁使用的，在短时间内提供最大量主意的机制。在头脑风暴期间，群体分配到一个问题，并且被告知头脑里想到的任何一个解决问题的点子都要提出来。当所有人的想法都提出来后，群体再去考虑每个提议的积极与消极的方面。通过不断改良的过程，最好的可能方案应该就会出现。

名义群体法 名义群体法，通常被称作 NGT，包括四个群体决策阶段。首先，个体成员作为一个群体会面。最初，他们只是安静地坐着，独立地思考解决问题的想法。接着是一个循环过程，每个成员向群体汇报自己的想法。开始的时候，不允许讨论。各种想法被总结和记录（也许是在一块黑板上）。每个人介绍完他们的想法之后，群体开始讨论每一个想法。最后，成员安静独立地对关于问题的不同观点和解决方案排序，得出会议结论。成员就该事项进行投票，汇总结果决定最终的决策。

名义群体法允许群体成员见面，但不允许自由讨论，因此称为“名义”。该方法最大的优点就是每个人都独立思考问题，不受群体其他成员的影响。这个方法是克服群体思维的一个特别好的办法。

德尔菲法 德尔菲法不允许决策参与者面对面交流。问题被识别后，让成员回答精心设计的问卷，以提供潜在解决方案。这些问卷需要独立完成。第一次问卷的结果会在群体成员之间（他们仍旧被隔开来）传阅。在浏览反馈意见之后，成员会再次被问及意见。这个过程可以反复多次，直到群体成员的意见呈现出一致性。

12.5.3 科技的作用

近些年，很多研究都关注科技如何影响个人和群体决策。对于常规但复杂的决策而言，如通过工厂的流程来安排材料和产品，技术的作用十分重要。大量信息会压垮一个人，但是电脑和软件能够迅速处理。例如，当其他航空公司损失数十亿美元时，捷蓝航空是成功且盈利的创业者。捷蓝航空公司的成功部分归功于它使用的新技术。为飞行员配备笔记本和软件，这样公司就不需要大量的员工去决策飞行路线、时间表、燃料的装进量等问题。从“管理者的挑战”中可以看到捷蓝航空公司是怎样实现这些的。

管理者的挑战——技术

捷蓝航空公司的流线型决策

捷蓝航空公司的创始人兼首席执行官大卫·尼尔曼认为，航空业并未充分利用降低成本的技术。回顾 2000—2009 年期间的情形，就能看到航空公司累计损失了 600 亿美元甚至更多。他的观点非常关键。在那段时间里，大多数盈利的航空公司削减或者至少仅维持他们的信息技术投入预算水平。与之相反的是，捷蓝航空却几乎将信息技术预算翻了倍。

公司利用技术来制定很多日常的管理决策。这也是捷蓝航空成功而其他公司失败的部分原因。比如说，捷蓝航空使用了被称为“蓝色南瓜”的劳动力优化技术。蓝色南瓜帮助管理者确保公司在电话高峰期有足够的后备人员。应用这个技术的第一年，公司的服务水平提高了 38%，服务效率提升了 30%，每个代理的管理负荷增加了 50%。那一年整个航空业后备管理者的离职率为 30%，而捷蓝航空的离职率只到 15%。今天，该公司后备管理者的离职率为 6%。这既提高了公司的效率，又降低了招募新人及培训的成本。

捷蓝航空还创造了首个“无纸化座舱”。捷蓝航空给所有的飞行员配备笔记本电脑。飞行员可以访问飞行手册，做出飞行前负荷及平衡计算，而不是由另外一些员工在公司运算中心作出指示。这一做法帮助捷蓝公司一年节省大约 4 800 个人工时。当温度、风力和出发方向发生变化时，飞行员能自主决策负荷和平衡。每架飞机在起飞前大约节省 15 分钟。这相当于每年为捷蓝航空增加大约 1 500 个航班。

此外，捷蓝航空给飞行员和机组人员都配备了无线装置，允许他们报告问题，对问题做出反应，如由于天气原因造成的延误，以及与安全有关的损坏（如与旅客有关的损坏）等。无线装置立即把相关的问题传递给捷蓝航空的管理人员，并且员工也可以通过公司的内网（捷蓝航空项目管理系统，JEMS）非常容易地得到各种信息。2009 年，捷蓝航空为了确保站在技术前沿，和威瑞森公司签署了一份协议，让它来接管捷蓝航空的数据中心并且管理网络基础设施，包括在纽约肯尼迪机场的无线网络服务。

资料来源：David Deans, "Managed IT Enhanced JetBlue Business Model," *Business Technology Roundtable*, October 6, 2009, http://business-technology-roundtable.blogspot.com/2009/10/managed-it-enhances-jetblue-business.html; J. Wynbrandt, *Flying High* (John Wiley & Sons, 2004); B. Peterson, *Blue Streak* (New York: Penguin Group, 2004).

多种多样的技术使得群体成员之间不需要面对面就可以彼此互相交流、制定决策。例如，通过运用技术，成员能够同时审查同一份资料并且能够实时处理修改。在汽车行业，设计团队越来越多地利用这类技术，还能够极大地减少出差成本。但是，这并不是没有缺点。一份最近的研究发现，以计算机为媒介的交流降低了群体的有效性：与面对面交流的群体相比，这些群体要花更多的时间完成任务，而且成员的满意度更低。不可否认，组织既要考虑用计算机辅助沟通的缺陷，又要考虑它的有利方面。

来自管理一线的挑战——尾声

卢芮·洛德和丈夫商议后决定，委派代表去做一些决策，并停止承担那些她已在洛德眼科中心做了很多年的基层任务。现在，公司已经有了很多政策和预设的流程来帮助员工制定日常决策。洛德也聘用了一个新的区域经理，来帮助她实施和管理一些比较困难的决策，并跟进雇员以及商店的销售。此外，洛德继续探访公司的各个办公点，收集关于竞争和运营情况的一手资料，并且仍然参与关键决策，如关于价格、技术和新店的位置等事宜。

到目前为止，洛德眼科中心的员工以及一位更加轻松的所有者都能很好地适应这种变化。洛德说，她除了终于有时间去钓鱼、打网球和高尔夫球，也有更多的时间去探索拓展业务的创造性方法。

本章小结

● 经典决策模型描述了人们应该如何理性地做决策，而不是描述人们实际是怎样做决策的。

● 在现实生活中，人们没有无限多的时间去收集和评估可供替代的选择，取而代之的是他们有序地去评估他们的选择，并且一旦发现一个满足其最低目标的选择，他们就会停下来。这被称为满意化。满意化是有限理性决策模型的一个方面。

● 追溯决策模型或隐性偏爱模型，解释了决策制定者怎样依靠直觉做决策，并且在事后合理化他们的决策。一些研究表明，以这样的方式做决策非常有效率。

● 管理者倾向于关注他们的程序化活动，而不是非程序化活动。因此，在集中精神做出那些独特的、需要认真思考的决策之前，他们倾向于做常规的、重复的决策。这种趋向被称为格雷沙姆定律。

● 尽管我们不能从本质上得出个人决策优于群体决策或群体决策优于个人决策的结论，但在不同的条件下，每一种方式都可以带来更好的决策。管理者应该依据不同的情况，决定员工参与决策的程度。

● 大部分人愿意参加群体决策，如果他们确信：（1）他们具备相关的内容知识；（2）他们的加入将有助于改变现状；（3）由此产生的变化会产生他们重视或者喜欢的结果；（4）组织重视他们的参与，这符合公司目标和目的。

● 头脑风暴法、名义群体法和德尔菲法等方法帮助群体考虑更广泛的选择，以及它们的影响和结果。这些方法有助于减少群体决策的缺陷，如群体思维和承诺升级。

复习题

1. 理性（经典）模型决策的基本前提是什么？它与有限理性模型有何不同？
2. 选择性知觉如何影响决策制定？
3. 什么是满意化？它和令人满意有何不同？
4. 追溯决策是怎样起作用的？
5. 标准作业程序什么时候最常用？
6. 描述格雷沙姆定律。
7. 为什么分析决策环境是做出更好决策的关键一步？
8. 群体决策制定的优势和劣势是什么？
9. 描述什么是群体思维和承诺升级。
10. 什么时候管理者应该参与决策制定？
11. 管理者能用什么方法去改善群体决策的制定，并避免像群体思维和承诺升级之类的缺陷？

自我评估

你的决策模式是什么？

阅读下面每一项陈述，圈出你同意或不同意该陈述的程度。尽可能做到公正与诚实。

	强烈不同意	不同意	有点不同意	有点同意	同意	强烈同意
1. 在做决策之前，我仔细检查信息来源，以确保掌握的是正确事实	1	2	3	4	5	6
2. 我通常会仓促做决策	1	2	3	4	5	6
3. 我在做决策的那一刻似乎很自然	1	2	3	4	5	6
4. 我倾向推迟做很多个决策因为它们会让我心神不安	1	2	3	4	5	6
5. 在我做重要决策的时候我会采纳别人给的意见	1	2	3	4	5	6
6. 做决策的时候我会依靠直觉	1	2	3	4	5	6
7. 做重要决策的时候我常常需要别人的帮助	1	2	3	4	5	6
8. 我避免做出重大决策直到压力来临	1	2	3	4	5	6
9. 我通常在感觉好的时候做决策	1	2	3	4	5	6
10. 我会快速做决策	1	2	3	4	5	6
11. 做出重要决策时我很少不咨询其他人	1	2	3	4	5	6
12. 我以有逻辑和系统的（有条不紊的）方式做决策	1	2	3	4	5	6
13. 只要可能我就会推迟做决策	1	2	3	4	5	6
14. 我做决策的时候相信内心的感觉和反应	1	2	3	4	5	6
15. 我做决策时需要仔细考虑	1	2	3	4	5	6
16. 当面对一个重要决策的时候，我喜欢有人给我正确的引导	1	2	3	4	5	6
17. 做决策时，我会根据具体的目标进行多方面的考虑	1	2	3	4	5	6
18. 我经常做冲动的决策	1	2	3	4	5	6
19. 我通常会在最后一分钟做重要的决策	1	2	3	4	5	6
20. 当我做决策时，对我来说感觉这个决策是对的要比其有道理更重要	1	2	3	4	5	6

针对每一项圈出你的得分。然后，把你每一列的所有分数相加，即可得知你的决策制定方式的大概情况。

大多数人使用一种以上的决策模式，但是在同一时间他们往往只采用一到两种，就像大部分人能使用两只手，但是偏好使用其中一只。

1. ______	6. ______	4. ______	5. ______	2. ______
12. ______	9. ______	8. ______	7. ______	3. ______
15. ______	14. ______	13. ______	11. ______	10. ______
17. ______	20. ______	19. ______	16. ______	18. ______
A 总分______	B 总分______	C 总分______	D 总分______	E 总分______

纵列 A：逻辑风格

如果你纵列 A 的分数最高，这就表示你用符合逻辑的方式并且依靠事实和信息来做决策，当这些与你的目标或目的相关的时候会影响你的最终决策。

纵列 B：直接风格

如果你纵列 B 的分数最高，这就表示你相信直觉和感觉并利用它们来做决策。

纵列 C：拖延风格

如果你纵列 C 的分数最高，这就表示你做决策时，经常感到不安。你倾向于推迟做决策，直到不得不做。

纵列 D：咨询风格

如果你纵列 D 的分数最高，这就表示你重视别人的建议和观点，并且在做重要决策之前会向他们咨询。

纵列 E：冲动风格

如果你纵列 E 的分数最高，这就表示你做决策非常快并且觉得不需要去咨询他人。你也没有意识到需要检查自己的逻辑或者感觉。相反，跟随脑海中突然闪现的念头会令你更舒服。

团队练习

组成一个 4～6 人的小组。阅读下面的场景。作为一个群体，决定你们会如何回答案例最后提出的问题。

正当你坐在办公室时，你接到了公司车间主任的电话。他告诉你一个大客户希望你调整生产流水线以赶出一份定制化订单。车间主任让你来决策，他需要在明天早上知道结果。当前，流水线正在生产一批持续的标准化计单，为 5 个中等规模的客户生产某一产品。你们公司在提供低成本产品和优质服务方面颇具竞争力。绝大多数中型客户选择和你做生意是因为你提供的产品价格比较低。你通过保持自己的低成本来维护你和这些客户的利益。你达到这一目的主要方法是装配大量的标准化产品。很多大客户对你的低成本表示满意，但是他们也愿意为定制服务以及改进从你的生产线产出的产品支付额外费用。

如果你停下生产线，按定制化订单改装设备，需要支付成本并延误目前的标准化生产。标准化生产已进行了 2/3，但是还需要一周时间才能完成。大约需要 3 小时才能完全改装好生产线，客户定制需要 2 天才能完成。

以前你也这样改装过生产线，但不是在过去 6 个月内。你知道改装的基本条件，虽然最了解细节的人因生病没来上班，不过明天就会来。除了两名新员工，公司其他 9 个生产线操作员都十分有经验，所以不需要严密监管。他们通常都很愿意参与决策，不过也很乐意仅仅完成分内工作。

1. 你应该独自做决策，还是应该让群体参与呢？
2. 你倾向于停下当前的订单生产并为定制化订单生产改装生产线吗？为什么？
3. 你坚持认为目前无法做出决策，那么为了做出决策，你还要有什么信息？

章末案例

关闭还是不关闭？

多夫・弗罗曼是英特尔以色列分公司的总经理，在 1991 年面临艰难决策：随着沙漠风暴行动的临近，尤其是在伊拉克的飞毛腿导弹可以随时在短短几分钟内打击以色列的情况下，他应该继续生产吗？他有理由相信，导弹可能配备了化学弹头。而且以色列民防部建议非必要的企业临时关闭。

弗罗曼说影响决策的重要因素之一是情况的不确定：“不确定的情况——不知道有多少导弹会落下来，会掉在哪里，会导致怎么样的破坏——威胁我们暂停生意，之前甚至已经发射过一枚导弹。”他也考虑到了关闭一般业务的影响。一方面，他确信如果他决定关闭工厂直到危机过去，那么在加利福尼亚总部的高管是会理解的。另一方面，他知道英特尔在世界其他地方也可以获得微处理器，而这种微处理器通常在他的工厂生产。弗罗曼的观点是：“在一家遍布全球的公司中管理其中一个主要的分部，是一场持续的资源争夺战。”因此，生产的中断，即使是暂时的中断，都会使英特尔公司的高管再三考虑在以色列分部的任何进一步的投资。

弗罗曼说，他不但关心英特尔在以色列的生存，而且关心以色列的整个高科技部门。以色列虽然是一个小国家，但是英特尔是以色列高科技经济的重要支柱。“如果我们不能在紧急情况下经营，跨国公司和风险投资者对以色列商业环境稳定性的信任可能会崩溃。”他指出。最后，弗罗曼十分关注以色列英特尔员工的安全，“大家在家里都有一个密闭的安全屋，并且我们在包括耶路撒冷的加工厂等在内的主要工厂建造了很多密闭安全屋。”但是每天的通勤要怎么样呢？他认为通勤时员工将处于最危险的状态。

如果弗罗曼决定让公司保持运转，那他该怎样把这个决策告诉员工？他应该是以命令、请求、强有力的鼓励态度，还是简单地给员工提供工作机会？弗罗曼与团队详细讨论了这个问题之后，决定保持企业运营。但不管怎样，他都会去询问，而不是命令员工来工作。“即使员工决定留在家里，也不会受到惩罚。在报告中我说得非常清楚，不会强迫：没有一个经理会给不想来上班的员工施加压力。”

弗罗曼说在 1 月 18 日星期三的时候他把这个决策传达给所有在以色列的英特尔员工。在接下来的一天中，仍旧没有导弹攻击的迹象，大部分员工都来工作了。然而，两天后，大约凌晨 2 点，8 枚伊拉克飞毛腿导弹击中特拉维夫市和海法。幸运的是，导弹没有配备化学弹头。但是，在那时，弗罗曼需要决策：他应该坚持初始决策，还是应该关闭车间让员工留在家里？

弗罗曼迅速会见了管理团队。团队花费大约 30 分钟做了一个选择——坚持运营。那天早上 7 点钟，75%的员工被安排转移到耶路撒冷城外的英特尔晶圆厂。飞毛腿导弹的攻击持续到星期六，但在耶路撒冷工厂和海法设计中心的工作人数依然占 80%。

弗罗曼和英特尔总部的高管讨论这一情况。“我解释说，我们已经决定继续运营，但是我们没有强迫任何一个觉得工作不愉快的员工去上班，并且到目前为止在岗员工人数十分可观。他们问了很多问题，我们也讨论了潜在的风险。但是说到底，他们还是在 7 500 英里外，因此在这种情况下，他们只能相信我们。”

飞毛腿导弹的攻击持续了 6 个星期，这期间，共计 18 次独立攻击中有 39 枚飞毛腿导弹掉落。但在以色列的英特尔工厂一直保持开放和运营。

几年后，英特尔决定在以色列投资建立第二个半导体工厂。从那以后，海法的设计中心获得了开发英特尔迅驰移动计算微处理器的任务。2005 年，英特尔宣布要在以色列追加投资 35 亿美元建立一个新工厂。这次投资是以色列的任何一家公司都从未获得过的单笔最大投资。紧随投资而来的是英特尔以色列分公司的出口飙升到 12 亿美元，占以色列整个电子信息出口产业的 14%。

今天，英特尔是以色列最大的外资企业。

◆ **思考题**

1. 你赞同多夫·弗罗曼在导弹袭击真正开始之前让英特尔保持继续运营的决策吗？在导弹袭击真正开始之后的决策呢？

2. 你认为多夫·弗罗曼应该继续运营工厂，还是关闭工厂，抑或是应该执行英特尔总部的决策？

3. 如果你处于弗罗曼的位置，你的判断准则是什么？你会如何权衡相关因素？

资料来源：Adapted from D. Forman and R. Howard, *Leadership the Hard Way*, San Francisco, CA: Jossey-Bass, 2008; P. Margulies, “Dov Frohman Leads the Hard Way” *Strategy + Business*, May 26, 2009 (http://www.strategy-business.com/article/09208?gko=01786); V. Burkhardt, “Embracing Fear and Turbulence,” *IdeaConnection*, May, 25, 2009 (http://www.ideaconnection.com/articles/00119-Embracing-Fear-and-Turbulence.html); and D. Frohman, “Leadership Under Fire,” *Harvard Business Review* (December 2006).

MANAGEMENT

第Ⅳ篇

控　　制

Controlling

第 13 章

运营管理

Operations Management

学习目标

通过本章的学习，你应该能够：

- 定义运营管理，并解释它在服务与制造企业中的重要性；
- 描述提高产品和服务质量的关键技术和工具；
- 解释确保合适产量的通用方法；
- 讨论存货和产成品时间管理的工具；
- 描述提高生产率和效率的方法；
- 解释在企业经营过程中有效供应链管理的基本规则。

来自一线的管理挑战

姓名：米歇尔·杰克逊（Michelle Jackson）

职位：伯灵顿北方圣太菲（BNSF）铁路公司国际联合运输部营销经理

母校：俄克拉何马大学

业余活动：全国黑人 MBA 协会成员，众多组织的志愿者，阅读，去健身房锻炼，旅行，与家人和朋友在一起

毕业后的第一份工作：为俄克拉何马州提供高级金融解决方案

推荐的商业书刊：《对话》（*The Conversation*），希尔·哈珀著

偶像：父亲，成功克服生活中的重重障碍，而且能够保持诚实、忠诚和谦逊的品格；母亲，拥有世上最广阔的胸襟

座右铭：日事日清

驱动力：我能给他人的生命或项目带来价值

管理风格：民主型风格，允许他人参与决策过程并成为决策过程的一部分

很少有人能够领会到一个国家的经济在多大程度上依赖于铁路的有效运营。以重量来衡量的话，美国有将近一半的货物是通过铁路来运输的。使用铁路运输的货物的价值接近美国所有进出口货物总价值的 17%。一些行业特别依赖铁路运输。例如，大约 70% 的煤炭和汽车通过铁路运送。因此，如果铁路运营得不好，受影响的不仅仅是铁路公司，还有整个经济。这一点可以从 2000—2001 年经济衰退后的复苏中很明显地感受到。由于消费支出的增加以及来自亚洲尤其是中国进口的急剧上升，西部地区对铁路的需求极大增加，并且在一些情况下还超过了铁路运力。

米歇尔·杰克逊正处于这样的挑战之中。杰克逊的顾客是将联运集装箱从西海岸运出和运入的国际远洋轮船公司。现在的制造商希望零部件能正好准时（不太早也不太晚）被运达，顾客也希望能够获取那些炙手可热的产品。但是，一些瓶颈问题以及因瓶颈而导致的延期交付，使得每个人都感到头疼。但是，新的运输能力不是一朝一夕就能建成。获取土地、满足环保要求、修建

铁路线等，都成本高昂并且是时间密集型的活动。

杰克逊和其他 BNSF 铁路公司的运营管理者面临一些减少瓶颈以提高运营效率的选择。他们可以简单地增加火车的长度并增加火车头的数量来拉动长度增加的火车，以此提高运力，还可以通过增加火车运次来提高运力，但是这需要购买更多的火车头和车厢。然而，增加火车需要雇佣和培训新的列车员、工程师和其他人员。如果运输线的运力增加，他们还需要考虑对线路拥堵的管理。拥堵可能在终点和转运点发生，因为在这些地方车厢会被卸载并安装到另一辆火车上，以继续行程。通过更好的跟踪手段和其他技术，他们可以提高现有火车的运输和运转效率。

最后，不仅需要增加铁路线的运输容量，还要保证服务质量。服务包括运输的速度（将货物从 A 点运到 B 点需要的时间）和信度（目标交付期与实际交付期之间的精确程度）。如果仅仅提高运输容量但是服务质量难以保证，也不会带来顾客满意度的整体提高。

13.1 运营管理的本质和重要性

运营管理（operations management，OM）是管理的一个专业领域，关注的是资源向产品和服务转化的现象与问题。在过去，其焦点主要是在制造业，因此产品和运营管理（production and operations management，POM）这一术语被普遍使用。随着制造企业和服务企业之间界线的模糊以及更多的经济活动投入服务，运营管理（OM）变得更加常用，用以描述与生产产品和服务相关的活动。由于运营管理最先关注的是制造业，一些人误认为运营管理的工具和技术不适用于服务企业或服务活动。然而，正如本章将要阐述的，基本上所有组织都要处理运营中的一些相同的问题，不管它们是将资源转化为有形的产品还是无形的服务。例如，开账单和办保险占到医疗保健管理成本的42%。平均来看，医生每周要花费3小时来填写医疗保健计划的文件，而这项工作每年的成本达2 300万～3 100万美元。杰斐逊领航财务公司通过实施传统的运营管理，成功将保险申请和放出保单的时间缩短了70%。该公司还将因错误而必须重新出单的数量降低了40%，并且每份保险申请的劳动力成本降低了25%。

运营的战略角色也同样重要。正如有些人误认为运营管理仅仅是关于制造产品的，也有一些人误认为运营管理仅仅是一项专业的职能，在组织和战略上并不具有重要性。事实远非如此。所有组织的生存和发展在很大程度上在于它们生产的产品或提供的服务的质量、对质量的控制以及满足顾客的时间需求。组织要想长久生存，不仅要做到以上这些方面，同时还要在所获得的收益和付出的成本之间保持一个正的边际利润。不管企业实施的是何种战略，这都是正确的。不管一个企业相对于其竞争对手的价格是高还是低，它必须确保与企业运营相关的成本能够帮助企业维持正的边际利润，运营职能的履行结果可以增加顾客满意度以及企业的收益。

在这种情形下，运营管理者的工作总的来说有四个相互关联的总体目标。第一，它们的工作涉及如何将产品和服务以合适的质量提供给顾客；第二，运营管理者需要使用管理工具和技术以确保产品和服务的质量；第三，运营管理者需要使用一些技术以确保产品和服务在恰当的时间提供给顾客；第四，运营管理者必须以最低的成本实现以上三个目标。在本章中我们将看到，前三个目标中的每一个都涉及相关成本的投入。然而，运营管理者必须能够审查其他的一些因素，确保以最低的成本保质保量且以合适的时间实现目标。本章也会探讨这些因素。

13.2 质量管理

“质量是首要工作”，这是福特汽车公司的广告语，指出了质量这一概念对于一个组织的重要性。然而，福特汽车在实现该目标时的主要绩效表现却不如丰田公司，这也说明了对顾客来说最重要的是质量通过产品或服务的实际传递，而不是口号。质量的实际传递影响企业的财务绩效，如销售量和市场占有率。丰田的质量在所有的汽车制造商中一直被认为是最高的，这也是丰田能够超过福特成为世界上第二大汽车销售商的部分原因。然而，丰田在 2009 年和 2010 年的麻烦和召回事件说明了质量并不能仅仅是让其自动运行，而需要进行持续的管理。

对于**质量**（quality）这一概念，一个流行的定义是“适用性”，即一项产品或服务在多大程度上达到了预先的目标，这些目标包括可靠性，或者反过来说是其损坏的频率以及当损坏时对其服务和修复的难易程度。这些听起来似乎大多可直接用于产品中，但是这些维度同样也适用于服务。例如，如果我们考虑一下酒店的前台工作，以上提到的所有因素都可以直接应用。当客人入住时，如果前台工作人员能够立刻找到客人的预订信息并迅速地给客人分配房间（效率），确保客户对房间的需求与所分配的房间的特征一致（有效性），并且能够以非常职业化和友好的方式进行这些工作，前台这项服务的质量就会很高。质量的提高会对企业经营产生关键影响。在酒店的例子中，效率方面更高的服务质量至少可以产生两项主要影响。首先，更高的效率可以降低成本。如果员工可以为更多的客户办理入住，酒店需要的员工数就会降低。其次，更高的效率（为客户办理入住的速度）还会对顾客满意度产生积极的影响，增大顾客成为回头客的可能性。在服务效果方面，质量的提高还会影响当前成本和未来收益。首先，如果分配的房间与顾客需求相匹配，会降低与处理不匹配问题相关的成本。其次，分配的房间与顾客需求的房间之间的匹配度越高，顾客满意度就会越高，顾客之后再次光顾的可能性也会越高。万豪酒店深谙此道，在保证运营效果和前台员工友善方面做出了很大的努力。这一运营重点使得该酒店持续获得最高的客户满意度得分，并在 2009 年排名第二。

图表 13－1 说明了在运营中高质量可能产生的结果。正如我们指出的，更高的质量通常可以增加顾客满意度，这反过来可以产生更多的重复交易，从而带来更多的收益。如果质量和满意度足够高，顾客就会向其他人推荐，这常被市场营销人员称为正面口碑。顾客的观点是对质量最重要的评价。总的来说，高质量可以通过更高的效率、更低的修复成本和更低的担保成本（对产品的特征和性能进行担保）降低成本，还可以通过重复交易和正面口碑获得更高的顾客满意度，从而增加收益。

既然更高质量有如此多的潜在好处，那么如何提高质量呢？为了解决这一问题，本章首先考察了**全面质量管理**（total quality management，TQM）这一整体哲学思想，之后讨论提高质量的其他具体的工具和技术。

图表 13-1 高质量的经济效益

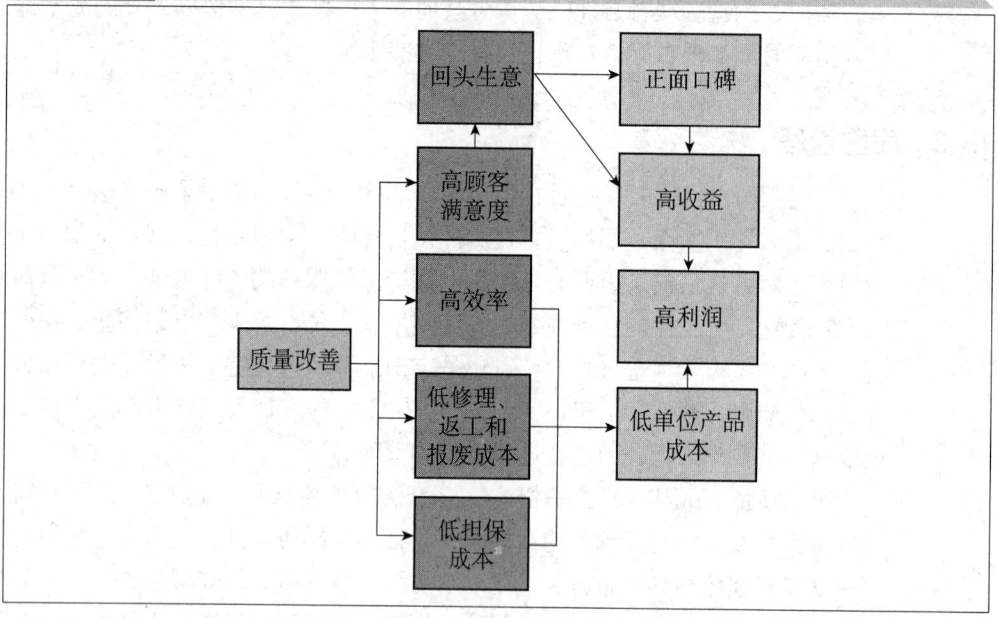

13.2.1 全面质量管理

全面质量管理被认为是一种管理哲学，包含了组织各个层级的员工对于持续改进和不断获取顾客满意的承诺。从本质上说，全面质量管理必须成为组织文化的一部分，这样才能真正实现对所要达到的质量的承诺。传统质量控制方法是在产品或服务生产完成后，安排专家小组对产品或服务进行检查，以发现瑕疵或差错。而全面质量管理则与此相反，强调“源头的质量”，即在产品或服务输出整个过程中都进行质量检查，包括使用一些定量技术，如统计过程控制，另外还可使用非定量的技术，如员工授权。

统计过程控制　统计过程控制（statistical process control，SPC）为涉及过程绩效的决策提供了一个客观的工具。理想的情形是所有公司都以零差错或100%客户满意为目标，但是在现实中，轻微的误差是不能被完全消除的。因此，组织要尝试使误差的出现次数最小化。为了识别不被接受的误差，大多数采用SPC方法管理质量的运营管理者都使用不同形式的过程控制图。这些控制图是专门为可能引起残次产品或服务的质量特征设计的。俄勒冈冻干食品公司（OFD）是世界上最大的冻干食品加工商，也是美国军队的主要供应商，还向背包客销售自有品牌的徒步旅行食品（高山之屋品牌）。如果在生产过程中包装袋里装入了过量的食品，就相当于公司在向外扔产品，这对公司的利润没有好处；如果在生产过程中包装袋里装入的食品量不足，顾客就会感觉到没有获得他们应得的产品，这会有损顾客满意度并且与法律和公平交易规则相冲突。OFD使用统计过程控制来确保每一包食品的重量始终是合适的。公司创建了一个控制图，事先进行抽样，之后计算平均重量，然后建立最高和最低的重量限制，为测量提供了一个可接受的范围。任何超出该范围的产品重量测量结果都是不可接受的，它们也提供了需要进一步调查的信号。OFD使用控制图为绩效的好坏提供了基础。图表13-2是控制图的例子以及基于这些测量应该采取的行动。

图表 13-2　质量控制图

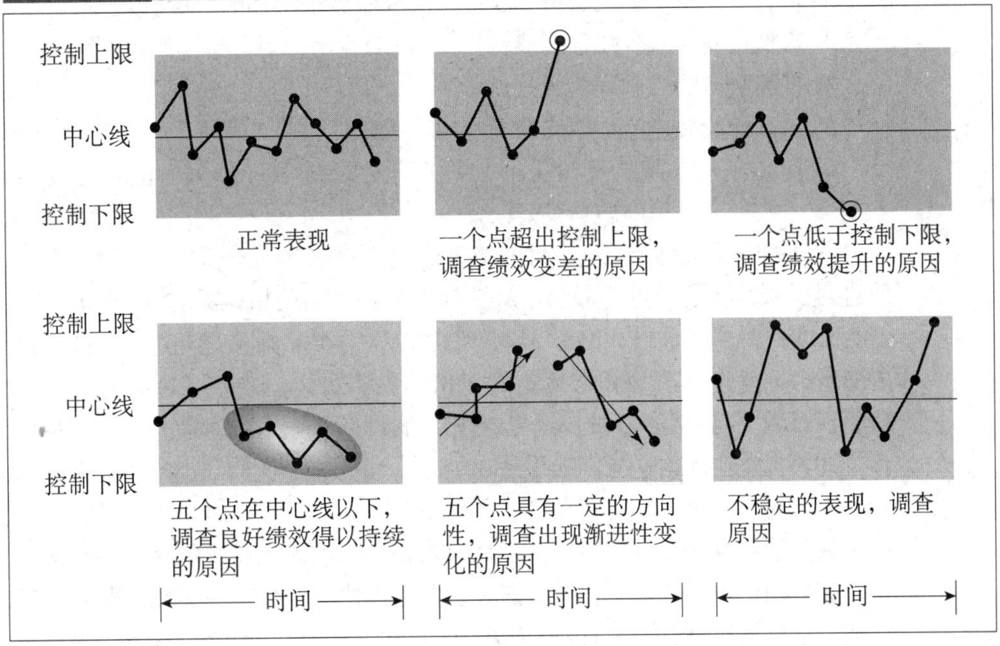

持续流程改进　持续流程改进（continuous process improvement）也称企业流程再造（business process reengineering），在日语中称为持续经营改善（kaizen），指的是企业在经营过程中经营方式渐进性和突破性的改进。流程再造最基本的观点就是形式影响功能。换句话说就是过程设计的方式影响功能的好坏，进而对组织的关键结果产生重要的影响。流程再造的基本方法一般包含五个关键维度：

1. 目标：这一步关注于确定一项流程所要达到的目标是什么。例如，一个贷款申请流程需要确定一笔贷款是否要贷给某个人。

2. 设计：这一步需要考察关键步骤并使目标最大化，与此同时将流程数量、复杂性和所需时间最小化。

3. 能力：这一步需要确定执行上述设计所需要的能力。

4. 基础建设：这一步关注为达到目标所进行的设计和能力所需要的信息和其他基础条件。

5. 度量：最后这一步需要确定关键的度量指标，帮助监管和了解流程再造达到目标的程度。

例如高乐氏公司过去对其“订单-现金”流程（从顾客那里获取订单，订单完成后向顾客收取现金）进行了再设计。2002—2006 年这 4 年期间，高乐氏的延迟装运数量降低了 70%，原有的应收账款减少了 67%，完美订单（达到流程中每一项关键度量指标的订单）数量从 19%增加到 70%。日语中的持续经营改善也秉持持续改善的精神，但与流程再造不同，它追求的是提高一项流程的所有方面。例如，在丰田位于肯塔基州乔治城的制造工厂内，一位员工把一个钓鱼船座位放在了他所在生产线的位置上。有了这一座位，员工能够更加容易和快捷地安装方向盘底下的零部件。根据美国马尔科姆·鲍德里奇国家质量奖（Malcolm Baldrige National Quality Award）的标准，持续改进可能的方面包括：

1. 通过开发新产品或服务、改进产品或服务来增加顾客价值；

2. 降低误差，减少缺陷和浪费；

3. 提高响应能力和周转绩效；

4. 提高资源利用流程中的效率与生产率；

5. 提高公司绩效以及在履行公共责任方面的领导地位，使公司成为企业公民典范。

六西格玛是一种严格的、数据驱动的消除缺陷和提高质量的方法，关注的是这些改进对于顾客将会产生的影响。从统计上来说，六西格玛具有99.99966%的可靠性，在百万个产品中不能产生多于3.4个残次品。残次品并不是无法使用的产品或者失败的服务，而是没有达到顾客期望的任何结果。因此，关注点并不是达到目标的平均值，而是减少与目标之间的误差。例如，假设你有一个顾客需要你在下单后6天完成运输的目标，实际运送时间如果是3、6、4、7、8、2、5、6、8、10和11天，结果是平均6天完成。那么，这甚至都达不到一西格玛的要求（69%的可靠性）。六西格玛不仅关注达到期望的平均目标，而且要求相对于目标实际结果没有偏差或方差。

在六西格玛的要求下，质量提高主要通过使用两个方法实现，即DMAIC（界定、评估、分析、改进、控制）和DMADV（界定、评估、分析、设计、修改）。DMAIC方法关注的是已有流程是否达到要求并进行改进，DMADV方法关注的是新流程的开发。据六西格玛学会统计，最高级别的六西格玛专家（称为“黑带”）每个项目可以为公司节省大约23万美元，每年可以完成4～6个项目。通用电气公司在实施六西格玛质量改进方法的最初5年间，总共节约了100亿美元。

尽管六西格玛方案主要关注的是制造业，但是这些原则也可以同样适用于服务业，具有同等的关联性和影响力。例如，塞法斯·肖公司是一家大型律师事务所，它在全美都有办事处，它的六西格玛项目包含75名律师和员工（包括执行委员会的每一个律师）。他们都通过了六西格玛绿带的认证，该认证要求完成4个月的集中训练和两项六西格玛项目。在不到一年的时间内，该公司在超过50个法律事项上提高了成本的预测能力，同时将这些活动的成本降低了13%～50%。艾伯森公司是一家大型食品杂货连锁店，该公司在评估后发现公司已经节约了上百亿美元，每次可以节约50万美元。过去几年，艾伯森公司完成了556个项目，其中大部分项目各自产生的节约金额都在中等水平，但是加总后就是一笔不小的金额。前六西格玛质量公司的高级副总裁吉姆·金特说：“那儿有成千上万个价值百万美元的点子。”

第8章中所讲的员工授权，对全面质量管理哲学也非常重要。这是因为统计方面的监督和质量的控制，最终要落实到解决质量问题和达到高质量的目标上，而这都需要管理者及其下属的工作。全面质量管理哲学就是如此，组织需要向员工授权，使员工能够为自己的个人成就和整个组织的产出感到自豪并富有责任感。通过对员工授权，让员工参与，组织可以使用这些直接生产产品或提供服务的人员的专业知识。这些人员都是他们各自领域的专家，对组织的产品或服务质量的提高应该有所贡献。除了员工的参与，成功的全面质量管理哲学还要求有一群忠诚的高层管理者，可以有效地传达全面质量管理的愿景，并能为实施所需要的变革提供强有力的领导。此外，全面质量管理哲学最重要的是对顾客需求和预期的强烈关注。

超越顾客预期的目标，是雅典保险中心（AIC）实施全面质量管理的主要原因。全面质量管理帮助它判别对其代理机构进行交叉培训的必要性，以便在顾客打电话时它们能够马上给予援助，而不需要等待特定的代理机构。对AIC来说，全面质量管理之所以有吸引力是在于："它针对的是系统和程序中的缺陷，而不是人。"AIC指出它的全面质量管理工作在员工中注入了一种更强烈的归属感和自豪感，这反过来也提高了顾客满意度。

在学校等非商业环境也能开展全面质量管理工作。"科拉提儿童计划"（Koalaty Kid）是一个受美国质量协会资助的项目，要求在全球的小学进行全面质量管理与持续改进。在田纳西州金斯波特金斯利小学，写作作为最需要改进的学科，被列入学校改进计划中。校长桑德拉·拉姆齐博士报告称，在实施提高学校教师指导质量计划后，在两年时间内58%的学生的写作水平得到了改善。这项计划包括记录和跟踪学生个人成绩，并在学校公报和学校早间集会上表彰取得写作成就的学生。

13.2.2 数量和产能计划

很少有人对合适的产品或服务质量的重要性提出质疑，尽管如此，顾客同样关心数量合适。其中一个原则就是，运营管理者要通过**产能计划**（capacity planning），来保证企业以合适的数量生产出产品或服务。

即使组织期望能够在任何时候都能以最大产能运营，但是没有组织能够在这种程度下持续下去。在理想条件下可以达到的最大产能，称为**设计产能**（design capacity）。组织一般是在有效产能水平上运营，而不是设计产能。**有效产能**（effective capacity）是指，实际预期的产能与设计产能的百分比，可以用一个简单的公式表示：

有效产能＝期望产能/设计产能

组织有时需要增加产能以满足增长的需求，但是考虑诸如增加产量的时机、数量和类型等不同因素也是非常重要的。例如，如果一个医院计划增加病床数量，那么护士数量也不得不增加。错误的产能增加类型甚至可能导致财务灾难。例如，通过购买大型喷气式客机来增加载客量的航空公司相比较于通过租赁来获得同等载客量的公司，就缺乏竞争力，尤其当增加的需求是暂时的。这也是外包或与外部供应商签订合同越来越流行的部分原因。它们可以提供产品和服务以补充公司产能的短缺，也可以使公司更容易调整产能以与变化着的需求相匹配。

需求的不断变化给企业确定所需的产能带来了挑战。例如，一个公共事业公司不仅要确定平均需求还需确定最大需求。它们需要考虑如果一台设备、继电器、电路失效的情形下会发生什么，考虑"如果出现这种情形，系统能够处理的能量需求级别是多少？是否足够？"等问题，还要考虑通过系统能够转移多少需求以及季节性需求、日需求和小时需求。

有时，确定需求是暂时的潮流还是趋势并不容易，这也使产能计划成为一项重要的挑战，例如"管理者的挑战"中的玉米需求问题。不管你是一名试图决定种多少英亩玉米还是购买更多土地的农场管理者，抑或是一名想通过建新厂或扩大现有工厂来增加乙醇提炼产能的公司管理者，清楚地确定玉米的新增需求是暂时的潮流还是长期持续的趋势，都非常棘手。

管理者的挑战——变革

玉米：一时狂热还是根本的变化？

美国对用于生产车用乙醇的玉米需求从2000年的5亿蒲式耳上升到2009年的25亿蒲式耳，然而对生产乙醇所用玉米的未来需求预测仍是一项很困难的工作。

有一个因素使得这种预测很难。以前基于农产品的燃料产品都是依靠政府补助，而现在是受油价的驱动。由于世界油价从2003年到2008年五年间翻了3倍，乙醇在2008年的价格也是其生产成本的2倍多，这使得将乙醇转化为汽车燃料具有很高的利润。

这也部分解释了为什么美国在2005年10月至2008年10月这三年间乙醇生产公司增加了85家。在2009年经济衰退期间，这个新建比率降低了40%。尽管如此，乙醇生产工厂的数量还是从2005年的77家上升到了2009年的197家，产能也从2005年的39亿加仑提高至2010年的124亿加仑。

这些增加的需求使2006年有7 300万吨的玉米短缺，这也是导致乙醇价格从每蒲式耳2美元涨到2008年的每蒲式耳7.88美元的原因之一。尽管面临价格的诱惑，但由于需要进行轮作，农民无法将其所有的土地都用于种植玉米。据估计，农民用于种植玉米的土地数每年可以增长15%。因此，乙醇生产行业提供的机会使玉米的产量每年增加两倍或三倍并不是一件好事。不管你是农场还是乙醇生产公司的运营管理者，确定稳定的需求并为此确定所需的产能都是一项挑战。国际油价在2008年达到最高，每桶将近140美元，最后至2010年中期回归至每桶80美元。经济是否还会持续复苏并推高石油需求和油价？顾客是否还会认为乙醇是一种绿色能源替代品？消费者会不会认为玉米是人类的一种食物来源，不该将玉米作为生产乙醇的原料，而应该用甘蔗或其他纤维植物？如果乙醇被替代，消费者开始使用普通汽油和电力的混合动力汽车，将会发生什么？面对日益严重的灌溉用水的短缺和温室效应带来的更强烈的热浪，在决定是否种植玉米时如何考虑这些因素？

对于乙醇生产厂家的运营管理者来说，如何解决美国驾车者和世界上8.54亿长期饥饿、营养不良的人口的冲突？这8.54亿人中每天有24 000人因为饥饿而死亡，并且大多数是儿童。如果美国联邦政府继续担心过度依赖进口燃油，并制定法律法规政策继续支持生产和使用乙醇，这又会如何？政府为可再生能源设立一个目标，到2015年这些能源将达到150亿加仑，政府是否会坚持这一目标？产能竞争力短缺所造成的束缚，与长期的产能的束缚一样，都会导致严重的后果和损失。

资料来源：Tom Bryan,"Rail Car Builder Offers 6351 for DDGS Transport,"*Ethanol Producer Magazine*,November 2002, http://www.ethanolproducer.com; Earth Policy Institute, November 3, 2006, www.earth-policy.org/Updates/2006/Update60.htm; J. Napsha,"Com Prices May Cause a Small Ripple in Western PA,"*Pittsburg Tribune Review*, March 31, 2007; A. Syeed and D. Pitt, "Ethanol Demand Boosts Com Planting,"*Associated Press*, March 30, 2007, http://news.yahoo.com/s/ap/20070331/ap_on_bi_ge/planting_report.

物料需求计划（materials requirement planning，MRP）是一个“在正确的时间将正确的物料用在正确的地方”的系统。它是一个复杂的计算机系统，使用的是公司主生产计划和存货清单数据库中的信息。该系统能够形成确定所需原材料、零部件的计划安排，并将企业每一特定时期的需求进行整合。实施MRP系统的企业通常库存会减少，产品价格更具竞争力，能更好地满足顾客需求。对存货水平的控制使组织能够获得更多利润。其原因很简单，即公司获得存货就不得不花费资金，系统中的库存越多，存放的时间越长，企业被占用的资金就越多，而且这些资产无法产生收益。公司可以使用两个最基本的库存管理方法以提高利润率，即经济订货批量和 ABC 分析法。

经济订货批量（economic order quantity，EOQ）模型产生于 20 世纪早期。该模型可帮助管理者确定产品的最经济订货量，以使存储成本最小。公式如下：

$$EOQ=\sqrt{(2\times AD\times OC)\ /\ (HC)}$$

式中，*EOQ* 为经济订货批量（订货数量）；*AD* 为年需求；*OC* 为补货或订货成本；*HC* 为每单位库存年持有成本。

假设你是一家零售商，对一条西装生产线的年需求是 200 套，订货成本为 50 美元，每套西装的单位成本为 200 美元，售出前西装存放在店里，这期间的持有成本为单位成本的 10%，因此每套西装的持有成本为 20 美元。在这个例子中，经济订货批量为 32 单位（套）。因此，可以看到即使一件物品的单位成本很明确，但是实际的订货成本却很难确定。一些研究指出，管理者常常低估了订货的实际成本，部分是因为他们未能考虑到那些非现金成本，如检查库存或处理建议请求（RFP）。图表 13－3 是经济订货批量模型的一般图形表示。

图表 13－3 经济订货批量模型

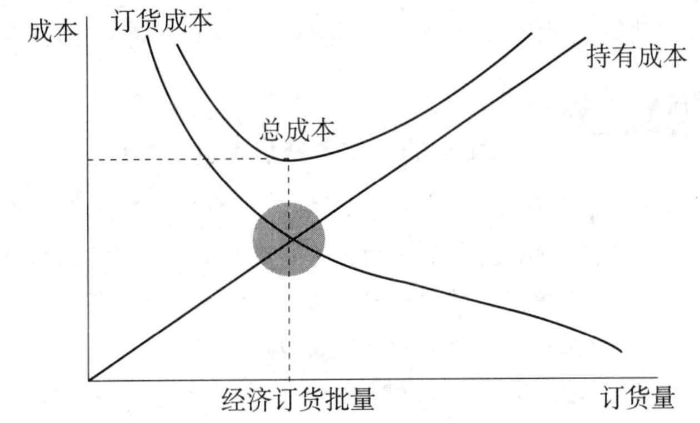

订货成本和年持有成本这两项主要的成本变化方向相反，因此，企业常常需要做出权衡。例如，一个公司大批量订货可获得折扣，但是它存储这些物品的成本可能会更高。

经济订货批量模型可以帮助管理者制定关于产品订货时间和数量的决策，而 **ABC 分析法**（ABC analysis）则可以提供关于哪些库存物品需要给予更多关注的信息。在大多数公司中，少数库存物品（15%～30%）常常占用了最多的库存资金（70%～80%）。因此，很多公司通过控制和监管那些高资金占用物品，使公司经营变得更好。例如，为防止那些高价物品被偷窃，很多零售店都在那些物品上面放置了特殊的安全标志，这些物品被分类为“A”类物品。依据物品的价值，ABC 分析法将其分为三类（A，B，C）：

1. “A”类物品是企业资金占用量最高的 15%的产品；
2. “B”类物品是企业资金占用量次之的 35%的产品；
3. “C”类物品是企业资金占用量最低的余下的 50%的产品。

一家办公用品供应商所销售的产品有计算机、办公家具和回形针之类的小物品。那么，计算机应该被列为“A”类物品，办公桌被列为“B”类物品，回形针等则被归类为“C”类物品。基于这样的分类，相对于其他的办公用品，该企业就应该花费更多的时间更好地记录计算机的情况。“A”类物品之所以具有高资金占用量，是因为这些物品要么价格低但使用率高（销售量很大），要么价格高但使用率很低（销售量很低）。相比较而言，“C”类物品的需求、销售量和价格都较低，因而资金占用量也就较低。需要重点关注的关键物品其资金量不管高低，都应归为“A”类物品，这将能够确保始终维持有效的库存水平。例如，医院绝不会用完救命的药物。这些药物被列为“A”类物品，以保证始终有充足的库存。

13.2.3 产品和服务的时点

即使运营管理者可以生产质量和数量均合适的产品和服务，他们还要确保库存和产品与服务的交付时点能满足顾客的需求。当顾客需要产品或服务却因库存中断（缺货）而不能提供时，会与持有过量的库存一样耗费成本，甚至花费的成本更高。研究发现，当面对库存中断的情形时，20%～40%的顾客都会离开转投竞争对手；在那些留下来的顾客中，2%～7%的顾客在离开之前没有购买替代产品。研究人员还指出，72%的库存中断不是因为需求不可预测而发生的，而是因为运营管理不到位。“管理者的挑战”显示了运营管理者对于零售商Zara取得成功的重要贡献。

管理者的挑战——技术

Zara的管理者聚焦于迅速执行

Zara是Inditex公司的一个主要服装品牌，在全球73个以上的国家和地区拥有超过1 000家门店，并生产11 000多种不同的产品。在时尚界，夸张的设计和古怪的设计师们占据着新闻头条，你不可能指望运营管理者能够在领导时尚零售商取得成功方面做出多大的贡献。然而，在这个行业中，顾客对于颜色、质地、剪裁和其他要素的偏好在一年内就会发生很多次变化，运营时点就成为关键。Zara正擅长于此。它的运营管理者已经设计、再设计并改善了公司的运营系统，使得公司能够在短短15天之内设计、生产、交付并在商店中展示新款服装。当特定的服装款式正流行时，顾客就能看到并拥有它们，所以Zara公司85%的产品都能按照定价出售，只有15%的产品降价出售，而整个行业中这一比例平均为60∶40。较高的售价使得Zara的利润率比行业平均水平高出40%。

为了使Zara始终处于潮流最前沿，公司的设计人员每年要设计出4万多款服饰，其中的25%会进入实际的生产程序。为了鼓励消费者购买店中展示的物品，货架上的展示品总是故意放得很少。这样的话，顾客会想：“这件衬衫合身并且颜色和款式都合适，但是只有两件在架上，如果现在不买，以后可能就没有了。”要使这样的情况成为可能，Zara的运营管理者必须确保它们的系统可以追踪什么商品在售并且还能及时补货。

这要求信息能够在设计、生产、运输和零售管理者之间及时和持续交换，为了保证这一点，Zara的全部设计和大部分的生产、运输都自己完成。设计信息直接与工厂的裁剪机器实行对接，这种紧密的结合可以让Zara的管理者能够做一些新颖的事情。例如，在工厂中就可以贴上价格标签，而不是在商店里贴。因此，服装能够直接、没有延迟地从交货卡车直接放上货架，这样，相对于其他零售商，如盖璞和贝纳通，Zara的库存量减少了50%。

因为 Zara 的门店更小，支付的租金较少，但是可以摆放与竞争者同样多的商品，因此给它带来财务上的收益。或者，Zara 可以将节省的资金用于支付更高的租金，从而在一个更加繁华的地段开设商店，该地段可以影响更多消费者或者拥有更多的客流量。不管哪一种情况，Zara 所租的店铺最终都可以获得更高的单位面积销售额。

尽管在时尚服装业，正确的设计、合适的质量和合适的材料都非常重要，但是 Zara 的运营管理者却能够将其产品及时地交付给消费者，确保了 Zara 能够对顾客偏好的变化做出快速响应，并比竞争对手更好地满足顾客的需求。

资料来源：Inditex annual reports 2007 and 2008；D. Kiley，"Is Zara All That?"*BusinessWeek*，December 28，2004；K. Ferdows，M. Lewis，and J. A. D. Machuca，"Rapid-fire Fulfillment，"*Harvard Business Review*，November 2004；"Zara：A Spanish Success Story，"*CNN. com*，June 15，2001，http：//edition. cnn. com/BUSINESS/programs/yourbusiness/stories 2001/zara.

同样地，持有过量存货的代价也很高。在竞争压力之下，外科设备制造商康美公司不得不决定是否将更多的生产业务迁至中国，或者投资自动化生产线。最终该公司选择了第三种方案，彻底地改变其生产方式。该公司将长生产线变成了紧凑型的 U 形工作台；只有接到订单才生产产品，从而解决了产品在仓库中所受的"苦"；过去配件的备用量能够使用一周，现在备用的配件数量减少到正好可以满足接下来几个小时的需要；液体注射设备的库存从 9.3 万美元减少至 6 000 美元；装配空间从 3.3 万平方英尺减少到不超过 7 000 平方英尺，劳动生产率也提高了 21 个百分点。

在动态变化的行业持有零部件，不仅会增加持有成本，还会像易腐食品变坏一样，需要及时处理掉这些配件。例如，思科公司令人难以置信地花费了 25 亿美元处理原材料。因为市场是动态变化的，思科通过快速满足市场需求而获利。为此，它囤积了存货，以满足急需。但是当需求减少时，它们持有的"易腐"库存就太多了。

准时制系统（just-in-time system）是一种库存管理和控制系统，用以确保及时提供产品或服务及有关的投入，其目标是仅用必要的原材料、设备和工时生产产品或服务，以增加产品或服务的价值。

实施准时制系统的优点包括：

1. 将库存水平维持在零部件或供应商在某一时间内所需要的水平，从而降低库存持有成本；

2. 可通过减少工时和设备使用时间，提高质量和生产率；

3. 通过减少制造、交付产品或服务的时间，提高顾客满意度。

许多实施准时制的公司都取得了巨大的成功。巴克斯特医疗保健公司就是一个极好的例子。它主要生产医护人员使用的一次性帷帘和工作服以及其他设备。就在实施准时制系统和质量改进方法不到一年的时间里，其所生产的产品残次品数量减少了 32%，持有库存的天数也减少了 66%。此外还有一项意外的收获，即员工参与准时制系统的设计和实施后，离职率下降了 37%。

因为零部件在需要时才运到，产品或服务也是在顾客需要时提供，这就需要高度整合各个零部件及其供应，以此完成最终的产品或服务的生产。当产品或服务以及相关零部件的生产有高度的可重复性和高度标准化时，准时制系统就能够运行得很好。然而，准时制系统不太适用于提供定制化和提供单件产品或服务的组织。

甘特图（Gantt Chart)是以亨利·甘特（科学管理领域的一位先驱）的名字命名的。甘特图中使用非数学化的图形来代表项目。为了按时地完成任务，可以使用甘特图来标出需要进行的具体活动。甘特图非常重要，可以帮助管理者监督项目流程，常用在活动数量可管理（大约25个或更少）的项目上。这项技术可以确保与生产以及生产过程相关的项目，能够将产品保质保量、按时地交付给顾客。更大的项目通常需要PERT/CPM这样的复杂技术。

项目评估和审查技术（program evaluation and review technique ，PERT）与**关键路径法**（critical path method，CPM）都是对大型复杂项目进行计划、监督和时间控制的工具。像扩建高速公路或建设桥梁这样的大型项目，由于其复杂性，人们开发了大量的PERT/CPM软件包来对其进行管理。虽然甘特图和PERT/CPM都要求明确一个项目中具体的活动，并对它们所需的时间进行估计。但是，PERT/CPM在时间管理上比甘特图更进一步，要求管理者能够明确活动的先后顺序。管理者可以根据这个先后顺序关系，在活动网络中找出一条关键路径来。这条路径代表的是该项目最长的时间路径。如果在该路径上有一项活动延期，就会使整个项目延期。例如，给房子打地基可以看作一个关键活动，因为它在很多其他活动（如构建房屋框架）之前。如果打地基这一活动延期，那么整个房屋的建设就会延期。

PERT/CPM软件还可以帮助运营管理者为项目的非关键活动或者延期后不会耽误整个项目进度的活动安排计划，甚至可以重新安排整个项目过程使其赶上进程。例如，为房子打地基是关键活动，但是安装橱柜不是。不过，即使橱柜是在房屋建造活动的后期安装，运营管理者也会安排木工同时制造橱柜，而不是让他们闲在那里等地基浇筑好再工作。这样，既可以充分利用木工的时间，也可以确保在房屋框架搭建好且装修完成后立即安装橱柜。

13.2.4 降低成本与生产率

如上所述，准时生产出质量与数量合适的产品可以节约成本。但是，运营管理者还有其他需要了解和处理的问题，生产率和降低成本就是其中两个最重要的问题。我们将它们放在一起讨论，是因为其中一个问题会导致另一个问题的产生。

管理者之所以在最大程度上关注生产率和降低成本，某种程度上是因为当今世界竞争更加激烈。商业的全球化为顾客提供了更多的选择，以及关于这些选择的信息。这导致公司定价能力减弱。因此，为了维持利润，公司不得不提高生产率并降低成本。关于生产率的简单公式如下：

生产率＝产出/投入

生产率（productivity）测量的是组织使用资源（投入）生产产品和服务（产出）的程度。对于一家餐馆来说，有效测量生产率的指标是每个服务员所服务的餐桌数量；对于一家汽车装配厂来说，有效测量生产率的指标是生产每一辆汽车所用的工时。使用类似于这样的生产率指标主要有两个目的：一是企业可以通过此测量指标与同类企业进行比较；二是企业可以追踪生产率指标，以识别其动态趋势。大多数运营管理者都需要考虑人员和企业资产的生产率。

劳动生产率对服务企业和制造企业都适用。我们以两家制造企业（丰田公司和通用汽车）为例，衡量生产率的一个最重要的指标就是制造一辆整车所需要的工时

(HPV)。2003 年，通用汽车北美公司的 HPV 是 35.2 小时，但到 2008 年年初，已经减少到 32.29 小时。2003 年，丰田北美公司的 HPV 是 30.01 小时，在随后 4 年里，丰田北美公司的管理者也在努力提高生产率，但是到 2008 年年初，它们的 HPV 为 30.37 小时，基本上没有什么变化。生产率的提高对通用汽车有益，但是它解决不了该公司总成本以及成本增加所带来的问题。2008—2009 年的经济衰退期间，随着通用汽车销售量的急剧下滑，政府停止了对它的救助，政府通过资本注入获得了通用汽车 70%的股份。在服务业方面，图表 13-4 对法国、德国、新西兰、加拿大和美国邮电业的生产率进行了比较。

图表 13-4　不同国家的服务业生产率

	每个员工投递邮件的数量	每个员工接听电话次数
法国	37.5	17.4
德国	21.1	19.1
新西兰	51.5	22.3
加拿大	92.4	122.6
美国	100	100

负责确定企业生产率衡量指标以及如何提高生产率的管理者，常常必须解决如何衡量单个员工或群体的生产率问题。工作标准就是一个常用的方法。**工作标准**（work standard）是指，受过培训的员工完成一项具体活动或过程所需要的时间。制定工作标准需要使用工作测量技术。时间和动作研究、工作抽样就是两个普遍使用的测量技术。

时间和动作研究的第一步是详细审查每一项活动，去除不需要的步骤。这里适用的格言是，“聪明地工作而不是努力地工作”。只有在仔细审查每个环节后，才能确定标准时间。人们经常使用秒表来计时，以保证结果的精确性。在过去，许多公司使用外部人员观察员工的实际工作并计时。最近，由同事组成的团队开始为自己的工作群体测量时间。克莱斯勒制造工厂就是这样做的。该工厂团队成员用秒表相互测量时间，以一种可持续的步骤寻找最安全、最有效率和效益的方法去完成每一个环节。员工参与测量的方法，提高了员工对生产率的责任意识。这种方法使工厂的生产率在一年之内就提高 38%，HPV 达到了 13.57。

工作抽样也是一个流行的确定时间标准的方法，或更普遍地说确定时间标准即确定在工作日或轮班时花在每项活动上的时间所占的百分比。虽然在为重复性、定义明确的工作设定标准时，工作抽样方法不如时间和动作研究方法精确，但该方法非常适用于非重复性的工作。它需要在一个工作轮班时间内对单个员工或群体所进行的活动进行随机抽样。其假设前提是：具体活动在观察期间所需的时间百分比与实际花费在该活动上的时间是相同的。有效地进行工作抽样的关键就是制作一个观察清单，列出所有可能需要员工完成的活动。受过培训的观察者在事先确定的随机时间内对所观察的活动打分。

为确定某项具体活动所花费时间的百分比，可将每项活动出现的总数除以所有活动出现的总数。例如，如果观察一个护士 100 次，其中 10 次是在准备药物，那么准备药物这一活动所花费的时间比例就是 10%（10/100）。工作抽样还可以帮助发现工作中那些需要改善的地方。例如，如果病人抱怨他们很少看到护士，利用工作抽样法就可以确定护士直接用在病人身上的时间比例。如果这个时间低于目标值，就需要改进流程或增加护士人手。这些改变进而会提高病患护理质量。由此看来，生产率与质量往往直接相关。

相似的原理同样适用于资产生产率或资产利用率。资产利用率、规模经济和单位成本之间存在一定的关系，这有助于单独考察资产生产率。当企业产出增加、产品的单位成本下降时，会产生规模经济。当一个公司的固定成本不随它所提供的产品或服务数量变化而变化时，通常就会达到规模经济。由于每单位产品分担了固定成本，因此当生产的产品数量增加时，单位总成本会下降。例如，酒店的大部分成本都是固定的，不管客房入住率是10%还是100%，家具、建筑、供暖、税收、管理和其他方面的成本都不会有太大变化，因此，当入住率上升时，每一名房客所分担的单位成本就会降低。

企业生产过程的本身就能直接影响其规模经济。简单来说，一共有四种主要的生产过程。投入被无间断地转化为产出的生产过程是连续生产过程。这种生产过程在化工厂、炼油厂、综合钢厂等工厂中比较常见，这些工厂的建造成本显然高于生产时的产品更换成本（更改正在生产的产品的成本）。装配线生产过程是指，工人或机器随着流水线的运行，在各个工作站上组装产品的零部件，直至完成产品。小批量生产过程是指，生产小批量产品或服务。例如，很多大学课堂都是小批量生产过程。一批学生（例如30人）依据预先设定的时间上一堂课，投入在此过程中有所增值（学到知识），四年后这样的小批量的生产过程完成。最终，学生获得了一个学位，并且拥有他们的"顾客"（雇主）所希望具有的特征。最后一种生产过程是专门车间生产过程。这是指只专注生产极小批量具有特色的产品（甚至少到1件），每批产品各自不同。例如，在伦敦萨维尔街上，高级裁缝为顾客定制昂贵的西装，就属于专门车间生产过程。

如图表13-5所示，这四种基本生产类型分别可以获得一定程度的柔性和定制化，同时也具有能力去获得一定程度的规模经济，随着大量产品的生产降低单位成本。为此，企业要在生产的柔性和定制化与规模经济之间进行权衡。

图表13-5 生产类型及权衡

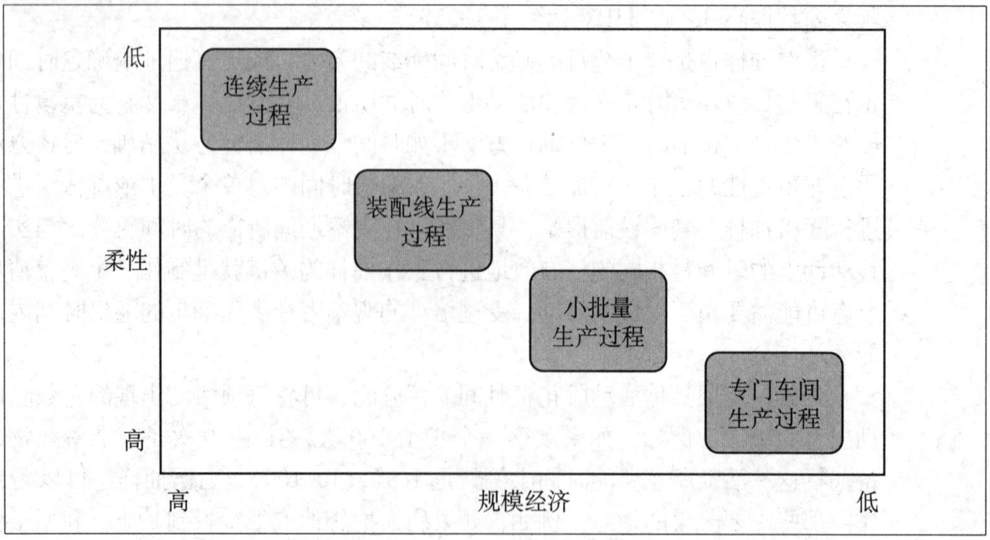

然而，规模经济不仅可以通过增加产量以降低成本，还具有**学习效应**（learning effect）。学习效应是指企业在制造产品方面获得更多的经验，对如何更加有效地完成任务有更深刻的见解，进而可以提高生产率并降低单位成本。以萨维尔街的定制西装裁缝为例，在这样的生意中实际上很少有规模经济，因为一个裁缝比其他裁缝制作更多的西装并不代表他的生产成本就会更低。例如为了给一位顾客定制西装，多数西装店会进行 50～70 个不同的测量，这些测量的时间和成本对于做一件和一百件西装来说都是没有差异的，除非裁缝有学习效应。也就是说，当一个裁缝还是新手时，这样的测量可能要花费他一个小时，但是当他给 100 位顾客测量完之后，学习效应使他能够在 30 分钟之内完成这些测量。

许多运营管理者既想获得持续生产和流水线生产带来的规模经济效应，也想获得小批量生产和专门车间生产的柔性和定制化效果，这样的追求就使**柔性制造系统**（flexible manufacturing system，FMS）应运而生。柔性制造系统能够较好地应对预期的与未预期的变化。一般来说，这种柔性可分为两类：位置柔性与路径柔性。位置柔性是指改变企业运营顺序的能力，也是指在生产流程中某一具体位置上员工或机器能够迅速调整的能力，生产出不同的产品。

路径柔性是指使用不同的人员或多种机器对零部件执行相同操作的能力，同时也是指整个生产系统应对大规模变化（如产量、产能和性能）的能力。计算机和其他自动化工具已经集中控制了整个柔性制造系统。

尤其是在看到富有争议的先驱丰田公司所获得的生产率和收益之后，汽车制造公司是柔性制造系统最大的支持者。建造一个生产汽车的装配工厂所要花费的成本是巨大的，通常超过 5 亿美元，甚至接近 10 亿美元。此外，建成这样一个工厂通常也会耗费两三年的时间。在这种大规模投资后，管理者除了要努力预测产品的需求，也要考虑到许多不可预测的因素会影响实际的需求，如油价、法规等。因此，如果能在现有的工厂内生产更多类型的车，并且能够根据需求的变化，容易并迅速地制造特定的车型，就可以显著地提高公司的成本和收益。

“管理者的挑战”描述了克莱斯勒公司尝试实施柔性制造系统以及该公司期望从中获得的效益。现代/起亚公司也非常关注其机器人的柔性制造系统。这种机器人可以改变它们的零部件，将不同类型的汽车从生产线上搬下来。通过运用多种软件程序，可以很轻易地改变机器人的运动，但是机器人抓取这些零部件的能力则高度依赖于其各个“抓手”（相当于人类的手）之间的整合。然而，针对每一种类型的车，特别是同一条生产线不同类型的车同时下线的时候，改换“抓手”的代价是很昂贵的。现代公司发明了可以正确转换的“抓手”来解决这个问题。通过延长“抓手”以及其他五个专有的转换动作，让机器人可以抓取不同形状和重量的汽车侧板或门板。这一过程中，不需要停机去更换工具，也就不会产生昂贵的费用。

管理者的挑战——技术

克莱斯勒公司实现柔性

2007 年，克莱斯勒向其位于密歇根州斯特林海茨市的组装工厂投资了 5 亿多美元，扩展了公司的柔性制造系统。这项投资使工厂能够生产全新的 2008 克莱斯勒赛百灵敞篷车和 2008 道奇复仇者轿车。通过对柔性制造系统的投资，克莱斯勒为它的 1 219 位员工带来了多重收益。

这项投资包括许多技术上的变革。例如，在投资于柔性制造系统的5亿美元中，2.78亿美元用于检查工厂的焊装、涂装和组装区域，其中包括新的工艺装置和大约620个新的焊接和材料处理机器人。现在，在焊装车间制造不同的车型时，只有机器人的末端执行器或“手”需要更改。这些更改可以在一辆汽车轮转到下一辆汽车的时间内完成。

克莱斯勒小型/优质/家庭车总装部副总裁弗雷德·戈德特尔说：“组装工厂现在能够建造多种上车体和多种车系或车体构造，由此带来的柔性增加了新型和来自其他工厂的‘交叉负载’模型以应对市场的动态变化。”“此外，斯特林冲压工厂在同一生产线上可以焊接和组装多个产品。”

这项投资使工厂能够以更快的速度、更低的成本生产高质量的产品，也使得管理者可以高效率地生产某些小众的车型以迎合利基市场的需求。管理者也能够在一家或多家工厂改变不同型号汽车的生产量，以应对顾客需求的改变。

除了技术以外，公司还实施了新的工作场所组织模式以增加工厂劳动力的柔性，开展广泛的员工培训，让他们参与设计和工作站点操作的各个方面。克莱斯勒制造执行副总裁弗兰克·埃瓦斯夏恩说：“由于工厂员工的承诺，我们看到斯特林海茨工厂取得了巨大的成功，正是员工们的支持和小团队工作模式使这个成功变得可能。”

2008—2009年的经济衰退不仅击垮了通用汽车，也重重打击了克莱斯勒。克莱斯勒面临着破产，美国纳税人不得不为公司注入大量资金。这都在菲亚特投资该公司之后发生。然而，斯特林海茨工厂是没有破产的六个工厂之一，在2010年也计划关闭。菲亚特意识到了柔性制造系统的价值，并准备购买这个工厂，如果被批准，菲亚特将要支付2 000万美元。

资料来源：Tom Krisher,“Chrysler Agrees to Buy Sterling Heights Plant for \$20M,”*Crain's Detroit Business*, February 19,2010, http://www.crainsdetroit.com; Company Web site,“Two Detroit-area Chrysler Group Plants to Receive Half-billion Dollars in Upgrades,”press release, www.daimlerchrysler.com/dccom/0-5-7153-1-477538-1-0-0-0-0-3882-7145-0-0-0-0-0-0-1.html, accessed March 30, 2007;“Flexible Manufacturing Retool Delivers New Convertible,”*Just Auto.com*, March 30, 2007, http://www.just-auto.com/article.aspx? id=90905;“Chrysler Group's Sterling Heights Assembly Plant Produces All-new 2008 Chrysler Sebring Convertible,”*The Auto Channel.com*, March 30, 2007, http://db.theautochannel.com/news/2007/03/30/041715.html.

计算机辅助设计（computer-aided design，CAD）和**计算机辅助工程**（computer-aided engineering，CAE）是使用计算机设计新产品、修改现有产品、测试产品技术原型或模型的过程。它可以独立于柔性制造系统运营，是产品设计和日常运营的一个重要方面。另外，该技术在很大程度上也节约了成本，因为它取代了手工作业和耗时的绘图过程。这些系统的目标就是提高设计的质量，并减少将这些设计付诸生产所需的时间。这两个目标反过来又可以降低生产一件产品所需的成本，因为在设计阶段就可以发现潜在的问题。CAD和CAE系统还可以将所有的设计保存，也可以将其传输，因此这些设计很容易被修改。

快速原型技术是一个更加复杂的CAD/CAE形式，可以使用立体平版印刷用塑料建立三维模型。联合科技公司能够使用此技术为其用于雷达监测的卡曼奇直升机建立一个1/6模型。CAD、CAE和快速原型技术为设计人员快速完善直升机的精确设计规范提供所需的信息。

一旦由计算机设计出产品后，下一个逻辑步骤就是让计算机制造出该产品。**计算**

机辅助制造（computer-aided manufacturing，CAM）是指使用计算机指导产品制造的过程。计算机辅助制造系统可以通过程序，使设备进行不同的制造过程，如钻一个指定大小的孔、将混合液体注入模子、以一定的速度切割材料等。当制造过程非常复杂并且设计也经常变动时，计算机辅助制造最有用。将 CAD/CAE/CAM 系统联合使用，可以消除公司设计和制造团队之间的重复，不仅可以节省时间和资金，同时还可以促进组织内部员工的沟通。

面向制造的设计（designing for manufacturing，DFM）是指产品设计的过程中能够最大化顾客所需的功能和生产便利性、最小化所涉及的成本。DFM 通常意味着减少产品所需的零部件数量，这常常要求企业不同的群体（如设计和研发群体）能够和其他群体（如工程和运营群体）紧密协调。例如，麦道公司在其军用飞机和商用飞机部门都使用了 DFM。特别是，公司在 F-18 战斗机项目中节约了大量的成本，仅项目的一个特定方面，管理者就将零部件数量减少了 84%，降低了 73%的成本，飞机重量减轻了 11%，组装速度加快了 89%。在将 F/A-18 C/D 转为 F/A-18 E/F 的过程中，管理者将零部件数量从 1 744 个减少到 1 048 个。在商用飞机部门，通过使 MD-11 运货班机的设计与顾客需求和制造要求相符，管理者在每架飞机上节省了 8.6 万美元的成本。仅改变和简单化一个舱壁，每架飞机就节约了 4 000 美元。麦道公司在其飞机零部件装配中减少的部件数量比例一般在 36%～96%之间，基于此，管理者为长弓形直升机建立了一个集成产品开发小组来设计产品。该小组的成员包括麦道公司工程、制造、采购、产品支持及质量团队，同时也包括供应商及其他部门或人员，他们一起进行产品的设计。最初，该小组只是在“地面站”中有限数量的产品中使用 DFM，尤其关注的是飞行员的仪表盘。以前的仪表盘包含 74 个部件，重 3 千克，需要 305 小时才能制造成功，还需要 149 小时进行组装。图表 13－6 总结了该小组使用 DFM 后的成果。

图表 13－6　使用 DFM 后仪表盘的改进成果

	之前的仪表盘	使用 DFM 后的仪表盘
零件数量	74 个	9 个
制造时间	305 小时	20 小时
组装时间	149 小时	8 小时
安装时间	153 小时	153 小时
总时间	697 小时	181 小时
重量	3.00 千克	2.74 千克
成本	降低 74%	

13.3　供应链管理

供应链是指从原材料到零部件再到完成产品或服务并交付给最终顾客这个过程所涉及的资源、信息、活动、人员和组织的协调系统。因此，本章谈及的许多活动与供应链管理有关。现在单独讨论供应链管理部分的运营管理，是因为整个供应链与越来越多的组织的全球化供应链管理所涉及的技术逐渐增加，使得进行综合讨论过于复杂。管理者必须逐步思考如何管理他们的供应链，使其与企业战略的本质、市场的动态性和复杂性相匹配。因为供应链管理的复杂性逐渐增加，其战略重要性也在不断提高。

我们可以看到生产一台戴尔笔记本电脑所涉及的协调与供应链的复杂性。图表13-7列出了从顾客打电话下订单到在家中收到电脑这一过程所涉及的关键活动、地点和组织。

图表 13-7 戴尔的供应链

活动或组件	组织	地点
电话订购	戴尔	全世界25个电话订购中心，包括美国、菲律宾和印度
组装	戴尔	爱尔兰的利默瑞克；中国的厦门；巴西的南埃尔多拉多；美国田纳西州的纳什维尔；美国得克萨斯州的奥斯汀；马来西亚的槟榔屿
笔记本设计	戴尔，原始设计制造商	美国，中国台湾
微处理器	英特尔	菲律宾、哥斯达黎加、马来西亚、中国
内存	三星 南亚 英飞凌 尔必达	韩国 中国台湾 德国 日本
显卡	微星科技 富士康	中国台湾 中国
冷却风扇	互茂 双鸿	中国台湾 中国台湾
主板	三星 广达 仁宝 纬创	韩国 中国台湾 中国台湾 中国台湾
键盘	阿尔卑斯电气 精元 达方电子	日本（中国工厂） 中国台湾 中国台湾
液晶显示屏	三星 LG飞利浦 东芝 奇美电子 瀚宇彩晶 友达光电	韩国 韩国 日本 中国台湾 中国台湾 中国台湾
无线网卡	杰尔 艾睿 亚旭电子 正文科技 环旭电子	美国（中国工厂） 美国（马来西亚工厂） 中国台湾 中国台湾 中国
调制解调器	华硕 建兴电子 富士康	中国台湾 中国台湾 中国
电池	摩托罗拉 三星电管 新普	美国（马来西亚工厂） 韩国 中国台湾
硬盘	希捷 日立 富士通 东芝	美国（新加坡工厂） 日本（泰国工厂） 日本（泰国工厂） 日本（菲律宾工厂）

续前表

活动或组件	组织	地点
CD/DVD 光驱	三星 日电电子 第一音响	韩国（印尼或菲律宾工厂） 日本（中国或马来西亚工厂） 日本（印度尼西亚、中国或马来西亚工厂）
电源适配器	台达 建兴电子 三星 讯宝科技	泰国 中国台湾 韩国 美国（中国工厂）
电源线	豪利士	英国（中国、马来西亚或印度工厂）
记忆棒	艾蒙系统 世迈科技	以色列 美国（马来西亚工厂）

如果没有技术先进的信息系统，这样复杂且分布广泛的供应链就会缺乏效率。运营管理者可以通过整个供应链追踪零部件的位置。随着电子数据交换（EDI）的逐渐使用、供应链信息集成，以及在很多情况下的供应链信息的实时交换，戴尔的供应链管理者可以管理非常复杂的关系和过程。有时集成程度很高，戴尔也可以让它的供应商利用闲置的产能应对具有某一特征的计算机需求的上升。也就是说，戴尔能够很容易地看到供应商已经使用和闲置的产能，就如了解自身的产能一样。

互联网与国际标准通信协议的出现，不但使这样的交换更加容易，还降低了其成本。在互联网出现之前，公司需要在昂贵且有限制性的专用软件系统上进行投资和投入，而基于网络的系统则使公司能够以更快的速度和较低的成本将这些互换付诸实施。其中的一个结果就是，之前没有达到一定规模和全球化水平而不能进入像戴尔公司这样的企业的供应链的小公司，现在只要能够证明其在质量、可靠性和成本方面有优势的话，就可以更加快速地成为合作伙伴。

这些因素导致了供应商和顾客之间的动态压力关系。一方面，越高的集成就越能刺激像戴尔这样的客户与其供应商建立更多的“合作伙伴关系”，也就是说，戴尔与其供应商之间的关系越紧密、越依靠这些供应商，运营管理者就越需要与这些供应商紧密合作，并且从长远角度考察与合作伙伴之间的关系并建立信任。另一方面，对戴尔来说，基于网络的技术降低了新供应商的进入壁垒，也降低了转向新供应商的成本。因此，戴尔的管理者不想与现有的供应商合作得过于紧密，他们想对新的供应商更加开放。除此之外，一些核心部件的供应商也会成为威胁，它们可以将自己的供应链整合起来，成为以前客户的竞争对手。中国台湾明基公司在手机业务上对西门子公司就是这样做的，并在 2005 年收购了西门子的该项业务。因此，一方面存在交易和对抗导向，另一方面也有合作的导向，二者之间是动态的关系。图表 13－8 在不同维度上比较了这两种基本的导向。

今天，标准消费品的技术复杂性逐渐增加、全球市场规模和深度的增加，都意味着消费者和供应商之间存在一条又复杂又长的供应链或交换网络。尽管许多公司不仅仅在一个国家或地区经营，还在全球范围内运营，但是还没有大到能够控制整个供应链的规模。事实上，还没有哪个公司能够控制从原材料的提取到最终顾客这一供应链上的每一个环节。

图表 13-8 供应商关系

对手	因素	伙伴
短期	期限	长期、稳定
零星的采购订单	协议类型	排他性或半排他性的合同，通常至少半年
为避免风险和价格竞争，每个物品都有几个来源	资源数量	每个物品或商品群都有一个或多个供应商
对于任何供应商都有业务数量的限制	业务量	量大，有时供应商的一个工厂只服务一个客户
平均价格较高，但是低于成本的买入价格可导致供应商关系的不稳定	价格/成本	低价，大量订购合同形成规模经济，供应商可以就改进合作关系进行投资
不确定，依赖于接受检验	质量	源头质量控制，供应商使用现场管理系统和全面质量管理
客户开发	设计	充分利用供应商和设计专家
不经常、大批量	交付频率/订单规模	经常（有时一天多于一次），小批量，准时制
邮件	订购方式	长期，合同；短期，电话、传真或电子数据交换
包装列表、发货单、数量/检查表	文件	有时不计数、不检查或仅每月提交清单
接受货物的码头和仓库	交付地点	直接交到使用地点
很小、黑箱	公开程度	供应商现场审核；工程/设计保持一致，一线同事参观

供应链中大多数的交换都发生在不同公司之间，它们都在其所擅长的专业领域寻求收益最大化。然而，除非它们在供应链中是直接联系的，多数公司不会或者没有兴趣在供应链中继续保持原有的角色关系。如果不认真管理，供应链就会成为一条由没有共同目标的竞争者组成的链条。这会导致成本提高和服务水平下降，使得提供给顾客的最终产品吸引力下降，销量最终会降低，从而使整个供应链中的所有环节（公司）都蒙受损失。

长期以来，运营管理者的目标就是将原材料转化为最终的产品和服务提供给顾客。但越来越多的管理者已经开始关注“逆向供应链”。逆向供应链是指，从顾客手中回收用过的产品，将这些产品再利用或处理等一系列活动。由于法律和规章的原因，这些活动中的一部分被强制执行。例如，从2003年以后，欧洲的轮胎公司每卖出一条新轮胎，就需要重新利用或处理一条回收的旧轮胎。因此，逆向供应链管理者必须至少关注以下五项活动：(1) 获取使用过的产品；(2) 管理将这些产品运到公司的逆向物流；(3) 对这些产品进行检查；(4) 决定处理方案（销毁或再利用）；(5) 分配和销售翻新的产品。

来自一线的管理挑战——尾声

米歇尔·杰克逊说，BNSF 铁路公司的运营管理者采取了一些行动以提高运输能力和服务质量。为了提高运输能力，他们同时增加了火车数量和火车长度。增加新火车，他们不仅需要购买设备（火车头和车厢），还要雇用和培训所需人员。运营管理者必须增加铁路运送能力以应对系统中的大量火车。BNSF 铁路公司的运营管理者没有建设新的线路，而是选择在横贯大陆的线路上将铁轨数量增加到两倍，某些地方是原来的三倍。横贯大陆的线路是 BNSF 铁路公司从南加利福尼亚州到芝加哥的主要路线，两倍或三倍扩增其铁轨数量涉及在主线旁铺设第二条或第三条铁轨以容纳新增的火车。

尽管这样有助于提高运输能力，但这会导致在 BNSF 的终点站和其他转运站点堵塞现象有所增加。BNSF 的运营管理者决定，他们同样需要在终点站增加更多的停车空间，以容纳更多需要在两列火车间转接的车厢以及将集装箱从一列火车和铁轨吊到另一列火车和铁轨上的起重机。另一个首创的行动是将一些交通量转移到一些较少使用的港口，如波特兰、俄勒冈州和华盛顿州的塔科马港口。还有一个首创行动是使用加油箱直接在港口给 BNSF 铁路公司的火车加油。这样，火车在驶向目的地前就不必到铁路站场附近加油了。

2008—2009 年的经济衰退是一把双刃剑。一方面，由于消费支出减少，制造商生产的产品数量减少了，船上没有那么多的集装箱，也没有那么多的货物需要经由铁路线运输，这显然有损 BNSF 铁路公司的收益和利润。另一方面，它减少了自 2000—2001 年经济衰退以来有所好转的运输能力不足和交通堵塞问题，因此，消费者可以看到因为网络流动性而产生的更好的火车运输服务和运输效果。随着经济的复苏，运输量在 2010 年开始攀升，之前做的很多事帮助 BNSF 铁路公司提高了服务质量并提高了火车运输效率。随着公司持续进行有计划的改进，这也会给 BNSF 铁路公司带来更大的经济效益和运输量。

本章小结

- 运营管理是管理的一个专业领域，关注的是有效地将资源转化为产品和服务，并准时地提供给消费者。它具有战略意义，与成本和收益直接相关，也与公司的利润直接相关。
- 采取措施，确保顾客在需要的时候能够得到合适质量和数量的产品或服务。运营管理者可以改进这些会重复发生的业务，甚至可以通过正面的口碑来增加企业效益。
- 全面质量管理（TQM）是在源头保证质量的哲学。为了使该哲学思想获得预期的利益，可以使用的工具包括统计过程控制（SPC）、持续改进和六西格玛。SPC 关注的是在目标周围设置一定的容差、追踪绩效和消除不可接受的误差。持续改进技术不仅关注目标达成和误差的消除，还关注绩效的提高和目标的拓展。六西格玛是一种确保企业活动以 99.999 66%的可靠性满足顾客期望的系统方法。
- 产能计划、物料需求计划（MRP）、经济订货批量（EOQ）模型、ABC 分析法都是确保运营管理者在顾客需要的时候提供合适数量的产品和服务的方法。产能计划涉及决定企业该生产的产品或服务数量。物料需求计划关注的是确保企业拥有生产产品或服务所需的资源。经济订货批量模型是用于决定某一投入要素最有效率和效益的订货数量的技术。最后，ABC 分析法确保运营管理者将他们的时间投入在对公司生产和顾客满意度影响最大的要素上。
- 准时制（JIT）、甘特图、项目评估和审查技术（PERT）和关键路径法（CPM）都是保证产品和与产品生产相关的项目及时完成交货的常用技术。JIT关注的是产品或服务及其相关投入的库存管理以使产品或服务及时交付。甘特图被用来安排活动的时间以保证在最后期限内完成任务。PERT和CPM不仅列出活动的先后顺序和时间，还确定哪些活动是关键的并会引起项目延期。

- 运营管理者需要想办法获得规模经济效应和学习效应，同时也要获得能够获得柔性和定制化生产的能力。提高生产率的手段涉及确定工作标准。管理者想要同时获得成本节约和定制化的优势，可能需要了解柔性制造、CAD、CAE和CAM这些工具，同时可能还需了解DFM方法。
- 因为供应链复杂性的提高和供应链全球化的发展，在该领域中工作的管理者需要关注资源、信息、活动、人员和组织（将原材料转化为产品或服务并提供给最终顾客的所有组织）的协调。

复习题

1. 什么是运营管理？除了关注产品和服务或二者的混合以外，它为什么对所有企业都有战略意义？
2. 统计过程控制和持续流程改进主要的相同点和不同点是什么？
3. 六西格玛的两个主要工具是什么？各自的目标是什么？
4. 什么是经济订货批量？为什么它是运营管理者的一个有用工具？
5. 甘特图和PERT/CPM技术之间主要的相同点和不同点是什么？
6. 什么是准时制？它可产生的主要收益有哪些？
7. 比较规模经济效应和学习效应。
8. 什么是DFM？它可产生的一般收益有哪些？
9. 解释有效供应链管理的主要职能和两个主要的关系。

团队练习

制作期末日程图

每到期末，学生们通常发现自己没有充足的时间去做他们想要做的很多事情。特别是在秋季学期期末考试临近时，会有假期购物、打包裹、发邮件、安排旅游和其他要做的事情。制作一张甘特图，列出所有可能的活动及其目标期限，使用PERT和CPM安排这些活动的顺序并识别关键路径。如果你遵循这样的计划，你的学业和个人成绩会与现在有何不同呢？

章末案例

一封顾客来信

史蒂夫·杰克逊是克兰斯顿·尼桑公司的总经理。周一的早晨，他对所有邮件进行仔细的筛选，下面这封邮件令他印象深刻。

尊敬的杰克逊先生：

我写这封信是想让您知道，我在您的生产车间维修我的300ZX以及之后在您的服务部所经历的可怕的事情。我将按时间顺序加以详细说明。

8 月 28 日

我把车留在车间，以下部分有锈损需要处理：

车顶——沿着挡风玻璃顶部区域；

左脚踏板——在驾驶室门底下；

右顶盖侧板——接近保险杠末端；

车后板——牌照底下。

我被告知处理这些部位需要三至四天时间。

9 月 1 日

我打电话询问车辆维修状况。这是车留在车间的第 5 天，我被告知可以在下午 2 点之后的任何时间过去取车。我和我的妻子是下午 5 点到的，车还没有修好，同时我付了 443.17 美元，然后等着。晚上 6 点的时候，我的车被开出来，湿淋淋的（大概是为了好看刚刚洗过），我上车后发现门关上的时候，驾驶室的门控灯不灭，我请求帮助。车间经理吉姆·博依德也不知道哪儿出了问题，他提供的解决方案是让我先把灯泡换了，然后在劳动节之后再过来让技工看看。我同意了，然后就把车开走了。但是，车子一直发出“左侧车门未关闭”的警告声，而且大声地重复着。我又返回去找到博依德先生，跟他说我还是把车先放在车间，直到修好。因为重复不停的警告声令我根本无法开车。之后，博依德先生建议我第二天（周六）再来看看技工有没有发现哪儿出了问题。我必须强调的是，8 月 28 日我的汽车是完好地开进车间的，要处理的只是车身的锈损。这一点在接下来的故事展开中非常重要。

9 月 2 日

我早上 10 点 30 分打电话给吉姆·博依德，但他说还没有检查车。他答应在车间放假关闭之前回电话，但是却一直没有回。我之后意识到，他之所以没有回电话，是因为“没什么要报告的”，我的车周六、周日、周一都在车间里。

9 月 5 日

我下午 4 点打电话给吉姆·博依德询问车辆的状况，他告诉我还没有好，第二天应该可以修好。从这点来看，我的车在服务部门明显完全没有优先权。

9 月 6 日

我再次打电话给吉姆·博依德（大约是下午 4 点），他告诉我修理工作暂停，服务部需要上级授权，他们也不知道授权需要多久。情况变得这么混乱，我就想在 8 月 28 日那天将车交给技术人员时，服务部经理泰德·西蒙向我保证如果问题是由车间的行为引起的，我不必承担经济责任。但是，我把车放在车间后就没有开过，也无法给出证据。

9 月 7 日

这一天晚些时候，我又给西蒙打了电话，他说拉里（服务部员工）知道问题所在并将电话转给了他。拉里说他们已经在将问题范围缩小，是一根线出现了问题，但是这件工作非常耗时，第二天应该会修好。

9 月 8 日

我再次打电话给西蒙，询问修车的状况。他告诉我，线的问题已经解决了，但是车速表无法工作。他们必须在周一的时候将车交给承包商修理车速表。他说技术人员试驾时，发现车速表在顶端被压住了。拉里认为一定是有人在检查其他问题的时候动了这里，我问他是否要收费，他说不用。我和我的妻子下午 5 点到车间取车。我和拉里确认了接下来需要进行的步骤，拉里再一次保证不会因为修理车速表向我收费。

车被开了过来，我走向车的时候发现驾驶室门底下的橡胶圈掉下来了，我寻求帮助。西蒙检查了一下，他说一定是在找那根坏线的过程中弄成那样的。他把车开进车间后把橡胶圈给拧上了。当车最后被开出来的时候，他说可以把它给换掉，因为实际上已经坏了。

当我到家的时候发现车门关上后，仪表盘上的右防盗灯一直在闪烁，我尝试开启安全系统也没用，唯一能够让它停止闪烁的办法就是拔掉保险丝，也就是说车的安全系统坏了。不用说，我当然非常心烦。

9月11日

周日晚上我将车放在了车间，在“早起鸟”的位置留下了一个钥匙和一张纸条，纸条上面写着依据上周五的协议需要修理的两个部分——橡胶圈和车速表。此外，我还提到了安全系统的问题，并且认为“一定是有人在检查线路问题的时候忘记了将什么东西复位”。周一的时候，我接到服务部门人员（我想他的名字叫约翰）的来电，他说安全系统的问题主要有两个，一个是车锁，一个是驾驶室车门里面的线路问题，车锁要花76美元，剩下的部分收费情况还不知道。他给出的估计是一共110美元。我问他为什么不认为这个问题是由其他问题引起的，他说解决线路问题的技工说不可能是其他问题引起的。

我告诉电话里的人不用修安全系统了，因为我不会付钱。这时我只想能把车取回来，想着可以以后找其他人，比如您本人，来解决这个问题。我让约翰解决车速表的问题，并询问这需要多少钱，他保证这个问题会被解决。

9月13日

服务部打电话过来，告诉我可以在晚上8点之前的任何时间去取车，还说橡胶圈需要订货，因为库存没货了。这个部件在9月8日就有需要，到现在才订货，这将使我又要白跑一趟。

当我到服务部提车的时候，我被要求要付款126美元，我询问这些钱包括哪些费用。我看到费用清单上写的是修理车速表和检查安全系统的费用，我说这些应该都是免费的。服务台的人员了解了情况，把车给了我，并说服务经理第二天会处理。

我的车被9月8日那天交给我的那个人开出来，我坐到驾驶座位上时，发现后视镜不见了，竟然被卸下来放在了乘客座位上，我非常震惊，感觉快疯了。我下车询问怎么会发生这种事情，难道没有人注意到吗！吉姆·博依德说也许没人愿意承认，他用一个工具将镜子装好了。

杰克逊先生，我想这是一封很长的信，但是在过去三周我都非常失望和沮丧，我希望您能理解，并且能够调查一下这件事情，并告诉我您是怎么想的。

萨姆·莫纳汉

特勒维尔南大街555号

◆ 思考题

从全面质量管理的视角回答下面的问题：

1. 将该案例中的质量问题分类。
2. 出现这么多问题的可能原因是什么？
3. 杰克逊马上应该采取的措施是什么？他的长期目标应该有哪些？

第 14 章

控　制

■ Control

学习目标

通过本章的学习，你应该能够：

- 定义控制并解释它在组织中的重要性；
- 描述控制过程的四个基本要素以及每个要素中的内容；
- 解释控制范围的概念；
- 对比战略、战术和运营控制，识别它们各自所包含的主要内容；
- 分析对组织控制有效性起决定作用的因素。

来自一线的管理挑战

姓名：布拉德利・卡特（Bradley S. Carter）

职位：快扣公司战略客户部东海岸区域销售经理

毕业院校：奥斯汀佩伊州立大学

业余活动：航模

毕业后的第一份工作：快扣公司销售代表

推荐的商业书籍：吉姆・柯林斯的《从优秀到卓越》

偶像：大力水手

座右铭：借口只能自娱

驱动力：自我实现，在积极的变革中发挥影响力，帮助他人发展

管理风格：你的命运由你自己决定，我提供支持

布拉德利・卡特一直很忙。当他还在上大学的时候，就在当地的一家百货连锁店担任全职经理助理。在获得学士学位后，卡特成为快扣公司零售部门的一名销售代表，之后大约一年，他被调到公司的国内客户部，仍然担任销售代表。一年后，卡特被提拔为主管卡罗来纳地区的区域经理，并被赋予提高该区域销售额的任务。正是在这个职位上，卡特被再次提拔为公司战略客户部负责东海岸的区域经理，主要侧重于建筑行业。他负责一个六人团队，该团队每年实现的销售额超过 1 200 万美元。

当快扣公司创立国内客户部的时候，公司使用微软公司的 Excel 软件来跟踪销售情况。该公司选择 Excel 的原因是，该软件既便宜又好用，并且能够帮助管理者监控客户的联系时间和销售代表的行动。然而，当卡特的团队人员逐渐增加、服务的客户越来越多时，整个团队的运作越来越复杂，布拉德利不得不面对一个问题：对销售拜访活动进行精确的跟踪以将每一客户与一名销售代表对应起来变得越来越困难。这意味着整合、管理销售信息的过程更加麻烦，所需时间也越来越长。此时，卡特面临着抉择：继续使用 Excel 以维持较低的监控成本，或者投资开发一个更复杂、更昂贵的客户维护软件。这也意味着可能需要花费更多的资金来培训销售代表，因为他们当中的一些人缺乏计算机知识。

不管是复杂的大型组织，还是简单的小型组织，都会存在管理控制问题。正如布拉德利·卡特所遇到的情况，实施有效的控制是一项普遍且非常重要的管理挑战。

对管理者个人或组织来说，也许这一挑战最主要的就是如何在过度控制与控制不足之间取得平衡。我们可以思考一下自身的工作经验或其他群体的经验：我们也许已经看到，通过一些个人、管理者或组织的努力，制定了规则与法规，使得过度控制的情形逐渐减少。在一个极端上，过度控制容易让人联想到“带头大哥”，在没有获得组织中更高级别成员的允许时你不能做任何事情。过度控制还可能造成不良情绪并压制积极性。

在另一个极端上，控制不足可能使组织及其管理者面临付出昂贵代价的风险。当情况较轻微时，控制不足会导致运营马虎、无法有效利用资源。随着错误的累积，组织也许并不知道问题在哪里、什么时候发生，更不知道如何解决。更严重的情形是，它可能会给组织带来灾难性的后果，现在声名狼藉的安然公司就是一例。

在组织中实施控制包含规范活动与行为、调整或遵循期望与目标。控制的使用不仅给管理者带来了挑战，还给他们带来诸多困境。就如后文将要谈到的，因为控制有不同的类型，所以这个问题也变得更加复杂。一种控制类型在一种情境下可能非常有效，但是在其他情境下可能会失效甚至是有害的。这里存在的一个底线就是，对于管理者而言，不论其在哪个组织、处在组织中何种层级，他们都不得不应对一些关于控制的基本问题。

为了探讨控制问题，我们首先考察的是控制在组织中的作用，它可能与其他管理职能相关，如战略制定和控制。接着，我们回顾了控制过程的四个基本要素——建立标准、测量绩效、将绩效与标准进行比较、评估结果（如果需要的话采取进一步的行动）。然后我们讨论了控制的不同层面（战略、战术和运营）以及不同的控制类型。本章最后探讨了影响控制有效性的因素，例如控制的焦点、数量和实施控制的成本等，还探讨了这些因素如何影响一些重要的管理选择。

14.1 管理的控制职能

从字面来看，控制一词意味着约束、限制或审查，给人负面的感觉。很显然，控制暗含对行为自由的限制。在许多人看来，这一点是有问题的，尤其是在某些文化背景下。确实，在组织情境中，**控制**（control）包含对活动与行为的规制（见图表14-1）。在组织情境下要实施控制，就意味着要调整以与已经设定的期望和目标保持一致。在这个意义上，管理者的控制职责就是约束人的行为。没有约束管理就没有办法进行控制。然而，约束的效果还要看控制的结果，以及管理者考虑了谁的观点。

组织中出现一定数量的控制是必不可少的。组织的本质就是个人放弃独立性以达成共同的目标。正如一位组织研究学者所言：“控制的一项首要功能就是在组织成员多元化的利益和可能分散的行为中产生协调和秩序。”因此，控制是组织活动的一项基本特征。管理者应该始终铭记控制只是实现目标的一种手段，而并不是目标本身（正如“管理者的挑战”中所阐述的）。

图表 14-1 管理中控制的职能

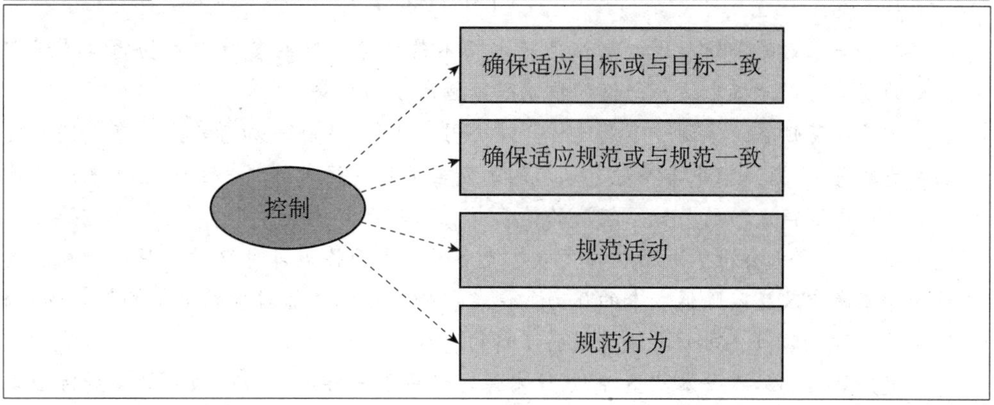

控制的管理职能出现在计划、组织和领导这些主要的职能之后（这也是为什么大部分教材中关于控制的章节都在最后）。如果前面的职能实施得很好，控制的实施就会相对容易；反之，如果计划、组织和领导中存在问题，那么实施控制就会相当困难。在这一层意义上来说，作为一项管理职能的控制是否有效很大程度上依赖于在其之前的其他管理职能，这些职能实施得好，控制就更趋于取得好的效果。反之，控制就可能成为令管理者头痛的问题。

控制也可以看作一个"原因"变量，因为控制的结果可以向组织计划过程提供反馈，并使其获得提高。因此，控制也是计划和组织反馈循环的一部分（见图表 14-2),可以帮助管理者适应环境和条件的不断变化。当内部环境或外部环境变化时，良好的控制系统可以让管理者知道当前的经营方式是否还能够达到组织的目标。例如，许多年前，一家人寿保险公司的一些销售人员为提高自己的销量，以提高收益和奖金，不惜诱劝客户放弃原先持有的长期的、附带现金分红的保单，转而购买新的、更大额的保单，并承诺不会让客户花更多的钱来买这些大额保单。但是，这些顾客并不知道他们在老保单条件下的现金分红会被用于支付新保单的更高的成本。因此，尽管顾客不像过去一样用现金支付每月的保险费，但是这些新保单实际上还是让他们付出了成本。一个外部审计者曾就这一问题警告过高层管理者。但遗憾的是，这个控制虽然为保险公司提出了一个早期的警告，但是管理者没有进行深入的追踪和调查，以致公司遭到了一场诉讼。

图表 14-2 控制的反馈循环

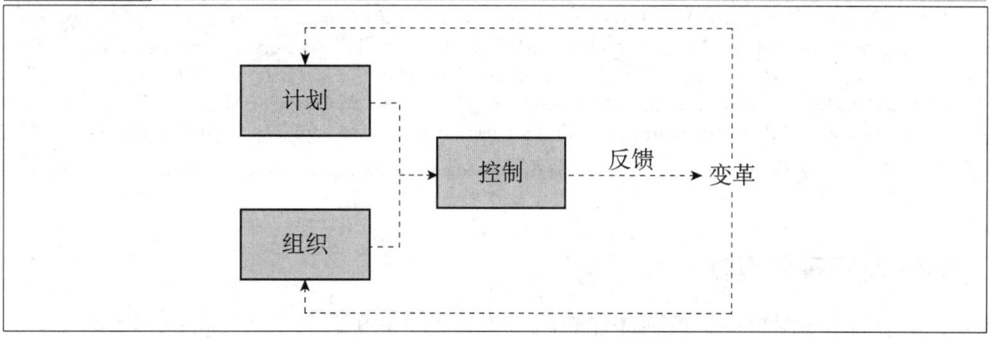

管理者的挑战——变革

牛排的权利

对于一家好的餐馆来说，烹饪是艺术而不是科学。这些餐馆中食物的口碑通常取决于大厨的创意，因此标准化、严格的控制并不适用于高档餐馆。

但是，莫顿餐饮集团却不是这样。该公司于1978年在芝加哥建立，在美国和其他一些国家有超过70家高档牛排餐厅，采用的是麦当劳式的运营模式，并且坚定地认为严格的控制是该公司取得成功的关键。经济的繁荣或衰退以及其他高端牛排餐厅（如露丝牛排餐厅、史密斯-沃伦斯基公司等）激烈的竞争，使公司一直面临着外部环境的巨大挑战。莫顿一直承受着要做出改变以降低成本的压力。但是，公司拒绝降低对食物准备和提供的严格限制，因而维持了顾客对公司的忠诚并吸引了新的顾客。

莫顿的控制始于一本"圣经"。这本像电话黄页一样厚的书逐项介绍了厨师应该遵循的500条规范，明确了从原料到五分熟上等牛排的所有流程。对食物的外观员工也不能自主决定，色彩图片挂在莫顿公司每间厨房的墙上。通过这些图片，判断菜肴的外观是否符合要求变得相对容易，菜肴的外观要么与图片一致，要么不符合图片的要求。

标准的执行同样非常严格，每家牛排餐厅都有一名食品和饮料控制员。该员工每天花12小时跟踪规范中每个项目的执行过程。即使是一块土豆也要遵循严格的标准。莫顿公司曼哈顿分店的食品和饮料控制员安德鲁·莫格说："我给每一块土豆称重，每块土豆的重量都必须超过一磅。"

有效的成本控制和库存跟踪系统也与每份菜的管理和提供相伴随。据称，哪怕是丢失了一块牛排，莫顿都能发现，因为莫顿认为库存无小事。

正是这种始终如一的态度和可靠的食物吸引了回头客一次又一次地光顾。一位经常在莫顿牛排餐厅举行商务招待的熟客说："我每次都充满期待。进行商务宴请时，绝不容许有任何闪失。在这里，你不必为食物和服务担心。"

对严格控制的坚守使莫顿在2004年得到了回报。当时，人们对疯牛病的恐惧对整个行业造成了严重的打击。但是，莫顿并未受此影响，收入竟然还上升了。借助高度发达的控制系统坚持严格的标准，还使得公司成为极受欢迎的"房客"。

"房东将我们作为他们的一只锚，"伯恩斯坦解释道，"只要我们在，房东就可以吸引更多的承租人，当然，他们希望新的房客在每一方面都和莫顿相似。"不管外部商业环境如何变化，竞争的压力有多大，牛排餐厅总会存在。即使莫顿的高管层发生了变化，也没有改变该公司严格的控制政策。

资料来源：Company Web site, Morton's annual report, http://phx.corporate-ir.net/External.File? item=UGFyZW50SUQ9Mzg4 NjR8Q2hpbGRJRD0tMXxUeXBlPTM=&t=1, accessed June 25, 2010; company Web site, "Morton's Restaurant Group, Inc., Investment Conference," press release, March 6, 2007, http://www.mortons.com; company Web site, "Morton's Restaurant Group's Spectacular Italian Restaurant, Trivi, Opens in Las Vegas," press release, February 5, 2007; C. Hymowitz, "Managers Are Starting to Loosen Budgets as Optimism Grows," *Wall Street Journal*, January 6, 2004, B1; R. Smith, "Castle Harlan Completes Acquisition of Morton's," *Feedstuffs*, August 12, 2002, 6; G. Collins, "A Big Mac Strategy at Porterhouse Prices," *New York Times*, August 13, 1996, C1, C4.

14.2 基本控制过程

在组织中，控制过程的基本环节是简单和直接的（见图表14-3）：

1. 建立标准；
2. 测量绩效；
3. 将绩效与标准进行比较；
4. 评估（比较）结果，如果需要，则采取行动。

每一个基本的环节都包含重要的管理关注点和管理决策。

图表 14-3 控制过程的基本环节

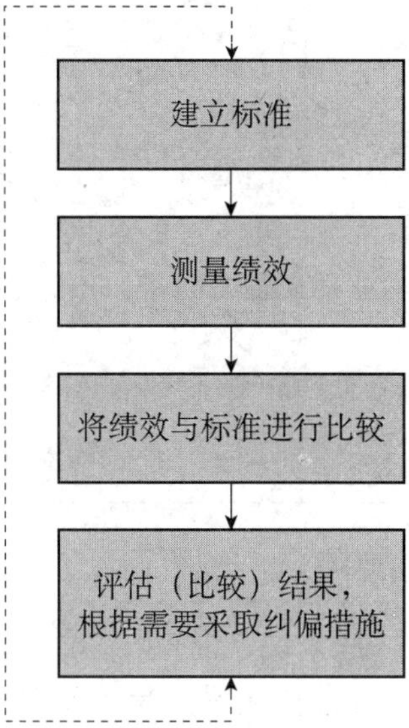

14.2.1 建立标准

控制过程中的每一个环节都必须先明确管理者的期望，这一点非常重要。理想的情形是，这种明确的过程始于组织的高层管理者，并最终顺延到组织所有层级的员工。首先，组织的高层管理者应该为组织建立一个愿景，并形成战略目标。例如，达特转运公司是一家经营了 75 年的长途运输公司，有独立的卡车司机网络，其商业座右铭是“超越顾客的期望”。近几年，它做到了这一点，还获得了安全和卓越运营方面的多个奖项，以及卡车运输协会颁发的“最佳运输车队奖”。通过这个战略使命陈述的例子，可以很容易地理解怎样建立一个特定的**标准**（standard）或绩效目标。组织如果没有战略的愿景和目标，其各个部分的管理者将会发现很难建立有意义且一致认同的绩效标准。

组织所建立的标准越明确越好，而且在组织中无处不在。如果这些标准模糊不清，就不易将绩效与标准进行比较。例如，“有效地响应顾客的抱怨”，这一标准并没有为确定绩效是否达到该目标提供有用的指导；改为“每小时平均响应三名顾客的投诉”则可以为客观地测量绩效提供标准。

然而，某些组织的绩效本身就难以衡量，尤其是更高层次或更复杂的工作，如实验室的研究工作。在这些方面设立可量化的标准（如每年的发明数量）对其绩效进行测量，不仅不现实，甚至令人难以想象。在这种情况下，绩效的主要构成往往是最难测量的，如某一发明可能产生的长期影响。此外，在上面的例子中，处理顾客投诉的质量要比速度更重要，但质量通常更加难以被测量。如图表14-4所示，标准越抽象，测量绩效时出现混乱的概率就越大，这些指标被那些创造绩效的人员所接受的难度就越大。

图表14-4　标准的明确程度对绩效测量的影响

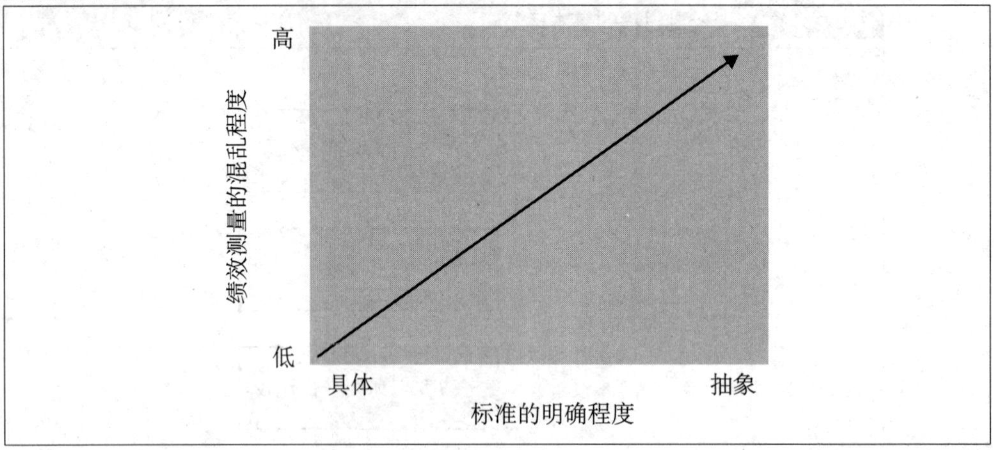

在设立标准的过程中还会出现其他问题（见图表14-5）。其中一个问题就是，应该由谁来设定标准。一般来说，现有研究表明，让将会受到标准影响的人员参与标准的制定会产生两方面的益处。首先，因为这些人员有机会影响标准，以后他们就更可能致力于达到这些标准；其次，让需要达到标准的人员参与可以促进信息和专业知识的交流，这反过来也会促进更加恰当的标准的产生。

图表14-5　标准设立中的问题

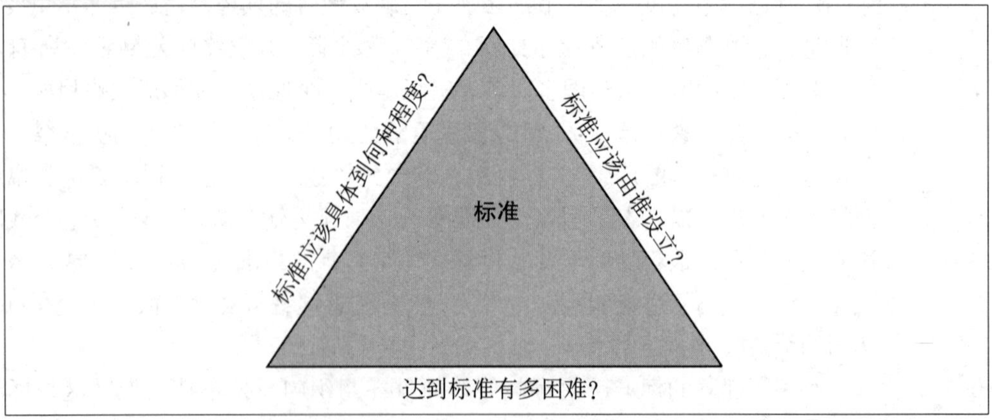

另一个问题是标准自身的难度。如我们在激励一章所见，关于目标设定的研究得出的结论是，有挑战性的目标更能带来高水平的绩效。类似的观点也体现在预算过程中的目标设定上。因此，“理想的预算是有挑战性但是能够达到的预算”，之所以要设置可达到的预算标准是因为这可以降低操纵数据或只关注短期行为而不顾长期目标的动机，还可以激发人员的斗志并营造“追求成功的氛围”。这些都假定预算目标不仅是可达到的还要有一定的难度。在这里又有一个管理挑战，那就是如何在太有挑战性的目标和缺乏挑战性的目标之间取得平衡。

关于预算，还有一点很有意思，即许多公司拒绝使用预算，并对数据显示的内容争辩不休。在没有预算的情况下，它们使用财务和非财务指标和目标来替代预算对绩效进行衡量。由于没有预算，员工往往要等任务告一段落以后，才能判断出自己是否已经成功。因此，放弃预算的公司会要求员工将自己的绩效与竞争对手和内部先进群体的绩效进行比较，以确保能够打败竞争对手。许多拒绝使用预算的公司都有一个重要的特征，就是它们都使用滚动式预测。这种预测几个月进行一次，预测的时间跨度为 5～8 个季度。

14.2.2 测量绩效

基本控制过程中的第二步是测量绩效，即组织对人的行为和设备状态的监控（见图表 14－6)。如果已经建立明确、详细的标准，那么绩效的测量就很容易进行，人们对应该如何测量绩效也更容易达成共识。

图表 14－6 绩效测量中的问题

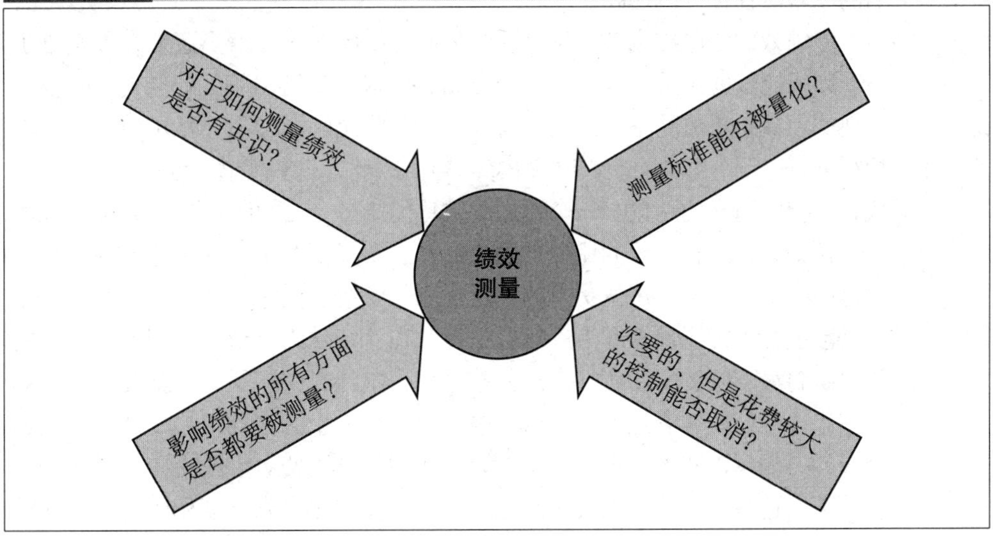

当没有简单、可量化的标准时，就如何测量绩效达成共识就更加重要。例如，在考试中使用判断题或多项选择题时，学生很少会质疑所得到的分数；而关于问答题的得分，学生和老师常常发生争论。如果学生和老师事先能在标准答案的质量和问答题评分方法上达成共识，测量过程就很可能会被接受，即使该过程也是依靠主观进行的。同样，组织在绩效考核上事先在测量方法（通常被称为关键绩效指标，KPI）上达成一致是非常关键的。这可以减少以后的抱怨，如对测量结果及其对个人或组织产生的影响上。

大多数工作都需要多种活动来完成，因此，测量指标的综合性很重要，需要全面衡量该工作的各种活动。如果只是考核了其中几方面活动的绩效，那么考核结果就会误导控制的后续两个环节，尤其是采取行动改变绩效这一环节。家乐氏、美敦力、强生和通用电气这样的公司都在一个项目的整个过程中使用“门径管理”这一综合控制技术，即每一个项目都被分为几个阶段，阶段之间有“门”互通。这些“门”充当综合质量控制检查的角色，只有质量通过时，“门”才会打开，使项目能够进行到下一个阶段。在每一个“门”处，这种技术使管理者能够检查项目的过程，并决定是否值得继续投资。不过，这种控制技术的潜在风险是，有前途的新产品可能会因为“守门人”急于看到结果而被过早地终止。

最后，即使测量应该是全面综合的，也并不是说每一件可以被测量的事情都应该测量，测量也是有成本的。通过测量获得的信息的作用可能无法补偿测量的成本。这个问题是一个关于重要性的问题，也就是说，测量应该与组织的目标紧密相关，即需要有效地测量与组织目标高度相关的绩效。另外，对控制来说，容易测量的绩效可能并不一定是最重要的。

14.2.3 将绩效与标准比较

控制过程的第三步是将绩效与先前设定的标准进行比较。正如标准影响绩效测量一样，可进行测量的种类也会影响其与标准之间的比较。如果系统中还没有建立关键的测量指标，我们往往无法为了进行比较而重新构建它们。当管理者发觉无法进行适当的比较时往往为时已晚。

当绩效的一些维度被测量以后，控制过程中这一步骤里还要在此基础上做各种比较。如果比较的结果都指向同一个方向，就很容易得出相应的结论。然而，比较之后出现的绩效结果可能不一致甚至有冲突，有些比较的结果显示了绩效与标准和目标匹配得很好，而有些则显示存在很多问题。因此，管理者需要知道怎样解释比较的模式，并得出适当的结论。一个负面比较可能比多个正面比较更加重要，反之亦然。

例如，在进行主要的流程再造之后，一个大型杂货连锁企业发现其每家门店的销量是原来的近三倍，每位员工的销量也增加了70%，总的来说利润是增加了，但是顾客满意度却下降了。管理者应该怎么办？在此特殊的情形下，销量和利润的增加是因为组织将最不赚钱的门店（大部分都亏损）出售或关闭了，这都描绘出一幅积极正面的图景。然而顾客满意度下降这一事实可能是一个潜在的信号。杂货店是通过销量来赚钱的，如果那些不满意的顾客在该企业的门店消费更少或者在竞争者的门店消费更多，那么这些积极的结果会逐渐恶化。因此，与顾客满意度相比，杂货连锁店或其他零售连锁店更多地关注每家门店的销量或许是一个控制误区。

管理者在这一步需要将期望绩效与实际绩效相比较，通常包含主观和客观的评价，但即使比较仅涉及客观、定量的数字，主观的评价也是必要的。例如，假设杂货连锁店的平均顾客满意度水平从5.5降到了5.2，任何人都能计算出顾客满意度下降了0.3。但关键的问题是：“这样的下降是显著的吗？”要回答这一问题，需要进行管理上的评估和判断。

14.2.4 评估结果并采取行动

控制过程的第四步是评估结果并采取行动，也可以说这是整个控制过程中最难的管理任务。绩效比较的结果可能需要采取行动，也可能不需要。管理者需要考虑什么情况意味着需要采取行动。如果实际绩效偏离了预期绩效，那么偏离到什么程度便需要采取纠偏行动？这个问题没有标准答案，需要管理者评估偏差的重要程度与覆盖面。

有一个相关的例子可以说明这样的评估应该包含哪些内容。发达国家银行系统的主管部门，如美国美联储的董事会会定期地获得最新的国家经济数据，包括失业率、消费者价格指数、消费者信心指数、新建房屋比率等，将这些数据与先前确定的基准进行比较，根据比较的结果做出是否采取行动的决策（如提高利率）。对董事会和组织中的管理者来说，问题是要确定哪些数据是最重要的以及变化多少才有效。但实际问题比这更加复杂，管理者必须确定所有指标在同一个方向上的轻微变化是否比在一个指标上的显著变化更加重要或更不重要。正如每一个宏观经济学家对于国家经济状况所验证的一样，判断宏观经济走势并不容易。

在第四步中，另一个需要做出的判断是，如果实际绩效与预期绩效之间偏差的模式和规模是显著的，该采取什么行动。管理者需要了解偏差的起因，也需要关于可能采取的行动的知识。

控制的评价和行动要求管理者有很强的诊断技能和一定程度的专业知识。有时候很容易认识到问题，但是决定该采取何种行动纠正问题可能非常困难；有时候只要能够清晰地识别出原因，纠偏行动就一目了然了。

如果一个管理者发现了绩效与标准之间负向的差异，则必须采取一些行动，因为如果不采取行动，将来可能会产生更严重的问题。如果偏差显著但是正向的偏差，实施行动的必要性则较低（见图表 14－7）。这些正向的偏差可能会为组织提供某些潜在的、有价值的机会。例如，一家婴儿食品制造商发现其为学步期婴儿提供的新款食品在佛罗里达州的销售额远超过预期。进一步的调查发现，销量的增加并不是因为处于学步期的婴儿超过预期，而是这款食品同时受到牙齿有问题的老年消费者的青睐，因为这种食品很容易咀嚼。这一发现帮助该公司开发了一系列全新的食品，以满足这个特殊的消费群体的需求。

图表 14－7　绩效测量的结果

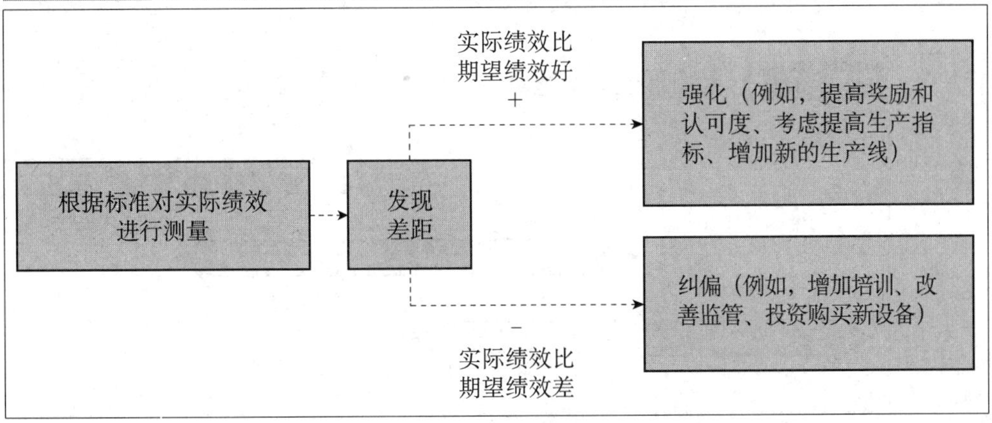

为了维持好的绩效，对于比预期工作好的员工可以给予更高的重视和奖励，以强化他们优秀的表现。同样地，销量超出预期可能意味着应该提高生产率或扩大生产线。低于预期的成本可能暗示一项有效的实践，可以被复制到其他员工身上，以进一步降低成本。简而言之，评估上升阶段的惊喜和下降阶段的“惊喜”同样重要。

当绩效与标准之间的偏差显著（不管是正向还是负向），管理者在决定采取何种行动时还需考虑一个问题，即是标准正确绩效有问题，还是绩效恰当但标准太难或太容易。这也是为什么图表 14-3 中有一个虚线的反馈箭头，从“评估结果”到“建立标准”，意思是可能需要修改标准。

随着时间的推移，由于经验的积累和现有标准的可行性被更好地理解，标准有时需要修改。如果在建立标准时投入了巨大的努力并且有广泛的参与，那么问题很可能就是在绩效方面；如果标准设立得很匆忙并且相关各方没有适当参与，绩效可能就不是问题所在。这类问题又一次指出了控制过程的四个基本步骤之间的紧密联系。

14.3 组织中的控制范围

尽管组织中凡是需要控制职能的地方几乎都遵循以上四个步骤，但是控制的范围却存在较大的差异，这反过来也影响了实际控制步骤的进行。银行就是一个简单的例子。银行经理需要评估银行是否有足够的存款以满足贷款需求。这样的评估涉及的范围很广，因为其结果可能影响整个组织。如果评估的结果是存贷比偏低，银行就可能需要考虑减少贷款，或吸收更多的存款。如果银行经理需要评估的仅是每个支行的出纳员和自动柜员机，则涉及的范围就狭窄得多，因为这个问题只是银行整个活动的一小部分。前一种情形我们将其范围称为“战略的”，后一种我们认为是“运营的”控制问题，这是三种主要控制范围中的两种。第三种是处于战略和运营控制之间的控制，称为“战术”控制。

在本节后面的内容中，我们将以控制范围的宽度作为分类，看每一个控制类型中所包含的内容。需要记住的是，这三种类型之间并没有固定的界限（见图表 14-8），战略控制和战术之间的差异通常很模糊，战术控制和运营控制之间也是一样，然而这种分类可以提醒管理者应该对哪些地方予以关注。

图表 14-8 控制的类型及其范围

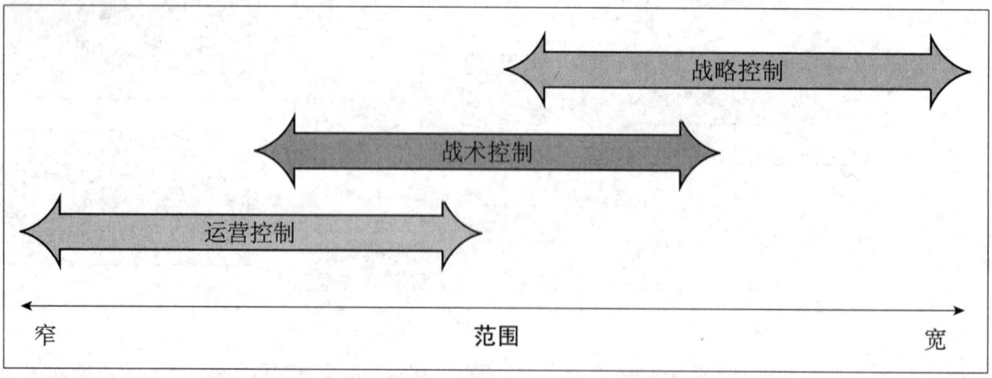

14.3.1 战略控制

正如在第 4 章中所讨论的，战略指组织的整体发展方向，与组织的使命以及实现使命最基本的计划相联系。因此，**战略控制**（strategic control）关注的是作为一个整体的组织如何与其外部环境相适应，以及如何实现其长期的目标。战略控制所依存的战略控制系统就是为了判断组织能在多大程度上实现这些目标。

在形成战略控制过程中的一个特殊挑战是，战略目标较为宽泛并且是长期的，这意味着这些目标比特定业务单元的目标更加模糊。因此，设定战略标准和测量战略绩效都特别具有挑战性。研究表明，在欧洲和美国，相对来说只有少数企业建立了战略控制系统，未来这类企业数目可能会增加，但是，建立战略控制系统始终要面对一些非常重要的障碍。

组织赖以生存的外部环境的不确定性是影响战略控制系统能否被建立、建立后是否有效的重要因素。这也使长期标准的建立和测量变得很困难，尤其是对那些想通过设立有效的标准来衡量管理者绩效的企业来说。

大公司的外部环境条件，将影响公司给予每一个部门或业务单元多大的权限以应对各自独特的市场。这个问题实质上是战略控制系统的集权化或分权化程度，以及每个业务单元战略控制系统的差异程度，不仅涉及战略，还涉及组织结构。

有时因为外部环境的变化，公司不得不重新界定其全部的战略控制方法。例如，麦当劳不得不重构其美国的运营模式，以恢复它在 20 世纪 90 年代放弃的控制，因为其收入正在逐渐减少。为了应对这样的形势，麦当劳不仅开始控制其制造材料，还重塑顾客在餐厅中的客户体验。它在美国和其他市场都开始重新对其每一家店进行检查，并使用神秘顾客制度。同时，还频繁地进行更广泛的消费者调查。

有研究指出："当在多部门组织中的部门经营环境相对稳定且可预测时，通过集权化的控制进行管理效率很高"（见图表 14 - 9）。环境的不确定性越大，集权化系统的效率就越低。也就是说，在相对动荡的环境中，集权化战略控制系统很难跟上形势的发展，因此，控制的职责更多地落在了主要的业务单元上。就如当今许多公司遇到的情形一样，环境的变化非常迅速，如果还过于依赖很久之前设立的组织层面的战略目标和绩效标准，就会影响不同经营单元有效应对环境所需的速度和灵活性，尤其是在有多种业务单元的复杂组织中。

图表 14 - 9　控制集中度与环境稳定性之间的关系

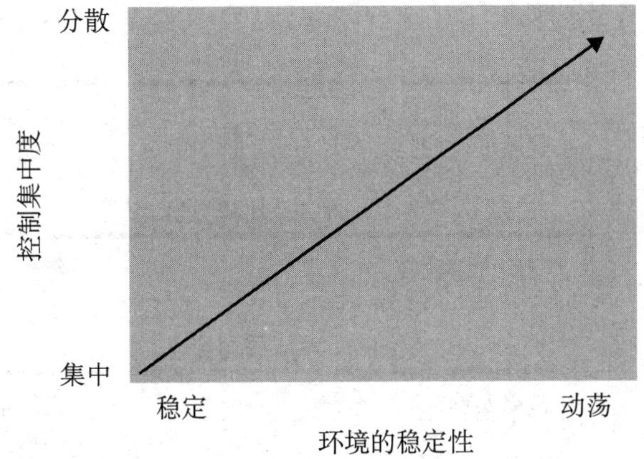

绩效与战略目标一致性的精确测量程度以及环境的动荡或不确定程度，都会影响战略控制系统的价值，前者容易测量并且经营环境相对稳定时，战略控制系统最有可能有用。以水泥行业来说，尽管该行业基本上随着建筑行业上下波动，但建筑行业的波动是很容易预测的，如利率的变化就会显著影响建筑业的繁荣和萧条，如果利率下降了，那么贷款就更加便宜，建筑业就会繁荣；如果利率上升，那么贷款就更贵，建筑业就会萧条。因此，对于一个混凝土企业来说，战略控制相对来说可以很有用，比如成为某一区域销量第一的企业。

相反地，当精确测量很难并且环境正发生剧烈波动时，战略控制可能难以奏效。例如，就在五年前，一些公司为客户提供制作网站的服务，但如今提供这些服务的公司看到它们的世界已经发生了急剧的变化，新语言和工具的产生使得只要拥有一点技术和知识的人也能够开发出专业的网站。在这样一个动荡的环境中，战略目标无法持久，因此，战略控制在这些组织中的使用价值有限。

国际化组织的战略控制是在不断变化的。即使沟通和运输技术已经取得了长足的发展，但是悉尼和巴黎之间依旧有着很远的距离。因此，相较于完全在国内的组织，在跨文化、经济、社会、政治、宗教以及时区的全球化组织中维持战略控制更有难度。

14.3.2 战术控制

战术控制（tactical control）关注战略实施。因此，这一层级的控制是整个组织控制的核心或灵魂。战术控制包含了组织最基本的控制安排，这些安排是组织成员每天都要面对的。四种最重要的战术控制系统类型分别是：财务控制、预算控制、监管结构控制以及人力资源控制。

财务和预算控制，既包含战略控制的元素，也包含战术控制的元素。从关注的层面来看，这两者都是在组织层面制定的，因此更接近战略控制（见图表 14－10）。但

图表 14－10 战略控制和战术控制的特点

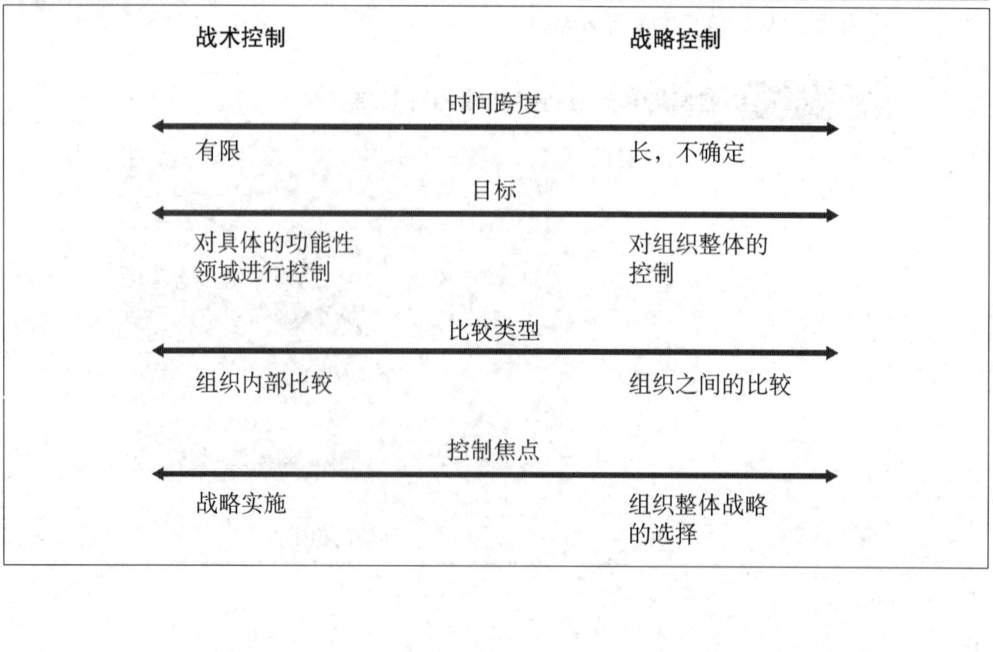

是，它们又会对组织中的特定单元加以控制，从这点来看，它们也倾向于战术控制。我们在战术控制部分讨论它们，是因为它们关注的常常是组织单元这一层级。需要提醒大家注意的是，这两者同样可以作为战略控制的手段，尤其是财务控制。

财务控制 财务控制包含一些重要的财务指标，这些指标可根据财务报表计算得出。财务数据既可来自组织口径，又可来自单元口径。但是，当它们作为一种战术控制手段用于组织单元层面时，其作用最大。

大多数重要的财务控制都是通过基本的成本收益分析来进行的。例如，与特定单元盈利能力相关的指标是用收益数据（盈利）比上投资数量（成本）形成的，该比率称为投资回报率或是资产回报率，等于税前净利润（比率的分子）与资产投资总量（分母）之比。因此，一个年利润为 50 万美元，总资产投资额为 1 000 万美元的单元，该年的投资回报率就是 0.05。如果另一个单元仅投资了 500 万美元就获得了相同的利润，其投资回报率就是 0.10。后者绩效更好，因为它以更少的成本创造了相同的收益。

除了盈利能力比率之外，其他用于评估组织单元绩效的财务指标还包括：与流动性相关的比率（如流动比率，即流动资产比流动负债），衡量了组织单元满足其短期现金需求的程度；资产负债率（一个企业总负债与总资产的比率），衡量了公司满足其长期债务的能力；存货周转率（例如，给定时期的销售额与产生这些销量的存货成本之比），用于测量资产使用效率。

图表 14－11 以 2009 年零售业中的两个组织为例，给出了这四项比率。从表中可以看到，与盖璞公司相比，有限品牌公司的投资回报率较低、流动比率较高、杠杆比率较高、存货周转率较低。如果这是一个大型组织中的两个单元，可以说当年盖璞单元在财务绩效上表现更好一些。

图表 14－11 公司财务比率示例

比率	公式	示例公司			
		盖璞公司（2009 年）（单位：百万美元）		有限品牌公司（2009 年）（单位：百万美元）	
利润					
投资回报率	税前利润/总资产	1 102/7 895	0.14	859/7 173	0.12
流动性					
流动比率	流动资产/流动负债	4 664/2 131	2.19	3 250/1 300	2.50
杠杆比率					
资产负债率	总负债/总资产	3 004/7 985	0.38	4 990/7 173	0.70
运营能力					
存货周转率	销售额/存货	14 197/1 477	9.61	8 632/1 037	8.32

财务比率的重点并不在于如何计算出这些比率，而在于这些比率可以用于进行组织之间、组织单元之间的比较。通过比较，管理者可以掌握在控制过程中是否要采取行动的信息。例如，在计算库存周转率时会使用销售额及库存两个数据，得出的比率不仅能告诉管理者比率是否恰当，还能反映出是销量的问题（太低）还是存货的问题（太高），或者二者都有问题。也就是说，对管理者来说，财务比率是非常有用的诊断控制工具。

在商业组织中，用于控制的另一个财务测量方法是**盈亏平衡点**（break-even point，BEP）。从本质上来说，盈亏平衡点是指一个产品（或服务）的售价，恰好等于生产该产品或服务的变动成本与固定成本的和。固定成本越低，要达到盈亏平衡点所要出售的产品或服务就越少；同样地，变动成本越低，单位产品或服务的利润就越高，因而要达到盈亏平衡点所需出售的产品或服务数量也就越少。盈亏平衡点分析为管理者估计产品或服务有无盈利潜力提供了一种途径，管理者可以在新企业创建之前实施控制。更重要的是，对于现有经营来说，盈亏平衡分析可以将管理者的注意力集中在减少或控制固定成本和变动成本这两类成本上，以此减少需要售出更多产品或服务的压力。

盈亏平衡点分析可以用来进行两个组织或业务单元之间的比较。航空业就是一个例子。许多大型航空公司都设立了独立的子航空公司。例如，美国航空公司就设立了美国之鹰来运营其短途的通勤路线。这些通勤路线在乘客相对较少的情况下也可以运营，因为它们的成本较低（如飞行员的工资水平较低），使得它们的盈亏平衡点较低。类似地，一些独立的航空公司，如果它们特别有效率，便可以收取更低的票价，但依然能够获取利润。西南航空公司就是一个例子。相对于其他航空公司，为了削减乘客用餐的成本，西南航空很早就开始只供应快餐。同时，该公司使用具有高度灵活性的点对点线路系统，而不是像其他主要的航空公司一样采用辐射状的线路系统。

尽管盈亏平衡点可以为管理者进行控制提供非常有用的信息，但是这一分析方法也有其局限性。过度关注盈亏平衡点分析中的数字，可能会舍弃掉某些短期亏损但最终会非常盈利的项目。此外，固定成本和变动成本的分配也不容易，有时很难对成本进行准确的预测，尤其是变动成本。与其他财务控制一样，盈亏平衡点分析会对实施有效控制有所帮助，但是其自身并不能保证决策就一定是明智的。它所强调的是通过控制特定类型的成本所获得的潜在优势。

预算控制 几乎每一个组织都在使用预算，与财务控制相似，预算控制常常被认为是战略系统的要素。然而，**预算控制**（budgetary control）被看作战术控制的一种重要形式会更加有效，因为它关注的是战略实施的好坏程度。与纯粹的战略控制不同，预算控制：

- 覆盖的时间范围相对有限（通常是3个月或12个月）；
- 仅仅关注一种目标（财务目标）；
- 通常无法用于将组织所有的发展与其竞争者相比较。

作为一个管理者，既要受到预算的控制，也要通过预算控制他人。预算是对一种预期的承诺，以促进实现已经达成共识的未来产出。因此，预算并不仅仅是一种预测，它被用来影响人们的行为，以便能够实现关于支出和（相关）收益的预测或计划。它通过分配财务指标职责并评价目标达成效果来进行控制。如果组织中的成员对于组织的支出不承担责任，那么组织将难以为继。

在使用预算作为控制的一种形式时，管理者面临一些重要的问题，如图表14-12所示。其中一个问题是，在特定时期内（通常是12个月），是使用固定预算，还是随着经营情况的变化在中途进行预算的调整。一些公司通过采用滚动式计划和预算流程来解决此问题，这种对预算进行相对频繁调整的预算流程具有更加及时、更精确的优势；另一方面，它也需要投入更多的管理时间和精力。

图表 14-12 预算控制中的问题

问题点	具体问题
滚动预算及修正	预算周期是一年还是一个季度？期间需不需要调整？
固定或弹性预算	绩效测量的标准是最初的预算还是经营活动实际的预算？
基于预算的奖励	如果有奖励政策，奖金是基于预算的完成情况，还是综合参考其他标准后的实际绩效？
评估标准	用于评估绩效的预算是包括管理者能够控制的项目，还是包含与其管理单元相关的所有成本和收益？
预算的松紧程度	如何把握预算的宽严程度？

另一个预算问题是，是否应该基于预算目标的实现情况来进行奖金分配。这听起来很好，但是很可能带来预算上弄虚作假的隐患。因为责任人在制定预算时很可能会给出高成本、低收益的估计，并通过这种方式形成一个易于达成的预算目标。这样，项目就有很大可能可以实现预算目标，从而责任人就可以拿到奖励。因此，监管预算准备工作的管理者要对奖励系统对预估数目的扭曲以及因此对控制效果的削弱保持高度警惕。同时，管理者还应该确保不会为了短期目标而损害更重要的长期目标。

预算控制的第三个问题是，在对达成特定预算目标负有责任的人员进行考核时，是只根据他们所直接控制的预算支出和收益来进行考核，还是根据特定业务单元所有成本和收益计算出的最终“净值”来进行考核。前一种结果将管理行为与预算职责建立了更加直接的联系，但后者是最终的“底线”，对于上市公司尤其如此。例如，作为一个销售部门的管理者，你对所管辖的部门所创造出的收益和差旅费有很强的控制。当将这些差旅费从收入中扣除后，结果可能会很好看。但是，如果你的部门还使用市场营销和物质刺激等方式来达成销售目标，这些成本在评估时也应该加以考虑，否则，你在市场营销和促销方面的费用就可能会超支。

最后，同样也许是最重要的与预算相关的管理控制问题是，制定的预算应该松还是紧。一项预算是否要求它的责任人只有在付出额外努力的情况下才能达到？如前所述，研究指出，最好的绩效来自于有挑战性但是能够达到的目标。预算也是一种目标，这个结论对于预算控制也是适用的。

监管结构控制 组织最基本的**监管结构**（supervisory structure）也许是组织员工遇到的最普遍的战术控制系统，这种控制的数量和形式以及员工如何应对，在不同的组织之间有所不同，但却几乎总是以某种形式存在着。在任何规模的组织中，组织中的个人或群体总会有下属或上级，即使是在最缺乏官僚制特征的工作组织中，如研究实验室和非营利组织，或多或少也都有监管结构在规范着每一个成员的活动。但是，这样的监管结构控制和其他控制一样，也可能失效。

几年前美国癌症协会俄亥俄分会中发生的事情对此有所说明。2000 年以前，该组织一直都很成功，但是就在 2000 年，该协会的董事会宣布其首席行政官在大约三年的时间内贪污了 750 万美元，这样的行为甚至在几年前一位新首席执行官检查了所有安全措施后仍在进行。该行政官员使用了多种手段窃取资金，如为虚构的服务付费、使用公款支付家庭维修费用、将公款转入欧洲的秘密账户。当发现这一做法的时候，董事会和高管都很震惊。在这个例子中，他们的控制是失败的。对该官员根本没有被进行过背景调查（该调查有助于发现其之前的问题）；他也是唯一对大额账单有签字权的人，尤其是组织中没有对其日常活动进行直接监管。

人力资源控制　人力资源政策和程序（human resource policies and procedures）是能够影响每一个组织工作成员的第四种主要的战术控制，第7章已对相关内容进行了详细的讨论。但是，在这里还需要强调的是，它为控制提供了多种不同的选择（见图表14-13）：

- 选拔程序能够明确组织所需的技能和知识；
- 培训可以提高人员技能和绩效水平，以达到标准；
- 评估方法可以强化期望的行为并避免一些不期望的绩效水平；
- 薪酬设计可以用来激励员工并提高其在特定方面的努力程度。

图表14-13　人力资源中的控制功能

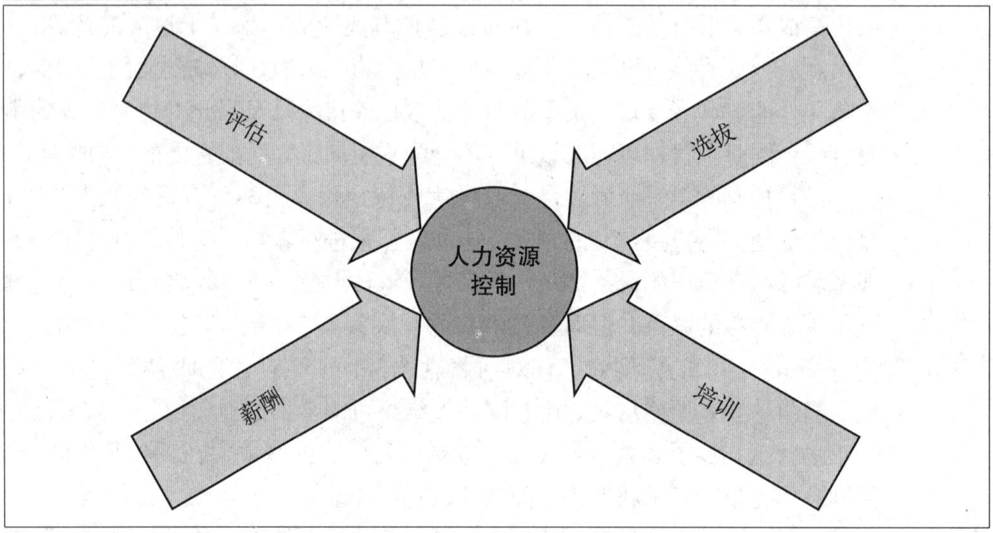

运用人力资源程序强化期望行为的一个例子发生在几年前。经营核能生产设备的底特律能源公司的底特律爱迪生子公司雇佣了一家咨询公司，来帮助其评估掌管该公司的资深管理小组（由15名成员组成）的有效性。评估结果发现，在小组活动中存在一些问题，如不能准时地在部门之间分享信息、帮助其他部门。评估结果出来之后，该公司做出了一些关键的变革，包括每周的小组“对齐”会议，创造带有监督的特定行动计划。在这些措施实施两年之后，再次收集的数据显示其在信息共享和跨部门团队协作方面取得了显著的改善，更加重要的是，该公司提高了其经营绩效并且获得了更好的安全记录。

因为人力资源政策和程序的影响如此广泛，所以它成了一种很有力的控制手段。如果能被巧妙灵活地应用，将对达成组织目标有显著的帮助作用，如果使用不恰当、不灵活，它们可能会阻碍组织的进步。

战术控制的使用方法比较　组织中实施战术控制的方法事关一个组织如何运用战术控制系统以及其控制的效果，这些控制系统成为组织特征和组织身份的一部分。由于这些原因，区分和讨论两种基本的战术控制方法就显得非常重要：(1) 强制的或官僚控制；(2) 引发性的、承诺的或氏族式的控制（见图表 14－14）。大多数组织将这两种方法结合使用，但是也会有所侧重。

图表 14－14 官僚控制和氏族式的控制

控制类型	社会基础*	控制方法	信息需求
官僚控制	● 互惠的规范 ● 具有合法的权威	● 遵守规则和规范 ● 正式的、非人格化的 ● 强调发现偏差 ● 施加于个体	规则
氏族式的控制	● 互惠的规范 ● 具有合法的权威 ● 共同的价值观和信仰	● 强调群体就目标以及测量方法达成一致 ● 达成绩效标准过程中的相互帮助 ● 将偏差作为诊断问题的指引 ● 控制来源于个人或群体	传统

* 社会基础是指人们对于施加控制的合法性基础的基本共识。

资料来源：Adapted from William G. Ouchi, "A Conceptual Framework for the Design of Organizational Control Mechanisms," *Management Science* 25, no. 9 (1980). pp. 833－47 (p. 838).

官僚控制（bureaucratic control）强调对规则和规范的遵守以及正式、非人格化的管理控制系统。例如，很多组织都会为管理者提供很厚的操作手册，这些手册对每一件事情都有明确的规定，从不同类型的资金预算需要何种类型的批准到设备维修计划无一遗漏。这种方法强调理性计划和秩序的重要性，尤其强调对于偏离标准的误差的检测。在这种操作的安全性处于首要地位的官僚控制中，如果未能按照标准的操作程序进行将会产生严重的问题。先不管这样的控制类型是否有效，其在控制方面的首要特征就是将控制强加于个人、群体或活动之上。从一个员工的角度来看，是"他人"在进行控制。

承诺或氏族式的控制（commitment or clan control）强调就所追求的目标达成一致，并为了达成目标发展出一种共享的责任感和自我控制。之所以称之为氏族式的控制方法，是因为该方法强调产生共享的并深深秉持的价值观，如同一群亲密的亲属，强调为了达到绩效标准相互帮助。与官僚控制方法不同，氏族式的控制方法将对标准的偏离看作诊断的基础，而不是需要采取纠偏行动的基础，其在控制方面的首要特征是，它是由个人、群体或活动引发的，而不是强加在个人、群体或活动之上的控制。从一个员工的角度来看，是其自己或所在的群体在实施控制。

你也许想知道为什么有的组织不使用氏族式的控制方法。这种方法听起来似乎对组织和在组织中工作的人来说都有更好的效果，然而事情并非那么简单。在员工之间建立一种氏族式的氛围，尤其是在大型组织中，是非常难的一件事情，需要花费大量的时间和管理上的努力，很可能不成功，或者更可能出现的情况是仅仅取得部分成功。如果一种真正的具有氏族特征、高承诺的组织文化未能建立，组织就无法依靠个人或群体的自我控制来实施控制。尽管听起来不那么令人愉快，但是对于大多数复杂的组织来说，一定程度的官僚控制还是需要的。

即使从组织成员或员工的角度来看，自我施加的氏族式的控制也并不如想象的令人满意，一个关于小型制造公司的详细研究说明了这一点。该公司将其传统的强调高度监管控制的层级结构转化成了由自我管理工作团队构建的结构，在转型的第一阶段，团队花费了大量的时间在以下方面达成共识：对团队来说，什么单独或共同构成了好的工作；能够将标准变成行动的行为模式。在第二阶段，团队为期望的行为建立了牢固的行为规范，有经验的团队成员期望新成员能够接受他们团队的价值观并按照他们的规范行动。

在旧的控制系统之下，监管者会容忍员工中间出现一些懈怠行为。但是，在新的团队系统中，团队成员带着更少的耐心执行他们新的规范。氏族式的控制方法倾向于将团队规范正式化，并建立坚不可摧的、自愿接受的规则。研究该公司的人声称："这些团队实际上已经创立了一种接近完美的控制形式……一种几乎不可抵抗的全面控制系统……团队成员是自己的主人，同时也是自己的奴隶。"该研究者认为，对于这些团队而言，氏族式的控制已经变成了一个"铁的牢笼"。

上述例子说明没有一个单一的管理控制方法可以在所有情境下都有效，同时，不管采取何种控制方法，每一种方法都有其自身的优势和问题。

14.3.3 运营控制

顾名思义，**运营控制**（operational control）是对组织为顾客提供产品和服务所使用的方法或活动进行规范。这种控制应用于投入向产出转换的过程，例如汽车生产、对病人的治疗、餐馆为顾客提供食物和服务、发射人造卫星到太空或者编写计算机程序等。总而言之，运营控制是"真正能派上用场的"，可以发挥实际作用。

对运营的全面管理包含一些关键的技术问题，这里我们尤其关注的是与运营相关的控制过程的回顾。运营控制可以通过将其与服务或产品提供相关的三个基本要素联系起来进行分析：投入、转换和产出（见图表 14-15）。这三个要素可以与生产过程中的三个控制位置相联系：转换前的控制，或称为**事前控制**（precontrol）；转换中的控制，或称为**事中控制**（concurrent control）；转换发生后的控制，或称为**事后控制**（postcontrol）。

图表 14-15 运营控制

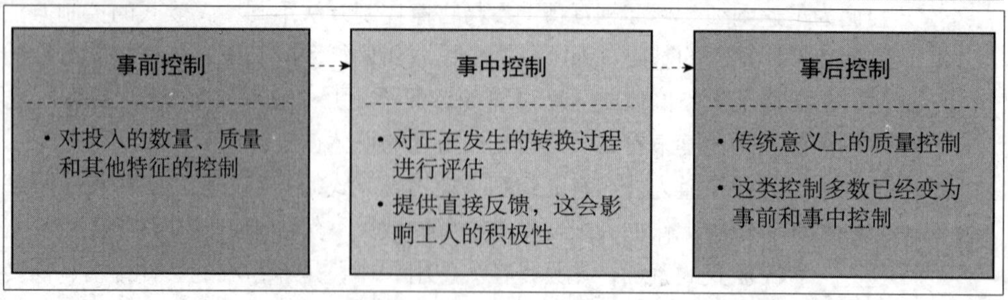

运营的事前控制 这种运营控制形式关注的是生产过程的投入要素，以及这些投入要素的质量、数量和特征，如钢铁的纯度、牛肉的等级、乘客数量、病人年龄、考生的考试得分、应聘者的才能。西南贸易公司的活动说明了这种事前控制是如何实施的。该公司是以竹子、谷物和大豆为原材料进行纺纱。它从源头控制原材料，并通过UPS整合不同工厂的订单，并将其统一装入一个集装箱进行船运。另一个事前控制的例子发生在与上一个例子完全不同的领域。一些公司在使用建筑起重机之前进行检查的情形逐渐增加。这些事前的检查变得越来越严格，而且因为数字化程序的发展也变得更加有效率。正如一位执行官的解释："我们必须勤勉工作确保设备安全，而非仅仅相信它很安全。"

对投入质量的控制越严格，在后两个阶段所需要的控制就会越少。例如，新兵素质越高，将他们训练成为优秀的士兵就越容易。然而确立事前控制标准需要花费一定的成本，因为高品质的输入、确保高质量的努力都需要花费更多的成本。不过这些成本可能会得到很好的补偿，换句话说，顾客也许愿意为更好的产品和服务支付更多金钱。

运营的事中控制 事中控制包含对投入和产出之间的转换过程的质量进行实时评估，也就是对正在发生的投入向产出的转换进行评估。例如，科克管道公司通过其中央计算机在管道网络中设置的12.5万个数据采集点获取实时数据。该系统可以让安全监督者在数秒内察觉漏气点并在事故发生前阻止。这样的实时控制使得该公司在1995—2005年间的管道事故发生率下降了94%。另一个关于事中控制的例子是联合太平洋铁路公司使用GPS技术追踪每一个列车工程师的燃料效率。该公司利用节省下的一部分资金，奖励那些使燃料效率达到最高的工程师。这也显示出了提高燃料效率对于该组织的重要性。"管理者的挑战"阐述了一个能够很好地诠释在不同组织情境下进行事中控制的例子。该案例关注的是射频技术的使用。

监控客服代表在处理电话咨询时的表现，或者一次通话的实际成果也是事中控制的典型例子。这类控制的实际目的是给运营提供及时反馈，以便能够迅速作出改变以减少失误或提高质量。然而，为了达到有效的事中控制，管理者必须在控制系统设计和实施之前就给予高度的关注，并且注意这样的控制对运营人员的积极性有很大影响。事中控制的反馈是即时和直接的。

运营的事后控制 事后控制是制造业的传统控制形式，即在产品（电视机、鞋、家具等）生产完成后进行质量检测。在这样的情形下，公司通常有质检专员或质量监管部门来检查次品率，并决定如果次品率过高应该采取何种措施。然而，最近几年，许多公司的质量控制移至事前和事中。关于这一点有一句名言："将质量纳入产品之中，而不是在产品中检测质量。"此外，管理控制的现代方法已经将控制职责从流程末端分离的评估人员那里转移给了运营人员。

管理者的挑战——技术

射频识别：终极跟踪者？

近年来，技术手段成为所有组织控制系统最主要的助手，不管是企业、政府还是医疗机构。技术方法在近年来取得了重要的发展，在降低成本、提升准确性等方面效果显著。射频识别是一种自动的识别方法。该技术使用电子标签或转发器来发送数据，这些数据可以被取回和存储。射频识别标签内部有一块附着天线的芯片，标签小到可以植入人、动物或产品上。现在还有更大的转发器，如在收费公路上识别汽车的自动识别装置。

最初，在"无源"射频识别标签（标签内部没有电力来源）标准上并没有达成共识，这也是在射频识别在广泛使用前急需解决的首要问题，尤其是全球化经营的公司。等到不同国家就这些标准取得共识的时候，这项技术的有效性可能就很低了，而且成本也可能很高。

然而，在2006年，包括重要出口国中国在内的许多国家已经基本解决了这个问题，并达成了一致意见。

任何一项技术，尤其是相对较新的技术，应用的时候总会有正面和负面的影响。射频识别技术的正面影响是：为管理者和组织提供了很多加强控制的新方法，可应用的行业分布广泛，如清洁行业、汽车制造业、飞机制造、煤矿开采和零售业等。例如，两家主要的连锁公司，沃尔玛和玛莎百货都很积极地采用此项新技术。沃尔玛用此项技术解决了困扰所有百货公司的、长期存在的库存失控问题。在使用射频识别技术后不久，其中档商品的库存率降低了13%。几年之后，这个比例达到62%并且还在上升。沃尔玛还使用射频识别标签跟踪高档产品以防止失窃。同样，玛莎百货用此技术协助管理商品的库存周转。正如一位玛莎百货的执行官所说："大多数人认为射频识别技术的好处在于节约成本和提高效率，但是最重要的好处其实在于控制。在合适的时间和合适的仓库，以合适的质量发送合适的产品更加重要。"

在医疗行业，射频识别技术也越来越多地被使用，尤其是标签程序已被用于控制药物从工厂分发给病人的整个流程。与百货公司一样，医院也使用这项技术跟踪昂贵的药品以防被盗。此外，射频识别技术也被用于跟踪病人，并对其在医院中所处的位置进行定位。

就消极方面来看，有三个主要的问题妨碍射频识别技术的广泛使用。首先是我们前面提到的，该技术的应用缺乏广泛认可的标准。这个问题在一定程度上已经被解决。其次，购买射频识别标签和复杂的读取设备的成本非常高，但是，大量经验表明，射频识别技术带来的成本节约和收益，足以弥补初始的成本。最后，也可能是最困难的问题是公众对于隐私的担忧：它不仅可以跟踪货物，还可以跟踪个人的位置和活动。类似"有一只眼睛总在盯着你"之类的争议还会在未来伴随着这项技术。

资料来源："RFID Users Will Increase Their Budgets in 2010," *Material Handling Management* 65, no. 1 (2010): 8; B. Trebilcock, "RFID: 6 Key Trends," *Modern Materials Handling* 61, no. 13 (2006): 43 - 46; W. McKnight, "RFID for the Information Management Professional, Part 2," *DM Review* 11, no. 13 (2006): 41; W. Hadfield, "RFID Tags Overtake Barcodes in M&S Food Business Supply Chain," *Computer Weekly*, March 28, 2006, 5; D. Power, "RFID Aids Inventory Control at Wal-Mart," *Women's Wear Daily* 191, no. 113 (2006): 27; R. A. Perrin and M. B. McAndrew, "RFID: The New Strategy in Healthcare IT," *Healthcare Purchasing News* 30, no. 10 (2006): 13 - 19; J. Silva, "RFID Tracking Gets 'Thumbs Down' from Government Panel," *Wireless News*, November 27, 2006, 3 - 4; "EC's Reding: RFID Policy Must Address Privacy Fears," *Telecommunications Reports*, November 1, 2006, 22.; B. Chatterjee (June, 2010), "RFID in Pharma Today," *Pharmaceutical Processing*, 18 - 19.

14.4 决定控制有效性的因素

尽管有好的意图，但是组织中的控制系统还是可能会完全崩溃，或者至少不能很好地运转。这可能有很多原因。但是，敏锐的管理者会先发制人采取措施，降低这种情况发生的可能性，让控制的有效性处于他们的掌控之中。同样，没有什么灵丹妙药或经验法则能够保证控制过程运行良好。但是，管理者可以使用潜在的资源施加影响以提高成功的可能性。在本节中，我们会看到决定控制有效性的关键因素（见图表14-16）。

图表 14-16 决定控制有效性的关键因素

关键因素	关注点
控制焦点	● 控制什么? ● 控制应该位于组织结构的哪个层级? ● 谁为控制负责?
控制程度	● 过度控制和控制不足之间有无平衡点?
通过控制收集到的信息质量	● 信息是否有用? ● 信息是否准确? ● 信息是否及时? ● 信息是否客观?
控制的灵活性	● 控制能否对变化的环境做出响应?
恰当的成本收益比率	● 信息的收益能否抵消信息收集的成本?
控制的来源	● 控制是否由他人施加? ● 控制是否由受其影响的人决定?

14.4.1 控制焦点

在组织中，控制的焦点置于何处取决于组织中何种活动和产出受到最大的关注。换句话说，控制的焦点不仅仅是指控制的对象，还包括控制应该落实在组织结构的哪个层级。这意味着，需要对组织结构中负责不同控制类型和领域的人员或职位给予高度的重视。同时，也要关注这些人的职责范围的大小。太大的控制职责容易导致疏漏发生，太小的控制责任容易导致出现瓶颈和决策延误。一方面，如果多人负责一个复杂设备的质量控制，每一个人都可能认为其他人应该对某一特定的问题进行关注，最终会导致一些控制问题无法得到解决；另一方面，如果只有一个人负责检查设备质量的所有方面，该管理者的负担可能过重，最终也会导致一些关键的细节问题难以避免地被忽略。因此，有效的控制应该在二者之间寻求一定的平衡。

控制焦点的一个指导性原则就是，它应该与组织的战略目标紧密相连，尤其是组织的计划过程。例如，诺德斯特龙公司的战略焦点在于顾客服务。因此，该公司的控制焦点应该是如何保持高水平的顾客满意度，而不是对库存的控制。

为了使控制能够达到最好的效果，计划应该成为控制过程的一部分，控制也应该成为计划过程的一部分。哪些内容需要集中监管和控制、哪些内容不需要过多的关注，组织都需要给予考虑。例如，一些软件企业发现，为了编制出创新性的软件，要求明星程序员按照严格的时间表上下班就不应该成为其监管的重点。在这样的组织中，在控制努力方面更值得考虑的是如何确保所编制的软件尽可能不存在漏洞。

近些年来，流行的确定控制焦点的方法是**平衡计分卡**（balanced scorecard）。这种方法的提倡者认为，以前在组织中对于财务指标和预算的关注过高，而忽视了其他能够测量组织绩效的重要指标。为纠正这一偏差，平衡计分卡方法的发明者们提出了一整套包含四个重要方面的一体化、平衡的绩效测量体系（他们也称这四个方面为四种“视角”）：

1.（传统的）财务视角：公司股东如何看待公司？

2. 顾客视角：顾客如何看待公司？

3. 内部业务视角：公司是否擅长内部业务运营和流程？

4. 创新和学习视角：公司在创新、发展和价值创造方面的表现如何？

平衡计分卡的支持者认为，财务视角首要关注的是过去，而其他三个视角更多的是未来导向的。事实上，平衡计分卡的一个潜在优势就是，它要求管理者根据组织的战略目标来衡量组织是否成功。它还要求管理者考察一个方面的成功，是否以其他方面的失败为代价。因此，平衡计分卡方法强调的是关注关于组织评价和控制的所有重要方面。

美国50%～60%的大型公司采用了平衡计分卡方法。例如，在埃克森美孚、信诺保险、巴伦西亚港务局、新西兰人民银行等公司和机构中，其执行官都认为平衡计分卡有助于公司全面绩效的提升。但是这种方法也有一些问题，其中之一就是测量绩效的这四个方面是否全面和恰当。例如，员工视角，他们如何看待组织，组织如何吸引和留住人才，就没有纳入考虑，此外，公司应该关注特定的某一个或某两个方面，还是这些方面的组合？还有一个问题是，该方法是一个综合的绩效测量方法。这种方法的设计和测量指标的实施都有难度。尽管存在上述问题，平衡计分卡还是为控制提供了一种重要并且具有创新性的方法，而不仅仅是关注了财务数字。

14.4.2 控制程度

正如本章开篇所讨论的，组织或管理者所面对的最大的控制挑战之一就是确定控制的程度。这一问题的决策事关组织的生死。“管理者的挑战”中提出了这样一种情形：来自高层管理者无处不在的控制，或者组织扩张时期的控制不足，都会导致组织的消亡。

有效的控制需要在过度控制和控制不足之间寻求一种平衡。通常经验不足的管理者会为了显示自己的权威而实施更多的控制，这反过来会导致愤怒和抵触情绪的产生。因此，新任的管理者需要注意这种趋势并加以调节。过度控制或控制不足的问题在富有经验的管理者身上或公司中也会出现。这几年，丰田公司对成本的过度控制就说明了这一点。直到2010年年初，丰田北美公司因设备安全性不足，面临着109件集体诉讼和32件个人诉讼。尽管公司对其中原因还存在争议，但这些正是因为其在零部件和制造过程中降低成本而导致的安全问题。

一般来说，随着管理者经验的积累，什么样最低的控制水平能够让工作顺利开展又不会带来额外的风险，他们在这方面将会有更好的判断。即便是经验丰富的管理者，也会发现正确评判控制的程度也很困难，时常不经意地就会出现过度控制或控制不足的问题。并不存在一个事先明确的、适合所有情形的“最佳”控制。管理者可以遵循的最佳指导原则是，控制的程度应该在其限度内调整。另外，过度控制和控制不足带来的恶果应该成为绩效评估的一部分，不应该被有意或无意地忽略。正如我们已经提到的，让受测量指标直接影响的人员参与这些指标的制定，有助于从一开始就设定一个合理的控制水平。此外，如果需要进行调整，最初的参与也会减少对于所需改变的抵触。

管理者的挑战——道德

控制的崩溃或者更糟?

控制的崩溃有时归因于个人，这种状况可能是无意中造成的。例如，最近几年来，联合计算机公司很好地诠释了前面所提及的组织控制系统崩溃的两个方面。前者所说的个人有意造成控制系统崩溃的情形，可以从该公司前首席执行官桑杰·库玛受到有罪指控得到证实。桑杰·库玛于 2006 年 4 月受到指控，同年 11 月被判入狱 12 年。

关于桑杰·库玛故意蔑视公司控制系统的指控有哪些？其中之一就是在至少三年内，桑杰·库玛向美国证券交易委员会虚报公司收入。这些来自于许可证的收入，在报告季度内相关交易并未完结，这就是俗称的“35 天一个月”的做法。这样做的目的是，使得公司的收入比预期的要好，从而有利于提升公司在股票市场的表现。此外，库玛伙同公司的其他高管篡改合同和其他文件的日期。所有这些，连同他在接受美国证券交易委员会和联邦调查局调查时撒谎、妨碍司法公正，使其罪行更加严重。

很显然，库玛的行为是不道德的。但联合计算机公司的控制系统也存在问题，它对上述欺诈行为毫无察觉。一个铁一般的事实是，虽然联合计算机公司为超过 95%的《财富》500 强公司提供复杂的软件系统，如数据管理和存储软件，但该公司自己却未安装任何复杂的商业软件。这真是一个“照我说的做（出售给你），但不能像我一样”的典型例子。

因为在运营中缺乏充分的控制系统，该公司不得不重新向美国证券交易委员会提供至少两份年度会计报告（用 10－K 表格制成），并对其销售委托程序进行修改。库玛的继任者已经改进了这一程序。该程序的设计目的是，变更销售委托的奖励基础，从而创造更好的、更长久的客户关系。然而，经过修改的委托计划过于复杂，使得该公司旧的计算机系统不堪重负。正如一份报告中提及的：“15 名财务部门的工作人员被要求完成一项棘手的任务，每一个人单独计算 4 000 名销售人员的每一笔销售委托。”或者是如联合计算机公司的一名前执行官所说：“许多系统是公司内部开发的，但从未更新……因此这些系统都是些全是乱码的程序，并且没有人能相信任何数据。”

约翰·斯温森 2004 年从 IBM 被招募进入联合计算机公司，担任首席执行官。他已采取一系列措施，改善公司的运营和控制以及道德氛围。但是，正如他在 2005 年年末所说的：“公司被搞砸了很长的时间。如果要想重振雄风，还需要很长的时间。”但是，从那时候开始，在竞争激烈的环境中，该公司已经朝着这一方向取得了一定的进步（拥有 13 000 名员工，最近改名为联合计算机科技公司）。虽然如此，纠正该公司先前的道德堕落以及控制系统的不完善，并不是一件容易的工作。

资料来源：S. E. Ante, “Software Maker CA Changes Name,” *Wall Street Journal*, May 14, 2010, http://online.wsj.com; “CA Makes Headway,” *BusinessWeek Online*, February 5, 2007; N. Varchaver, S. Kaufman, and D. Burke, “Long Island Confidential,” *Fortune*, November 27, 2006, 172 － 186; “Ex CA CEO Gets Prison,” *Network World*, November 6, 2006, www.networkworld.com; W. Atkinson, “CA's Procurement Overhaul Focuses on Global Expertise,” April 6, 2006, www.purchasing.com, 17 － 20; A. N. Stuart, “Sins of Commission,” *CFO* 22, no. 9 (2006): 20; R. J. Newman, “Debugging CA,” *U. S. News & World Report*, 2006, EE12.

14.4.3 信息质量

有效的控制要求使用基于准确数据的知识。在本章开篇案例中，布拉德利·卡特面临是否投资开发一个新的客户维护软件的决策。他需要相关的信息帮助其进行决策。也就是说，有效的控制需要高质量的信息。有效、准确、及时、客观这四个方面的特征决定了信息的质量。

有效 不是所有为了达到控制目的所收集到的数据，对管理运营和决策都有同样的效用。有时，即使收集信息的最初目的已经消失，这些曾经有用的数据依然被继续收集。例如，一家大型制造公司中一个工厂所面临的经营环境已经出现了重大的变化，公司决定找出哪些会计报告对管理者真正有用。这些会计报告中的信息真的有助于管理者的工作吗？答案显然是“否”。调查显示，会计部门搜集的数据能够为两个独立群体所使用：公司管理者和工厂管理者。然而，这些数据所传递的信息事实上只有助于第一类群体。结果，公司要求会计部门与工厂的运营管理者一起出具控制报告，并帮助他们提高工作效率。

准确 不准确或具有误导性的数据或数字，不仅不能为控制提供良好的基础，还会在接受考核的人群中激起玩世不恭的情绪。因为控制活动，尤其是那些设计出来以改变那些未达到标准的行为的控制活动，具有很强的影响力。所以，投入大量努力获取绝对准确的数据是非常重要的。否则，没有信息也比不准确的信息好。

及时 即使是准确的信息，如果得到的太晚，也会失去作用。这一点对于任何组织都适用，对于控制尤其适用。在一个快节奏的全球化时代，过时的数据没有任何价值。为了进行有效的控制，能够采取行动做出改变的人必须及时获得所需信息。例如，在日常生活中，如果卡车司机在走错路十分钟后才获得相应的信息，这样的信息价值不大。有效的控制系统需要速度。

客观 客观性，尤其是与控制相关联的信息客观性，是一把双刃剑。几乎所有人都同意客观的事实胜于主观的、有偏见的观点。然而，对于一些特定类型的绩效来说，客观数据往往很难获取。在跳水比赛中，运动员起跳的准确高度可能远没有一个富有经验的裁判对跳水姿势的评判重要。同样地，在组织中，一些最容易测量、最容易被控制的活动可能与组织的战略目标的实现关联性不大。在其他因素相同的情况下，客观信息更重要，但是在很多情况下，这些其他因素并不相同。主观的判断可能会比一些不重要的“事实”对决策的帮助更大。

例如，在一个客户服务呼叫中心，获取每一位客服代表应答的呼叫数量是很容易的。但是，比较每一位客服代表应答的呼叫数量无法对判断每一位客服的服务质量提供帮助。如果呼叫数量成为客服的绩效测量指标，就可能导致客服尽快结束当前服务而转向下一个服务，进而导致服务质量下降。在这个例子中，很显然客观数据（接听的呼叫数量）并不是最重要的数据（最重要的是顾客服务质量）。为了有效地衡量顾客服务质量，可能需要一个监管者随机监听客服电话，或者花费一定的资金或精力来调查已经接受过服务的客户的满意度。

14.4.4 柔性

要想控制有效，其程序必须对环境的变化做出响应。组织和管理者往往习惯于已经存在的控制程序，人们倾向于在事情进展较好时保持不变。但是，这种倾向会使控制失效，精心设计的控制系统应该能够根据环境的变化做出适应性的调整。控制系统的一个重要特征应该是柔性，而不应是刚性。

14.4.5 恰当的成本收益比率

一些控制系统在纸面上看起来很好，但使用后就会发现其不切实际并且花费较大。控制要想有效，其收益应该超过实施控制的成本，包括直接的财务成本和因实施控制带来不便而导致的间接成本。精心设计的、复杂的控制系统立即就会招致质疑，质疑其是否值得。有时，最简单的系统也许是最有效的。在客户服务呼叫中心的例子中，相对于一个训练有素的监管者能够提供的关于顾客满意度的信息，直接从顾客那里获取这些信息可能花费更多，而且信息质量可能不见得更好。

有些时候需要设立复杂的控制系统，如果不这样做可能会带来灾难性的后果（见本章章末案例对 2010 年墨西哥湾的灾难的讨论）。核武器工厂、军事武器单位和联邦航空事故控制中心都需要投入巨资，来确保控制系统的高度可靠性。因此，它们会在培训、储备人员和购买昂贵设备方面投入大量资金，以控制运营，并将灾难性的事故发生的概率降到最低水平。在这种情况下，高控制成本是可以接受的。

14.4.6 控制来源

控制来源通常会影响组织员工在系统内的合作意愿。如前所述，近些年来许多组织都从官僚控制转向个人或团队的自我控制。因此，控制来源正在发生变化。这种变化也许会带来更多积极的反应。因为员工对于自己可以施加影响的控制过程更加信任。

同样，来自设备或工具的控制信息相较于监管者的武断行为更加公正，受到的抵触也更少一些。不管采取何种类型的控制，其来源都与该控制系统被接受的程度有很大关系。这反过来也会影响控制系统的实际效果，而不是仅仅停留在理论上。

来自一线的管理挑战——尾声

布拉德利·卡特认为投资于新的客户维护软件是值得的，该软件已经被安装在了所有销售代表的计算机上。另外，他还投入资金训练这些销售代表如何使用这款软件。在新软件的帮助下，销售代表被下达明确的目标，即每周每位销售代表应该与多少位顾客保持接触。此外，他们可以获得实际联系顾客的数量，并与目标数量进行月度比较。

在新软件的帮助下，卡特作为一名管理者和每一位销售人员一样，都能够准确地跟踪实际联系顾客的数量。该方法强化了相关的责任义务，结果是销售额迅速增长了 60%，远远超过了建立这个新系统的投资额。

本章小结

- 控制一词常常具有负面的含义。但在管理的整个过程中，控制起着非常重要的作用。它包括对组织成员的行为或活动进行规范，并评估其与组织目标的一致性程度。换句话说，一个组织如果没有控制，就会陷入混乱的状态。控制位于其他主要的管理职能（计划、组织和领导）之后，也是一项必不可少的管理职能。
- 组织中的控制过程有四个基本的环节：建立标准、测量绩效、将绩效与标准比较、评估（比较）结果并采取所需要的进一步行动。在这些控制职能的要素中，每一个都有自身的问题。例如，标准的宽严，测量绩效的具体方面，根据标准进行考核结果比较时是依据全面的标准还是单个的标准逐项比较，多大程度的误差才需要在政策和程序上进行调整等。

● 组织控制的一个重要因素就是控制的范围。一般来说，控制的范围有三种类型：战略的，对于长期目标的较为宽泛的控制；战术的，控制幅度适中，聚焦于战略的实施；运营的，基于明确的目标，对具体的活动和方法进行评估和规范。

● 战略控制非常宽泛，因此常常很难衡量其有效性。组织外部环境的意外变化也会对有效性产生影响。问题可能在设立标准时就已经存在了。一般来说，环境不确定性程度越高，组织控制系统就应该越分散。

● 战术控制的幅度适中。它是组织控制体系的一个基本组成部分，是指对实施战略的组织中具体单元的控制。战术控制的一些典型方法有：财务控制、预算控制、监管结构控制和人力资源控制。在实际应用中，战术控制有两种应用导向：一种是规则-规范，或者是官僚导向；另一种是基于承诺或氏族式的控制方法。

● 运营控制与组织中投入和产出之间的转换过程相关，它可以应用在三个阶段：在转换发生前的控制（事前控制）、实际转换发生中的控制（事中控制）、转换完成后的控制（事后控制）。近些年，组织更多地关注事前和事中控制，而不是依赖事后控制。

● 许多因素，如控制焦点、信息质量、控制灵活性，决定了控制的有效性。影响控制有效性的一个特别困难的问题是如何确定控制的程度，控制不足或控制过度都会产生严重的后果。

复习题

1. 在组织中，控制意味着什么？
2. 控制职能与其他管理职能有何关联？
3. 谁对设立标准负责？
4. 管理者在设立标准时应该考虑的关键问题有哪些？
5. 测量绩效时，非定量的数据是否有用？如果有用，其作用是如何发挥的？
6. 将绩效与标准进行比较过程中的限制因素是什么？
7. 比较战略控制、战术控制和运营控制，为何它们之间的界限并不总是清晰的？
8. 描述与预算相关的四个管理控制问题。
9. 官僚控制和承诺（氏族式的）控制之间最基本的差异是什么？
10. 事前控制、事中控制和事后控制之间是什么关系？哪一种控制类型最好？
11. 使用平衡计分卡方法的优势和问题分别是什么？
12. 哪些因素决定了信息在控制过程中的有效性？

自我评估

我愿意授权吗？

使用下面的量表，对量表中的说法根据自己是否同意在相应的选项上打钩。如果你没有从事管理的经验，先假设你曾有过。独立完成这些问题，然后考虑你如何应对你的上司对你施加的控制。你也可以要求你的学生或下属填写此量表。

	非常同意	同意	中立	不同意	非常不同意
1. 我经常授权，但效果往往并不理想	1	2	3	4	5
2. 我认为我没有时机进行适当的授权	1	2	3	4	5
3. 我可以在下属不知情的情况下考察他们的工作，以便在他们犯错前就纠正	1	2	3	4	5
4. 我将所有工作都授权给下属，我不加干预，最后审查结果	1	2	3	4	5
5. 当我已经给予明确的指导，但是下属工作做得还不对，我会感到沮丧	1	2	3	4	5
6. 我感觉我的员工缺乏我需要的承诺，因此我授权的工作不会像我自己做的一样好	1	2	3	4	5
7. 我经常授权，但是我感觉我比授权的人能够更好地完成工作	1	2	3	4	5
8. 我常常授权，但是如果授权的员工没有做好工作，我会狠狠地批评他们	1	2	3	4	5
9. 如果我授权一项任务给下属，我会感到无趣	1	2	3	4	5
10. 当我授权一项工作，我常常发现我得再做一遍	1	2	3	4	5
11. 我发现授权并不能节省时间	1	2	3	4	5
12. 我能够清晰明确地授权一项工作，清楚地说明应该如何完成这项工作	1	2	3	4	5
13. 我不能像我期望的那样授权，因为我的下属缺乏相关的经验	1	2	3	4	5
14. 当我授权时，我感觉自己失去了控制权	1	2	3	4	5
15. 我希望授权，但我更是一个完美主义者	1	2	3	4	5
16. 我总是超时工作	1	2	3	4	5
17. 我将常规性的工作交给下属，但是非常规性的工作必须自己完成	1	2	3	4	5
18. 我自己的上级希望我能够亲力亲为	1	2	3	4	5

得分

加总 18 个题目的得分，并在此填入：____________。

分析与解释

管理者需要通过他人完成工作，因此他们要能够授权，但是很多管理者发现授权很难做到。本量表给出了许多新任的管理者不善于授权的借口，同时也提出了一些不恰当的授权行为。联系本章所述内容，本量表将有助你判断自己是否处于过度控制的情形之中。

得分解释如下：

72～90 分：有效授权

54～71 分：你还有提升的空间

36～53 分：授权技巧需要大幅度的提升

18～35 分：无效授权

团队练习

控制你的团队

你的团队刚刚建立，为埃克斯兰公司持续开发新产品。埃克斯兰在开发新产品方面是行业的领先者，但是在控制开发新产品的成本方面较为落后，你的团队成员拥有丰富的经验，能够很好地开发新产品并控制其中涉及的成本。

你的团队今天要开会，决定对开发过程中的哪些环节进行控制以及如何控制。你发现有很多地方需要控制，包括明显的物料和技术成本，也包括团队运作成本（个人贡献、消极怠工、离职等），也许还有更多需要控制的地方。

你的团队应该努力确定能够帮助降低总成本的所有领域，记住你需要保持一个恰当的成本收益比率，要确定控制的焦点。然后就你的发现写一份报告。你需要为那些你认为需要的控制说明理由，并解释为什么其他方面可以忽略。

章末案例

墨西哥湾的灾难

2010年4月20日晚上9点50分，英国石油公司（BP）在墨西哥湾的大型石油钻井平台“深水地平线”发生了巨大的爆炸。在钻井平台上工作的126名员工中有11人死亡。爆炸引起的火灾，使得钻井平台在第三天开始下沉。这个灾难引起了许多问题（例如对海洋生物和海岸环境的影响），管理方面一个重要的问题就是控制。事故发生之前是否进行了正确的控制？控制的程度和范围是否恰当？一旦爆炸发生，这些控制是否有效？这些都是就控制方面可以提出的问题。

在爆炸发生的几天前、几周前、几个月前，“深水地平线”钻井平台到底发生了什么、没有发生什么，才最终导致这样的结果，有必要考察事故发生的背景。墨西哥湾发生的事故和一段时间之内的一系列决策，都是在BP于几年前决定控制成本的大环境之下发生的。例如，在2008年给高层管理者的一封信中，一位高级执行官强调公司中“更强的绩效文化”，并认为公司需要严格监控成本，如果有可能还要为了更高的效率减少支出。因此，从财务的视角来看，英国石油公司的管理者明显有动机要尽快完成钻井，并将设备移到其他地方。然而，到了4月20日，BP已经晚于预定期限43天，并且每天需要支付钻井所有者——泛洋公司（Transocean）50万美元的租金。

在大爆炸发生之前，一系列的事件和决策按时间顺序如下：

● 2009年6月，BP的工程师担心公司对他们使用套管情况的反应。这些套管没有达到公司的安全和设计标准，但还是被使用了。

● 2010年3月（从这里开始的时间都处于2010年），钻井装置突然发生了意外的燃气泄漏，工人们向他们的妻子表达了他们对泄露还会发生的担忧。

● 同样在3月，应该在正常情况下用于封住油井的防喷器上有三个地方有液体流出。美国政府的钻井监督管理机构——矿产管理服务机构（MMS）允许推迟测试防喷器。当再次测试的时候，MMS允许BP使用更低的压力（每平方英寸6 500磅），而在推迟之前使用的压力是每平方英寸10 000磅。

● 4月1日，BP的管道黏合剂服务提供商哈里伯顿公司的一名员工在其工作日志中发现，BP现在使用黏合剂的方法与其所在公司的“最佳实践”是不符的。

● 4月16～18日，BP的工程师决定使用黏合剂之前仅仅使用六个“扶正器”来稳定钻井，而不是哈里伯顿公司所建议的21个。通过BP的一封官方邮件可以知道，BP这样做是因为如果使用21个，将要“花费10个小时来安装”。哈里伯顿公司再一次警告BP使用黏合剂的正确做法，并告诉BP：如果管道套管没有被扶正，将会发生严重的气体泄漏。

● 4月20日下午5点，检测灌注的水泥塞是否足够牢固时，其结果要么令人不满意，要么就是不能完全确定。

● 4月20日晚上8点，在补充检查了黏合情况后，BP决定将泥浆从管道中移除，注入更轻的海水。

● 4月20日晚上9点49分，泥浆突然从钻井井架里流出，发生小型的爆炸。

● 4 月 20 日晚上 9 点 50 分，大爆炸发生了。

在爆炸之前，令人困惑的一个问题是到底谁在负责。事故发生几周后，考虑到钻井平台上的活动涉及了四个组织——BP、泛洋公司、哈里伯顿公司和 MMS，一个官方专家组集中关注了这个问题。钻井平台的队长对这个问题的回答是："员工都知道到底是谁负责。"一名专家组成员（来自海岸警卫队）问道："你怎么知道?"平台队长回答说："我猜我不知道，但是每一个人应该都很明白。"这个重要问题在 4 月 20 日的爆炸事件发生后就立即被调查了。在当晚，爆炸突然发生，而且威力很大。平台队长立即召集 8 名人员（包括管理者）决定该怎么办，但是一直没有找到合适的解决办法。根据媒体的报道，其中的一名参与者来自泛洋公司，在爆炸发生后写了一篇工作日志。在日志中他写道，自己听到队长在对一名工人尖叫，"因为她擅自按下了遇险按钮"。这名泛洋公司的员工还报告称，自己问了一个人有没有向陆地方面寻求帮助，那个人说他不能擅自那样做。

◆ **思考题**

1. "深水地平线"事故是否正清晰地阐述了一个谚语："防范胜于治疗"? 为什么?

2. 这个案例中最重要的控制问题是什么?

3. 将成本考虑在内，BP 公司可以提前采取哪一项最有效的控制措施以预防管道爆裂的发生或降低其可能性?

4. 除了控制问题，再列出该案例中涉及的三个重要的管理问题。说明你的理由，并将这些问题进行排序。

资料来源：G. Chazan, B. Faucon, and B. Casselman, "Safety and Cost Drives Clashed as CEO Hayward Remade BP," *Wall Street Journal*, June 30, 2010, A1+; N. King, "BP Focused on Costs: Congress," *Wall Street Journal*, June 15, 2010, A1+; C. Kirkham, "Deepwater Horizon Oil Well Was Increasingly Out of Control Before Explosion, Widows Testify," *The Times Picayune*, June 7, 2010. I. Urbina, "At Issue in Gulf: Who Was in Charge?", *New York Times*, June 6, 2010, 1+; R. Gold and N. King, "Red Flags Were Ignored Aboard Doomed Rig," *Wall Street Journal*, May 13, 2010, A6.

第 15 章

组织变革与发展

Organizational Change and Development

学习目标

通过本章的学习，你应该能够：

- 识别驱动组织变革的内外部力量；
- 讨论变革关注的焦点，包括战略、结构、系统、技术、共享的价值观和文化、人员；
- 分析管理者对"是否需要变革"进行评估的过程；
- 描述组织变革的过程；
- 解释变革过程中常见的阻力来源；
- 讨论克服变革阻力的主要方法；
- 列出管理者在管理变革时必须要做的选择；
- 描述评估变革结果过程中包含的最重要的因素；
- 描述组织进行全面变革的三种方法，并比较它们的异同。

来自一线的管理挑战

姓名：克里斯·汉能（Chris Haenen）

职位：普华永道主管

母校：荷兰莱顿大学

业余活动：居家、运动（射击和健身）、美酒与美食

毕业后的第一份工作：德勤初级顾问

推荐的商业书籍：斯图尔特·布拉克的《从一开始》（*It Starts With One*）

偶像：祖父，他总能在艰难的时候克服万难做正确的事

座右铭：忘掉终点，享受旅程

驱动力：新的经历、新的人、每天学习新东西

管理风格：没有勇气，就没有荣耀；目标管理；充分授权

不能忍受的事：他人的混乱

克里斯·汉能是国际会计师事务所普华永道荷兰分部的三位主管之一。从2005年开始，荷兰分部的业绩时好时坏，但总的来看，管理团队还算是达到了预算要求。从地方来看，汉能所在的18人团队却非常成功，他们赢了一些大的诉讼案件，让它的主要竞争对手——一家荷兰企业付出了很大的代价。2008年夏天，这个团队又赢了件大案，此次的对手是一家荷兰跨国公司。这给它的主要竞争对手——那家荷兰企业带来了很大的竞争压力。普华永道提出可以与这家企业建立合资公司，但是遭到了拒绝。这家企业提出的方案是收购普华永道荷兰分部，他们给出了让荷兰分部主管——也是普华永道公司副主管觉得非常有吸引力的价格。

2008年9月18日，汉能接到了分部主管的电话，被告知荷兰分部已经出售给了那家荷兰企

业，销售协议将从 10 月 1 日生效。次日，分部主管访问了汉能所在的团队，解释了出售原因，但是汉能觉得原因并不清楚。当天下午，那家荷兰企业的首席执行官拜访了普华永道荷兰分部，并提供了更详细的解释和整合计划。人们对这次收购的反应有愤怒、有哭泣、有怀疑，就是没有兴奋。

面对这样出乎意料的重大变革，汉能需要做出几个决策。首先，他个人是否应该留下，成为新公司的员工？除了关于他个人去留的决策，他是否应该鼓励团队成员不要受他自身决策的影响？如果汉能决定留下来，他应不应该帮助那些决定离开的团队成员寻找新工作？

正如克里斯·汉能的案例所述，组织不可能一成不变，因为它们周围的世界不可能永远保持不变。从古至今，所有的组织和个人都不得不培养变革的能力。

变革及管理变革过程一直是所有组织保持活力的重要基础，如今更加重要。然而管理变革过程从来不是一件容易的工作。尽管变革的需求有时会非常明显，但是进行成功的变革也存在巨大的挑战。例如：

- 变革到何种程度才足够？
- 进行多快的变革才合适？
- 如何平衡持续变革和保持最低限度的稳定性和持续性？
- 谁是变革过程的主角，他们应该扮演怎样的角色？
- 究竟谁可能受益，谁的利益可能因特定的变革而受损？

如何解决上述及相关问题将决定所有组织尝试变革的命运。

在本书中，理解变革是我们强调的一项重要主题，这对管理的成功至关重要。在本书的最后一章，我们特别关注组织的变革。本章描述了用于组织整体变革和组织内的单元进行变革的特定方式和方法。本章假定读者已掌握本书其他章节的基本知识，这些知识将有助于分析涉及组织发展和转型的重要问题。

复杂的组织环境为管理人员提供了创造变革的许多机遇，同时也提出了很多挑战。有时需要进行的变革是计划外的、令人懊恼的。例如，从 2006 年到 2009 年 8 月，即使美国政府向通用汽车公司注入了超过 500 亿美元的资金，经济衰退仍然迫使通用汽车裁掉了近 7 万名小时工（或使他们退休）。其他一些变革因为有周密的计划并旨在改变组织基础层面的问题，因此，没有必要产生像裁员这样的突发巨变。

本章的第一部分考察和组织发展与变革相关的一般问题及原则。我们首先回顾组织为什么要变革——聚焦于那些驱动变革的力量，特别着眼于分析、识别和诊断驱动变革的内外部力量。接下来考虑公司可能会发生变革的具体领域——技术、共同的价值观和文化、战略、结构、系统和人员，这些内容反过来为在准备、实施和评价变革过程中对管理者的选择进行验证提供了背景资料。

在本章结论部分，分析了当前组织普遍使用的计划变革的三种方法：组织发展方法、流程再造和学习型组织发展。我们将研究这些方法是如何被使用的以及它们各自的优势和劣势。

15.1 组织变革的起因

组织变革的起因来自外部和内部的驱动力，管理者必须对这两方面都有所警觉

（见图表15-1）。有时引起组织变革的因素完全来自组织外部，如经济或商业环境、科技发展、人口结构的变化等；有时推动变革的力量来源于组织内部的管理者和员工。通常情况下，内外部因素共同驱动组织变革的发生。

图表15-1 变革的驱动力

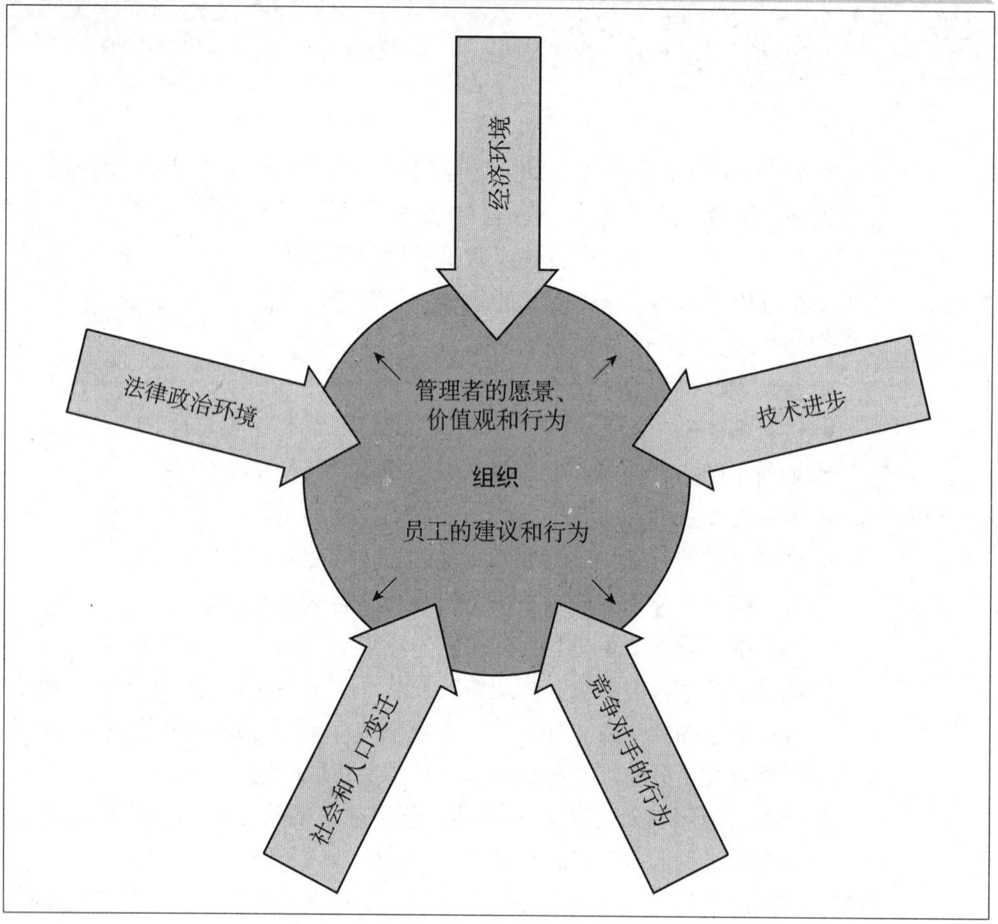

15.1.1 组织外部的驱动力

组织变革的一个主要驱动力是组织所处的外部环境，外部环境中的许多因素都可能带来组织内部的变革。在这里，我们只讨论最重要的几个变革驱动因素。

经济环境 经济环境的发展很显然会影响商业组织的变革。如果经济衰退，许多公司会裁员或者至少减少人员的招聘，许多公司也会关闭低利润的产品线，并制定其他能够削减成本的决策。2009年，经济状况严重影响了戴尔公司的销售情况，以至于戴尔将主要生产设施从爱尔兰转移至生产成本更低的波兰。这项举措使得1 900名爱尔兰工人失业。

相反，如果经济充满活力并不断发展，许多公司就会考虑增加新的产品或服务、建立新的部门或分部、扩大经营范围，并进行类似的增长型变革。例如，自2000—2009年，随着中国经济的蓬勃发展，外国公司在中国的投资增加了一倍以上。

与这些商业世界的例子类似，很多非商业组织（特别是政府机构）也会随着经济环境的变化而收缩或扩张，因为这些外部力量直接影响它们的预算。例如在 2008—2009 年，密歇根州受经济低迷的影响尤为严重，其中的部分原因在于其大部分业务高度集中于汽车产业。弗林特市受到的打击很大，城市收入（通过税收和其他来源）的下降，迫使市长戴恩宣布裁减 23%的消防员。尽管这种变革被视为是必要的举措，弗林特市的居民只能希望在消防员减少的情况下，火灾的发生率不要上升。

竞争对手的行为　不管经济状况如何，大多数企业和其他许多组织都可能对它们的直接竞争者的行为极其敏感，特别是它们应对市场或客户偏好变化所采取的行为。重要竞争对手对于环境的迅速反应通常会引起组织内部的变革，即使组织并不想做出改变。例如，一旦苹果决定进军手机领域，谷歌便开始力推其可替代的软件和策略。奇怪的是，谷歌的首席执行官埃里克·施密特以前曾是苹果公司的董事会成员，两家公司也曾经合作过。随着 2010 年苹果 4G 手机的发布，谷歌相应推出了安卓系统和由中国台湾 HTC 制造的 EVO 4G。但是苹果的软件采取的是专卖形式，并且只能在苹果的 iPhone 手机上使用。谷歌则决定不再制造硬件，转而推广软件，并让它们的合作伙伴自由地修改软件代码。

技术进步　外部技术的变化经常要求组织做出反应，不论它们愿意与否。技术进步为组织提供了机遇和挑战，如果管理者没有及时应对技术变革，后果是非常可怕的。“管理者的挑战”中阐述了一个主导行业近 250 年的公司因为没有对技术变化做出适当反应而几乎消失的案例，这家公司就是大英百科全书公司。当你阅读该案例时，问问自己，为什么公司的管理者反应如此迟缓？他们本可以做哪些不同的事情？这些事情会对公司发展的结果有什么样的影响？但是，请记住不要“事后诸葛亮”，要想一想在致命事件导致公司别无选择之前，你会如何论证变革？

管理者的挑战——变革

大英百科全书时代的终结

大英百科全书首次出版于 1770 年左右。大英百科全书公司在争议中开发出了相互竞争的产品系列。200 多年来，大英百科全书被认为是市场上最权威的百科全书。在 20 世纪 70 年代，全套大英百科全书的售价高达 2 000 美元。80 年代中期，一个名不见经传的叫微软（当时只有 10 岁）的公司向大英百科全书提出并讨论潜在的合作，遭到了拒绝。像大英百科全书这样享有超过 200 年声誉的杰出品牌，凭什么与一个不知名的并且没有出版经验的公司合作？

遭到断然拒绝后，微软使用芬克-瓦格纳公司出版的标准百科全书的内容，创建了 Encarta 百科全书。大英百科全书的管理者们嘲笑地看着这卑微的竞争对手绝望地投入这样一个陌生且不成熟的伙伴的怀抱。这种观点随着大英百科全书的销售量不断增长而更加强化，大英百科全书公司在 1990 年创下了 6.5 亿美元的销售额。

然而就在短短 3 年后的 1993 年，微软便开始将其 Encarta 百科全书与其办公软件（Office）产品套件捆绑销售。虽然 Encarta 百科全书的内容不能跟大英百科全书相媲美，但是它基本上是免费的。大英百科全书的销售额直线下跌。为了生存，大英百科全书的管理者决定发行 CD-ROM 版本的产品，但一个光盘无法涵盖所有的信息，于是百科全书中的全部内容被刻录到了三张光盘上。这对用户来说很不方便，因为用户必须确保放入的是正确的光盘。此外，大英百科全书公司的管理者还将光盘的价格定在了 995 美元。他们希望以这三张光盘如此高的定价来鼓励顾客继续购买公司装帧考究的纸质图书。

该计划并没有奏效。1994 年，大英百科全书公司的管理者决定推出在线版的百科全书。但是，用户订阅价格是 2 000 美元。管理者仍然希望如此高的网上订阅费用能够鼓励客户继续购买传统的纸质版本。但是大英百科全书的销量却急剧下降，1996 年仅售出 20 000 本，而 1990 年售出了 117 000 本。

虽然从时间上看这几年仅占大英百科全书公司总寿命的 2%，但是，该公司在这几年的收入却缩减了超过 80%。最终，大英百科全书的命运并不是被微软终结，而是被另一个叫维基百科的组织终结了。讽刺的是，几乎所有有关大英百科全书的信息都可以在 www.wikipedia.org——一个免费的在线百科书上找到，该网站完全依赖于成千上万自愿为网站免费做出贡献的写作者。

无论是挣扎着只为生存的大英百科全书，还是将 Encarta 百科全书与其 Office 套件产品捆绑销售的微软，都不曾想到过这种在线百科全书的形式。当维基百科在 2001 年推出时，谁能预测到 2010 年维基百科将有超过 300 万篇英文文章、超过十亿的字数和近 200 种不同的语言版本？这样看来，维基百科的英文文章比最大的大英百科全书多五倍。谁可以预见这种变化的速度？速度是如此之快，以至于微软决定终止 Encarta 百科全书并退出百科全书领域。大英百科全书决定在它创造的这一行业中生存下去，并于 2009 年宣布将接受大众对其在线百科全书的内容进行编辑和添加。然而，此内容被放在网站上的单独位置，使人们可以很容易地分辨由专业的工作人员制作的内容和公众编辑的内容，该公司决定百科全书的出版需经历严格的核实过程，这是出版物 200 多年来的印记。这些变革对于大英百科全书的生存和顺应时代变化来说是否足够？只有时间能够告诉我们。但鉴于维基百科中的内容增加的速度，即使你每周 7 天、每天 24 小时地阅读所有新增和修改的材料，你也无法跟上它。

资料来源：Adopted from J. S. Black and H. B. Gregersen, *Leading Strategic Change* (Upper Saddle River: Financial Times Prentice Hall, 2007); "Wikipedia," http://en.wikipedia.org/wiki/Wikipedia; accessed June 22, 2010; "Encyclopædia Britannica," http://en.wikipedia.org/ wiki/Encyclopedia_britannica, accessed June 20, 2010.

法律政治环境 当政府制定新的法律或法院对这些法律做出新的诠释时，管理者需要做出反应，即使这些变化微乎其微。在美国，《1964 年民权法案》要求大学为男女学生提供平等的资源和机会（与他们在学生群体中的比例相匹配）。美国大学体育总会分管院校体育的主管最终意识到，这可能对他们的活动产生重大影响。由于预算紧张，这些管理者发现他们难以增加足够多的女性运动以平衡男女运动员的比例。然而，有一些管理者处理得比别人更好，他们更快地进行了变革，组织内部的冲突因此也较少。显然，在这个例子中，法律这一外部力量是导致变革的唯一原因。另外，在这个例子中，政治环境增加了制定法律法规的压力，这加速了对变革的需要。

社会和人口变迁 另外一些驱动变革的外部力量可能需要更长的时间发展，且更加微妙和不易察觉，例如对不同产品、服务和业务不断变化的社会态度。美国各地的很多雇主，例如许多餐厅和酒吧，最近不得不改变它们的做法以应对室内吸烟问题。为了应对更严格的法律限制及公众对于在禁烟区吸烟容忍度的变化，这些机构不得不重视曾长期被忽略的处于这些区域的员工及顾客的行为。事实上，俄勒冈州 2009 年实施的一部新法律要求以下所有区域禁烟：酒吧和酒馆（包括餐厅酒吧区）；保龄球中心；宾果游戏厅；私人和兄弟会组织；员工休息间；餐厅；私人办公室及商用写字楼建筑；零售和批发场所；制造工厂；卡车休息站；儿童和成人日托；辅助生活设施；影剧院和室内娱乐场馆；酒店及汽车旅馆（例外：25%的客房可以被主管指定为非禁烟房）；由一名以上员工运行的作业车辆；等等。该法律还禁止在入口、出口、可打开的窗户以及工作场所或公共场所的通风进气口 10 英尺距离内吸烟。

人口模式的变化，如近年来发生在美国和日本的人口老龄化，是另一种缓慢变化的外部驱动力。例如，美国人口普查局预测，在 2010—2020 年间，美国 60 岁以上的人口会剧增 30%以上，而其他年龄的人群数量将基本保持不变。社会年龄结构的这种变化会带来许多影响。例如，可以使零售业和其他以客户为导向的企业面临挑战，迫使它们改变产品组合，采取新的销售和营销方式。这种人口变化不是一夜之间发生的，但是它们能够产生巨大的影响。

15.1.2 组织内部的驱动力

伴随着组织变革外部的驱动力，组织内部许多潜在的动力也能引起变革，其中最重要的两个是：（1）管理决策；（2）员工的偏好和压力。

管理决策 处于组织任何层级的管理者在开展工作时都会遇到一定的对变革的限制。但是，在许多情况下，他们在自己管辖的部门内具有相当大的权威来推动变革。即使在扁平化的组织中，管理者的位置越高，实施变革的空间就越大。不过，管理者往往不愿意动用权力发起变革。一些专家认为管理者之所以未充分利用他们的权力进行变革，是因为一旦变革失败，管理者的权力会因此而减少。这也是为什么我们要在后面讨论管理者面临的最重要的领导问题之一：准确评估变革的需要。

员工的偏好和压力 管理者不是组织内部变革的唯一动力，处于较低层级的员工往往可以提出具有创造性的变革建议。例如，弗吉尼亚州的一个信用社实施了一项制度，员工可以通过 E-mail 或从企业网站的员工门户提交“持续改进要求”，该流程改进建议或新技术由高层领导每周过目后，再将可行性反馈给提出者。该计划自 2008 年 11 月实施以来，已经有 86 名员工提出 185 条建议，其中 38 条被落实。“这些请求来自所有员工，从柜员到高级管理人员，其中有五六个人似乎提出建议最为频繁。”战略和治理副总裁汤普森说道。每年都会有 3 名员工分别收到 500 美元的奖金，以奖励他们提出的建议为公司带来的成本节约，并且所有提出意见的参与者都会被授予证书。在一年时间里，这些变革为公司节约了 25 万美元。

在极端情况下，员工可以公然对变革施加压力。例如，洛杉矶港的工人们反对引进新的货物处理技术，因此，他们“放慢了工作进度”。这使洛杉矶港的货运基本上停滞了几个星期，导致了近 20 亿美元的损失，这引起了管理层的关注。

管理者需要区分来自员工的压力是要解决变革的合理要求，还是要试图阻挠或威胁变革，明智地做出判断并适当地回应是必要的管理技能。这将在下一节中讨论。但是，不论管理人员的这项技能如何，员工都会成为变革的刺激因素，这是不能而且也不应该被忽略的。

15.2 确定组织在何处变革

当管理者决定采取变革，或者当他们意识到除了变革别无选择时，他们面临的首要问题是：变革什么？虽然不能面面俱到，但是一个较为合理、综合的选择集合包括：技术、共享的价值观和文化、战略、结构、系统和人员。所有变革基本上都会至少涉及以上一个方面的内容，且变革越大可能涉及的方面就会越多（参见图表15-2）。下面的“管理者的挑战”中关于索尼的案例就是涉及多个变革领域的一个很好的例子。特别复杂和全面的变革——转型式变革——在这六个方面都将有所涉及（见图表15-3）。

图表15-2 组织变革的关注点

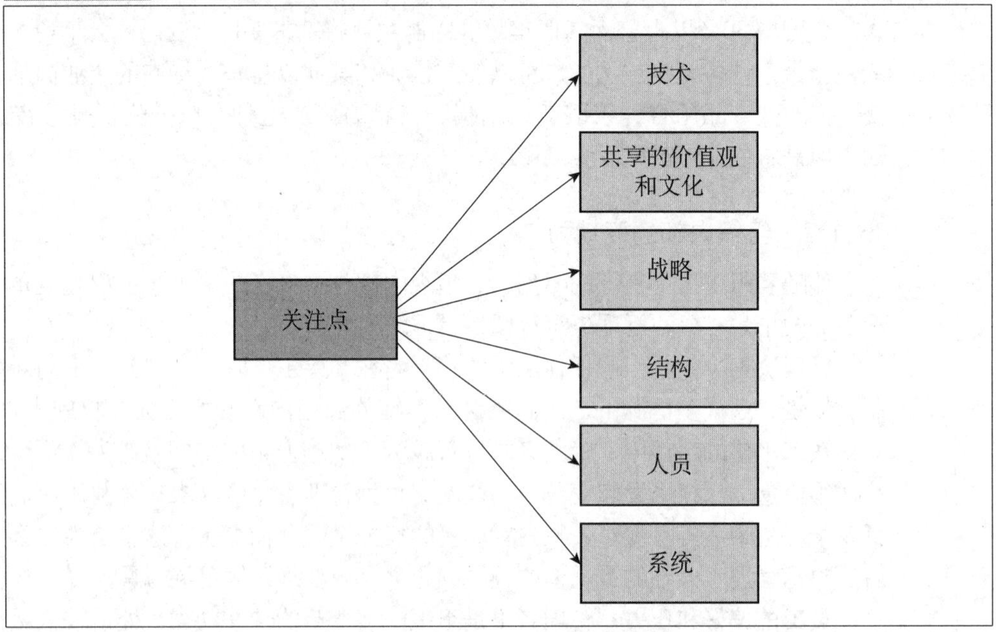

图表15-3 变革关注点的具体实例

关注点	举例
战略	·将关注点从利基市场转向一般市场 ·将关注点从个人客户转向大公司客户
结构	·从地理型结构转变为顾客型结构 ·建立国外分支机构
系统	·持续生产代替分批生产 ·存货估价从后进先出变为先进先出
技术	·升级计算机系统 ·在产品设计中使用全息摄影技术
共享的价值观和文化	·实施不同的员工关怀方案 ·在整个组织内建立决策共享机制
人员	·通过岗位轮换培训项目以鼓励合作 ·增加低层级员工的培训数量和机会

15.2.1 战略

许多外部力量的变化意味着管理者必须改变组织的战略。例如，如果你的竞争对手向市场上推出了一款受欢迎的新产品，你可能别无选择，只能改变组织的战略以应对。高层管理者相比于基层管理者通常更能决定组织战略，较低级别的管理人员则更多地参与战略的实施。

然而宣布战略变革与实际上实施这种变革是完全不同的两件事。例如，几年前本田试图将自己从“拥有全球视野的日本本土公司”转变为“拥有本土视野的全球性公司”，换句话说，本田的新战略是像小的本土公司一样灵活，但却发展和利用所有全球化大公司的优势。为了支持该战略，本田公司发展了全球产品供应网络、新的柔性制造系统以及全球布局规划，但是这绝非易事。今天，本田以其柔性制造能力著称，其位于北美的主要生产设施可以组装几乎所有它在售的汽车，而组装何种汽车取决于消费者的需求。因此，在 2009 年，当丰田损失达 49 亿美元、日产汽车损失高达 26 亿美元时，本田却能够盈利 15 亿美元。

15.2.2　结构

改变组织的结构形态，有时是管理者进行其他变革的最有效工具。许多结构变革，如基于产品的企业重组而非地域或分支机构，能够改变企业不同单元之间相互影响的方式，以及信息在组织内流动的方式。诺基亚是一个在多个国家有分支机构的跨国企业，曾经是个典型的基于地域的组织结构。自 2004 年重组后，现在的组织结构则是基于产品的。2008 年，诺基亚又进行了一次重要的重组，整合了所有的手机业务活动，利用一个单元来运作，这个运营单元被称为“设备部”（在这之前有三个单元——手机部、多媒体部和企业部）。管理者还新成立了两个业务单元，软件服务部和市场部。市场部负责所有的产品销售、营销、物流和制造运营。从财务角度上来说，诺基亚宣布它将只报告两个部门的财务情况，即设备部和软件服务部。

其他的组织结构变革可以在组织结构的中层完成，包括部门的整合或拆分，改变地点和业务单元内部或之间的报告关系。还有一些结构变革发生在非常微观的层面，如组建新的项目组或改变特定工作或职位的职责。例如，许多年前，梅奥医学诊疗中心组建了一个由 13 位体检医生和 17 名工作人员组成的团队，作为诊所新执行健康项目的一部分。如今，该团队每年为超过 4 500 名美国企业高管进行健康体检。

随着战略的变革，结构变革在初期不是特别困难。但要使它们达到预期的效果，对管理者来说则特别具有挑战性。研究发现，组织内几乎没有其他因素能够像潜在或传言的重组变革那样具有政治操作性。这些变革效果的模糊性，以及受其直接影响的员工工作的潜在重要性，会导致更大的焦虑和员工更加频繁的政治活动。

管理者的挑战——变革

拯救索尼

索尼公司以其随身听音乐播放器、Play Station 游戏机、电视和其他电子产品闻名于世。遗憾的是，成功很少是永恒的。2000—2003 年，怒气冲冲的索尼股东看着自己的股票价格由 150 美元降到了 25 美元，这已经足以促使公司进行一些重大的变革了。

2005 年，霍华德·斯金格成为索尼公司历史上第一个外籍领导人，同时也是为数不多的领导日本公司的外国人。斯金格 1942 年出生于威尔士，1965 年移居到美国。1997 年加入索尼，担任索尼美国公司的总裁。当时，斯金格通过对电子、游戏和娱乐的整合，扭转了索尼美国公司业绩下滑的趋势。

然而，接任索尼全球首席执行官的职位后，斯金格认识到索尼有很多比较严重的问题。它正面临着新产品带来的越来越严重的经济损失，例如，三星的液晶显示器、等离子电视和苹果的 iPod。为了竞争，斯金格决定索尼必须对业务进行精简，具体要精简到五个主要领域：电器、电视摄像机和摄录一体机、数码影像、DVD 录像机以及随身听。作为重组的一部分，索尼在接下来的五年关闭了57个制造工厂并裁掉了16 000名员工，它的目标是将年运营成本减少30亿美元。

斯金格决心要成功地实施此次变革。变革初期的关键举措包括给予索尼电子分流中心在关键领域的决策权。之前，每个部门都在制定计划、人力资源、财务、销售和经营方面具有相当的自主权。斯金格认为新的结构将提高索尼产品线的决策效率及速度。这样的结构调整还支持跨产品线的软件开发，从而使索尼的产品与产品之间实现无缝对接。当然，这也消除了设计和产品的冗余，并降低了公司的研发支出。2009年，索尼公司宣布：预计到2011年3月，索尼公司90%的电子产品将能够实现无线联网。

斯金格还希望结构上的变革能够有助于改变索尼的企业文化。索尼有研发最好的产品的传统，这个传统多年来已经创造了许多奇迹。然而，苹果公司iPod的发展则强调了这样一个事实：消费者不只关注技术上的优势，也看中产品的易用性。索尼公司的一些产品太过复杂，顾客不太会操作。

该变革计划也影响了特定的技术。例如，索尼公司高层认为电视对公司来说至关重要，公司将放弃生产阴极射线管（CRT）电视机，只聚焦于LCD产品和背投电视以及相关技术。此外，索尼还将关注自发光平板有机发光二极管（OLED）显示器、高清晰度的蓝光技术和移动技术。

此次重组的成本是多少？据估计，成本达到18亿美元。它的成效如何？变革五年之后，有改善的迹象。例如，虽然销售额从2008年的770亿美元降至2009年的720亿美元，但是公司的损失也从9.89亿美元下降到了4.1亿美元。索尼预计2010年的销售额为760亿美元，利润为5亿美元，在利润上这是个近10亿美元的转折。然而，质疑依然存在。斯金格也承认，“我们未能履行我们之前做出的一些承诺”，但他相信这一次将会有所不同。

资料来源：Company Web site, consolidated financial statements, 2009, 2008, 2007, 2006, and press release, 2005, www.sony.net/SonyInfo/News/Press/200509/05-050E/index.html, accessed July 22, 2010.

15.2.3 系统

变革的另一个主要对象涉及公司的正式程序或流程系统，包括改变工作的次序和方法等。例如，英特尔公司已经改变了它建立新工厂的流程。新流程可以不断被复制，复制的内容甚至包括工人所戴手套的颜色。例如，一个在中国大连的工厂就是按这种流程建造的。

改变一个公司的流程和程序，通常是因为之前进行的组织战略或结构的调整。例如，购买新设备是一个初始的变革，因为新设备而建立新的流程则是第二个变革。

15.2.4 技术

对于许多组织而言（从街角的干洗店到大型跨国企业）最明显、最频繁的变革来自技术。制造业和资本密集型企业就是这样，更换、升级设备和技术一直是组织生存和保持竞争力的关键。然而，近年来几乎所有类型的企业，包括政府机构和非商业组织都已日益重视发展和改进信息技术。有时，这种变化可能不像预期的那样顺利。例如，2003年6月，沃尔玛当时的首席信息官琳达·迪尔曼宣布启动零售商的RFID标签项目，沃尔玛要求它的前100家供应商从2005年1月开始标记托盘和货箱。2006

年 4 月，琳达·迪尔曼以首席信息官的身份离开沃尔玛，成为 Human Resources 公司的高管，之前的供应链和物流经理罗琳·福特成了首席信息官。福特对于 RFID 则比较低调。2007 年 10 月，沃尔玛宣布了关于 RFID 战略的重大变革，在很大程度上放弃了最初运往沃尔玛的托盘/货箱计划，转而专注于供货到山姆会员店。2008 年 1 月，沃尔玛宣布了第一次对于未标记商品"真正的"2～3 美元的惩罚，特别是运送到山姆会员店的商品。到 2009 年，这一惩罚降到了 12 美分，并且在接下来的两年里没有再发布相关主题的新闻。

技术的变革通常会对组织的其他部分产生联动效应，这对管理者来说是个真正的挑战。例如，新的设备可能会导致员工之间完全不同的劳动关系模式，这反过来会带来相当大的混乱。如果这些影响显著或持续时间较长，它们就会对企业的进步造成损伤。因此，将技术作为变革的唯一源泉并非一直正确。

15.2.5 共享的价值观和文化

组织共享的价值观和文化是变革的另一大焦点。改变一个组织的文化，可能和企业战略或技术的变革一样影响深远。然而，先不论它的影响力，改变一个组织的传统和被接受的做事方式可能是非常困难的。例如，当某银行收购中国台湾的大华证券公司后，100 多名大华证券的核心员工在一年内因为强加给他们的新文化而离职。正如一位离职的雇员所说："大华曾经有非常民主的文化。制定政策时，我们总是应邀给予反馈，我们的意见受到重视。但是，新的管理是一种非常专制的方式。"

将企业新的价值转换为使命陈述是很容易的，但将其融入组织的基本结构是极其困难且耗时的。与此不同的是，管理者很容易以较小的成本改变其他因素，诸如企业战略或结构。然而，企业文化的变革确实代表了企业进行根本变革的目标。

15.2.6 人员

最后，人员（无论个人还是群体）会成为变革的主要关注点。从本质上来说，涉及人员的变革包含下列四个维度中的一个或多个：

- 这些人员是谁；
- 他们的态度和期望是什么；
- 他们之间如何互动；
- 如何培训和发展这些人员。

在第一个维度中，变革可以通过增减人员或者人员交换引起。引进新主管、将问题员工从一个单元调至另一个单元是从人员选择和交换方面进行变革的例子。

第二个维度是人的态度和期望。有时管理者并不需要花费太多精力或成本就能够改变这些态度和期望。例如，为员工提供新的信息或新的看待问题或事件的方式，就有可能造成行为显著的变化。然而，不能保证这必然会发生。

试图改变员工之间的联系，如对待同事更合作、更支持的态度，也是第三个以人为中心的变革关注点。

第四种也通常是最持久的人员变革方式包括直接提升他们的知识、技能和能力——一般通过教育、培训和个人发展活动进行。这能够提高个体、群体甚至更大的单元的绩效，而与管理者可能倡导的其他任何变革都无关。

与其他类型的变革相比，人员变革可能是非常昂贵和耗时的。管理者需要权衡潜在的成本与收益，这些收益包括拥有能力更强、更具创造力和创新性的员工队伍，组织士气更高，有更低的离职率等。

15.3 评估是否需要变革

变革总是必要的吗？要回答这个问题，你应该采取两个关键步骤。一是要认识到变革的需要，并正确评估变革的强度；另一个是要准确判断变革应该解决的困难和问题。任何一个步骤的错误都可能导致严重的问题，甚至是彻底的灾难。跳过这两个步骤直接进行变革几乎注定会失败。

15.3.1 识别并评估变革的需要

正如我们之前强调的，变革绝对不是一个免费的活动（见图表15-4），如果成本超过潜在的收益就无须变革，这也意味着准确评估变革背后驱动力的强度是非常重要的。

图表15-4　变革的相关成本

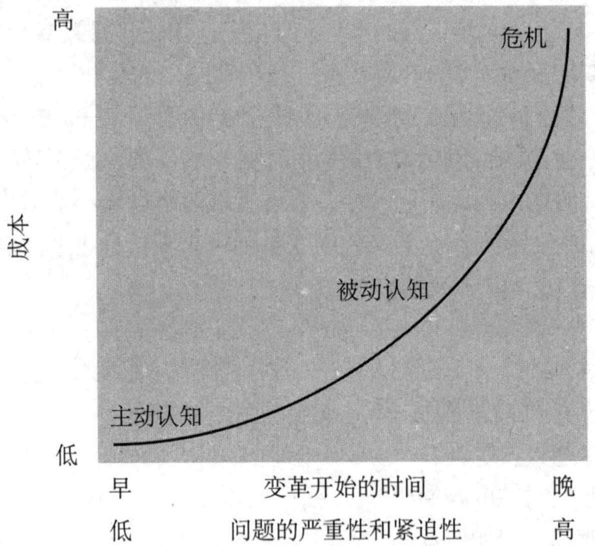

主动认知　有效的管理者，无论处于组织的哪个层级，都能在最早期认识到变革的需求。要做到这一点，他们在经营环境中就必须有适当的系统和方法进行监测，他们需要在变革趋势呈现出明显的警告信号之前将其侦测出来。

有多种方法可用于收集此类信息。可以使用复杂的信息系统，也可以通过一般的活动收集信息，比如从销售报表中察觉趋势或异常情况，并积极向自己的客户、顾客和员工征求意见。星巴克这个咖啡巨头试图主动通过多种研究来发现趋势，以保留现有客户并吸引新一代年轻的咖啡消费者，它甚至吸引了一群20多岁的志愿者，试图了解他们关于星巴克的真实想法。完成这些评估后，公司建立了星巴克Express。星巴克Express允许客户通过电子邮件将订单发送给其将要光顾的咖啡厅，咖啡厅用个性化的杯子装好咖啡等候他们的光临。

被动认知　不论进行了多少主动的认知尝试，都不能提前认识到所有的变革需要。总会有许多内外部环境的迅速变化，为此管理者必须做出及时反应，而不是提前计划。例如，星巴克从来没有预想到自己将与麦当劳竞争。因此，也没有预料到麦当劳的行为将要求星巴克做出相应的对策。然而，当麦当劳决定以星巴克一半的价格提供更好的咖啡，并且消费者反映将其排在星巴克之前优先考虑时，星巴克不得不做出反应。当麦当劳决定在它所有的门店提供免费的 WiFi，吸引人们在店里坐得更久来上网、回复电子邮件、喝咖啡，同时可能购买一些计划之外的商品时，星巴克做出反应的需求则更强。由于麦当劳在美国大约有和星巴克基本一样多的 11 000 个营业网点，星巴克除了在其所有门店设置 Wifi 外别无选择。

15.3.2　诊断问题

认识到需要变革只是一个起点。就像医生一样，没有诊断出病源可能会导致错误的治疗，管理者发起不能解决潜在问题的变革有时比不变革还要糟糕。因此，管理者需要避免对原因过早地下结论。相反，他们应该通过各种来源获得信息，如果可能的话，应该对这些信息进行比较以发现一致的模式或趋势。最重要的是，试图找出最可能的原因。这种综合分析的最终结果应该准确、有效地诊断哪里需要变革以及谁需要变革。

15.4　变革过程

心理学家库尔特·勒温在 50 多年前提出了一个最持久、最简单也是最全面的变革过程框架，他认为（个人、团队或组织的）变革要经历三个不同的阶段：解冻、变革和再冻结。

15.4.1　第一阶段——解冻

变革之前总有一些“东西”作为前兆，而这些“东西”通常就是“成功”。换句话说，个人、团队或公司通常在发生变革之前有较长的做正确的事和正确地做事的历史（参见图表 15－5）。一般来说，先前那些“正确的事”被证明是越正确的，人们越想将其继续保持下去。变革的来源通常就是因为（内部或外部）环境的变化或某些希望被改变的事情。简单地说，环境的变化导致之前正确的事情成为后来错误的事情。

图表 15－5　变革过程框架

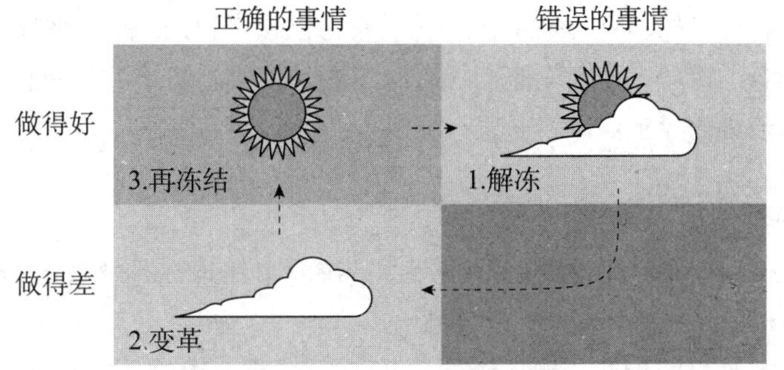

例如，假设善于自己做决定，而不太询问下属的意见，你已经使用了这种模式很多年，部分原因是这些决策相当琐碎，你拥有所需的所有知识，无须寻求其他意见。你的个人决策方法是正确的，并且你也很擅长这么做。

接着，发生了一些事情。公司的客户变化了，他们要求更复杂的产品。这些新产品蕴含的技术对你来说是全新的，你现在需要吸引更多的人来参与决策，因为你自己不了解所有的信息和问题的解决方式。环境已经发生变化，曾经被认为是正确的事情（个人决策）现在是错误的方法。尽管如此，你仍然乐于进行个人决策。

类似的模式也可能发生在组织层面。例如，NEC 公司是一家日本的大型电子企业，十年间均是日本电脑显示器行业领先制造企业之一。NEC 的显示器是基于电视的 CRT 技术。当时，使用 LCD 技术的韩国电子企业 LG 公司还不是显示器的主要制造商。

但 NEC 长期的成功历史使它的高管难以看到 LCD 技术的优点以及它所带来的威胁。当 NEC 发现需要变革的时候，只能别无他选地放弃电脑显示器市场，而让 LG 崛起成为全球最大的显示器供应商之一。

许多因素会导致人们无法看到或抵制初始的变革需求，以至于在解冻阶段产生许多问题，这些因素包括：

● 惯性。简而言之就是安于现在做事情的方法，没有动力进行变革，不变革也没有显著的风险，人们觉得沿用之前的做事方式比采用新方法更容易。

● 不信任。变革需求沟通中的不信任是解冻的一个显著障碍。

● 缺乏信息。缺乏变革的必要性和变革将带来什么影响的信息，可能是变革的第三个较大阻力。

从根本上说，解冻过程包括认识到过去正确的一些东西在未来是错误的，以及为什么会这样。然而，即使你认识到变革的需求，勒温认为除非我们取消或解冻这些旧的模式，否则还是难以更换新的方式。为了更好地理解勒温的观点，可以借助冰雕来思考。假设你想将一个鸟的冰雕变成鱼的冰雕，你可以尝试直接将旧的冰雕刻成新的鱼雕，但这是一个很艰难的过程。如果你将旧的冰雕融化将会如何？你可以使用水制成一个新的冰块，再雕刻鱼。试图直接将原来的鸟雕刻成一条鱼也许有可能，但不是非常有效。

这就是 NEC 公司的管理者面临的问题。由于生产平板屏幕的技术与 CRT 显示器使用的技术完全不同，他们必须放弃旧的技术，用新技术武装自己的头脑。但是在 NEC 的案例中，无论是高级管理人员还是研发部门的领导都拒绝放弃旧技术。虽然一些新技术的领先者是年轻的科学家，但在 NEC 这种等级森严的组织中，他们无法说服老的管理人员解冻他们固有的想法，以让他们知道客户想要的是有高清分辨率且体积较小的显示器。

15.4.2 第二阶段——变革

遗憾的是，即使人们接受过去正确的事情现在是错误的，他们仍然会抵制变革。在行动阶段对变革过程的抵制源于以下几个方面：

● 缺乏明确性。如果新的正确的事情或变革的目标不明确，人们很可能拒绝行动。因为这对他们来说就像在黑暗中射击。

- 缺乏能力。正如我们在第 9 章激励中所述，如果人们相信他们缺乏实施变革所需要的能力，他们也可能会抵制变革（即使他们看到变革的必要性）。
- 缺乏足够的动力。如果那些受变革影响的人预期变革带来的消极影响大于积极影响，他们抵制变革几乎是必然会发生的事情。

如图表 15－5 所示，变革通常需要人们从做好错误的事情变为做不好正确的事情。例如，如果多年来你总是独自做出决策，即使你认识到有必要使用更具参与性的方式让他人参与决策的制定，也不可能一开始就善于参与性决策。研究表明，变革的行动阶段中导致抵制的最大决定因素之一是与变革相关的不确定性。对于将会发生什么的不确定性越大，行动或变革的阻力越大。此外，在一般情况下，变革的大小与不确定性之间有一定的关系。如果变革的幅度增加，不确定性水平也会随之增加，二者反过来都有可能导致员工更强烈的抵制。因此，为使变革成功，你将不得不做更多的规划和准备。最后，除非人们相信他们可以从做不好发展到做得好，否则他们将不会行动。

15.4.3 第三阶段——再冻结

假设你成功地让人们认识到解冻的需要，并且还有能力让他们朝着期望的方向前进，那么变革持续下去的可能性有多大？要理解为什么勒温强调变革的第三阶段，你只需要考虑启动一项节食或运动计划后在接下来的几周内坚持下来的人的比例，只有不到 1/4 的人能保持这一类型的个人变革。如果自身的变革都难以保持，我们可以体会到管理的挑战——让他人维持改变。

过去的牵引 勒温认为旧的成功模式的牵引力是很强大的，简单地以旧换新不能确保长期的成功。这部分是因为无论“旧”模式是什么，它存在的首要原因一定是曾经被积极地倡导过。换句话说，大多数人都有自己的沟通模式、领导风格、决策方式，公司也有其具体战略、结构和文化，因为它们过去曾经有效。在这个意义上，你可以将过去的模式想象成一种引力，将我们拉回到过去，除非有更大的力量存在才能让我们向前迈进。

这就是为什么勒温强调变革过程的再冻结阶段。然而，当大部分人听到“再冻结”这个词时，他们通常会产生冻结成坚固的东西并难以移动的印象。通过再冻结，勒温并非认为新状态是静止不动的，他也不认为一旦变革发生，就没有监控和调整了。相反，这个词所反映的含义是变更后必须施加足够的力量加以保持，否则人们会被过去的引力拉回到旧的模式。

最后，再冻结涉及变革的监控，看是否产生了预期的结果。在变革即将成功时，再冻结阶段应该包括强化变革以使它更为成熟。这很重要，因为正如勒温所认识到的和研究证实的那样，如果缺少强化的力量，人们会回到过去的习惯和模式中。

非即时的结果 如果所倡导的变革程度一般或很高，而变革的结果出现得很慢，这就引起了对变革结果非即时性的讨论。这也是为什么人们很难改变自己的饮食或运动习惯的部分原因，他们希望看到自己健康状况或外观的变化，但是当这些结果到来得非常缓慢时，人们常常就会重拾过去的习惯。然而现实情况是大多数显著的变革不会产生立竿见影的效果。因而，只关注变革前两个阶段的管理者往往会发现，因为第三阶段的问题，整体变革未能获得预期的效果。

管理者的挑战——变革

改变惠普皇冠上的宝石

惠普是一家知名的技术公司。它的一项最重要的产品就是打印机，约占其利润的2/3。2004年，惠普的打印机业务几乎贡献了公司的所有市值，因为其他两个主要部门（服务和计算机）总体上都处于亏损的状态。简而言之，打印机就是惠普皇冠上的宝石。

但是从20世纪90年代后期开始，惠普的管理者意识到公司的强势地位正在被动摇，特别是它的低端产品在市场中的地位。具体来说是其主要竞争对手利盟公司（Lexmark）推出了售价低于100美元的高质量打印机，产品推出不久之后，利盟的市场份额就翻番并达到了14%。

为了应对这种环境变化，惠普打印机部门主管沃迈施·乔什认为惠普一定要进行变革。乔什认为惠普需要建立一个新的打印机产品线，生产出包括比当时惠普最便宜的打印机还要便宜49美元或30美元的打印机。这将让打印机的零售价低于100美元。他还给他的团队提出了一个挑战，要求他们用3年而非通常的4年时间实现从概念到将打印机摆放到零售商的货架上。

大多数惠普的管理者认为，生产49美元而非79美元的打印机是不可能的。该项目的一个核心管理者汤姆·亚历山大知道他需要“激发潜能”。在一次团队会议上，他将过去和现在、未来进行了一个深入的对比，以帮助成员认识到变革和解冻的需求。

听完大家说制造一个如此便宜的打印机有多么不可能之后，亚历山大拿起一台惠普打印机，把它放在地上，然后站到了它的上面，他有足足200磅重。在那一瞬间，屋子里的人突破了认知障碍并获得了这样的信息：惠普打印机被过度设计了，打印机并不需要被设计和制造成结构坚固的凳子，额外的加工、材料和制造成本太高，使得它不可能降低成本与利盟公司进行竞争。

最终，惠普的管理者基于仅仅两个成本节约平台，就建立了一条生产14针喷墨打印机和7种一体化打印机的产品线。新的生产线以预期的成本准时投入生产，它还包括了成本为49美元、零售价低于100美元的打印机。通过这些新产品的投放，惠普的新打印机的销售额达到56亿美元（12%的年增长率），边际利润率达到16.5%（盈利增长14%）。惠普占有了70%的市场份额，其中很大一部分是从利盟公司手中争取过来的。

15.5 克服变革阻力

使用解冻、变革和再冻结的整体框架，管理者还想知道如何克服一般的挑战，成功领导和管理变革。这正是本节所阐述的主要内容。

15.5.1 克服解冻阻力

如前所述，如果人们看不到变革的需求，整个变革过程就无法进行，而个人、团队或组织对于变革的需求大部分来自外部力量，这些力量导致外部环境发生了一些可预期的或不可预期的变化。例如，个人行为的变革需要可能源于组织战略的改变，组织战略的改变可能源于预期的技术变化。因此，解冻的关键之一是帮助人们看到大环境的变化需要他们自身发生哪些变化。清楚地了解之前的事情如何、为什么过去的方法能够成功以及事物如何变化发展、为什么过去使用的方法在将来不可行是管理变革最关键的第一步。可以思考“管理者的挑战”中惠普的案例，你认为亚历山大该如何说明以前惠普生产打印机的方式与未来消费者需要之间的差别？你觉得结果会如何？你会采取同样的做法吗？

阐述差别的过程包括与人沟通变革的原因，或者帮助那些受变革影响的人分析变革的刺激因素。由于介入和参与一般需要更多的时间，因此管理者经常要考虑所需时间的压力，以确定适当的参与度。正如我们在第 12 章个人和群体决策中所讨论的，如果有时间并且参与者具备了所需的信息和能力，让他们参与常常可以增加他们对变革的认同，并减少他们对变革的抵制。

15.5.2 克服行动阻力

解冻是变革过程中的必要步骤，但仅有这个步骤是不够的。更重要的是，即使管理者成功地让人们认识到变革的需要，他们在变革过程中仍然可能会遇到阻力。正如我们之前所讨论的，行动阻力的主要来源是人们缺乏对变革方向的明确认识。因此，克服行动阻力的首要方法是让人们知道预期的变革是什么。例如，如果你想改变个人决策风格，你不仅需要认识到改变的必要性，而且还必须预见并理解新的参与式决策方式。你可能必须学会如何让他人有效地参与到信息的收集和处理过程中。在新的目的地明确之前，你很可能会止步不前。

然而，简单地做一些改变或者提出新的目标可能还并不足以实现预期的变革。例如，假设你是一群客服代表的管理者，你已经帮助你的团队认识到了顾客预期的变化，那就是从关注既定时间服务客户的数量转变为如何让顾客对服务满意。你清楚地描述出顾客服务的新目标，这个新目标是要能够理解顾客的问题，从而在不将顾客转接给其他客服代表的情况下解决顾客的问题。但是即使人们看到变革的必要性，也能够预见新的目标，他们的变革可能还是会失败。

除了帮助你的团队更清楚地理解新的目标，你还必须要确认他们是否具备变革所必需的能力（信息、工具、资源和技能），对哪些能力是需要的、哪些是既有的进行评估。基于这样的分析，作为客服代表的管理者，你需要通过培训、提供工具和其他资源来帮助下属获得变革所需要的能力。

最后，客服代表需要认识到变革的预期收益将超过消极影响。在变革的行动阶段，告诉他们变革会给他们带来直接的正面影响可以增加他们对变革的支持，减弱行动过程中的阻力。例如，向大家强调安装新设备将会使他们的工作变得更容易、额外的培训将提高他们的技能和将来的就业能力等。另外，提供激励可以包括给予那些直接受变革影响的人以利益，例如夸奖等非金钱激励，或金钱激励的形式，如对提升了顾客满意度的员工提供额外的报酬等。

15.5.3 克服变革失败

假设你已经成功让你的团队看到了变革的必要性，并使他们朝着变革的方向前进，你如何能确保这一行动一直持续，不会功败垂成？用勒温的话说，你如何再冻结变革并确保它可持续？

正如我们前面讨论的那样，旧模式的拉力以及缺乏早期、自然的正面结果往往使得变革难以持续。再冻结不是一个瞬间的过程，因为永远不可能出现新领域的速成专家。例如，客户服务的改善与呼叫处理的矛盾逐步显现。在初期，你的客户服务代表尝试回答客户的问题，而不将它们转移到其他部门，这有可能产生不良效果。当客服代表的能力不足时，客户可能甚至要求被转接："好吧，如果你不能回答我的问题，就请转接给可以回答的人。"客服代表初期的低水平会产生消极的后果，往往会消磨所期待的行动。因此，管理者为了再冻结变革，需要做的关键事情之一就是补偿早期由低熟练度带来的消极后果。

即使业绩低于预期目标，通过弥补行动提供预期效果的正强化，也是许多学者和研究的主题。这往往称为"庆祝早期胜利"。无论使用什么术语，其中的想法是一样的：当人们进行变革时，他们需要早期的、连续的强化，以克服旧模式的引力，并为建立新模式创造动力。管理者更需要庆祝和巩固早期正确的努力，而不仅仅是期望的结果。正如我们前面所述，对新活动的熟练不是瞬间就可以达成的，与新的熟练性相关的积极效应也不是一蹴而就的。因此，管理者在变革的早期需要巩固那些理想的行为，使它们不断重复，最终导致更高的熟练程度，这反过来将导致期望的结果更频繁地出现。

然而，即使管理者使用了强化来维持早期的努力，帮助推进变革进入再冻结阶段的早期，也并不能保证可以完全通过这一阶段。部分原因在于，通常进步和提高太小且没有反馈，人们就会低估他们的进步。如果他们在很大程度上低估了产生的变化，就会感觉是在原地踏步并放弃变革。因此，除了巩固那些发生在早期的期望的行为，管理人员还需要给个人以及团队提供有关进展情况的反馈。我们在前面关于人力资源的章节中讨论过的反馈和绩效管理的许多原则也适用于管理变革。

15.6 管理变革

本章到目前为止已经关注了组织内变革的背景和情境，即变革的驱动力和目标、变革过程，特别是管理者在理解、评估变革需求时的角色。现在，我们转向变革管理的流程，包括计划和准备变革、实施变革以及评估变革的效果（见图表15-6）。

图表15-6 变革过程

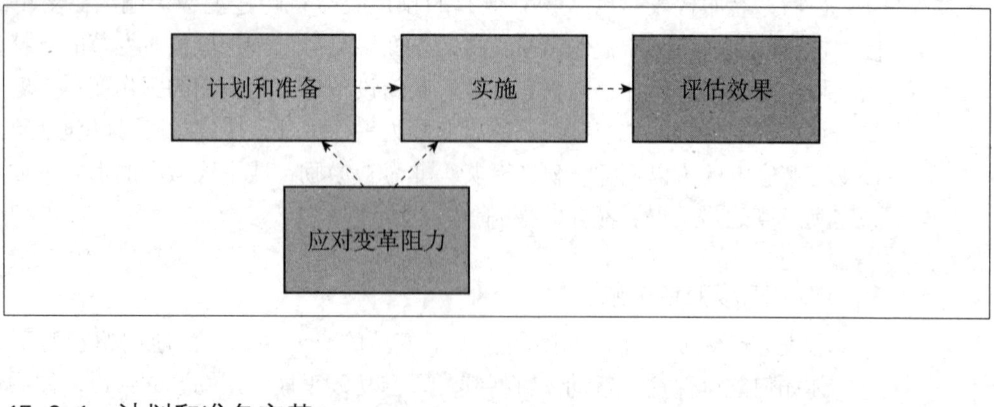

15.6.1 计划和准备变革

一旦一个管理者（或一群管理者）确信变革是必须进行的，并有准确地判断存在变革的需要，变革准备就开始了。图表15-7说明了相关的计划问题。

图表 15-7 变革计划选项

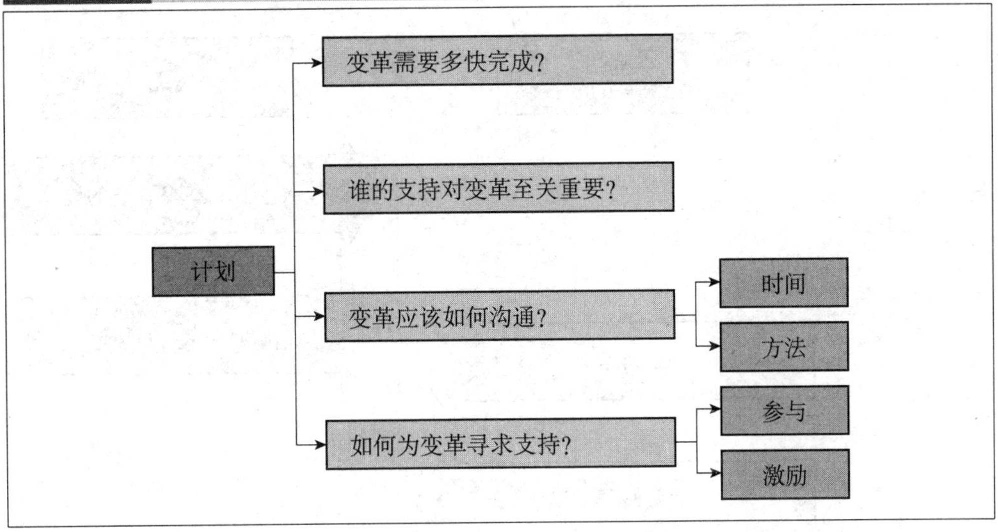

力场分析 一个审视变革挑战的十分有效的方法就是所谓的**力场分析**（force field analysis），由勒温在多年前提出。这个分析使用了平衡的概念（如图表 15-8 所示），即变革的“驱动力”与变革的“阻力”正好达到平衡时的状态。这个条件产生一个相对稳定状态，只有当创新的驱动力大于惯性带来的阻力时，这一状态才会遭到破坏（这两个力有时被称为“内”力）。如果将这种分析用于特定的组织变革，我们可以看出管理者基本上面临两个选择：增加变革的驱动力，如给下属施加压力以遵从新的程序；或者减少变革的阻力，如使非正式领导确信其将从变革中获利。增加驱动力的基本问题是它常常会引起抵制力量的增加。因此，勒温通过分析后建议实施变革的更有效的方法可能是减小阻力。

在脑海中有一个整体框架后，管理者还要做一些与变革计划和实施相关的关键决策和判断。遗憾的是，对于特定情况下该如何选择，没有万能的模式可以遵循。然而，有意识地选择而不是掉入个人偏见、倾向、担忧、偏好或其他的陷阱，会增加管理者做出更好判断和决策的可能性。

时间 管理者经常乐于迅速发起某事，特别是变革的需求看上去特别强烈时。迅速实施是不是好的想法是一个很困难的判断。行动得过于迅速，会导致变革常常因为没有计划好而失败，因为它们缺乏足够的支持。而花费太长时间进行必要的变革也会导致失败。例如，2009 年通用汽车首席执行官瑞克·瓦格纳被逼出走，因为通用汽车董事会（当时包括其最大的股东——美国政府派出的代表）认为他没有意愿进行必要的变革。瓦格纳被首席运营官费理兹·韩德胜接替。不到一年后，韩德胜在董事会的压力下辞职，因为他同样不够积极，通用汽车董事长爱德华·惠特克接替了首席执行官职位。

建立支持 在前一节中，我们关注于如何克服阻力。本节的管理变革关注于建立支持。建立支持基础需要特别仔细的分析。首先，需要分析、确定谁是最提倡变革的人；其次，分析谁拥有权利以及对他人的影响力。建立早期支持的理想员工是那些具有很高的认可度和影响力的人（见图表 15-9）。这个群体经常被称为**领导联盟**（leading coalition），他们是一群既支持变革，又能够针对变革对他人施加影响的早期支持

图表 15-8 力场分析

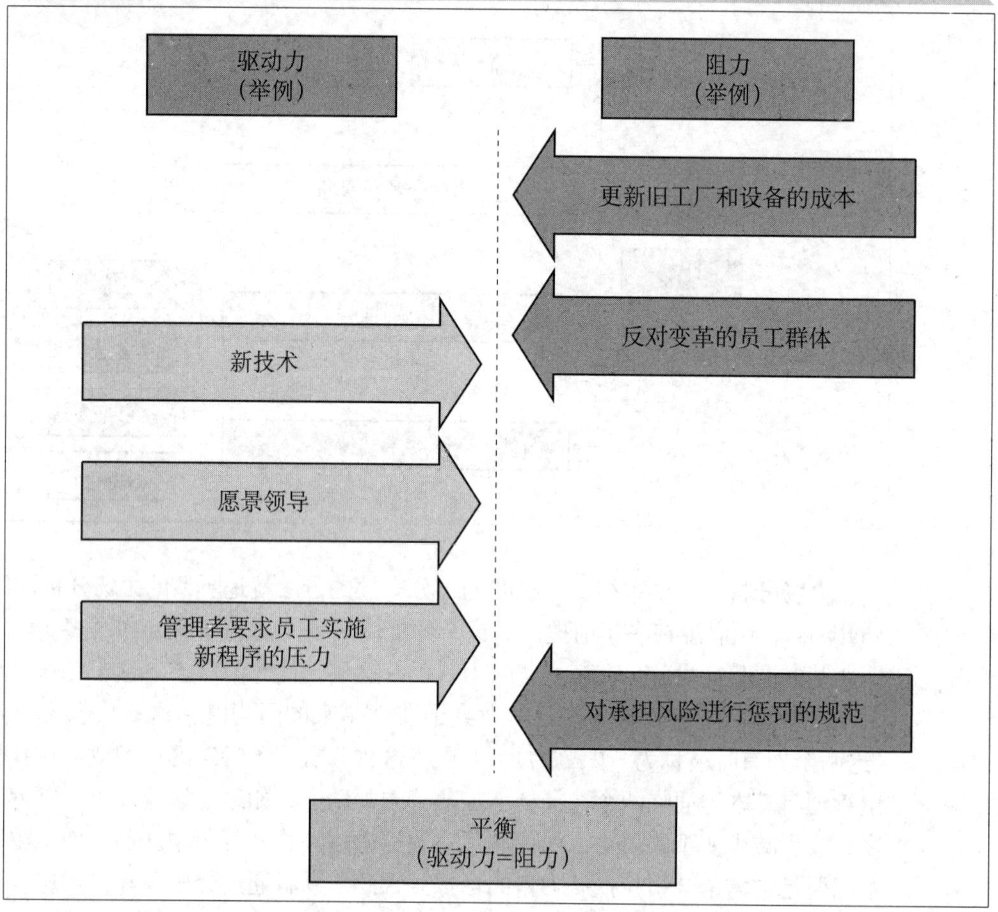

图表 15-9 认可度-影响力矩阵

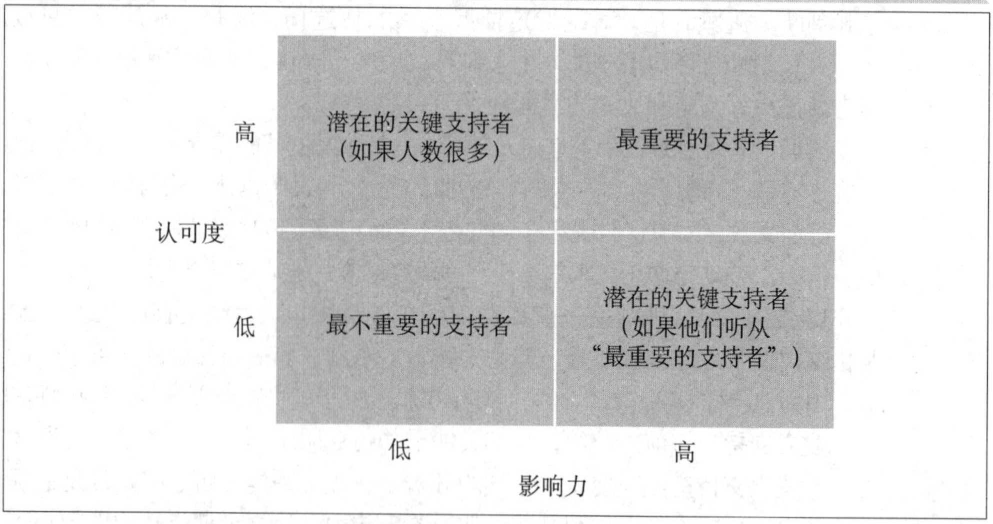

者。那些对他人影响较大但起初不赞成变革的人，如果倾听了“认可度高、影响力高”群体的建议并被其所影响，就会成为潜在的支持者。如果那些拥有高认可度但影响力较低的人很多，也可以成为变革的潜在支持者，他们充足的人数能为变革提供支持和动力。

沟通 与分析谁具有认可度和影响力一样，制定一个与他们进行沟通的计划常常也很重要。例如，当卡特彼勒（世界最大的土方工程机械制造商）的首席执行官要在组织内实施六西格玛时，他意识到变革要得到支持，必须联系卡特彼勒的经销商网络并与它们进行沟通。（公司不是直接把设备卖给客户，而是通过遍及全世界的、总计拥有 131 000 名雇员的近 200 家经销商出售。）在实施 5 年多的推进变革的过程中，卡特彼勒不仅在内部培养了 2 000 个六西格玛黑带，而且与经销商沟通了其对黑带的需要，并已经帮助近 1 000 个经销商获得了黑带资格。

参与 在计划阶段，那些有认可度和影响力的人的参与有助于强化支持。通过这样的参与，计划通常能够得到改进和实施，但是参与并非没有成本。我们在上一节提到过，它需要时间和努力。如果参与者的建议与管理者的目标相差较大，参与可能会适得其反。此外，如果那些被请求参与的人感到他们的投入并非被需要，管理者只是走过场，会迅速产生“被操纵”的感觉，在这种情况下，参与一般会破坏而不是支持变革。

激励 给予领导联盟成员变革的激励也有助于建立支持。举例来说，付给客服代表的薪酬基于顾客满意度分数而不是电话数量，可能是一个鼓励他们实施新行动的方法。这里，管理者应该小心，因为提供激励可能会使受益者感觉自己被收买。这样的话，使用激励，特别是货币激励，可能会因为增加了被激励者对管理者变革动机的怀疑和漠然，从而使得变革回到原点。

15.6.2 实施变革

变革计划何时终止与变革实施何时开始常常难以界定，因为变革过程或多或少具有一定的连续性。然而，不管边界在哪里，管理者实施变革都要涉及关键的选择（见图表 15－10），这里讨论最重要的三个。

图表 15－10 实施选择

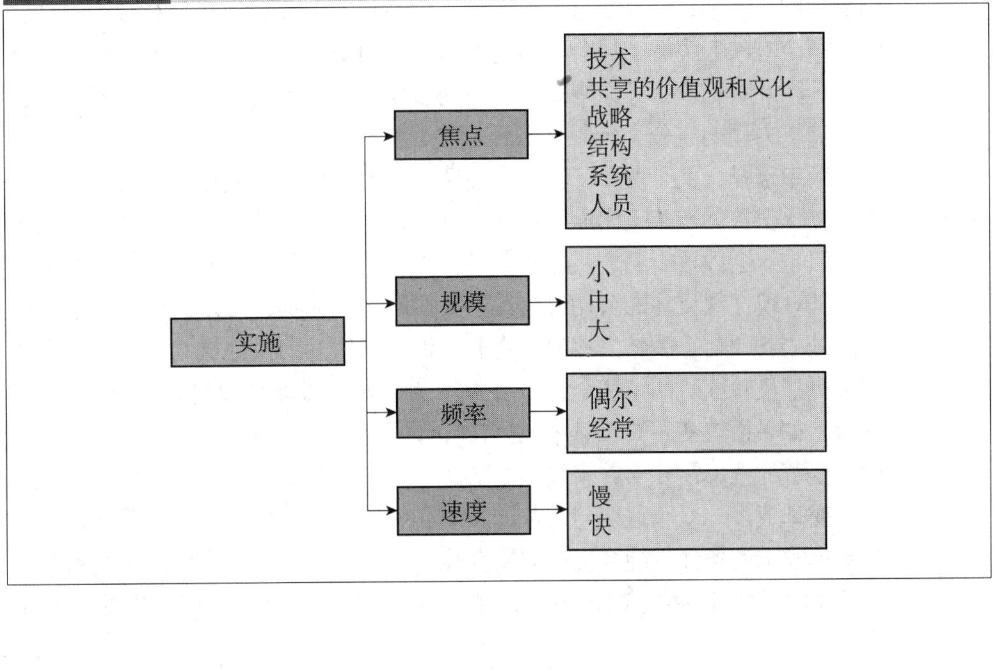

焦点选择 在前文中，本章识别了六种变革关注的目标：战略、结构、系统、技术、共享的价值观和文化、员工。为了启动变革过程，必须选择一个或多个关注点。这个选择大多依赖于需要完成的目标，这反过来与变革需求评估中的问题识别相联系。如果主要问题是旧设备，那么显然改进技术就是选择的焦点；如果问题是与竞争对手相比销售增长过缓，那么焦点的选择就不那么明显了。可能是组织没有充分的市场导向，这暗示组织战略和文化必须变革。

规模选择 即使在管理者决定应该如何选择并开始实施这些选择后，他们还可能会遇到其他一些相关的问题：变革的规模应该多大？也就是，变革的广泛程度如何？组织的哪些部分或业务单元内的哪些部分会受到影响？这些问题都不容易回答。

当变革太小时，收益可能并不能超过实施变革所付出的成本。即使适度的变革也需要大量努力，如果变革规模过大就会导致中断。这样，管理者必须决定是否实行最小规模的变革，以保证收益超过成本，或者简单地等问题足够明显以判断所需的投资。然而，赞成最小化变革的论点是，变革越往后延迟成本会越高，因此，长期的收益将很容易证明早期采取小规模的变革是值得的，“越迟付账，代价越高”就是这种情况。

变革可能是很大规模的，也可能是很小规模的。管理者有时努力采取大的变革，但是他们经常忽略了潜在的成本。例如，大规模变革可能令人困惑，而且较难协调，因为它们会以不同方式影响组织的各个部分。有时组织需要非常大的变革，特别是当业务单元或组织的环境发生重要变化时。类似这样的变革能够刺激管理者做出最好的努力以帮助“调动军队”。然而，像我们曾经讨论的，任何变革都会引发抵制，大的变革往往会导致更大的抵制。例如，迪克·雅格在宝洁公司任首席执行官仅仅8个月。他推动宝洁进行其可能需要的变革，但是比组织所能承受的更剧烈且更迅速。宝洁的股票价格由此快速下跌。雅格对于口号和倡议的热衷，几乎使宝洁摔了跟头。因此，过大的变革实际上会比现状带来更多的混乱和问题，当这些问题发生时，尝试了失败的变革还不如不变革。

管理者得到的教训就是他们必须谨慎地决定所要实施的变革的规模。变革中存在的潜在问题太小，以至于它们或者没有判断成本，或者产生效果较小。同样，采取大的变革会有其他类型的风险。然而，在特殊情况下，一个极端的情况可能就是最好的选择。因此，一般指导原则就是变革的规模应该与问题的严重性相匹配，这些又由对变革需求力量的充分分析所决定。

频率选择 关于变革，另一个需要考虑的方面就是变革的频率。因为如今的竞争压力变化很快，变革也比以往更加频繁。在很多情况下，变革或多或少是一种持续状态，但是这会导致组织成员身心疲惫。设想一下，你是一家大型跨地域公司销售部门的员工，现在假设你的公司决定集中公司的销售数据，所以需要安装一个连接整个销售区域的新的信息系统。接着，企业认识到销售部门按地域划分而非产品类型或职能划分更能反映团队的销售结构。每一项变革本身可能会改进顾客满意度和员工绩效。然而，如果所有变革都发生在短期内，你可能没有时间完全适应任何一项变革。因此，变革的频率需要与其规模相匹配。

变革速度 变革速度与变革的规模和频率同样重要。如果变革速度过慢，初期形成变革需求的条件可能会发生明显变化。而且，变革太慢会使那些想看到由他们的努力产生的早期可见结果的许多人失望。例如，假设一家企业花费数月建立新工作小组，培训员工的决策技术、小组进程、冲突解决和计算机化跟踪技术。然后，假设它延迟安装新设备和软件，员工可能将感受到挫败，因为他们不能立刻使用新知识和技术。

变革太快也会产生巨大问题。无论变革的焦点是技术、结构、程序还是其他，人们都需要适应这个速度。速度过快可能会超过正常人的适应能力，从而产生憎恨和抵触情绪。有人建议，在迅速变革的情况下，工作经验对一个人的自我认知是具有压力和破坏性的，以至于会引发暴力行为。

管理者有时会有意采取快速变革，一个典型的情况就是变革动力过大以至于十分需要变革。此外，管理者有时会采取迅速变革来确定谁可以跟上、谁不能跟上变革，在这种情况下，如果管理者认真考虑要完成哪些变革，以及可能产生哪些潜在的消极影响和成本，快速变革是一个可行的变革技术。然而，在许多情况下，管理者没有充分估计可能的成本和收益，他们可能只是简单地快速变革，因为他们想立即看到结果。

与选择变革规模一样，管理者经常会面临速度选择的问题，但是它们有一个明显的区别。当处理变革速度时，管理者在中期能够较容易地做出更正，而对于变革规模，管理者并非那么容易控制。（例如，立即将大变革转变成小变革会很困难。）如果变革的初始速度较慢，管理者在效果较好时，可以加速。同样地，初始速度较快的变革也可以放缓节奏，以适应突发事件。就像汽车行驶速度能够随路况变化一样，组织的变革速度也可以变化。但是在车里，速度变化太频繁或太快，对于需要适应的人来说是相当不舒服的，因此也会影响他们对变革负责人的信心。

15.6.3 评估变革效果

一旦实施变革，无论是整个组织还是内部单元，管理者都需要对变革的效果进行评估。如果变革效果在某种意义上没有得到认可，管理者就不知道是否需要进行其他变革，也不知道在类似的情况下特定方式的变革是否可以被再次使用。为了实施评估，管理者需要做三件事：收集数据、比较变革效果和目标、与受影响者沟通变革最终的结果（见图表 15-11）。

图表 15-11 评估变革效果

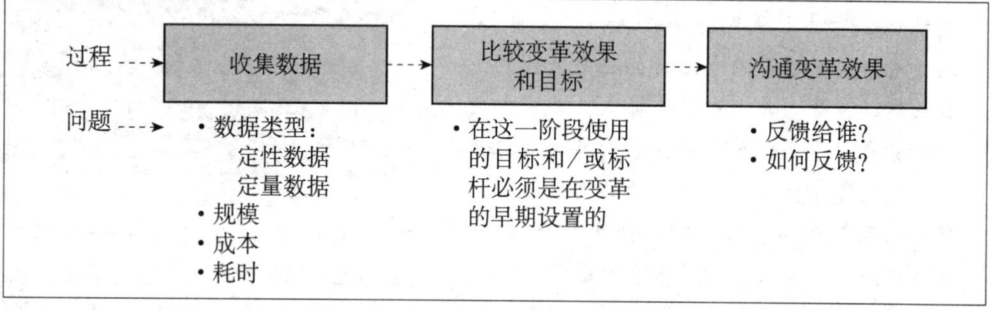

收集数据 用于评估变革效果的数据有两种类型：客观（定量）数据和主观（定性）数据。两种类型的数据对实施变革的管理者都有用，而且每种类型数据的收集都需要投入多种资源。例如，引入新的信息技术后，管理者需要通过衡量每位员工的产出变化、对顾客的反应速度以及对代理商的态度，来评估变革的有效性。

收集不同类型的数据很重要，例如衡量变革效果可能需要成本数据。但是，并非所有能够收集的数据都必须收集。正如其他的组织行为一样，必须将收益与成本进行比较。但是，重要的数据来源是不应被忽略的，而且可收集的数据类型越多，分析的结果就越翔实。在许多情况下，数据应该分时间段收集以衡量变革的持续力量。最近的调查显示，2/3 的公司正在使用多种计分卡软件衡量从财务进度到顾客满意度等各个方面。这些计分卡可以定制化，以反映企业希望跟踪的衡量标准，然后通过锁定这些数据的组成部分，企业可以确保来自市场、财务和研发部门的管理者在会议中讨论的是同样的衡量标准。

比较变革效果和目标 收集数据只是评估变革效果的第一步。第二步就是将数据所反映的变革效果与变革的目标以及在变革前设定的各种参照或标准进行比较。没有这些标准，对数据进行解释将毫无意义。只知道销售增长了 3%是不够的，除非该结果能够与许多明确的目标相比较，例如 5%的增长目标。也就是说，绝对结果没有相对结果有说服力。在变革前设定的目标和参照标准可以为使比较变得有意义而提供必要的基础。

沟通变革效果 评估变革效果的最后一步是与那些与变革有关的人沟通变革效果。正如我们在本章前面讨论的，这是确保变革得以持续的关键步骤之一（勒温模型的再冻结阶段）。管理者很少会不向上级汇报这类信息，但是对于下属则是另外一回事，这是“短视”的一种表现。不提供反馈会使员工感到失望，他们可能会质疑管理者不提供信息的动机，这会在未来产生不信任的因素，妨碍变革的成功。

“管理者的挑战”中普华永道会计师事务所的转型提供了关于管理者在实施变革过程中如何在这些维度中进行选择的洞见。

管理者的挑战——变革

改变普华永道的 DNA

普华永道是全球最大的会计师事务所之一，在全球 151 个国家和地区有超过163 000 名员工。在 2009 财政年度，这些员工创造了近 2 620 亿美元的收益。合适的人力资源质量和数量对于很多企业来说都非常重要，对于普华永道这样的专业服务公司来说则更加关键。但是，普华永道的员工离职率却比它的竞争对手高出 50%以上，每年因员工离职就要花费 4 亿美元。员工的满意度也非常低，以至于那些为《财富》杂志评选“100 家最佳雇主”的人员向普华永道的执行官建议：“在文化上发生显著的转型之前就先不要再申请了，你知道你们是有问题的。”

RIA Novosti/Alamy Images

普华永道是全球最大的会计师事务所之一，在全球 151 个国家有超过 163 000 名员工。但是它的员工离职率却高出竞争对手 50%以上。在将公司的关注点转移到更小、更具黏性、更加具有市场导向和行业导向的团队上之后，员工满意度获得了显著提升，普华永道也成为《财富》杂志评出的“100 家最佳雇主”之一。

高级项目经理金伯利解释道：“我们在这方面也在辛苦努力地维持着，因为高离职率在我的团队中创造了一个‘旋转门’，我们的一些明星员工看不到自己在公司里的未来，而且也不能自由地去讨论这件事。”普华永道的领导者认为这是一个个人挑战，郑重宣誓要尽快扭转这种情况。正如运营部门经理和 CFO 迈克·伯韦尔所言："离职并不仅仅关乎成本，也关乎质量。我们员工的体验与他们提供给顾客的体验是有高度相关性的，对我们来说，吸引并留住那些最优秀的人才是势在必行的战略。"

许多合作伙伴和员工都持怀疑的态度，所以项目经理首要的任务是要通过一年两次的调查来倾听员工的意见。之后，经理人员在公司大会上公开了这些调查的结果，并以此再促进两天的讨论对话。

为了确保管理者能够感受到对所需变革的责任，公司人力资源部门的领导制作了一些针对员工保留情况、员工满意度和其他一些调查结果的计分卡，并且向每一位管理者报告他们团队的得分。

因为员工离职是主要的症状，因此项目管理者知道他们必须要找到病根所在。他们做了一项研究并发现：

- 加入普华永道的新员工中，仅有 20%在进公司的时候有在公司长期工作的职业考虑；
- 现有的薪酬福利是具备竞争力的，但是感知到的工作的挑战性、知识技能持续发展则不具备竞争力；
- 在所有打算离职的员工中，关键的影响因素是工作/生活平衡、薪酬和工作满意度；
- 与其他潜在工作相比，薪酬在未来的增长情况比现有的薪酬数量更加重要；
- 为了获得管理经验而留在普华永道的员工比那些更早离开的员工在经济和职业上更加成功，不管它们是否晋升为合作人。那么挑战就是：员工在市场上的价值越来越大时如何保留和发展员工。

基于这些深入的分析，公司在美国的招聘领导罗伯特说："我们必须要强化留住员工的基本方法——真正理解他们的目标和愿望，给他们提供一些能够让他们得到发展并感受到挑战的指导和经历，并提升我们的客户服务质量。"

但是，在一个以合伙形式存在的公司内，因为组织中不同合作伙伴都有一定的控制权，因此一项新的运营方式要求合伙人既要改变他们的理解方式，也要改变他们的能力。每一个部门都要提出详细的行动方案。例如，普华永道在加州的分公司发现，员工之所以会离开是因为他们觉得自己接收的反馈太少了，因此分公司制定了一项包含合伙人与管理者以及管理者与同伴之间一对一沟通的计划。

随着"税务和咨询"项目的进行，公司的关注点从之前的由大量的人员完成大事，转向了更小规模的、更具黏性的市场和行业导向的团队，因此员工开始慢慢更加深入了解顾客，也感受到了他们可以施加更大的影响，更能有所作为。

截止到 2010 年，一些显著的结果包括：

- 员工满意度获得了提升，普华永道也位列《财富》杂志评出的"100 家最佳雇主"中的第 71 位，在大公司中排名第 25 位；
- 离职率降低了 70%，现在比其竞争对手的离职率更低。

资料来源：M. J. Fenlon and S. A. Mohrman, "Where Counting Counts," *HRmagazine* 55, no. 1 (2010): 30 - 35; organization Web site, press release, January 21, 2010, http://www.pwc.com.

15.7 计划性变革的特殊方法

本章前面的部分阐述了组织变革和更新的一般观点和原则，在最后一节，我们探讨计划性变革的三种具体的、在组织中被广泛运用的方法。第一种方法是组织发展，这是一种具有较强的行为和人文倾向的方法。第二种是更机械化的方法，称为流程再设计（或流程再造）。本节最后一部分将描述比变革方法更特殊的一种框架或视角，即组织学习。

15.7.1 变革的组织发展方法

变革的**组织发展**（organizational development，OD）方法的基础就是它强调关注组织内的员工及其相互关系的计划、战略和长期努力。虽然组织发展看似是一个适合于组织变革任何层面的概念，正如我们在本章开篇提出的，但它是给组织带来变革的特殊方法。它拓宽了行为科学的研究，旨在改进群体内部个体间的沟通和互动质量。研究者将一组个体与其工作场所分开，从而集合在一起形成一个基本技能训练群体，也称短期的**T型群体**（T-groups）。T型群体经过一段时间扩展到关注范围更大组织的人际关系，然后关注组织发展而非群体。

价值观和假设 最终演变成为组织发展的早期模式特别强调价值观和假设的重要性，它们迄今为止仍是变革的核心。在组织内建立一组与人有关的价值观，首先也是最重要的是假设"人是任何组织行为成功的基石"。第二个价值观或假设就是大多数人希望获得个人能力进步和发展的机会。另外一个基本假设就是人们的情感与其想法一样重要。因此，情感的公开表达是促进变革的关键。

组织发展方法对于组织的基本假设就是它们是相互依赖的系统。这样，一个部分的变革也会影响其他部分。另一个假设就是组织设计和结构的方法，将影响组织内部人们的相互关系。也就是说，组织内人们的行为至少部分受到其环境的影响，而且这个环境是可以变化的。

变革过程的基本方式 组织变革的组织发展方式也遵循本章之前提出的三个阶段：解冻、变革和再冻结。这样，变革的组织发展方式中，最先遇到的挑战就是严格检验已有的行为模式，这要求人们不能想当然，而应该质疑它们，并着眼于它们的影响。

在传统的组织发展方法中，第一步和第二步——解冻和变革——要求使用**变革推动者**（change agents），即负责管理变革的人，这些人可以是变革的内部推动者，即在组织内部工作——常常来自人力资源领域——或者来自组织内部。还有一种情况就是，组织发展的变革推动者是那些不属于特定群体和组织单元的人，他们常常是咨询师，即帮助群体认识变革需求的专家。

变革本身需要通过使用一个或多个**干预**（interventions）措施而完成。干预是用于改进组织的一系列结构化的活动或行动步骤。一些干预措施，例如寻找事实，开始于解冻阶段；另一些措施，例如建立团队、培训或咨询，发生在变革行动阶段。图表15-12列出了几种常见的干预措施。

在第二个变革阶段，首先要探索行动和关系的新方式。特别重要的一点是强调组织过程，例如组织-群体关系、决策制定、群体内合作及其他。**行为过程导向**（behavioral process orientation）是组织发展方式的主要特性。

仅仅在行动、关系和互动等方面采用不同的新方法对于产生持续效果的变革来说是不够的。原因在于第三阶段——再冻结。如我们本章前面讨论的，第三阶段的目的

图表 15 - 12　组织发展干预措施的类型

干预措施	目标	举例
诊断行动	确定组织或问题的当前状态	访谈 问卷调查 调查 会议
个人提升行动	改进组织内的理解水平和关系	敏感性训练（T 型群体） 行为模型 职业生涯规划
建立团队	改进团队运作、团队能力和凝聚力	诊断会议 角色分析 职责表
跨团队行动	加强团队之间的合作	建立跨团队的小组
技术结构化或结构化行动	通过技术和结构的变化发现解决问题的方法	工作丰富化 目标管理 引进新技术
过程咨询	传播关于组织内部人力流程的未来诊断和管理方面的信息，包括沟通、领导、解决问题、决策制定以及群体间和群体内关系的信息	日程设计 反馈和观察 培训和咨询 将变革建议结构化

是确保变革“固定”，行动和关系不会轻易地回到之前的低效状态。然而，自从许多年前出现变革过程的三阶段初始模型，再冻结的目标已经被扩展为**组织革新**（organizational renewal）的目标，进行组织革新就要认识到现在组织正处于快速变化、竞争和新习惯与模式迅速过时的世界。因此，变革的重点已经从简单地将变革锁定在某处转向发展组织革新能力，也就是组织持续进行变革的灵活性。

近年来，变革的组织发展方法从以前几乎仅仅是一些正式的程序，已经演变成为更一般的模型——强调作为潜在变革推动者的一线管理者们。同时，许多组织发展的干预措施，例如建立团队，现在已经成为企业的日常活动。关于变革的一些其他综合方法在过去 20 年得到了更多的关注，其中两个就是下面讨论的流程再造和组织学习。

15.7.2　流程再设计（流程再造）

流程再设计（process redesign）或**流程再造**（process reengineering），是指重新设计企业的流程以实现巨大的改进。技术（特别是信息技术）经常在流程再造过程中担任中心角色。然而，流程再造过程中的人力资源问题和管理问题也非常重要（见图表 15 - 13）。

流程再造出现于 20 世纪 80 年代晚期，并在 90 年代中期兴起。它基于两个主要原则：一是许多公司的商业流程并不太有效；二是许多公司的组织结构臃肿。流程再造的目标就是缩减成本、缩短周转时间和改进质量。IBM 是首先采用流程再造的公司之一，在 20 世纪 90 年代，公司在不增加人员的情况下将信用审核过程从两周缩短到了两小时。

图表 15-13 流程再造的重点

目标	覆盖面	潜在缺点
· 降低成本 · 缩短周转时间 · 提高质量	· 广度 · 深度	· 需要高层管理者的高度坚持与参与 · 付出可能大于回报 · 模糊因素较多 · 抵制程度较高

最成功的流程再造似乎既有广度也有深度。流程再造的广度包括重新设计一系列的流程而不是单个流程。流程再造的深度包括改变一些关键的环节，例如组织内部的角色和责任、结构、激励和共享价值观。

但是广度和深度并不足以使流程再造获得成功。组织的关键执行官必须对流程再造的成功做出重大贡献。例如，他们必须提供必要的资源以推进流程再造行动，并表明其个人也参与到流程再造过程之中。与任何复杂的变革一样，流程再造需要投入巨大的精力，制订计划，进行协调，也需要坚持和对细节的关注，否则就可能会失败。

即使在最好的环境下，流程再造也不会一直产生有效的变革，这会导致对这一方法的一些错觉。原因之一就是需要的努力程度并不总是与得到的结果相一致。例如，一家欧洲商业银行发现它的流程再造效果只达到5%的成本缩减，而非先前预期的23%的缩减。第二个原因是许多管理者不再对流程再造抱有幻想，因为它会造成持续的混乱，或者如许多管理者所说的“大规模混乱”。

正如公司推进流程再造的历史所述，这是一个并不被许多参与人认同的组织革新。对普及流程再造方法颇有影响的一本书的作者之一迈克尔·哈默，称流程再造的相关人员并没有得到足够的关注。“我没有充分关注到人的因素，我也已经认识到了这很关键。”尽管存在很多问题，但至少许多首席执行官和组织领导者似乎对这些综合的变革方法的潜力是保持乐观的。

15.7.3 组织学习

尽管组织学习这个概念已经被使用多次，但直到最近**组织学习**（organizational learning）才成为组织变革和更新的主要方法。擅长组织学习的企业被认为能够“熟练地创造、获取和转移知识，并能够熟练地调整行为以适应新的知识和观点”。这样的组织可以称为学习型组织。

以下因素能推动组织学习：

- 拥有具备核心能力的员工；
- 拥有支持持续改进的组织文化；
- 实施必要变革的能力（例如管理专家）。

管理者和组织不能简单地决定或宣布：学习要开始了。如果希望组织学习能够带来任何实际的效益，就需要将上面所列的各因素作为起点，然后采取行动以在组织内部完整地实施一个学习过程。下面将解释五个比较重要的活动。

解决问题的系统性、有组织性和持续性的方法 学习型组织不是依靠假设或猜测来解决问题、制定决策，而是要系统、持续地收集相关数据。

获取新知识的试验 学习型组织通过试验新的方法和过程来扩展知识和获得新观点，它们努力采取一系列小的稳定试验来保持不断获得新知识，并帮助员工适应变革。康宁公司、阿勒根尼公司和纽柯钢铁公司就是持续寻找新方法和流程以提高产出的公司。

吸取过去的经验 具有较强学习文化的企业会特别关注过去的失败和成功。例如，因为 737 客机和 747 客机的开发问题，波音公司启动了一个三年项目，将目前的客机与早期可靠的 707 客机和 727 客机相比较。项目形成了一本经验学习手册，后来它被用于开发和生产 757 客机及 767 客机。

从他人的成功经验和观点中学习 学习型组织及其管理者不断地检查环境以从各种外部渠道获取信息和知识，包括它们的竞争对手、客户及其他行业。**标杆管理**（benchmarking）成为一个逐渐增长的趋势，即识别、分析最佳表现的竞争者，并将其与自身比较。如图表 15 - 14 所示，当今许多商业过程被公司作为标杆，施乐、康宁、西点军校和美国社会保障中心都是被作为标杆的美国企业。

图表 15 - 14 一般被作为标杆的商业实践

商业过程
员工发展培训
计费系统
信息系统技术
客户服务
流程改进管理
设备管理
人力资源
项目管理

这种学习的其他方式还包括将**焦点群体**（focus groups）聚集在一起。焦点群体主要包括以小组形式深入讨论产品或服务的优缺点的顾客们。

转移和分享知识 学习型组织同样要确保它们获得的知识可以在整个组织内传播，具体包括通过类似传递报告、开发示范项目、启动培训和教育项目等活动，使得知识能够循环和转移。

作为变革的一种方法，组织学习还有很多内容，它强调持续关注具有潜在需求的变革，包括更新的目标——推动组织通过有目的地重塑自我并持续获取新知识。跟上不断变化的环境的一个最好方法是管理者有意识地向其工作团队灌输学习型文化。

来自一线的管理挑战——尾声

在考虑了普华永道和实施收购的那家企业的愿景、战略、客户体验、质量标准、文化等其他因素后，克里斯·汉能决定不加入那家企业。汉能清楚地告诉他的团队成员，他们应做出对自己最好的决策，而不应该受到他的影响。

咨询业的圈子本身就比较小，另外一家全球企业，也是普华永道的竞争对手，找到了汉能并开始和他洽谈。由于收购要到 10 月 1 日才生效，汉能（和其他没有承诺要留下来的人）被要求在

9月30日之前搬离他们在阿姆斯特丹的办公室，并返还笔记本和手机。这让一些员工感到很不舒服，毕竟他们中的一些人已经为这家企业工作了超过十年。

同时，找到汉能的那家全球企业也与另外六位普华永道荷兰分部的员工在进行洽谈。到10月底时，汉能和另外五位人员加入了这家与普华永道竞争的全球企业。

汉能从整个事件中学到的一个教训是：在如今难以预测的环境下，职业人员必须为变革做好准备，不仅是团队变革，有时还包括自身职业生涯发展的变革。

本章小结

● 变革的动力来自外部或内部。外部动力主要包括经济环境、竞争对手的行为、技术进步、法律政治环境以及社会和人口变迁。

● 变革关注于下面一个或几个关键目标：战略、结构、系统、技术、共享的价值观和文化、人员。

● 分析和评估变革需求，管理者可以采取主动、被动或应急的方式。在任何情况下，诊断实际问题都十分关键，以使变革能够真正改善组织面临的处境。

● 变革过程包括三个主要阶段：解冻、变革和再冻结。

● 抵制变革在每个阶段都很常见。在解冻阶段，惯性、不信任以及缺乏信息市场是抵制原因。在变革阶段，变革目标不清晰、缺乏能力以及缺少足够的刺激是抵制的主要来源。在再冻结阶段，过去习惯的牵引力以及变革效果的非即时性都会产生抵制，导致变革最终失败。

● 四个关键的行动能够帮助管理者克服变革阻力：首先，帮助人们理解变革的理由非常关键；其次，让人们清楚地理解变革并知道他们自身的行为会有什么变化；再次，如果人们意欲实施预期的变革，他们需要有实施变革的能力，包括知识、信息、技术和其他资源；最后，管理者必须确保对早期正确的变革努力的巩固，而不只是预期的变革效果。

● 管理变革包括一些管理者需要做出的关键选择。在计划阶段，管理者需要决定变革时间、建立领导联盟、决定沟通计划、决定参与水平和激励的类型。在实施变革前，管理者必须决定变革的焦点、规模、频率和速度。

● 实施变革需要消耗时间和成本。因此，确保收益超过成本是关键。这一比较过程包括收集信息，与目标进行比较，然后向变革过程中所涉及人员提供反馈。

● 组织发展是一种大规模的变革，通过干预措施改变员工的行为，干预措施由委任的变革推动者或群体引导。

● 流程再设计（再造）是变革的一种普遍方法，它主要通过改变人们做什么和如何做来改进组织的工作流程（然后是生产率）。如何工作的变革经常包括技术的变革。

● 组织学习是组织持续变革的更一般的框架。善于进行组织学习的企业会使用系统方法解决问题、试验、从过去和他人那里学习，并在组织内广泛分享知识。

复习题

1. 列出引起组织变革的外部动力。
2. 变革的内部动力有哪些？

3. 组织内部可以变革的因素有哪些？(提示：本章讨论了六个。)
4. 变革组织文化的关键是什么？
5. 变革组织的战略或文化是否更加困难？为什么？
6. 什么是主动变革和被动变革？
7. 简述变革过程的三个阶段。
8. 在变革过程的每一个阶段中，变革阻力的来源主要有哪些？
9. 计划变革时，管理者需要考虑的因素有哪些？
10. 实施变革时，关键的考虑和选择因素是什么？
11. 确定变革的目标支持者的关键标准是什么？
12. 为什么谨慎地选择变革规模和频率很重要？大规模和小规模变革的优缺点是什么？快速变革和缓慢变革的优缺点分别有哪些？
13. 列出在变革中使用刺激获取合作的缺点。
14. 管理者克服来自员工的变革阻力的方法有哪些？
15. 什么是力场分析？
16. 在评估变革效果时，要用哪些类型的数据？
17. 评估变革效果的三个步骤是什么？
18. 变革的组织发展方法的重点是什么？
19. 变革的组织发展方法的关键步骤有哪些？
20. 变革推动者是什么样的人？他们来自哪里？
21. 流程再造的广度和深度有何区别？
22. 描述学习型组织。
23. 当你遇到学习型组织时，你会如何对它进行判断？

自我评估

选择一个变革方案进行测评。最好选择一个你最近实施过的或者将要实施的变革方案，当然你也可以选择你过去参与的变革。一旦你的头脑中有了变革方案，简单地遵循以下指导一步一步完成测评。

下面的每一项描述，通过右侧的分值表示赞同或不赞同的程度。每一个项目的参照群体是那些受变革直接影响的人，参照群体可以小到一个团队，也可以大到一个组织的所有员工。无论何种情况，你需要简单地将群体作为参照回答下面的问题。

	非常不同意	不同意	有些不同意	有些同意	同意	非常同意
发现需求						
1. 我们清楚地了解现在所处位置与需要去的位置之间的差距	1	2	3	4	5	6
2. 大多数受变革影响的人清楚地理解变革的必要性	1	2	3	4	5	6
3. 变革后会怎样是清楚的——人们能够想象到最终的情况	1	2	3	4	5	6
实施变革						
4. 一个强有力的、有能力的团队在领导变革	1	2	3	4	5	6

续前表

	非常不同意	不同意	有些不同意	有些同意	同意	非常同意
5. 需要有所改变的人明白前进的道路	1	2	3	4	5	6
6. 需要有所改变的人拥有工具、资源和能力以做出必要的改变	1	2	3	4	5	6
巩固变革						
7. 有些能力很强的人可以巩固变革早期的成果	1	2	3	4	5	6
8. 有向个人和群体沟通变革进展的系统	1	2	3	4	5	6
9. 关键系统（例如奖励、绩效考核、培训等）已经被用于支持（而非抵制）所需的变革	1	2	3	4	5	6

现在记录你每个部分的得分并简单加总：

发现（Q1+Q2+Q3）=

实施（Q4+Q5+Q6）=

巩固（Q7+Q8+Q9）=

总分=

下面的表格解释了不同分值的含义。

	3～8 分 坏消息	8～12 分 不太好的消息	13～15 分 好消息	16～18 分 极好的消息
发现	这个分数段的变革会失败，即使已经启动了，也会走向失败	这个分数段的变革虽然能够启动，但是接着就会失败	这个分数段表明变革拥有充分的启动资源，但是变革方案可能会在冲破前期的阻力后失去力量	这个分数段通常表示变革有充分的启动资源，而且能够克服前期的阻力
实施	这个分数段的变革会停止在第二阶段（如果克服了第一阶段的阻力）	这个分数段的变革（如果克服了第一阶段的阻力）非常匆忙，但是常常会在克服第二阶段的阻力之前失败	这个分数段经常显示出很强的势头能够克服第二阶段的阻力，但是因为微调变革方案而失败	这个分数段的变革通常能够成功克服第二阶段的阻力
巩固	这个分数段甚至会发生在发现和实施两部分分数都很高的时候。这个分数段的变革仍然有70%的概率会失败	这个分数段意味着，当变革取得初始成功时，将失去短期目标并很可能最终失败	如果发现和实施的分数很高，还有希望。但是如果前面两项只是较好的话，变革还是可能会失败，因为目标是可望不可及的	在没有什么保障的情况下，处于这个分数段而且发现和实施两部分的分数都很高的时候，这可以让你进入精英群体，促使变革获得成功
总分	9～24 分 坏消息 变革能够成功的概率和摩托车穿过厚墙壁的概率是一样的	25～37 分 不太好的消息 你可能感觉有成功的可能，但是实际上几乎没有可能性，你有 70% 的概率会失败	38～47 分 好消息 如果你有时间，能够强化变革方案的各个方面并取得成功，那么你离变革成功就不远了	48～54 分 极好的消息 处于这个分数段，机会就在你手中，你有超过 70% 的概率能够获得成功

团队练习

在 GenCom 公司领导变革

将人员分组，每组 3～5 人，每个小组选择以下两个观点中的一个。一个小组采取生产审查委员会的观点，另一个小组采取一般员工的观点。每个小组均需要阅读下面的介绍，然后准备讨论。最后的问题有助于指导你们的准备工作（提示：目的是要阐明变革的动态性和关键问题，而不是各方通过虚构数据和过去的经验等方式赢得比赛）。

两年前，GenCom 公司授权其生产审查委员会开发并实施流程以提高生产率的职责。引擎部门经理杰里和产品经理吉恩一起作为委员会的主持人，他们和其他三个委员会成员一起针对生产变革做出相关决策。

生产审查委员会每月一次的会议已经开始了，但是吉恩才匆匆赶到。“你没有看到这些生产数据?”他问道，“真难以置信，只要看看这个部门的生产率增长情况就知道了。”

杰里对吉恩的热情感到更惊讶，问道：“等一下，你刚才说什么，什么使你这么激动?”

吉恩意识到委员会的其他成员没有看到最新的报告，于是立即将报告给大家传阅。然后，他深呼一口气，解释道：“几个月之前，我告诉提取工艺部门的经理金，对于最新的生产数据我有点失望，我希望有人找出方法来解决问题、改善生产情况。之后我没有再去想这次谈话，直到今天早上金走进我的办公室，将这份报告递给我。似乎在过去的四个月里，她已经让她的团队解决了这个问题。他们收集了其他相似公司的生产率水平信息，认真研究了最成功公司的生产程序。之后他们产生了很多想法，然后分别检验了这些想法，并将其组合，直到发现了合适的方法。哦，我是说这个方法可以使用。看看这些数据，我们需要在所有的生产单元里立即实施他们的方法，这会带来全面的绩效提升。”

杰里和其他几个委员对报告非常满意，决定接受吉恩的建议，在全公司实施金团队所开发的新的流程。他们需要找到一个新的驱动因素，因为过去两次变革尝试都失败了，也很快就被放弃了。第一次的变革没有奏效是因为工厂里没有合适的设备和基础设施的支持，第二次失败是因为员工的强烈抵制。然而，经过讨论，委员会成员确信，这个新方法将会奏效，他们决定在所有的相关业务单元实施它。毕竟，它在金的部门相当成功。

然而，就在审查委员会形成变革计划前，企业的员工不仅听说了金部门的这份报告，而且还听到了一个谣言，这个谣言说生产审查委员会要基于金部门在这段时间内发生的事情，实施一个叫“本月主打”的变革活动。

1. 作为生产审查委员会的成员，分析变革的动力和阻力（立场分析）。在此基础上，可以采取哪些早期行动?

2. 在你的变革计划里，最基本的因素和选择是什么?

3. 作为员工，你为什么抵制变革？什么可以减少你对变革的抵制?

章末案例

在 LSP 公司中领导变革

LSP 公司主要为医疗行业提供诊断设备。在公司的大部分历史中，基于最先进的模拟信号技术，公司生产的顶尖产品一直被科研机构和医院的研究人员用来进行诊断检验，同时也可用于细胞和血液化学分析。

在多年的成功之后，公司的首席执行官注意到数字信号技术正在成为一个潜在的新技术平台，尽管这项技术目前还无法与 LSP 的模拟信号技术进行竞争。他还注意到了顾客和终端用户的变化。过去，都是硕士或博士研究生在实验室和医院里面进行一些试验，但是越来越多的在诊所工作的技术人员也开始进行这些试验。LSP 的那些大客户可能还不能迅速应对这样的变化，但是规模中等或更小的客户则较容易迅速转变并节省开支。同时，市场也正从独立分散的试验和分析转向整合的系统和分析。

尽管LSP的首席执行官看到了这些环境的变化，并且认为公司需要进行变革，但是公司内的许多科学家——模拟信号技术的专家们——不愿意进行变革，因为他们认为数字信号技术会对他们的工作造成威胁。首席执行官讨论数字信号技术的次数越多，这些科学家就越不能为客户，尤其是大客户定制模拟信号产品，这是因为要成为模拟信号专家需要花费多年的时间。要从模拟信号学习曲线的顶端来到数字信号学习曲线的底端是非常令人不情愿的，尤其是对公司内那些高级、有影响力的科学家们来说更是如此。

公司的首席执行官还意识到，向整合系统发展的趋势将要求LSP的员工开展合作，需要建立跨产品同时也跨部门的团队，这个团队要由研发、市场营销和制造部门的员工构成。这样的团队在LSP是很少的，因为在LSP中，每一个部门都在做自己的事情，研发部门很明显是最重要的，从研发部门人员的角度来看，他们认为公司过去的成功主要就是因为他们研发出的产品是最顶尖的，而营销和销售部门只不过是“接受命令”而已。

有一些竞争者推出了新的数字信号产品，LSP的科学家嘲笑这些产品的信度低、性能差。尽管目前的研发团队经理比较倾向于支持这一变革，但是他距离退休仅剩下6～12个月了。李博士是经理手下最权威的信号处理科学家，但是李博士完全反对这个变革，因为他在模拟信号处理领域的创新几乎都被用在了LSP的产品上。一些更初级的科学家在他们的研究中接触过数字信号处理，但是他们中的大多数人之所以会进入LSP公司，都是仰慕李博士的声望和荣誉而来的。

市场营销部门的主管则认为小规模和中等规模的诊所、实验室及其他一些客户构成了公司的大部分潜在客户，这些客户的数量还在增长并且LSP还没有深入挖掘。他完全支持数字信号处理技术，并且认为这项技术才是“唯一能使公司保持增长的方式”。

制造部门的主管在数字技术及其产生的潜在变革方面则更加中立一些，他认为目前的产品还不错，尽管LSP的产品制造成本要比其他企业的制造成本高一些，但是顶尖的产品技术所带来的溢价能够抵消高出的成本。

公司的首席执行官不知道他该做什么以及如何才能推动这项变革。如果他迟迟不发起这项变革，LSP就会失去技术领导者的声誉，公司的传统顾客也可能会因为其市场规模和细分而逐渐减少。另一方面，他正与一些非常有影响力的变革抵制者对立。李博士对于他的老板——董事会来说是非常重要的，过去李博士也向董事会展示过一些技术问题，他的建议最终都被证明是正确的，董事会是听首席执行官的还是听李博士的呢？

◆ **思考题**

1. 对于潜在的领导联盟，你如何分析？
2. 在变革的三个不同阶段，可能的阻力来源是什么？
3. 为什么李博士如此反对潜在的变革？要想减少他的抵制，可以怎么做？
4. 对于创建领导联盟、制订沟通计划、决定参与水平和制订激励计划，你有什么建议？
5. 对于变革的关注点、规模、频率和速度，你有什么建议？

▶▶ 附　录

管理思想和实践史

通用汽车公司：管理先驱如何为创建新的企业而奋斗

20世纪初期，美国的汽车行业刚刚起步，新的汽车制造公司很快就面临了很多突发的问题，包括如何组织工作和沟通链。当时，要想在这个快速增长、技术进步和市场转移发生天翻地覆变化的新世纪生存，每家汽车制造商的高管必须找到一种理性的方式，去管理工人，并管理好组织结构。1923—1946年期间担任通用汽车公司CEO的阿尔弗雷德·斯隆也在寻求这样的方式。

通用汽车公司创立于1908年。值得注意的是，那时与新工业时期有关的管理理论还处在新生状态。20世纪20年代初，斯隆接管通用汽车公司时，很多企业都在采用一种叫做“科学管理”的方法（在后面部分会讨论）。这种方法主要用来管理企业的基层工作。但是，可以适用于整个组织的系统的管理方法还没有形成。因此，斯隆和他的同事们努力去寻找一个相应的解决方法。

斯隆回忆说，当时在通用汽车公司，“管理上任人唯亲，每个部门都为自己的利益精打细算”。在第一次世界大战结束后几年里，各个部门彼此争夺可用的资金。结果，资金并没有按照客观的标准进行分配，而是依据高管们的个人偏好。斯隆发现，“最重要的是，没人知道每个部门对公司的产出是做出了贡献还是造成了损失，以及做出多少贡献、造成多少损失。因此，没人知道或能证明，哪个部门有效率，哪个部门没有效率，缺乏分配新投资的客观标准”。

斯隆意识到，组织必须做出变革。“我确信，如果不加以改善，公司就很难继续增长与生存。但令人沮丧的是，根本没有人重视我的意见。”20世纪20年代末，在斯隆的支持下，通用汽车公司新任总裁皮埃尔·杜邦和他的新管理委员会开始采用“一个高度理性和客观的运营模式”。在采用斯隆所指导的“组织研究”发现的基础上，该团队制定了一个新的政策。后来，斯隆称此为“产业组织追求中庸之道的趋势”。通用汽车公司的新政策，是要以一种强有力但又富有灵活性的方式使公司获得发展。该政策包括关于各个部门将会保留的职责范围的决定，从而“翻开了现代通用汽车公司的新篇章”。1964年斯隆写道：“在产业组织里，中庸之道的趋势介于纯粹集权与纯粹分权的两个极端状态之间。”即使在几十年后的今天，寻找“中庸之道”仍然是包括通用汽车公司在内的众多组织所面临的管理问题。

资料来源：Alfred P. Sloan, Jr., *My Years with General Motors* (New York: Doubleday & Company, Inc., 1964), 27, 42, 48, 52, 65; General Motors Web site, "General Motors History," http://www.gm.com, accessed November 3, 1998.

开篇故事讲述了20世纪20年代初期通用汽车公司所经历的艰难困苦。实际上，在整个20世纪，行业和其他组织的领导人都在努力应对挑战，探寻能够管理好自身组织的方法。在完成这个任务的过程中，众多的作者和学者都对他们给予了帮助，在这个复杂的问题上贡献了自己的思想和理论。本附录涵盖了其中很多重要的思想家和他们的思想。

我们需要铭记一个基本的命题，即只有了解历史，才能理解现在。通过回顾管理思想史，特别是20世纪期间的管理思想史，可以使我们更好地了解管理的不同方法，以及随着时间变迁这些方法如何发生变化与它们为什么演变成今天的样子。正如我们所知，尽管古代就已经出现了有关管理的思想，但是所谓的“现代”管理也不过约100年的历史。

我们首先简要地回顾有组织、有系统的管理思想的早期起源，特别是那些伴随着英国工业革命与后来的美国工业革命所形成的管理思想。然后，我们追溯科学管理理论、古典管理理论和新古典理论。接着将讨论三个更为现代的管理方法，即行为方法、决策方法和整合方法。为了便于理解，图表A-1按照时间序列，根据事件发生以时间为轴，将管理思想置于其诞生的历史背景中，并列出各个管理思想同时期发生的其他事件。该表强调，特定时期提出的管理理论和方法会受到当时社会和工业条件及事件的影响，具有鲜明的时代特征。

本附录最后简要阐述管理思想进入21世纪以来的发展状况。当你阅读本附录时，从始至终应牢记两个关键的问题：(1) 在某种特定的管理思想的思考方式之前出现的是什么？(2) 世界是什么样的？特别是，理论和方法出现时的工作世界是什么样的？这有助于你理解所学的理论。

图表A-1 至20世纪末的大事件、管理思想和实践的历史

时间	一般事件	工业事件	管理思想/实践
公元前700年至公元元年	雅典颁布第一部成文法典 玛雅文明 希腊文明 罗马的兴起	尼罗河和红海之间的运河开通 日晷，滴漏 地中海沿岸开展贸易 中国修建长城	孙武，《孙子兵法》
公元1年至1450年	伦敦建立（公元43年） 罗马帝国的衰落 (455年—汪达尔人攻占罗马) 欧洲黑暗的中世纪 穆罕默德（570—632年） 牛津大学成立（1167年） 黑死病令欧洲人口锐减(1347—1349年)	中国科举制建立（606年） 阿拉伯帝国的邮政和新闻服务（945年） 亚洲和西欧通过威尼斯进行贸易（983年） 英国纽卡斯尔的煤矿开采(1233年) 行业协会 英国的度量标准化 佛罗伦萨银行机构破产(1345年)	
1450—1700年	欧洲文艺复兴 西班牙宗教裁判所(1478—1834年) 哥伦布发现新大陆(1492年) 大航海时代 欧洲和美洲开始黑奴贸易 欧洲爆发瘟疫（1563年） 纽约建立（1626年） 哈佛大学成立（1636年） 伦敦大火（1666年） 牛顿力学理论（1687年）	印刷机（1455年） 欧洲普及邮政服务（从威尼斯到布鲁塞尔再到马德里）(1500年) 英国纺织业的开始（1641年） 哈德森海湾公司成立(1670年) 日本三井家族的贸易和银行机构的成立（1673年）	马基雅维利，《君主论》(1513年)

续前表

时间	一般事件	工业事件	管理思想/实践
1700—1800 年	耶鲁大学成立（1701 年） 美国独立战争（1775 年） 法国大革命（1789 年）	伯努利出版《流体动力学》（1738 年） 本杰明·富兰克林发明避雷装置（1752 年） 英国第一个炼铁厂（1754 年） 工业革命开始 伦敦证券交易所成立（1773 年） 蒸汽机（1775 年） 纽约证券交易所成立（1790 年） 惠特尼发明轧棉机（1793 年） 巴黎-里尔之间的第一份电报（1794 年）	斯密，《国富论》（1776 年） 马尔萨斯，《人口论》（1798 年）
1800—1900 年	蒸汽世纪 英国勒德反机械化运动（1811 年） 工会运动 达尔文，《物种起源》（1859 年） 美国南北战争（1861—1865 年） 横贯大陆的铁路（1869 年） 美国第一所商学院：宾夕法尼亚大学沃顿商学院成立（1881 年） 诺贝尔奖设立（1895 年）	第一块电池（1800 年） 罗伯特·欧文在拉纳克进行社会改良实验（1800 年） 蒸汽机车（1814 年） 第一台打字机获得专利（1830 年） 法拉第关于电磁学的著作（1831 年） 《英国工厂法》规定工厂巡视制度（1833 年） 摩斯演示电报（1837 年） 约翰·洛克菲勒创立标准石油公司（1870 年） 电话的发明（1876 年） 照相机的发明（1877 年） 美国电话电报公司成立（1877 年） 电灯开始使用（1880 年） 伊斯曼制造出盒式相机（1888 年）	巴比奇，《论机器和制造业的经济》（1832 年） 古诺，《财富理论的数学原理研究》（1838 年） 恩格斯，《英国工人阶级状况》（1845 年） 马克思和恩格斯，《共产党宣言》（1848 年） 汤尼，《作为经济学家的工程师》（1886 年）
1900—1920 年	电气世纪 达特茅斯大学塔克商学院开设首个 MBA 课程（1900 年） 莱特兄弟飞行试验（1903 年） 爱因斯坦的狭义相对论（1905 年） 第一次世界大战（1914—1918 年） 俄国十月革命（1917 年）	美国钢铁公司成立（1901 年） 福特汽车公司成立（1903 年） 通用汽车公司成立（1908 年） 周末的普及（1910 年） 伍尔沃斯公司成立（1912 年） 福特使用生产流水线（1913 年） 纽约和华盛顿之间开启航空邮件服务（1918 年）	泰勒，《科学管理原理》（1911 年） 法约尔，《工业管理与一般管理》（1916 年） 吉尔布雷斯夫妇，《应用动作研究》（1917 年）

续前表

时间	一般事件	工业事件	管理思想/实践
20世纪20年代	林德伯格飞越大西洋（1927年） 证券市场大萧条（1929年）	斯隆将通用汽车重组为事业部结构 连锁商店开业	玛丽·帕克·福莱特，《创造性的经验》（1924年） 霍桑实验（1924—1932年）
20世纪30年代	经济大萧条 《社会安全法》（1935年）	第一个超级市场 静坐罢工 产业工会主义成为管理控制的一个威胁	穆尼与赖利，《组织原理》（1931年） 梅奥，《工业文明中人的问题》（1933年） 巴纳德，《经理人员的职能》（1938年） 罗特利斯伯格和迪克森，《管理与工人》（1939年）
20世纪40年代	第二次世界大战（1939—1945年） 原子时代开始（1945年） 第一次联合国大会（1946年） 巴勒斯坦被分割，以色列建国（1948年）	电视商业化 通用计算机——ENLAC计算机的出现（1946年） 静电复印设备的发明（1946年） 第一架超音速飞机（1947年） 世界银行和国际货币基金组织建立（1945年） 贝尔实验室发明晶体管（1947年）	韦伯，《社会和经济的组织理论》（1947年译为英文） 西蒙，《管理行为》（1947年） 勒温，《解决社会冲突》（1948年）
20世纪50年代	朝鲜战争 殖民地独立运动 郊区城市化 美国州际高速公路系统 苏联发射人造卫星（1957年） 欧洲经济共同体（1958年）	彩色电视机进入美国（1951年） 原子能发电（1951年） 穿越大西洋有线电话服务（1956年） 美国劳工联合会与美国产业工会联合会合并（1955年）	马斯洛，《动机与人格》（1954年） 德鲁克，《管理的实践》（1954年） 阿吉里斯，《个性与组织》（1957年） 马奇和西蒙，《组织》（1958年） 赫茨伯格等，《工作的动机》（1959年）
20世纪60年代	公民权利运动 女权运动 越南战争 校园抗议 约翰·肯尼迪、罗伯特·肯尼迪和马丁·路德·金遭到暗杀 柏林墙的建造（1961年） 蕾切尔·卡逊，《寂静的春天》（1962年） 诺贝尔奖颁给发现DNA结构的发现者沃森、克里克和威尔金斯（1962年） 中东六日战争（1967年） 人类第一次登月（1969年7月20日）	企业集团成为组织形式 军事工业联合体 喷气式飞机 特许经营 环境保护组织 机会均等立法	麦格雷戈，《关于企业的人的方面》（1960年） 利克特，《管理新模式》（1961年） 钱德勒，《战略与结构》（1962年） 塞特和马奇，《企业行为理论》（1963年） 孙武，《孙子兵法》（1963年翻译成英文） 劳伦斯和洛希，《组织与环境》（1967年）

续前表

时间	一般事件	工业事件	管理思想/实践
20世纪70年代	美国从越南撤军 西方在贸易领域向中国开放 石油禁运 航空管制解除	道琼斯指数达到631点(1970年) 苹果计算机公司成立 掌上计算器 光纤	MBA毕业生数量激增 质量环 明茨伯格,《管理工作的本质》(1973年)
20世纪80年代	管制解除 推倒柏林墙(1989年)	美国电话电报公司分拆 个人计算机数量激增 沃尔玛	迈克尔·波特,《竞争战略》 大内,《Z理论——美国如何迎接日本的挑战》(1981年) 彼特斯和沃特曼,《追求卓越》(1982年) 迈克尔·波特,《竞争优势》(1985年) 准时制库存系统
20世纪90年代	苏联解体 北美自由贸易区 欧盟筹备成立	互联网 电子商务 微软在软件行业占统治地位	公司规模缩减 裁员 授权 再造 公司治理观 全面质量管理 外包 学习型组织 更加注重团队

资料来源：J. Stewart Black and Lyman W. Porter，*Management*：*Meeting New Challenges*，1st edition，copyright 2000. Reprinted and electronically reproduced with permission of Pearson Education，Inc.，Upper Saddle River，NJ.

A.1 管理思想的起源

有关管理观点的评论和分析已有3 000多年的历史了。20世纪之前，一些组织和学者对管理思想和实践做了初步探索，并留下了自己的观点。但实际上，直到20世纪初，人们才真正系统、广泛地关注组织管理的问题。

古代文明同样面临管理挑战

虽然本附录关注的是18世纪以来的管理思想和实践的历史。但是，我们可以进一步追根溯源，更好地了解组织的运行。4 000年前，中国的统治者面对着与今天管理者同样的挑战，即如何组织人们（包括不同级别的官员）完成任务和实现目标。直到公元前250年，中国还是由面积、人口和自然资源情况不一的地域组成。实际上，中国政府结构类似现代的、庞大的多事业部的公司。到了公元前250—前206年，中国成为高度中央集权的国家。这是一种在今天的一些大公司中难以看到的组织结构。

几个世纪以来，中国的统治者用了什么样的方法来管理这个如此庞大的国家？这些方法又与今天的方法有什么联系呢？很多现代的管理专家认为，相传为周公所著的《周礼》就是一个真正的科层组织的典范。书中详尽地描述了每一个级别官员的具体工作，阐明了高级官员的权力、权利和义务，并根据专业化（最根本的是其技术含量）的程度做出了工作分工，以及根据业绩（技术能力）给予提拔或晋升。周公还给出了一些成功管理的重要原则，探讨了个人品质的问题，如谨慎、节俭、自省，果断决策和坚持原则的必要性，提拔下属的重要性等。所有这些听起来很熟悉，似乎可以在一家现代大公司的雇主或管理者手册中找到。

在古代中国的治理中，领导风格也占有重要的地位。除了运用成功的管理原则之外，高层官员要以仁爱的方式进行治理，以获得民众的支持。公元前17世纪左右，伊尹写道："不要轻视人民所关心的，考虑他们的困难……在开始的时候就要考虑到结果。当你听到与你想法相悖的话，要弄清楚这些话到底对不对。"领导者要保持权力乃至生命，最重要的是，要能与下属和人民进行有效的沟通并获得他们的支持。宗族是中国社会系统的基础。许多宗族甚至拥有自己的军队。为此，如果统治者的管理行为和风格不能为宗族接受，就有可能会被打倒。

今天的公司已经具有了全球沟通的能力，不会再建立类似古代中国的农业文明。但是要注意，4 000年前的统治者就在寻找管理人民的有效方式，而且在一定程度上，他们所得到的答案在今天听起来也是很熟悉的。

资料来源：V. P. Rindova and W. H. Starbuck，"Ancient Chinese Theories of Civilization，" *Journal of Management Inquiry* 6，no. 2（June 1997），144－159；copyright 1997 Sage Pubilcations，Inc.

A.1.1 工业革命前思想的影响

就像"古代文明同样面临管理挑战"中描述的一样，在公元前1000年，悟性极高的中国官员就已经写下了如何管理和控制人们有组织的活动的文字。大概500年后，中国当时著名的军事家孙武撰写了关于领导原则的著作（如领导需要增进组织内部团结等），其中很多思想对于今天的组织管理依然有着重要意义。

古埃及和后来的古罗马等其他文明，也能够组织大规模的人力去进行我们后来称为"管理"的协调活动。公元前2700年，埃及人建造了金字塔。在公元几世纪甚至更早，罗马人已经建立了组织严密、纪律严明的军队，保卫其广袤的疆土。史书上没有多少有关这些组织及其领导如何使用管理技巧的记载，但历史事件表明，人们已经成功地将管理运用到实践中去了。

中世纪晚期（15—16世纪），威尼斯和佛罗伦萨等欧洲的一些城邦应用了"现代"的程序来管理一些活动。例如，当时威尼斯的一家大型造船厂很有效率地使用了标准化部件、存货控制、原料成本分析等管理控制程序。在同一时期，马基雅维利（1513年）出版了著作《君主论》（*The Prince*）。有人认为，这本书为国家统治者们统治其国家提供了投机和狡诈的管理手段。

这些管理思想和实践都是在18世纪之前出现的。但是，一直到18世纪中期，人们才开始广泛地关注如何管理组织的问题。那时，大部分组织规模小、结构简单（几乎很少有组织能与天主教会和军事组织相比）。因此，还没有必要去考虑工作方式、分工和协作等问题。到了1760年前后，英国开始了工业革命，一切便开始改变了（当时，人们并没有称这一时期的社会变革为工业革命，几十年后的历史学家予以命名）。很多年以后，这场"革命"的成效才开始蔓延到西半球和亚洲等地区。

A.1.2 英国工业革命

18 世纪后半叶，技术进步特别是机械化从根本上改变了人类的劳动效率。在这之前，劳动主要靠人力和牲畜完成或者辅助以风力、水力。劳动也主要由家庭成员组成，劳动地点在家庭住所内。历史学家称这种劳动模式为“家庭制”。在这一模式下，人们不可能进行复杂劳动生产复杂的产品，更不要说进行大规模的生产。

动力驱动机械尤其是蒸汽机的投入使用，终结了家庭制的生产模式。1765 年，著名的发明家詹姆斯·瓦特发明了第一台蒸汽机。但是，直到 20 年之后，蒸汽机才开始广泛投入使用。从那时起，蒸汽机的使用迅速地改变了很多产品的生产方式。蒸汽机的开发可能是建立工厂系统中的最为关键的一步。蒸汽机的使用使大规模生产增加产量成为可能，而增加产量则需要大量的资源和资本。为了更有效地利用大规模的资源，就需要更多的工人在同一地点工作。这就是说，让人们去适应工作，而不是让工作适应人们。这样，工厂的出现就解决了一个新的问题，即如何最大限度地利用蒸汽动力的潜能去增加生产能力。

18 世纪末，工厂在英国出现。工厂的出现解决了一个问题，但又产生了一个新问题，即如何协调工人的劳动以获得最大的效率。一种方法就是将工作分解，每个工人只做其中的部分工作，即专业化工作。现代经济学奠基人之一的亚当·斯密极力主张这种做法，将其称为**劳动分工**（division of labor）。1775 年，美国独立战争开始。翌年，亚当·斯密出版了他的旷世名著《国富论》（*The Wealth of Nations*）。这部多卷本的著作清晰地描述了劳动分工的优势：

> 劳动分工可以大幅度地提高工作数量，即同样的劳动者可以通过分工提高劳动生产能力。这主要有三个原因：首先，劳动分工可以提高工人在具体动作上的熟练程度；其次，劳动分工能够减少由于变换工作而损失的时间；最后，劳动分工能够促使人们发明大量的可以节省劳动的机器，从而提高个人的劳动生产率。

斯密曾经指出，劳动分工以及其对参与其中的工人存在某种潜在的劣势。有意思的是，今天很多人忘记了这一点：

> 那些终其一生只进行一些简单动作的人……会自然地丧失运用大脑思维的习惯，逐渐变得像傀儡一样愚蠢无知……他在进行具体工作动作中表现出的敏捷熟练的技能其实是……用他智力上、社交上和军事上的天赋为代价所获得的。

除了工作如何有效率地分解之外，另一个与工厂相关的问题就是如何协调所有工人的工作，即如何去管理他们。管理方面的问题很多。早期工厂的所有者及其家庭成员都是工厂的管理者。随着工厂规模的不断扩大，仅仅由家庭成员来监督所有工人的劳动就变得不再可能。这就意味着需要雇佣其他人来从事监督管理，但是雇佣谁来做此事呢？

在工业革命的初期，由于以往从来没有过这类工作，也就没有经过培训的监督者或管理者。除了家庭成员以外，早期的管理者一般都是“未受过教育的工人。他们之所以可以获得提升，是因为具有较高技术能力或维持纪律的能力”。管理史学家丹尼尔·雷恩指出：“英国从农业社会向工业社会转型时没有管理者阶层。用现代的话来说，就是没有职业经理人。第一，没有关于如何管理的一般性知识……第二，没有管理行为的一般性准则，没有关于管理者应该如何做的普遍要求。”

进入 19 世纪，英国工业革命波及的范围更大，影响的人更多，人们更加关注所谓的管理过程。19 世纪初期，在英格兰和苏格兰，企业家和工厂主中一些优秀的人物开始考虑如何以最好的方式去组织工厂的活动以及指导工厂工人的工作。罗伯特·欧文和查尔斯·巴比奇等最早出现的管理思想家们甚至将他们的思想出版成书。因此，他们是当代的第一批“管理作家”，但是他们的影响非常有限。遗憾的是，那个年代并不流行读书。工厂主们忙于管理工厂的日常琐事，无心了解别人如何更好管理工厂的观点。而且，这段时期的大部分著作都侧重于个别企业适用的方法，没有讨论管理的一般性原理或理论。直到半世纪以后，有关管理原则的正式著作才出现。

A. 1. 3　美国工业革命

工业革命起源于英国，却在美洲大陆蓬勃发展。那里蕴藏着水、木材和矿藏等丰富的自然资源是其中的一个原因，另一个原因是没有阻碍新事物发展的旧传统。此外，一些英国制造商移民到美国后带去了他们最成功的方法，美国制造商也学到了其英国竞争对手以往的经验教训，并以此为鉴。

19 世纪前半叶，美国纺织业、军工制造业和铁路等三类工业企业为其企业管理的进步做出了重大的贡献。正如一位历史学家所言：“美国的工业革命是从纺织业开始的。”纺织业是能够在一个地区里从大规模生产中获益最多的主要工业活动。另外，军工和武器制造业是通用部件的主要开发者。在这一过程中，劳动分工和员工高度专业化的实践得到快速发展，并且显著提高了企业生产精密产品的能力。

不过，铁路业是率先系统思考如何有效管理公司的行业。从管理的角度看，铁路业所面临的严峻挑战与制造业完全不同。铁路业必须在地域分布很广的范围里组织、协调及监督各种运营活动。多年来，军队和天主教会一直在处理同类问题，但是私有部门的工业组织没有军队与教会那种特有的纪律来源和控制权力。在美国内战前后几十年里，铁路业中一些有远见的高管就开始提出解决组织问题的具体方法。戴维·麦卡勒姆就是其中一个。19 世纪 50 年代，他出任伊利铁路的总裁，制定了许多程序和政策。这些政策在当时确实具有开创性，当然今天我们对此已经习以为常了。他绘制了组织图，建立了基层及中层管理者例行报告制度，描述了正式的工作职责，以及建立了基于绩效考核的晋升机制。如何有效安全地运营铁路的思想是更为正式的系统管理方法的基础。下面，我们将回顾那些为系统管理方法做出贡献的现代管理先驱的观点和思想。

A. 2　先驱：科学管理方法

1865 年美国内战结束时，工厂的数量和规模快速增长。对此，人们更加关注如何提高工业效率的问题。19 世纪 80 年代，专业的工程师开始直接就这个问题发表自己的观点。1886 年，亨利·汤尼（Henry R. Towne）向美国机械工程师协会芝加哥会议提交了一篇题为“作为经济学家的工程师”的论文。汤尼是耶鲁锁业公司的共同创始人之一。他的论文被认为是美国“现代”管理的开端。其意义在于，该文率先正式要求人们要认真地从商业的角度来看待工程活动。具体地讲，汤尼劝说工程师们：“要想成功地管理好我们如此庞大的工业组织，商业管理与工程同等重要，而且……管理工作作为一个门类和现代艺术之一已经具有巨大和深远的重要意义。”

A.2.1 弗雷德里克·泰勒（1856—1915）

汤尼的劝说并没有立即引起大多数工程师同行的关注。但是，几乎在同一时期（19 世纪 80 年代），费城米德维尔钢铁公司的工程师弗雷德里克·温斯洛·泰勒按照几乎相同的思路在思考。后来，他因此成为 20 世纪早期西方世界中最著名的人物之一。

为了更好地理解泰勒的观点，我们有必要简要地回顾一下美国 19 世纪末 20 世纪初的状况。当时，产业工人的教育水平基本低于 6 年级。在全美 5 800 多万人口中，每年只有 1.5 万名大学毕业生（100 多年后的 21 世纪初期，大约 2.9 亿人口中每年有 130 万人从大学毕业。每年大学毕业生占人口总数的比例由 0.03%升至 0.4%）。牢记这些事实，对于理解泰勒所提出的观点，以及他为什么如此推崇自己的观点是非常重要的。

泰勒的职业生涯是从学徒开始的。蓝领工作的艰辛与经历，使他产生改进工厂效率的最初想法和动力。泰勒坚信，只有通过严格的科学实验才能找到更好的方法。他着迷于当时具有开创性的时间研究和工作分析。著名的管理学家彼得·德鲁克写道：“泰勒是历史上第一个认真研究工作的人。”从某些方面来说，泰勒对于管理实践进步所做的最大贡献，就是着重于收集工作任务的实际数据。

泰勒的科学管理原理 泰勒大部分研究重点是计时工和最基层的管理者。经过多年的发展和扩充，他的方法被称为**科学管理**（scientific management）。泰勒的科学管理基本上是一些关键的原则。这些原则是在多年对大量的工作和管理实践以及它们如何改善绩效等方面研究的基础上逐渐形成的。科学管理的基本元素如下（见图表 A-2）。

- 以精确、客观的测量方式确定做好每项工作的最佳方法：从本质上来讲，泰勒所采用的方法就是，认真地研究和测量完成一项工作的每个任务和环节，然后根据所得数据确定完成此项工作所有流程的最佳方法。
- 选择最佳人选来完成每项工作：对于搬运大铁块这样的蓝领工作来说，泰勒研究中所谓的最佳人选就是指那些身强力壮且具有责任感的人；对于非体力劳动工作来说，所谓最佳人选是指那些最有能力完成某项具体工作的人。
- 培训最佳的人选，使其以最佳方法完成工作：泰勒强调，管理（而不是工人）的职责就是研究工作并做出科学的决策，以便能够以最佳方法完成工作。这意味着要对已经从事具体工作的工人进行再培训。
- 提供充分的物质激励，鼓励工人用正确的方式工作，实现按小时或日计算的产出目标（合理的日工作）：泰勒相信，当预期的绩效得到实现并能采用正确的方法时，对于工人来说，最公平的方法就是让他们直接获得由更高水平产出所带来的奖赏。与劳动生产率低或者没有达到预期目标的工人工资相比，这些奖赏应该以高额的工资形式发给工人。

图表 A-2 科学管理的基本元素

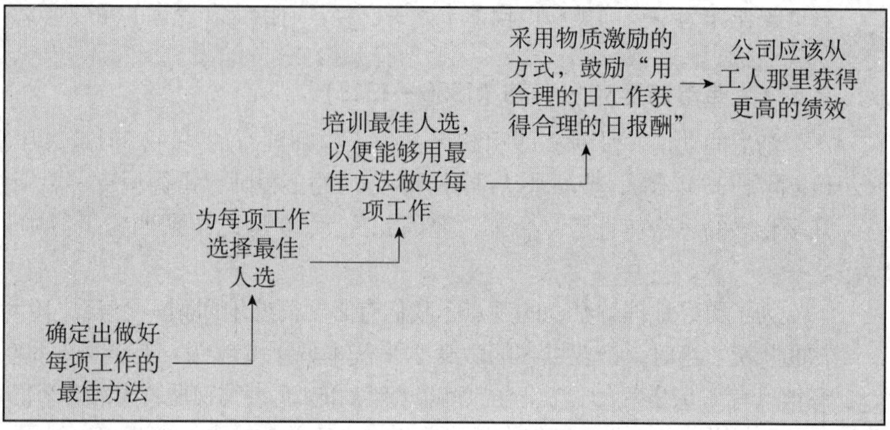

泰勒的影响 1911 年，泰勒的主要著作《科学管理原理》出版时，无论是在商业还是其他领域，他早已闻名遐迩。一些公司开始运用泰勒的管理方法，以期提高其运营绩效。但是与此同时，一些工会开始担心，如果广泛地运用泰勒的方法，工人就有可能受到剥削。在 1911—1912 年的美国劳工委员会听证会期间，甚至美国国会都对此予以关注。随后，委员会审查了泰勒的科学管理对普通工人的影响。

对泰勒及其方法的批判（见图表 A-3），主要在于他的方法不仅给工人造成了巨大的压力，而且管理者和工人在报酬分配上比例不当。泰勒坚持认为，通过采用科学管理原则改进产出是公司与工人双方共同努力的结果，为此，双方都应该从效率的提高、产量的增加中获得收益。他还争辩道，他不反对工会。但是，如果管理者可以和工人公平地分享生产的收益，工会就没有存在的必要。公平分配收益（包括防止生产率提高后辞退工人）的机制一直没有得到解决，因此，有组织的工人就会极度担心科学管理中的一些要素。

图表 A-3 科学管理的贡献与批评

贡献	· 注重收集关于工作与任务的实际数据 · 说服管理者在工作的计划与组织上不再采用随意的管理方法 · 强调管理在组织工作、培训工人和制度激励中的作用	
批评	工会工人	行为学派学者
	· 对工人施加过多的绩效压力 · 管理者和工人之间薪酬分配不公平	· 对工人激励的手段过于简单 · 对工厂中影响工人行为的社会因素关注不足 · 方法过于专制 · 工作和任务过度专业化

在随后几年，一些行为学家从不同的角度对泰勒科学管理方法提出了批评，具体包括（见图表 A-3）：（1）科学管理的激励机制过于简单，只强调了工资激励的重要性；（2）对在工作环境中影响工人行为的其他因素（特别是社会因素）关注不够；（3）这是一种强调权威、以管理为支配中心的方法；（4）过分强调工作和任务的专业

化；(5) 泰勒没有对那些曾经帮助他形成这个管理思想以及共同界定“科学管理”概念的人给以应有的认可。也有一些学者对这些批评提出了挑战，因此，这些批判的合理性一直处于争议之中。

无论如何，我们需要牢记泰勒和他所做贡献的影响：

- **时代的影响**。和我们一样，泰勒也是他所处时代的产物，受到世纪之交很多因素的影响（如当时工人平均教育水平）。在 90 多年之后，这些因素发生了明显的变化。毋庸置疑，如果处在我们今天的条件下，泰勒肯定会修订自己的一些观点。
- **走出混沌**。我们在前面指出，泰勒在系统地研究工作与任务上做了巨大的努力。通过他的研究和示范，泰勒说服管理者在工作的计划与组织上不再采用随意的管理方法，而是采用基于事实的方法，特别是基于工人每小时的能力和管理者最初的监管能力。
- **管理者职责**。泰勒一直强调管理者的职责就是，组织工作、培训工人和建立有效的激励系统。用他自己的话来说，他想发起“一场彻底的思想革命”。这不仅仅是针对工人，更主要的是要让“管理者（工头、主管、工厂主和董事会）在管理员工的职责上以及处理日常的各种问题上来一场彻底的思想变革”。这恐怕就是泰勒为管理思想发展所留下的永恒遗产。

弗雷德里克·温斯洛·泰勒

弗雷德里克·温斯洛·泰勒，1856 年生于宾夕法尼亚州。他的父亲是一位成功的律师。泰勒生长在一个富裕的家庭，这个家庭是清教徒的后裔，祖上于 1629 年移民到美国马萨诸塞州的普利茅斯。这样的家族血统灌输给泰勒很多清教徒的价值观，包括追求真理、避免任何形式的浪费以及根据事实做出判断。在某种程度上，这些价值观驱使泰勒去寻找“最佳的方式”，即使是在他少年时代也是如此。例如，还是小孩的时候，泰勒就尝试寻找打棒球最佳的玩法，以及思考在越野跑时如何在保持体力的前提下跑出更远的距离。

他曾获得哈佛大学法学院的录取通知书，但由于健康不佳和眼疾，他被迫退学，放弃了追随父亲的足迹成为一名律师的打算。离开哈佛之后，泰勒开始在费城的一家液压机厂当学徒，并在 1878 年他 22 岁的时候结束了学徒生涯。在这段时间，他从工人的角度来看待管理，发现了很多问题，如工人偷懒（磨洋工）、低质量的管理和恶劣的劳资关系等。

1878 年，泰勒进了宾夕法尼亚州米德维尔钢铁公司，成为一名普通工人。6 年之内，他由工人晋升为车间管理员、技师、技师组长、维修工长、技工工长和总工程师。在米德维尔从事全职工作的同时，泰勒还在家中学习了新泽西州斯蒂文斯技术学院的函授课程。泰勒于 1883 年获得了机械工程专业的学位。

资料来源：F. B. Copley，*Frederick W. Taylor：Father of Scientific Management*，2 vols.（New York：Harper & Row，1923）.

A.2.2　科学管理中的其他研究学者

泰勒是公认的科学管理运动的创始者和核心人物。不过，很多其他学者也在产业组织管理上发挥了重要的作用。他们前卫地将科学管理的一般方法发展成以事实为依据、有序的过程。这里，我们简略地介绍一下亨利·甘特、弗兰克·吉尔布雷斯和莉莲·吉尔布雷斯三位学者。

甘特　19 世纪 80 年代，甘特（1861—1919）还是泰勒在米德维尔钢铁公司的年轻助手。到了20世纪初期，他很好地开创了自己的事业，成为一名管理咨询师。在事业起步时期，他受到泰勒思想的影响很大。后来，他在复杂的生产工作中开发了图表法，以组织和协调多重任务。因此，甘特名声大振。第一次世界大战期间，他在志愿向美国政府提供咨询工作时完善了一种柱形图，用来显示任务起始的顺序以及任务的时间分配。这个图有过不同的版本，现在被称为甘特图。人们一直广泛地运用该图，并认为它是当代PERT的前身。甘特图非常重要，可以有效系统地安排一系列的任务，更直接地分配各任务的时间，从而可以直接低降低成本、提高绩效。

弗兰克·吉尔布雷斯和莉莲·吉尔布雷斯 这对夫妻团队是泰勒管理思想的坚决拥护者，也为科学管理做出了自己特有的贡献。弗兰克是一个工程承包商，他醉心于研究如何更有效地完成建筑任务并减轻工人的劳累。他利用当时新发明的电影摄影机开发了可用于分析工作（如建筑砌砖）中每个动作的方法。吉尔布雷斯把动作分解为17种基本类型，任何动作都可归为其中的一种。从理论上讲，这种分类有可能使体力劳动得到最有效的动作组合。莉莲·吉尔布雷斯是美国最早获得工业心理学博士学位的人之一。最初，她主要和丈夫一起研究动作分析。后来，她注重管理面临的心理任务，以及探讨心理学的原则如何应用到科学管理方法中，使得管理者和工人受益。莉莲·吉尔布雷斯（于1972年逝世，享年93岁）一生获得了很多的“第一”：她是工业工程学会和机械工程学会第一位女会员。后来，她的同行称她为“管理学第一夫人”。另外，这对夫妇共同养育了12个孩子，他们的故事被写成书并于1950年拍成同名电影《儿女一箩筐》(Cheaper by the Dozen)。吉尔布雷斯夫妇不仅把科学管理的原则运用到产业工作上，同样也运用到家庭之中。这对夫妇在科学管理上所做出的个人与联合的贡献影响了全世界。

A.3 先驱：古典管理理论

20世纪的前20年中，当泰勒和他的众多同行在美国和欧洲传播科学管理思想时，其他的学者也开始认真而深刻地思考如何管理的问题。这里介绍对后来管理思想和实践产生重大影响的四位学者。其中两位是完全独立的工作和研究，而另外两位则是共同工作并撰写了一本著作。他们一位是法国人，一位是德国人，后两位是美国人（见图表A-4）。他们的思想以及一些与科学管理方法有关的新概念，一起被称为古典管理理论。

图表A-4 古典管理理论的贡献

	亨利·法约尔（法国）	马克斯·韦伯（德国）	穆尼与赖利（美国）
著作	《工业管理与一般管理》	《社会和经济的组织理论》	《工业向前进》
描述和定义	·管理的5个职能 ·管理的14条原则	·权威的三种基本类型 ·科层制	·管理的四项基本原则
讨论	关注于多业务组织的中层和高层管理	其著作主要面向学术界和非管理实践者，但最终影响了整个社会	当法约尔和韦伯的著作还没有在美国出版时，穆尼与赖利关于管理的类似观点已经被用来说明管理的一般性问题

古典管理理论 侧重研究管理原理、职能以及组织的权力结构。在某些情况下，行政管理理论（administrative theory）和管理理论（management theory）可以互相替代。从 20 世纪初到 30 年代末，当这两个理论流行时，古典管理理论并没有和这些思想联系起来。古典管理理论只是在当代应用得比较多。这些理论之所以被奉为经典，是因为它们经得起时间的考验，也是其他一些思想和行动的起源。在本附录后面，会将古典理论作为一个范本，与新发展出来的截然不同的理论与实践进行比较。

A.3.1 亨利·法约尔（1841—1925）

亨利·法约尔是一位法国采矿工程师。他晋升很快，37 岁就成了公司总裁。在他的领导下，公司成为采矿、炼铁和制钢一体化的大型企业，实现从原材料到产成品的全过程。法约尔很早就进入大企业的管理高层，使得他有机会去反思到底需要什么才能管理整个企业。法约尔的经验是他的优势，使得他可以把自己的一些管理理念撰写成书。1916 年，他最著名的著作《工业管理与一般管理》（*General and Industrial Management*）出版。

法约尔的著作之所以有着如此深远的影响，主要有两个原因。第一，他的最主要贡献是将管理定义为五个关键要素。他采用的是分析的方法，特别关注管理的合法性、专业化的活动等，并把这些活动定义为：计划、组织、命令、协调和控制。法约尔所称的这些要素，后来称为**管理职能**（functions of management）。今天这些概念仍在沿用，只不过略做调整。细心的读者会发现，法约尔所列出的这些要素与本书以及几乎所有的现代管理教材非常相似。现在最流行的版本是将管理职能减少为四个（协调被分配到其他四个职能中），将命令变为激励或领导。简而言之，在《工业管理与一般管理》出版之后的近 90 年时间里，法约尔关于管理职能的“经典”列表只被做了轻微的改动。

第二，法约尔的著作后来得到极大的关注，也在于他列出了管理的 14 条“原则”，或者更准确地说，这是法约尔发现并认为能够改善各种组织绩效的有效指导方法。这其中比较重要的有：劳动分工（工作专业化）、统一指令（组织成员只能听从一位领导的指令）、统一指导（组织成员只能按照一个计划控制自己的行为）、等级链（从组织底层到高层应有一条清晰的权力线）。图表 A-5 列出了法约尔管理的全部原则。近年来，这些原则不断地受到挑战。不过要注意，那时企业和工业活动与今天完全不同，其活动的情境（政府、社会和技术）也与今天的情境截然不同。

直到 1949 年，法约尔的著作被翻译成英文之后，他对管理学的贡献才在英语国家里得到普遍认可。不过，他思想的原创性以及清晰系统的表达方式却是历久弥新。值得注意的是，法约尔的关注点与泰勒有很大差别。泰勒关注的是基层管理者和单个工厂的管理，而法约尔则更多是关注多元公司中高层管理者的管理活动。但从某种意义上来说，他们的思想又是一致的，覆盖了新的思想领域。这与 20 世纪后半叶绩效显著的企业息息相关。

图表 A-5 法约尔的管理原则

1. 劳动分工	将工作分为专业化的任务和职能，分配给具体的个人
2. 权威	权威与责任紧密相连
3. 纪律	只有通过制裁，才能有效地减少违背协议的行为或防止再犯
4. 统一命令	无论什么活动，员工只接受一位领导者的命令
5. 统一指挥	对一组具有同样目标的活动，要有一位领导和一个计划
6. 个人利益服从集体利益	个人或群体的利益不能凌驾于组织的利益之上
7. 报酬公平	尽可能地使个人和企业（员工与雇主）感到公平和满意
8. 集权	企业集权或分权的程度是企业规模和管理者能力的函数。确定最优的集权程度可以提高组织的效能
9. 等级链	等级链是一条从组织最高层到最低层的链条。通过链上的各个连接环节，权威线从最低层通向最高层
10. 秩序	物和人都必须井然有序。对于物，"所有东西必须放在合适的位置上，以方便开展各种活动"；对于人，"每个员工都要有合适的职位，每个工作职位都要有称职的员工，把正确的人放到正确的职位上"
11. 公平	为了保证员工的忠诚和良好的绩效，雇主应该以亲切、友好、公正的态度而不是粗暴、严苛的态度来对待员工
12. 人员稳定	员工需要时间才获得较好的工作技能。成功的企业都是员工离职率低（高稳定性）的企业。员工不稳定，既是管理混乱的原因，也是其造成的结果
13. 主动性	在组织的各个层级中，思考问题和执行计划的主动性能增加员工的热情和动力。在有需要的情况下，管理者增加或补充主动性是增强企业力量的一个重要来源
14. 团队精神	团结就是力量。人际关系的和谐与团结，是巨大的力量。要努力建立团队精神

资料来源：Adapted from H. Fayol，*General and Industrial Management*（London：Pitman，1949），chap. 4.（Translation by C. Storrs from 1916 French edition，*Administration Industrielle et Générale*.）

A.3.2 马克斯·韦伯（1864—1920）

马克斯·韦伯和泰勒、法约尔大致生活在同一时代，但相互之间没有影响。韦伯是一位德国学者，他从未管理过一个组织或者在一个组织的部门中工作，但他却是历史上最具洞察力的组织观察者之一。作为现代社会学的先驱之一，韦伯在本质上是一个组织理论家而不是管理理论家。在这里提到他，是因为在20世纪中期如何看待产业组织或其他组织的管理过程上，韦伯的思想对主要的思想家们产生了重大影响。

在组织方面，韦伯最主要的代表作《社会和经济的组织理论》（*The Theory of Social and Economic Organization*）在其去世后的1922年才出版，直到1947年才被翻译成英文。他是其所在时代下德国文化和社会的产物，这对他选择所研究的问题无疑有着深刻的影响。在组织方面，韦伯所研究的问题主要集中在权威的理论上，特别是"个体为什么要服从命令"，以及"人们为什么要按照别人告知的方式去做"等。他从理论上把组织分为三种类型的权威关系或结构：

● 传统型权威：权威的行使以惯例和以往的实践为依据。韦伯认为，组织中这种类型权威的弱点是，过分关注以往先例的好处而不是尽可能地做出最佳决策。

● 魅力型权威：前提是"对个人所特有和异常的尊严、英雄主义或模范品质的崇拜”。韦伯指出，魅力型权威的弱点是，魅力型领导离任后无法保证权威关系的延续性，由此会对组织的延续造成损害。

● 法理型权威：这种权威是，在特定办公机构中的人们依据法律所授予的权力颁布命令，以实现预定的目标。根据韦伯的分析，这类权威非常适合庞大而复杂的组织。它要求人们对事不对人，服从命令发布者的命令。命令发布者仅仅是因为他所具有的领导职位以及这个职位赋予其的权力。韦伯认为，这种权威弥补了其他两种权威的不足。

韦伯将最大限度运用法理型权威的组织称为科层制组织。韦伯认为，没有必要让每一个组织都成为科层制组织。只有当法理型权威贯穿整个组织时，才会具有科层制的某些特征。如：

● 一系列用于治理办公行为的明确规则；
● 清晰地界定每个机构（岗位）的职责；
● 依据个人的能力和技能资格来选拔管理人员；
● 对特定岗位的人员精心全面培训。

在评价韦伯及其著作对管理思想史的影响时，我们需要指出：首先，韦伯是通过影响学者来影响社会对组织管理的看法，而不是直接游说管理者。尽管韦伯的研究不同于那些专门研究如何改进管理活动绩效的学者，但是他对科层制组织优势的分析却与泰勒和法约尔为管理者所提出的预期是一致的。此外，我们还需牢记，韦伯所说的科层制（官僚制）的概念是指基于某种特定权威所形成的一种组织形式，而不是近年来用于讽刺那些行动迟缓、受条条框框约束的组织的贬义词。

A. 3. 3　穆尼（1884—1957）和赖利（1869—1947）

最后介绍两位美国古典管理理论学家，詹姆斯·穆尼和艾伦·赖利。他们都是通用汽车公司的高层管理者，对于组织原则的历史演变具有浓厚的兴趣。在大萧条时期，他们出版了《工业向前进》一书。这本书尝试论证过去与现在所有伟大组织所遵循的一些基本原则，这些原则就是我们今天所说的古典管理方法的核心。

1. 协调原则：为实现共同目标而需要最大限度的协调活动。
2. 等级原则：从组织最高层到最低层给予明确、具体的授权。
3. 职能原则：专业化但又密切相关的职能或职责。
4. 参谋原则：专家（参谋）要向处于直接命令链（线）上的管理者提供思想和信息，需要明确这两种职位。

穆尼和赖利尽管并没有读过法约尔和韦伯的著作（当时还没有英译本），但他们的管理和组织原则却与这两位理论家 20 多年前在各自的国家和文化中发展起来的观点明显一致。后来的管理学作者将此作为管理原则一般性的依据。

A. 3. 4　古典管理理论的影响

正如我们本节开始时所说，“古典管理理论”一词是近年来才开始使用的名词，是指 20 世纪前 35 年时间中法约尔、韦伯、穆尼和赖利等学者所提出的思想的总和。从严格意义上讲，按照科学的概念，这些思想还不能称为理论，但为如何构建和管理组织提供了清晰而理性的思考概念和原则。按照泰勒科学管理的方法，这些思想进一步发展了科学管理，产生了重大的影响，指引人们去开发与运行有效率和有效果的组织。还有一点不容忽视，即使是在今天，人们还在以不同的方式应用着这些思想。任何一个曾在政府、公司和组织工作过的人都会感觉到，即使在这些观点被提出的几十年后的今天，人们还在经常、广泛地应用这些古典管理理论的原则。

古典管理思想虽然推进了管理思想的进程，但是它们的基本方法存在重大的问题。为了更好地说明这些问题，我们来看一下它们的潜在假设（见图表 A-6）。首先，正如图表 A-7 总结的那样，在对组织中人的潜在假设上存在非常狭隘的观点；其次，同样重要的是，在如何管理组织的问题上，古典管理理论的方法是静态方法，不能充分地应对环境的变化。古典理论假设所有的组织都会以“一种最佳的方式”进行管理。与它的近亲一样，科学管理（经常被归类为古典理论）同样也是其所处时代的产物。这对至今仍坚信那些在 1925 年起作用的管理原则在近百年后仍然有效的那些人，是件痛苦的事。

图表 A-6 古典管理理论的潜在假设

1. 只用生产率来测量企业效率
2. 假定人是按照理性行动的
3. 只有在管理者的认真指导下，员工才能处理好他们各自所处位置的关系
4. 只有明确地界定要实施的工作，员工才不至于对工作感到困惑
5. 人们喜欢任务明确所带来的安全感，不喜欢由他们自己来决定如何处理问题
6. 预测未来的活动以及这些活动之间的关系，并对此建立起清晰的模式
7. 管理主要是面对个体的正式和官方的活动
8. 应该以客观和非个人的视角来看待员工的行为
9. 用经济需求来激励工人
10. 人们不喜欢工作，因此，应该强调监督与问责
11. 除非上级进行计划和指挥，否则无法实现协调
12. 权威来自科层的上层，并向下授权
13. 人们容易掌控简单的任务。因此，把精力集中在有限范围内的活动上，可以形成更高的生产率
14. 管理的职能具有普遍性。因此，不论面对何种环境与何种素质的人，管理职能都可以按照既定的方式进行工作

资料来源：J. L. Massie, “Management Theory,” in *Handbook of Organizations*, ed. J. G. March (Chicago: Rand McNally, 1965). Reprinted with permission of J. G. March.

图表 A-7 古典管理理论的贡献与批评

贡献	· 以一种理性和一致的方式去思考组织的结构和管理 · 为希望提高组织的效率和效能的管理者提供指导 · 目前，人们仍然以某种方式运用着这些原则
批评	· 以一种极端狭隘的观点假设组织中的人 · 假设存在管理企业的“最佳的方式” · 假定商业环境是静止不变的

A.4 新古典管理理论

从 20 世纪 20 年代开始，工作环境就发生了变化。正如附录开头的通用汽车的案例所示，组织的规模和复杂性不断增加，员工的技能、能力和期望也变得更加复杂。面对这些变化，传统的管理方法明显力不从心。从 20 世纪 20 年代开始一直到 40 年代，人们以某些方式修订有关管理组织活动的想法。正如所期望的那样，新的想法在新的方向上超越了基本管理原则，但吸纳了基本管理原则中的精华。这些思想与过去的思想多少有一些关联，所以现在常常被人们称为新古典管理理论。**新古典管理理论**（neoclassical management theory）继续将研究和分析的重点放在管理职能和组织结构上，并将研究内容外延到环境和社会因素，如沟通与合作。玛丽·帕克·福莱特和切斯特·巴纳德两位学者是新古典管理理论的代表人物（见图表 A-8）。

图表 A-8　新古典管理理论的贡献

	玛丽·帕克·福莱特	切斯特·巴纳德
著作	·《创造性的经验》	·《经理人员的职能》
与古典管理理论相同之处	·工作设计详细分析的重要性 ·工作活动的协调	·工作设计详细分析的重要性
强调的重点	·管理者与下属间的协调 ·组织与员工利益的整合 ·针对环境使用相应类型的权威	·把组织看成是合作的社会系统 ·管理者需要获得工人自愿的合作 ·"无差异区域" ·需要有效的组织沟通
评论	·是许多现代管理思想特别是权变理论的先驱	·有关权威的观点具有独创性，早于后来的行为主义思想

A.4.1　玛丽·帕克·福莱特（1868—1933）

在 20 世纪早期，莉莲·吉尔布雷斯并不是唯一一位对管理思想做出贡献的女性。玛丽·帕克·福莱特既是一位作家、演说家，又是一名独立的咨询顾问。在其一生中，她最初对政治心理学感兴趣，但后来对组织的管理发生兴趣。在 20 世纪 20 年代，她具有非凡的影响力。

玛丽·帕克·福莱特

玛丽·帕克·福莱特生于马萨诸塞州波士顿。福莱特在今天的拉德克里夫学院接受教育，是一位泰勒制的粉丝。但她更多的是一位哲学家而非管理者。她早期主要研究德国哲学家约翰·费希特（1762—1814）的观点。这位哲学家是位民族主义者，主张个人自由要服从群体。在费希特的影响下，福莱特写下了《新国家》一书，提出只有在群体之中个人才能发现真实的自我。

1924 年，福莱特出版了《创造性的经验》一书，成为当时商界的畅销书。从那以后，她更多的是一位企业哲学家。在 1924 和 1925 年，福莱特在人事管理局的赞助下做了一系列深受好评的演讲，这些演讲使得福莱特在其后来大多数作品和演讲中更多地关注商业组织和管理的原则。

资料来源：H. C. Metcalf and L. Urwick, *Dynamic Administration: The Collected Papers of Mary Parker Follett* (New York: Harper & Row, 1940).

在很多方面，福莱特的思想与泰勒及其科学管理运动是一致的。她花了大量的精力在工作设计的详细研究与分析以及活动协调的必要性上。同时，她还关注如何形成管理者和下属之间的合作精神，以及关注如何整合组织与员工的利益。在这一点上，她的观点有别于同时期其他拥护科学管理的学者的典型观点。同时，她的观点也与韦伯的分析不同。福莱特关注的并不是赋予某个职位的正式权威，而是关注**情境法则**(law of the situation)，即基于个人知识和经验的权威能够更好地适应环境。这类观点比 40 多年后的权变理论（卓越的现代管理思想）领先了一步（后面我们将会提到）。总之，福莱特的思想虽然经常被人们认为与古典管理理论思想有联系，但她的确是 20 世纪后半期主流思想的先驱。为此，我们将她归类为新古典管理思想家。

A.4.2 切斯特・巴纳德（1886—1961）

切斯特・巴纳德长期担任美国新泽西州贝尔电话公司的管理者，最终成为总裁。他花费了大量的时间和精力，创建其有关组织性质与管理者和领导者的独特而又详尽的思想。在不懈的努力下，巴纳德终于在 1938 年出版了《经理人员的职能》（*The Functions of the Executive*）一书。迄今为止，这本书在管理学领域里仍旧具有非凡的影响。

与大多数古典理论家一样，巴纳德对管理任务做了系统但非实证（非数据）的分析。在这个意义上，他分析问题的出发点与古典理论有一定的相似之处。但是，巴纳德与古典理论截然不同的是，他将组织看成一个合作的社会系统。与福莱特一样，巴纳德认为合作是组织性质的核心。他相信无论哪种类型的组织都需要：合作意愿、共同目标与沟通。特别是，他强调组织的管理者需要得到被管理者自愿的合作。此外，他非常关注沟通，认为沟通是每个组织的必要组成部分。这在当时也是爆炸性的观点。

巴纳德在有关权威概念上的讨论深深地影响了他人。他认为，管理者的权威来自于其下属对管理者命令的接受程度。这在当时是非常激进的思想。那时，传统的管理理论坚持认为权威只来自于管理者的职位，职位越高，权威越大。巴纳德根据那些下属能够毫不犹豫地接受命令的区间，界定了所谓的无差异区域（后来他人称其为接纳区域）。巴纳德由此阐述了自己的观点。他认为，发布命令者的职位越高，这个区域就越宽（这一点与古典思想一致）。但他也认为，管理者的领导技巧和能力是拓宽员工无差异区域范围的关键。由此，他的思想影响着后来形成的管理过程的行为理论。

切斯特・巴纳德

切斯特・巴纳德出生于马萨诸塞州马尔登的一个农民家庭。由于他的天赋和努力，他获得了哈佛大学的奖学金，在那里学习经济学。在学生时代，巴纳德主要靠为钢琴调音和管理一个小型的舞蹈队来获得收入。他在三年内完成了学业，以优异的成绩通过了课程，却因为太忙没有时间完成实验室的课程学分，以致没有获得学位。

1909 年，巴纳德离开了哈佛，到美国电话电报公司统计部工作。他工作努力，能够将自己在哈佛学习的知识以及自学的知识用于工作。尽管他是一名哈佛的肄业生，他却能够阅读威尔弗莱多・帕雷托的法语作品以及库尔特・刘易斯和马克斯・韦伯的德语作品。1927 年，他被任命为新泽西贝尔公司的总裁。

巴纳德还花费大量的时间和精力到志愿性组织工作。他帮助戴维・利连索尔拟定了美国原子能委员会的政策；他还在美国服务组织工作了3年，担任总裁；还在洛克菲勒基金会做了4年的总裁。

在担任新泽西贝尔公司总裁10年后，巴纳德在波士顿洛厄尔中心做了一系列的讲座。1938年，他将这些讲座整理之后交由哈佛大学出版社出版。这就是他最著名的代表作《经理人员的职能》一书。

资料来源：W. B. Wolf，*How to Understand Management*：*An Introduction to Chester J. Barnard*（Los Angeles：Lucas Bro. Publishers，1968）.

A.5 行为理论

早期的管理理论家，特别是弗雷德里克·泰勒以及科学管理理论的支持者们，没有完全忽略组织中人的因素。不过，他们是以非常具体和狭隘的方式看待组织中人的作用。科学管理和古典管理理论非常重视工作岗位上工人的最初选择问题，实际上是关注个人能力问题，如身体灵敏度和强壮与否。他们还认为，只有那些直接与产出相关的计时工资和计件工资等财务激励才能调动工人的积极性。但是，这些理论并没有对下面的内容给予过多的关注：

- 员工被雇佣以后，如何进一步开发他们的能力；
- 除了财务奖励以外，员工激励的其他来源；
- 员工与其上级之间关系的影响。

"事后诸葛亮"会很轻松地说，早期的管理理论家当时就应该格外关注这些问题。但是，我们应该看到，当时人们的平均教育水平要比现在低很多；当时的社会和文化环境也使得员工和管理者的期望与今天的不同。换一种说法，应该看到传统的运作方式与今天的方式截然不同。正是这些传统的方式对当时的管理理论产生了巨大的影响。

玛丽·帕克·福莱特和切斯特·巴纳德等新古典管理理论家们非常关注组织中的合作需求，并将人的因素放在企业管理讨论中的首要地位。不过，当历时多年的霍桑实验将研究的重点放到车间中人的因素是如何影响工作绩效时，才取得了惊人的发现。这些发现产生了一个全新的理论，即人际关系理论。

A.5.1 人际关系理论

管理的**人际关系理论**（human relations approach）并不是突然繁荣的。随着20世纪30年代末**霍桑实验**（Hawthorne studies）所取得的显著成果，以及罗特利斯伯格和迪克森1939年出版的《管理与工人》（*Management and the Worker*）一书，该理论逐渐发展起来。20世纪20年代中期，芝加哥郊外的西方电气公司霍桑工厂（美国电话电报公司的一个工厂）开始了一系列的研究，最初是由麻省理工学院的研究者主持。随着时间的推移，哈佛的两位著名教授逐渐接手这个研究。他们是澳大利亚社会学家埃尔顿·梅奥和管理学教授弗里茨·罗特利斯伯格。

霍桑工厂最初的研究是为了适应时代的要求，确定工作的物理环境的变化对工作的影响，如照明对生产率的影响。但是，当研究者们对早期的结果进行分析时发现，对工人绩效产生巨大影响的显然不是车间的照明强度，而是工人之间以及他们与上级之间的关系（在对多年的数据进行分析之后，结果表明在某些测试条件下，当时工资激励体系的变化会对工人产出有一定的影响）。

在20世纪20年代末到30年代初，霍桑工厂最初的研究导致了其他的研究，即收集更多的数据来揭示工人与其上级之间关系的性质，揭示这些关系如何影响工人的产出。这些后续的研究包括在研究者控制的条件下，观察一组工人如何采取集体行动对群体内个体成员的绩效施加重大的影响。研究人员还对员工做了大量的面谈，了解他们对自己工作的态度。这些历时8年的研究成果都被纳入罗特利斯伯格和迪克森1939的那本书里。霍桑实验中那些偶然发现的卓越成果揭示出对所观察的工人行为有明显的影响效果，并引起人们的关注。人们将这种现象称为霍桑效应。

人们对霍桑实验的研究设计和数据分析方法不充分提出过批评，但不能否认其被高度宣扬的发现对很多管理者产生了巨大的影响。事实上，正如管理史学家所指出的那样，“霍桑实验……在人的因素上引进了一种新的思考方式”。显然，那些管理工厂或公司的人如果想要改善生产率，就应该比那时的大多数企业更加关注人们应该如何处理人际关系的问题。这就引发出了人际关系理论这一术语。为此，简单地指导工人如何操作机器或设备、用工资来激励员工，就远远不够了。

那时，人们主要是在一线监工的角色以及他与下级的互动层面上关注人际关系。他们的建议是，不要把下级当作机器上的一个齿轮或部件，而应该将他们看成有知觉、有情感、不仅仅有财务需求的人。该理论还强调，高层管理者的任务就是要支持一线监工或工长，使他们有时间和精力去改善关系。其内在逻辑是，如果工人对他们与上级的关系以及工作条件感觉良好，他们就会有更大的动力去生产更多的产品，至少不会消极怠工。

A.5.2 人力资源理论

在20世纪40年代到50年代，人际关系运动非常活跃，很多组织都尝试以更人性化和更仁慈的态度来对待员工。这里需要强调，这样做的前提（有时明显有时并不明显）是，提高工人的满意度就能够产生更好的绩效。到了60年代，在不同工作环境下所进行的连续研究结果发现，从好的角度讲，人际关系理论是不完善的；但从坏的角度讲，人际关系极具误导性。研究的结果表明，满意度与绩效之间没有直接的联系。或者进一步从心理学角度看，并不能假设满意程度高的员工一定就是生产率高的员工。该结果加上其他分析形成了一些与管理过程有关的新的行为表述方式。人力资源理论便是其中之一。它与人际关系理论截然不同，即在人的管理的假设上出发点不同（如图表A-9所示）。

实际上，道格拉斯·麦格雷戈、伦西斯·利克特和克里斯·阿吉里斯等学者所提出的人力资源理论的管理思想核心是在强调一个基本的理念，即相对于过去与现在的工作任务来说，大多数人明显拥有并愿意在自己的工作中运用更多的聪明才智和能力。如果真是这样，管理的首要职责就是，通过增加人们自我指导和自我控制的机会，开发出还没有被利用的人力资源。这个逻辑就是，如果很好地利用人力资源，就能提高绩效。如果满意度能够得到提高，充其量是绩效提高的副产品而已，但绝对不是导致绩效提高的原因。要找到人力资源理论有效性的直接证据并不容易。但是，在新世纪伊始，大量的企业都在考虑组织中人的因素，这就是在管理中强调的最基本的行为理论。

图表 A-9　人际关系理论和人力资源理论的区别

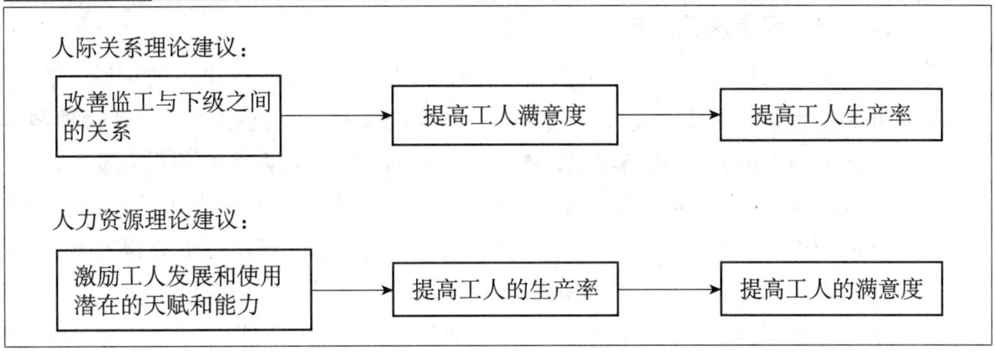

A.6　决策理论

前面所述的行为理论只是关注个人的动机与更好地进行工作的关系。这一观点的重要性不可否认，但是对组织整体有效性来说，组织中的其他过程也具有不可忽视的作用。其中最重要的一个就是决策理论。好的决策能够动员很多人，坏的决策不仅会削弱员工积极性，而且会削弱甚至危害组织的存续。尽管决策对于组织命运如此重要，但是直到第二次世界大战后管理理论家才一直关注这个问题。这时出现了两条研究路径，一条偏向行为研究，一条偏向数量研究。我们将依据它们的历史重要性，简要地介绍这两个路径。

A.6.1　行为决策理论

正是赫伯特·西蒙使人们关注到决策是管理过程的关键要素。西蒙获得了政治学博士学位，并荣获诺贝尔经济学奖。在早年的学术生涯中，他就转向关注“经济人”概念的研究。这个概念认为人是完全理性的。在决策中，他们可以评估所有可供选择的行动及其结果，从中做出最优选择，使其目标最大化（如利润）。西蒙对于经济人的概念在组织实际中如何运作格外感兴趣。他的分析使他得出了一个可替代的模型，即“管理人”。与经济人相反，管理人是实际组织中的管理者。他们既没有所有可供选择的行动的信息，也没有每个具体行动可能产生的后果的全部信息。西蒙并不排斥管理者尝试做出理性决策的想法，但是他认为这种想法会受到人们自身的局限的限制，结果会形成“有限理性”。正是因为这种有限理性或约束理性，西蒙认为，管理者不会无限地去寻找最优选择（即目标最大化），而是做出满意决策。所谓满意，是指其行动结果可以被人们接受的决策过程，而不一定是最佳的结果。西蒙认为，在现实世界中，管理者经常是在不确定的环境下而非确定的环境下从事经营活动，因此，满意是必要的。

西蒙的理论对研究管理的学者来说有着更直接的影响。他因自己的学说获得了诺贝尔经济学奖，这对管理者来说也产生了巨大的影响。西蒙在 20 世纪 40 年代有关决策理论的著作，引出了他在 1950 年到 20 世纪 60 年代里与其卡内基梅隆大学的同事詹姆斯·马奇和理查德·塞特合作撰写的有关决策理论的重要著述。在 20 世纪 60 年代初，马奇和塞特合作出版了一本重要的著作《企业行为理论》（*A Behavioral Theory of the Firm*），该书从决策的视角全面地阐述了有关组织的问题。

A.6.2 定量决策理论

第二次世界大战后，有关管理问题，特别是需要具体决策的定量方法或数量方法开始出现。应用战时发展的技术，一个新的领域应运而生，这就是**管理科学**（management science）或**运筹学**（operations research）。这两个术语很容易引起混淆，前者太像科学管理（scientific management）一词，而后者并没有表述出什么明确的含义。然而管理科学这一领域迅速地发展起来，因为它能够解决多变量以及变量间复杂关系的决策问题。事实上，线性规划（在既定约束条件下寻找资源最优组合的一种数学方法）等管理科学所使用的技术与各种数学建模等在计划和预测活动等方面为管理者提供了有用的工具。同时，在正式决策之前，就可以通过**仿真**（simulation）技术，运用数学的方法模拟变量可能发生的各种组合，确定一个或多个变量发生变化时可能产生的影响。这种数学建模的方法大大提高了复杂决策的管理分析质量。与本附录前面所提到的理论相比，这种方法本身并不能为管理提出全面综合的理论，因此，它并不具有同样的影响力。不过，引进这些技术确实能够为一些管理问题提供强有力的分析方法。

A.7 整合理论

最后，我们介绍一些更为现代的管理方法，姑且称之为**整合理论**（integrative approaches），即以一种更为全面的方法将一系列不同的变量或者要素组合到更为宽泛的管理过程中。这些理论相对较新，对它们的介绍一方面是为目前的管理思考提供背景，另一方面是要说明历史的管理方法是如何被修正成今天这样的。整合理论已经以这种或那种形式在本书中出现过。因此，我们有必要做一个简要的介绍。目前，对当代管理思想影响最大的两个几乎无所不包的整合理论分别是**系统理论**（systems theory）与**权变理论**（contingency approaches）。

A.7.1 系统理论

早在20世纪20年代，就已经出现了所谓的**一般系统管理理论**（general systems theory）。当时在众多科学领域里，该理论主要应用于生物学（生命系统）和工程学（机械系统）。直到20世纪60年代，该理论才被应用于组织管理。从那以后，该理论对于理解管理过程的内涵来说一直是个杰出的组织分析形式。所谓系统，是指一系列相互联系的元素，有序交互成为统一的整体。因此，组织情境下的系统理论是指“投入”如何在组织中转化为“产出”的过程（如图表A-10所示）。组织的投入一般有三种类型，即财务、物资和人力。经过技术及管理活动的组合和修正，这些投入变成两种主要类型的组织产出，即产品和服务。从这点来看，管理可以看成一种转化过程，而管理者的角色就是将资源集体转化为有用的产出。管理者所面临的两个重大挑战，就是了解这些要素之间的联系，并将它们有效地整合成不同的整体的过程。

图表 A-10 系统理论在组织中的应用举例

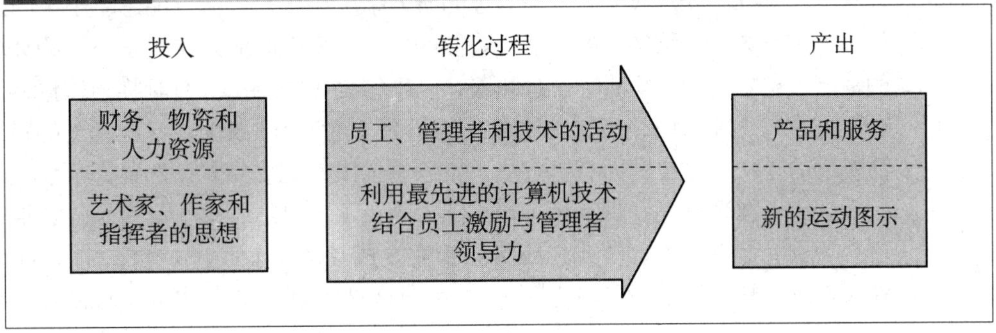

如图表 A-11 所示，系统理论还分为**闭合系统**（closed system）与**开放系统**（open system）。对于前者来说，系统的元素与外界环境并无交互，后者则有交互。因此，组织可以看成是一个与环境不断交互的开放的系统，从外界输入资源到组织，然后从组织向外界输出产品和服务。传统的管理理论常常或多或少地将组织看成一个封闭的系统，忽略了与外界环境的关系会对公司或工厂内部职能产生的重要影响。另一方面，对在 21 世纪快速变化的环境中运营的管理者来说，将组织看成开放系统也为他们提供了一个必要且适当的视角。

图表 A-11 开放系统

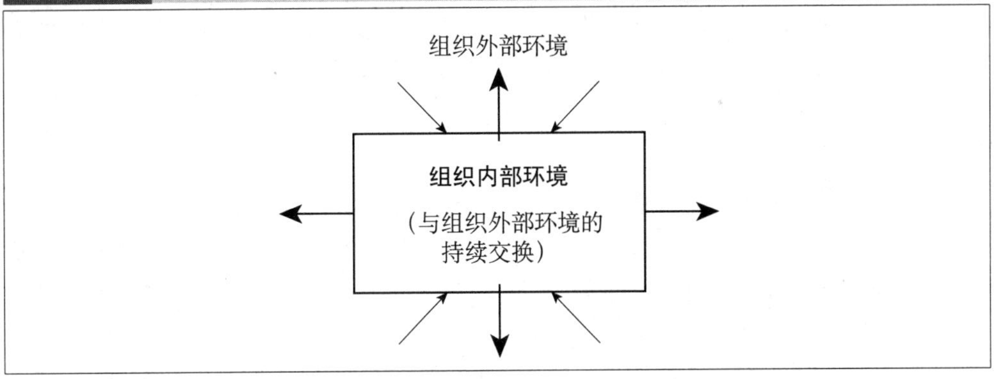

A.7.2 权变理论

科学管理和古典管理理论的一个共同基石是：包括各种管理职能在内，做一项工作总会存在一种最好的方式。这些理论认为，如果以其他的方式进行工作，就会降低效率。此外，这些理论还详细地描述了与管理工作和角色有关的“最佳方法”所应该具备的特征，即统一命令、清晰的职权等级、明确的工作职责等。在泰勒及其他学者首次提出“最佳方法”后，其核心思想历时数十年不变。

许多年后，特别是 20 世纪 40 年代到 50 年代，“最佳方法”所面临的挑战就是它的本质应该是什么。也就是说，在一些组织中，人际关系理论替代了传统的运作模式。因此，这些企业和机构更希望转向反应迅速和以员工为中心的方式，以便提高管员工的满意度和士气，以及提供更为灵活的管理规则和制度。这对很多企业来说，几乎是发生了 180 度的大转弯。这些变革有些时候是成功的，但是，也有企业和组织发现，它们只不过是简单地将一个问题（员工不满意）变成了另外一种问题（散漫无纪律）。

在20世纪60年代末，一些有趣的研究结果表明，人们可能忽略了不同的管理方法（如传统的高度结构化的方法与灵活的以员工为中心的方法）在不同的环境下应用的情况。实际上，这些研究都意味着，高度结构化的方法（有时称为机械方法）更适合于稳定的外部环境、高度重复的工作以及只具有有限技能或专业经验的员工。而灵活机动的方法（通常称为有机方法）更适用于快速变化和复杂的外部环境、不重复的工作内容以及受过很好训练具有相当能力的员工。总之，这些研究结果让很多管理学者认识到，最有效的管理方式应当是**权变方法**（contingency approach），即考虑其所在的环境，特别是组织环境的性质、组织拥有的技术、所从事的工作以及组织能够吸引和留住的员工的类型，如他们的特殊能力。

狭义地说，权变理论是指在更为传统的组织结构和管理方法与更为灵活、不太具体的结构和方法之间的一种选择。美国职棒大联盟洛杉矶道奇队的前管理者汤米·拉索达的一句经常被引用的名言可以用来总结这个与管理过程有联系的选择，即“管理就像是手中捧着一只鸽子，握得太紧它会死掉，握得太松它会飞走”。

广义地说，权变理论是指并不存在可以适用于各种环境状况的一般性管理原则。所谓的最佳方法要靠所有的变量来决定。管理者并不能控制其中的很多变量，只不过在决定如何运营时不得不考虑其中的绝大部分变量。这就有趣了，在管理理论中，我们从一个极端（寻找一个最佳方法）来到了另外一个极端（一切视情况而定）。尽管后一种情况并没有浮出水面来给以更明显的指导，但是很明显，它更适用于今天这个快速发展并且常常发生不连续变化的时代。它也给出了边界，管理者应该依靠自己去发展诊断与分析的技能，以便用有效的方法来应对不断变化的环境。

A.8 回顾与展望

管理思想和实践的历史堪比一条涌动的河流。在20世纪之前的几百年里，关于管理不同规模和复杂程度的组织的思想只如涓涓细流。先贤对管理思想的发展做出了各自的贡献，就如万涓成河，但直到出现了工业革命这样标志性的事件以后，管理思想才成为一条奔涌的大河。

工业社会的不断扩大，使得人们更加关注管理的对象。在这片肥沃的土地上，泰勒、福莱特、吉尔布雷斯、巴纳德等一批学者为扩大思想的河流付出了异常艰苦的努力，做出了巨大的奉献。尽管他们深受所处时代的事件与环境的影响，但他们不仅拓宽了河流，而且改变了流向。他们对以往随机的过程赋予极大的理性，并随着时间的推移，以全面而复杂的观点看待管理过程的真谛。20世纪30年代，霍桑实验及其研究成果的出版，通过关注组织中以人的因素为中心，强调组织中存在的人际关系的重要性，进一步澄清了管理思想的河流。

第二次世界大战结束之后，行为理论、决策理论、系统理论和权变理论等重要的支流不断地加入进来，管理的河流得到了明显的拓宽。每一个新的观点都与先前的理论很好地融合，对管理问题经常开启种种全新的思考方式。现在，在21世纪之初，管理思想历史的河流已经形成了一个拥有大量思想和实践的三角洲。在信息技术日新月异、劳动力市场多元化、全球商业的扩张及员工和社会话语权增强等各种重要的外部环境变化力量的影响下，人们已经很难描绘出管理前景的蓝图。

对管理思想当前的发展状况进行总结是非常有意义的。我们可以毫不含糊地得出一个结论，即没有一个单独而重大的理论或者一个无所不包的理论在支配有关管理的思考。正如我们在之前章节所看到的，在面对有效管理组织的挑战上，近年来所形成的各种观点影响着学者与实践管理者的判断。在前面短短的几页当中，我们所讨论的都是近年来在严密研究和相关分析的基础上发展出来的理论框架。也就是说，它们都在尝试开发出一门管理的科学（不要与“科学管理”或“管理科学”混淆）。这样的研究和分析依然以活跃的步伐前进着，将会在今后的几十年里引领新的思想与更多的重要创新。

在这里要重申，今天的现实是，组织特别是商业组织竞争的世界已经变得十分复杂，并且变化速度极快，不可能期望所有的理论和方法对此提出思考的方式。管理者以及未来希望成为管理者的人们，需要从各种不同的渠道得出自己的观点，能够考虑并批判性地评价各种管理方法。这些可能就是有关今后若干年最明确的信息和所要面临的挑战。

Pearson

尊敬的老师：

为了确保您及时有效地获得培生整体教学资源，请您务必完整填写如下表格，加盖学院的公章后以电子扫描件等形式发给我们，我们将会在2～3个工作日内为您处理。

请填写所需教辅的信息：

采用教材			□ 中文版 □ 英文版 □ 双语版
作　者		出版社	
版　次		ISBN	
课程时间	始于　　年　月　日	学生人数	
	止于　　年　月　日	学生年级	□ 专　科 □ 本科 1/2 年级 □ 研究生 □ 本科 3/4 年级

请填写您的个人信息：

学　校			
院系/专业			
姓　名		职　称	□ 助教 □ 讲师 □ 副教授 □ 教授
通信地址/邮编			
手　机		电　话	
传　真			
official email（必填） （eg：×××@ruc. edu. cn）		email （eg：×××@163. com）	
是否愿意接受我们定期的新书讯息通知：　□ 是　□ 否			

系/院主任：＿＿＿＿＿＿＿（签字）

（系 / 院办公室章）

＿＿年＿＿月＿＿日

资源介绍：

——教材、常规教辅资源（PPT、教师手册、题库等）：请访问 www. pearson. com/us/higher-education （免费）

——MyLabs/Mastering 系列在线平台：适合老师和学生共同使用；访问需要 Access Code （付费）

地址：北京市东城区北三环东路 36 号环球贸易中心 D 座 1208 室（100013）

Please send this form to：copub. hed@pearson. com

Website：www. pearson. com

教师教学服务说明

中国人民大学出版社工商管理分社以出版经典、高品质的工商管理、财务会计、统计、市场营销、人力资源管理、运营管理、物流管理、旅游管理等领域的各层次教材为宗旨。

为了更好地为一线教师服务，近年来工商管理分社着力建设了一批数字化、立体化的网络教学资源。教师可以通过以下方式获得免费下载教学资源的权限：

在中国人民大学出版社网站 www. crup. com. cn 进行注册，注册后进入“会员中心”，在左侧点击“我的教师认证”，填写相关信息，提交后等待审核。我们将在一个工作日内为您开通相关资源的下载权限。

如您急需教学资源或需要其他帮助，请在工作时间与我们联络：

中国人民大学出版社　工商管理分社

联系电话：010-62515735，82501048，62515782，62515987

电子邮箱：rdcbsjg@crup. com. cn

通讯地址：北京市海淀区中关村大街甲 59 号文化大厦 1501 室（100872）